民俗学のかたち
ドイツ語圏の学史にさぐる

河野　眞

創土社

[1]a. 牧草の刈り取りに向かう下男と下婢：型通りの大鎌と腰の砥石袋に加えてフォーンスドルフ地方（オーストリア、シュタイアマルク州）に特有の革手袋がみとめられている。オーストリアの地方財務官ヨーハン・フェーリックス・クナップル（1769-1845）の手書きの地誌『ユーデンブルク郡内フォーンスドルフ地区資料統計の試み』（1813年）に添えられた風俗画画家ヨーハン・レーダーヴァッシュ（1755/56-1826）による水彩画◆参照、本文 p.32f.

[1]b. 新婚カップルの出立：花嫁と花婿、花婿介添人（左）および花嫁付き添い役（右）。クナップルの地誌（1813年）に添えられたレーダーヴァッシュの水彩画◆参照、本文 p.32f.

[2]a. 晴着姿の婚約した若いカップル：男が徴兵の命令を受けたことを婚約者に伝えたレーダーヴァッシュの水彩画◆参照，本文 p.32f.
[2]b. 教会堂へ参集する装いの農民の男女：教会堂に詣でて帰宅する男とこれから詣でする女性が道で出逢った場面のようである。クナッブルの地誌（1813年）に添えられたレーダーヴァッシュの水彩画◆参照，本文 p.32f.
とが契約書に記載される事例がある）。クナッブルの地誌（1813年）に添えられたレーダーヴァッシュの水彩画◆参照，本文 p.32f.
参集していることから判明する（ここでの詳細は不明だが，町村体が聖職者を雇用するにあたっての一部として手当てに現物支給を担当することが，女性が司祭への手土産を持参しているとか，順番が村の家々が順番に現物支給を担当することが，女性が司祭への手土産を持

a

[3]a. 遠方へ出稼ぎの旅に出るザルツブルク州ルーンガウ（Lungau, Salzburg）の豚の去勢士：『ザルツブルク身分服飾図集』。18世紀末に描かれた身分・職業区分の克明な服飾画の水彩。長途の旅をする業種の身支度 － つば広の帽子、地味で丈夫な長い上着、紐で占める肩掛け袋、幅広のベルト、吊りズボン、節のある杖、また特殊技能のため装備は少ない。口髭は一人前であることを示し、靴の金具が四角であるのは平常の堅実な仕事を示す（祝事のときは丸味を帯びる）。赤地に白い縁取りのシャツと黒いネッカチーフにアルプス地方の者らしさが見られる◆参照, 本文 p.41f.

[3]b. 版画「すべての宗教への寛容の精神」：ダーニエール・ショドフィエスキー作。女神は理性のシンボルとされたミネルヴァ◆参照, 本文 p.22f.

[3]c. 「幻燈による霊視の解明」：ハインリヒ・ハイデッガー（スイスのチューリッヒの牧師）作、『理性ある村の牧師への教本』の挿絵◆参照, 本文 p.31.

b

c

[4]「収穫」 ペーター・ブリューゲル（父）（Peter Bruegel d.Ä）（1565 年）、New York, The Metropolitan Museum of Art 所蔵。

部分図：背景中央に〈鷺鳥の薙ぎ切り〉が描き込まれている◆参照, 本文 p.189.

[5]「子供の遊戯」：ペーター・ブリューゲル（父）(Peter Bruegel d.Ä) 1560 年頃。部分図：一人の少年が伏せた壺の底をナイフで叩き、その音を合図に目隠しの少年が壺を探りあてて割ろうとしている◆参照、本文 p.201.

a

[6]a.〈鷲鳥の吊し切り〉：スルゼー市（スイス）でマルティーニ（11月11日）の出し物　1970年代、太陽の仮面は一時期はやったネオロマンティシズムの通俗民俗学の見解が取り入れられたものであろう◆参照, 本文 p.197.

[6]b.「壺割りゲーム」（Il gioco della pentola）ピーエトロ・ロンギの油彩。1744年、Washington, National Gallery 所蔵◆参照, 本文 p.202.

b

[7]「シュヴァーベンの刈り鎌休め」：フリードリヒ・オルトリープ (Friedrich Ortlieb 1839-1909) の原画による石版画 (1868年刊行)。収穫を終えた節目の祝い行事、そのさい余興として〈雄鶏のダンス〉が催される。大力で評判の〈バールの女たち〉(Baar は南西ドイツのシュヴァルツヴァルトの一地域) が男を持ち上げると、男は弾みをつけて、水を満たしたコップを載せた盆を頭で突きあげてコップを飛ばして空にする。最も上手にし遂げたカップルが賞金の雄鶏をもらう。右に描かれているのは、村の祭りに欠かせない"Brootegiiger"(バイオリン音楽士)参照、本文 p.83.

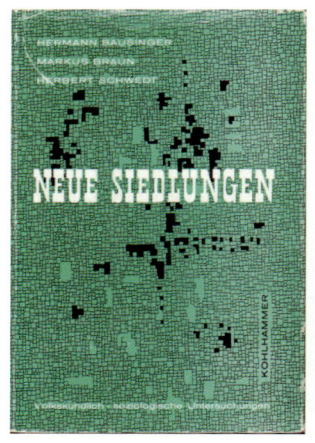
a

b

c

d

e

f

g

[8]a.『新しい移住団地』：バウジンガー／シュヴェート／ブラウン（共編）原書初版1959年◆参照，本文 p.254f.
[8]b,c.『科学技術世界のなかの民俗文化』：ヘルマン・バウジンガー、原書初版1961年、日本語版2005年◆参照, 本文 p.256f.
[8]d,e『フォルクスクンデ／ドイツ民俗学 ― 上古学の克服から文化分析の方法へ』ヘルマン・バウジンガー、原書初版1971年、日本語版2011年◆参照, 本文 p.267f.
[8]f,g『ドイツ人はどこまでドイツ的？』：ヘルマン・バウジンガー原書初版2000年、日本語版2012年：カバーのデザインには〈これぞドイツ的〉（typisch deutsch）のキャッチフレーズで知られる庭の矮人形がもちいられている◆参照, 本文 p.296f.

[9] a.〈驢馬の結婚式〉における驢馬のカップルの扮装と観客：ドイツ西部の寒村で、村娘との結婚にあたって〈しきたり〉通り村の青年たちに〈一杯ふるまう〉ことを拒否した隣村の男をとがめてカップルに対する嫌がらせが募り、遂に観客１万５千人があつまるパロディ劇（これ自体は伝統をもつ）に発展した。
[9] b. ポスター
[9] c. 会場へのデモンストレーション◆参照, 本文 p.284f.

a

b

c

a

b

c

d

e

f

g

[10]a. 民俗衣装の一例：ヘッセン州シュヴァルム地方（Schwarm/Hessen）の民俗衣装、1930年頃。外側のスカートほど短くなるのは、枚数と品質が社会的に見定められるためで、それが様式化したとされる◆参照, 本文 p.333f.

[10]b.『ルードルフ・パリジウスとアルトマルクの民謡』：インゲボルク・ヴェーバー＝ケラーマン（1919-93 マールブルク大学教授）の著作（1957年）◆参照, 本文 p.313f.

[10]c.『十九世紀の農業労働における収穫習俗 ― マンハルトのアンケートのドイツ地域に関する再検証』（1965年）◆参照, 本文 p.323f

[10]d.『十九世紀の女性の生活』（1983年）◆参照, 本文 p.313f.

[10]e. バーナト村の調査記録（1973年）

[10]f. インターエスニック研究の手引書（1978年）◆参照, 本文 p.328f.

[10]g. ヘッセン放送局と共に女史が製作した記録映画：ドイツ民俗学界に映像部門を開拓した。◆参照, 本文 p.332f.

[11]a. ベールラッハ村（ミュンヒェン近郊 Perlach bei München）の立願によってファイステンハールの教会堂（Faistenhaar）に納められた絵馬（1709年）；画面には、最良の牛一頭を守護聖者に捧げることが謳われ、また村の居住区と畑地を分ける木柵が描かれている。◆参照、本文 p.408f.

[11]b. 村の裁判：同じ光景はドイツ各地でみられたが、ここでは参考として16世紀初めのスイスの絵師ディーボルト・シリング（ジュニア）による『ルツェルン年代記』(Luzerner Chronik von Diebold Schilling dem Jüngeren, 1513) に描かれた〈村の裁判〉を挙げる。村の中央に立つ菩提樹（Dorflinde）が目印であった ◆参照、本文 p.408.

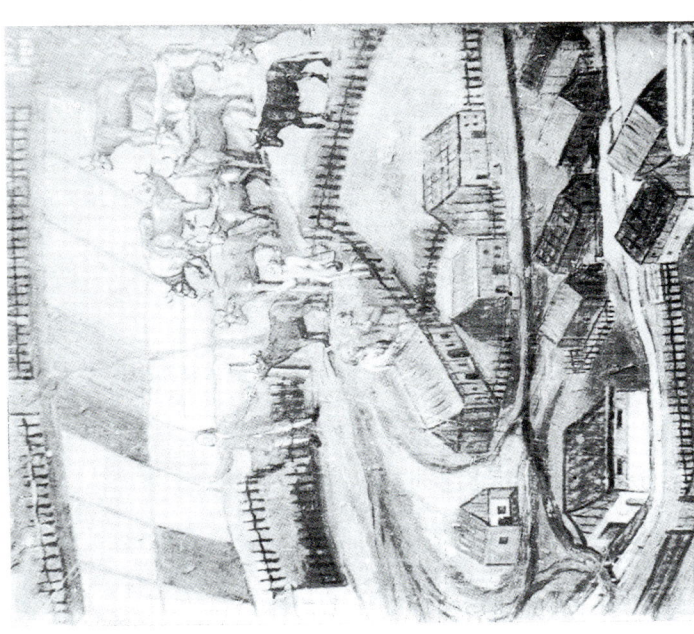

Abb. 6. Auswahl einer dem Wallfahrtspatron verlobten Kuh am Tor des Dorfzaunes von Perlach bei München. Votivbild Faistenhaar 1709 Foto Robert Böck, München

b

a

a

b

c

[12] a.〈間引き絵馬〉: 柳田國男が自伝『故郷七〇年』のなかで少年時代に目にしたことを追憶した。
[12]b. 本堂の〈間引き絵馬〉
[12] c. 徳満寺（真言宗豊山派　茨城県取手市布川）における現存の様子◆参照, 本文 p.509f.

[13] フランス王ルイ9世のお抱え軽業師で王の健康管理を担当したアルカンジェロ・トゥッカーロ（Archange [or Arcangelo] Tuccaro 1535-1602or16）の『跳躍と宙返りをめぐる三つの対談』（1599年）の挿絵：身体の合理的な動きを追求するなどルネサンスの精神がうかがえ、また技術的には特に跳躍板の活用に関する項目が多い◆参照，本文 p.555f.

[14] スイスの伝統的なスポーツや野外ゲームが描かれた中世末の挿絵：ディーボルト・シリング（ジュニア）による『ルッツェルン年代記』(*Luzerner Chronik* von Diebold Schilling dem Jüngeren. 1513) から：競走（中右）、幅跳び（手前）、射撃（右）、石投げ（左）、投げ相撲／レスリング（奥） ◆参照, 本文 p.562f.

[15]a.b. 20世紀初めにヘッセン州内の軍隊に徴兵で入営していた兵士が家族に宛てた絵葉書。ドイツ帝国では19世紀後半から各地で地域の体操組合が軍隊の教練と結びついていた。写真は1909年10月9日付。

[15]c.d. 体操教練の図の絵葉書：1918年7月9日付。(c) の上方には体操関係の名士の肖像が配置されている。左端はフリードリヒ・ヤーン《体操の父》、中央は体操組合の中央組織の名誉職について いたオスカル殿下 (ドイツ皇帝ヴィルヘルム2世の第5子)。
出典：2012年2月にヘッセン州ヘルプシュタインのフアスナハト行事を訪れたとき、同市内の人形と家族史の「ルール夫人私設博物館」(Privatmuseum von Frau Ruhl 当時90歳)において撮影した。
◆参照、本文 p.571.

a

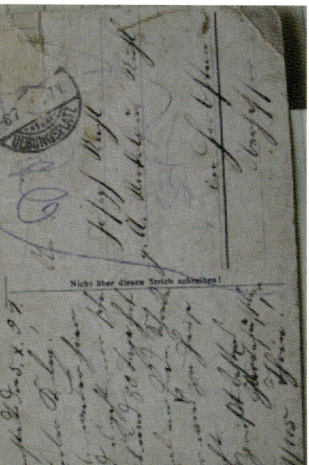

b

c

d

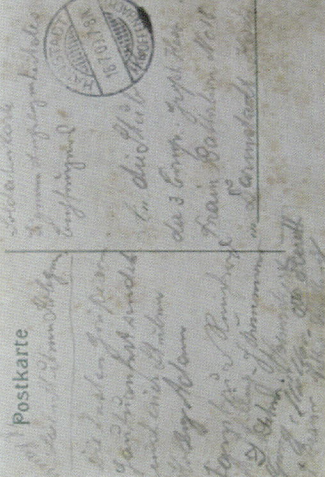

[16]a. フランクフルト・アム・マインのマイン川の橋のたもとの凍結した川面上でスケートに興じる25歳のゲーテ（後の想像図）：巧みな滑り方は母と妹の絶賛を得たと言う。A.Vogel の原画による L.Pietsch のスケッチ。

[16]b. 氷上の舞踏会のためにゲーテが描いた橇のスケッチ

口絵
緒言（1）

I. ドイツ語圏の学史にさぐる民俗学のかたち
〈民俗学〉の形をドイツ語圏の学史に探る──図解の試み
　　（5-146）
　はじめに：本稿の目的と方法（5）
　1. 民俗学の生成と啓蒙主義時代のフォルクスクンデの多様性（6）
　［図解によるドイツ民俗学の推移図 **A**］（6）
　a. 民俗学の発端をめぐって（8）
　b. 民俗学の生成における二つのモチーフ：ショナリズムと日常への関心
　　（13）
　── ヴォルテールとユストゥス・メーザー
　c. 国土学と民俗学の間－ローレンツ・ヒュープナーによるザルツブルク
　　大司教領邦の国土調査（14）
　d. ミヒァエル・デニスとヘルダー（17）
　e. ヨゼフィニズム・ジャーナリストによる世相批判（20）
　［事例］ヨーゼフ・リヒター『カトリック教会陋習の画廊』から：四旬節
　　のヘルナルスのカルワリオ丘（23）
　f. 旅行記の形態による民俗事象の記録（27）
　［事例］シュパウルの旅行記から：アルプスの牧婦のヨーデル（29）
　g. 啓蒙主義の牧師ハインリヒ・ハイデッガーによる迷信の解明（31）
　h. フェーリックス・クナッフルの調査記録とその復刻版をめぐって（32）
　［事例］婚礼料理のメニュー（34）
　i. ローレンツ・ヒュープナーの国土調査の同時代人への刺激（36）
　［事例］ザルツブルク地方の民衆的なアトラクション〈瘤の手術〉（37）
　［事例］制裁習俗〈牛の追い立て〉（39）
　j. ローレンツ・ヒュープナーの国土調査の後世への影響（41）
　［事例］キュールジンガーによるルーンガウの〈豚の去勢士〉の記録（**41**）
　2. 民俗学の形成：神話学としての民俗学－グリム兄弟からマンハ
　　ルトへ（44）
　a. グリム兄弟の昔話の見方（46）
　b. ヴィルヘルム・マンハルト（47）

i

［事例］マンハルトによる吸血鬼の調査報告（49）
3. ヴィルヘルム・ハインリヒ・リールの国家学としてのフォルクスクンデ（53）
　　a. W. H. リールの初期の経歴（53）
　　b. リールの出発点としての 1848 年の三月革命（54）
　　c. 講義録「学問としてのフォルクスクンデ」（58）
　　d. 『バヴァリアーバイエルン王国のランデスクンデとフォルクスクンデ』（66）
　　［グリム兄弟／神話学 vs リール／国家学：二つの民俗学の関係　図 B］（71）
4. 19世紀半ばの一青年の習作に見る民俗研究者の生成過程―フェーリックス・ダーンと二つの民俗学（73）
　　a. フェーリックス・ダーンの略歴（73）
　　［事例］ダーンによる神話学系統の民俗調査「コッヘル湖畔カッセル丘の炎の舌」（74）
　　b. リール編集の『バヴァリア』におけるダーンの報告（82）
　　［事例］ダーンの報告「建築と住まい」から（82）
　　［事例］ダーンの報告〈雌鶏のダンス〉（83）
5. ドイツ民俗学におけるリールの位置（87）
　　a. 和歌森太郎のリール評（87）
　　b. パウル・ハイゼのリール評（90）
　　c. ドイツ民俗学界でのリールへの着目の開始（93）
　　d. ドイツ民俗学におけるリールの再評価（95）
6. 国家学としてのフォルクスクンデの逸脱（98）
　　a. ナチス・ドイツ期のフォルクスクンデ（98）
　　b. マックス・ヒルデベルト・ベームの民族体政治学（99）
　　c. ナチス系の大学教員をめぐる問題（105）
7. 近・現代世界と民俗事象―民衆事象と歴史事象（106）
　　［伝統と近・現代の間：民俗事象のバランスシート　再び図 A］（106）
　　［参考グラフ：ドイツにおける経済活動人口の部門別比率の推移］（109）
　　［事例検証］（108）
　　a. 自家栽培の亜麻から輸入木綿へ（110）
　　b. 稗（ヒルゼ）からトウモロコシへ（112）
　　c. 住宅の仕様：一例として煙部屋家屋（113）
　　d. 移動手段（113）
　　e. 昔話の伝承形態（113）

a'. 亜麻布の再評価（114）
　　b'. 稗の復活（115）
　　c'. 煙部屋家屋への郷愁（116）
　　d'. 徒歩とマラソンのイヴェント化（118）
　　e'. パフォーマンスとしての昔話（119）
　［近・現代世界のなかの民俗事象　図 **C**］（120）
　［過去の文物への思い入れ　図 **D**& 図 **A'**］（123）
　［民俗事象という客体設定の成立　図 **E**］（125）
　8. 倒錯とその克服（127）
　　a. 倒錯：フォルクスクンデのナチズムとの相乗（127）
　　b. 客観性による民俗学の逸脱の克服：レーオポルト・シュミット（128）
　　c. 民俗学の生成における歪みの認識：ヘルマン・バウジンガー（131）
　　d. 〈故習〉様式における近・現代の表出としての民俗学（137）
　［民俗学＝後退志向 & 故習様式における近・現代の自己表出　図 **F**］（137）
　　e. 〈故習〉様式への着目をたどる：美術史家アーロイス・リーグルの論評（140）
　　f. 変数としての〈故習〉：課題としての客観性（143）
　［付記］（146）

生物供儀と遊戯の間―雄鶏叩き行事に見るドイツ民俗学史の一断面（147-236）

　1. 問題の発端（147）
　　［**1**］本稿の成り立ち（147）
　　［**2**］柳田國男によるヨーロッパの〈生類犠牲〉への注目（148）
　2. ドイツ民俗学における上古遡及の理論（150）
　　［**1**］ヤーコプ・グリムの命題（150）
　　［**2**］一般的背景（152）
　3. 神話学系とその後の民俗研究における解釈の変遷（156）
　　［**1**］神話学系の民俗研究（156）
　　［**2**］神話学系とその後の民俗研究の具体例（158）
　　a. 神話学系の民俗研究 **1**：アードルフ・ヴットケ『現代ドイツの迷信』（158）
　　b. 神話学系の民俗研究 **2**：ヴィルヘルム・マンハルト『森と畑の信奉』（167）
　　c. 神話学系の民俗研究 **3**：パウル・ザルトーリ『民間習俗』（169）
　　d. 第三帝国時代の民俗学とその延長にみる雄鶏叩き（173）
　　e. アードルフ・シュパーマー（編）『ドイツ民俗学』の記述（178）
　　f. レーオポルト・シュミット『ニーダーエスタライヒの民俗学』の記述

　　　　（180）
　4. インゲボルク・ヴェーバー＝ケラーマンによるマンハルトの再解釈（182）
　5. 〈鷲鳥の薙ぎ切り〉と〈雄鶏叩き〉の過去と現在（187）
　　［1］初例の探求（187）
　　［2］ベルギーの近例（190）
　　［3］ハンガリーの婚礼の余興としての雄鶏叩き（193）
　　［4］スルゼー市（スイス）のマルティーニの行事〈鷲鳥の吊し切り〉（197）
　6. 〈雄鶏叩き〉の近縁形態：壺割りゲーム（200）
　　［1］フランソワ・ラブレー『ガルガンチュア物語』が伝える〈壺割り〉（200）
　　［2］ペーター・ブリューゲル（父）とピーエトロ・ロンギの「壺割りゲーム」（201）
　7. 騎馬競技：輪突き競馬と樽突き競馬（203）
　8. 雄鶏の文化史から（207）
　　［1］雄鶏とフランス（207）
　　［2］雄鶏の多彩なシンボル性（211）
　　a. 聖書と初期キリスト教時代（211）
　　b. ローストチキンの奇蹟（212）
　　c. 説教師のシンボ（214）
　　d. 紋章のデザイン（216）
　9. 民俗学における推論の構造（217）
　　［1］神話学派の民俗研究者たち（217）
　　［2］リヒァルト・バイトル『民俗学事典』の記述（218）
　　［3］豊穣信奉・豊穣儀礼の妥当性（220）
　　［4］マンハルト＝フレイザーの神話学（222）
　　［5］神話学からの脱却（224）
　10. 若干の考察：民俗学をめぐる状況から〈生類犠牲〉を振り返る（228）
　　［1］伝統社会の仕組みとその変質（228）
　　［2］柳田國男の位置（232）
　　［3］動物倫理（234）

II. 今日のドイツ語圏の形成に関わる三つの構想
　　ヘルマン・バウジンガーの経験型文化研究／フォルクスク

ンデ（239-304）
　はじめに（239）
　1.『フォルクスクンデ／ドイツ民俗学―上古学の克服から文化分析の方法へ』の書誌データと構成（241）
　　[1]『フォルクスクンデ』の書き出し（242）
　　[2]〈フォルクスクンデ〉概念をめぐる議論から（243）
　　[3]〈民のいとなみ〉の概念（248）
　2. バウジンガーの初期の活動とドイツ民俗学の改革への志向（250）
　　[1] 第二次世界大戦のドイツ民俗学におけるバウジンガーの位置の概略（250）
　　[2] 学位論文「口承文藝の現在」（253）
　　[3] 引揚げ民の民俗学への参画（254）
　　[4] 科学技術世界のなかの民俗文化（256）
　　[5] フォークロリズムと民俗事象の担い手（260）
　　[6] フェルアイン／フェライン（クラブ／組合）への着目（261）
　　[7] ファスナハト研究（263）
　3. 概説書『フォルクスクンデ』を中心に見たバウジンガーの民俗学（267）
　　[1] 時代的な背景（267）
　　[2] ナチズムの評価（272）
　　[3] 民俗研究の現代社会への拡大（274）
　　[4] 新たな概説書の試み（275）
　　[5] 個別事象に一般論を探る（277）
　　[6] 民俗研究における分析概念（280）
　　[7] 隣接諸学を射程においた位置づけ（287）
　　[8] 民俗学における対象設定（290）
　　[9] 名残りと感傷（292）
　　[10] 退行とホビー（293）
　4. 考察：バウジンガーの民俗学に読みとること（295）
　　[1] 精神科学（人文科学）か社会科学科か（296）
　　[2] 近・現代世界の自己表出としての民俗文化（299）

インゲボルク・ヴェーバー＝ケラーマンにおけるヨーロッパ・エスノロジーの構想（305-372）
　1. はじめに：『ヨーロッパ・エスノロジーの形成／ドイツ民俗学史』の刊行を機に（305）

書誌データ（306）
2. インゲボルク・ヴェーバー＝ケラーマンの略歴（309）
3. 主要著作のリスト（310）
4. 著作等への案内（312）
   a. 『ルードルフ・パリジウスとアルトマルクの民謡』（313）
   b. 『十九世紀の農業労働における収穫習俗——マンハルトのアンケートのドイツ地域に関する再検証』（323）
   c. 女性史研究：『プロイセン公女の記録』など（326）
   d. ヨーロッパ・エスノロジー：ルーマニアのバーナト地方のフィールドワーク（328）
   e. 民俗学の学術映画（332）
   e. 家族研究その他（336）
5. アードルフ・シュパーマーの弟子として（337）
6. フォルクスクンデからフォルクスクンデ/ヨーロッパ・エスノロジーへ（339）
7. 『ヨーロッパ・エスノロジーの形成』の学史上の位置-他の数種類の学史との対比（344）
   マティルデ・ハイン「ドイツ民俗学とその方法」(**1962年**)（345）
   レーオポルト・シュミットの民俗学史(**1951年**)（347）
   ヘルマン・バウジンガーの民俗学史への視点(**1971年**)（348）
8. インゲボルク・ヴェーバー＝ケラーマン（他・著）『ヨーロッパ・エスノロジーの形成』の具体例から（349）
   a. 労働し、抵抗するものとしての民（フォルク）：三月革命の推移（348）
   b. 学史理解の要点：ヴィルヘルム・ハインリヒ・リールの評価（354）
   c. ウィーン学派とスウェーデン学派の対比（357）
   d. ヨーロッパ・エスノロジーの視点（364）
9. マールブルク大学におけるヴェーバー＝ケラーマンの後進世代の問題意識（366）

カール＝ジーギスムント・クラーマーの法民俗学の構想
（373-432）
K.-S. クラーマーへの筆者の最初の言及から（再録を含む）（**377**）
歴史民俗学としてのハンス・モーザーの方法（383）
カール＝ジーギスムント・クラーマーの方法（388）
1. 法観念（法意識）の表出としての民俗事象（388）

2. 体系的理解：規則体系としての人間の社会生活（394）
　　3. 中世以後の町村体のモデル（404）
　　4. 規則と空間（407）
　　5. 排他性（差別）（413）
　　6. 宗教改革後の教会と町村体：牧師（司祭）の立場（420）
　　7. 学校教師の身分（426）
　　8. 規則をめぐる形式主義と悶着（428）
　　9. 個体の立場：隠居の待遇の一例（430）

III. 今後の局面のために
　〈不安〉が切りひらいた地平と障壁―日本民俗学にとって現代とは（435-537）
　　1. 日本民俗学と現代民俗学（435）
　　　［1］柳田國男への接近（435）
　　　a. はじめに（435）
　　　b. 記憶をたどって（436）
　　　c. 日本でのドイツ民俗学研究の出発点（439）
　　　d. 過去の指標を克服するモデル（441）
　　　［2］現代民俗学と現代（446）
　　　a.「現代民俗学会」のHPを読む（446）
　　　b.〈現代〉という強迫観念（447）
　　　c. ドイツ民俗学史から〈現代〉の二例（450）
　　　α. 工業社会民俗学（451）
　　　β. 民（フォルク）と大衆（マッセ）（452）
　　　［3］．日本民俗学における〈現代〉を問う（454）
　　　a. 出発にあたっての材料と手立て（455）
　　　b. 古典としての柳田國男（456）
　　2.『明治・大正史世相篇』における柳田國男（459）
　　　［1］「自序」に見る方法論（459）
　　　［2］新聞を材料にしたフォークロア研究（461）
　　　a. レーオポルト・シュミットの試み：火葬とヨーロッパ文化（462）
　　　b. 柳田國男の新聞の使い方（465）
　　　［3］『明治大正史世相篇』の一節「障子紙から板硝子」（467）
　　　［4］柳田國男の都市・農村論（475）
　　3. 宮田登の都市・現代民俗論の検討（481）

　　　　［1］柳田國男との接続（481）
　　　　［2］宮田登が説く都市民の不安の諸相（485）
　　　　a. 怪異譚を中心に見た都市民俗の性格（485）
　　　　b.〈池袋の女〉にみる都市近郊の位置づけ（588）
　　　　c. 民俗学からみた〈若い女性〉（594）
　　　　d.〈民俗空間〉の措定をめぐって（596）
　　　　e. 写真がつくる民俗法廷（504）
　　　　f. 日本民俗学の原風景：映像資料をめぐる柳田國男と宮田登（509）
　　　　g. 民俗事象の呈示というエンタテイメント（512）
　　　　h. 社会的提言の可否（515）
　　4. 論議（519）
　　　　［1］古典を読むとは―夏目漱石の都市住宅論と柳田國男の都市改良論（519）
　　　　a. 夏目漱石の都市住宅論（520）
　　　　b. 柳田國男『都市と農村』は都市改良論（523）
　　　　［2］一回転した現代の不安‐ポストモダンの不安論（527）
　　　　［3］自評（533）

スポーツと民俗学　　　ドイツ民俗学の視角から（539-603）
　　1. スポーツと民俗学をめぐる一般的な課題とドイツ語圏の特殊事情（539）
　　　問題の概観（539）
　　　ドイツ語圏におけるスポーツ史の特殊事情（544）
　　　［1］方法論とスポーツ界からの提言（545）
　　　［2］文化としてのスポーツ：スポーツ学からの提言とその背景（546）
　　　［3］ドイツ〈体操〉運動の成立と初期の展開：グーツ＝ムーツとヤーン（549）
　　2. スポーツをめぐる三種類の研究姿勢（557）
　　　　［1］あそび（あるいは民俗行事）からスポーツへ：リヒァルト・ヴァイスの試行（557）
　　　　［2］スポーツと文化史からのアプローチ（568）
　　　概観（568）
　　　　a. ノイエンドルフ『ドイツ体育史』（571）
　　　　b. カール・ディーム『ゲーテにおける身体教育』から：ゲーテとスケートのーこま（572）
　　　　c. ヨーゼフ・ゲーラー「ドイツ語とドイツ文学における体育」から（577）

3. ヘルマン・バウジンガー『スポーツ文化論』の構想 (582)
[1] バウジンガーとスポーツとの取り組み (582)
[2] 組合（クラブ）：市民社会における結衆の原理 (585)
[3] 体操と歌唱：組合形成の二つの主要モチーフ (593)
カリカチュア：組合人間 (596)
組合スポーツに耐用年数はない？　それとも過去のものになる？ (597)

4. 教訓と展望 (601)

初出一覧及び転載許可への謝辞 (604)

口絵一覧　[ ]内の数字は口絵ページ数
[1] **a.** 牧草の刈り取りに向かう下男と下婢
[1] **b.** 新婚カップルの出立：花嫁と花婿、花婿介添人（左）および花嫁付き添い役（右）
[2] **a.** 晴着姿の婚約した若いカップル
[2] **b.** 教会堂へ参集する装いの農民の男女
[3] **a.** 遠方へ出稼ぎの旅に出るザルツブルク州ルーンガウ（**Lungau, Salzburg**）の豚の去勢士
[3] **b.** ハインリヒ・ハイデッガー（スイスのチューリッヒの牧師）『理性ある村の牧師』の挿絵「幻燈による霊視の解明」
[3] **c.** 版画作家ダーニエール・ショドフィエスキー作「すべての宗教への寛容の精神」女神は理性のシンボルとされたミネルヴァ
[4] ペーター・ブリューゲル（父）（**Peter Bruegel d.Ä**）「収穫」
[5] ペーター・ブリューゲル（父）（**Peter Bruegel d.Ä**）「子供の遊戯」
[6] **a.** 〈鷺鳥の吊し切り〉
[6] **b.** ピーエトロ・ロンギの油彩「壺割りゲーム」（**Il gioco della pentola**）
[7] 　フリードリヒ・オルトリープ（**Friedrich Ortlieb 1839-1909**）の原画による石版画「シュヴァーベンの刈り鎌休め（刈り鎌掛け）」
[8] **a:** バウジンガー／シュヴェート／ブラウン（共編）『新しい移住団地』原書初版
[8] **b, c:** ヘルマン・バウジンガー『科学技術世界のなかの民俗文化』原書初版と邦訳
[8] **d, e:** ヘルマン・バウジンガー『フォルクスクンデ／ドイツ民俗学 ── 上古学の克服から文化分析の方法へ』原書初版と邦訳
[8] **f, g:** ヘルマン・バウジンガー『ドイツ人はどこまでドイツ的？』原書初版と邦訳

[9] **a.** 驢馬のカップルの扮装と観客
[9] **b.** ポスター
[9] **c.** 会場へのデモンストレーション
[10] **a.** 民俗衣装の一例：ヘッセン州シュヴァルム地方（**Schwarm/Hessen**）の民俗衣装
b.『ルードルフ・パリジウスとアルトマルクの民謡』
c.『十九世紀の農業労働における収穫習俗 ─ マンハルトのアンケートのドイツ地域に関する再検証』
d.『十九世紀の女性の生活』
[11] **a.** ベールラッハ村（ミュンヒェン近郊 **Perlach bei München**）の立願によってファイステンハールの教会堂（**Faistenhaar**）に納められた絵馬
[11] **b.** 村の裁判
[12] **a.b.c** 徳満寺（真言宗豊山派　茨城県取手市布川）における現存の様子
[12] **d.** 徳満寺の木立
[12] **e.** 布川から利根川の対岸（千葉県側）を望む
[13] **a.b.c** フランス王シャルル 9 世のお抱え軽業師で王の健康管理を担当したアルカンジェロ・トゥッカーロ（**Archange [or Arcangelo] Tuccaro 1535-1602or16**）の『跳躍と宙返りをめぐる三つの対談』(**1599年**) の挿絵
[14] スイスの伝統的なスポーツや野外ゲームが描かれた中世末の挿絵
[15] 軍隊と体操
[16] **a.** フランクフルト・アム・マインのマイン川の橋を背景に氷上でスケートに興じる **25 歳のゲーテ**（後の想像図）
b. 氷上の舞踏会のためにゲーテが描いた橇のスケッチ
c. ゲーテ時代のスケート靴
d. ゲーテ時代の氷上の楽しみ：ヴァイマルのシュヴァン・ゼー（白鳥湖）でのスケートと橇遊び、フリードリヒ・プレラー（**Friedrich Preller 1804-78**）が **1824** 年に描いた油彩

本書は、平成二十五［2013］年度愛知大学学術図書出版助成金による刊行図書である。

緒　言

　最近約5年間に数誌に掲載したもののなかから共通性のある諸篇を選んで本書を編んだ。すでに発表したと言っても、補綴を省いたものは少数で、それぞれの骨組みはともかく部分を全般的に整え、あるいは枝分かれへと伸びそうな話題を削った。中心はドイツ語圏の民俗学への関心であるが、どうであれ日本の状況にいるのには違いないので、いきおい文化比較の性格を併せもつことにもなった。言うまでもないが、比較とは彼我の優劣を言い立てる安易ではなく、文化の特質を繰り返し尋ねる自忍でなければなるまい。

　収録したのは7篇にすぎず、また根本は同じ問題意識に発しているが、一応3つに区分した。一つ目は、ドイツ民俗学の歴史的な推移を分かりやすく伝えることである。

　二つ目に、常々関心を寄せている三人の際立ったドイツ人研究者の持ち味に改めて注目した。他にも重要な学者は幾らも挙げられるであろうが、今日その方法論が日本で行なわれる研究にも刺激になると思われる数人をとりあげた。ヘルマン・バウジンガー、インゲボルク・ヴェーバー＝ケラーマン、カール＝ジーギスムント・クラーマーである。バウジンガーはすでに数冊の翻訳を供したが、なお幾らかを予定しており、今回、中間点で整理をしてみたのである。ヴェーバー＝ケラーマン女史の仕事は自分が訳した一冊を併せてすでに数点が日本語になっている。今後も紹介は続くであろうが、いかなる研究姿勢と方法論の学究であったかという案内は十分ではないように思われる。それを多少うずめようとの意図によるが、その際、材料には、なおしばらく翻訳がなされないのではと推測される種類のものを意識的に取り入れた。初期の歌謡研究や収穫習俗研究や東欧調査の報告などである。K.-S. クラーマーにはこれまで何度か言及したが、日本の研究者で興味をしめす人が一向あらわれない。それもあって紹介の仕方を工夫したのが今回の試みである。

　三つ目に、日本の民俗研究について日ごろ疑問を感じている問題点に少しだけ踏み込んだ。他にももうひとつ腑に落ちないことがらがあり、また必ず

しも民俗学に限定されるものばかりではないが、それらとの取り組み方の感触をさぐったのである。

　これらの諸篇では、材料をなるべく具体的に挙げる記述のスタイルを選んだ。日本の民俗研究者にはことさら引用がなくても共有の知識を言い当てるインデックス程度で十分な場合もあろうが、そうした識者でもドイツ民俗学の分野となると概括的な示し方では実感を得るのは容易でないと思われる。ちなみに K.-S. クラーマーがその実例で、これまでも要項を挙げてきたが、理解が進んだとは見えないのである。話題に上った材料に接しなければ了解を期し難いのは専門家でもその例に漏れない。と共に、その上で概念的な整理をも併せ添えた。具体的な記述と概念的な呈示とのバランスは、日頃、学生に口を酸くして指示するところであるが、それへの留意が大事なのはどの段階の者も同じであろう。またそれを言うのは、ここに収録したスケッチの何割かは講義やゼミで用いた教材だったからでもある。参考文献を探し出して照らし合わせるまでもなく、引用文に徴せば資料の如何に思い煩わずにすむ体裁は、それに向けて講じた便宜であった。書冊にも引き継いだのが余計であったかどうかは、少々時間をおいて見極めてもらえればと願っている。

　本書の刊行にあたって、勤務校である愛知大学から出版助成金があたえられたことに厚くお礼を申し上げる。またマイナーな書種である上に脚注を多く含むなど面倒な要求を容れて本づくりに取り組まれた創土社の酒井武之氏に深く謝意を表する。

2014 年 1 月 31 日　S. K.

I
ドイツ語圏の学史にさぐる民俗学のかたち

★

〈民俗学〉の形をドイツ語圏の学史に探る――図解の試み

はじめに：本稿の目的と方法

　ドイツ語圏の民俗学に関心をもつ者として意識していることがらがある。そこでの民俗学の特徴、またその歴史と現在を分かりやすく説明するにはどうすればよいかという課題で、これまでもその都度材料を選びながら何度か試みてきた。もう一つ理解が行きわたらないのであるが、今回は図解という方法を選んだ。

　民俗学は日本では盛んで、一般社会にもイメージが定着しているが、ドイツ語圏のそれもまた特色がある。しかしまったく別ものでもない。似て非なるが故に、また非にして似るが故に、却って分かりにくいところもあるであろう。とは言え、民俗学（と呼ぶかどうかは別として）の枠組みで行なわれる関心の種類、その枠組みにおいて見えてくるものの探求は、どこまで行っても各国・各地域あるいは文化圏でまちまちというわけでもないであろう。経緯や細部がそれぞれに特殊であるのは当然であるが、その分野に普遍的なものがいずれの営為にも貫いていると思われる。これを言うのは、ドイツ語圏の民俗学をさぐる作業が、その普遍的なものに触れ得ればとは常々考えているからである。ともあれ、今回は、<u>ドイツ民俗学の形</u>と併せて、<u>民俗学の形</u>を問うことにもなった。

　ここでの主な材料は、ドイツ語圏で繰り広げられた民俗学をめぐる数々の方法論議である。ドイツ民俗学の分野は 20 年ほど前あたりから少し落ち着

いてきているが、そこへ至る約半世紀間は、顕在的か潜在的はともかく正に議論の時代であった。その様子は、やはり議論が活発にならないと本質的なものが現れないことを示すに十分であった。同じくらい熱のこもった言葉の応酬は、日本の民俗学では稀にしか経験することができないように思われる。もとよりそれは、欧米にはディベイトの伝統があり、日本にはそれがないといった安易な先入観で説明がつくことではない。その時期、ドイツ民俗学は危機のなかにあったのであり、それだからこそ議論が起きたのである。しかしまた日本では、さまざまな分野が、それぞれの内部で一元的に固まってしまう傾向があるとは言えるかも知れない。 本稿の進め方では、話題を拡散させないことを心がけた。さもなければ、問いは果てしなく広がるであろう。率直に言えば、ここでは四つか五つの材料だけで肝心なことを言い切ろうと試みたのである。そのため棄てたことがらも多く、もしそこに関心を向けている識者がおられれば、あれが欠けている、これが不足するといった印象をあたえることになるだろう。同時に、それにもかかわらず、そこに実験をも組み込んだ。ここで選んだ話題は、半分はドイツ民俗学では周知のことがらであるが、半分はこれまで取り上げられたことがない種類のものである。資料の数をしぼり、それでいて話題になったためしがない材料をも混ぜたのは、筆者のささやかな冒険である。

1. 民俗学の生成と啓蒙主義時代のフォルクスクンデの多様性

[図解によるドイツ民俗学の推移]

　フォルクスクンデ（Volkskunde）は、私たちが言うところの<u>民俗学をふくむドイツにおける知識の名称</u>である。民俗学を含むというのは、歴史的にみると決して民俗学そのものと重なるわけではなかったからである。むしろ重なるのは今日ないしは近い時期の状況であって、歴史を遡るとそうではなかった。時代を特定するなら、1800年当時まではフォルクスクンデは今日の

さまざまな分野に相当するものとふれ合っており、多彩かつ多岐であった。それは、フォルクスクンデがなお試行段階にあったということでもあったろう。もっとも、18世紀末から19世紀はじめには、なおフォルクスクンデという名称はまだ一般的ではなかった。したがってフォルクスクンデという名称が常に掲げられるわけではなかったが、民衆存在や民衆の思念や生活にかかわるもの（これを民衆的事象と呼ぶとすれば）への関心が多彩なかたちであらわれたのである。

　ちなみに、フォルクスクンデという語の、現在確認されている初出は1786年である。それが後に英語の"folklore"になっていった[1]。この両者の前後関係については誤解がなかなか直らないので、改めて注意を改めてうながしておきたい。とまれ、名称をどう掲げるかも忽せになし得ないが、また学問分野を指す呼称はともかく、そこにはさまざまな方向への芽があらわれていた。しかし、やがて多様性は消えてゆき、フォルクスクンデと言えば私たちが普通にイメージをもつような伝統を記録し哀惜するものとしての民俗学を指すようになった。これを模式で示すと、さしずめ図Aとなろう。

　本稿では、この図を基本にドイツ民俗学を考えてゆきたい。後続の箇所でも幾つかの図を呈示するが（p.71, 106, 120-125, 137）、いずれもこの模式を原図としている。

　先ず時間的には、左から右へと時代が移って行くことをあらわしている。目安として左端は1800年前後のドイツ語圏の状況であり、右端は現代である。その時間幅を通じて民俗学は生成し、発展と屈折をかさね、現代の様相にまで延びる。そのさい色の濃淡は右へ行くほど（現代へ近づくほど）民俗学らしくなってゆくことをあらわす。また漏斗状は、時代の経過と共に扱われる文物が狭まってゆくことを示している。民俗学らしい対象へとしぼられてゆくのである。すなわち啓蒙主義時代には、後に民俗学を意味するようになる〈フォルクスクンデ〉は同時代の〈民衆的事象〉を多種多様にとりあげていたが、時代の経過とともに概ね〈民〉をめぐる〈むかし〉を回顧し、しかもそこに特殊な現代的意義をこめるようになる。

図 A

民衆的
事象

さまざまなフォルクスクンデ ⇒

→ フォルクスクンデ＝民俗学

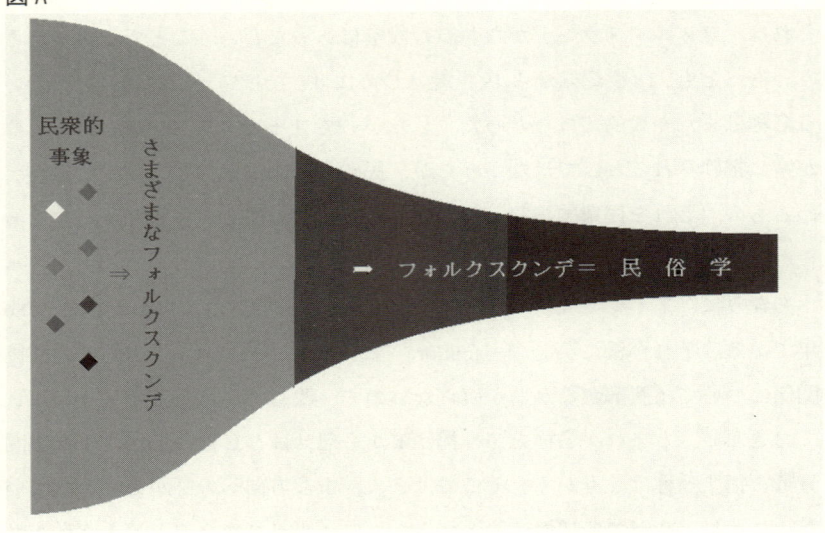

a. 民俗学の発端をめぐって

　もっとも、啓蒙主義時代に突然そうした状況が現れたわけではなく、さらに前史を問うことも必要になる。発端ないしは萌芽と言ってもよい。また民俗学の発端をどこにもとめるかは、何をもって民俗学と考えるかという本質論とも重なる。そして今日のドイツ民俗学に関するかぎり、有力な学史見解

1) 啓蒙主義の統計学者ヨーゼフ・マーダーの著作『ベーメンの国土とフォルクと国家の実用学への手引書』(Josef Mader, *Verzeichniß einiger gedrucken Hilfmittel zu einer pragramatischen Landes-, Volks- und Staatskunde Böhmens.* 1786)が初例とされてきたが、用語の使用に限れば、さらに数年早い 1782 年の事例が発見されている。参照 ,Uli Kutter, *Volks-Kunde. Ein Beleg von 1782.* In: Zeitschrift für Volkskunde, 74(1978), S.161-166. 日本では英語の"folklore"がドイツ語に訳されて"Volkskunde"の語が生まれたとの理解が永く行なわれてきた。第二次世界大戦前の誤認がその後も修正されずに残っていることに起因し、『世界大百科事典』（平凡社 1987 年）の「民俗学」の項目にそれが引き継がれているだけでなく、最近でもそうした解説が見受けられる。日本民俗学にとっては重要度の低い知識の故の現象であろうが、筆者は 20 年ほど前からそれを指摘しており、ここでも改めて触れておく。

はほぼ共通した理解を見せる。指標的な論者を挙げると、レーオポルト・シュミット[2]、インゲボルク・ヴェーバー＝ケラーマン[3]、ヘルマン・バウジンガー[4]がそれに当たるであろうが、民俗学の萌芽についてこの三人にほぼ共通するのは、〈ありふれたことがら〉や〈日常〉への関心がある程度の強度をもって形成され、しかもそれが単発的ではなく持続性をもつようになったとき、という認識である。またそれは、近代初期がその時期にあたるとされる。しかしまた三人は共通点をもつだけではなく、学史観の違いをも見せる。特にヘルマン・バウジンガーは、次の時代のロマン主義を背景にして形成されたフォルクスクンデこそ本質的であるとし、それゆえ特有の歪みをも必然的に併せもった学問分野というきわどくもダイナミックな理解を示すのである。これについては後にふれる。

　ところで、ありふれたことがらや日常への関心が近代初期に現れたという理解であるが、これはそれだけ聞けばとりとめのないところがあるかもしれない。古代の人々も中世の人々も、ありふれたことがらのなかで暮らし、その時代なりの日常をもっていたであろう。事実、人間の暮らしの日常的な側面に注意をはらった人々は昔からおり、また彼らの書きものが、今日の民俗学に通じるものとして顧みられることもある。しかしそうした断片的な事例が強調されると、勢いそれは民俗学の出発点を遥かな過去に遡らせる論にな

---

2) レーオポルト・シュミット（著）河野眞（訳）『オーストリア民俗学の歴史』（原著：Leopold Schmidt, *Geschichte der österreichischen Volkskunde*. Wien 1951）名著出版 1992.

3) インゲボルク・ヴェーバー＝ケラーマン／アンドレーアス・C・ビマー／リート・ベッカージークフ（著）河野（訳）『ヨーロッパ・エスノロジーの形成　ドイツ民俗学史』（原著：Ingeborg Weber-Kellermann/ Andreas C. Bimmer/ Siegfried Becker, *Einführung in die Volkskunde / Europäische Ethnologie*. [Sammlung Metzler, M79] Stuttgart 2003）文緝堂 2011.

4) ヘルマン・バウジンガー（著）河野眞（訳）『フォルクスクンデ － 上古学から文化分析へ』（原著：Hermann Bausinger, *Volkskunde. Von der Altertumsforschung zur Kulturanalyse*. 1971）文緝堂 2010, 第一部「学問史の再検討」

る。たとえばヘロドトスのその種の記述を取りあげて、民俗学は古代ギリシアからおこなわれていたとか[5]、男女の出会いの民間の風習を取り入れた詩歌のゆえに中世の抒情詩人ヴァルター・フォン・デア・フォーゲルヴァイデ（Walther von der Vogelweide 1170 頃-1230 頃）を特筆し、早く 13 世紀に民俗学の起点をもとめるといった論である。また同じくヴァルターの詩歌でも十字軍を歌った作品に重点をおくとドイツ人の国民意識の自覚が強調されることになった[6]。そうした学史に関する初期の論考類にも見るべき考察がふくまれてはいるが、第二次世界大戦後のドイツ民俗学がめざしたのは、それらとの訣別であった。

　しかしまた民俗学の発端となれば、民族意識や国家意識は避けては通れない要素であろう。ただそこにどれだけ本質的なもの、すなわちこの専門分野の核心をみとめるかは、視点の取り方で理解が違ってくる。さらに、国民意識の要素を強調するのは、あながち逸脱とばかりは言えない。ドイツについてはともかく、広く世界の事情をみれば、国や地域によっては民俗学が成立するモチーフとしてナショナリズムが本質的な意味をもったことが必ずしも咎めるにはあたらない場合もみとめられる。とりわけ現代史のなかで、大国や列強の支配や抑圧を受けていた民族や国家の場合、民俗学が民族意識や国家意識と支えあう関係に立つのはかなり一般的である。具体的には、ヨーロッパでは北欧のフィンランドがそうであり、また東欧諸国では、ロシア、ド

---

5) 射程を大きく取ったために古代ギリシア・ローマにも民俗研究の萌芽ないしは先駆をみとめることになった学史理解としては次を参照、Gustav Jungbauer, *Geschichte der deutschen Volkskunde*. Prag 1931（Sudetendeutsche Zeitschrift für Volkskunde, Beiheft 2).

6) アルトゥール・ハーバーラントの民俗研究は重要な考察を含んでいるが、国民意識が一つの基準となっているところがある。参照、Arthur Haberlandt, *Die deutsche Volkskunde. Eine Grundlegung nach Geschichte und Methode im Rahmen der Geisteswissenschaften*. Halle a. d. Saale. 1935（Volk. Grundriß der deutschen Volkskunde in Einzeldarstellungen, Bd.1).

イツ、オーストリアといった隣接する政治・軍事強国、また西ヨーロッパの文化的優位への対抗姿勢ならびにアイデンティティの拠りどころとして民俗学が形成された面がある。そうした側面はアジア諸国の民俗学の形成にも見ることができよう[7]。しかしドイツ民俗学の場合、ドイツ現代史の問題点とのかかわりもあって、第二次世界大戦後の改革者たちはナショナリズムに立脚点をもとめる見方とは袂を分かったのである。

　はじめに挙げた三人が民俗学の発端について似通った理解を示していることは、またそれぞれが考える民俗学の発端の時代も重なることになった。レーオポルト・シュミットはバロック時代の一面であった合理的思考にそれをもとめ、インゲボルク・ヴェーバー＝ケラーマンは人文主義の自国の民衆への関心を指摘し、ヘルマン・バウジンガーも同じく人文主義の国民意識に注目した。そして国民意識の向かう対象がありふれたものないしは日常であるような姿勢が持続性と系統性をもつようになることが民俗学へと延びる動きの萌芽なのであった。またその時代を特定した人としてレーオポルト・シュミットはゲオルク・フィッシャーにも注目したことがある[8]。

---

7) アジアでも中国民俗学の定礎者の一人である鐘敬文（1903-2002 北京師範大学教授）は民俗学へ進んだ原点を日本に対する五・四運動（1919）であったと屢々表明していた。筆者は1997年に北京に鐘教授を訪ねたことがあり、その折にはその種の話題が直接出たわけではないが、民俗学を志した青年期の思い出をうかがうことになった。；韓国の場合も、日本による併合時代の影響の払拭と、歴史を通じて永くみられた中国の影響力に対する自民族および自国の文化的アイデンティティをもとめる志向が民俗学の形成と結びついてきた面がある。それは、最近の江陵端午祭の世界遺産登録（2005年）をめぐる韓国と中国の微妙な理解のずれの背景でもあろう。；また西洋列強の植民地時代を経験したアジア諸国の民俗学でも、その種のモチヴェーションが一般的にみとめられる。日本の場合も、柳田國男による民俗学の提唱と育成には、日本社会が西洋化の大波を蒙る状況下で日本の社会と文化の独自性を救出する意図があったと考えられる。

8) 参照、Georg Fischer, *Geschichte der deutschen Volkskunde*. In: Adolf Spamer, Die deutsche Volkskunde, Bd.1. Berlin und Leipzig 1935.

また国民意識から日常の意識化へという展開も一直線にすすんだわけではない。民俗学の萌芽の段階に位置づけられる人々が記述へと進んだライトモチーフは十人十色で、同時にそのときどきの時代思潮ともからんでいた。

　文字通り国民意識の覚醒が記述者を動かしていたこともあり、民衆文物を面白おかしく話題にする戯作調のこともあり、さらに啓蒙主義者の場合には迷信との格闘の使命感に裏づけられることもあった。それはそれで記述者に関する個別研究の対象となるわけである[9]。言いかえれば、18世紀後半以来、国土と民衆生活への関心が高まったが、それは種々のモチーフと結びついて表面化したということになる[10]。そのときの主なモチーフとしてどのようなものが見られたか、幾つかの動向を見本程度に取りあげる。

---

9) 近代初期の民俗学の先行者に関する個別研究をも数多く手がけたレーオポルト・シュミットから一例を挙げると戯作調のものとして17世紀前半のシュテファン・プラーアーの『足痛風の蠅叩き』(Stephan Praher, *Podagraische Fliegenwadel*.1614/15) や17世紀末にザルツブルクで刊行された『蚊よけ網、もしくは気分転換』(*Muckennetz, Oder Gemüts-Erfrischung*. 1694)などについてモノフラフィーを残している。またヘルマン・バウジンガーは啓蒙主義者の迷信観の分析を試みたことがあった。参照、Hermann Bausinger, *Aufklärung und Aberglaube*. In: Deutsche Vierteljahrsschrift für Literaturwissenschaft und Geistesgeschichte. 37(1963), S.345-362.

10) ドイツ語圏の民俗学は、過去の問題性との関わりで、民俗学史をどのように理解するかがかなり大きな比重をもつ。そのため第2次世界大戦後の代表的な研究者はそれぞれ独自の民俗学史を構想した。それは民俗学の起点をどこに定めるかという問題とも重なってゆくが、ここでは18世紀後半から19世紀初めにかけての多様な動きに限る。ここでは次の3種類の民俗学史を挙げておきたい。レーオポルト・シュミット『オーストリア民俗学の歴史』(前掲 注2)、インゲボルク・ヴェーバー＝ケラーマン『ヨーロッパ・エスノロジーの形成／ドイツ民俗学史』(前掲 注3)、ヘルマン・バウジンガー『ドイツ民俗学・上古学から文化分析へ』(前掲 注4) 第一部「学問の再検討」

b. 民俗学の生成における二つのモチーフ：ナショナリズムと日常への関心
（ヴォルテールとユストゥス・メーザー）

　なお民衆的文物が国民意識に裏づけられて注目されるようになった脈絡も見逃せない。啓蒙主義の場合、ときには民間の習俗は前近代的で克服すべき迷信としてマイナス面から言及されることが多かったが、そこに民族主義や愛国主義のモチーフがからむと評価は異なるものとなった。その代表的な文筆家としては、さしずめ北ドイツの古都オスナブリュックのユストゥス・メーザー（1720-94）がそれに当たるであろう。それがどのようであったかは、たとえばメーザーが嘱目の光景に見せた反応は、同種の風物に接したヴォルテール（Voltaire 1694-1778）の記述と比較するなら、差異のほどは一目瞭然である。ヴォルテールはプロイセン王フリードリヒ2世に招かれてベルリンへ赴く途中でドイツ各地を見聞した。そのときの記録「ベルリンへの旅」のなかでヴォルテールは民衆をどう描いたか。ライン川流域のヴェストファーレン地方についてのコメントである

　　大きなバラック（これは家と称されている）のなかに動物たち（それは人間と呼ばれる）がいて、他の家畜たちとすこぶる打ち解けて一緒に棲んでいる。

　それに対してメーザーは、思想史的には同じく啓蒙主義に分類される存在ながら、民衆と民衆文物への評価においてヴォルテールとは天と地ほどの差異を見せて、民衆の生活様態への熱狂的な賛美者であった[11]。軒が低く薄暗く、家畜の一部も屋内で飼われているといったヴォルテールが見下した農民

---

11) メーザーのその種類の文筆としては次がよく知られている。Justus Möser, *Patriotische Phantasien.* 1774-78.；なおここで挙げる一節は、メーザーが民衆賛美においてどれほど昂揚していたかの一例として、同時代のヴォルテールが残した記述との対比としてヘルマン・バウジンガーが挙げているのを注目した。参照、（前掲 注4）バウジンガー『フォルクスクンデ』p. 25ff.

家屋、しかも家の入り口のすぐ前に肥溜めが設けられているなど、都会人が忌避しそうな仕様も、メーザーにかかると合理的計算のなせるわざであり、智慧の結晶なのであった[12]。

　大きな前屋根は家屋を西日から護り、同時に豚の小屋を覆う役目をも果たしている。そして最後に忘れてならないこととして、出口の前、馬をつなぐところに肥溜めがある。もっと快適な配置にして、かの重要な利便を失いかねない華美に移るのをふせぐためにも、私はこの便宜を力説したい。竈を特別視するのは誰しも気づくであろうが、それすら、この着想と定めの前には顔色無からしめられよう。農民にあっては、急に用を足すことができるのは装飾よりも大事なのである。

　こうして18世紀の最後の四半世紀から1800年を少し過ぎるあたりまでは、民衆生活の記録にはさまざまモチーフがはたらいて多彩であった。百家争鳴の時代といってもよく、今日の民俗研究者たちがそれぞれの問題意識に応じてその時代に原点をもとめたり、ヒントを得ようとするのは故ないことではない。

c. 国土学と民俗学の間 ── ローレンツ・ヒュープナーによるザルツブルク大司教領邦の国土調査

　次にランデスクンデ、すなわち国土学（Landeskunde）に眼を走らせておか

12）この箇所をヘルマン・バウジンガーが注目して民俗学の概説書に引用している。参照，（前掲 注4）バウジンガー『フォルクスクンデ』p.26-27.; バウジンガーはこの概説書とほぼ同時期に、メーザーの思想と行動の諸側面について次の論考において分析を加え、民衆存在への情熱的な傾倒と愛国、またフランス革命への反発と身分社会の肯定、さらに産業構造の変化への対応などを整理している。参照, Hermann Bausinger, *Justus Möser vom Blickpunkt der Gegenwart*. In: Zeitschrift für Volkskunde, 68 Jg.（1972），S.161-178.

なければならない。すでに言及したように、〈フォルクスクンデ〉の初出と言ってよいものは、統計学者ヨーゼフ・マーダーのランデスクンデであった。ここでは、それからちょうど10年後のさらに規模の大きな成果によって見ようと思う。実際、それは、かなり早い時期の産物で、しかも模範的とも言えるものであった。元イエズス会士の文筆家ローレンツ・ヒュープナー（1751-1807）が著した『大司教区にして帝国伯領邦たるザルツブクの地誌と統計』（1796-99年）である[13]。

　この報告の場合、対象となる地域のくくり方では、先ず常設裁判所（Pflegegericht）の管区で区分し、その地域の歴史を略述したあと、さらに町や村の単位ごとに細か実態の統計が集められている。主な項目は、住民数と住民構成（男女、年齢別、既婚・未婚・寡婦などの区別）、職業別（約40種類）の人数、家屋・住宅の総数と内訳（家屋の仕様・大小など約10種類）、農地所有の区分（営農者の所有地、小作地など）、農作物の収穫量（自家消費を除いた穀物種ごとの取れ高をメッツェンとシャフ＝シェッフェルの単位で表示）、家畜では馬（牡馬・雌馬・去勢馬）、雄雌の成牛・仔牛など、雌山羊・牡山羊・仔山羊、羊・仔羊、豚、その他について調査年度を表示して頭数が挙げられる。また土地ごとに農業をはじめとする諸々の産業の特徴、支配関係、火災の記録が注記されることもある。城塞と教会堂・僧院の実情は詳しく、聖職者の数が資格ごとに細かく記載されている。インフラストラクチャーにあたる道路や施設・郵便などの記述も入っている。地区によっては隣国（特にバイエルン大公国）との往来の種類が神経質なほど書き込まれている。

　このザルツブルク大司教領邦の調査記録は、なぜかヒュープナーの個人出版となっているが、全土にわたる統一的な調査が個人の熱意だけで遂行できたはずはなく、すべての法廷区について調べ上げがなされたことだけをとっても、領邦政府の意向がなくては不可能であったろう。加えて、立派な作り

13）Lorenz Hübner, *Beschreibung des Erzstiftes und Reichsfürstentums Salzburg in Hinsicht auf Topographie und Statistik*. 3Bde. 1796-99.

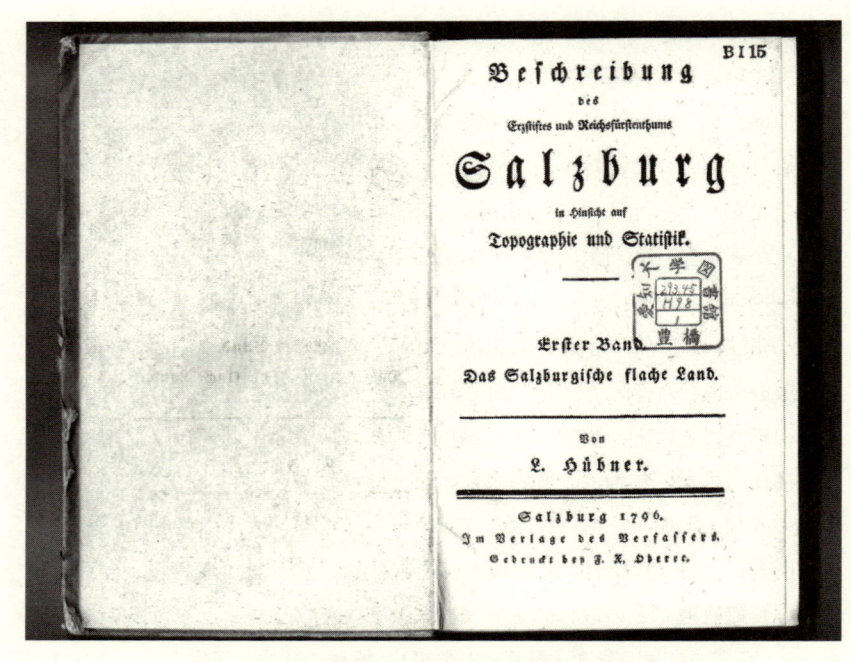

ローレンツ・ヒュープナー『大司教区にして帝国伯領邦たるザルツブクの地誌と統計』第一巻（1796年）中扉

の3巻本であり、元修道士の個人の業を超えている。そこでこの著作の成立には、当時、ザルツブルク大司教領国の学者宰相として知られたカール・エーレンベルト・フォン・モル男爵（1760-1838）の意向が反映されていると見られている。事実、関心の方向にはモルの考え方と接するところがある。ちなみにモルは、オーストリアの民俗学者レーオポルト・シュミットが、民俗学の先覚者に数えた人物でもあった[14]。レーオポルト・シュミットのその評価は当然なもので、ヒュープナーの地誌・統計は、それ自体が良質であるだけでなく、めぼしい民間習俗についても注意が向いている。これについては後に具体例を挙げる。

---

14) Karl Ehrenbert Freiherr von Moll については次を参照，（前掲 注2）レーオポルト・シュミット『オーストリア民俗学の歴史』, p.59f.

なお言い添えると、ヒュープナーの経歴として元イエズス会士であること
を挙げたが、それはイエズス会に対してローマ教皇から解散命令が出された
ためで、当時の大事件であった。各国で国民国家が成長する過程で、教会の
特権や権益、とりわけ修道会の世俗権力と重なるような結集力が妨害と見ら
れるようになり、1759年のポルトガルでの解散令を皮切りに、次いで1764年
はフランスで、さらに1767年にはスペインとナポリでそれぞれ国家権力がイ
エズス会を解散させる動きへと広がり、それに圧されて教皇庁も1773年に同
会を廃止させた。なおその後1814年に教皇庁によって同会の再開すなわち
解散令撤回の措置がとられ、やがてカトリック教会における大修道会へと復
興を遂げた。その解散の時期には、イエズス会士の主なメンバーの一部はエ
カテリーナ女帝の保護策にさそわれてロシアへ移住したが、また同会派の方
針として学殖ゆたかな人士が多かったところから、以後もさまざまな分野で
活動が見受けられた。なおイエズス会が各地の教育分野で力をもっていたこ
とについて例を挙げると、たとえばオーストリアのグラーツでは、イエズス
会が伝統的に大公府とのつながりがつよかったこともあって中等教育の中心
的な学校はイエズス会士によって運営されていた。その解散とメンバーの追
放によってはじめて他の思想の者が教員になることができたと言われてい
る[15]。

d. ミヒァエル・デニスとヘルダー

　たとえばヒュープナーよりも少し早い時期であるが、語学に堪能で文学に
も造詣が深かった図書館人ミヒァエル・デニス（Johann Nepomuk Cosmas
Michael Denis 1729-1800）は、当時の話題であった「オシアンの歌」をド
イツ語に訳して注解をほどこした[16]。そこでの問題意識は、オーストリアの版

---

15) これは、後に引用するフェーリックス・クナッフルの資料に付けられた編者によ
　　る伝記的な解説のなかでふれられている。参照，（後掲 注35），S.14.

図にあるスラヴ系住民のあいだには「オシアン」と〈同様のかたちで文藝における古代的要素がなお残存しているのではなかろうか〉ということにあった。その労作はヨーハン・ゴットフリート・ヘルダーがシュトルム・ウント・ドラングの旗手として着想を展べるにあたって踏み台にしたため（特に日本の）ゲルマニストたちは興味をしめさない[17]。たしかに青年期に天才時代をほしいままにしたヘルダーの文筆には常識的な知識人を薙ぎ倒してもおかしくないだけの力がこもっている。と同時にヘルダーの表現はすこぶる比喩的である。人間社会の共同体性の根底をにらみ、とりわけ近代社会の段階で改めて問われるべきその問題性を指差したとは言えようが、決して諄々と諭すスタイルではなかった。しかも、後年のヘルダーの幾分退屈なものに変質をきたした文章が必ずしもそれを補っているわけでもない[18]。ヘルダーは読み解くことを要する思想家であり、その非常識と紙一重の表出に接して時空の差に思いをいたすこともなく同調しても不毛に終わらざるを得ない。またデニスを実際に開いてみると、それはそれで分かってくることがらも決して少なくない。ヨーロッパ世界の基準では、むしろ良識的な人物であったように

---

16) *Die Gedichte Ossians eines alten celtischen Dichters, aus dem Englischen übersetzt* von M(ichael) Denis, aus der J.G. 3 Bde. Wien 1768, 1769, 1771. ［付記］J.G. はイエズス会の略号。；なお筆者は 20 年以上前に愛知大学で「ドイツ文学史」の講義を担当した際、見本程度ながらデニス訳「オシアン」の実際と序文に検討を加えた。ヘルダーが酷評したギリシア・ローマの六脚韻による翻訳であるが、デニスがそれを選択したのは、チェザロッティのイタリア語訳がペトラルカの詩型を採用して成功しなかったことを考慮しており、また先立って六脚韻をドイツ語で試みたクロップシュトックの「メシアス」に勇気づけられたとも記されている。後のゲーテの「ヘルマンとドロテーア」を併せると、ドイツ文学が古典古代の韻律を吸収する過程の里程標としても位置付けられよう。また翻訳に付されたまとまった序文ではケルト人とドルイド教の困苦と衰退が縷述され、イエズス会が崩壊に見舞われていた時期の経験が重なっていたとの印象も起きる。

17) ヘルダーの「オシアン論」は数種類の邦訳がなされている。早い事例として次を参照、ヘルデル（著）中野康存（訳）『民族詩論』櫻井書店 1945；ヘルダー（著）若林光夫（訳）『ヘルダー オシアン論』養徳社 1947.

思われる。対比的に見るなら、ケルト人の古謡についてデニスが古代ギリシア・ローマの要素を予想したのに対して、ヘルダーは北欧性を望見したという差異があったことが文筆の細部においても判明する。その指標とする文化から言えば、デニスはルネサンスの流れを汲む伝統的な教養人であり、ヘルダーは新思想であったとは言えるであろうが、北方的要素が解き放たれたのはその後のドイツ文化にとっては伏魔殿を開けることでもあった。ヘルダーから直線的につながるわけでは決してないが、北方性はその後のドイツ文化に宿命的な意味をもち、ナチス・ドイツでは人種論と結合する極端化にまで走ったことも知られている[19]。

18) 日本でのヘルダーへの関心の主軸は青年期のシュトルム・ウント・ドラングの文藝思想家の側面についてであった。手がけたのが主要にドイツ文学研究にたずさわるゲルマニストだったためであるが、またヘルダーを独自に読み解くのは難問でありつづけている。それだけに注目すべきは早い時期にヘルダーに関心を向けた和辻哲郎の着眼で、ヘルダーの後年の地誌学や人類学と重なる冗長ともみえる大作『人間の歴史ための構想』(Ideen zur Geschichte der Menschheit. 1784) を生産的に読んだこと、それが風土論に活かされたことは特筆されよう。参照, 和辻哲郎『風土』第5章「風土学の歴史的考察」第2節「ヘルデルの精神風土学」；またそれに先立ってこの大著の邦訳が行なわれていたことにも注目しておきたい。参照, ヘルデル (著) 田中萃一郎・河合貞一 (訳)『歴史哲学』第一書房 1933.

19) 北方性は、ナチズムを構成する要素という性格があり、そのプロパガンダでは〈北方的〉(nordisch) が盛んに謳われた。ナチ党幹部アルフレート・ローゼンベルクのナチス・ドイツ期に200刷を数えることになる『二〇世紀の神話』(Alfred Rosenberg, Der Mythus des 20. Jahrhunderts. Eine Wertung der seelisch-geistigen Gestaltenkämpfe unserer Zeit. München 1930) がそうであり、またルーン文字の恣意的な解読も横行したが、その場合には、ドイツ人を北方性において理解してきた先人たちの系譜が乱暴に利用された。なおその原点とも言えるヘルダーとゲーテの両者とも、後年には〈北方性〉に対して距離をおく姿勢を示したことに注目しておきたい。これについては次の拙論を参照,「ゲーテのバラード《蹄鉄の伝説》— 文化史から見た1797年のゲーテの詩想」愛知大学文學会『文學論叢』第72輯 (昭和58[1983])、なおこの小論は近々刊行を予定している拙著『ドイツ文学と民俗学』に収録することになろう。

ミヒァエル・デニス訳『オシアンの歌』第1巻（1768年刊）中扉と口絵

e. ヨゼフィニズム・ジャーナリストによる世相批判

　18世紀の第4四半世紀から顕著になる動きとして、キリスト教会を理知的なものに改めようとする刷新運動を挙げることができる。それには教会堂や修道院が所有していた広大な所領や前近代的な権益には国家権力も容易に容喙できない状況下、それらの国家への回収が近代化には不可避の課題となった面がある。それが一部では、迷信の巣窟にして民衆を操るものとしての教会への批判という形をとったのである。それゆえまた上からの近代化でもあった。しかもその動きはフランス革命よりも前から起きていた。事実、フランス革命のなかで企画されたり実行されたりした政策には、それ以前から各国で認識されていた共通の課題が多く、革命はそれを解決するための極端な形態であったとも言えるのである。

　キリスト教会を理知的なものに改めようとする動きは、たとえばオースト

リアではマリア・テレジア帝（在位1740-80）において推進され、さらにその息子で後継者のヨーゼフ2世（在位 母帝と共同統治1765- 単独統治1780-90）において先鋭化した。いわゆるヨゼフィニズムである[20]。このヨゼフィニズムは猪突猛進のきらいはあったものの、同様の姿勢は当時の多くの為政者にも共通していた。ヨーゼフ自身は過ぎるほどの理想家であったが、統治者のなかには改革志向をもったからとて、未来を望見する名君や胸に理想をたぎらせる志士とは程遠い領主も多かった。一例をあげると、ザルツブルク大司教で最後の邦伯でもあったヒエローニュムス・フォン・コロレード（Hieronymus von Colloredo 1732-1812）は少年期のモーツァルトを宮廷に出仕させていたことでも知られているが、ナポレオン戦争など国難にさいしては、国庫金を樽詰めにして持ち出し、自国を後にするような支配者であった。しかも政策面では、領内の僧院を幾つも廃止させるなど、教会の既得権益の国家への回収に突き進んだ[21]。また理性の信奉者を自認し、それゆえルソー主義者でもあった。ちなみに当時のルソー主義者は、今日ルソーを思想家として振り返ったときの印象とは違って、たちの悪い人々もおり、ピンからキリまでであった。ヒエローニュムスの場合、キリストの画像をルソーの似顔で製作させて崇めていた。しかしそれは必ずしも特殊な逸脱ではなく、マリア・テレジア女帝は自己の肖像を聖母マリアの幼子の聖母子像として描かせ

20）ヨーゼフ帝の改革、いわゆるヨゼフィニズムに関する邦語文献として次を参照，丹後杏一『ハプスブルク帝国の近代化とヨーゼフ主義』多賀出版1997年

21）参照、次の指標的な人名辞典 *ADB*, Bd.4, S.461f.; ヒエローニュムスはウィーンの名門貴族としてオーストリア帝室の権益としてザルツブルク大司教領邦を襲邦したために地元への帰属意識よりも帝室への忠誠が先立っていた面がある。その治世下ではかなり激しい教会・僧院整理が推進された。詳しくは次を参照，Ludwig Hammermayer, *Die letzte Epoche des Erzstifts Salzburg. Politik und Kirchenpolitik unter Erzbischof Graf Hieronymus Colloredo (1771-1803)*. In Geschichte Salzburgs. Staat und Land, hrsg.von Heinz Dopsch, 2.verb Aufl. Bd.II, 1.Teil. Salburg 1983, S.453-535.

22）参照，Stephan Beissel, *Geschichte der Verehrung Marias im 16 und 17 Jahrhundert. Ein Beitrag zur Religionswissenschaft und Kunstgeschichte*. Freiburg i.B. 1910.

たりもしていた[22]。そしてそれまた時代の風潮で、詩人ゲーテも巡礼地の教会堂に聖者像を寄進ないしは寄贈するにあたり、若い頃の自分の似顔で描かせた[23]。なおキリスト教を理知的な宗教に矯正しようする啓蒙主義において噴出した姿勢を貫くか否かは、短期間の課題にとどまらず、特にザイラー（Johann Michael Sailer1751-183）の神道理論とも重なって、19世紀を通じてカトリック教会を揺るがせる大きな論争題となったのである。

　目下の時代状況に返ると、カトリック教会の実態に対して啓蒙主義者の批判的な議論が勢いをつよめていた。そこでは、特に修道会の網目でもある各地の僧院が槍玉に挙げられた。しかし指弾したのは当のカトリック教会に立つ人々でもあった。そのなかのよく知られたものに、文筆家ヨーゼフ・リヒター（1749-1813）がオーバーマイヤーのペンネームで刊行した『カトリック教会陋習の画廊』と『僧院陋習の画廊』（1784年）がある[24]。後のナチスによる「退廃藝術展」を思わせるような題名であるが、啓蒙主義的な改革に燃える皇帝ヨーゼフ２世の刷新志向が、多くのジャーナリスティックな知識人の共鳴を呼んだのは事実であった。多数の僧院が廃止され、なかには軍隊の

---

23) ゲーテはライン河畔ビンゲンの聖ローフスの巡礼地に1814年に聖者ローフスの画額を施納したさい、聖者を自分の若い頃の似顔で描かせた。参照、ルードルフ・クリス／レンツ・レッテンベック（著）河野（訳）『ヨーロッパの巡礼地』（原著：Rudolf Kriss / Lenz Rettenbeck, *Wallfahrtsorte Europas*. 1950）文楫堂 2004, p.73（ローフスベルク・バイ・ビンゲン）、p.308（モノクロ写真）.；また次の文献を参照、レーオポルト・シュミット（著）河野（訳）「ゲーテと巡礼慣習」（原著：Leopold Schmidt, *Goethe und Wallfahrtwesen*. In: Bayerisches Jahrbuch für Volkskunde [für]1976/77, 1978, S.218-226.）愛知大学文學会『文學論叢』第85輯（昭和62[1987]）、p.200-164.

24) Obermayer（Josepf Richter）, *Bildergalerie katholischer Misbräuche / Bildergalerie klösterlicher Misbräuche*. 1784. この評論の実際については（前掲 注2）レーオポルト・シュミット『オーストリア民俗学の歴史』への解説として、『カトリック教会陋習の画廊』から「ヘナルナルスのカルヴァリオ山について：十字架曳行者その他の行列について」、「燻り出し人の巡回」、「クリスマス朝課」の３項目を翻訳して載せた（p.322-327.）

資材置き場になったところもあり、ひどい場合には家畜小屋に変えられたことすらあった。ちなみにフランス革命のなかで、今日人気のある世界遺産であるフランスのモン・サン・ミシェルが軍隊施設となったのも、大きくは同じ流れのなかの出来事であった。とまれ、ヨーゼフ2世の改革を支持した知識人たち、すなわちヨゼフィーナーの一人であったリヒターの書き物から、その一節を具体例として見ておきたい。

［事例］　ヨーゼフ・リヒター『カトリック教会陋習の画廊』から：
　　四旬節のヘルナルスのカルワリオ丘

　後に学問としての民俗学が成立してからなされた報告が真に客観的なものであったかどうかはさておき、この時代の民俗記録は、当然ながら時代特有の目的に沿った描写で、その主要な一つは、先にふれたような、現行の習俗を迷信や陋習として槍玉に挙げるという、いかにも啓蒙主義らしいスタイルであった。後になると、それが図らずも当時の様相を伝える資料となるのである。次に挙げるのは、ヨーゼフ・リヒターの先に書名を挙げた『カトリック教会陋習の画廊』の一節で、「ヘルナルスのカルワリオ丘について ─ 十字架曳行者その他の行列の催し」を論じている[25]。

　今日ではウィーン市内に組みこまれているが、昔は郊外であったヘルナルスではその地域の教区教会堂「聖バルトロメオ」が古くから知られてきた。宗教改革の一時期、ルター派の拠点になったが、オーストリアがカトリック教会でまとめられると、過去の払拭の意味をもこめてイエズス会のメンバーがここをカトリック教会の霊場へと育成した。十字架道と聖墳墓を設営して巡礼地の性格をあたえたのである。1639年から七宇の足留地礼拝堂と聖墳墓が作られた。主の道行における〈七度のお倒れ〉の再現ないしは追憶の施設

---

[25] 引用は前掲書（注24）の一節を再録した。；なおヘルナルスの教会堂の往時の模様についてはウィーン学のグスタフ・グーギッツが同学者との共著の一つにおいて取り上げている。参照, Emil Karl Blümml und Gustav Gugitz, *Von Leuten und Zeiten im alten Wien*. Wien/Leipzig 1933, S.7-21: „Der Hernalser Kalvarienberg zur Fastenzeit".

である。ローマ教皇ウルバヌス8世はそれが成ったのを、いたく嘉し、ウィーンのシュテファン大聖堂からヘルナルス聖堂までの巡礼を隔年に行なうこと完全贖宥をもって奨励した。聖墳墓は1683年にトルコ軍に破壊されたが、その後、1709年から1714年にかけての再興事業では、教会堂を囲んで14カ所の足留地礼拝堂を有するカルワリオの丘、すなわち聖書がキリストの十字架上の受難の場と伝えるゴルゴタの丘の模倣が建設され、以後、ウィーンの有数の巡礼地に発展した。それが、ヨーゼフ2世帝の近代化政策のなかで、迷信の巣窟として標的にされたのである。

　ファスナハトの有頂天気分やら仮装騒ぎが一段落するかしないうちに、今度は教会が次の出しものとしてドタバタ劇に着手している。こんな言い方をしても、神への冒涜とは見ないでもらいたい。事実それはドタバタ劇どころの騒ぎではなかったのだ。宗教と国家に害をなす詐欺師の祭と言ってもよく、そこでは民衆は欺かれ、座元だけがしこたま儲けていたのである。
　気弱な人々は、これまでまったく誤った教義を吹き込まれてきた。永遠の祝福に至るには、私たちの神聖な宗教の創唱者に倣わなければならない、と言う。ところが人々は、その模倣をただちに肉体的な意味で受けとめた。当時の司祭たちは救世主の説かれた神の教えよりも救世主の肉体的苦痛の方を重んじたので、キリストに倣うとは、ひたすら我と我が身体を痛めつけ、十字架を自分の背中にかつぐことであると思いこんでいた。
　本来、キリストに従うことについては、かかる誤解から正しい道へと導くことこそ司牧者たる者の義務であったろう。しかし一つには司牧者たち自身が、キリストに従う意味を理解していなかった。二つには、民にこういう間違った観念を教えることによって生じる眼先の利益から離れることができなかった。そのため彼らは、自分たちを信頼している羊の群をこのようなアザミの野へ連れ歩く方を選び、この茶番劇を盛り沢山にすることに労を惜しまなかった。
　彼らは茶番劇の役者たちに舞台衣装を支給し、飾り付けや舞台の小道具

まで取りそろえてやった。贖罪者の衣服、頭巾、笞、縄、大小あらゆる寸法の十字架、こういうものを揃えた道具部屋をこしらえ、説教に力を入れて俳優たちに演技のコツや見せ場の手ほどきをし、最後はよく仕込まれた一座を引き連れて市中を練り歩き、カルヴァリオ山へ向かった。その有様は、四旬節の行列と言うより、まるでファスナハト（[訳注]後のカーニヴァルに当たる）の行進と言う方がぴったりする、おどけた、たちの悪いもので、そのひどさを見ると、健全な警察がどうして彼らを放置しておくのか不思議でならなかったものだ。

かかる悪質な陋習のなかで宗教や道徳が堕落しないはずはなかった。事実そこに出現したのは滑稽きわまる光景で、こちらでは泥酔したキリストが使徒たちに家へかつぎこまれているかと思うと、あちらでは十字架曳行者たちと折檻者が殴り合いの喧嘩をしている、また別のテーブルではキリストに扮した学校教師がユダヤ人役の者と仲よく酒を飲んでいる、といったものだった。

まったく反吐が出そうなほど馬鹿々々しい光景だが、しかしそれで終わりではない。こんな風に当時の様子をちょっと紹介しただけでも今の若い人たちには、その後のなりゆきの想像がつくだろう。── 然り、正にその通りで、この茶番劇はついに政府の注視するところとなった。マリア・テレジア帝は、他にも教会の数々の悪弊を止めさせてこられたが、この茶番劇にも終止符を打たせ給うた。これらドタバタ仮装劇の全部、十字架曳行者と折檻者の行列、教義弘布のハルレキーン劇、キリスト受難のコメディ等々は廃止された。── 坊主どもはぶつぶつ言っていた。しかし命令は動かしようがなかった。

折檻者たちは、どうしても流血が見たいというなら吸角子か瀉血でもすればよいだろう、ということになり、マグダレーナたちは酒場に引っ込むか、人形劇場でコロムビーネ（[訳注]ハルレキーンの恋人）の役でも演じておればよいということになり、十字架曳行者も精々自分の家の十字架を相手にする他ない仕儀に陥った。

真のカトリック信徒なら、かかる陋習を廃止されたテレジア帝に満腔の謝意を致すのは当然であるが、なおその上にヨーゼフ帝によってこの大業が完遂せられることを期待してよいのである。

　仮装劇の行列はもはや行なわれなくなった。折檻者や十字架曳行者もいない。しかしこれらの茶番劇が演じられていた場所はこの瞬間にもなお存続しており、俳優の衣装が変わっただけのようである。

　木製の十字架をかついでヘルナルスへ引きずってゆく代わりに、めかしこんだ娘の手を取って同じ場所へ出かけるというわけだ。たしかにユダヤ人に扮したキリスト者の行列は無くなったが、今度はいかにもキリスト者らしく振る舞うユダヤ人の祭になってしまった。かの恐ろしい騎士ロンギヌスは優雅な伊達男やしゃれのめした家僕に姿を変え、黒馬にまたがってうろつき、主の脇腹の傷などは皆目意に介されない。……

　四旬節のヘルナルスは、さながら夏場のアウガルテンやプラーター（[訳注] ウィーンの公園）に他ならない。――ここの繰り広げられるのは、まことに雅な世界である。それゆえ口の悪い人たちは、ヘルナルスを小型の仮装舞踏会場と呼んだりする。この場所をはじめて訪れた人々なら、驚愕するのは必然であろう。カルヴァリオ山へ登って十字架のキリスト像を拝し、次いでこの聖なる山の麓に下りるなら、そこには夥しい数の小店が並んでいる。ソーセージ、砂糖菓子、ヘルナルス・キップラー（[訳注] ジャガイモ料理の一種）、ラテン風サラミ・ソーセージ、チーズ、その他の食品の店々である。―― こちらではお婆さんが大声で〈キリスト様の御受難の唄、一クローネだよ〉と叫んでいるかと思うと、その隣りでは〈レモンはいかが、イチジクはどうだね、一クローネだよ〉と声を張り上げている女がいる始末であり、これではカルヴァリオ山の上はキリスト教徒、下は異教徒と思わない方がおかしい。……

　こういう記述が、特に教会をめぐるさまざまな習俗を材料にして延々と続くのである。描写が具体的であるだけに、この種の文筆が当時の実態を知る上

で掛け替えの無い資料となっていることも稀ではない。なお言い添えれば、この筆名ヨーゼフ・リヒターの政策論議でもあるルポルタージュが刊行されたのは18世紀の80年代半ばであった。それゆえ、教会、とりわけカトリック教会の習俗に対する指弾がフランス革命よりも前にカトリック教会国であるオーストリアで高まっていたのである。もっとも、ここにはカトリック教会そのものを否定する意図はなく、その点ではフランス革命の過程において部分的に見られた動向とはやや性格が異なる。また特にイエズス会を標的にしている点では、この時期のカトリック教会の諸国に共通でもあった。

f. 旅行記の形態による民俗事象の記録

　旅行記も盛んに書かれたが、これは感傷主義という当時の風潮とかさなっている[26]。人間の内面への関心がたかまり、また内面が尊いともみられるようになった時代であった。そこで個人が、自己の内面を表明するときの枠組みとして、日記や手紙や紀行文が流行した。ゲーテの『若きウェルテルの悩み』はその文学思潮の産物であり、またその面での大先達には、『新エロイーズ』をはじめとするジャン・ジャック・ルソーの諸作品が屹立していた。

　また民衆生活を主要な対象にした観察旅行体も流行りとなった。その方面での代表例で特に大部なものには、フリードリヒ・ニコライの旅行記録がある[27]。このニコライ（1733-1811）の紀行は年代の重なりや大部で系統的なことではちょうど日本の菅江真澄（1754-1829）と対比し得ようが、文章や視点

26）感傷主義（Empfindsamkeit）は文学史の概念で、啓蒙主義の一要素として1720年頃からフランス革命までの時代傾向であった。参照、Nikolaus Wegmann, *Diskurs der Empfindsamkeit. Zur Geschichte eines Gefühls inder Literatur des 18.Jahrhundert.* Stuttgart: Metzler 1988.; Renate Krüger, *Das Zeitalter der Empfindsamkeit.* Leipzig [Koeler & Amelang] 1972.

27）Friedrich Nicolai, *Beschreibung einer Reise durch Deutschland und die Schweiz im Jahre 1781. Nebst Bemerkungen über Gelehrsamkeit, Industrie, Religion und Sitten.* 12 Bde. Berlin u. Stettin 1783-96.

がかもしだす気品は菅江真澄が優るように思われる。あるいは、よくも悪しくもニコライはジャーナリストであった。と言うことは、同時代の諸相に幅広く目を向けていたが、第一級の文人から見るとやや底が浅かった。その長大な旅行記録『1781年のドイツ＝スイス紀行』12巻はサブタイトルが「学術・工業・宗教・慣習へのコメントを含む」となっている。それゆえ訪れた地域の大学（たとえばテュービンゲン大学）の人員と科目についての詳細な記録があり、また各種の〈マニュファクチュア〉についての情報が盛りこまれ、宗教では教会堂と僧院の施設を細かく取り上げている。そしてそれらと並行して民衆の間の習慣や祭り行事にも注意が向けられている。逆に言うと、後に民俗学が主要な対象とするような民衆的のあいだの伝統的な諸現象は、同時代の世相の一部という扱いである。しかしなかには過小評価すべきでないものもある。ニコライにとっては総合的な目配りの一部としておこなわれたであろう民謡への着目も今日から見ると先駆的な面があった[28]。しかし深みを欠いており、たとえばヘルダーが民謡にこめた深甚な意義とそれを論じた思想などは、ニコライにはもとむべくもない。しかしヘルダーの民謡論は、それまた対象の性格から見てバランスを失しているところがあり、民謡理解にしぼるなら過剰な思想表出であったと言えなくもない。ちなみに日本のゲルマニストは、ニコライがゲーテによって揶揄されたが故に、ほとんど見向きもしない。要するに『ファウスト』で槍玉にあげられる〈臀部見霊者〉であり、その程度の見識だったのも一方の事実ではあろう[29]。さらに言い添え

---

28) 民謡収集者としてのフリードリヒ・ニコライの意義については次を参照，（前掲注3）ヴェーバー＝ケラーマン『ヨーロッパ・エスノロジーの形成／ドイツ民俗学史』p.32.

29) ゲーテの関係でよく知られているエピソードであるが、ニコライは、彼自身も霊を見たことがあるが尻に蛭を這わせて血を抜くと消えたなどと説明したために、浅薄な啓蒙主義を嫌っていたゲーテに〈尻で霊を見る奴〉とからかわれた（『ファウスト第一部』「ワルプルギスの夜」）。参照, Goethe, *Faust* (Hamburger Ausgabe, Bd.III), L. 4143f. u. Anm.

れば、先にふれたヘルダーの才気ではじき飛ばされたミヒァエル・デニス、さらに同じくゲーテの即興詩「ラーヴァターとバーゼドーの間で」によっていなされた改革志向の両人など、いずれも高く評価する必要はないにせよ、18世紀後半から末期の思想・文藝の舞台となると、まったく無視するわけにはゆかないバイプレイヤーたちであった。

［事例］　シュパウルの旅行記から：アルプスの牧婦のヨーデル
　ニコライの旅行記に言及したが、それに比べて、より後世の民俗学の性格を見せているものにフランツ・ヨーゼフ・シュパウル（1756-1821）の紀行文がある。ザルツブルク大司教の宮廷に出仕していた同国の貴族で大聖堂主席司祭の格にあった人物で、またその紀行文は当時の感傷主義のスタイルである書簡体でつづられている[30]。すなわち内面や感情を表現することに重点をおくとの趣旨による様式である。

　　焼けるような太陽が私たちの真上に昇り、その上、岩からの照り返しがそれ以上にきびしくなってきた頃、私たちはこの暑い夏を過ごすための山小屋にたどり着こうとつとめた。牧婦たちは、私たちの姿を見るや、アルプスの住人だけの独特のメロディで（それはとても再現や記述できない）唄を歌いかけてきた。私の従者は、この変わった明るい声の甲高い声はボヘツェン（pochezen）と言うのだと私に教え、彼自身も、幾分低い声で意赤にも対話的な調子で歌い返した。二人の牧婦は美人で、愛嬌のある青い目と白い輝くような歯をもち、衣服はいかにも清潔だった。牧婦たちは、彼女たちが〈山羊っこ〉と呼んでいる十三歳の少年を一人連れただけで、

---

30)　参　照、Friedrich Franz Joseph von Spaur, *Reise durch Oberdeutschland. In Briefen an einen vertrauten Freund.* 1800 / 1805. S. 88ff. 当時の感傷主義のスタイルであった書簡体の旅行記録で12通から成る。その第四書簡。なおこれは前掲書（注2）レーオポルト・シュミット『オーストリア民俗学の歴史』に訳注として補足した訳文の再録である。参照、同書 p. 309f.

牛と一緒にすでに何か月も遊牧民さながら移動を続けている。しかし彼女たちは愛想がよく親切で快活なのは他には考えられないほどで、私にはヴァイヤンの作品に登場するかのナリーナよりもこの牧婦の方が社交界の女性らしく思われた。彼女たちは、油のしたたるいわゆるラームス（ラード）とふくよかな香りのミルクをくれたが、空腹の私たちには素晴らしい御馳走だった。このつつましい食事のあいだ、彼女たちは民衆語の歌を二三曲歌ってくれた（原注）。そのメロディは、彼女たちが一番好きなダンスであるワルツに適していた。もっとも、恋とか抱擁に誘うとか言うその歌詞を、私は通訳の狩人を通じてようやく理解できたのである。この働き者の陽気な女たちは53頭もの牛を飼っており、一日に二回搾乳しなければならない。牛は小柄で見栄えもよくないが、彼女たちの言うところでは、今年は質のよい牧草がたくさん育ったので、ほとんどの雌牛は毎日七リットルの乳を出すらしい。その乳で牧婦たちは、とてつもなく大きなチーズをつくる。それは酸味よりも甘味が強く、風味の点ではスイスにはとても及ばない。こうしたアルプスの山小屋の家具や調度類ほど質素なものはないだろう。ニロの鉄のフライパン、数個の木作りの匙と皿、椅子2脚とベンチが一つ、前室には自然の床である岩石の上に小さな竈があり、また牛乳部屋の隅には施錠した小型の櫃が置かれて、牧婦たちはその中に肌着や靴下をしまっている。牛乳部屋の上へ梯子で昇ると、藁と干草を詰めたベッドがあり、横には毛布がある。家の調度はこれで全部である。別れにあたって、陽気な牧婦たちはアルプス・バラ（[訳注] シャクナゲ）、アルプス踊り草、それに羊の毛のようなアルプス白花で編んだ花束を私にくれた。それれは、植物学者には大いに価値がある花々だった。なぜなら非常に高い山地でしか育たない草花だからだが、その代わり見た目や香りはあまり満足できるものではなかった。私は、このやさしい自然児たちのもとを去るにあたって、これからの旅先でも同じような人々と出会いたいとの願いをもった。彼女たちがハーモニーで歌う歌は、私がずっと遠くへ離れてからも未だ聞こえてきた。

[原注] ヒュープナー『大司教区にして帝国伯領たるザルツブクの地誌と統計』第二巻、p.393-396 にはザルツブルクの民衆語の歌が数篇収録されている。

注目すべきは、シュパウルがヒュープナーを念頭において、この紀行文形式の観察記録を執筆していたことである。しかしまたシュパウルの観点はアルプスへの憧れというロマン的な性格をあらわにしている。すでにアルプスをめぐるツーリズムは始まっていたと言ってもよいのである[31]。

g. 啓蒙主義の牧師ハインリヒ・ハイデッガーによる迷信の解明

ニコライが見霊を蛭で消滅させたのはお笑い草であるが、それも当時の科学知識の応用と考えるなら、同じ平面には他の多くの啓蒙主義者も顔をみせる。霊視や妖怪といった超越現象ないしは怪奇現象を合理的に説明しようとする試みは啓蒙主義のなかではかなり一般的で、たとえばスイスのタールの牧師であったハインリヒ・ハイデッガーの啓蒙書『理性ある村の牧師：その実際と実践 ― 村の司牧者と農民のための読本』[32]はかなり読まれたようである。なおこの啓蒙書に早い時期に注目したのは 19 世紀末から 20 世紀初めにベルリン大学教授であったエーリヒ・シュミット（Erich Schmidt 1853-1913）であった[33]。当時の指導的なゲルマニストであり、その点ではゲルマニスティクがフォルクスクンデ（民俗学）をなお併せていた時期から注目されていたと言い得よう。それが後にヘルマン・バウジンガーによって改めて取り上げ

---

31) 19 世紀に入った頃にはアルプスはエキゾチックでロマンに満ちた旅行先という性格をもつようになっており、自然美や素朴をモチーフとするツーリズムをめぐる諸要素が入り混じりせめぎあう様相が出現していた。これについては次の拙著で取り上げた。『フォークロリズムから見た今日の民俗文化』創土社 2012, p.308f.（スイスの自然風物とツーリズム）p.351f（『スイス風俗図集』など）

32) Heinrich Heidegger, *Der vernünftige Dorfpfarrer: Geschichte wie sie ist und wie die durchgehendes seyn sollte. Lesebuch für Landgeistliche und Bauern.* Zürich [Geßner] 1791.

33) Erich Schmidt, *Deutsche Volkskunde im Zeitalter des Humanismus und der Reformation.* Berlin 1904（Historische Studien, Heft XLVII）.

られたのである[34]。今日も完全な復刻はなされていないが、注目されつつあるのは[35]、バウジンガーを直接的な刺激としている。

h. フェーリックス・クナッフルの調査記録とその復刻版をめぐって

ともあれ18世紀の終わりから19世紀初めにかけては、国土と民衆への関心が各方面から高まった。そしてそこから特定の種類への特化が進んで民俗学になっていった。それについてエピソードを挙げる。オーストリアの財務官僚にヨーハン・フェーリックス・クナッフル（1769-1845）という人がおり、1813年「ユーデンブルク郡内フォーンスドルフ地区資料統計の試み」というまとめをおこなった[36]。地区は5村から成り、規模を人口で見ると、クナッフルが挙げた1812年の統計では1083人であった[37]。その地でクナッフルは

---

34) 参照、（前掲 注4）バウジンガー『フォルクスクンデ』p. 21. なおバウジンガーは、民俗学の前史の観点から啓蒙主義時代には造詣が深く、独自の観点からの論考が多い。

35) 参照、Heidrun Alzheimer-Haller, *Handbuch zur narrativen Volksaufklärung: Moralische Geschichten 1780-1848*. Berlin 2004.

36) Johann Felix Knaffl, *Versuch einer Statistik vom kaiserlischen Bezirke Fohnsdorf im Judenburger Kreise*. 1813, hrsg. von Viktor von Geramb（Quellen zur deutschen Volkskunde Bd.II）. Berlin und Leipzig 1928. この記録の民俗学の面からの評価については次の学史を参照、（前掲 注2）レーオポルト・シュミット『オーストリア民俗学の歴史』p.91ff. なおこのクナッフルの調査記録はドイツ民俗学の発端における里程標の一つとして少なくとも書名だけはよく知られている。そのさい注意すべきこととして、ユーデンブルクという地名ながらクナッフルの調査は〈ユダヤ人部落〉の研究（平凡社『民俗学体系 第一巻』p.25. は書名からのみ判断してそう解説しているが）ではない。都市名の語義は〈ユダヤ人の都城〉であり、歴史的には11世紀にユダヤ人商人の活動の拠点とし基礎が据えられ、以後シュタイアマルクの商業の拠点となったが、ユダヤ人は1496年にこの都市から追放された。これはドイツの百科事典にも記されているほか、詳しくは次の都市史を参照、Johann Andritsch, *Stadtchronik Judenburg*. Judenburg 1989.

37) 参照、前掲書（注36）、S. 24. クナッフルは5村に分けて、人口の男女・小児に分け、また戸数と家族数を挙げている（5村の合計では166戸173家族）。

地誌記録や統計の他に、自ら採録も心がけ、年中行事や人生儀礼、また民謡や民衆劇の詞章も書きとめた。のみならず、画家レーダーヴァッシュに依頼して水彩画をも添えた[38]。それは後の国土・民情記録の見本の一つにもなったほどの出来であるが、手稿にとどまったところから20世紀に入ってオーストリアの民俗学者ゲランプが翻刻したものが今日一般にもちいられている。ところが、それはクナッフルの稿本の全体ではなく、取捨選択がほどこされていた。これを後にテュービンゲン大学のウッツ・イェクレが批判した[39]。

　……フェーリックス・クナッフルの報告には、職業事情や教育の実態や習俗関係の出来事が詳細に記されており、またそこでその種類の報告が自明のものと考えられていた。……その報告は120年後にヴィクトル・フォン・ゲランプによって刊行されたが、その際、国家行政や経済事情に関わる箇所が〈民俗学的には関心の外にある〉項目としてほとんど例外なく削除されたのは、民俗学の歴史を知る上でまことにシンボリックであった。

省かれた項目については、次のように注記が加えられている。

　次の諸項目は省かれた旨の注記がほどこされている。「地方史及び制度に関わる報告」（S.28）、「警察及び孤児と後見人の仕組み、また課税に関わる

---

38) 本書の口絵に載せた数点を参照。；なお前掲書（注2）レーオポルト・シュミット『オーストリア民俗学の歴史』の翻訳に当たって、手引書としても役立つことを意図して多くの関連資料を載録したが、その一つとしてクナッフルの稿本にレーダーヴァッシュが添えた水彩画1点をモノクロで口絵とした。なおレーダーヴァッシュ（Johann von Lederwasch1755/56-1826）はシュタイアマルク州出身で、ネーデルラント風の風俗画の故に〈シュタイアマルクのテニールス〉とも呼ばれ、19世紀初めに多数の服飾図録を手がけた。参照，（前掲 注2）レーオポルト・シュミット『オーストリア民俗学の歴史』p.95-96.
39) Utz Jeggle, *Alltag*. In: Hermann Bausinger u.a., *Grundzüge der Volkskunde*. Darmstadt 1978, S. 81-120, here S.89-90.

報告」(S.29)、「純然たる産業関係の記述は省略した」(S.29)、「教会ならびに学校に関する記述には民俗学から見て注目すべきものは無い」(S.29)。

言い添えると、ゲラムプは決して視野の狭い民俗研究者ではなかった。むしろ逆で、それは後に見るリールを師表と仰ぎ、その克明な伝記研究を行ったことからもうかがえる[40]。それゆえイェクレの批判は幾らか割り引いて読む必要があるが、ゲラムプにしてなお、という側面はたしかに見られるのである。人口統計などは復刻されているが、警察や課税の項目は抜けている。それに対して民衆劇、特にクリスマス劇は台詞とメロディまでが翻刻されている。

[事例] 婚礼料理のメニュー

クナッフルは人生儀礼には特に誕生・結婚・死に絞ってとりあげ、それぞれのセレモニーを観察している。結婚と婚礼についても教会堂での儀式次第や婚礼の宴会などをかなり詳しく描写している。それは〈中程度の農民〉の場合であるとされる。ここではそのなかから、結婚披露宴の料理の献立を抜き出そうと思う。それは料理の品数が16品から成るとされることが目を惹くからである[41]。気楽な話題と見えるかも知れないが、婚礼に代表される大盤振る舞いは、歴史を通じて〈お上〉による抑制の指示とそれを撥ねつける実態とがイタチごっこを繰り返してきたのであった。ここでは制限令などの話題には入りこまないが、実態を見ておきたいのである。クナッフルによると、その献立は次のようである。

1. スープと堅パン（＝8の字パン）、2. 牛肉のワサビ（＝西洋わさび）添へ、3. キャベツのソーセージ添へ、あるいはレバー添へ、4. 子牛肉と小羊肉の

---

40) 参照、（後掲 注 70）Viktor von Geramb, *Wilhelm Henrich Riehl*.
41) 参照、（前掲 注 36），S.57-69 (Cap.II. Hochzeitsbräuche), hier S.61

漬けこみ、5. 子豚（離乳前）肉、6. 子牛臓物団子の甘パン添へ、7. 牛肉のサラダ添へ、8. 子牛の頭、9. 米粥の鶏肉添へ、10. 新鮮な牛タン一頭分に干しブドウ・アーモンド・玉葱添へ、11. 焼きパスタの大皿、12. 四角い煎餅、13. 子牛肉のサラダ添へ、14. 大麦粉のロール巻入りスープ、15. 甘パン大皿（大きさは平均 1.5 シュー）、16. 焼きスモモ

これらの料理のなかには分かりにくいものもあるが、注目すべきは仮に〈子牛臓物団子〉(Lungenkoch) と訳した一品である。パン粉と子牛の肺臓肉を基本にして、卵と数種類の野菜をまぜた団子で、今日でもオーストリアの特にリンツの名物料理として知られるので、地理的にも見て郷土色を感じさせる。同じく〈米粥の鶏肉添へ〉は、オーストリア東部からハンガリーにかけての地域の祝い料理である。なお、このメニューの紹介に続いて、クナッフルは次のように記している。

　　六卓、八卓、九卓などあり、いずれも八人、十人と座りて大判振舞ひに与るが並みの農民の結婚なり。富裕なる向きにありてはさらに豪勢なることあるも、却つて控へ目なる者もあり。なお言ひ添へんに、これに加ふるにケーキあるいは諸々の砂糖クッキー供され、コーヒー出されることまた多し。宴客ら、山と盛られたる料理存分に食したる上、生ものならざる品々持ち帰る。
　　三品目出づる頃となれば、宴客ら楽しませんとて楽士ら入り来て奏し始む。仮面つけたる者混じりたることもあり。思ひのほかの騒音にて、奏するはすこぶる平凡の曲目なれば、つまびらかに叙するを欲せず。四種の楽器不揃ひにて、リズムの不調、余の感覚の耐へるところに非ず。
　　しばしの後、花嫁介添人進み出て粗忽の曲止め、かく告ぐる。
　　〈されば、パンを盛りましたるテーブルから離れまして、花嫁様を誉高きダンスの場へと御案内致したく存じます〉。
　　かくの如くダンス始まるも、花婿の踊りに加はること許されぬとぞ。料

理の出ずる合間ごと、宴中断し、五、六時間も続きぬ。宴終はりに近づきたれば、宴客再びもとの序列に従ひてテーブルに就きぬ。

　これを見ると、6卓から9卓、したがって50人から100人近い客に上記の豪勢なメニューが供されたことになる。結婚披露宴の料理の品数、また特に贅沢な献立にあずかる招待客の範囲は歴史を通じてしばしば領主による禁令や制限令の対象となり、所によっては監視人が設けられた事例すらある。その点で、この人数に対して16品という記録は興味深い。もっともこの場合も、誰かれの見境なく大判振る舞いがなされたわけでもなかったであろう。披露宴の招待者は数種類に分かれ、料理を含む接待のグレードはそれぞれのグループごとに双務的であるのが一般の習慣であった[42]。またここでの話題ではないが、19世紀初めにはコーヒーはなお上等の飲み物で、チコリの根を粉末にした代用品も出回っていた。それだけに結婚式などのセレモニーには本物が出されたのであるが、それはコーヒーを普及させた推進力の一つでもあった。

　以上はクナッフルの記録の一部を見たのであるが、ゲラムプがこうした記述の箇所を余さず翻刻したのは、いかにも民俗学らしい内容と考えられたのであろう。

i. ローレンツ・ヒュープナーの国土調査の同時代人への刺激

　ここでもう一度ヒュープナーの調査記録にもどると、それは当時の国勢調査のようなものであった。ザルツブルク大司教領国でも啓蒙主義時代に上からの近代化が模索され、その土台として作成された国土調査である。と同時

---

42) 招待客への饗応の程度がそれに見合う何らかの双務的な寄与と対応していることについては次を参照，ヘルベルト ＆ エルケ・シュヴェート（著）河野（訳）『南西ドイツ シュヴァーベンの民俗 - 年中行事と人生儀礼』（原著：Herbert Schwedt und Elke Schwedt, *Schwäbische Bräuche*. München 1983）文楫堂 2009, p.145-154（婚約と結婚）.

に、レーオポルト・シュミットが民俗学の先駆的業績として特筆したのも頷けるような要素を含んでいる。今挙げたような国土事情に実態把握のあいだに、「民衆気質」（Volkscharakter）という項目が設けられ、また民衆の人生儀礼や祭りへの目配りも入っている。なかにはかなり細かな記述も見られる。特に婚礼と葬儀については詳しい記録がふくまれている。

[事例] ザルツブルク地方の民衆的なアトラクション〈瘤の手術〉

　そのなかから、ここでは次の短い記述に注目しておきたい。ヴェルフェン裁判所管区ポーンガウ地域の民衆気質にかんする説明の一節である[43]。

　　民衆娯楽の最後に挙げるべきものあり。ベルヒテ（[訳注] 老婆の姿の神話的存在）の行列ならびにそれと一体になりたるベルヒテのダンス、雄鶏叩き、乞食の結婚式、瘤の手術、即ちそれなり。乞食の結婚式と瘤の手術と言ふは一種の仮面行事なり。乞食の結婚式はカリカチュアにて、全身にぼろ布まとひたる者現はれて乞食のペアの婚礼なる道化芝居を演じ、締めくくりはダンスとなりぬ。瘤の手術にては、異常なる瘤つけたる若者登場す。瘤の中身は血とミルクにて、大勢の目前にて手術受くる運びとなり、見たる者皆これをからかひ、囃し立つ。

　いずれもその後の民俗学で項目として挙がるもので、民俗学の分野で共有されている知識であるが、当時はこの程度の説明で理解が可能だったのであろう。ベルヒテ行列（Berchtenlaufen）[44]はファスナハト（謝肉祭）の出しも

---

43) 参照、（前掲 注 13）*Hübner Bd.II.*S.398（通しページ）
44) ベルヒテ（ペルヒテ）行列については、昔はゲルマン時代に遡らせるような解釈が行なわれていたが、今日では文献資料を踏まえた次の研究が行なわれたことにより正確な理解が可能になっている。参照、Marianne Rumpf, *Perchten: populäre Glaubensgestalten zwischen Mythos und Katechese*. Würzburg [Königshausen & Neumann] 1991. (Quellen und Forschungen zur Europäischen Ethnologie, 12a).

のとしてよく知られ、乞食の結婚式（Bettlerhochzeit）は結婚式のパロディ[45]、また雄鶏叩き（Hahnenschlagen）[46]も広く行なわれている余興である。どれも一般性のあるものだが、めずらしいのは〈瘤の手術〉（Kropfschneiden）で、あまり言及例がなく、ヒュープナーのこの記述は資料的にも貴重視されている[47]。この記録にも刺激されて、後に採録が行なわれたが、19世紀末から20世紀初めにかけてザルツブルク地方の民俗研究をライフワークとしたカール・アドリアンによれば、それは村の収穫の祭りにおけるアトラクションの一つであった[48]。

　脱穀が終わった後などのダンスの会場に、頭に大きな瘤のついた男が入ってくる。周りの者は、その男に床屋（外科医でもある）へ行って瘤を切ってもらえと勧める。それをめぐって男と村人のあいだでしばらく滑稽な掛け合いが演じられる。最後に床屋がやってきてナイフで瘤を切ると、血や肉が噴き出す。瘤は豚の膀胱でつくられ、そのなかに赤カブラのスープと野菜が詰め込まれていたのである。この余興は、見る者のなかには気持ちが悪いという人もいる。（マルツグおよびポーンガウ）

このアトラクションは他にあまり資料がなく、ドイツでも細かい研究が未だなされていないが、この種の出しものの一般的な性格から言えば、民間の独自な伝承ではなく、むしろ源流は都市の催しものであろう。たとえばハンス・ザックス（1494-1576）の謝肉祭劇「阿呆の手術」[49]における文学化と都市祭礼を一つの節目とするような脈絡も考えられよう。

46）〈雄鶏叩き〉については本書所収の拙論「生物供犠と遊戯のあいだ：雄鶏叩き行事に見るドイツ民俗学史の一断面」を参照。
47）参照、（前掲 注2）レーオポルト・シュミット『オーストリア民俗学の歴史』p.64.
48）〈瘤の手術〉（Kropfaufschneiden）に関するアードリアンの記述は次を参照, Karl Adrian, *Von Salzburger Sitt' und Brauch*. Wien 1924, S.249. なおアードリアンについては後続の箇所を参照、（後掲、注52）

〈民俗学〉の形をドイツ語圏の学史に探る——図解の試み

［事例］　制裁習俗〈牛の追い立て〉

　もう一例として「牛の追い立て」(Kuhtreiben)を挙げる。この場合はヒュープナーの記述をアードリアンが再録しており、それゆえ後の民俗学の観点からも理想的な記録だったことが知られる。

　　〈牛の追い立て〉は民衆の娯楽であり、また公開の見せものでもある。アルプスから牧牛を連れ帰る様子を映しており、韻を踏んだ比喩的・諧謔的な口上が唱えられる。聖ヨハネの日の夜の8時に、この〈牛の追い立て人たち〉の一行は中央広場(マルクト)に到着する。総勢五〇人の屈強な男たちの一団で、数人は紙でこしらえた牛の頭をかつぎ、なかにはランプが灯っている。二人の人物は馬であるが、そのうち農民の格好をした一人は本ものの馬にまたがり、息子の役目のもう一人は紙で作られた白馬をかついでいる。また数人は〈鳴りもの〉(Klocke)と呼ばれる十エルレの長さの鞭をもって、それで音を立てる（［訳注］ klocken は knallen の意）。他の者たちは、大きなアルプス鈴あるいは牛鐘をもっている。また他の者たちは、大きなアルプス杖、木柵用の棒、それにピストルで武装し、こうして鈍い鈴音を響かせつつ、楽しく歌謡をうたい、ドラムを叩き、笛を吹きながら行進でやって来る。誰もがこの行列を喜んで見物している。人々は蠟燭を手に家の前に出ており、中央広場は見物人でいっぱいである。いわゆる牛の追い立て人〉たちは何度か立ち止まり、武装者は輪をつくり、その真ん中で主だった者たちが言葉を遣りとりし始める。その言葉はどれも諧謔的な意味合いをもち、その言い方で非難を伝え、また望みをあけすけに言い放つ。……彼ら

---

49) ハンス・ザックスの「阿呆の手術」(Hans Sachs, *Das Narrenschneiden. Ein Fastnachtsspiel*)はハンス・ザックスの謝肉祭劇のなかでも秀作として人気が高く、日本でも早くから紹介がおこなわれてきた。参照、『世界戯曲全集 第12巻：獨墺古典劇集』(世界戯曲全集刊行會 昭和3年 p.1-16.)に久保榮（訳）「莫迦の療治（謝肉祭狂言の内）」として収録。

は一軒の家の前で止まると、これを水を掛ける（wassern）と称するのだが、一人の農民の男と牛飼いの男が会話を交わす。その言葉のなかで、その家で起きた不始末が粗野な揶揄とともに洗いざらい明るみに出される。……しかしこれらの人々のあいだには秩序と節度が行きわたっている。一人の男が命令すると、誰も騒がなくなり、またはぐれることもなく、さらに誰も自分を誰であるかを明かさない。暴行を慎んでいるだけに、騒擾は派手である。……

　要するに村の制裁習俗である。主に倫理的に不始末をおかした者をこらしめるのである。しかし19世紀後半以降バイエルンなどで屢々禁令の対象となったように、何らかの原因で村民の多数に睨まれた者への不当な制裁となることも少なくなかった習俗である。見ようによれば、村民が〈誰もが誰もを見張っている〉狭い世界に生きていたことをありありと伝えてもいる[50]。とまれ、20世紀になってから今日の意味での民俗学の視点からヒュープナーが活用された事例であるが、ヒュープナーが基本書であることは、刊行の後も変わらなかったらしい。

　さらに言い添えると、ヒュープナーの調査記録は決して孤立して存在に終始したのではなく、同時代にも後世にも指標となってきたところがある。それが分かるのは、民俗学の歴史のなかに名前が挙がる二人の人物の著作であろう。一人はすでに挙げた同じザルツブルクの貴族であったシュパウル伯の紀行文で、アルプスの牧場に暮らす人々の様子を実地の見聞によって描いている。アルプスに牛を飼う人々に特有の発声法による歌声、すなわちヨーデルの記述が入っているが、その箇所ではヒュープナーがアルプスの民衆語の

50）ここではドイツ語圏を対象にしているが、西洋でも、人々の実際の暮らしの現場は狭い世界であった。日本では、西洋には〈社会〉があったが、日本には属人性の強い〈世間〉しかなかったといった議論が行なわれているが、そうした説が影響力をもつこと自体に日本人の西洋観の問題がひそんでいる。この〈狭い世界〉の問題は改めて取り上げたい。

歌謡が載せていることを先人の仕事として言及している。

j. ローレンツ・ヒュープナーの国土調査の後世への影響

　次に取り上げるのは、かなり後の19世紀半ばになってもヒュープナーが意識されていたことを示す一例である。併せて、そうした視点に立ったときには、同時代のロマン派の民俗報告とは趣を異にする記録となったことにも注意したいのである。

［事例］　キュールジンガーによるルーンガウの豚の去勢士の記録

　19世紀前半にオーバーエスタライヒとその周辺地域において民俗調査と言えるような記録を残したのがイグナーツ・フォン・キュールジンガー（Ignaz von Kürsiger 1761-1834）であった。その著作『ルーンガウ 未活用資料にもとづく歴史・地誌・統計』は没後やや時間を経てからの遺稿出版であったが、そのなかに豚去勢士（Schweineschneider）の記述がある。そこに、前代のヒュープナーの名前を挙げられ、当時にくらべてその職の者の数が激減したことが言及される[51]。その職種の実態の紹介も兼ねて、やや詳しく引用する。

　　ルーンガウに限りて見らるる職に豚の去勢士あり。あたかもツィラー谷の人の手袋・皮革製品・テリアク薬・カナリアの行商人となり、またフェレッグ谷の者ら絨毯と合羽たずさへて外へ商ひに出づると等しく、ルーンガウの者ら豚の去勢者となりぬ。遥かなる昔より、ルーンガウの者ら、馬・山羊・牡牛・子牛・豚など、家畜と言ふ家畜の去勢と病気治療を生業としたりき。不毛の土地柄、また厳しき気候の故、幸受くを期し得ねば、外の世界にもとむるとぞ。いずこの家も父祖代々受け継ぎし己の区域もちゐた

51）参照、Ignaz von Kürsinger, *Der Lungau. Historisch, ethnographisch und statisisch aus bisher unbenützten Urkundlichen Quellen.* 1852; Reprogr. Nachdruck von Michael Mrtischnig 1993. , 775-776.

れば、その地へ赴きて己の責任にて仕事果たし、しかる後、稼ぎたる金たずさへ、秋深まりたる頃家族がもとへ戻り来るが常なり。また父親、子らに仕事を仕込みぬ。我が子十六歳になりたれば、早や共に連れ行き、種々のコツすなはち家畜体調の良し悪しを見分くる法を教ふ。全て伝授し終へんか、父親、他人の見るる前にて倅に実地試験課し、失敗となりて損害の出ずるや自ら弁償す。かくの如くルーンガウの者、いにしへより仕事のバカロレアとも言ふべきもの通過するが常なりき。この者ら出かくるはファッシング（[訳注] カーニヴァルに当たる）の頃にて、郡の裁判所より旅券受け取り、順次旅立ち行く。赴く先は、ザルツブルク、エスタライヒ、バイエルン、チロール、シュタイアマルク、ケルンテン、ベーメン、ハンガリーなり。トルコとの国境まで足伸ばす者もあり。一例を挙げんか、マイテルンドルフのブルカルトなる者、毎年、三人の徒弟連れ、ペスト（[訳注] ブダペスト市域のドナウ河東岸域）なる己が持ち区域まで出かけ、1000 フロリン稼ぎて帰り来。これらの者ら親方と徒弟に分かたれ、先祖より伝へられし区域もちたり。持ち区域、また応分の高値にて他人に貸し、あるいは売却さるることもあり。これらの者らの出立するを指して〈世間を旅する〉（über Land reisen）と言ひ、また秋深まりたる頃（通常十月末なり）帰り来るを〈世間より戻る〉（vom Land kommen）と言ふ。これに依りて、これらの者ら〈世間師〉（Landgeher）と称せらる。この者らの家族に分かれて出立し、また家族がもとへ帰郷する様、まことに心打たるるものあり。これら生業に就きたる者ら、もとは多数を数へ、ヒュープナー、1796 年になほ 200 人を挙ぐるを得たれど、今日いと少なになりぬ。主なる原因をたずねんか、外の世界にて永年おこなひたる豚去勢の権利、正規の生業なりと勝手に手がくるとを問はず、現今の職業原則にては、侵犯あるも昔のごとく保護受くこと能はざりしゆえなり。ルーンガウがためとて何がしかの権利の保護あるいは制限を設けんとあらば、職業自由の原則に抵触するは必定ならん。されど地元の豚去勢士のあいだにては、形式ともども、整ひたる伝統の罰則なほ存す。それに拠らば、いずれかの者、他人の持ち区域を侵

したることあらんや、偶々滞在したる先の土地の法廷たのみて争ひ決着図るにはあらず、帰郷したる後、正規の裁判官の前にて片付くるなり。それにありては、この土地の者ら争ひ好まぬ習性なれば、金品にて弁済おこなはるるが常なり。

　ルーンガウには、豚去勢士、目下126人を数ふ。主なる内訳は、ザンクト・ミヒァエル村38人、ツェーダーハウス村25人、マリアプファル村27人なり。

　豚去勢士、遥かなる遠方へ出くるにあたりては、通常の街道通らず、目的地へいち早く達する近道たどるが常なり。そが近道、父親より詳かに教へられるたり。ニーダーエスタライヒよりハンガリーに赴く豚去勢人ら、トリエステとウィーンを結ぶ鉄道にブルックにて乗車し、時間と金銭を節約す。時に100フロリン、多きときは600フロリンなど大なる儲け手にして帰り、厳しき自然の不利益を埋め合はす。この者ら世間旅するなれば、地元に残りたる者より利口なり。加へて遠き地方のスタイル活かせし心地よき家建つること多く、そが家屋、外見にも見事なり。さればその者ら、ルーンガウにありては旦那衆にてあるなり。……その者ら、ルーンガウ中、殊に良き家に暮らし、はたまた飲食館に集まりあらば気前よく金使ひたり。それらの折節、これらの者ら、外の世界にて積みし経験滔々と語りたれば、そが「千夜一夜物語」、誰しも耳を傾けずにはおかざるなり。

　このキュールジンガーの遺稿はあまり知られていなかったが、観察の目はその頃の現代に向いており、そこでの人々の生きざまやその仕組みを生き生きと伝えている。

　なお参考までに言い添えると、ここからも分かるように、家畜の去勢は特殊な職能であって、家畜の飼い主がおこなうのではなく、それに習熟した人々にゆだねていたのである。それは去勢による死亡率を抑える技術的な面もあったであろうが、また去勢や皮剥ぎは、一般の人々が忌避する特殊行為という伝統的な観念のゆえでもあった。それを活かして、山勝ちで農作物の

収穫を多く期待できないアルプスの村々で技術がみがかれ、それをたずさえて出稼ぎが行なわれたのである。その点では木彫品やバイオリン作りがアルプスの山の村で発達したのと同じ素地によっていた。また家畜去勢士は、一目でそれと分かる服装をしており、当時の服飾図集にはその実際が映されている[52]。地方を回る職能者が、服飾で識別されたことは種々の物売りと同工である。木彫人形売り、小鳥売りなどで、また定住者は煙突掃除人なども特有の服装で今に知られている。

このキュールジンガーの記述をみると、ヒュープナーを意識していたことも不思議でないほど実態調査の性格をそなえている。ところがキュールジンガーがこれを刊行した頃、民俗学はすでに、ここでのような視点とは違った方向へ向けて歩みを進めていたのである。

2. 民俗学の形成：神話学としての民俗学 —— グリム兄弟からマンハルトへ

a. グリム兄弟の昔話の見方

民俗学にそうした転換が起きた目安を挙げるとすれば、やはりグリム兄弟であろう。兄弟が挙げて原因と言うより、転換への素地は社会的にたかまっていたのであろうが、それを表現する役割を果たしたということであったろう。兄弟自身はフォルクスクンデの名称を用いなかったものの、兄弟の仕事

---

[52] 本書の口絵を参照，なお『ザルツブルク身分服飾図集』とはザルツブルク地方の民俗学の定礎者カール・アードリアン（Karl Adrian 1861-1949）が若い頃に家庭教師をしていた先のザルツブルクの名門クーエンブルク家において発見した手描の服飾図集を指す。ザルツブルクの最後の領邦君主でもあった大司教ヒエロニムス・コロレド時代の服飾画集である。参照、*Gewand und Stand. Kostüm- und Trachtenbilder der Kuenburg-Sammlung,* hrsg. von Friederike Prodinger und Reinhard R. Heinisch. Salzburg 1983. このモーツァルト時代の身分服飾図集については次の拙論で解説を加えた。参照、河野（著）『フォークロリズムから見た今日の民俗文化』p.351-355.

は種々の領域で民俗学の土台と言ってもよいところがある。そのさい、多くの文化現象をできればゲルマン上古にまで遡らせることが指向された。ちなみにグリム兄弟はその『昔話集』（KHM）の初版（1812）、第二版（1822）、第三版（1856）と都合3回にわたって学術的な解説をほどこしたが、今日一般にはあまり活用されない。それには、後にヨハネス・ボルテ（Johannes Bolte 1858-1937）とゲオルク・ポリフカ（チェコ名イジー Jiří Polívka 1858-1933）によって大部で詳細な注解がおこなわれたために、そこに吸収されたと見られているからでもある。その3種類の注解がハインツ・レレケによってまとめて編まれたのも、ようやく1980年のことであった。たしかに、個々の昔話への解説は必ずしも原典に戻る必要はないが、綱領的な論説となると別である。次は第三版（1856年）における兄弟の見解である[53]。

　すべてのメルヒェンに共通しているのは、最古の時代に遡る信仰の痕跡である。その古き信仰は、超感覚的なことがらを形あるものにすることを通じて自己を表出した。神話は、こなごなにくだけた宝石の破片に似ている。それらは、雑草や草花におおわれた地面に散らばっていて、鋭敏な眼差しをもつ人だけがそれを見つけることができる。神話がもっていた意味ははるか以前に失われたが、それはなお感得することができる。

すなわち、昔話は古い信仰や神話の痕跡であるというのである。これと同じ考え方は、ヤーコプ・グリムの『ドイツ神話学』（1835年）でも表明され、それは多くの人々によって公理や自明の前提のようにはたらくことになった[54]。
　しかも兄弟の弟子たちや信奉者になるとその傾向が一層つよまった。それ

---

53) 参 照、*Kinder- und Hausmärchen, Ausgabe lezter Hand. Mit einem Anhang sämtlicher, nicht in allen Auflagen veröffentlichen Märchen und Herkunsftsnachweisen,* hrsg.von Heinz Rölleke. Stuttgart[Reclam]. Bd.3（Originalanmerkungen, Herkunftsnachweise, Nachwort）.

54) Jacob Grimm, *Deutsche Mythologie. Bd.II.* (1835), S.765f.（通し頁）Reprogr.Nachdruck: 1972.

ゆえグリム兄弟に始まる民俗学の傾向は神話学として分類される[55]。

グリム兄弟とのその弟子筋や信奉者が各地で活動するにつれて、フォルクスクンデは一般に民俗学という名称からイメージされるような性格を強めていった。つまり初めは（フォルクスクンデと謳っているかどうかはともかく）かなり幅の広い活動が見られたのが、やがてあらゆるものが一点に向けて殺到し、あたかも如雨露が筒へと狭まってゆくかの観を呈した。先に挙げた図Ａはそれを示している。

b. ヴィルヘルム・マンハルト

ここでは民俗学の流れに主眼をおいているため、グリム兄弟を引用するのは差し控え、むしろその影響の広がりを見ておきたい。グリム兄弟にあっては上古研究・神話学・法制史・言語学がからみあっていたが、そこから民俗学へと特化させた人物を挙げるとすれば、ヴィルヘルム・マンハルト（1831-80）がそれに当たるであろう。

マンハルトは高校生の頃にヤーコプ・グリムの『ドイツ神話学』を読んで一生の方向を決め、やがてベルリン大学でゲルマニスティクと古典文献学を学んだ。ダンツィヒ（現在のポーランドのグダニスク）の図書館司書となったが、身体が弱く、退職して僅かな奨学金にたよって研究を続け、大著『森と畑の信奉』2巻（第1巻1875、第2巻1877）を刊行した[56]。樹木信奉や畑地での播種から刈り取りまでの多彩な農業儀礼をとりあげ、それを文献資料によって照らし合わせた。文献史料の取り扱いには専門的な運用能力と批判眼があり、民俗学の発達の上で金字塔であるが、全体の観点では、現行の民俗事象や古文書から読み取れる同種の行事をゲルマン神話や上古の信仰に遡

---

55) 次の学史を参照，（前掲 注3）ヴェーバー＝ケラーマン（他・著）『ヨーロッパ・エスノロジーの形成/ドイツ民俗学史』第Ⅰ章3節「ロマン派によるフォルクスクンデの称揚」，第Ⅰ章4節「上古学と神話学」．

56) Johann Wilhelm Mannhardt, *Wald- und Feldkulte*.2 Bde. 1875 / 1877.

らせる志向をもっていた。ちなみにフレイザーの『金枝篇』はマンハルトの刺激を拡大したものと言えるが、それへの批判においてフレイザーはマンハルト派（マンハルディアン）の巨頭と名指された[57]。

ところでマンハルトがいかなる方向に関心を寄せていたかを知るには、（成体の何であるかをうかがうには卵や芽の段階を観察するのが適している場合があるという意味において）比較的若い時期の書きものがつかみやすい。その観点から、マンハルトが活動を始めたばかりの時期にかかわった雑誌に注目したい。『ドイツ神話学・慣習学雑誌』である。編者は、グリム兄弟の信奉者にして弛みなき昔話の収集家、しかし夭折するヨーハン・ヴィルヘルム・ヴォルフ（1817-55）であった[59]。そしてこれに、常時寄稿することになる数人が協力した。発刊にあたってヴィルヘルム・グリムが序文を寄せている

ユーロ導入まではドイツの高額紙幣（千マルク）にはグリム兄弟の肖像画が用いられていた。右がヤーコプ（兄）、左がヴィルヘルム（弟）[58]

---

57) フレイザー『金枝篇』序文は方法論の性格をそなえており、そこにはマンハルトに影響を受けたことをはじめ、大著の基本的な観点が直截につづられている。ヨーロッパでの文化人類学・民俗学の分野でやがて起きたマンハルト＝フレイザーへの批判については拙著を参照、河野（著）『ドイツ民俗とナチズム』創土社 2005, p. 523f.
58) この肖像画は民衆生活（ギリシアなど）の活写と肖像画に堪能であった女流画家 Elisabeth Maria Anna Jerichau-Baumannn（1819-81）によって1855年に描かれた。

ことからも、ヴォルフをはじめとする人々が兄弟から嘱望されていたことが知られる。と言うより、この雑誌への寄稿者の顔ぶれとその仕事を見ると、グリム兄弟の業績、とりわけ『子どもと家庭の昔話』とヤーコプの『ドイツ神話学』の2著、あるいはそれに『ドイツの伝説』を加えた3著がどれほど大きな刺激であったかに改めて驚かされる。兄弟の原型にそった収集と祖述的な神話解釈が爆発的な勢いで広まったことが手にとるように分かるのである。そうした寄稿者のなかから、今日もその仕事が顧みられる名前を挙げよう。ロッホホルツ (1809-1892) はアンスバッハに生まれて、早くスイスへ移り、特にアーラウ地方の昔話の収集家として今に名前を残している[60]。イグナーツ・ツィンガーレ (1825-92) はインスブルックの名望家でチロール地方において広く民俗事象を収集したカトリック神学者であり、またグリム兄弟の昔話の収集を地元で再現した。成果のタイトルは、他でもなく『子供と家庭のための昔話集』であり、手本との違いは収集地が冠せられるだけという体裁である[61]。マティーアス・レクサー (1830-1892) もゲルマニストで、やがて中高ドイツ語の基本辞書の作成に生涯を捧げた[62]。アントーン・ビルリンガー (1834-91) はボン大学のゲルマニスティクの教授にしてカトリック神

---

59) ヴォルフ (Johann Wilhelm Wolf) はケルンに生まれた商人で、やがてヘッセンへ移ったが、短い生涯をグリム兄弟の流儀による昔話と神話の追跡に没入した。昔話の収集はグリム兄弟に範をもとめ、またヤーコプ・グリムに献呈された『ドイツ神話学への寄与』ではゲルマンの神々の系譜を明らかにするなど、ヤーコプ・グリムの祖述者であった。のみならず、未完に終わったヴォルフの『ドイツ神話学への寄与』の第二巻を完成させて刊行したのはマンハルトであった。参照、Johann Wilhelm Wolf, *Deutsche Märchen uns Sagen*. Leipzig 1845.: Derselbe, *Rodenstein und Schnellerts. Ihre Sagen und deren Bedeutung für deutsche Alterthumskunde*. Darmstadt 1848.: Derselbe, *Deutsche Hausmärchen*. Göttingen und Leipzig 1851, 2.Aufl. 1857.: Derselbe, *Die deutsche Götterlehre*. Göttingen und Leipzig 1852.; Derselbe, *Beiträge zur deutschen Mythologie*. Bd.I. Göttingen 1852.（なおこの著作の続巻はマンハルトが刊行した Wilhelm Mannhardt(Hrsg), *Beiträge zur deutschen Mythologie*. Bd.2. Göttingen 1857.）: Derselbe, *Hessische Sagen*. Göttingen und Leipzig 1853.

学者であり、南西ドイツ・シュヴァーベン地方の民俗を広く収集した[63]。そして、先に挙げたヴィルヘルム・マンハルトである。

ヴィルヘルム・マンハルト

[事例] マンハルトによる吸血鬼の調査報告

　この雑誌が刊行されたとき、マンハルトハまだ24歳であった。ほぼ毎号寄稿しているが、その一つに第4号（1858

---

60) ロッホホルツはアンスバッハに生まれ、ミュンヒェン大学で法学を学んだが、政治姿勢で周囲と齟齬をきたして、スイスのアールガウ州に移住し、学校教師の傍ら同地方の民俗研究の定礎者となった。多数の著作のなかから、数点を挙げる。Ernst Ludwig Rochholz, *Schweizer Sagen aus dem Aargau.* 2 Bde. 1856. ; Derselbe, *Deutscher Glaube und Brauch im Spiegel der heidnischen Vorzeit.* 2 Bde. Berlin 1867. ; Derselbe, *Aargauer Weistümer.* Aarau 1876.; Derselbe, *Wanderlegende aud der oberdeutschen Pestzeit 1348-50.* Aarau 1887. ; 初めの3著作はグリム兄弟の強い影響の下に書かれたが、最後の一書は伝説の伝播に着目した個別研究として注目される。この他、スイス独立にまつわるヴィルヘルム・テル伝説の克明な研究もおこなった。

61) チロールと南ドイツで収集された次の2著がある。参照、Ignaz Zingerle, *Kinder- und Hausmärchen aus Tirol.* 1852. Derselbe, *Kinder-und Hausmärchen aus Süddeutschland.* 1854. ; しかしツィンガーレが最も力を注いだライフワークといってもよいのはチロール地方の法諺の収集で、これまたグリム兄弟の後を追ったことは言うまでもない。参照、Derselbe, *Tirolische Weistümer in fünf Bänden*, gemeinsam mit Karl Theodor Inama von Sternegg und Josef Egger. 1875-91.

62) マティーアス・レクサーはオーストリアのケルンテン州西辺レーザッハ谷（Liesing in Lesachtal）の出身で、グラーツ大学で法学を学んだが文献学に転じた。1855年以後クラクフ大学、次いでベルリン大学へ移り、ボップ（Franz Bopp）、ハウプト（Moritz Haupt）、ミュレンホフ（Karl Müllendorf）などゲルマニスティクの大家に就き、1860年にエアランゲンで学位を得た。早くから関心を寄せていた出身地ケルンテンの方言研究を手がけ、さらに進んで中高ドイツ語の基本辞書を完成させ（Matthias Lexer, *Mittelhochdeutsches Handwörterbuch*.3 Bde. Leipzig 1872-78）、1880年代にはグリム兄弟のドイツ語辞典の継続事業にも携わった。ベルリン大学時代に師事した教授陣はマンハルトの場合と重なっており、またその頃『ドイツ神話・慣習学雑誌』の主要な寄稿者の一人となった。

年)に掲載された「ヴァムパイアについて」という論考がある[64]。マンハルトが27、8歳の頃であった。次はその書き出しである。

　ヴァムパイアを論じたるハヌシュ氏の裨益すること多き一文に加へ、ここになお二三の寄与をなさんとす。されど、ヴァムパイア信仰の起源を究めんとするに非ず、また断定せんとするにも非ず。ただ探究を目指すのみ。ヴァムパイアへの信仰最も厚きは西プロイセンのスラヴ人地区カシューベンなり。かの地にてはそが信仰なお生きてあるなり。彼処にては visezcy すなはち予言なす者と呼び、あるいは stryz すなはち魔女あるいは魔法使ひを指す語行なはる。ポメルンのカシューベン地方に居住すドイツ人ら、これを指して Gierhals, Gierrach, Begierig あるいは Unbegier などと呼ぶも、Blutsauger（血を吸ふ者）と言ふは稀にして、Vampyr（ヴァムパイア）の名称はほとんど聞くためしなし。さはともあれ、これ如何なる者かと問はば、誕生において既に歯を持ちたる人間、もしくは羊膜つきたるまま生まれ出て頭に被りおる者なり。かく生まれたる者、身体に紅き斑点あり、また死せる後も顔赤く、あるいは左目開けつづくことあり。出生にあたりてかかる徴無くとも、死してかかる姿見せるもこれあるは、そは業苦のうちに逝きし者なり。この者ら棺に入りてもなお生きてありて、他の者に近づき、別けても先ず己が家族、ややあつて総ての村人を己がもとに引き寄せずんばおかず。即ち、夜中ベッドに来たりて、眠れる者の隣に横臥し、熱き血汁吸ひ取るなり。かくて殺されたる者の屍、朝明けて見なば、胸の左

---

63) アントーン・ビルリンガーは南西ドイツのカトリック都市のロッテンブルク市ヴルムリンゲンに生まれ、ボン大学教授のゲルマニスティクの教授となった。シュヴァーベン地方の民俗収集の開拓者となった。次の著作が知られる。Anton Birlinger, *Volkstümliches aus Schwaben*. 2 Bde. 1861-62.; Derselbe, *Aus Schwaben*. Bd.2.: *Sitten und Rechtsbräuche*. Wiesbaden 1874.

64) Wilhelm Mannhardt, *Über Vamyrismus*. In: Zeitschrift für detsche Mythologie und Sittenkunde. Bd.4 (1858), S. 259-282.

下に嚙まれたる傷残りて、死に至りたる証拠あらはにす。死にゆく者相続きて止む気配なし。されば棺開き、手持ち鋤にて屍を胴と頭に両断し、頭と胴のあいだに土を盛ることなさずんば止まず。プッツィヒにては、両の足に頭を置き直すなり。さらに屍の顔を下にしてうつ伏せになし、口中に土詰めこむなり。Vieszey あるいは Gierrachs の返り来るを防ぐ他の手立てもあり。靴下あるいはそれに類したるもの墓に入るるなり。毎年、墓に網を描くこともこれあり。

またここで触れられる語彙に付言すると、羊膜はドイツ語では"Glückshaube"と言い、語義は〈幸福の頭巾〉である。また手持ち鋤と訳した"Spaten"は、一人で使うスコップ状の鋤で、全体は木でつくられ、鉄の刃先が付いている。とまれ、このはじめの部分がいわば定義である。また報告が冒頭で挙げるハヌシュの文献とは直近に表れた「スラヴ神話学」を指すようである[65]。そして以下、主に文献資料を渉猟して、該当する事例が収集される。次は数ページ進んだ箇所に見える一例である[66]。

　前世紀（＝18世紀）半ばのことなりしが、西プロイセンのヴォルシュレーガー家の何某死したる後、程なく親戚の者ら、確たる死因あるとも見へねども俄かに卒(しゅっ)すること相次いで起きぬ。されば先に死にたる者の顔赫かかりしこと思ひ出だされたり。捨て置くこともならねば、後年1820年に高齢にて身罷るまで区長の職にありしヨゼフ・ヴォルシュレーガーなる者、当時年若く元気あふれ豪胆にてあれば、初めに逝きし叔父が頭切り落とす役と決まりぬ。ヨゼフ、ヤコブスドルフに所在すベルナルディン会僧院の修

---

65) マンハルトが挙げる [Jan Ignaz] Hanush, *Slavische Mythologie*. について目下は詳細を知り得ないでいる。
66) 以下の事例（S.261f.）は、西プロイセンのカシュベンからの他の数例と同じく、直近にベルリンで刊行された次の文献によると注記されている。Flor.Ceynowa, *de terrae Pucensis incolarum superstitione in re medica*. Berolini 1851.

道士一人に伴なはれ、叔父の葬られし僧院墓地へ赴きたり。両人いずれも手に蠟燭ともしてもちゐたり。棺の蓋開け放ち、屍持ち上げ、棺の縁に凭せ掛くれば、屍の頭のけぞるは理(ことわり)なり。されど修道士これを見て肝をつぶし、持ちたる蠟燭取り落として逃げ去りぬ。ヴォルシュレーガー一人残りたるも正気失はず、斧にて頭切り落としぬ。さればおびただしき血潮吹き出でて身体にかかり、ただ一つ灯りたる蠟燭もかき消へたい。ヨゼフ、暗闇のなかに難渋したれど血潮少しばかり器に汲みとり、手に持ちて帰途につきぬ。それよりヨゼフ熱病にかかり、危うく一命落とすばかりになりたりと云ふ。屍は、切られたる頭両足の間に挟みて、今も、ヤコブスドルフの僧院納骨堂に存す。納骨堂の中ほど、ヴォルシュレーガー家代々の墓所たるところなり。

通常とは異なった身体の何らかの特徴をめぐって俗信が成り立っているわけであるが、ヨーロッパの狭隘な村の生活が生む偏頗な迷信のひとつであり、それが比較的あたらしく知られようになった語である〈ヴァムパイア〉[67]の見出しのもとにまとめれたということになろう。主に文献による探索で、ルターの著作から引かれた一例もある。またこれと同じ号には、もっと古くからおこなわれてきた寄稿者による「人狼」（Werwolf 狼人間）に関する報告も入っている。今の事例は伝説であり、それゆえグリム兄弟の『ドイツの伝説』に倣った近い世界の構築である。

　マンハルトについて言えば、やがて畢生の大作『森と畑の信奉』に取り組み、ゲルマン上古と北欧神話以来の俗信をのべることになるが、関心がいずれの方向にあったかは、この初期の一文にもよく表れている。またマンハルトの報告では文献資料が重視され、活用に当たっては史料批判が踏まえられ

---

[67] "Vampyr"がドイツ語に知られたのは、言語史家ヘルマン・パウルによれば1730年頃とされ、またゲーテ『ファウスト第二部』（5298 行以下）での言及がなお早い事例であったらしい。参照、*Deutsches Wörterbuch,* hrsg.von Hermann Paul. „*Vampir*".

てはいるが、かかる関心が風潮となる場合には問題をはらむことは、この一例からも推測されよう。

3. ヴィルヘルム・ハインリヒ・リールの国家学としてのフォルクスクンデ

　ロマン派思潮が一般化すると共に、グリム兄弟の見解の機械的な受容も手伝って、古ゲルマンや北欧の神話の痕跡をもとめることがブームとなった。そこでは、不可解で非合理的な現象が好んで取り上げられた。かくしてフォルクスクンデの名称の下、珍習奇俗への好奇心と、それらを古いゲルマン人の俗信に遡らせることが時代の風潮となった。グリム兄弟は文献資料を批判的に取り扱ったが、その影響を受けた人々は、得体の知れない風習を探し出して古ゲルマンの風習の延命であると決めつけて悦に入っていた。そうした傾向を批判したのが、ヴィルヘルム・ハインリヒ・リール（1823-97）であった[68]。

a. W. H. リールの初期の経歴

　先ず初期の経歴である。リールはナッサウ公国ビーブリッヒ（Bibrich 今日ではヴィースバーデン市に合併）の出身であった。はじめ父親の自殺を経験したことからプロテスタント神学を目指してテュービンゲン大学やギーセン大学に学んだが、大学生活の後半でボン大学へ移り、そこで祖国統一運動の

---

[68] この脈絡は、かなり早い時期から日本でも紹介されてきたことは、レクラム文庫のドイツ民俗学の邦訳とその解説によっても知られる。参照, ヴァルター・ディーナー（著）川端豊彦（訳）『ドイツ民俗学入門』弘文堂　昭和44年（原著 : (G.) Walter Diener, *Deutsche Volkskunde, ein Grundriß*. Stuttgart:Philipp Reclam jun 1933 [Universal-Bibliothek.Nr.7227].)、その「訳者注」には、グリム兄弟の後、亜流たちによって〈いたずらに珍風奇習をさぐる好事家的傾向が強くなった〉として、それに対するリールの批判があらわれた推移が指摘されている（p.90）。

オピニョン・リーダーとして世評が高く詩人でもあった歴史学の教授エルンスト・モーリッツ・アルント（Ernst Moritz Arndt 1769-1860）に就き、文化・政治への関心を強めて文筆家の道を選んだ。文筆には天性のものがあり、各紙に寄稿していたが、1848年から1851年に出身地域の中核都市ヴィースバーデンにおいて保守的立場に立って『ナッサウ一般新聞』を発行した。その時期にドイツ三月革命が起きた。革命の終息後、なお余韻がさめやらぬなか自ら編集する新聞の付録としてルポルタージュを連載し、1849年5月に『ナッサウ年代記1848年』のタイトルを冠して刊行した[69]。後ややあって1854年にバイエルン国王マクシミリアン2世に招請されてミュンヒェンへ移住し、王室の文書刊行関係の責任者として遇され、併せてミュンヒェン大学において国家学の客員教授となった。そこでリールは文筆と講義によって非常に人気を博し、1859年に文化史と統計学の正教授となった。

　なおバイエルン国王マクシミリアン2世がリールを歓迎したのは、その保守的な開明派の姿勢と、ドイツ語圏が地勢や民衆生活の歴史性から見ると、3区分するのが合理的あるとの見解を喜んだからでもあった。リールについては論点として取り上げるべきことは多いが、ここでは3点だけをあげておく。一つはその思想家としての出発点が1848年の革命であったこと、二つ目は「学問としてのフォルクスクンデ」という著名な講演、三つめはその編集にかかる国土調査『バヴァリア』である。なおリールについては、後にオーストリアの民俗学者ヴィクトル・ゲラムプが手がけた克明な評伝が指標的である[70]。

b. リールの出発点としての1848年の三月革命

　リールの活動の出発点は1848年の三月革命であった。ナポレオンを追放

69）参照、（後掲 注71）
70）リールの生涯と事績に関するヴィクトル・ゲラムプの浩瀚な研究を参照 , Viktor von Geramb, *Wilhelm Henrich Riehl*：*Leben und Wirken*. Salzburg: Otto Müller 1954, S.298-309, here S.303f.

して、伝統的なヨーロッパの君主国家体制の温存を図ったウィーン会議後の神聖同盟は、やがて市民社会が成長し、工場労働者が増大するなかで時代遅れになっていった。1848年2月パリで民衆が蜂起し、大ブルジョワジーの利害に傾きがちであった国王ルイ・フィリップが退位に追いこまれた。その刺激はただちに波及してドイツの三月革命となった。しかし国家間の調整の中心にいたオーストリア宰相メッテルニヒが失脚したものの次のシステムに移行するには条件が不足しており、革命は不発に終わった。革命の頂点はフランクフルト国民議会であったが、プロイセン王を統一ドイツのリーダーに望んだが王は機が熟さないとみて受諾しなかった。臨時的にオーストリア太公ヨーハンを〈摂政〉に選んだが、辛うじて形を作ったようなもので、そのポストも翌年中には消滅した。太公は人格・見識・経歴のいずれにおいても当時の支配層のなかで第一級の人物ではあったが、歴史的条件が揃っていなかったのであろう。

ヴィルヘルム・ハインリヒ・リール：1848年から1850年までヴィースバーデンにおいて新聞の編集にたずさわっていた頃の肖像

1848年3月4日、この日、ヴィースバーデンのナッサウ大公府前に武器を手にした3万人の民衆があつまった。大公は宮殿のバルコニーに姿を現して民衆の要求をのんだ。

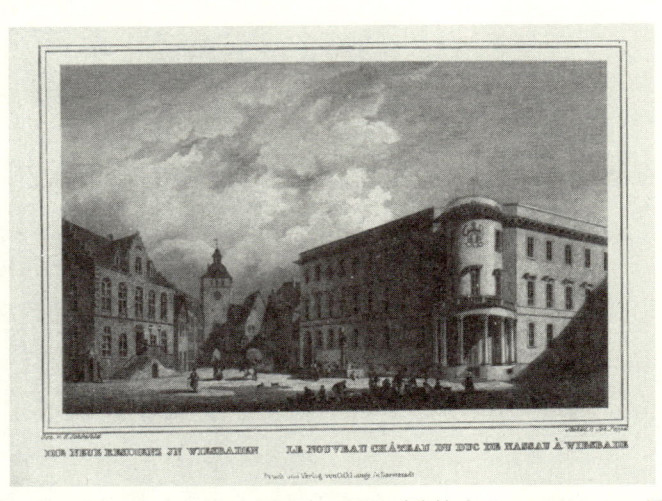

ナッサウ大公国のヴィースバーデンの宮殿（建築家 Gorg Moller の設計で1839年から43年にかけて建設された）。衛兵が守っていたこの宮殿前広場が三月革命の舞台となった。奥に1873年に交通のために取り壊された鐘楼が見える。

〈民俗学〉の形をドイツ語圏の学史に探る──図解の試み

ライン河中流域の都市マンハイムでの革命の最終段階（同時代の Ludwig von Elliot のスケッチ）：革命の興奮が冷めてゆくなか、最後の呼びかけに応じて街頭にバリケードが築かれたが、ナッサウ公国の軍隊によって駆逐された。

　ところでこの革命あるいは革命騒ぎを最も生産的に乗り切った思想家を挙げるとすれば、カール・マルクスとヴィルヘルム・ハインリヒ・リールであろう。もとより思想の深みには開きがあるが、それを措くなら、両者は正反対の方向で歴史の転換点から最大限のものを吸収した。リールの最初の著作である『ナッサウ年代記』(1849) は三月革命の激動の同時記録とも言える営為であった。それは今日繰っても刺激に富んだもので、近年の復刊ではリールが材料にもちいた、騒乱のなかで飛び交った新聞や号外など 100 種類ほどが理解をたすける付録として復元されている[71]。リールのその後の仕事も、

71) 参照、Wilhelm Heinrich Riehl, *Nassauische Chronik des Jahres 1848*, hrsg. im Selbstverlag von Guntram Müller-Schellenberg, Idstein. 1979.

民衆の実態を鋭く観察したものが多い。またそうした取り組みをリールは〈フォルクスクンデ〉と呼んだ。それゆえフォルクスクンデは現実の国家経営に資するものでなければならないと説き、それどころかフォルクスクンデは国家学であるとも主張した。しかもリールは、保守的な政治思想のオピニョン・リーダーであった。リールが1848年の革命から得たのは、二度と革命を起こさせてはならない、という教訓に他ならなかった。そのために社会の安定を二様において考察した。一つには社会構成であり、二つには政策である。前者では社会を構成する主要な身分ないしは集団を、農民、貴族、市民、プロレタリアートに4区分して、それぞれの固有の論理を特定してバランスを説いた[72]。とりわけ農民を〈恒常的な力〉の所在とみなして、社会の安定の根幹と位置づけた。また政策では、特に民生の安定を重視した。革命が困窮や社会矛盾への不満を養分とし、そこに多かれ少なかれ理由がひそむ以上、もっともな不満を解決するのが行政の責務であるとしたのである。そうしたリールの姿勢が毀誉褒貶に見舞われるのは当然であろう。また行政そのものではなく、文筆を通じてなされたその主張が、社会の現実とかみ合うところと、何らかの見落としによって上滑りをきたした点があったことも想像に難くない。ここではリールの思想と現実との突き合わせなどには進まないが、かかる視点と一体なのがリールの言うフォルクスクンデであり、先に見たロマン派による吸血鬼の調査などとは関心のあり方がまったく異なっていた。

c. 講義録「学問としてのフォルクスクンデ」

　リールの民俗学にかんする議論として特に知られているのは、ミュンヒェ

---

[72] これを正面から説いたのは、後にドイツ人の家庭の常備書とまで称されるほど版を重ねた『市民社会』である。参照、Wilhelm Heinrich Rihel, *Die bürgerliche Gesellschaft. 1851.* この論作についてはヴェーバー=ケラーマンの学史の整理が的確である。参照、（前掲 注3）ヴェーバー=ケラーマン『ヨーロッパ・エスノロジーの形成／ドイツ民俗学史』p.65-82: 第II章「ヴィルヘルム・ハインリヒ・リール ― 毀誉定まらぬ定礎者像」

ン大学の正教授となるのに先立って行なわれた講演「学問としてのフォルクスクンデ」（1858年）である[73]。事実、これは（やや保留と補足を要するものの）永く指針とされた。先にマンハルトで見本を見たような傾向のフォルクスクンデ（民俗学）が、奇異な習俗に注目して深読みをこととし、しばしば当て推量に堕して行く風潮をリールは批判した。

　児戯に類したる愚かしき行事と儀礼、家屋と屋敷、スカートとキャミソル、厨房と貯蔵庫、かかることどもを考究するも、それを専らにして他を顧みることなくんば、虚ろなる駄物たるを超ゆる能はず。……

　なおここで行事と儀礼と訳したのは"Sitte und Brauch"で、民俗学の対象を一般的に指す言い方であった。それゆえ〈習俗と慣行〉でも構わない。この概念の検討にはここでは立ち入らないが、リールが細部への拘泥に意義をみとめず、むしろ強く批判的であったことは、この短い一節からもうかがえる。
　ではリールは、何をもって個々の事物の観察を超えたものとなると観想していたであろうか。それは詰まるところ、国民（Nation）の理念であった。

　民（フォルク）とは何ぞや。されば、民存在（Volkstum）の個別特徴の意識的集約たる独自の民人格（Volkspersönlichkeit）の概念に増して民に適したるもの非ず、と見る者あるならん。されど事実は然あらず。民の概念は抽象にして、相応の大なる教養を前提とす。試みに素朴なる農夫に向ひて、民とは何ぞやと尋ねみよ。その者の知るは、狭く限られたる範囲の集団に過ぎざらん、

---

73) Wilhelm Heinrich Rihel, *Volkskunde als Wissenschaft*. 1858. In: W. H. Riehl, *Culturgeschichte aus drei Jahrhunderten*. 1859, S. 205ff.; この講演記録はリールの生前に次の論集にも収録された。参照、Derselbe, *Freie Vorträge*. I, 1873, S. 135ff. その後、何度も印刷されることになるが、それについては本論の後続の節で取り上げる。

さなくば、そがことどもに思ひを致せしことついぞなかるべし。エスノグラフィー概念たる民すなわち人類てふ巨大組織中に共通の部族・言語・慣習・聚住以て結ばれたる自然の一部なるもの、応分の発展を遂げたる教養段階に至りてようやく成立を期するなり。あるいは、数千万人に及ぶドイツ人につきて言はんか、ドイツの民てふ統一的なる概念は今なほ死語なりとも言ふ者あるも理(ことわり)なり。まことに、そは自ずと大勢の口の端に上るものにあらず。否、国民（Nation）てふ巨大にして高度の教養そなへたる大勢（Masse）の民理念を理解し観念するに至るは、そが道程まことに緩慢なりき。顧みるに、中世の大部分を概観せんも、かかる様相のありたるためし無し。されば中世にありては民の学(フォルクスクンデ)の起き得ざりしは理の当然なりき。

　個々の人間と等しく、幼児期の民また本能に生き、身近のものを措きて認識することなし。広き全体のまとまりあるを意識せんには時を要す。国民意識、また個々の家族意識ならびに個々の血族（部族）意識を前提とす。ドイツ人を例にとらんか、国民的なる全体人格（nationale Gesamtpersönlichkeit）の意識もちたるは、ようやくザクセン朝時代のことなりき。翻つて部族意識を見んか、歴史と伝承に徴せば、ドイツの諸々の諸族の中、そは生きづきてありたり。即ちフリース人、ザクセン人、ゴート人、フランケン人などと言ふにとどまりたる後、オットー1世治下になりて初めて自己をドイツ人と観念するを得たり。思ふにヨーロッパの大なる文化民族中、全体的・統一的なる国民性の概念に到達するにドイツ人ほど時を要せしもの他になかるべし。されど、〈ドイツの民〉の語と事実を見出すことかくも苦渋たりしかば、我らが民存在（Volksthum）を徹底して問ひ、愛惜につとめ、これを守り伝ふは、他民族に増して我らの使命なりと言ふべし。

　中世には、民の営み（Volksleben）なるもの、地域的・私権的・社会的関心に分散してゐたりき。ただのルールのありて法と法学に達せず、国家らしきものの相乗相克ありて国家と国家学に至らず、同じく民の営みにおける個々人（Individualismus）の前に民の学（Volkskunde）なお程遠かりき。

60

時にエギンハルト、ザクセン人につきて叙したることあり。ブレーメンのアーダム、スカンディア人を記したることあり。リューベックのアルノルト、デンマーク人のことども描きしことあり。メルゼブルクのブルーノならびにディートマル、はたまたヴィドゥーキント、いずれもドイツの諸部族を記述するを得たり ─ 余、同じく微細かつ折節の記録を示さんとす。初期中世の年代記作者ら直接の観察を豊かなる財としたれば、若し彼らにして労苦に値すること心づきたれば、必ずやフォルクスクンデに進みしものならん。余、そが実現を図らんとす。

ここで挙げられる人名について簡単に補足する。エギンハルト（Eginhard / Einhart 770頃-840）はアインハルトと表記されることが多く、東フランク地域の貴族の家系に生まれ8世紀にカール大帝と嗣子ルードヴィヒ敬虔王の宮廷で要職に就き、また『カール大帝伝』[74] をも執筆した。そこに大帝によるザクセン征討にちなんで当時のザクセン人の記述が入っている。ブレーメンのアーダム（Adam von Bremen）は11世紀後半に生まれた聖職者で、1075-76年に成ったと思われる大部な『ハムブルク教会史』で知られる。北欧布教の拠点であったブレーメン・ハムブルク大司教区の学校長などをつとめた。師父のハンブルク大司教アルノルトの没後まもなくから諸文献を精査しつつ生涯の大半をかけて史書の執筆にいそしんだ。途中デンマーク王スヴェン2世の宮廷に滞在したさいにスカンディナヴィア諸地域の詳しい知識を得たとされる。その著作は北欧の歴史・地理の最も重要な史料でもある。リューベックのアルノルト（Arnold von Lübeck　1150頃-1211or1214）は、本人の記述ではザクセン公家ヴェルフェン家に近い生れであったらしく、後にリューベックのヨハネ僧院の僧院長となった。同名の史書と区別して『アルノルトによるスラヴ史』（*Arnoldi Chronica Slavorum*）と呼ばれる年代記は1210年に成ったようである。ハインリヒ獅子公とそのザクセン公家、またその家門から出

---

74) 参照、国原吉之助（訳）「カール大帝伝」『世界文学大系66』筑摩書房 1966.

た唯一の皇帝オットー4世までの事績を綴っている。公家のライヴァルであったシュタウフェン朝の諸皇帝をネガティヴに見ており、またスラヴ人の記述は必ずしも厚くはない。メルゼブルクのブルーノ（Bruno von Merseburg 没1036）は1019年から没年までメルゼブルク司教であった人物と思われる。メルゼブルクのティートマル（Thietmar von Merseburg 975-1018）はその前任者で、メルゼブルク司教、出自は東フランクの有力家門ヴァルベック家であったされる。その著するところの『メルゼブルク教会年代記』と『ザクセン諸王の事績』はオットー朝時代の最も重要な史書で東フランク地域に関する貴重な記述を含む。ヴィドゥーキント（Widukind von Corvey 925 or 933 or 935-975）は、コルヴェイの僧院長でオットー1世の帝位登極に焦点を合わせてオットー朝時代を叙した重要な史書『ザクセン史』（Res gestae Saxonicae）を著した。

　リールの講演記録から特にこの箇所を抜き出したのは、リールの基本的な姿勢が透けて見えるように思われたからである。リールが重視したのは、個々の事物・文物・現象に限定した観察や記録ではなく、それらを構成するところの仕組みであった。また仕組みの具体的なあり方としての個々の現象であった。しかし考えてみると、それ自体は、大方が首肯し、むしろ実現を図ろうするものであったろう。神話学からの民俗事象の場合も、決して個々の現象にまったく限定していたのでなかったであろう。つまるところ、ゲルマン神話なる仮説がその仕組みだったのであろう。それはマンハルトをはじめ、グリム兄弟を師父と仰いだ人々に多かれ少なかれ共通していた。そして後にはそれが公理とも教条ともなっていった。リールはその欠陥を察知したのである。したがって、リールへの評価は、その指摘においてはじめて個別現象を超えた仕組みが重視されたのではなく、何を以て広く諸現象を覆う仕組みと見るかということであった。

　以上を踏まえてリールを読むと、その時代状況との関わりが見えてくる。要するに、国民国家をものごとを判断し評価する基本的な基準とする見方である。すなわち "Nation" である。そのさい、民族統一を果たしていなかった

ドイツ語圏について、ほとんどドイツ人を包含するものとして "Nation" を考えるか、二つか三つかに区分するかという問題はあろうが、大局的にはそれは二義的であろう。そこでリールは長大な歴史発展を前提にして自己の立脚点をさだめようとしていたと思われる。具体的には中世の歴史記述者たちの営為である。それらの人々は主に教会史を一つの枠組みとしつつ、彼らもまた多くは支配家門の出自であり、帝国や王国の経営に関心の重点をおいていた。少なくともリール自身は、ドイツ人というまとまりという認識を軸に中世の歴史記述者をとらえていた。彼らにして、近代の国家の思念をもっていたなら、フォルクスクンデへ進み得たろう、との感慨さえ綴っている。もとより歴史発展の順序からは中世にはその条件がなかったことを踏まえた上での見果てぬ夢である。それを、今、国家が現実のものとなった時代に生きる者として実行しようと言うのである。改めて振り返ると、その最初期の、三月革命の経緯を一地域にしぼって追跡した著作が『ナッサウ年代記』のタイトルを冠せられたことも、中世の年代記を念頭においてのものであったと見るのは、決して憶測にとどまらない。すなわち、国民国家時代に国民国家を基本とする立場から当代を記述しようとするのである。

かかる構想が、民俗学の通常の行き方に慣れた目には、新鮮な力をもって迫り、またそれゆえに細部を突つけば粗もときには見えてきたということではなかったか。これを言うのは、リールの評価は、民俗学がリールに注目するようになった1910年代末以後、絶えず揺れ動き、第二次世界大戦にまで尾を引いたからである。1970年代末ですら、なおそれが繰り返されていた。指標的なできごとを挙げると、1978年にハンス・モーザーがリールを改めて論じ[75]、その論説が、実際の調査への依拠の点では意外に希薄であるとして、リールの『プファルツの人々』を材料に、リールの当該地での滞在がきわめて短期であった事実を明るみに出した。またリールの行論が先人たちの換骨

---

75) Hans Moser, *Wilhelm Heinrich Riehl und die Volkskunde. Eine wissenschaftsgeschichtliche Korrektur*. In: Jahrbuch für Volkskunde, Jg.1 (1978), S.9-66.

奪胎とも言える多分に文章技術で発することをも併せて指摘した。これに対してギュンター・ヴィーゲルマン（ミュンスター大学教授 ドイツ民俗学会長）がリールにおける構想と細部の記述のバランスを讃えて、なお学ぶべき模範であるとして、ハンス・モーザーのあらさがしを牽制した[76]。リールへの評価は、今日ではさすがに収まるところへ収まりつつあるが、未消化の余燼が今なおドイツ民俗学会の企画としてあらわれたりもしている。

　以上は筆者の見るところを概括的に記したのであるが、おそらくこの観点に立てば、リールをめぐるドイツ民俗学界の振幅も理解しやすくなるのではなかろうか。

　ここではリールの有名な講演をさらになぞることは控えて、むしろ一般の注意があまり向いてこなかった講演の書誌データと枠組みを取り上げておきたい。講演がなされたのは1858年のセメスター中であった。その頃リールは、3年の周期で大きなテーマを設定して講義をおこなっていた。「国家学の構成」、「市民社会論と社会理論史」、「中世文化史」、「ルネサンス・宗教改革期の文化史ならびに18／19世紀の近代文化史」で、当初は一週間のうち週日は毎日、後には月曜、火曜、木曜、金曜の4日、たいてい午前11時から12時が講義の時間帯であった。そのなかの最後の大テーマのなかで「学問としてのフォルクスクンデ」が語られたようである。その原稿は1858年10月30日に印刷のためにコッタ社へ送られたことが判明している。そして翌1859年に他の小論を併せて『三世紀間の文化史』に収録されて刊行の運びとなった。この著作は3章から成る。1. 生活様式の歴史（9篇の小論）、2. 今日のフォルクスクンデのために（「学問としてのフォルクスクンデは」はここに含まれる）、3. 音楽教育について－美学からみた文化政策、である。そして頭に序文が付くが、今その一節を引いておく。

---

76) Günter Wiegelmann, *Riehls Stellung in der Wissenschaftsgeschichte der Volkskunde*. In: Jahrbuch für Volkskunde, Jg.2 (1979), S.89-100.

余、ここに17、18、19世紀の文化史に関する研究をあつめて、一書を編まんとす。そは材料と手法において自ずと結びあふが故なり。
　<u>材料の特長</u>を言はんか、時代のなかに小さき生命あるを、そが声を目立たぬ片隅に聞き分け、人気なき森の小径を歩み、目的に達せんとして迂回路を厭はず、あるいは黙したる藪に迷ひ込んで得たものにして、断じて都会と都会を結ぶ大道に落手せしものに非ず。
　<u>手法の特長</u>を言はんか、材料の供したるは繊細なる風俗画なれば、そが背後に大まかなる輪郭を示すこと無くんば能はず。近年、風俗画をドイツ化せんとて習俗画の唱へらるることあるは、余の描写法によく適ひたるものならん。何となれば、余、フォルクスクンデと美術史の援護を得て、研究の目標を達せんと欲すればなり。こが二分野に慣習の全図を結合するを得んや、文化史における余が特別の立脚点の明らけくなるならん。

　語彙について補足するなら、風俗画（Genremalerei）とはオランダ・ベルギーを先駆とする民衆生活の絵画表現である。それをこの名称で呼ぶのは、大ジャンルに対するプチ・ジャンル（小部門）に由来する語からで、前者は神話や歴史や王侯を描く正統的とされて種類を指す。それからはずれるのが小ジャンルで、すなわち卑近な日常の現象の描写、すなわち風俗画である。またそれが外来性もあって類型化をきたしていたのを、ドイツの現実により合わせた行き方として当時、慣習描写（Sittenmalerei）が唱えられたのである。
　そうした細部はともあれ、ここで注意しておきたいことがらがある。それは、リールが、いわゆる民俗学に従事する人たちとは関係がなかったことである。グリム兄弟とは別の世界に住んでいたと言ってもよく、交流はなかった。それは決して両者が意識的に避けたのではなく、フォルクスクンデが一般的な分野・テーマの名称であり、グリム兄弟の系統の占有ではなかったことによる。フォルクスクンデの名称を掲げたからといって、特定の誰かの領分を侵すという状況ではなかったのである。それに民俗学の本体へのリールの刺激の如何となると、〈影響力は小さかったが、ともかくも一個のまとまり

の学問としてとらえた〉とのレーオポルト・シュミットの消極的な見方もある[77]。むしろリールをきちんと評価し、学ぶべきものは学ぶという姿勢が強まるのは、第二次世界大戦後もかなり進んでからであった。あるいは、それ以前にもリールへの評価には非常に高いものがあった、そこには問題も含まれていた。これについては、本論の後続箇所でいくらか取り上げてみたい。

d. 『バヴァリアーバイエルン王国のランデスクンデとフォルクスクンデ』

　三つ目として、リールが構想したフォルクスクンデを取り上げる。リールは1860年に『バヴァリア』を刊行した[78]。これは、バイエルン国王マクシミ

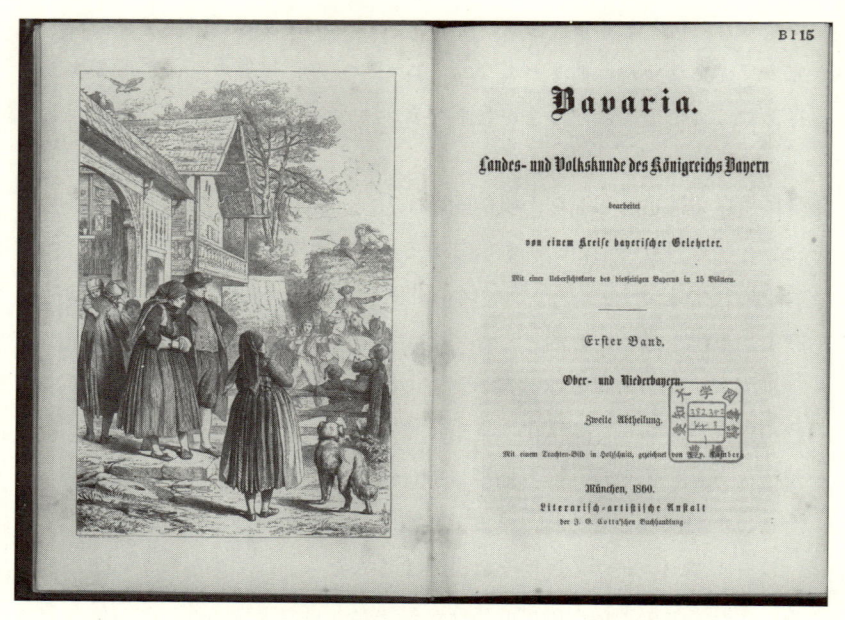

『バヴァリア』第一巻（高地・低地バイエルンの部）の口絵と中扉
　牧草の収穫を迎える家族（背後に牧草の車と熊手をもって牧草の山に載っている女性が描かれている）　ラームベルク筆（Arthur Georg Ramberg 1819-75、生：ウィーン、没：ミュンヒェン）

77) 参照、（前掲の注2）レーオポルト・シュミット『オーストリア民俗学の歴史』p.240.

リアン2世がリールを招聘した動機が透けて見えるような企画である。リールが直接執筆したと明記されている箇所は意外に少ないが、全体の企画はリールの思想そのものであった。フォルクスクンデと言うものの、グリム兄弟を大きな節目とするロマン派・神話学の民俗学とはすこぶる趣が異なるからである。それには、その部建てを見るのが便宜であろう。バイエルンを大まかに分けて、それぞれについて（多少の異同があるが）ほぼ次のような構成である。ここでは高地バイエルンの部を掲げる。なお担当した執筆者を原語で付記するが、これはその一部に後に注目したいからである。

第1巻　高地バイエルン
　序文
　第1章　民衆生活の基盤としての国土
　　（Land als Grundlage des Volkslebens）
　第2章　統計　　v. M.Siebert
I.　フォルクスクンデ
　第1部　史跡と藝術遺品　　v.J.Sighart
　　第1章　古代ローマの作品
　　第2章　ビザンティン・ロマネスクの作品
　　第3章　ゴシック作品
　　第4章　ルネサンス作品
　　第5章　ロココ・辮髪時代（注）の作品　辮髪時代（Zopfzeit）は男性が辮髪を結った18世紀後半を指す
　第2部　家屋と住居　v.Felix Dahn
　　第1章　藝術的建築と民衆的建築仕様
　　第2章　山地の農民家屋

---

78) *Bavaria. Landes- und Volkskunde des Königreichs Bayern*, bearbeitet von einem Kreise bayerischer Gelehrter. München 1860.

第 3 章　平地の農民家屋

第 4 章　都市の小市の家屋

第 3 部　バイエルンの民間伝説　　v. Konrad Maurer

第 1 章　序章

第 2 章　歴史的な伝説

第 3 章　教会の伝説

第 4 章　最後の審判の伝説

第 5 章　自然・魔法の伝説

第 6 章　ことわざ

第 7 章　結び

第 4 部　バイエルンの方言　　　v. Sebastian Mutzl

第 1 章　一般的な性格

第 2 章　文法上の特徴

第 3 章　地域差と方言の具体例

第 5 部　民間習俗　　　Volkssitte v. Lentner und Dahn

第 1 章　農民暦

第 2 章　結婚、洗礼、葬儀

　　　　I. 結婚　II. 洗礼　　III. 葬儀

第 3 章　注目すべき事象

　　　　I. 民衆劇　　II. 民衆裁判（山羊皮の弾劾）

第 6 部　上部バイエルンの衣装　　v. Lentner und Dahn

第 7 部　食物

第 8 部　疾病と民間療法　　v. Josepf Wolfsteiner

第 1 章　一般的な身体特徴と主な疾病

第 2 章　死亡率

第 3 章　学術医学と民間療法

第 4 章　歴史的概観

第 9 部　産業

I. 農業　　v. Georg May
　第1章　序章
　第2章　畑地栽培
　第3章　酪農
　　　II. 工業・製鉄・製塩　　v. K.W.Sumbel
　　　III. バイエルン・ビール醸造　　v. M.Siebert
　　　IV. 産業概観　v. M.Siebert
第10部　高地・低地バイエルンの民衆教育と教育の歴史　v. Karl Prantl
　第1章　最古期
　第2章　12世紀末から16世紀半ばまで
　第3章　16世紀半ばから18世紀末まで
　第4章　最近
II. 地域の歴史　　v. Ludwig Rockinger
　序説
第1部　ローマ人支配の時代
　第1章　アウクスブルクからザルツブルクへのローマの軍用道路
　第2章　比較的重要なローマ時代の道路から
　第3章　結論
第2部　ガウ（大行政区）と領邦
　第1章　ガウ
　　A. 山地　　　　　　　　B. レッヒ川からイーザル川
　　C. イーザル川とイン川の間　D. イン川とザルツァッハ川の間
　　E. ドナウ河両岸
　第2章　領邦
　　A. 山地　　　　　　　　B. レッヒ川とイーザル川の間
　　C. イーザル川とイン川の間　D. イン川とザルツァッハ川間
　第3章　結論
第3部　封建制時代

69

第1章　国土の基本構成

　　第2章　最初の国土区分

　　第3章　次の国土区分

　　第4章　国土の景観の形成

　　第5章　地理・統計・歴史の古文献の概観

　　第6章　国土運営の方法

第4部　首都・王都　ミュンヒェン

　　第1章　歴史概観

　　第2章　市の発展

　　第3章　新しいミュンヒェン芸術グループ　　v. Moritz Carriere

　　第4章　A．ルートヴィヒ＝マクシミリアン大学（ミュンヒェン大学）
　　　　　　　の歴史概観

　　　　　　B．ミュンヒェン学術アカデミー　　v. Prantl

　　第5章　都市の生活と活動の瞥見　　v. Ludwig Rockinger

　　第6章　ミュンヒェン市の基本構成

　　第7章　都市法

　　第8章　ミュンヒェンの周辺部
　　　　　　アウ　ギージング　ハイトハウゼン

第5部　直結都市インゴルシュタット

　　第1章　歴史概観

　　第2章　地域の発展

　　第3章　市の発展と法的関係

第6部　高地バイエルンの裁判区

　　第1章　アイブリング裁判区　……

　　　……（略）……

　　第38章　ヴォルフラーツハウゼン裁判区

　この部建てを見ると、「ランデス・ウント・フォルクスクンデ」のサブタイ

トルが示すように、国土事情と民情を一連のものとしてとらえていることが分かる。しかも前代の地誌・統計とはかなり趣が異なる。ここでは国土調査の変遷には立ち入らないが、地誌・統計では自然・地域の歴史的推移の概略・住民構成などの人口動態、そして交通網と主要施設などのインフラストラクチャーを把握するのが基本である。たとえば、その代表的な事例は、バイエルン王国の隣国ヴュルテムベルク王国が1824年から全国64カ所の代官所管区ごとに刊行した「ヴュルテムベルク王国代官所地誌報告」がある[79]。これは地誌の性格で統一された国土調査であり、逆に言うと民俗学が関心を寄せるような習俗や生活習慣はあまり取りあげられていない。ましてや、不合理ないしは珍妙な現象に焦点を当ててその奥にあるものを探るといった志向は希薄である。『バヴァリア』は、そうした地誌の主流の行き方ではなく、さりとてロマン派の民俗学にのめりこんでもない。それはリールの構想に立つなら、純然たる（場合によって官庁的・静的な）統計と、他方、慣行・習俗への好事家的な接近の両方を克服して、国土と民衆を有機的かつダイナミズムにおいてとらえようとするものであったろう。それが全き成功となっているかどうかはともかく、構想の主眼はそこにあったとは言い得よう。とりわけバイエルン王国を単位にした調和のとれた支配関係と統一性のある国土という見方がそこに加わった。<u>満ち足りた民の観念はこの時期の国土調査の共通したモチーフであるが</u>、リールのそれにおいて特に顕著で、すでに口絵の描き方がそれを示している。

[グリム兄弟／神話学 VS リール／国家学：二つの民俗学の関係　図B]

　ここでグリム兄弟の系統とリールの構想について図解を試みたい。これま

---

[79] *Oberamtsbeschreibungen des Königreichs Württemberg*, hrsg. vom statistisch-topographischen Büro . 1824 ff. これについては、筆者は南西ドイツ、シュヴァーベン地方の民俗に関するドイツ語文献を訳出した際、その「訳者解説」に一項をもうけて解説をほどこした。参照，（前掲注42）ヘルベルト＆エルケ・シュヴェート『南西ドイツ　シュヴァーベンの民俗　年中行事と人生儀礼』p.216-225, here p.223ff.

で理解の補助としてきた図Aを基準にするなら、図Bとして表すことができるであろう。グリム兄弟の系統はロマン派思潮の遡及志向を土台にしており、そこから神話学に収斂する多彩な関心が広がり、また一部では同時代のドイツの政治にかかわる祖国論への延びて行くという形状を示す。したがって底辺は神話学で、それが民俗学をまたいで、生きた現実の諸事象へと伸びるが、それは先細りであるほかない。他方、リールおいては、国家経営に役立つ学知であることを土台とするところから底辺は国家学であり、そこから民俗学があつかう対象へと関心が延び、神話にはほとんど行きつかない。これを模式化すると、両者はそれぞれの底辺から伸びて先細りへ移ってゆく円推形としてあらわされよう。その点では相似であるが、底辺の位置は逆である。そしてグリム兄弟とリールという希代の偉人・逸材の関与を組みこみつつ、フォルクスクンデは時間の推移につれて特有の形状をかたちづくってゆく。

図B

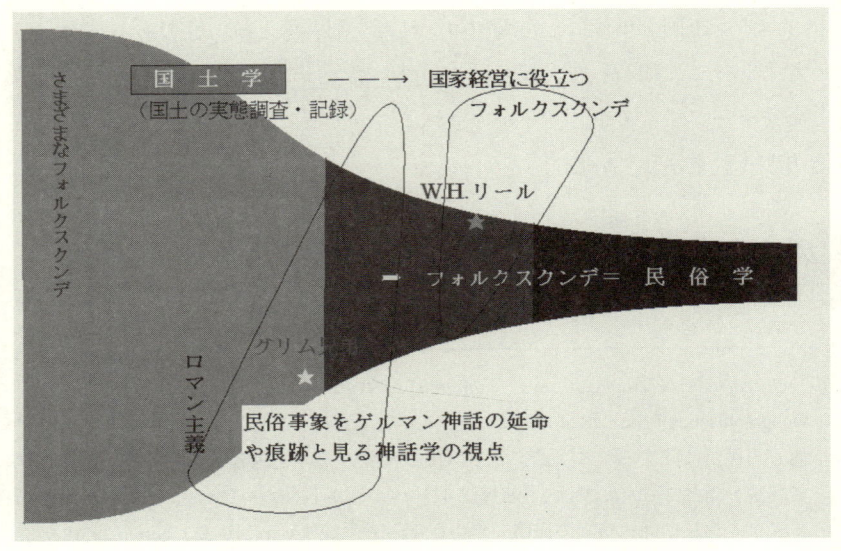

4. 19世紀半ばの一青年の習作に見る民俗研究者の生成過程——フェーリックス・ダーンと二つの民俗学

　19世紀の半ばを過ぎた頃、ドイツの民俗学がどのような状態であったかを、ここで具体例によって確かめたい。と言っても、グリム兄弟やヴィルヘルム・マンハルトの同輩や、またヴィルヘルム・ハインリヒ・リールその人の論作を紹介しようというのではない。それはそれで古典的であるが、ここでの眼目は民俗学の推移とヴァラエティである。そこでフェーリックス・ダーン（Felix Dahn 1834-1912）という人物に注目するが、日本ではこれまで言及されたためしはないであろうし、今後も可能性は低いかも知れない。またドイツ語圏の民俗学界でも注目は皆無かも知れない。しかし目下の流れからは、当時の状況をうかがわせてくれる好個の事例なのである。なぜなら、ダーンはグリム兄弟の弟子筋の民俗学と、リールの国土学としてのフォルクスクンデの両方にかかわったことがあるからで、しかもそれは二十歳代であった。その後は研究者として自立するが、(多少関連があるにせよ) 他の分野においてであった。そうした研究者の素質をもった人物が、どのようにも染まることができる青年期に、何とかかわってどのような姿を見せたかが興味を惹くのである。

a. フェーリックス・ダーンの略歴

　はじめに、略歴である。フェーリックス・ダーンは、ドイツ人とフランス人の俳優一家の出で、生まれはハンブルクながら、ミュンヒェンにおいて育ち、ミュンヒェン大学が主な学業の場所であった。法学を専攻し、1863年にヴュルツブルク大学でポストを得て、1865年に正規の教員となった。後に、ケーニヒスベルクやブレスラウの大学に転じた。ただし法学で学位を得たと言っても、古いゲルマン法の研究であり、得意分野は古代ローマ末期や民族大移動時代の歴史であった。主著として畢生の大作『ゲルマン人の王たち』11巻（1861-1909）がある[80]。またその資料としてプロコピオスを詳細に読み

抜いたことから、この古代末期の歴史家に着目した先人ともなった。ちなみにプロコピオスは6世紀後半の東ローマ帝国の歴史家で、その『戦争史』は古代のペルシア戦争からゲルマン人のローマ帝国内への移住に伴う多くの事件を経て、東ローマ帝国とササン朝ペルシアとの抗争までをあつかっている。ダーンはこれらの資料について専門的な知識をもち、またゲルマン人が歴史に登場した時期の文献に通じていたが、ライフワークの刊行

壮年期のフェーリックス・ダーン　年次からも、すでに二十歳代には相当の研究を進めていたであろう。広く見れば法制史家であり、上記のライフワークは後にアルフォンス・ドプシュ（1868-1953）によっても活用された[81]。

b. ダーンによる神話学系統の民俗調査「コッヘル湖畔カッセル丘の炎の舌」

　その向学心に富んだ青年ダーンが二つの民俗学にかかわった様子である。はじめは先に挙げた『ドイツ神話学・慣習学誌』の第4巻（1858年）、したがってマンハルトの「ヴァムパイア論」と同じ号に姿をみせたのである。そこにダーンは「コッヘル湖畔カッセル丘の炎の舌」という報告を載せた[82]。報告の末尾には寄稿の期日として、〈ミュンヒェン 1856年5月〉と記されてい

---

80) Felix Dahn, *Die Könige der Germanen* (11 Bde. und Registerband), 1861-1911.
81) 古典古代と中世ヨーロッパの連続性を問うた記念碑的な大著にはダーンが掘り起こした事項が屢々活用されている。参照、アルフォンス・ドプシュ（著）野崎直治/石川操/中村宏（訳）『ヨーロッパ文化発展の経済的社会的基礎』創文社 昭和55年（原書：Alfons Dopsch, *Wirtschaftliche und soziale Grundlangen der europäischen Kulturentwicklung, aus der Zeit von Caesar bis auf Karl den Großen*. Wien 1918-20, 2.veränd.u.verweit.Aufl.1923-24.）

るので、脱稿時は23歳であった。なおコッヘル湖はミュンヒェンの南方約50kmに位置し、アルプスの山並みが迫る風光明媚の土地である[83]。

とまれ、「コッヘル湖畔カッセル丘(ベルク)の炎の舌」という報告は次のようなものである。

　……バイエルンの絶景であるコッヘル湖とヴァルヒェン湖のあいだに、両湖を隔てる中くらいの高さの丘がありケッセルベルクと呼ばれている。自分は、昨年夏(1855年)にそこを訪ねた。丘には窪みがあり、地元民のあいだには、伝説と迷信が行なわれている。それを以下で解明したい。……

　ヤーコプ・グリムの輝かしい魁(さきがけ)が教える通り、ドイツ神話のなかには原則(すなわち我らが上古のあらゆる部分にそれは妥当するが)がある。古来のあらゆる部族的・地方的な多様性を注意深く収集し、そこから最終的には一般的にドイツ的なもの、すなわち適用して顕著な効果あるものを獲得することになる。……

　探訪に際して、自分は、農民、漁民、狩人、鍛冶師、水車屋をたずねて、この界隈の習俗と伝説を追った。……ヴァルヒェン湖と結びついた話として、大地震すなわちリスボンを倒壊させた破局の折、常は平静な湖面が泡立って盛り上がり、谷間全体に水があふれ、魚は〈横死〉したと言う。そ

---

82) Felix Dahn, *Der Feuerzipfel auf dem Kesselberg bei Kochelsee. Ein Beitrag zur Lehre vom Feuer in der deutschen Mythologie*. In: Zeitschrift für deutsche Mythologie und Sittenkunde, Bd.IV(1858), S.6-18.

83) 私事ながら、筆者は1987年10月に、当時コッヘル湖畔に住んでおられたレンツ・クリス＝テッテンベック夫妻を訪ねたことがあった。氏は、ミュンヒェンのバイエルン・ナショナル・ミュージアムの民俗学部門の主任で、巡礼研究とカトリック教会の宗教民俗の物質文化研究における代表的な存在であった。その土地の伝承を活用したいと考えていたが、今回その機会を得た。なおコッヘル湖は観光地ながらなお多くの人出を見るほどではなく、湖畔の高台が保養客のキャンプ場となっている。

れは山中だけのことではなく、高地バイエルンの全域でも起き、ミュンヒェンもそうであった。言い伝えでは、このとき、元は一つであったコッヘル湖とヴァルヒェン湖のあいだにカッセルの丘が盛り上がった。その仕切りの岩壁は、次に大洪水の起きなば再び崩壊し、防ぎようもなく全域が水におそわれるであろう。それは、〈都会に〉不信仰と瀆神と贅沢が頂点に達した時に起きると言う。……

これが報告のいわば枕であるが、ここで触れられるリスボンの大地震は1753年に起き、被害の深刻であったこともさることながら、ヨーロッパ文化の各方面に衝撃をあたえた。自然の破壊力に接して、人間とは、地上とは、歴史とは、といった問いが改めて立てられたのである。しかしそれはさておき、ダーンの報告はこれに続いて、同じ場所の伝承、ことに〈炎の舌〉の採録とその考証へ進んでゆく。その様子は、19世紀の半ばのドイツにおいて民俗学徒という人間種が生成する過程をつぶさに示すかの観がある。それを確かめる意味で、やや詳しく引用する。

左：コッヒェル湖　南から北を望む：右上の湖畔がコッヒェルの街並み、北北東（写真では上方）がミュンヒェンの方向
右：衛星写真：上がコッヒェル湖（北）、下がヴァルヒェン湖（南）

以下に記す伝説は、先に紹介した洪水譚ほど一般には知られていない。自分がそれにはじめて接したのは、ヤッヘナウの八十歳を超える農夫から聞いたのである。自分は、先の洪水の話のほかにも、辺りに同じような言い伝えがないかどうかを尋ねたが、老人は、農民の受け答えにあり勝ちな反応を見せるだけだった。つまり、無表情な間投詞を繰り返すにすぎず、押し黙っているのである。喋ってくれたのは、二三時間一緒にいて気持ちがほぐれてからだった。それでも、こちらが多大の関心を寄せる〈馬鹿なことがら〉（と老人は言った）をあまり話したがらなかった。それは、前にいた司祭が、悪魔の迷信だと決めつけたからでもあったらしい。しかし再三の懇望に応えて老人は語ってくれた。その話は、後に、老いた鍛冶師と年配の狩人が裏付けてくれた。

　コッヘルからカッセル丘（ベルク）を越えてヴァルヒェン湖（ゼー）へ至る街道からほど遠くないところ、尾根がコッヘルへ向かって下りになり、コッヘルから歩いて右手の山腹に窪みがある。広さ20フィート、長さ30フィートで、切り立っており、〈炎の舌〉と呼ばれている。

　その場所が特別なのは、春先には周囲の土地より何日も早く緑になり、草や花が現れるからである。夏も草や花が豊かで、灌木の茂り方は周囲にくらべてずっと盛んである。しかし日当たりがよいわけではなく、むしろ丈の高い古木で日差しは遮られている。土地で信じられているところによれば、そうした不思議な現象の原因は地下に熱があるからで、その場所の真下が〈燃える地獄〉にあたり、地獄の灼熱の炎の先が地面を突き抜けてその場所に達していると言う。〈じゃが、それは迷信でありましてな〉と、老人は言う。〈周りより早く盛んにものが生えるのは、地下に熱い温泉があるためじゃ。それが長い舌の先のかたちをしておりますのじゃ。その場所には他にも変わったがこといろいろありますのも、そのためでありましょう。儂の親父が言うておりましたことじゃが、地獄の炎の舌先にあたるその場所には、ずっと昔、異教の石の神殿が立っておりました。それに儂の子供のころには、ケッセル丘（ベルク）でヨハネの祭り火を焚いていたものじゃ。

77

それは山のいただきではのうて、炎の舌のすぐ隣の岩の傍らでござりました。その時分から妙に思えましたのは、ヨハネの祭り火は遠くからも見えるように山の尾根で焚くのが普通じゃが、ここだけは目立たない窪地であるますことで、実際、ちょっと離れると見えないのでありました。じゃが、儂の若いときあたりから、ヨハネの祭り火を焚く習慣も次第に下火になりまして、その場所にからむ信仰も消えてゆきました。その信仰とは何かと申しますと、農家で家畜（牛や馬）が病気にかかったり、怪我をしたり、つまり転んで草や棘がささったりしますと、炎の舌のお陰でやわらかい草が生えているその場所へ連れてゆき、半日草を食べさせますのじゃ。すると治るだけでなく、前よりも元気になりますが、それはそこの空気に効能があるからなのじゃ〉。

もっともヤッヘナウの老人からは、どれほど問いただしても詳しく聞き出せないこともあった。異教の神殿がローマ人のものかゲルマン人のものか、いつ、どのように、誰によって破壊されたのか、といったことだった。それに、家畜が治る場所も、さらに詳しいことは聞けなかった。

そこで早速、案内してもらい、特に老人が語った場所への入口付近をつぶさに観察した。老人には、先の話をその場所でもう一度語ってもらった。時は八月で、たしかにその場所には草が盛んにみずみずしく生えていた。それは周囲が概して砂地や岩で生気が無いのと対照的であった。そのなかにとりわけ草がうっそうと生えている場所があった。土竜が土を盛り上げたか、狐か狸が棲み捨てたかと思われる形状で、そこは特に草の丈も高かった。しかもそれは大きな山毛欅と樅の木陰であった。しかし神殿の跡らしきものはみとめられず、老人が若い頃にヨハネの祭り火を焚いたという岩も、老人がいう場所には見当たらなかった。

老人の話を裏づけてくれたのはケッセルベルクの鍛冶屋にして大工でもある老人であったが、老人はそれだけでなく別の話も聞かせてくれた。〈今も誰もが信じており、儂もその一人なのじゃが〉、そこには沢山の黄金が埋まっていると言う。スウェーデン戦争では、スウェーデン人はミュン

ヒェンを越えてここまでやってきたが、そのときコッヘルの金持ちの農民が持ち金すべてを鉄の箱にいれて埋めたと言う。しかし〈儂の思うに〉、これもまた多くの者が信じていることだが、その宝は〈自然の財宝〉だと言う。なぜなら、〈金持ちの農民のものなら、黄金だけで銀貨が混じっていないのはおかしい〉。その上、スウェーデン戦争よりずっと前から〈その場所には宝がある〉と言われてきた、となると、財宝は、山の宝であり、コッヘルの農民が埋めたのではない、と言う。

　これに因んで、十年ほど前のことだが、ヤッヘナウのある貧しい農夫がこれを信じ込んで、宝をもとめて地面を掘ったことがあった。それは、男のもとへラテンの国から一人の行商人が来たことがきっかけであった。行商人は、一帯をうろついた後、農夫に、ケッセル丘(ベルク)の宝を一緒に探そうと誘いをかけた。行商人には、〈本能〉があって、地下に黄金や金属がうまっている場所では足がぴくっと反応し、ひとりでに足が地面を削りはじめるのであって、これまで何度も掘り当てた、と言う。その反応が、ケッセル丘(ベルク)へ来るたびに、とりわけ草が生い茂っている場所で起きるのであり、しかもそこには誰もが知るようにコッヘルの農民が財宝を埋めた話が伝わっている、と言う。農夫は、舅にも話をもちかけ、行商人の言葉にしたがって宝を探しはじめた。三人は数年かけてあたりを探したが、宝は見つからなかった。掘り当てたのは、財宝ではなく、ただの水であった。自分の思うには、それは湖の水で、ケッセル丘(ベルク)の地下でコッヘル湖とヴァルヒェン湖がつながっているのであろう。ともあれ、宝探しはあきらめるしかなかった。その間、その二人の農民は畑仕事を放り出し、火酒におぼれていた。二人は尾羽打ち枯らして、数年前に惨めに死んだ。

　観察と多くの住民の証言から、その場所には地下の熱が作用していることは確かであろう。またその元は熱水であろう。しかしそこが〈舌〉と呼ばれるのは、地下から長く地上に延びていることによるのでなく、その場所が縦長の形状をしているからと思われる。要するにそこには温泉があるのであって、古い異教の時代には、噴出するまではゆかなくても、地表に

79

現れていたのであろう。その場所に行なわれ信じられてきた伝説と習俗は、畢竟、それに由来する。

水という正常な元素、とりわけそれが地下深くから不思議な湧き出し方をしているときに、自分たちの祖先がそれを尊んだことは周知の通りである。ヤーコプ・グリムの『ドイツ神話学』（S.549）やジムロック『ドイツ神話ハンドブック』（S.509）が教えるように、神殿や祭壇は高い山の上や温泉のそばに好んで建てられた。また効能のある泉、特に温泉には供え物が捧げられた。……

山の窪地に温泉がかくれていて際立った効能があると地元民が信じていること、その場所が古い神殿があったとして輝かしいものとなっていること、さらにそこの空気に病治しの不思議があると受けとめられていること、これらは次の二つの点を考え合わせるともっともなところがある。すなわちそこが温泉であるがゆえに宗教的な信奉の場所でもあったと想定することができる。もっとも、神殿に関しては、ドイツでは古い時代には石造りはめったになかったことから推して信じるに足りない。別の伝承がつたえるようにキリスト教の信仰によってそれが想像されたのであろう。キリスト教では教会堂がなければ信奉はあり得ないところから、異教の聖地である山の上か森の中にも神殿が建っていたはずとの空想がはたらいのであり、神殿の存在に関する限り後世の潤色であると思われる。かの不可思議な地熱の説明についても、そこが地獄に近いというのは、異教ではなく、キリスト教の考え方が元になったと思われる。ゲルマンの地下の国であるSyartfaheim, Nilheim, Nilhel はいずれも熱い場所ではなく、暗く湿って冷たいのである。私たちの神話において唯一つ熱い場所としては Muspilheim があるが、それは高い山のいただきである。それに対して、キリスト教では地下の劫罰の場所は決まって燃え盛る地獄であったことは、グリム（I,C,764）の説くところである。それゆえ、かの地獄の話は後のキリスト教的なものである。

しかし火を焚くのが信奉の行為であったことはたしかである。ドイツの

北では復活の火、南ではヨハネの祭り火であり、これはグリムによって知ることができる（581 seq）……

ここで触れられるスウェーデン軍とは、17世紀の三十年戦争においてスウェーデン王グスタフ・アードルフがプロテスタント教会側に立ってドイツ地域に侵攻したことを指す。史実としてもスウェーデン軍はかなり広い地域を転戦したが、その記憶は時間とともに伝説化し、ドイツ語圏では至るところで言い伝えとなっている。ここではそれに加えて埋蔵金の伝承という尾ひれがついたらしい。そしてそれをさらに深読みして、ゲルマン時代に因由を負うとの推測なのである。その構図を見ると、古老から地元の伝承を聞き取り、それを古い異教に根差すと見た上で、不都合なところは修正してゆくという手順である。しかも要所々々では決まってヤーコプ・グリムの主に『ドイツ神話学』に判断基準を仰ぎ、ときには刊行されて間もないカール・ジムロック（1802-76）の類書『ドイツ神話ハンドブック』[84]をも援用するというスタイルである。ちなみにジムロックは、「ニーベルンゲンの歌」や「エッダ」や「ベーオウルフ」の近代ドイツ語訳で知られるゲルマニスティクの大家で、ボン大学の教授であった。このダーンの報告は、19世紀の半ばのドイツで民俗学に関心をいだく者がようやく増える時期に、その活動の様子をありありと分らせてくれる。ダーンの報告自体は良質かつ良心的であるとは言い得よう。しかし、ダーンが示した用心や慎重や反省が薄まり、グリム兄弟の見解を原理や公理のように適用するとどうなるかも同時に示している。ダーンから用心深さをとれば、一般の風潮になるわけである。事実、この頃から古いゲルマンの信仰と現代とを一直線につなぐような物の見方が広がったのであり、それはやがて研究者の思考にも影響するようになっていった。

---

84) Karl Simrock, *Handbuch der deutschen Mythologie mit Einschluss der nordischen*.Born [Adolf Marcus]1853-55.

d. リール編集の『バヴァリア』におけるダーンの報告

　ところで、ダーンに注目したのは、グリム兄弟とその弟子筋の民俗学へ進んでゆくサンプルとしてだけではない。ダーンは 20 歳台の前半でこういう報告を載せたのであるから、その道を歩めば民俗学徒になっていたであろう。しかしこの直後、ダーンは別の方面から誘いを受けて方向を転換した。同じくフォルクスクンデながら、リールが主宰するそれに参画しのたである。ダーンは、先にその部建てを挙げた『バヴァリア』の特に民俗学部門の主要な執筆者となったのである。そこでダーンが扱ったのは、同時代の民衆生活の実態の記録であった。『バヴァリア』を主宰したリールが、まだ定職を持たない有望な青年に仕事を指示したということであったろう。『バヴァリア』第一巻が刊行された年にはダーンは、（年齢もまだ進んでいなかったが）ようやくミュンヒェン大学の私講師であった。

　リールは晦渋な言い方を嫌う達意の文章家であった。文章の骨子が明らかで、何を主張しているのかがただちに伝わり、しかも常に適切な具体例が提示されている。リールのその姿勢は、若いダーンにも少なからず影響したらしく、リールその人の筆致を思わせるような文章である。

［事例］ダーンの報告「建築と住まい」から

　参考までに、「建築と住まい」の書き出し（S.278-79）である。

　　記念碑的な建物藝術も、民衆の家屋と相照らし、同じ様式によっている。それは、あたかも民謡と藝術音楽との関係である。旧バイルン地域の粗く大雑把な、鈍重ながら頑丈そのもののロマネスクやゴシックの村教会堂がすでに民衆の嗜好の証左にほかならない。それは、特定の傾向をもつ藝術建築以上にそうである。そうした教会堂における現今の民衆的な嗜好は、外面から言えば、白い漆喰によく表れている。それは、バイエルンの平地の農民家屋が目を射るごとく白く塗られるのと同工である。この白い壁が、明るく赤い瓦屋根とコントラストを作り出す。あるいは、白壁に

鏡の如くつやややかな塔屋のブリキの屋根が組み合わせられることがあるが、ブリキの場合は真新しいときの輝きが消えると、赤あるいは緑の草色に上塗りされる。緑に塗られるのは、とんがり屋根の木板のこけらも同様である。この生き生きした色調だけでも、バイエルンの煉瓦作り家屋は、ドイツ北方の色合いの沈んだ煉瓦積み建築とは大きく違ったものとなっている。……

この短い文章のなかにも、「バイエルン王国の国土学・民衆学」のサブタイトルをもつ『バヴァリア』のテーマが明瞭に表われている。一つは、民衆生活と国土全体の性格との調和的関係を説くことである。民衆と国土（そしてその頂点に立つ王冠）との美しい諧調はリールが望見した社会像であった。

二つには、ドイツ語圏の北方とも南方とも違った地域特性の理論である。そもそもリールがバイエルン国王マクシミリアン2世に嘱望されたのは、ドイツが自然条件からも文化史区分からも、プロイセンとオーストリア、そしてその間に介在する地域に三分されるのが合理的であるとの主張が、バイエルン王国の存立に合致したからであった。しかもそれは、決して為政者に阿る意図に出るのではなく、リールの見解そのものでもあった。リールの記述は、民衆生活を幽邃な過去や神話のなかにもとめる必要をまったく持っていない。それは、むしろ現実の社会理論なのである。

[事例] ダーンの報告〈雌鶏のダンス〉

それは、同じくフォルクスクンデを構成する民衆生活の記述にも見ることができる。民間習俗の記録のどの箇所にもそれが見ることができる。たとえば結婚の章には、結婚と婚礼の一連の項目が記されている。そこには民俗性を感じさせるめぼしいできごとも取り上げられている。一例として〈雌鶏のダンス〉を挙げる。一般に伝統行事のダンスはその時に賞品になる品物の名前がついている。〈去勢羊のダンス〉は、特殊な競技や籤で一番になったカップルに去勢羊があたえられるがゆえの名称であるが、今の場合も同じ趣向で

ある。

　……結婚式の当日には、諸所において、すなわちキームガウやトラウンガウやその枝谷では、いわゆる雌鶏のダンスが催される。その日の午後、花嫁の家には、村の仲間が集う。とりわけ、花嫁の女友達や遊び友達、それに近所に住む者で結婚式に招かれた未婚の女性たちで、彼らは贈り物としてパン、卵、バター、ラード、小麦粉、それに雌鶏を持参する。それらの品々を美しく盛り上げられ籠を頭に載せて運ばれてくる。そしてそれらを使って御馳走がつくられる。二三人の若い器用な男が、ツィタラヤバイオリンやギターをもってやって来て、脱穀場や納屋で、夜遅くまでダンスに興じる。昔は、生きた雌鶏がもちこまれ、（現在では忘れられた）何か物まねのダンスがおこなわれた。しかし祝いの際のこの催しを、理由は定かではないが、官庁は禁止した。今日では、名前が由来するところの雌鶏は、もはや積極的な意味をもたず、ダンスの後の御馳走のときにふるまわれるだけである。この祝い行事の意味は、花嫁とその友人たちの最後の自由な喜びのひと時であり、同時に乙女として友人たちとのお別れなのである。……　（S.394f.）

筆者はダーンであるが、これまたリールの構想をよく体現している。注目すべきは、フォルクスクンデと銘打ってはいるが、〈雌鶏の舞踏〉[85]という民俗学の面から好奇心をそそるようなモチーフに少しもこだわっていないことである。

　ダーンが目の端を擦過させだけであった〈雌鶏の舞踏〉とは何であろうか。

85）民俗学の辞書では、通常、„Hennentanz"の近縁語のである „Hahnentanz"（雄鶏の舞踏）で代表される。参照、*Handwörterbuch d.dt.Aberglaubens*, III S.546.; *Wörterbch d.dt.Volkskunde*, hrsg.von Oswald A.Erich u. Richard Beitl, 3.Aufl.(neugearbeitet von Klaus Beitl) 1974, S.319. なお上に挙げた〈去勢羊のダンス〉（Hammeltanz）も同じく目安とされる賞品による呼称である。

忘れられた〈物まね〉だったらしい、とダーンは記しており、その種類のものがあったのかも知れないが、民俗学で普通〈雌鶏（あるいは雄鶏）のダンス〉と言うと、ダンス・パーティの余興として、鶏を賞品とする遊び（競技）を指す。ここではシュヴァーベンの事例で具体的な形態を挙げる[86]、バイエルンでも基本は同じであったと思われる[87]。

　ダンスの会場に杭が立てられ、その上に雌鶏を入れた籠がすえられる。杭の途中、かなり高いところから横棒が出て、そこから皿が吊り下げられ、皿には水を満たしたコップが載っている。若い男がペアの女性を抱きかかえて、女性の頭が皿の底に触れるところまで持ち上げると、次に二人で勢いつけて皿のコップをはねあげて空にする。水が外へ飛び散り、二人の身体には水がかからないように注意する。次に女が男をかかえて同じくコップの水を飛ばしてしまう。これを最も上手にし遂げたカップルが、杭の上の雌鶏を賞品として獲得する。昔はダンス・パーティや、各種の祭日、また婚礼の余興などでよく行なわれていたようであるが、近代になると、秋祭りにあたるとも言える献堂祭(キルメス)などで僅かに名残りをとどめる程度となった。

　ところが、ダーンは雌鶏のダンスに言及しながら、その中身には興味を示さない。神話学系統の民俗愛好家なら、すでに実態が無くなっているにせよ、あるいはそれだけに、耳をかすめたキイワードを手掛かりに、故習を追い、復元に情熱を燃やすところであろう。しかしダーンは、〈今日では、名前が由来するところの雌鶏は、もはや積極的な意味をもたず〉とみなし、むしろ〈この祝い行事の意味は、花嫁とその友人たちの最後の自由な喜びのひと時であり、同時に乙女として友人たちとのお別れなのである〉として実生活のなかでの意義や機能を特定することに関心を集中させている。それはリールのフォルクスクンデに他ならない。

86）ここでの説明は南西ドイツ、バーデン地方の事例を挙げている次の文献による。参照、（前掲注42）ヘルベルト＆エルケ・シュヴェート『南西ドイツシュヴァーベンの民俗 ― 年中行事と人生儀礼』p.129-130.

87）本書の口絵を参照、1868年にニュルンベルクで刊行された石版画。

参考（南西ドイツ、バーデン地方の事例）：ヤコブの祝日の〈雄鶏のダンス〉（バート・タイナッハ／バート・タイナッハ＝ツァーフェルシュタイン市），カルフ，エリーアス（E. Elias）の石版画1840年頃　　なお口絵を参照

　以上は、わずかな事例であるが、神話的なフォルクスクンデとリールのフォルクスクンデとがまったく異なるをたしかめたのである。前者は、珍しい俗信を特筆して、その意味を遠い遥かな時代にもとめ、また現今をその痕跡として説く。片や、リールは、現今の民衆生活の諸相を幅広く見渡すこと、体系的に把握することに意をもちいる。

5. ドイツ民俗学におけるリールの位置

a. 和歌森太郎のリール評

　ところで、ここで視点を変えて、日本でのドイツ民俗学の知識をとりあげておきたい。特にロマン派のフォルクスクンデとリールのフォルクスクンデがどのように受けとめられてきたかである。リールについては、先にグリム兄弟のロマン派の行き方への批判であること、それが日本でも紹介されていたことにふれた。先に挙げたのは、昭和40年代の紹介であるが（前掲 注68）、実はそれより早く、ドイツ民俗学について一定の系統性のある紹介がなされていたのである。昭和22年に刊行された和歌森太郎の『日本民俗學概説』である。その第三章は「世界における民俗學の發達」にあてられ、各国の動向の中での日本の民俗学の特徴、とりわけ柳田國男の民俗学が位置づけられる。構想の水準にも高いものがあるが、おどろくのはドイツ語圏の民俗学についてもかなり詳しい情報が盛り込まれていることである。第二次世界大戦をはさんで伝達には限界があったであろうが、踏まえるべき基本がおさえられている。ハンス・ナウマンやアードルフ・シュパーマーやユーリウス・シュヴィーテリングに言及されるのは正に同時代のニュースに接していたことになる。もとより、当時の制約もはたらいてはいたが、それは避け得ない時事的限界というべきものであろう。その上で、ここでは一つに絞って注目しておきたい。それはリールに対する評価である。筆者の私見を言えば、リールをめぐる和歌森太郎の論評はまことに的確である。ヤーコプ・グリムの『ドイツ神話学』によって〈非常なセンセーション〉が起きた、として次のように解説がなされている[88]。

　かやうにして民俗研究仲間が共通の地盤で考へあへるやうになつて、**益々**

88）和歌森太郎『日本民俗學概説』東海書房　昭和22[1947]年, p.60-61.

その採集をたのしみに行ふやからが殖え、ややディレッタンディズムの傾向を生じ、競つて珍しい民俗の採集報告が行はれて來た。それは民俗を歴史にするといふ學的態度から逆行するやうなものではあつたけれど、さうしてゆたかにせられる民俗資料の蓄積があつて、やがて現在の自己反省の學としての科學的民俗學樹立を基礎づけることになつたのである。

　すなはちそれはドイツ民俗學の父と呼ばれるハインリッヒ・リールによつて先鞭づけられた。彼こそは、いはゆるフォルクスクンデとしての民俗學を建設したもので、あらゆる民俗を、種族協同體、身分協同體（シタウンド）、家族協同體にとつての機能的なものとみて相即的に考察し、個々の民俗にそれらの集團性を觀る、といふ態度をとつた。彼を歴史家といふにはやや專門がなさすぎる、ただすべての史象によい感覺と才能とをもつて暗示を多く與へた人で、民族心理學者としてもその科學性に不安がよせられるやうな、終生未完成で、將來の歴史研究上の可能性について多くを遺したところに大きな役割を果たした、といふ程度の人物である。メーザーから多くを學んだ人らしく、習俗的文化のうちにこもるドイツ民族精神へあこがれが強く、その點ロマン派に類する。さういふところに見出される民族性と民族的な在り方といふものが、政治史的動きをも規定すると觀るトライチケの歴史學の前提ともなるもので、ひろく史學史上における彼の存在意義は甚大だと思ふが、何としても民俗を共同體との相關において把握する、と言ふ點に、前から述べてきたやうな立場にある私一個としては絶大の敬意を彼に表するものである。彼は右のやうな學問に基いて、ドイツの社會政策を論じた。そのためのドイツ民族の自然史を叙述し、土地と人々、市民社會、家族等の項目に從つて、ドイツ民族の基層文化史を反省した。地理學的眼識もよくにじみ出てゐる。そして農民を基礎的身分と觀、他の貴族、市民、プロレタリヤ等との調和的バランスのうちに當來社會の在り方を想定した。このやうにして民俗學が、過去を現在のうちに見出しつつ未來の設計に資する、といふ自己認識の學たることを大きく標榜したのであつた。

これを読むと、今から60年前に、日本ではすでにリールについてプラス面だけでなく、弱点もふくめて正確な理解がなされていたことが知られる。そこまで行ったのは、〈絶大の敬意を彼に表する〉と明言しているように、この著者がリールに自己と親近なもの見たからであろう。それは、民俗学が往々そうであるような珍しい習俗や得体の知れない俗信への着目に終始するのを、この著者が好まなかったことでもあったろう。

　もっとも、情報に制約があるなかでの執筆であり瑕瑾にもあたらないが、修正を要する点が無いわけではない。ロマン派が隘路に陥ったときリールが出現して救い出し、科学的な民俗学が樹立されたので、リールは〈ドイツ民俗学の父〉となっている、と言うのであるが、これも限定的に受けとめなければならない。ドイツ民俗学は大きく見ると、ロマン派とグリム兄弟とその弟子が敷いた軌道をその後も走ったのである。もっと正確に言うと学問人脈上はその系統を動かなかった。ドイツ民俗学会の前身になる全国組織を作ったのは、グリム兄弟の晩年の弟子カール・ヴァインホルト（1823-1901）であった。しかしそこには、時代の波も押し寄せていた。ヴァインホルトは若書きの主著『古ノルディックの生き方』[89]を献じてグリム兄弟をいたく喜ばせたが、同じ視点からのその後の業績は、当の民俗学会の若手には古い行き方のシンボルのようにみなされた。従って人脈的には連続していたが、若手はその頃グリム兄弟やその直接の弟子にあたる大御所の仕事とは真っ向から対立するような視点を構築しつつあったのである。このあたりの詳しい動きは拙著で取り上げたので[90]、今はそういうダイナミズムがあったことだけにとどめる。

　問題はリールの位置で、一言でいえば、リールはドイツ民俗学会にまと

---

89) Karl Weinhold, *Altnordisches Leben*. 1856. ヴァインホルトは三十歳前から15年ほどの間に主要な研究成果を次々に発表した。最初の大きな著作「ドイツ中世の女性たち」は1851年であった。参照 ,Deselbe, *Die deutschen Frauen im Mittelalter*.1851.

90) 次の拙著を参照、（前掲注57）『ドイツ民俗学とナチズム』第1部第1章「民俗学における個と共同体」。

まってゆく流れからは外部の存在であった。学会へと組織されてゆく人々や集団とは個人的にもつながりがなく、リールはその没年（1897）の頃でも、なお民俗学の分野では注目されていなかった。1891年に創刊号が出た学会の機関誌『民俗学協会誌』でもリールが言及されるのはかなり先で、1910年代も押し詰まってからである。しかしリールが一般社会でも知られていなかったのではなく、むしろ逆で、幾つかの著作は大層よく読まれていた[91]。さしずめ筆頭は1855年に初版が刊行された『家族』で、コンスタントに需要を得て、1882年に9刷、1904年には12刷を数え、ゲラムプによれば〈ドイツ人の家庭の愛読書となっていた〉[92]。1851年に書かれた『市民社会』も同じく長く評判を得て、1907年には10刷を数えた。1854年の『国土と人々』も人気作で、1883年までに8刷、1925年まででは12刷に達した。1857年の『プファルツの人々』も1907年に3刷であったが、これが平均値に近く、多くの著作が重版以上を数えた。創作も案外読者があり、何種類かの短編集の一つで1942/3年にレクラム文庫に収録されたものは1944年には88,000部が売れたと言う[93]。戦時中であることを勘案すると何か条件がありそうでもあるが、他の短編集もやはり版を重ねてはいた。もっとも、筆者も数篇読んだことがあるが、少ない読書ながら私的な感想を言えば、論述では（歴史学的には甘いにせよ）達意と切れ味を示す文章が、筆運びの重なりにも拘わらず、創作では精彩を欠いた平凡なものに見えたものである。

b. パウル・ハイゼのリール評

　ドイツでもリールの評価は揺れ動いていた。個々の著作や論点もそうであるが、むしろ全体にかかわる論評の一例を見ておきたい。それはパウル・ハイゼ（1830-1914）である。1910年にドイツ人としてはじめてノーベル文学

---

91) 以下のデータはゲラムプによる。参照、（前掲注70）Geramb, *Rihel,* S.627ff.
92) 参照、（前掲注70）Geramb, *Rihel,* S.256.
93) 参照、（前掲注70）Geramb, *Riehl,* S.528.

賞を受賞し、短編の名手とされる作家で[94]、リールとは交流もあった。ところが、パウル・ハイゼは 1900 年に刊行した『回想記』のなかで辛辣な人物評をおこなった[95]。

……その頃、豊かに力量を発揮して大成功を収めたのがリールだった。彼の本、『家族』、『仕事』、『国土と人々』、『プファルツ人』は才気いっぱいのパラドックスに富み、独特の特徴にあふれ、文体には花があった。そのため私たちはただもう感嘆してしまい、ある種の〈反動的〉傾向を見過ごしてしまうのだった。

もっとも、私たちはそのうちに気がついた。彼のこれらの本は、国民経済学の理論のはずだが、その時代を揺さぶりはじめた深刻な社会問題を解決するには、あまり役立たないことを。彼の『家族』の理想は、より自由に根ざす他の必要性の詰まった、そして交通手段が発達した現今にはもはや合致しない。〈仕事〉に何よりも倫理的な価値をおくという人である以上、広範な民衆諸層の今日の流動に入ってゆくには適さなかったのである。

リールは、何よりも藝術に才能があった人で、学者の資質ではなかった。

---

94) パウル・ハイゼ（Paul Heyse）の短編作品そのものが今日では直接的な魅力に薄いところがあるが、短編小説の基本構成を言い当てた、いわゆる〈鷹の理論〉は今も古典的な意義を失わない。元はハイゼが自ら編んだ『ドイツ短編名作集』（*Deutscher Novellenschatz*. 1871）の序文において表明した短編小説の方法。短編小説には通常、筋を展開させる上で核となる小道具が意識的に取り入れられているとされる。《鷹》の名称はそれを説明するにあたって、ジョヴァンニ・ボッカチョ『デカメロン』の第六五話（五日目の第九話）が模範例として挙げられたことによる。同話は、貧窮した青年が思慕する婦人をもてなすために、最後に残った大切な自慢の狩猟用の鷹を料理し、それを知った婦人が青年の真心を受けとめるという展開をもつ。文學の分野ではよく知られ、百科事典でも見出しとなっている。参照、*Brockhaus. Die Enzyklopädie*, 20 überarbeitete u. Aktualisierete Aufl. Bd.7, Leipzig / Mhannheim 1996, S.83. „Falken-Theorie".

95) 参照、（前掲注 70）Geramb, *Rihel,* S.530f.

〈人間は自分なりのもの〉という自分のモットー通り、律儀な労働者の鎖のひとつとなって、控えめに、手から手へとバケツを送って時事問題の消火にいそしむのを潔しとしなかった。彼は、藝術家の目、詩人の目で、周囲の文化事象や、過去の生活が見舞われた変転を観察した。そしてそれらについて自己の見解を記し、また描写したが、彼以前には誰も取り組まなかったような課題であったろう。それが彼の著作に新鮮な個性的な性格をあたえているが、半面、孜々とした倦むことなき学者の労苦を欠いており、ジャーナリスティックで半可通の非難をも招いた。

半可通の性格は、この才能にあふれた人物の営為から離れなかったもので、リール本人が情熱を傾けた藝術活動においてもそうであった。彼は、約50篇の歌謡に曲をつけて、『家庭の音楽』のタイトルでコッタ社から出版した。しかし音楽家たちは、この仲間を一人前とはみとめず、事実、その単純な歌曲はただの一つも〈家庭〉に浸透しなかった。それはリールが作曲した三重奏曲や四重奏曲も同様で、彼の家庭を越えては広まらなかった。

順調に進んだのは短編小説だった。情熱の高まりを抑えきれないこと、しかし深い魂の葛藤を描くにはとうてい不向きであることを自覚していた。そこで独自の種類を築いて、それを〈文化小説〉と名づけて、それによって面白いだけの歴史のアネクドットを扱うに過ぎないとの非難をかわそうとした。文化史の大学教授として各地を訪ねた彼は、めぼしい話をたくさん知っていた。そのため、彼が世に送った短編集は、教訓的を含みつつしばしばユーモラスな色あいを帯びている。これによって彼の作品は非常に長く生き続けるだろう。

短編集の一冊を『片隅から』のタイトルで1874年に刊行したとき、そのなかで彼は、尊敬していた老婦人のもとで過ごした日曜の日々をあたたかく偲んでいるが、それは当時の私たちの間でよくみられた書き方でもあった。

彼の文学的創造の特徴を言うなら、その序文にみられるように、ユーモ

アで包んではいるが、基本はナイーブな告白である。つまり、彼は 50 篇の短編小説を書くつもりであり、だから小説家の仲間入りはできそうだと言うのである。さて、ハインリヒ・フォン・クライスト（[訳注] ドイツの劇作家で短編小説にも名作で多い）は三、四篇の短編小説によってすでにそうであったのは周知の通りである。

偉大なリールを顔色なからしめる体の酷評である。賛美する向きには首肯し難いものがあったであろう。リールの関連について能うかぎり博捜を心がけたゲラムプであったが、この〈冷淡な論評〉が含むリールの学術業績への評価には反駁を試みている。たぶん、ハイゼの評価は事の本質にふれるところがあるであろうが、それを見るにつけても、遠く離れた地で和歌森太郎が〈彼を歴史家といふにはやや専門がなさすぎる、ただすべての史象によい感覺と才能とをもつて暗示を多く與へた人〉と評していた判断力の高さに改めて気づかせられる。リールにおけるそうしたプラス・マイナスの両面には筆者も僅かながら実感したことがあったが[96]、それとともに論評の後半に従うなら、リールを無視するのも、これまた有益なことではない。

c. ドイツ民俗学界でのリールへの着目の開始

民俗学との関係にもどると、ドイツの民俗学の関係者がリールを自己の分野にかかわる存在として留意しはじめたのは 1910 年頃であった。1908 年に『ヘッセン民俗学報』に「ユストゥス・メーザーとヴィルヘルム・ハインリヒ・リール ― フォルクスクンデを考える」という論文が載ったのがその早

---

96) 筆者は、ドイツ人と森林の関係という観点からリールの『国土と人々』を読み直したことがあったが、そこで扱われた入会地の議論が、一見気が利いて鮮やかですらあるが、歴史学的な検証に堪え得るものでないとの印象をもったものである。また同時代を扱ったという面でも、同じく森林伐採事件に強く関心を寄せたカール・マルクスの初期の新聞論説ほど現実に密着してはいない。参照、河野「森の国ドイツの光と影」アイカ工業株式会社広報室『AiCA-EYES』Vol.23 (1996), p.10-13。

い事例で、民俗学史の先人の一人にリールを数える視点の最初であった[97]。

　メーザーが投げかけたものを、リールが描写した。リールは民(フォルク)を藝術対象としてとらえようとした。それは彼には、学問の目標であるととともに、政治的プログラムでもあった。しかし何よりも文筆の課題であった。リールは〈文筆家〉とみなされてきた（この言い方をリールはレッシングに範を見た）。この要素が、その「民(フォルク)の自然史」の学問的価値が規定している。……メーザーもリールも政治的意図をこめて叙述した。両者は、それぞれの時代の支配的方向と矛盾をきたしたこと、またその時代精神に無自覚のうちに歩み寄っていたことによって親近である。……リールは、1848年に革命の混乱と錯綜を経験し、スケッチに書きとめた。運動は挙げて災禍であつたとの見方を彼はとらなかった。当時、民衆扇動者たちが呼号した精神にも疎遠ではなかった。そして今（1908年）、半世紀を経て、その当時たがいに懸隔していると見えたものが近接する様相も起きている。リールのスタイルにだけは注目したい。前三月期の文筆家たちが書きようもなかったものがそこにある。……リールを読書界の寵児としてのみ見るのは当たらない。リールの読者は決して〈中世的（古ぼけた）〉どころではない。十八世紀の諸理念によって自己形成にいたった社会であり、リールのフォルクスクンデは、まさにこの社会という確固たる前提なしには理解できないであろう。メーザーとリールにおいて私たちが気づくのは、両者が呼吸をした精神的気圏と、彼らが愛しもとめた民(フォルク)のあいだの緊張である。私たちのフォルクスクンデが対象に対してもつ関係は、その緊張と類似の様相を見せている。……この小論において得られるべきは、フォルクの理念であり、それはメーザーとリールの理想でもあった。フォルクはただの語

---

97) R.A.Fritsche, *Justus Möser und Wilhelm Heinrich Riehl, Gedanken über Volkskunde.* In: Hessische Blätter für Volkskunde. Leipzig 1908, S.1ff. ここではゲランプの前掲書から抜き出した（S.536ff.）。

ではない。語の絶えず刷新される要求である。……すなわちリールが文化研究において記した通りである。〈フォルクの概念は、形作ることをすでに広く射程においた抽象表現である〉。

『ヘッセン民俗学報』は地方誌と言うより、『ライン民俗学年報』とならぶ民俗学の双璧であるが、同誌に載った今日ではあまり知られない人物によるこの論評こそ、その後のリール復活の宣言であり、そこに記された諸要素がプラスにもマイナスにも枝分かれして成長することになった。その様子は、1920年代からのドイツ民俗学の動きと共にあつかおうと思う。

d. ドイツ民俗学におけるリールの再評価

それ以後のリール評価において注目すべきは、そこに二つの種類がみとめられることである。一つ目は、今日につながるドイツ民俗学であり、二つ目は政治学や社会学の動きである。

リールを民俗学の観点から重要な里程標と見た人々をあげると、今日も重く見られる研究者たちが並んでいる。アードルフ・シュパーマー（Adolf Spamer 1883-1953）、ハンス・ナウマン（Hans Naumann 1886-1951）、ユーリウス・シュヴィーテリング（Julius Schwietring 1884-1962）などで、いずれも1920年代から学界の少壮として意欲と問題意識に富んだ人々であった。リールの著作の評判は、民俗学界の動きとは関係なくつづいていたが、それに民俗学から関わったことでは、ハンス・ナウマンを挙げることができる。リールの著作4篇が一書にまとめられた『ドイツ民衆(フォルク)の自然史』は、レクラム社からの刊行と1934年という時代に適って影響力が大きかったが、それはハンス・ナウマンの監修であった[98]。ハンス・ナウマンは1920年代中頃からゲルマニストかつフォークロリストとして一般社会に知られたスター的な学

---

98) Wilhelm Heinrich Riehl, *Die Naturgeschichte des deutschen Volkes*, hrsg. und eingeleitet von Hans Naumann. Leipzig: Philipp Reclam jun. 1934.

者であった。〈ドイツの中くらいの町でナウマンが講演に招かれないところはなかった〉と回顧されるほどである[99]。ナウマンがリールのアンソロジーを編んだのは、リールへの評価が高まるなかで、人気者が人気者を手がけた観があった。先に見た和歌森太郎が手にしたリールの著作もこれであったと思われるが、ドイツ民俗学の文献が日本にも知られるのが稀な状況のなか、例外的に話題作が射程に入ったのかも知れない。それにしても当時の日本でそれに気づくのは相当の目配りと言ってよく、また実際に読んで内容の長所と弱点をつかんだのは力量である。

　なおナウマンについて言えば、その民俗学の概論書が今日では翻訳されている[100]。翻訳自体はすぐれたものであるが、有名な割には中身はもう一つで、率直に言えば、ドイツ民俗学の代表作がこの程度？というのが、大方の読後感ではなかろうか。事実としてそれは1920年代のドイツで大変もてはやされた。民俗学の関係者のあいだでは、難問を解決してくれる名医か特効薬のようにみなされたのである。その論旨を簡単に言うと、民俗文化は2起源・2様態から成り、一は〈プリミテイヴな共同体文化〉、二は〈沈降した文化物象〉とされる。とりわけ後者が重要で、たいていの民俗事象は、社会的・精神的上層に起源をもち、それが民間に下ったというのである。それは、こうして端折ったテーゼのかたちにしても特に原意をはずれるわけではないと言ってよいほど単純な理論である。しかしまたその大味な理論をドイツ学界が歓迎したことを納得するにはドイツ民俗学がそのころ陥っていた袋小路のような状況を知る必要がある。また袋小路の背景にはひろがる思考の型、さらに思考の型を必然的にした社会構成を理解する他ない。その問題を含むド

---

99) この事実理解は、（前掲注3）ヴェーバー＝ケラーマン『ヨーロッパ・エスノロジーの形成／ドイツ民俗学史』の「ハンス・ナウマン」の章による。参照、p.130-141（第Ⅳ章：両次大戦間のフォルクスクンデ第1節「ハンス・ナウマンと〈沈降した文化事象〉論」）.

100) ハンス・ナウマン（著）川端豊彦（訳）『ドイツ民俗学』岩崎美術社 1981.（Original: Hans Naumann, *Grundzüge der deutschen Volkskunde*. 1922.）

イツ民俗学の学史は拙著で解明を試みた[101]。ここでは立ち入らないが、背景には、ロマン派の民俗学が擡頭したときからの諸前提と、民衆存在を何と理解するかという課題があり、そこに問題を解こうとした人々の立脚点がからんだのである。

　ナウマンについてなお付言するなら、学問的な才知に加えて、社交的で立ち居にそつがなく、時代の空気への自己調整にも勘が働いた人である。しかし当時のドイツは歴史上まれにみる極限状況であり、それがこの秀才の言動を浮薄にも見せ、運命を暗転させもした。ナチス・ドイツの上昇過程ではヒットラーをまねた髪型と口髭を装って得意のナウマンであったが、ボン大学副学長としてナチスの強いる神学者カール・バルトの追放に逡巡した（その判断力はあったようである）あたりからナチス幹部の一部の疑心を招いた。そのためナチス・ドイツ期の途中からは厚遇されなかったが、本人は最後までヒトラー崇拝者であった。一時期交流のあったトーマス・マンの人物評では、〈ピントのずれた高等ナチスト〉、〈汚い手管と自己の理想を混同した不幸なインテリゲンチャの一人〉であった。そして戦後はナチス加担者の筆頭に挙げられ、ボン大学教授会はナウマン本人の同意を得ないまま停年の手続きをとった。これに対する身分回復の訴訟が長引き、勝訴はしたが、その報が届いたのは急死の直後であった。生涯も業績も、棺を覆うてなお事定まらずの観すらあるが、それはドイツ民俗学の一側面とも重なっている。その学問業績は斯界の根本を言い当てるような大理論ではないが、また平均よりは優れている。立論もドイツ民俗学に固有の問題にまったく終始するのではなく、普遍的な問題とも接している。味読には大味だが、捨てるには佳肉の断片が付いている。鶏肋を前にした苛立ちを抑えなければ、ドイツ民俗学の学史はつかみにくいのである。

101）次の拙著を参照、（前掲注57）『ドイツ民俗学とナチズム』第1章第1節「民俗学における個と共同体——20世紀はじめのフォルク論争を読み直す」

6. 国家学としてのフォルクスクンデの逸脱

a. ナチス・ドイツ期のフォルクスクンデ

　リールと民俗学あるいはドイツの思想史という面で見落としてはならないのは、リールを重視した人々がもう一群いたことである。それはさまざまなナショナリストたちであった。またそのなかにも種類があった。たとえば1893年に農村向けの教化雑誌『ラント』が発刊された[102]。これはリールが国家の安定に農民存在を重視したことに強い影響を受けていた。この雑誌は、後にナチ党の幹部ローベルト・ライ（Robert Ley 1890-1945）が吸収を望んだ。そして、その指揮するところの労働者に向けたレクリエーションと教化の組織「歓喜力行協会」の機関誌『民族体とふるさと』[103]を『ラント』の後継誌であると謳って編集した。そのため前身の『ラント』を長く運営してきたハインリヒ・ゾーンライ（Heinrich Sohnrei 1859-1948）は、たびたびその功績を顕彰されることになった。

　それだけでなく、国家学としてのフォルクスクンデが逸脱へ走ったことも見逃せない。それには、先にもふれたようにフォルクスクンデという名称

マックス＝
ヒルデベルト・ベーム

---

102) *Das Land.Zeitschrift für die sozialen und volktümlichen Angelegenheiten auf dem Lande*, hrsg.von Heinrich Sohnrey, ab 1893.

103) *Volkstum und Heimat.Zeitschrift für die sozialen und volkstümlichen Angelegenheiten auf dem Lande*. Organ des Deutschen Vereins für ländliche Wohlfahrts- und Heimatpflege. Hrsg. von Heinrich Sohnrey. この雑誌の編集はローベルト・ライが率いる「ナチス文化団体・民族体とふるさと」（National Sozialistische Kuturgemeinde. Abteilung Volkstum und Heimat）によって1934年4月に創刊され、同時に前身誌の第43号であると謳われた。

がドイツ語では一般的な用語であったことも踏まえておく必要がある。さらに、そのあまりに一般的な合成語のゆえに、どのような方向へも行けたのである。すなわちフォルクに関する学知であり、フォルクは民衆・国民・民族などを指す幅広い用語であるため、〈それを使う人がそこに籠めたいと思う意味で使うことが可能なのであった〉と後に言われるまでになった[104]。とりわけ第一次世界大戦後のヴァイマル時代には、大戦の戦後処理がドイツに苛酷であったことへのルサンチマンが高まると共に、フォルクの語は国家とは次元の異なる結集のスローガンともなっていった。その傾向は、ドイツ経済が大恐慌の直撃を受ける状況のなかでますます強まり、やがてナチス・ドイツを伸長させるところまで進んでいった。その時代には、民俗学の意味でのフォルクスクンデがようやく定着しつつあったが、またそれとあまり連絡の無かったフォルクスクンデも登場した。

b. マックス・ヒルデベルト・ベームの民族体政治学

その代表的な事例に、マックス・ヒルデベルト・ベーム（1891-1968）のフォルクスクンデがある。この人物をここで挙げるのは、日本との関わりにも注目してみたのである。民俗学はドイツでもマイナーの分野であり、外国でも目につくようなものでなかった。しかし、今日では厄病神のようにみなされるベームの著作は、戦前の日本にはかなり渡って来たようである。それはベームが法学の分野の人だったからである。

M・H・ベームはラトヴィアのツェーシス（Cēsis 独 Wenden）近郊に生まれたバルト・ドイツ人であった。このスラヴ地域のドイツ人であったことが

104）この表現は、ゲルハルト・ハイルフルトの「フォルク」論に見える。参照、Gerhard Heilfurth, *Volkskunde jenseits der Ideologien*. In: Fach und Begriff „Volkskunde" in der Diskussion, hrsg. von Gerndt, Darmstadt [Wiss.Buchg.]1988, S.179-208. ただし「イデオロギーの彼方のフォルク概念」という説得的なタイトルはともかく、年代的には"Volk"概念への批判的考察の重要な成果が出た後に、後追い的に整理したという面があり、批判活動における独創性は乏しい。

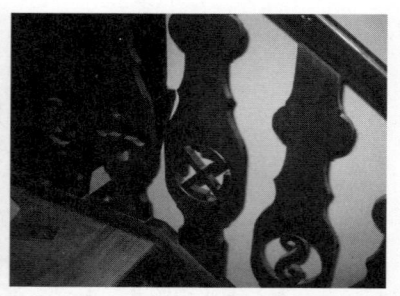

テュービンゲン大学民俗学科と研究者組織ルートヴィヒ＝ウーラント研究所（城館の西の隅櫓　左上の写真：左端／下の写真：右端の丸櫓と向こうの農家風の家屋）——ナチス・ドイツによって設立された過去を直視する意図から階下の図書館への階段の手摺に刻まれたナチスの紋章や象徴記号が保存されている（右上の写真）。

その主張の根底に常にはたらくことになるが、長じてイェナ大学の教授となり、"Volkstumssoziologie"の講座を担当した。訳してみると、〈民族体社会学〉とでもなる。おそらくM・H・ベームのために用意されたものと思われるが、ナチ体制下での措置であった。実際、ドイツの大学のフォルクスクンデの講座は、制度的にはナチスが設けた数か所が今日の土台となった。ベルリン大学、ゲッティンゲン大学、テュービンゲン大学などで、いずれも今日では世界の民俗学の牽引者として知られている。ちなみにテュービンゲン大学民俗学科では、問題の多い過去を注視して緊張を保つ意図から、ナチスが創設した当時のハーケンクロイツ（ナチスの党章）を含む室内装飾を撤去せずに残している。

それはともあれ、M・H・ベームは旺盛な文筆家でもあった。主著の一つ『自立した民族(フォルク)』[105]は日本の多くの大学図書館に収蔵されているが、先にふれたように法学の分野とみなされたからであり、同書がドイツの有数の学術出版社ヴァンデンヘック＆ループレヒト社から刊行されたことも与っていたであろう。しかし中身は民族思想である。どこまで実際に読まれたかは怪しいが、国際関係の中で孤立に向かいつつあった日本には参考書となった面もあったかも知れない。M・H・ベームにはまた同じ趣旨で『フォルクスクンデ』[106]というタイトルの著作がある。そしてこれも含めて、著作の多くは学術的な体裁をとっている。研究目的と主要語彙の概念定義からはじめ、参考文献を踏まえて整然とした叙述である。中身も、タイトルに照応して、民俗学とも接続していると言ってもよい。序文でも、当時の代表的な民俗研究者の名前をあげて、それらの成果と意義に言及している。たとえば、マックス・ルンプフ（Max Rumpf 1878-1953）、ヴィルヘルム・ペスラー（Wilhelm Pessler 1880-1962）、アードルフ・シュパーマー（Adolf Spamer 1883-1953）、アードルフ・バッハ（Adolf Bach 1890-1972）、アードルフ・ヘルボーク（Adolf Helbok 1883-1968）、ユーリウス・シュヴィーテリング（Julius Schwietering 1884-1962）ルッツ・マッケンゼン（Lutz Mackensen 1901-92）などである。その頃現れた2種類の民俗学の大部なハンドブック、すなわちシュパーマーの編集になったものと、ペスラーの編著によるものも活用されている[107]。したがって、民俗学と別ものとは言えない。しかしM・H・ベームは、専攻分野や学問人脈の面では、民俗学界とはつながってはいなかった。すでにふれたように、フォルクスクンデは一般的な名称であり、民俗学だけを指すものでもなかった。

---

105) Max Hildebert Boehm, *Das eigenständige Volk. Volkstheoretische Grundlagen der Ethnopolitik und Geisteswissenschaften*. Göttingen [Vandenhoeck & Ruprecht] 1932.

106) Max Hildebert Boehm, *Volkskunde*. Berlin [Weidmannsche Verlagsbuchhandlung] 1937.

107) 同時期に編集された大部の概説書である次の2作はドイツ民俗学の里程標でもある。参照、Adolf Spamer(Hg.), *Die deutsche Volkskunde*. 2 Bde. Leipzig 1934.; Wilhelm Pessler(Hg.), *Handbuch der deutschen Volkskunde*. 3 Bde. Potsdam o.J.[1934-1938].;

しかし名称が同じである以上、民俗学の意味でのフォルクスクンデの先行文献には目配りがなされるのである。その点では、民俗学の意味でのフォルクスクンデと、それに限定されないところに重心をもつフォルクスクンデとの関係は、完き重なりでも断絶でもなく、グラデーションを呈している。

M・H・ベームの場合には、〈フォルク〉の概念が原理とされ、またそこから〈フォルクストゥーム〉が特筆されるのであるが、それもまた当時では一般的と言ってもよい面があった。このフォルクストゥームはフリードリヒ・ヤーンの造語に由来するが、以後、ドイツ語として馴染み、特に1920年代後半からはプラスの語感をあたえていた。しかしそこにいかなる意味をこめているかは人によって異なった。イデオロギー性の薄い研究者やカトリック教会でも使っていたが、それは〈民衆体〉とでも訳すべき内容である。他方、M・H・ベームが担当した講座名や、濃厚なナショナリズムの陣営が使う時には〈民族体〉といった語調であった。しかしいずれのグループも自他を区別するような定義をしていなかった。そうした曖昧が学問を混乱させていたが、それが自覚されたのは第二次世界大戦後のことであった。

M・H・ベームの『フォルクスクンデ』に戻ると、民俗学が通常示すような章建てであるから、民俗学の概説書と言っても間違いではない。そこに時流であったナチズムとかさなる見解や主張がまじるのである。たとえばドイツ人の集団形成を歴史的に概観した箇所では、戦士、貴族、農民、漁民・狩猟者、聖職者、アカデミシャン、商人、手職者、企業家、勤労者、労働者、官吏などに分けて特徴が挙げられるが、貴族について言えば、命をかけて祖国をまもる人間種とされるのに加えて、農民・戦士に由来する〈新貴族〉をも説いている。これは、ナチ政権前半の農業大臣ダレー（Richard Walther Darré 1895-1953）のスローガン〈農民という新貴族〉を取り入れたのである[108]。

108）参照、Richard Walther Darré, *Neuadel aus Blut und Boden*. München 1930. [邦訳] ダレエ（著）黒田禮二（訳）『地と土からなる新貴族』春陽堂書店 1941.；Ders., *Das Bauerntum als Lebensquell der Nordischen Rasse*. 1942 [邦訳] ダレエ（著）岡田宗司（訳）『民族と土』橘書店 1942（新世界觀輯系第6巻）

またそうした民衆区分の基底には、リールを受け継いだという趣旨も走っている。さらに「ドイツ性の外来化」という一章では、ドイツが多数の外来者集団を受け入れてきた歴史が説かれる。そのうち17世紀末頃以降フランスを追われたユグノーについては、やがて彼らがナポレオン戦争時代に自主的にドイツの兵士として戦ったことが高く評価される。それに対して、ドイツに同化しようせず、大企業家から村の高利貸しにいたるまで、ドイツ人を苦しめるユダヤ人を非難している。またバルト・ドイツ人という経歴もはたらいているであろうが、国境地帯のドイツ人と隣人との関係には慎重で、融和と協調の証拠が数多く挙げられる。

M・H・ベームのフォルクスクンデをドイツ民俗学の関係者がどう見たかについても、一言加えておく。第二次世界大戦によるナチス・ドイツの瓦解のあと、レーオポルト・シュミットが1947年に民俗学の再出発を意図して発表した著名な方法論考に「精神科学としての民俗学」がある。そこにM・H・ベームがわずかに触れられているが、それは民俗学の流れから排除するという趣旨である。社会科学の側から民俗学を援用して、フォルク偏重の学問を名乗った者がいたが、それがために民俗学と社会科学との接続にあたって障害になっているという趣旨である[109]。また同じ時期にヴィル＝エーリヒ・ポイカートが、第二次世界大戦後のフォルクスクンデを断罪し無用と叫ぶ論説に反論（1948年）したときにも、民俗学とM・H・ベームを同列に置くのは認識不足であるとの趣旨であった。批判者に回答しているその個所を少し抜き出す[110]。

---

109) 参照、レーオポルト・シュミット（著）河野（訳）「精神科学としての民俗学」愛知大学国際問題研究所「紀要」第89号(1989),p.244-201, here p.238(注13), Original: Leopold Schmidt, *Volkskunde als Geisteswissenschaft*. In: Mitteilungen der Österreichischen Gesellschaft für Anthroplogie, Ethnologie und Prähistorie, Bd.73/77 Wien 1947, S.115-137. この論考は以後も諸誌に繰り返し再録されているが、それらについては拙訳に添えた「解説」を参照。

……M・H・ベームがその『フォルクスクンデ』（1935年、164頁）で定義したがごとき〈うるわしき絆をもつ集団としての民族体〉を称揚していたたことも挙げられているが、そこでベームがもとめているのは〈自己の（＝ドイツ民族の）フォルク〉、またフォルク学なのであって、それは民俗学(フォルクスクンデ)とはほとんど関係がない。否、関係は皆無と言ってもよい。……ドイツにおける真摯な民俗研究は、……ベームのような似非民俗学者とは、断じて一緒にされてはならない。……

M・H・ベームは、もともと民俗学界とはつながりが無かったこともあって排斥されて終わったが、法学界ではなお一定の存在だったようである。1960年代に、その主著『自立した民族』を西ドイツの著名な学術出版社であるヴィッセンシャフトリッヒェ・ブーフゲゼルシャフト社が、そのために書き下ろされた著者の序文を付けて再刊したことがあり、過去の清算をめぐってちょっとしたスキャンダルになった[111]。

---

110) Will-Erich Peuckert, *Zur Situation der deutschen Volkskunde*. In: Die Nachbarn, 1(1948), S.130-135. 今日では次のアンソロジーに収録されている。参照、*Fach und Begriff „Volkskunde" in der Diskussion*, hrsg.von Helge Gerndt. Darmstadt: Wiss.Buchges. 1988, S.25-40.；なおこの引用箇所を含む論議の経緯については次の拙著を参照、(前掲注57)『ドイツ民俗学とナチズム』2005, p.468f. 第二部第7章2節「告発と応酬—ハインツ・マウスと W.-E. ポイカート」。

111) M・H・ベームのこの著作を単なる逸脱とはせず、むしろゲルマニスティクとドイツ・フォルクスクンデの必然的な一部として批判的に位置付けたのは、ヘルマン・バウジンガーの高弟ヴォルフガング・エメリッヒであった。参照、Wolfgang Emmerich, *Germanistische Volkstumsideologie. Genese und Kritik der Volksforschung im Dritten Reich*. Tübingen 1968 (Volkeleben, Bd.20), S. 143f., 155f. u.a.; Ders., *Zur Kritik der Volkstumsideologie*. Frankfurt a.M. 1971 (editioh suhrkamp 502). なおエメリッヒの批判活動をめぐるドイツ民俗学界の1970年前後の動静については拙著を参照、(前掲注57)『ドイツ民俗学とナチズム』p,634-672「バウジンガー学派のフォルク・イデオロギー批判とその反応」。

c. ナチス系の大学教員をめぐる問題

　しかしまともな民俗研究者と〈似非民俗学者〉を峻別するのは難しいところがある。先に名前を挙げたなかから一例を挙げれば、ドイツ語学と昔話研究のルッツ・マッケンゼンについては、1970年前後には、重要な学者とみなしている日本のゲルマニストは少なくなかった。経歴やドイツでの評価について情報が不足してもいたのであろう。戦後しばらくは鳴りをひそめていたが、やがてゲッティンゲン大学にポストを得、さらにリューベックにおいてゲルマニスティクの教授となり、またブレーメンの新聞研究所を創設して主宰をするなどした。しかしポストが安定しなかったのは、その経歴の故である。語学者としては『ドイツ語語源辞典』や『ドイツ語正書法事典』など何度も版を重ねているドイツ語辞書の編者である[112]。また若くして『昔話事典』[113]の編集を主宰したことを見ても有能な人物ではあったのであろう。のみならず、ナチ政権時代には、才能ゆたかな学生たちがそのもとに集まり、ルッツ・マッケンゼン自身もナチスの幹部と交流があったところから、陽のあたるポストに門下の俊秀を次々に斡旋した。通常なら、優秀な若手教授で面倒見もよいことになったろうが、時代はナチス政権下であった。ちなみに

---

112) Lutz Mackensen (Hrsg.), *Deutsche Etymologie: ein Leitfaden durch die Geschichte des deutschen Wortes*. Berlin: Deutsche Buch-Gemeinschaft 1962.; Ders.(Hrsg.), *Deutsche Rechtschreibung*. Gütersloh: Bertelsmann 1954, 改訂版として現在行なわれているのは次の書名である *Deutsche Rechtschreibung: nach den für die Schule verbindlichen Regeln*. 1969. また今日では日本の出版社によっても『ベルテルスマン：マッケンゼン ― ドイツ語正書法辞典』として刊行されている。参照、*Mackensen - Deutsche Rechtschreibung : völlig neu überarbeitet - über 110000 Stichwörter*. 三修社 1991

113) *Handwörterbuch des deutschen Märchens*, Bd. 1.u. 2., hrsg.von Lutz Mackensen. Bderin: de Gruyter 1930-1940. この事典は未完に終わったが、戦後はルッツ・マッケンゼンの民族思想が忌避されたことによって、客観性において優れていたクルト・ランケ（Kurt Ranke 1908-85）の構想が採用され最近ほぼ完結した『昔話エンサイクロペディア』となった。参照、*Enzyklopädie des Märchens. Handwörterbuch zur historischen und vergleichenden Erzählforschung*, hrsg. von Kurt Ranke, zusammen mit Hermann Bausinger u.a. Berlin/N.Y.: de Gruyter 1977-

門下生のなかでよく名前が挙がる一人に、『ナチス月報』[114]主幹となったマテス・ツィークラー（Matthes Ziegler 1911-92）がいる。ルッツ・マッケンゼンのもとでゲルマニスティクと民俗学を学び、その推薦もあって主幹に就いた1934年にはまだ24歳であった。『ナチス月報』は政権獲得まではヒトラーが編集者、アルフレート・ローゼンベルクが主幹をとつとめていた党機関誌である。これだけでなく、多くの意欲的な若手を重要ポストにつけたのはナチスの特徴で、その点では革命の性格を帯びていたとは言えるであろう。

7. 近・現代世界と民俗事象 ― 民衆事象と歴史事象

［伝統と近・現代の間：民俗事象のバランスシート　再び 図Ａ］

　ドイツ・フォルクスクンデについて、その推移のなかで現れたれ二種の傾向に絞って検討した。もちろん委曲をつくしたものではあり得ないが、その広がりと問題点について概括的な理解が得られたのではなかろうか。であれば、それを踏まえて、出発点として挙げた図Ａを改めて突き合わせてみたい。その図は、時と共に、フォルクスクンデが民俗学に絞られて行き、同時に思い入れが濃厚になることを表していた。

---

114)『ナチス月報』すなわち"Nationalsozialistische Monatshefte. Zentorale politische undkulturelle Zeitschrift der NSDAP"編集長は1934年にヒトラーからローゼンベルク（Alfred Rosenberg 1892-1946）に交替した。同誌にはナチ政権成立直後からマッケンゼン自身もたびたび寄稿したが、その一つに「言語と人種」がある。参照、Lutz Mackensen, *Sprache und Rasse*. In: Nationalsozialistische Monatshefte, 6(1935), S.306-315. すでにこの論考にも現れているが、ルッツ・マッケンゼンはドイツ語学と民間伝承の知識を活用して、ドイツ人のロシア・東欧での失地回復を〈再ドイツ化〉（Wiederaufdeutschung）のキイワードで説き、また歴史的に未解決の問題としてドイツ語圏におけるユダヤ人の存在を指摘した。

〈民俗学〉の形をドイツ語圏の学史に探る——図解の試み

図A

民衆的事象　さまざまなフォルクスクンデ　⇒　フォルクスクンデ＝民俗学

　それはまた民俗事象あるいは民俗的な文物そのものの変化をもあらわしている。すなわち、（日本の場合も含めて）概説書などで一般に言われるところに従えば、近・現代が進むとともに、民俗事象は縮小するとされる[115]。時代遅れになったり、不要になったりするのである。〈近頃みかけない〉、〈そう言えば昔は……〉という回顧の方向での感慨を誘う事象や文物である。心理が濃密になるのは、畢竟、民俗的な事象・文物が一般的ではなくなるからで、またそこに自己の何かを託すからである。言い換えれば、何らかの消滅に瀕するものへの哀惜の情や、ノスタルジアが高まり、一部ではそこに原点をそ

115）民俗学の対象設定としては、一定の時代を境にして、前代の現象に注意を向けることがよく説かれている。たとえば日本では民俗調査も手引きなどでは〈できれば明治時代がどうであったかをたずねる〉との指針が書かれている。実際的な指針としては重要であり、それ自体を否定することはできないが、その場合は民俗学が特定の方向に限定されていることを意味してはいるであろう。参照、上野和夫男・高桑守史・野村純一・福田アジオ・宮田登（編）『民俗研究ハンドブック』吉川弘文館1978, p. 245。

こにもとめるような心理へも発展する。その観点から先の図 A を見ると、漏斗状の推移を囲む余白に意味があることが分かってくる。それはただの空白ではない。右へ進むとともに拡大する余白は近代世界の進展をあらわしている。すなわち近・現代の事象や文物がそこに詰まっているのである。

　なお近・現代の進展を示すものとして、一つのグラフを参考として引用する。ドイツの社会学者オットー・ノイロー（Otto Neuloh 1902-93）による近・現代から将来予測を含めて2、3世紀の労働諸分野の人口構成の変化を表したグラフである。特に解説を要しないほどであるが、経済活動人口の割合を概括的に表している。一次産業に付記される原語は原生産（Urproduktion）であるが、農林水産業、あるいはそれに鉱業を加えていると考えればよいであろう、二次産業は職人工房から近代工業までを含む。三次産業（サービス部門）は、流通や運輸に加えて行政・警察・軍隊などを併せている。なおこのグラフは、ドイツ民俗学の一般的な概説書に転載されている[116]。その概説書は、ロマン派思潮のなかで形成されたドイツ民俗学がほとんどもっぱら農民学であったこと、職人工房の研究ですら付随的でしかなかったこと、それが社会の実態とずれていたことを指摘する箇所にこのグラフをはさんでいる。この種の指摘がなされたことは、ドイツも日本も民俗学が同じような問題をかかえていたことを意味していよう。また今日では、それ自体は当然のことと受けとめられるまでになってはいるであろう。しかし、工業社会の進展、また工業製品、特に科学的な技術機器が一般化した状況に照応する民俗研究の方法をどのように発展させたかとなると、日本の場合、問題をなお残しているのではなかろうか。

　それはともあれ、このグラフはまたもう一つの示唆をもあたえてくれる。それは農林水産業の中身の劇的な変化である。農業は、民俗学が好んで取り

116）Günter Wiegelmann / Matthias Zender / Gerhard Heilfurth, *Volkskunde. Eine Einführung.* Berlin [Erich Schmidt] 1977, S.224.：出典：Otto Neuloh, *Die weiße Automation.* Köln 1966, S.115.

組んできたような鍬や鋤を手にして土と交わるといったものではない。さまざまな機械農具を使い、また現代では先端的な情報システムによって市場の価格変動を読むことも多く、それに従事する人々は高度な技術者の性格をもっている[117]。

なお言い添えれば、このグラフが作成された1966年に比べて実際の変化はさらに激しく、ドイツの場合、農林漁業に鉱業を併せた部門が経済活動人口に占める割合は2003年では2.2%にまで低下し、またその経済活動のGDPに占める比率は約1%である。

参考グラフ：ドイツにおける経済活動人口の部門別比率の推移

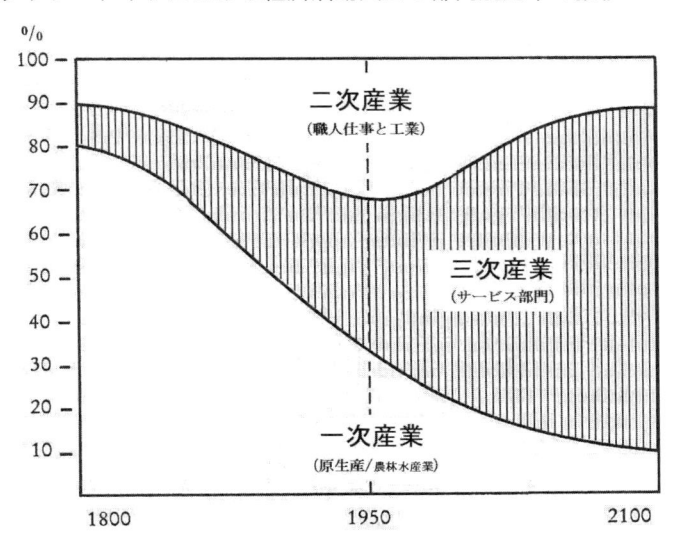

出典：**Otto Neuloh, *Die weiße Automation*.Köln 1966, S.115.**

---

117) この点で話題を挙げると、1969年から1971年にかけてインゲボルク・ヴェーバー＝ケラーマンはヘッセン・テレビと共に31篇の民俗学の記録映画を作製した。そのなかで、特に農業労働の変化を取り上げ、農民が機械農具を駆使する〈ジンジニア〉であることに注意を喚起した。たとえばそのなかの一篇である次の学術映画を参照、*Arbeit und Brauch der Erntezeit*. Autor: Ingeborg Weber-Kellermann, Hersteller: Junior-Film GmbH Fankfurt a.M., Verlag: Hessische Rundfunk. 1969.

次にこれらの変動の結果、どのような状況がみられるようになったか、誰もが思いあたるような事例に即して簡単に話題をあげる。

[事例検証]
a. 自家栽培の亜麻から輸入木綿へ

　ヨーロッパで言えば、昔はたいていの村で亜麻布が栽培されていた。マルクスの『経済学批判』では（『資本論』第一巻でも繰り返されている）、亜麻1エルレと金0.1オンスが等価交換の分かりやすい事例として繰り返し使われているほどで、亜麻は誰もが身近に知っている繊維であり布地であった。当然にも亜麻をめぐる多彩な習俗も一般的であった[118]。亜麻の収穫と乾燥、またそこから繊維を取り出すための種々の工程には、どれも共同労働としての知恵とルールが走り、賑いが寄り添っていた。たとえば亜麻の刈り取りの後の作業は女性の労働であったが、特に糸紡ぎは娘たちが中心であったから、若い男性たちが放っておかず、そこには独特の習俗が繰り広げられた。また光熱を節約するために一家や近親が集まって作業をすることも多かった。その季節は冬場であり、糸紡ぎのための溜まり場となる家屋や部屋は数々の習俗の現場でもあった[119]。しかし19世紀の後半から安価な輸入木綿が出回ると、亜麻は肌ざわりにおいて劣ることもあってみるみる姿を消していった[120]。

118）オーストリアの伝統的な亜麻栽培を記録した邦人の文献として次がある。参照、舟田詠子『アルプスの谷に亜麻をつむいで：オーストリア、マリア・ルカウ村の人々』筑摩書房 1986.

119）糸紡ぎのための場所は夜遅くまで娘たちがあつまって作業をするために〈光の部屋〉の意味の名前を持つことが多かく、またそこは若い男性が訪れるので、習俗と風紀の記録の対象であった。その南西ドイツの実際については次を参照、（前掲注49）ヘルベルト＆エルケ・シュヴェート『南西ドイツ　シュヴァーベンの民俗——年中行事と人生儀礼』p.61-63.

120）例えば次を参照、Wolfgang Mönninghoff, *King Cotton. Kulturgeschichte der Baumwoll.* Mannheim [Artemis & Winkler] 2006.; Henry Hobhouse und Franziska Jung, *Fünf Pflanzen verändern die Welt. Chinarinde, Zucker, Tee, Baumwolle, Kartoffel.* München u.a. [Dtv] 1992.

今日のヨーロッパでは、亜麻をまったく知らない人が多いことは、本邦の江戸時代から盛んであった各地の木綿栽培の運命と重なるところがある[121]。それゆえ先の図の空白部は、亜麻にかぎらず、輸入木綿の普及を以て代えてもよい。

乾燥させた亜麻の茎を叩いて繊維を取り出す女性たち（上）

乾燥させた亜麻の茎を砕いて繊維を取り出す道具（右）

121）日本の国産木綿として最古の記録をもつのは1510年（興福寺大乗院蔵『永世年中記』の三川木綿の記載）から知られる三河木綿である。なお東北・北陸に三河屋の屋号が散見されることについて、一般には味噌・醤油を扱う業態の特徴とされるが、三河木綿の取り扱いの可能性もあり得よう。

南西ドイツ、バーデン＝ヴュルテムベルク州ロットヴァイル郡ダイスリンゲン（**Deislingen, Kr.Rottweil**）の〈光の部屋〉（**Lichtkratz**）――ラインホルト・ブラウン（**Reinhold Braun 1821-84**）[122] 筆 水彩画 **1857** 年

b. 稗（ヒルゼ）からトウモロコシへ

　食生活の変化でも事例には事欠かない。たとえば中欧一帯では稗（ヒルゼ）が傾斜面でも育つこともあって、永く救荒作物であった。しかし収量が少なく精製に面倒なこともあって、18世紀末からトウモロコシにとって代わられた[123]。それゆえ、ヒルゼの減少とトウモロコシの作付面積の拡大をもって先の空白を埋めてもよいであろう。

122）ラインホルト・ブラウン（Reinhold Braun 1821-84）はシュヴェービッシュ・ハル（Schwäbisch-Hall）／バーデン＝ヴュルテムベルク州）出身の画家、ミュンヒェンで没した。弟で画家のルイ・ブラウン（Louis Braun 1836-1916）の名声の陰に隠れている。馬を描くことを得意とした。

123）参照、*Mais. Geschichte und Nutzung einer Kulturpflanze*, hrg. von Daniela Ingruber und Martina Kaller-Dietrich, Frankfurt am Main: Brandes & Apsel, 2001.

c. 住宅の仕様：一例として煙部屋家屋

　食生活から一例をあげたので、住宅についてもふれてみる。アルプス地方には伝統的な民家建築が特に多彩であるが、その一つに煙部屋家屋がある。厨房と居室が同じ部屋である仕様を指し、部屋が使途ごとに分化していないゆえに原初的な家屋形態であるとの議論もなされたことがある[124]。その名称は、厨房で火を使うことによって暖気が居間用にもなって経済的である半面、部屋の上方三分の一には常に薄い煙が滞留していることによる。また必ずしも貧しい民家ではなく、その仕様で豪壮な屋敷となっていることもある。それはともあれ、近・現代の生活には不便であるため、元は宮廷にはじまり、やがて都市で普及した厨房・居間の分離様式が一般化した。その点では日本の囲炉裏や茅葺と似たところがある。そうした民家の変遷をもって近・現代の空白をうずめることもできる。

d. 移動手段

　また別の種類では、人間が空間を移動することにおいて徒歩の意味が縮小し、汽車やオートバイや自動車の比重が圧倒的に増したことを挙げることもできる。徒歩から、科学的な交通手段への変化によって先の空白をみたしてもよい。

e. 昔話の伝承形態

　あるいは、昔話の伝承を挙げるなら、炉辺で老人が孫に語って聞かせる光景は、昔話の継ぎ送りにおける原像の性格にあるであろう。原像という言い方をするのは、それが歴史的な実像であったとは一概には言えないからであ

---

[124] 煙部屋家屋（Rauchstubenhaus）はドイツ住宅文化の原型をもとめる議論ではよく話題になってきた経緯があり、特にスラヴ起源説とのあいだで論争も起きた。これについては、次の学史文献にほどこした訳注を参照、（前掲注2）レーオポルト・シュミット『オーストリア民俗学の歴史』p.370-376.

る。しかしいずれにせよ、それは夙に姿を消し、昔話の受け継ぎは、映画やテレビや雑誌、またそれらと組みになったテーマパークのアトラクションが主流になっていった。かかる推移もまた図中の空白充填となり得よう。

　これらの数例はまったく任意のものであるが、こういう簡単な事例からも知られるように、模式図において漏斗の外の拡大する無地部分は近・現代の進展に他ならない。つまり今挙げた諸例によって埋めることできる。そして、かかる周囲の変化とともに漏斗は狭く小さくなり、それにつれて思い入れの密度がたかまってゆく。これまた濃度の変化を図示した通りである。しかしその変化は古形の単なる縮小や消滅を意味するだけではない。古形の縮小にともなう心理の濃密化は、古い文物の変質をさせ、新たな現象につながってゆく。これまた先の数例をもちいて簡単にふれておく。

a'. 亜麻布の再評価

　たとえば、近年ヨーロッパでは、亜麻は〈ふるさとの繊維〉として見直される傾向にあり、愛好者が増えている[125]。そうした傾向がヨーロッパだけのことではないのは言うまでもない。草木染めが愛好され、また日本では山繭や天然繭が高価なファッション素材となっているのも、基本的には同じである。

　もっとも亜麻が木綿に圧されて需要も供給も低減に向かったのはかなり前からのことで、19世紀後半にはすでに趨勢となっていた。髪の毛の亜麻色という表現はエキゾチックな語感をもっており、ドビュッシーのピアノ曲「亜麻色の髪の乙女」[126]は20世紀に入ってからであったので、洗練されてはいるが、そうしたヨーロッパのなかのエキゾチシズムとかさなるところがあるであろう。ちなみにその有名なピアノ曲は、ルコント・ド・リールのペンネー

---

125) 近年のドイツでは〈ふるさとの繊維〉（Heimatfaser）という言い方がおこなわれている。参照、Frank Waskow, *Hanf & Co. Die Renaissance der heimischen Faserpflanzen.* Hrsg. vom Katalyse-Institut. Verlag die Werkstatt, Göttingen 1995, S. 93-144.

ムで知られるフランスの詩人（本名はシャルル・マリー・ルコント）の『古代詩集』のなかの連作「スコットランドの歌」のなかの一つに曲付けしたものとされる。亜麻色は、やや黄味あるいは茶色をおびたブロンド、ときにはシルバー・ブロンドをも含み、ゲルマン系の金髪でもイタリアなど地中海系の黒髪でもないことによってエキゾチックな雰囲気をあたえる。つまり18世紀末あたりからヨーロッパのなかのエキゾチックな場所として人気がたかまったスコットランドのイメージに合っている。またスコットランドと近似したエキゾチシズムはスイスにも向けられた。それゆえスイスの山岳に住む人々の髪にも亜麻色のイメージあり、それゆえ「亜麻色の髪の乙女」はアルプスの娘とも重なるのである。

b': 稗の復活

稗（ヒルゼ）について言えば、昔の食物であったために、伝統行事における祝い食として細々と生き残っていたが[127]、それをも背景にして、昨今では健康食として脚光を浴びている。ヒルゼを混ぜたパンやビスケットは近年スーパーマーケットの棚に何種類のも見ることできるが、これまた2、30年前には考えられもしなかったことである。

126）シャルル＝マリー＝ルネ・ルコント（Charles-Marie-René Lecont 1818-94）筆名ルコント・ド・リール（Leconte de Lisle）の『古代詩集』（*Poémes antiques.* 1852）中の5篇から成る「スコットランドの歌」（Chansons écossaises）の一篇「亜麻色の髪の乙女」（*La fille aux cheveux de lin*）に曲付けしたクロード・ドビュッシー（Claude Achille Debussy 1862-1918）のピアノ作品集が出版されたのは1910年であった。参照、Leconte de Lisle, *Poémes antiques*, édition présentée, établie et annotée par Claudine Gothot-Mersch. Paris [Gallimard] 1994, p.282-283 and 384-385 (Notes).

127）ヒルゼ（稗）の作付面積の減少とその祝い食としての分布については『ドイツ民俗地図』の項目としてデータが作成された。参照、Günter Wiegelmann, *Alltags- und Festspeisen. Wandel und gegenwärtige Stellung. Atlas der deutschen Volkskunde*, N.F., Beiheft I/a Marburg 1967, S.112-152. ‚Rückgang des Hirseanbaus und der Hirsespeisen' (§85-108).

近年、野生に近い〈茶色原ヒルゼ〉（**Braunurhirse**）は収量が少ないにもかかわらず健康食品素材としてみなおされ、ドイツのバイエルン州などで栽培が増えている

c'. 煙部屋家屋への郷愁

　現代では、この形態の家屋に実際に暮らした経験をもつ人はきわめて少数と言ってよいであろうが、アルプス地方の民俗博物館には欠かせない施設となっている[128]。この仕様の建築に限られることではなく、多くの伝統家屋に共通であるが、感慨深げな入場者の姿を見ることも少なくない。燃料の効率を中心に維持されてきた伝統家屋であるため、実際に住むと不便なことも多いはずであるが、ひととき野外博物館を訪れる現代人には、いわゆる癒しなのであろう。

---

128) オーストリア野外民俗博物館（グラーツ近郊シュトゥービング Stübing bei Graz）の次の解説書とカタログには同館に移設された数棟の煙部屋家屋の解説が入っている。参照、Viktor Herbert Pöttler, *Das österreichische Freilichtmuseum: erlebete Baukultur aus Bäuerlichen Welt von Einst*. Innsbruck: Alpina Offset 1984 (Schriften und Fuhern des Österreichischen Freilichtmuseums)；同じ著者による次のカタログを参照、Ders., *Österreichisches Freilichtmuseum*. 4.Aufl. 1985, S.102-106: Rauchstubenhaus „Sallegger Moar" aus Sallegg bei Birkfeld, Stmk. , S.124-127:Einhof VLG "Säuerling" aus Einach an der Mur, Stmk. S.131-133:Rauchstubenhaus „Laarer" aus St.Nikolai im Sölktal, Stmk.

煙部屋家屋の一例　シュタイアマルク州ビルクフェルト近郊ザレッグから
オーストリア野外民俗博物館に移築された煙部屋家屋

家屋の中心に位置する煙部屋：一隅に爐が設けられ、その対角線上の隅に
テーブルが置かれる。厨房と居間を兼ねており、湯浴みもここで行なわれ、
鶏小屋が組み込まれていることもある。上方には煙が漂っている

d′. 徒歩とマラソンのイヴェント化

　移動における交通機関・機器の役割がまったく一般化するのを背景に、歩くことや走ることがイヴェント化の道をたどることになった。早い事例では、たとえば「ワンダーファーゲル」をも含むドイツ青少年運動にはその要素がみとめられる[129]。もっとも、青少年運動の場合、その活動は歩くことに力点をおいて成り立ったのではなく、結集には 19 世紀後半以来のナショナリズムが強くはたらいていた。あるいはナショナリズムと一体になった自然への接触や、自然を原初性ととらえる視点がそこに作動していた。またそうした政治と自然との結合において歩く行為が特別視されたと言ってもよい。今この点には深入りはしないが、その次に来る動きは、これまたその独自の階梯であることにおいて注目してもよい。

　時代の基底的な動向で、かつ歩き走る行為と対比的な趨勢の端的な現れは、自動車道路が交通網における主流となっていったことであろう。またその面で特にドイツにおいて起きたシンボリカルな現象に行楽や観光のあり方がある。ちなみにドイツの観光形態は多くの観光スポットが街道観光として整理されていることであるが、そのときの街道とは端的に自動車道路を指している[130]。その第一号は 1927 年に誕生した「ドイツ・アルプス街道」であった[131]。以後、曲折を経ながらも、今日まで一貫して自動車が主体の観光形態が発展

---

129) ドイツ青少年運動に関する文献は多いが、ここではその 1933 年までの推移をまとめた歴史にかかわる基本書として次を挙げておく。参照、Werner Kindt, *Dokumentation der Jugendbewegung*. 3 Bde. 1963 /1968 / 1974.

130) ドイツの観光形態の基本が自動車による街道観光であることについては次の拙論を参照、「ドイツの観光街道にさぐる〈線型ツーリズム〉の可能性 (1)」愛知大学国際問題研究所『紀要』第 142 号（2013), p.1-49。

131) 「ドイツ・アルプス街道」はベルヒテスガーデンからボーデン湖畔リンダウに至る約 450km の東西に延びる観光ルートで、今日では 150 種類近く数えられるドイツの観光街道の初例であった。これについては成立からまもない時期の次の文献を参照、*Deutsche Alpenstraße*, unter Mitwirkung von Adolf Stois und Waldemar Wucher, bearb. von Hans Schmithals. Berlin:Volk und Reich. 1936.

してきた。もとより観光に限られるわけではなく、通勤からレクリエーションまで交通の主要な手段は先ずは自動車という趨勢が基底にあり、それを前提として歩くことや走ることがイヴェント性を帯びて企画されるようになる。

　走る行為への意識化では、各地で盛んな市民マラソン大会などはその代表的なものであろう。そのなかから一例として、1974年に始まったベルリン・マラソン大会を挙げよう。これは市民マラソンの代表的な事例としても、また後にはプロとアマチュアが一緒に走るイヴェントとしても、さらに世界の最速記録が幾つも生れたレースとしても知られている。なかでもドイツの統一を祝う1990年9月30日の大会は、東西ドイツ時代には封鎖されていたブランデンブルク門を通過するコースとなり、2万5千人が参加して殊のほか感慨深いものとなった。国際政治や国の運命の転機に走る行為が意識的に組み合わせられた事例である。

e'. パフォーマンスとしての昔話

　最後の事例の昔話について言えば、伝承的な語り手が消滅した今日、改めて現代的な性格において復活させる動きもみとめられる。ロックやポップスのライヴ効果などと重なるような小舞台の藝能となってきているのだ[132]。日本でも、行政サイドや観光政策として、昔話の語り手が育成されているところがある[133]。

---

132) 筆者は、1992年にテュービンゲンにおいて、昔話の新しい語り手を訪ねたことがある。国の転職支援制度を活用して昔話の語り手をめざした青年で、2年間は国の助成金を受けたという。また制度活用への応募にあたってはバウジンガー教授が推薦状を書いたとのことであった。アイルランドの竪琴奏者の女性と組んだ演出で、レパートリーはドイツの昔話に限定せず、世界各国の昔話を取り混ぜていた。
133) 日本でも各地に例があるが、〈原点〉を表に立てているところとして遠野市の観光施設が挙げられよう。同市では「日本民俗学発祥の地」の石碑を設けており、市役所のデザインから「柳翁宿」などに至るまで民俗学をテーマにした街づくりが進められてきた。その一つとして遠野物産館2Fの「語り部ホール」において昔話を聞くことができる、と観光パンフレットにも記載されている。

[近・現代世界のなかの民俗事象　図C]

　次に、これまでの考察を図で表す試みである。先の図にもどると、民俗学を示す漏斗状の形態が時とともに先細るのは、自余の空間が拡大するのと不可分の関係にある。繰り返しになるが、その広がる空間とは、近・現代世界の進展に他ならない。それを踏まえた上で、今度は時間の推移をひとまず横において、近・現代の共時的な模式を図示する。つまり、右へ進んできた模式が到達した状態を輪切りに、それを90度傾けて横向きにするのである。それが図Cである。これが表すのは、近・現代世界のなかに伝統文化がぽっかり姿をみせる様子である。伝統文化は、一般の平面とは多少とも異質な何ものかとして存在する。またそれを平面の中心ではなく、やや周辺部に配置したのは、伝統文化は現代の最も主要な関心事ではないからである。しかしまた、周辺部ではあれ、そうした関心が近・現代のなかに確実に存在し作動していることをも、この図は示している。

図C

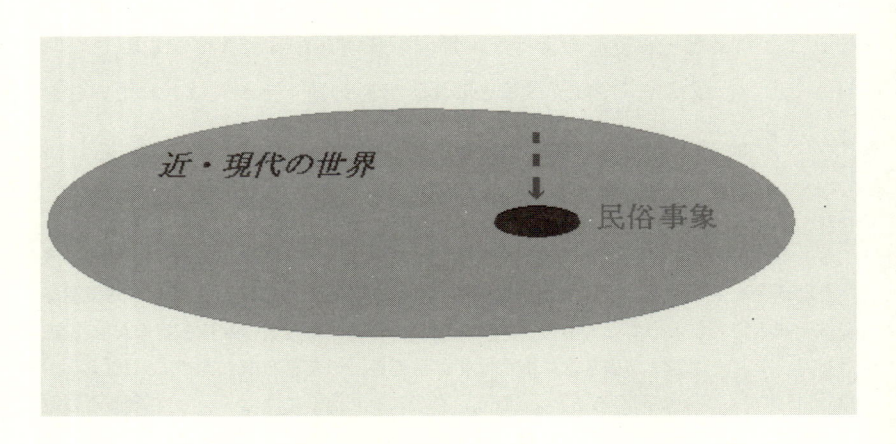

伝統文化、とりわけ民俗学では民俗事象と呼んでいるものへの関心について顧慮すべきことがある。すなわち民俗事象は、近・現代のなかにたしかに存するとしても、誰もがそれに関心を寄せるわけではない。それゆえそこへ向かう関心は破線で表すのが適していよう。同時に、関心をよせる人の多寡はともかく、関心をうながす要因は同じ平面上に存する。伝統文化への関心へ向かう心理の根拠は、伝統文化そのものではなく、近・現代の現実のなかにある。そこで人間が生きている諸条件が、ときに伝統文化へと人を誘うのである。近・現代の普通の生活、ときには社会状況など何らかの現実の事情が、それへ向けて背中を押すと言ってもよい。

　もちろん、それには伝統文化そのものが何らかの吸引力をもつことも見落とせない。それは決して一様ではなく、過去の文物の美的な側面に心打たれることもあれば、先人の知恵に気づくこともあろう。息詰まるような普段の生活からの息抜きやそこかからの脱出もあり得よう。疾病による不安が呪術へ延びて行くこともあるかも知れない。とまれ動機は多様であるが、人を民俗事象へ向かわせる要因は現代の位相になかに存するのである。

　かかる民俗事象への関心は、時間の要素を組み入れると、対象が古いことに意味が見出される種類の関心と見ることができる。言い換えれば、たまさかの事象の背後に、失われた世界を見ようとする姿勢である。その点では現存の民俗事象は、その限りのものではなく、失われた世界のインデックスとなっている。ちょうど、地表にすがたをあらわした化石を手掛かりに恐竜とその生きた時代に思いを馳せるようなものである。現今の恐竜ブームを喩えに挙げることには抵抗を感じる向きもあろうが、実際にはそれは近似した志向でもある。それだけでなく、机上に一片の貝殻を撫でて南海に想いを馳せるロマンチシズムもまた同種と言ってよい。古生物の探索は地質学な時間の彼方への憧憬であり、青い海と珊瑚礁は都会の緊張と鬱屈の対極にある非日常な空間の誘惑であるが、時間と空間の差異にもかかわらず、現代を離れる志向に置いて共通であり、またそこに注目すると時間と空間は相互交替的でもある。民俗事象の多くは、かかる心理と重なっている。そのさい、民俗事

象を特徴づけるのは、今挙げた時間の要素である。古生物の尺度とは違い、この場合は歴史的な時間であるが、その歴史性とはいかなるものであろうか。すると今度は、歴史学における歴史性との関係にも多少はふれることになる。

　歴史を遡る民俗学の志向において特徴的なことがらがある。失われた豊かな何ものかへの追慕である。これは、古生物をたずねる時間の旅とも、歴史学における過去の解明とも違った営為と言わなければならない。恐竜を追う試みは、研究者は別として、愛好家の場合、人為によって損なわれつつある自然への感情移入が重なっていることがあり、それゆえ地球への愛惜へという理念的な行為でもある。また歴史学における過去の掘り起こしは、政治や政権をめぐる動静、あるいは何らかの意味で顕著な人物の掘り起こしであることが多く、戦略や野望や陰謀の解明といった生々しい事実に傾くことが少なくない。もとより歴史書が往々そうであるように幾分絵巻的ないしは演劇的な復元であることは否めない。また歴史学でも概念的な次元での遡及の場合、支配構造や土地所有の類型や搾取の仕組みや差別や抵抗の系譜といった国制や行政機構や社会組織に光が当てられる。それに対して、民俗学では、過去への遡及と言ってもそのどちらでもないことが多いようである。それは詰まるところ、民俗学が、民を追う営為だからである。民とは、絶対的に肯定すべき人間集団である。あるいは肯定的に見ることを前提にして人間の集りを見ると、民が視野に立ち現れると言ってもよい。また肯定されるべき人間像・集団像であるが故に、そこでは権力・支配・搾取・陰謀・悪意の渦中で呻吟する存在は現れにくい。逆に、自立心に富み互助に長じ、自助をわきまえ知恵と自足と生きる楽しみを知る人間像が屹立する。身分や階級・階層の要素が取り入れられても、社会的区分は、有意義な規律の側面から描かれる。差別ですら、それにめげずしたたかに生きる人間像を強調するための背景画となってゆく。かくして、祭り、晴れ着、生活の知恵が、主要なテーマとして前面に浮かび上がる。民俗学における年中行事の記述が人間の生きるサイクルを包括的に追いながら、なまなましさを欠き、絵空事と隣り合わせであるのはそのためである。

〈民俗学〉の形をドイツ語圏の学史に探る——図解の試み

[過去の文物への思い入れ　図D＆図A']

　かかる輪郭によって民俗学を言いつくせるわけではないが、大まかな傾向には触れているであろう。そこで、過去へ伸びてゆくことを本質的な要素としてもつものとしての民俗学を図示すると、模式の図Dとして表すことできる。これは図Cと図Aを縦にした図A'を組み合わせたものであるが、図Aとの違いは、色の濃度が逆転していることにある。すなわちインデックスである現行の民俗事象から過去へもぐってゆくのであるが、これが示すのは、もぐればもぐるほど、つまり古い時代になればなるほど豊かで充実した世界が広がっているという理解である。

図D　　　　　　　　　　　　　　　　（参考）図A'

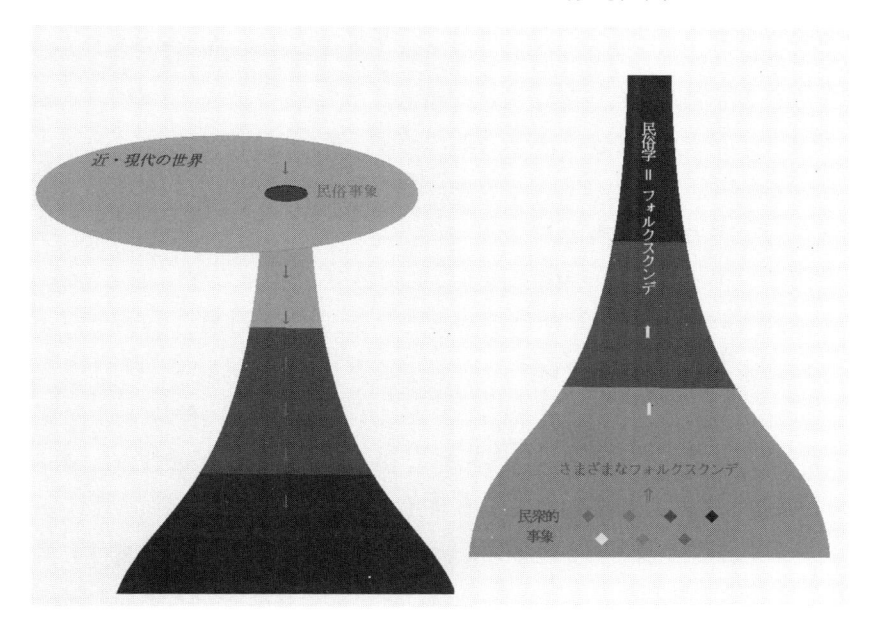

123

ここでもう一度図Aないしは図A'を思いおこしたい。それは現実の現象を理解するさまざまな可能性のなかから民俗学が特化される様子を心理の濃度に着目して図示したのであった。すなわち、近代世界の進展とともに残存するものへの思い入れが濃密になり、それが民俗学の形成にいたる推移である。ちなみに図Aはドイツの1800年頃の事情を起点にして、それ以後の変化を表したものであった。したがって1800年頃を基準にして、そこから先の動きを見わたしたのである。

　この図Dの大きな特徴は、過去に遡ればさかのぼるほど今日ではインデックスでしかないと見える民俗事象が豊かであったとみなすところにある。それゆえ下へ行くほど色が濃くなるのである。

　それに対して、図Aないしは図A'は民俗学の成立を表している。すなわち1800年頃には（この年代自体は便宜のための基準にすぎない）民衆生活にかかわる種々の事象が関心の対象となったが、それは同時代の現象であったことを示している。それらをどう扱うかをめぐって<u>さまざまなフォルクスクンデ</u>が試みられたが、やがてロマン派の思潮が一般化する状況でフォルクスクンデ＝民俗学へと特化していった。その際、民俗学を可能にしたのは、古き文物への特殊な思い入れであった。

　それにくらべて図Dは現在の時点に立って、民俗事象にかかわるときの一般的な姿勢の模式である。すでに述べたように、そこでは現在ふれることのできる民俗事象は伝統のインデックスとみなされることが多い。そこから見えるのは、現在はインデックス程度でしかない事象が豊かに作動していた過去の世界である。しかしそうした思念は、図Aないしは図A'を対比的に並べると<u>倒錯</u>であることが判明する。近い時代に濃密化した特殊な思念が加わってはじめて民俗事象という観念が成り立つのであり、過去に遡れば必ず作動していたという種類のものではない。むしろ、ある程度古い時代にまで遡ると、そこでは民衆的事象が存在しはしたが、それは民俗学的な枠づけが一般的に妥当すると一概に言えるものではなかった。それを図示したのが、図Eである。

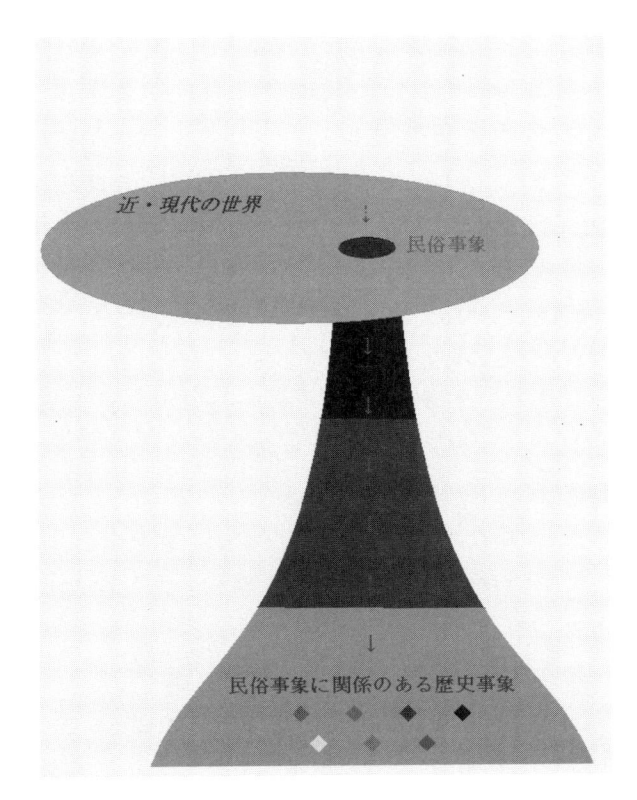

図 E

[図:近・現代の世界、民俗事象、民俗事象に関係のある歴史事象を示す図]

[民俗事象という客体設定の成立　図 E]

　図 E が示すのは、過去の事象の呼び方の違いである。すなわち、1800 年頃を基準にすると、当時フォルクスクンデの材料となった事象は同時代の〈民衆的事象〉であったが、今日やそれに近い時代から見ると過去の〈歴史的な事象〉となる。またそれらが民俗学の取り扱う事象と関連している点からは、〈民俗事象に関係のある歴史事象〉と呼ぶことができる。

　今日では民俗事象として名残りという程度になっている事象が昔はゆたかに生きて作用していた世界がひろがっていたという見方を、歴史の現実と突き合わせるとどうなるであろうか。たしかに、近・現代世界で民俗事象と呼ばれることがらと照応する諸々の事象が、過去にははるかに多くゆたかに見

られたと想定するのはまちがってはいない。今日に伝わっているものが、過去に存在・機能していたものの一部にすぎないのは事実であろう。その意味では、民俗事象に照応するような事実が過去には存在し機能していたはずである。しかしそれらは民俗学を成り立たせているような感情移入をまだ受けていなかった。たとえば 1800 年前後のドイツでは先に挙げたようにさまざま民衆的事象が注目の対象となった。それらは当時の同時代の現象であるため、民衆的事象である。それへの接近の仕方は多様であったが、まだ後の民俗学の色合いに染まってはいなかった。それは民衆的事象が、排斥や克服の意図で描写されたことからもうかがえる。たとえば先に例として挙げた巡礼地の場合、ヨーゼフ・リヒターのようなヨゼフィーナーは、巡礼地や僧院が迷信の巣窟であるとして排斥の対象として描いた[134]。しかしまた逆に、詩人ゲーテは、理性信奉と合理性称揚の嵐がいくらか収まると、もう一度巡礼地が復興する様子を同時代のできごととして一種の共感をもって活写した[135]。これは一例にすぎないが、そこでは民衆的事象はさまざまな描き方をされたが、いずれも同時代の世相としてとりあげられたのである。

　そうした民衆的事象は、今では、かなり古い時代のできごとなってしまった。したがって今日それらを呼ぶとすれば、歴史事象になるであろう。またそれが近・現代の〈民俗事象〉につながっているとすれば、〈民俗事象に関係のある歴史事象〉になる。であれば、歴史的な事象らしく理解すべきところである。しかし民俗学の場合、その対象設定の仕方は、過去の事象を淡々ととりあげるのではないところに特徴がある。無際限に過去の事象を相手取るのでなく、現・現代人が郷愁を寄せ、古人の知恵を感じとり、失うまいとする現象に連なる歴史的事実に絞ってとりあげられる。とりあげられる対象に

134）本稿に挙げた文献ではヨーゼフ・リヒターを参照、（前掲注 24）『カトリック教会陋習の画廊』。
135　ゲーテ「ラインガウの秋の日」、これについては次の拙訳を参照、（前掲注 23）レーオポルト・シュミット「ゲーテと巡礼慣習」。

は、こうして濃密な感情が付与されている。歴史学の場合、設定した対象に感情移入をおこなうことがないかどうかは即断し得ないが、民俗学ほどあからさまではないであろう。特定の対象につよい思いをこめるのは、民俗学では本質的であるように思われる。図式的に言うなら、特殊な感情（多くは愛惜）を寄せるのを止めるなら、歴史学に合流することにもなろう。しかしまた特定の事象に思い入れをこめて取りあげることは、民俗学である以上、放棄できるものでもない。それは近・現代が必然的にもつ趨勢の一つであり、それが民俗学という学問分野の形態をとったからである。

8. 倒錯とその克服

a. 倒錯：フォルクスクンデのナチズムとの相乗

　ここで見出しに挙げた〈倒錯〉であるが、近年あまり耳にしない言い方かも知れない。敢えてこれを掲げたのには理由がある。1994年に刊行された一書である。ドイツ民俗学のナチズムへの相乗のテーマにおける金字塔との評価を受けるようになった大部の編著であるが、その実質的な主編者ハンヨースト・リックスフェルトが〈倒錯〉に相当する語 "Perversität" キイワードとしたのだった[136]。ナチズム民俗学の解明をライフワークとしたリックスフェルト（Hannjost Lixfeld 1937-98）の執念はすさまじく、大きな枠組みに

---

136) Wolfgang Jacobeit, Hannjost Lixfeld und Olaf Bockhorn (Hg.), *Völkische Wissenschaft. Gestalten und Tendenzen der deutschen und österreichischen Volkskunde in der ersten Hälfte der 20. Jahrhunderts*. Wien / Köln / Weimar: Böhlau 1994. リックスフェルトははじめ口承文藝の研究家で、活動拠点はフライブルク（i.B）大学であったが、資格は特任教員（akademischer Rat）最後は上級特任教員（Oberrat）であった。教授資格をもたなかったためであるが、後に主課題するようになったナチズム研究によって死後評価は高まっている。筆者は当時手がけていたテーマとの関わりで、バウジンガーの勧めで1995年にフライブルクに同氏を訪ねた。

おいても、また多くの未解明のトピックに分け入ったことにおいても、大著を不滅のものとするに十分である。同時に個別の論点、特にナチ時代の民俗研究者一人ひとりの事蹟の掘り起こしでは異論をも誘発しているところもある。

　ナチズムとの関係で民俗研究者の一人ひとり、また個々の組織や機関をつぶさに洗い直す作業がシステマティックになされたのがようやく1990年代半ばであったことをどう見るかという問題もあるが、それはとまず横におく。概括的に見るなら、過去の民俗学の逸脱をいかにして克服するかという課題自体は、第二次世界大戦後のドイツ語圏の民俗学の推進力そのものであった。再出発のために民俗学の陥りがちな通弊の根拠をさぐり、方法論の根本的な見直しを要したことが大きな改革につながったのである。これらについて筆者はある程度まとまった検討を加えたことがあるが[137]、ここでは、そのなかから二つの行き方を簡単に取り出そうと思う。簡単に、というのは学史上の諸々の学派や人脈には立ち入らないからである。ここで限定してとり上げる二つの行きとは、第二次世界大戦後のドイツ民俗学の再建過程における二人の代表的な研究者が提示した指針である。一人は戦後の第一世代を代表するレーオポルト・シュミット、もう一人は第二世代のリーダー、ヘルマン・バウジンガーである。

b. 客観性による民俗学の逸脱の克服：レーオポルト・シュミット

　ここでも、これまでの図式を使って説明することができる。最後に提示した図Eは、レーオポルト・シュミットの指針に近いものでもある。レーオポルト・シュミットが説いたのは、民俗学がその形成過程で染まった高踏な理論や情感の勝った前提的な観念を取り払って事実を突きとめることであった。その方法をレーオポルト・シュミットはすでに二十歳代につかんでいた。生来と言ってもよいほどの博物館人であったレーオポルト・シュミットは、そ

---

[137] 次の拙著を参照、（前掲注57）『ドイツ民俗学とナチズム』第二部「第二次世界大戦後のドイツ民俗学の展開とナチズム問題」。

れを博物館における文物の理解の方法として書きつけた。その後の方法論考も、詰まるところ、その若書きの着想にすでに現れていた。特に戦時中の28歳のときに発表した「民俗文物収集における研究課題」[138]は注目してよい。この論考で、レーオポルト・シュミットは、〈思想無き博物館〉という大胆な言い方をしている。博物館は〈思想〉を持っていけないと言うのであるが、〈思想〉の語はイデオロギーと置き換えると分かりやすい。当時、博物館は、国民の歴史教育、それも自国民が他国に比して優位にある所以を実物に即して教える場所であった。それに対してレーオポルト・シュミットは、文物が三つの要素から主要に成っていると考えた。歴史、形態、機能である。そのいずれを主要な側面とし、他の二要素を副次的とみなすかは文物それぞれの特質によるが、その三要素において理解するのが無理がない、と説いた。ある文物は、時間軸にそって変遷をつかむのが適しているであろうし、別の文物は形態特徴に沿って整理することによって事の本質にせまることができ、また別の文物は機能を中心に観察することによって正しい理解に近づくことができる、というのである。この考え方は、民俗研究に陰に陽に付着していた前提的な思念の否定でもあった。戦後の最初の方法論考でレーオポルト・シュミットが直截に表明したのは、民俗学が対象とする文物・物象は、〈国境線とも言語境界とも民族分布とも重ならない〉ことであった[139]。たとえば大麦粥が常食となっている地域の分布は、国境・言語・民族のいずれとも重ならない、と言う。それは刃付き木鋤の分布も同様である[140]。もっともこの2例は地理・地勢・植生などの自然条件が一定の制約になっているとも考えられるが、自然条件が基底的ではない現象においてもそれは言い得る。たとえば男性イヤリングという服飾慣習は、ヨーロッパの広い地域を通じて特殊な分

---

138) Loepold Schmidt, *Forschungsaufgaben der volkskundlichen Sammlungen*. In: Hessische Blätter für Volkskunde, 39 (1940), S.36-72.

139) 参照、（前掲注109）レーオポルト・シュミット「精神科学としての民俗学」。

140) 参照、Leopold Schmidt, *Spaten-Forschungen. Zu einigen Arbeitsgeräten des frühen Ackerbaues*. Wien 1953.

布を見せるのである[141]。

　レーオポルト・シュミットの研究の特色は、かかる実証性に立脚して、逸脱に陥った民俗学を是正する方策を探った点にある。その民俗学史の最終章は「歴史性と事実性」と謳われ、そこに民俗学の指針がもとめられる。レーオポルト・シュミットによれば、民俗学は何度も時代思潮の大波に翻弄されてきたが、その陰で目立たないながらも、事実を極めようとする志向が細々とではあれ脈々と生きていた、と言う。その光の当たることが少なかった脈絡に立脚することが説かれ、その脈絡こそ〈オーストリア民俗学〉だと言うのである。それゆえ、その〈オーストリア〉はナショナルな主張ではない。どんな状況下にあっても事実を直視することを忘れない、地味で着実な営為である[142]。

　……まさしくオーストリア民俗学なるものが存在し、それが歴史を形作ってきた……。それは溢れるばかりの独自性に貫かれた一箇の学問史であった。多彩な萌芽を擁し、しかも絶えず展開を遂げてやまない学問史であった。それこそ、私がここで記述を試みたものでものにほかならない。……またその点では注意を払っていただきたいのは、特に本書の最後の2章である。なぜならその箇所において、私は、現存の研究者について、彼らが学問の一般的な展開に占める位置に限ってであるが、当然にも怒リモ偏愛モナク評価することを試みたからである。もっともその際にも、個々の動向の形成に与ったこの時期の、それらの人々のあれこれの著作に関して世評を繰り返すことを避け、私の独自の観点から批判を表明した。その当否をめぐる検証は、事実性の精神に委ねたい。まことに、事実性の精神こそ、私が本書において加護をねがう守護聖女である。

---

141) Leopold Schmidt, *Das Männerohrring im Volksschmuck und Volksglauben mit besonderer Berücksichtigung Österreichs*. Wien 1947.
142) 参照（前掲注2）、レーオポルト・シュミット『オーストリア民俗学の歴史』p.4。

〈民俗学〉の形をドイツ語圏の学史に探る——図解の試み

刃付き木鋤を調査するレーオポルト・シュミット　1966年ザルツブルクにて

レーオポルト・シュミットがその学史を著した 1951 年には、同学の先輩たちがなお健在であり、しかもその多くはナチズムへの傾斜を犯した人たちであった。その人々をも漏らすことなく批判的に検証したのであるが、それに当たっての姿勢は〈怒リモ偏愛モナク〉であるとも言う。これは、タキトゥスが『ゲルマーニア』の序文に記した有名な文言であった。

c. 民俗学の生成における歪みの認識：ヘルマン・バウジンガー

　もう一人のドイツ民俗学の代表者として、ヘルマン・バウジンガー（Hermann Bausinger 1926 年生）を挙げよう。レーオポルト・シュミットが第二次大戦後のドイツ民俗学を再建する課題に取り組んだ第一世代とすれば、バウジンガーは第二世代と言ってもよい。前者がすでに戦前から旺盛に論考を発表し、また 5 年間の兵役を強いられたのに対して、後者はナチス・ドイ

131

ツの最末期に動員され、戦後まもなく大学教育をはじめた世代であった。それゆえ、ナチス・ドイツの経験に質的な差異がある。前者はナチスの強権と不正を身を以て知っていた。他方、後者の経験は戦後であり間接的であった。しかしそれは必ずしも軽微であることを意味しない。バウジンガーがしばしば語っていることだが、大学での学業を始めたばかりの青年が目にしたのは、師にあたる人物たちが、互いにナチス・ドイツの加担者として罪をなすりつけ、いがみ合いと言い逃れを繰り返す醜悪な諸場面であった[143]。直接の暴力こそ経験しなかったが、価値転換の時代背景とも相俟って、過敏な青年に原理をめぐる思考を促したことは想像に難くない。

　そこで両者の学問観の対比である。レーオポルト・シュミットの場合は、民俗学が往々染まった命題ないしは先入観を排除して歴史的な事実を客観的に把握するという行き方であった。たとえばゲルマン神話ないしはドイツ神話に民俗事象の根源を見るような理論である。当初それはヤーコプ・グリムなどが仮説の性格をも併せつつ措定した命題であったが、やがて教条化してアプリオリな前提になった[144]。バウジンガーもまた、同じく時代思潮によって民俗学がからめとられた先入観を問題にするが、先入観の位置づけが大きく異なる。レーオポルト・シュミットは、民俗学に歪みをもたらした先入観を逸脱とみなした。それゆえ客観性に立ち返れば、それは排除し得る要素であった。そこから歪みを強いた風潮を半可通による〈通俗民俗学〉と見て、学問分野の形成途上に現れた異分子であると位置づけた[145]。しかしバウジンガーは、レーオポルト・シュミットが逸脱とみなしたものを、むしろ民俗学が生成のときから負っていた本質であると考えた。たとえば、バウジンガーの初期の著名な論考「伝統概念への批判」は次のような書き出しである[146]。

---

143) 筆者はヘルマン・バウジンガー教授から直接これらについて聞いたことがある。
144) 参照、本論2「神話学としての民俗学－グリム兄弟からマンハルト等へ」。
145) 通俗民俗学については参照、（前掲注2）レーオポルト・シュミット『オーストリア民俗学の歴史』passim.

民俗学の危機を云々することは余り意味がないように、私には思われる。そういうとらえ方は、あたかも永いあいだ万事が順調であったところに、部分的に病気が起き（しかもその病気の原因は他者にあり）、しかしそれもまもなく治癒するはずであるとの印象をあたえてしまうからである。現状をみると、すぐには建設的な方向へ向きそうにもない。しかも問題は、全面にわたっている。学問の歴史をさぐっても、治療薬がみつからないというのが実情である。

これ自体がレーオポルト・シュミットを意識して表明されたところもあるが、批判は学問分野の原理に向けられている。それは、ナチズムとの相乗に陥ったドイツ民俗学の逸脱をどう見るかという問題にも伸びてゆく。バウジンガーによれば、ナチズムとの親近性は、決して一部の偏向ではなく、むしろそれこそ行き着いた姿であったともされる。『科学技術世界のなかの民俗文化』には、民俗学の歴史とそのナチズムとのかかわりについて次のような文言がある[147]。

〈ドイツ人の民（フォルク）としての一体性〉の意識が、大都市を〈民（フォルク）からはじき出された追放状態から〉救い出すと言う。……それは、民俗学において永く慣れ親しまれた考え方が登りつめた晴れ姿であった。

もとより、民俗学が自動的・直線的に過剰なナショナリズムやナチズムに進んでゆくわけでも、回避のチャンスがなかったわけでもない。同じく学史理解において指標的な論文で「フォルク・イデオロギーとフォルク研究 ― ナ

---

146) Hermann Bausinger, *Kritik zur Tradition. Komment zur Volkskunde.* In: Zeitschrift für Volkskunde, 65(1969), S.232-250.
147) ヘルマン・バウジンガー（著）河野（訳）『科学技術世界のなかの民俗文化』（原著：Hermann Bausinger, *Volkskultur in der technischen Welt*. 1961）文楫堂 2005, p.25.

チズム民俗学へのコメント」は、ナチズム民俗学への19世紀以来の伝統について、比喩を用いた次のような説明がある[148]。

〈フォルク・イデオロギーとフォルク研究〉というテーマは、20世紀にまったく足を踏み入れずとも扱うことができるものであり、またそれだけでもナチズムを理解する上で大いに裨益するところがあるであろう。しかし……序曲が感動的であるのは結構なことであるが、芝居はやはり幕が揚がって始まるのである。

バウジンガーの見解も、先の模式によって理解することができる。注目すべきは、模式の基本である漏斗状の推移と、そこで濃度を増す心理の特徴である。その漏斗状の曲線は、民衆的な事象の対象の範囲がせばまり、それに比例して思い入れが強まることを示ししていたが、その曲線こそ、民俗学が成立した土壌であった。曲線は、民俗学が中心になって生成したものではない。近・現代世界の進展が伝統文物に強いた変化であった。伝統的なものが、数量と社会的な意味を共に減じて名残りに変化することが民俗学を成り立たせたのであった。しかし、民俗学は、自己の生成の基盤を問うことが少なかった。あるいは、近・現代社会の発展にともなって伝統が衰微したというありきたりのとらえ方ですませていた。民俗学にとって近・現代社会とは何かという問いは正面から立てられることがなかった。先の模式で言えば、空白部を検討することを怠ったのである。それは、必然的に、模式における漏斗状の曲線の意味するところが突きとめられなかったことでもあった。

改めて図Aないしは図A'において、ただちに目に入るのは、空白部の増大である。それにつれて民俗学を指す漏斗状がせばまってゆく。と言うこと

---

148) ヘルマン・バウジンガー（著）河野（訳）「フォルク・イデオロギーとフォルク研究　─　ナチズム民俗学へのスケッチ」愛知大学経済学会『経済論集』第133号, p.147-187, here p.152.（原著:Hermann Bausinger, *Volksideologie und Volksforschung. Zur nationalsozialistischen Volkskunde*. In: Zeitschrift für Volkskunde, 61[1965], S.177-204.）

（右）ファスナハト仮面を観察するヘルマン・バウジンガー　1960年代後半

は、漏斗の曲線を曲線たらしめている主たる原因は空白部の拡大にある。つまり、伝統的な文物の縮小は原因ではなく結果であり、他律的である。もし、漏斗の方に自己独自の運動があるとすれば、それは漏斗の形状ではなく、内部の色の濃淡にある。伝統をめぐって心理が濃密化するのは、内部の運動の性格をもっていよう。つまり成立した民俗学が、自己の対象への思い入れを強くする思念の質の変化である。

　以上は、模式に引き寄せてバウジンガーの見解をなぞったのであるが、次にそれを概念的に言い表してみなくてはならない。これまでも思い入れが濃密化することを指摘してきたが、それは民俗学が回顧の学であることを意味している。近・現代においてそうした学知が発生したのは、決して偶然ではなかった。バウジンガーによれば、民俗学は近代世界の進展のなかで社会が必然的にもつことになる退行姿勢に根ざしているとされる。退行

（Regression）は元は心理学用語で、幼児が弟や妹の誕生などで親の愛情をもとめて、いったん確立した食事や排泄の習慣において後戻りすることを言う[149]。それゆえ成長途上でぶつかる危機への後ろ向きの防衛機制である。それはまた個体の成長にとどまらず、社会的な概念としても成り立つとされる。すなわち、近・現代社会の進展のなかにあって、すぐにはついてゆけず、ひととき後退によって安定や安堵を得ようとする心理と照らし合う行動である。バウジンガーは先の論考のなかで次のようにも言う[150]。

> 19世紀の民俗学（フォルクスクンデ）の発展線は、総じて、有機体の分解や、社会の流動化ならびに変革にたいする回答という性格をもっていた。すなわち、初期の社会学が進歩的な処方箋と呼ばれたのに倣って言えば、民俗学は、さしずめ保守的な処方箋であった。

民俗学の成立は、当然ながら社会の趨勢を土台にしていた。その点でも注目すべきことがある。近・現代において発現した何らかの現象を冷静に見るというよりは、失われてゆくものを追慕する姿勢を代弁することが負託された、あるいは付託されたと自認したことである。失われつつあるものを冷静に見るのであれば、視点はその過程へ強く向かい、社会現象としてとらえることになるであろう。しかし民俗学は、社会の一部で起きた趨勢、すなわち退行のキイワードで指示することできるような姿勢を、そのまま自己の姿勢とすることになった。前進する社会に薄く広く漂う後退志向を感じ取り、濃縮させ、具象化したのである。その点では社会的現実の鏡に映った反対像でもあ

149）退行（Regression）はバウジンガーの思想における基本概念の一つであるが、それについては次の箇所に詳しい。参照（前掲注147）、『科学技術世界のなかの民俗文化』、p.64-80（第1章：〈自然な〉生活世界としての科学技術世界：第4節「退行を喚起するものとしての科学技術世界」）．．
150）参照、（前掲注146）Hermann Bausinger, *Kritik zur Tradition. Komment zur Volkskunde*, S.233.

る。ちょうど鏡像がそうであるように、映っているのは鏡の前に立つ自己自身でありながら、関係は反対になる。現実の社会のなかで委縮し途切れ、たどたどしくなり、押し込められると感じられた何ものかが、昂揚し、輪郭を得、鮮明に存在を主張する。これを図示するなら、さしずめ図Fとして表すことができるであろう。

d. 〈故習〉様式における近・現代の表出としての民俗学

　民俗学が生成時点で特殊な姿をとったこと、それゆえ民俗学における客観性の問題に延びてゆくことは後にふれる。とまれ、近代社会が併せ持つ傾斜やひずみに学問の根拠をもち、その傾斜やひずみを濃縮させて自己の姿勢とするために、その学問は社会のひずみと相似形をとることなる。今、先の模式をもう一度活用するなら、そこで民俗学は漏斗状を呈していた。あるいは、漏斗状をかたちづくる特異な曲線をもって表された。その曲線を近代社会が必然的なあわせもつ後退志向を意味しているとするなら、民俗学は同じ曲線を視座の眼底にひそませている。

[民俗学＝後退志向 & 故習様式における近・現代の自己表出　図F]

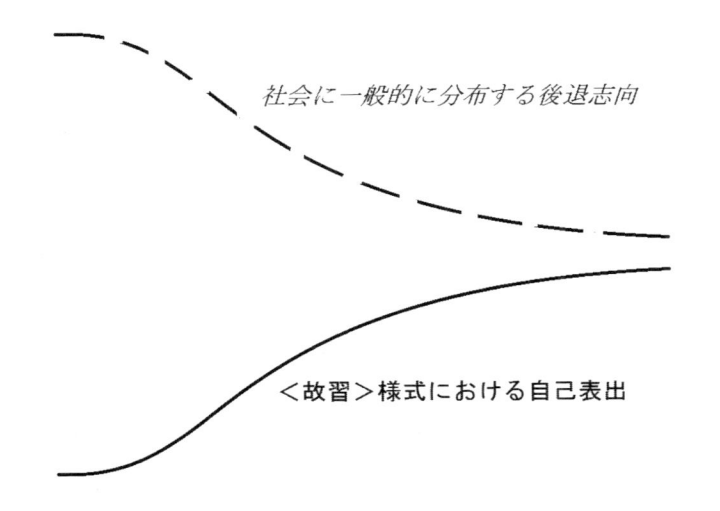

社会に一般的に分布する後退志向

＜故習＞様式における自己表出

〈退行〉を社会的な次元まで拡大すると、それは社会が何らかの理由であわせて持つ後退志向を指す。後退志向が生れるのは決して近・現代社会だけではないが、近・現代において特に顕著に起きる趨勢とは言い得よう。いつの時代にも社会は変化していたが、産業革命や技術革新などからもごく一般的に思い浮かぶように、近・現代の変化の速度には、それ以前とは比較にはならないほどのものがある。それは、まったく現代の指標である経済成長を古い時代に適用する実験的な試みが教えるところでもある[151]。そうした試みを幾つか合わせてみると、近代以前には年間の経済成長は平均して0.3%程度であり、人の一生を通じてわずかに変化の感触を得るか得ないかといったところだったらしい。それゆえ、社会全体の進歩は尺度にならず、どうであれ避けられない世代交代や個体や家門の盛衰あるいは貧富の交替に関心は向かったであろう。

　とまれ、近・現代社会の動きを前にして、これ以上進みたくない、ないしはひととき歩みを緩めよう、との姿勢が必然性をもって醸成される。しかし社会は本質的に前へ向かって動くものでもある。それが絶対的に前進であるどうかは姑くおき、未知の領域に立ち向かうことではあろう[152]。バウジンガーがその文脈でよく言及するところを言えば、昧爽の輪郭との触れあい、すなわちエルンスト・ブロッホの希望の原理である。その点では、今問題にしている動きは、既知の領域への立ち戻りと言わなければならない。あるいはそれが、歴史的事実そのものからは距離があることを加味すれば、既知のものと思いさだめて虚実を組み合わせるのである。それゆえ近・現代社会の主要な動きではなく、陰にかくれたひそかな趨勢である。同時に、秘かな性格において、それは必然的である。前進は、後退志向をどこかで産み出さず

151）たとえば中世ヨーロッパの経済成長を算出する試みを含むものとして次を参照、「中世盛期ヨーロッパの経済成長と農村」J.-L. フランドラン / M. モンタナーリ（編）菊池祥子・、末吉雄二、鶴田知佳子（訳）『食の歴史II』（藤原書店 2006）所収．
152）参照、（前掲注4）バウジンガー『フォルクスクンデー上古学から文化分析へ』p.255-274（第IV章：文化分析への展望：第3節：拡散とコミュニケーション」）．

にはすまないことは、社会構成の点からも言い得よう。誰もがひとしなみに前進できるわけではなく、かならず脱落者が生れるからである。個々人のなかにも、前進はひそかな懐疑の鎌首をもたげさせる。それゆえ社会的にも個々人の次元でも、進展する社会は後退志向を趨勢の一つとして併せもつ。しかし後ずさりは、決して社会の主たる動きではありえない。それを図示するとすれば、ひそかな陰の趨勢であるゆえに破線で表されるであろう。

　民俗学は、陰の趨勢ではあれ、それが一般的であることを土壌として生成する。民俗学が生成を得る社会的・一般的契機である。それは必然的に自己を成り立たせた基盤に沿った形状となる。凹凸や傾斜のある地面に築かれた建築物が、凹凸や傾斜に規定された形状となるのと同じである。あるいはここで用いている図で言えば、社会がしめす曲線をなぞることに存在意義がある。民俗学は、自己を成り立たせて土壌の曲線と相似形であることを促される。かくして成り立ったその学知の分野は、成立条件によってその使命を規定される。現実の社会のなかではひそかで陰に隠れていた趨勢を、明確な存在に転換させるのである。ここで、破線は実線に変わる。同時に、相似形のゆえと言うべきか、現実の写し絵のゆえにと言うべきか、後ずさりは堂々たる自己主張に変貌する。では、その自己主張はいかなる様態をとるであろうか。

　前進する社会に取り残されたものがここで大きく目に映るであろう。同時に、それは後ずさる者が安堵できる場所でなければならない。ほっと息をつける安らぎの塒(ねぐら)でなければならない。鉄とガラスや施設や工場が前面に立ち現れる前の状態、鉄道の轟音が響く前の世界、自動車が行き交う前のたたずまいであり、それゆえ人にあって〈民(たみ)〉、空間にあっては〈村〉、時間にあっては〈むかし〉のこととなる。しかも、それは安らいの場所であるところから、厳格な支配や過酷な収奪や人と人とのあいだの悪意は視界から退かなければならない。代わって、自治の仕組みや互助の組織や生活の知恵が表にあらわれる。かくして現実的な社会性は薄れてゆく。あるいは人の世の営みの特定の半面がことさらつよくあらわれる。民(たみ)は、昔、村でどのようであった

か。これは、概念的に言えば、故習という様式における自己表出と言ってよいであろう。

e. 〈故習〉様式への着目をたどる：美術史家アーロイス・リーグルの論評

〈故習様式〉という表現は筆者の便宜的な言い方であるが、考え方としては、批判的な視点をもって民俗学に臨んだ多くの先人が、それぞれの表現をもちいて行なった指摘とも符合すると思われる。要点の一つは、民俗学が帰り行こうとする古い習俗の世界が多分に幻影であることを言い当てるところにある。あるいは、現代の人間が構成する心象風景と言ってもよい。古習とせずに、故習としたのは、その意味あいをも持たせたることをも含んでいる。先人の誰にそうした着目がうかがえるかを追うのは、ここでは差し控えるが、ドイツ語圏の早い時期の一人だけを挙げておきたい。それは民俗学者ではない。美術史家アーロイス・リーグル（Alois Riegl 1858-1905）である。日本でも主要著作がほとんど翻訳されている名だたる学究であるが、オーストリアの民俗研究が学術組織をもつようになる最初期にかかわったことはあまり知られていない。実際には、特にウィーンのオーストリア民俗博物館の設立にあたって、リーグルは中心人物の一人であった[153]。しかもそれは、近い分野の有識者として助言をあたえたという程度ではなかった。リーグル自身にとっても、民俗学が取りあげる種類の文物への理解は、美術理論の構築の上で必須だったのである。その事情は改めて検討を要するが、今、注目するのは、リーグルがオーストリア民俗学会の機関誌の創刊号に寄せた一文である。「民らしさと現今」と題された数頁の論説で、発刊の辞に続く事実上の巻頭言の扱いである[154]。それ自体、発足しつつあるオーストリア民俗学会へのリー

---

153) その事実は、オーストリア民俗博物館の成立とその後の展開をまとめたレーオポルト・シュミットの次の文献でもとりあげられている。参照、Leopold Schmidt, *Das österreichische Museum für Volkskunde. Werden und Wesen eines Wiener Museums.* Wien 1960, S.53.

グルの位置を示しているが、その文章は、月並みの辞令でも常套の祝辞でもなかった。真剣な考察であり、同時に辛口の論評であった。

　都市の人間と村落の人々の対照的な生き方は今にはじまったわけではないが、今日ほど先鋭な形をとったのははじめてであろう。……古く持ちつたえられた伝統にひたって学校の知識とは無縁な〈民(フォルク)〉が心を有する存在であったとの発見、しかも〈教養人士〉の注目に最高度に値するという発見は、私たちの現代にまでとっておかれたようなものである。……。

　……日々の勤めに追われて神経衰弱気味になった都市民は、村落民がもつ癒するが如き情調にすがり寄るようになっている。しかし都市民によるそうした田舎人の持ち上げ方は、畢竟、エゴイズムに根ざしている……

　……黄金時代の心のあり方へのあこがれを慕らせ……、また自民族が子供だった頃の成長段階を心の丈(たけ)想いうかべる。そうした子供の成長段階への追憶がたかまり、それがなお存する場所は、自分たちが暮らす都会をはなれた村落民の固有性のなかだと考えるようになる。その習慣や習俗、言葉や工藝である。

　……ここに、ありとあらゆる民らしさが、今日、熱狂を呼んでいる原因がある。それは我らの時代が多少とも古物への嗜好をもつことを意味しよう。

すなわち、懐旧志向を当然かつ当為として主張するのではなく、特定の心理の様態と見て、その因って来たる所以を問うている。筆者が故習様式の名称を思いついたのには、学史をたどるなかでこのリーグルの一文に出逢ったこともヒントになったのである。しかもその批判的な視線が向くところ、リー

154）Alois Riegl, *Das Volksmäßige und die Gegenwart*. In: Zeitschrift für österreichische Volkskunde. Bd.1 (1895), S.4-7.

グルは、産声をあげたばかりのオーストリア民俗学会に対して、村落のおもむきを故意に保存しようとする作為をもいましめた。

　民らしさへ向かう熱狂にもかかわらず、まともな都会人なら、現代文化への参加をあきらめることなどあり得ない。トルストイ伯ですら、きわめて限定的だったではないか。しかし民自身はどうであろうか。これについて、頻繁に聞こえてくるもったいぶった声がある。民は、その持ち伝えられし生き方にとどまるべし、と。その慣行と習慣、語り物と歌、工藝と手仕事にとどまるべし、と。民が、すでに到達した文化的階梯に常しなえに自若としてとどまるならば、民自身にとっても然るべき利害をまもることになろう、といった議論まで起きている。
　オーストリア民俗学会は、民のたましい（Volksseele）と、そのあらゆる表出を最も広い土台において取り組むことを自己の課題とする以上、今挙げたような見方に則って活動すると表明するのに支障はないと考え勝ちである。しかしそれに対しては、ほかならぬその考え方こそ、私たちがとる立場ではない、とただちに言っておきたい。……民（Volk）をその今日ある（たとえば何らかの迷信を口にするなどの）文化階梯に人工的ないしは無理強いによって留めおいたり、今なおプリミティヴな階梯へ押しもどす権利があり得るなどとは思えないからである。

リーグルがこれを述べたのは 1895 年で、同時代人レフ・トルストイのいわゆる〈転回〉後の農村・農民への傾斜もすでに広く世界の人々の耳目をあつめていた。もっとも同時期の狭義の（すなわちオーストリア＝ハンガリー帝国の隣国であった帝政期の）ドイツ民俗学界の議論をリーグルの視点に突き合せるとやや違った見方もあり得ようが[155]、学界の論議を超えてここにうかがえるのは、何らかの主義に左右されることなく率直に現実に向き合う姿勢と、目前の現実を構図としてとらえることができた明晰な判断力である。19 世紀末に発せられたこのリーグルの警告は、民俗学のあり方に一般的に妥当す

るところがあるであろう。

f. 変数としての〈故習〉：課題としての客観性

　しかし、事は民俗学が始まった頃の社会状況を背景にした都市・村落だけのことではない。現代社会では、たとえば生業の構成比率は当時とは様変わりを呈しているが、それにもかかわらず同様の関係の構図がひそんでいる面がある。敷衍すれば、故習は確たる実体ではない。先に鉄とガラスの施設や工場が前面に立ち現れる前の状態、鉄道の轟音が響く前の世界、自動車が行き交う前のたたずまい、を挙げた。しかしそれは、鉄とガラス、あるいは鉄道の轟音、さらに自動車以前の故習にかぎった探求であることを意味しない。鉄とガラスの建築物も、以後のより現代的な建築仕様がひろまるなかでは〈レトロ〉（retrospective）となる。すなわち、郷愁が向かう先となる。日本で言えば（取り壊しされるか元の場所から撤去された）帝国ホテルや第一生命ビルや東京中央郵便局などは、解体にあたって惜しむ声が絶えなかった。目を一般に転じれば、コンクリートの建築物が郷愁の対象となる事例には事欠かない。それは鉄道でも同じで、各地でSLが郷愁を呼んでおり、人気に応えて保存や復活が盛んである。自動車、また然り。一時代前、二時代前の乗用車も、ボンネット・バスも、〈癒し〉がキイワードとなっている昨今、それをあたえてくれるものとして観照される。決して土に触れることだけが癒しではない。機械もコンクリートも、郷愁にもなれば癒しにもなる。土との触れ合いと言った素材や原初性よりも、後ずさりの感覚が事態の奥により強く走っていると言ってもよい。経験におけるタイム・ラグ、それどころか経験

155）この時期のドイツ民俗学界ですでに始まっていた〈民（フォルク）論争〉については拙著を参照、（前掲注57）『ドイツ民俗学とナチズム』第一部第1章「民俗学における個と共同体」；なお"Volkskunst"をめぐるリーグルの理論とそれへの批判を含む一連の議論については次の拙論を参照、「民藝論へのスケッチ―ドイツ・オーストリアの学史の検討」愛知大学国際コミュニケーション学会『文明21』第32号（2014年）所収。

を欠いていても日常的に接する情報から組みたてられた時間の逆走がすでに郷愁を満たしてくれる。そしてこの人間心理に依拠して、民俗学は成り立っている。

　ここにおいて、民俗学にあっては客観性が通常以上に問題になる[156]。つまり、客観的に観察するときの立脚点の有無やあり方が問われなければならない。上の図で言えば、社会のなかにあらわれた趨勢をあらわす曲線と照らし合う曲線であることによって、民俗学は存在の意味をもった。その曲線こそが土台である。それは、たとえば文化人類学とは立脚点が異なることを意味していよう。敢えて単純化して言えば、文化人類学は、西洋社会から非西洋社会、とりわけ自然民族を観察してきた。もちろん今日の文化人類学はそれではすまないが、歴史的にはそうした性格を見せてきた。それが含む大きな問題は横におくと、そこでは見る者と見られる者、主体と客体が明らかに別であった。それゆえ観察には客観性がともかくも確保されていた。しかし民俗学は事情が異なる。社会のなかに生じた傾斜や屈曲に沿って学問分野が形成されたのである。それは平面に立つのではなく、傾斜面に立った建物である。それゆえ、注意を怠らないことが重要な課題になる。注意を怠らない、とは傾斜面に立っていることへの認識であり、立脚する地面の傾きを自ら計測できることである。すなわち、学問分野の生成の条件を批判的に認識していることである。

　バウジンガーに立ち返ると、民俗学についてその視点の客観性を問題にしたのは、このあたりの事情を捉えていたようである。独自の民俗学概論である『フォルクスクンデ ― 上古学から文化分析の方法へ』のなかで、民俗学がその観察や収集の対象を〈名残り〉(Relikt)であるような文物に設定する

---

156) バウジンガーは、民俗学が対象を淡々と記述するのであっても、対象設定と記述の姿勢を問われるべきであると何度も指摘している。たとえば次を参照、Hermann Bausinger, *Zur Kritik der Folklorismuskritik*. In: Populus Revisus. Tübingen: Tübinger Vereinigung für Volkskunde e.V.Schloß 1966, S.61-75.(Volksleben, Bd.14), here S. 71.

こと自体に、客観性の面では問題をふくむことが論じられる[157]。

　先に〈名残り〉を検討し、最後は文化工業（Kulturindustrie 文化産業）の分野に行き着いた。それは飛躍と映るかも知れないが、そうした道程は、根本的にはすでに名残りの概念において予め示されていたのである。名残りは、客体（Objekt）の固有な属性ではなく、認識に際しての視点設定であり、またその限りで客体そのものにも作用する。私があるものを名残りと見るなら、そのとき私は、客体を、過去にあった、別の文化的連関のなかに位置づけている。しかし私が注意を払ったのも、ましてや存続させるに値するものとして分類を提示したのも、畢竟、現在の光のもとで価値づける観点からであった。私が、対象を取り上げるなら、それによって対象を現在の文化的地平のなかの機能をあたえる限りでは、それに変化させていることになる。その意味では、従来の民俗学も――仮今、フォークロリズムから距離をおくことを強調した場合でも――フォークロリズムの掌のなかで動いている。それどころか、民俗学はフォークロリズムの巧妙な形態と解することができる。

　文化工業（Kulturindustrie 文化産業）はテーオドル・W・アドルノの用語である。バウジンガーの民俗学の構想にはアドルノから受けた刺激をどうこなすかという問題意識が本質的なものとして走っているところがあるが、それについては（全面的ではないが）とりあげたことがある[158]。ちなみに、ここで民俗学が巧妙な形態と言われるのは、学問のかたちをとるからである。すなわち現実的であれ理論上であれ事実性や蓋然性をそなえると受けとめられる様式をもつからである。しかしまた民俗学がかかる様態にあることを認識す

---

157) 参照、（前掲注4）バウジンガー『フォルクスクンデ―上古学から文化分析へ』p.225.。
158) 次の拙著に収録した論考を参照、（前掲注31）『フォークロリズムから見た今日の民俗文化』「ナトゥラリズムとシニシズムの彼方」特に p.224-233.（「アドルノと文化産業の概念」、「フォークロリズムと文化産業」）。

るとすれば、その批判からは指針が導かれるであろう。事実、ドイツ民俗学はかかる自己省察を踏まえて、幾つかの特徴ある研究方法へ進んでいった。本稿でもふれてはいるが、なお注目すべき動向も少なくない。バウジンガーの方法論を学んだ世代がそれをどこまで活かし、今日の状況でいかなる問題意識と研究成果を見せているか、にも関心は向かうであろう。それらをも、追い々ゝ取りあげてゆきたい[159]。

(付記)

本稿は、2009年7月4日に愛知大学（豊橋校舎）を会場として、企画・主催：三河民俗談話会 / 後援：愛知大学国際コミュニケーション学会として開催されたミニ・シンポジウム『民俗学における民間とアカデミズム』において、「民衆の学の光と影 ― ドイツ民俗学の視角から」のタイトルで行なった発表にもとづいている。発表ではスライドを用いたために、模式の説明として画像を多く使用した。本稿の形態に改めるにあたり、模式自体は同一であるが、画像の大部分を削除し、代わって文字資料を盛りこんだ。

159) ヘルマン・バウジンガー以後の世代が民俗学をめぐる現状をどのように理解し、どこに基本的な課題を見ているかについて折りにふれて紹介しているが、その一つとして 2001 年にベルリン大学ヨーロッパ・エスノロジー研究所で行なわれた座談会の拙訳を参照、「ベルリン・ディスカッション：ベルリン（フムボルト）大学におけるヨーロッパ・エスノロジーの十年と今後の課題」ヴォルフガング・カシューバ / ペーター・ニーダーミュラー / ベルント＝ユルゲン・ヴァルネッケン / ギーゼラ・ヴェルツの座談：司会：シュテファン・ベック / レオノーレ・ショルツェ＝イールリッツ (2001)」（原 著：*Berliner Diskussion: Perspektiven Europäischer Ethnologie – Versuch einer Zwischenbilanz. Gespräch zwischen Wolfgang Kaschuba, Peter Niedermüller, Bernd-Jürgen Warneken und Gisela Welz. Pragrammdirektoren: Stefan Beck und Leonore Scholze-Irrlitz*, aus Berliner Blatter, Jg.23.［2001］, S.167-190) 愛知大学国際コミュニケーション学会『文明 21』第 30（2013）, p.89-137。私見では、これによっても、むしろバウジンガーが学界の最長年者の一人ながら、なお前衛的との印象を受けるが、また今日の中心的な世代が、隣接学の動向や、新しい課題（"Writing culture"、あるいは生命科学をめぐる社会・文化の動向）との取り組みにおいて試行錯誤にあることもうかがえる。

生物供犠と遊戯の間
——雄鶏叩き行事に見るドイツ民俗学史の一断面

1. 問題の発端

[1] 本稿の成り立ち

　先に筆者は「ナトゥラリズムとシニシズムの彼方」のタイトルによる小論を勤務校の学会紀要に数回に分けて掲載したが、その最後に「柳田國男とハイネ」という一節を設けた[1]。柳田國男が1920年代にハイネの「諸神流竄記」(「流刑の神々」) を指して、〈新しい学問の芽生え〉と評して民俗学に引き寄せた読み方を見せたことにふれたのである。しかしその言及がなされた当時、ハイネが表明したような考え方はすでにドイツの民俗学界では過去のものになっていた。さらに、民俗学にふれるともみえるハイネの評論はドイツでは学問的な種類のものとは見られてはいなかった。事実、それは、学問というよりは文学作品として味わうべき種類のものであったろう。しかし日本民俗学は柳田國男の90年前の受けとめ方に特に疑問を感じてこなかったようである。もとよりハイネは日本民俗学にとっては周辺的な話題であり、常に意識されるべきものではないが、創始者の権威をまもろうとする学界の風潮もそこには重なっていたように思われる。実際には、それほど早い時期の着眼

---

1) 「ナトゥラリズムとシニシズムの彼方 － フォークロリズムの理解のために」；その後、次の拙著に収録した。参照、『フォークロリズムから見た今日の民俗文化』創土社、2012。

は、どうであれ批判にはあたらない。その分野を開拓した第一世代には通るほかなかった関門があり、初めて錠前に鍵を差し込んだ意義は絶大である。しかし細かく見るなら、鍵の回し方がどうであったか、後世の者が立ち返って点検することも時には意味をもつであろう。しかし、それをしも権威への浸蝕として警戒を強め、衛兵を置き、歩哨を立てずにはおかないといった空気が関係する諸分野に漂っているとすれば、問われるべきは過去のエポックよりも、むしろ今日にいたる操業にあると言わなければならない。

　ハイネの作品とその同時代のヨーロッパでの受けとめ方については、その小文でとりあげた。しかしそこに補足をほどこすことを考えながらも、入りきらなかった問題が残っていた。柳田國男が注目した種類の事象へのドイツ民俗学界の取り組み、またその推移である。

[2] 柳田國男によるヨーロッパの〈生類犠牲〉への注目

　当時、柳田國男が関心を寄せていたのは、ドイツとかイギリスとかの国にこだわらず、広く近代ヨーロッパの基層文化であった。そして特定の考え方をもってそれに臨んだ[2]。

> ゴンム翁の村落生活研究が公にされたのは1878年であった。或寒村の小さな寺の新築に、鶏の血を入口の敷石の上に注いだといふたつた一つの小さな異聞は、今まで恐ろしい蛮民の中にのみ、行はるゝものときめて居た生類犠牲の風習が、白人の諸國にも實は弘く行なはれて居たことを發見せしめる端緒であつた。

それは、キリスト教会以前の〈上代が活き残つて〉いるとの想定であり、それに〈心付くこと無く〉文化を論じる〈書斎の學者〉への批判をも伴っていた。

---

2) 「日本の民俗学」（大正15年）『定本柳田國男集』第25巻、p.253。

要するに耶蘇の宗教が一世を席巻した欧羅巴大陸にも、猶百千年を隔てて豊富なる上代が活き残つて居た。それが容易に平民の日常生活の中から掬取られるばかりで無く、新しい社会の動きさへも、暗々裡に之に因つて左右せられる場合が多かつた。之をしも書斎の學者たちは、夢ほども心付くこと無くして、單に紳士の表面事相のみによつて、文化の消長を説いて居たのであつた。

しかしまた柳田國男がこれを論じたのは1925年であり、ゴンムの所論を起点にしてほぼ半世紀が経過していた。その半世紀をうずめるような情報に接していたか、あるいは半世紀のあいだの学説の推移に関心をもったかどうか、これらも本来は問題になるところであろうが、おそらく柳田國男の関心はそこにはなかった。ヨーロッパの理論の変遷に丹念に目を向けるというよりは、自ら恃むところがあり、相照らすと見たが故の特筆だったと思われる。それは、上古を持ち伝えるものとしての民衆存在といったものであったろう。とは言え、ここは柳田國男を追うことが眼目ではない。そこで想定されたような上古遡及の考え方が、ヨーロッパの民俗研究、特にドイツ民俗学ではどうであったのかを問おうするのである。柳田國男の観点とドイツ民俗学の推移という、直接的な交流をもたなかった二つの動きの照応と差異である。

ここでは事例として、〈生類犠牲〉の風習と見ることもできるよう事象を選んだ。柳田國男が着目したのは、〈鶏〉の犠牲とされるできごとであった。もとより、鶏は家禽として日常的に絞められ食される生き物である。その食用としての処理には、通常、犠牲の気配はない。しかし鶏は、犠牲かと思えるような扱われ方をヨーロッパにおいて時に受けてきた。より正確に言えば、民俗学史を見わたすと、鶏のある種の殺し方に生物供犠を嗅ぎつけてきた系譜がみとめられる。それは必ずしも鶏に限られることではないが、雄鶏にはその慣習の代名詞として使われてきた経緯がある。それが〈雄鶏叩き〉(Hahnenschlagen) であった。

この習俗は柳田國男が着目した教会堂の新築のさい犠牲の鶏とは、少し違っているかもしれない。実のところ、ゴンムの報告にはおかしな点もまじっている。生類犠牲が連綿と伝統をつくり、しかも隠れた伝統であったというのは信憑性に欠ける。柳田國男についても、ゴンムが挙げる事例だけをもって、ヨーロッパ文化の全体の構造をつかまえることができると断じるなど、早計に走ったきらいがある。おそらく、文化の基層という着想に確信をもっていたのであろう。それゆえ、今では確かめようのないゴンムの報告の後追いではなく、柳田國男が構想した太古より連綿とつづく基層という見方、そのインデックスとしての鶏の命運について、ヨーロッパの実例と理論をなぞってみようと思う。それは勢い、民俗学の諸理論を縦断する作業になる。もっとも縦断とは言っても、雄鶏をキイワードとして生物供犠に限って幾つかの事例を拾うにすぎない。とは言えそれは、ささやかではあれ、いかなる理論や解釈が消長したかを追跡する試みでもある。しかも検証は、果して生類犠牲と言えるものがあったのかどうかにまで進むであろう。そうした幾つかの意味において、極小の覗き穴から見たドイツ民俗学史である。

2. ドイツ民俗学における上古遡及の理論

[1] ヤーコプ・グリムの命題

　キリスト教以前の古い信仰や観念が生き続け、変形し、時に異形となって出没するという考え方に注目するなら、その直截な表明は、他ならぬグリム兄弟において見ることができる。さまざまな機縁と形で語られるが、特によく知られている一つは、兄のヤーコプ・グリムの『ドイツ神話学』（1835年）の次の一節である[3]。

---

3) Jakob Grimm, *Deutsche Mythologie*, 1835. (Faksimilenachdruck 1975), Bd.II. S.765f.

キリスト教徒たちは、彼らの先人たちがもっていた神々への信仰を、たちまち放棄したのでも、完全に捨て去ったのでもなかった。したがって、異教の神々は、一挙に彼らの記憶から消えてしまったわけではない。それらは、一部の頑なな人々に、別の場所で、しかも秘かな場所で、姿を現わした。それらは、信頼されるような性格や親しみやすい特徴を失い、黒い恐ろしい力へ変わってゆき、またそのようにして、ある種の影響力を永く保持することになった。

　この表現を含むヤーコプ・グリムの労作は、発表とともに非常な反響を呼んだ。グリム兄弟は不世出の学究であると同時に、不思議なほど時代の波長と相性がよかった。ゲッティンゲン七教授事件のような一時の不遇も、その果敢な出処進退は時をおかずして世人の賛仰に迎えられた。それはたとえば、グリム兄弟の刺激を逸早く自家薬籠中のものとしたロシアのアレクサンドル・アファナーシェフ（1826-71）が、今日その収集と考察の金字塔たるを万人が讃えるにもかかわらず、生前には報われることきわめて少なく貧苦と微名のうちに生涯を終えたのと対照的である。グリム兄弟にあっては、昔話の収集も、学問的業績であることを超えて一般社会に大歓迎された。その昔話集は〈社会史的現象としても根づくことになった〉。蓋し〈市民が中心となる世紀にあって、そのビーダーマイヤー風の家庭生活という環境のなか、子供もまた独自の権利をもつようになっていたが、それこそがこの昔話集を定着させた肥沃な土壌であった〉[4]。それは子供だけのことではなかった。先に引用した『ドイツ神話学』が謳う命題ないしは仮説の虜になったのはむしろ大人たちであり、それだけに影響は無邪気なだけではすまなかった。しかもそ

---

4) インゲボルク・ヴェーバー＝ケラーマン（他・著）河野（訳）『ヨーロッパ・エスノロジーの形成／ドイツ民俗学史』文緝堂 2011, p.42.（原著：Ingeborg Weber-Kellermann / Andreas C. Bimmer / Siegfried Becker, *Einführung in die Volkskunde / Europäische Ethnologie*. [Sammlung Metzler, M79] Stuttgart 2003.）なお〈ビーダーマイヤー〉は小市民を指す比喩的な言い方と考えればよいであろう。

の強烈であったことは、パンドラの箱が開けられた観すらあった。その様子の一端を見ようとするのであるが、その前にもう一つ短い補足である。

[2] 一般的背景

　と言うのは、事実は、ヤーコプ・グリムの命題的な表現も、この種類の考え方の嚆矢ではなかったからである。西ヨーロッパのキリスト教世界では、キリスト教は、古い信仰や異教を排除したときにはじめて確立されるという表明に久しく慣れていた。それが一種の原理であり、常套の表現ですらあった。多くの聖者伝説はその種類のエピソードに満ちている。殉教の物語は端的にその構図による説話に他ならない。二三例を挙げるなら、聖セバスティアンは信仰を棄てなかったために柱に縛られて身体に矢を射たてられた。もっともこれは伝染病を回避するための図像であり、図像自体の系譜をたどれば、いわゆる〈神の怒りの矢〉として古代オリエントで機能していたと予想される観念へと延びてゆく[5]。しかしそこに箍のように嵌められたキリスト教信仰か異教かという二項対立の図式は、西ヨーロッパ文化に特有のものである。また聖ヴァレンタインは異教徒に首を切られながら、その首を自ら持ちあるいたとされてきた。また異教を撲滅することを美談として尊ぶ伝統にも根強いものがあった。ドイツ地域をキリスト教化した聖ボニファティウスは、宣教の地で襲撃されて殺されたとされるが、また布教地で古くから信奉されてきたオークの大木を切り倒した伝説が長く人気を博してきた。また女にして男という異形の聖女ウィルゲフォルティスは、異教徒の男性との結婚を拒んで父王に殺されたとされる[6]。聖女アポロニアは歯を引き抜かれる拷問を受けつつ命絶え、それゆえ歯痛をやわらげてくれる聖者とされる。実

---

[5] たとえば次を参照，レーオポルト・クレッツェンバッハー（著）河野（訳）『民衆バロックと郷土 ― 南東アルプス文化史紀行』名古屋大学出版会 1988.（原著: Leopold Kretzenbacher, *Heimat im Volksbarock. Kulturhistorische Wanderungen in den Südostalpenländern.* 1961.）そのなかの一章「神の怒りの矢」。

在の尼僧院長であった聖女オディリアにまつわる話では、同じく父親の勧める異教の貴族との結婚を拒んで、後を追ってきた父親の目の前で崖のなかにかき消えてキリストの霊力を知らしめた[7]。——　この種類の説話に、ヨーロッパの人々は説話そのものとして親しんできただけでなく、毎年決まって訪れる身近な場所にある巡礼地の開創伝説として繰り返し耳にしていた。その種の話は何百何千とある。したがって、異教を排除してキリスト教が樹立されたという構図による考え方に、人々は慣れていた。

　それは中世の末からはじまった大航海時代やその後のアフリカ沿岸の攻略や南北アメリカ大陸への進出においても、絶えず作用する思考の型であった。アフリカでの奴隷売買の初期から、無明の闇にキリスト教の光をあてることになるとの主張がなされ、それはまた中南米の先住民の文化の破壊においても行為を正当化する論拠となった。その種の証左は幾らもあるであろうが、ヨーロッパ人が大航海時代へ進んでゆく起点となったエンリケ航海親王の時代にもすでに異教徒を圧伏するキリスト教の使命感が顕著であった。実際、ポルトガルとスペインのアフリカ・中南米への進出・征服に関する証言は異教徒の折伏を基本構図としており、その証左には事欠かない。たとえば年代記作者ア・ズララがエンリケ航海親王に向けて記した献辞（1453年）の一節には、〈あの無数とも言うべき未開の種族〉への教化が次のように謳われる[8]。

6) "Virgefortis" とはラテン語で聖母の徳称の一つと親近な近い呼び名である〈力ある乙女〉の意で、その成立についてはゲオルク・シュライバーが編集したカトリック教会の民俗学の枠に沿った次の基礎的な研究がある。参照、Gustav Schnürer und Josef Maria Ritz, *Sankt Kümmernis und Volto Santo*. Düsseldorf 1934 (Forschungen zur Volkskune, hrsg.von Georg Schreiber, Heft 13-15). この聖者はその特異な伝承の故に言及した文献は多い。

7) 巡礼地オディーリエンベルク（Odilienberg/Elsaß）については次を参照、ルードルフ・クリス／レンツ・レッテンベック（著）河野眞（訳）『ヨーロッパの巡礼地』文楫堂 2005, p.78-79.（原著：Rudolf Kriss und Lenz Rettenbeck, *Wallfahrtsorte Europas*. 1950.）。

彼らの父祖たちは、天地開闢以来なお聖なる光を仰いだことが無かったのですが、殿下の才と計り知れぬほどの費用と絶大な努力によって、救いに至るまことの道に導かれたのであります。それらの魂は洗礼の水で洗われ、聖油で清められ、現世の貧しい住居（＝肉体）から解き放たれた今、彼らの父祖らが光明と信じていた様相の下にどれほどの暗闇が横たわっているかを知るようになっております。……

キリスト教か異教かという二者択一の問いかけは、ヨーロッパのキリスト教が絶えず培ってきたもので、他の宗教の圧迫や侵入とは関係なく繰り返される図式であった。ヨーロッパの域内でも、社会矛盾の捌け口として迫害が行なわれるときには、異教への傾斜を阻止するとの口実が重い意味をもった。魔女が古い時代からの継続であることは歴史的にはあり得ないが、その犠牲を強いる上での正当性は異教への転落をふせぐことにおかれていた。それどころか1900年前後にクリスマス・ツリーが一般化しようというときにも、クリスマス・ツリーの異教性を言い立てる声が上がったほどである[9]。さらに1950年代のフランスでカトリック教会の司祭がアメリカ渡来のサンタクロースに反撥した時も、サンタクロースは異教的と叫ばれたことがあった[10]。

---

8) 参照、アズララ（著）長南実（訳）川田順三（注）「ギニア発見征服史」大航海時代叢書『西アフリカ航海の記録』岩波書店、1967。
9) シュヴェート夫妻は1920年代に南西ドイツの両派の入り組んだ地域の動向として、プロテスタント教会圏のクリスマス・ツリーをカトリック信徒が〈異教の風習〉と呼んだ事例を挙げている。参照, ヘルベルト ＆ エルケ シュヴェート（著）河野（訳）『南西ドイツ シュヴァーベンの民俗 ― 年中行事と人生儀礼』文楫堂 2009, p.40.（原著：Herbert & Elke Schwedt, *Schwäbische Bräuche*. Stuttgart 1982.）；このシュヴェートの指摘は少しも珍しいものではない。1970年代半ばでも、カトリック教会圏ではクリスマス・ツリーはプロテスタントの風習とみられていたことを、筆者もライン河畔のボンで経験した。しかし21世紀になると、クリスマス・ツリーはカトリック教会の中心地でも設立されるようになった。これについて、アイヒシュテット司教座教会堂でクリッペとクリスマス・ツリーが並んで飾られているのを見聞した。

昨今のハロウィンの流行においてすら、軽微な掛け声程度なら、異教的とのコメントが点滅する[11]。

しかしまた、キリスト教と異教を対比させる伝統は根強いものの、グリム兄弟がほとんど原理とも見た上古遡及の志向がかねて最も強力な思考だったわけではない。現実の世相との取り組みはそれに見合った観点に立たねばならず、必ずしもキリスト教をすり抜けた古い異教という時間差の形をとらなかった。文献を相手にする作業も、これまたただちに悠遠な昔が及ぼす力を今にみとめることにはつながらなかった。グリム兄弟は昔話や伝説を古き神話時代の名残りと解して熱っぽく説いたが、それを奇異に受けとめた人たちも少なくなかった。もともと啓蒙主義の詩人やジャーナリストの場合、基本的にはそうした物の見方は希薄であった。ゲーテもまた上古遡及の人ではなかった。ジャン・パウルも、口碑や伝説に太古の残照を見てはいなかった[12]。

しかし、ロマン主義のなかのその方向の一脈が姿をあらわすと、ややあって時代思潮への勢いを獲得した。そして遂に、眼前のものをあるがままに解

---

10) フランスのディジョンでカトリック教会の司祭がアメリカ渡来のサンクロース人形を絞首刑にするパフォーマンスを行ったできごとは、クロード・レヴィ＝ストロースの「処刑されたサンタクロース」の材料になった。参照、Claude Lévi-Straus, *Le Père Noël supplicité*. In: Les Tems modernes 77 (1952), p.31-53。

11) ハロウィンをめぐる論議についてはドイツ民俗学会が企画した特集である 12 篇の報告の拙訳を参照, ゴットフリート・コルフ（編）河野（訳）「ヨーロッパ諸国のハロウィン」愛知大学語学教育研究室『言語と文化』第 26-29 号（2008-2010）（原著：*Halloween in Europa*, hrsg. von Gottfried Korff. In: ZfVkde. Jg. 56 [2001]）。

12) 筆名ジャン・パウル（Jean Paul / Friedrich Richter 1763-1825）の民間文藝理解はあまり注目されてこなかったが、グリム兄弟の昔話の初版刊行からほどなく執筆され、しかも兄弟とはまったく異なった視点に立つ伝承的文藝の理論となっている。ジャン・パウルは友人のドベネックの遺稿の刊行にあたって、かなり長文の序文を草して、民間伝承としての文藝を主に人間心理の仕組みとして解明を試みた。参照、Friedrich Ludwig Ferdinand von Dobeneck, *Des deutschen Mittelalters Volksglauben und Heroensagen*, hrsg. und mit einem Vorrede begleitet von Jean Paul. 2 Bde. Berlin 1815. Reprint: 1974.

する姿勢は、模糊とした過去を深読みする体勢にとって代わられた。現に目にし耳に聞くものを、いにしえに発する光線や遠い昔の轟きの今につたわる振動ととらえるのである。突き放して考えれば、それはアクロバット的な構えの心理でもあったろう。ヤーコプ・グリムが先に引用したような上古を透視する論を繰り広げたとき、そこには時流への挑戦のおもむきも寄り添っていた。にもかかわらず、事実は、それほどまでとは予想されてはいなかった鉱脈を掘りあてたのに等しかった。逆説的なことに、近代が本格化したのである。神話とは、一皮めくれば近代国家の神話であった。

3. 神話学派による〈雄鶏叩き〉の報告から

[1] 神話学系の民俗研究

　文学は文学として読むのが望ましく、表現類型それぞれにそなわる重心の在り方を見誤ると、どこかで影響が出ずにはすまない。しかしそれは、決して理論が優っていることを意味しない。理論には理論の是非があり、文学には文学の論理がある。そこで目下の話題に関係する理論の分野にも目を走らせておきたい。先に柳田國男の一節では、イギリスのゴンムの名前を挙げ、〈生類犠牲の風習〉をヨーロッパに再発見したとしていた。そのイギリスの事例はともかく、生物供犠とも言えるさまざまな風習に特に関心を寄せたのが、グリム兄弟から延びる研究動向の人々、いわゆる神話学派であった。これからみる数例も、その典型に数えてよい。

　先にヤーコプ・グリムが、上古の神々が延命やその奇怪な姿で出現するとしていたことに注目したが、ヤーコプ・グリムは不世出の文献学者として、その考えを適用するにあたっても資料批判を怠らなかった。またその姿勢を受け継いだ弟子たちも少なくなかった。たとえばヴィルヘルム・マンハルトである[13]。それにもかかわらず問題は発生し、グリム兄弟があたえた刺激がブームとなり、輪が広がるにつれて、それは拡大した。その動向への評価を

予告するなら、ドイツ民俗学界における標準的な学史案内書が、ロマン派の民俗学を次のようにスケッチしているのが、さしずめそれを当たるであろう[14]。

>……異教的・神話学的な解明作業が嬉々として、また情熱的に進行した。結果は、グリム＝マンハルトを単純化した無数のエピゴーネンの出現であった。またそれにとどまらず、最後には、民俗学をイデオロギー化し政治化する上での材料がふんだんに積み上げられることになり、民俗学に対する不信の醸成を助長した。

かかる判決を知ってしまえば興味が殺がれかねないが、また実態を見ずに概念的な説明だけで済む問題でもない。具体例に接すれば、単純な忌避ですませられない多様な側面も見えてこよう。以下しばらく、19世紀半ばから後半（したがってハイネの活動とも重なる時期）のドイツ民俗学界の実情に眼を走らせる。

---

13) 同じ視点による民俗学関係者は他にも多くが数えられる。なお次の拙論ではヴィルヘルム・マンハルト（Wilhelm Mannhardt 1831-80）とフェーリックス・ダーン（Felix Dahn 1834-1912）を事例として取り上げた。本書所収の次の論考を参照、「〈民俗学〉の形をドイツ語圏の学史にさぐる」。
14) 参照、（前掲注4）インゲボルク・ヴェーバー＝ケラーマン『ヨーロッパ・エスノロジーの形成』p.46.; なおヴェーバー＝ケラーマンの学史は、初版（1969年）当時はかなり挑発的と受けとめられたことが、その第二版（1985年）への序文からも知ることができる。ここに引用したロマン派の民俗学を支えた多数の地方の採録者を一括りにしてマイナス評価したことも、挑発的と映った一つであったろう。以下でも見るように、そこで優勢となった民俗事象の見方は、決して〈エピゴーネン〉だけのものでもなかったのである。

[2] 神話学系とその後の民俗研究における解釈の変遷
a. 神話学系の民俗研究 1：アードルフ・ヴットケ『現代ドイツの迷信』
　ここではアードルフ・ヴットケ（1819-70）という人物の論述を、同類の多数の見本としてとりあげようと思う。と言っても〈エピゴーネン〉としては格が高く、早くからその著作が日本にまで知られ、また今も読まれる存在である。略歴を言えば、ヴットケは、プロイセン王国の一部であったブレスラウ（今日のポーランド南西部のブンツラウ）の出身で、ブレスラウ大学でプロテスタント神学を学び、ルター派に属した。1849 年から同大学で教職に就き、さらに 1852 年にはベルリン大学神学部の員外教授となり、1861 年にハレ大学のプロテスタント神学部の正教授に就いた。比較的短い生涯であったが非常に活動的で、晩年にはドイツ（旧）保守党、すなわちビスマルクもはじめ属していた政党の一員として、しばらく国会議員をつとめたこともある。著作活動では、1852/53 年に刊行された最初の主要著作『異教の歴史』が、すでに神学者の業績としてみとめられた[15]。全二巻で千ページを超える大作で、第二巻では中国、日本、インドの宗教事情が扱われている。そうした〈異教〉の情報の飽くなき収集に加えて、教会生活の倫理問題について専門知識を持ち、まとまった手引書を編んだ[16]。それは死後まもなく英訳されて、プロテスタント教会との関係では日本でも早くから知られてきた。これから見ようとするのは、1860 年に刊行された『現代のドイツの迷信』で、ヴットケの著作としては倫理問題の論作と並んで最もよく読まれ、最近も復刻版が出ている。800 項目、500 ページを超える大著である。ここでは先に見た〈生類犠牲の風習〉の近縁の観を呈する〈雄鶏叩き〉の項目を拾ってみたい。数項目にまた

---

15) Adolf Wuttke, *Geschichte des Heidenthums in Beziehung auf Religion, Wissen, Kunst, Sittlichkeit und Staatsleben*. Bd. 1: *Die ersten Stufen der Geschichte der Menschheit. Entwicklungsgeschichte der wilden Völker, so wie der Hunnen, der Mongolen, des Mittelalters, der Mexikaner und der Peruaner*. Band 2: *Das Geistesleben der Chinesen, Japaner und Indier*. Breslau, 1852/53.

16) Adolf Wuttke, *Handbuch der Christlichen Sittenlehre*, 1. u. 2. Band, Berlin, 1864/65.

がって扱われているが、特に〈生贄〉の箇所の一部には、その実際を伝える記述も入っている（§426）[17]。

　生贄の記憶が殊に明瞭に見られるのは、とりわけスラヴ人地域にひろく分布し、婚礼・献堂祭・収穫祭・ファッシング・聖霊降臨節に行なわれる雄鶏叩きである*。スラヴ人のあいだでもドイツ人のあいだでも、雄鶏は生贄の生物(§156)、すなわちスヴァントヴィトの動物であった**。雄鶏を大きな壺に入れ（シレジア、ベーメン、バイエルン、西フランケン）、または杭に縛りつけ（シュヴァーベン、ヘッセン）、目隠しをした者が棍棒あるいは牧草の大鎌を振って叩き、多くの場合は殺してしまい、周りの人々はその血を浴びる（ベーメン）。婚礼には黒い雄鶏を樹木にくくりつける。音楽と歌が高鳴るなか、婚礼の宣言役が大声で次の言葉を告げる。〈フラー、フラー、フラー、我らは黒き雄鶏の首を刎ねんとす。我らが召使にして、また聖マルティーンの雄鶏なり。時は来たれり。これなる雄鶏の血にて絆を固め神聖なるものとなさん〉。宣言役は、剣ないしは小刀を振りかざして周りを三度めぐると、雄鶏の首を刎ねる（ベーメン）***。ベーメン森（ヴァルト）の場合は、雄鶏を首まで地面にうずめ、脱穀の空竿で撃ち殺す。オルデンブルクと西フランケンでは、雄鶏を養蜂の籠に入れて頭部だけを出させ、目隠しをした若い衆が首を刎ねる、あるいは樹木に逆さに吊るし、騎馬の若い衆が走りざま頭を切り離す****。ベーメン南部では、ファッシングの最初の盛大な行事として雄鶏に紅い頭巾を被せ、荘重に死刑を宣言すると、雄鶏を椅子にしばりつけ、周囲の人々が赦免を願うなか、葬送曲が奏されて頭が刎ねられ、焙り肉にして共に食する。他の地域でも同じ機縁において吊し首に処したり*****、またオーストリアにおけるように雄鶏を死ぬまで追い立てることもある******。ベーメン北部では、献堂祭において一人

---

17) Adolf Wuttke, *Der deutsche Volksaberglaube der Gegenwart*. 1860, 3.Bearbeitung von Elard Hugo Meyer. Berin 1900.

の乙女が雄鶏の花嫁として、目隠しをして、杭にくくりつけた雄鶏を脱穀の空竿で叩き当てる。一打ちで殺すことができると、乙女の徳の証しとされる *******。

* Jos. Grohmann, *Aberglaube und Gebräuche aus Böhmen und Mähren*. I. 1864, S.531.; Mühlhause, *Urreligion des deutschen Volkes in hessischen Sitten*. 1860, S.167.; Ernst Meier, *Deutsche Sagen, Sitten und Gebräuche aus Schwaben*, 2 Bde. 1852, S.442f., Theodor Vernaleken, *Mythen und Bräuche des Volkes in Österreich*, 1859, S.303ff.; Adalbert Kuhn, *Norddt*. S.391.; Ulirich Jahn, *Deutsche Opferbräuche*, 1884, S.108, 184.; Wilhelm Mannhardt, *Götterwelt der deutschen und nordischen Völker*, I. 1860, S.30, 164.

** Jos. Grohmann, S.74.

*** 同上

**** Ludwig Starakerjan, *Aberglaube und Sagen aus dem Herzogthum Oldenburg*. 2 Bde. 1867, Bd.II, S. 35.. Ad.Kuhn, *Westf.* 2, 127.

***** Vernaleken, 303.

****** 同上 S.304.

******* 同上 S305.

この小さなパラグラフからも、当時の民俗収集の代表的な成果が活用されていることが知られる。もっとも、ここで用いたのは1900年の版であるため初版以後の文献、たとえばヴットケの初版をも刺激とした成り立ったウルリッヒ・ヤーン（1861-1900）の『畑作と家畜飼育におけるドイツの供儀習俗』（1884年）[18]が逆に例証として挙げられるなどの交差も見られるが、基本は初版と大きく違わない。なお語句について言い添えると、スヴァントヴィトはスラヴ神話の神々のなかでは一般にも親しまれている[19]。

次に同じくヴットケの次の箇所にも注意をしておきたい（§156）。それはこ

---

18) Ulrich Jahn, *Die deutschen Opferbräuche bei Ackerbau und Viehzucht*. Breslau 1884.

のパラグラフの後半には、著者の基本的視点が明言されるからで、それは端的にヤーコプ・グリムの教説を繰り返すものとなっている。

　スラヴ人の宗教はドイツでもスラヴ人との混合地域において、なお迷信として痕跡を残している。スラヴの最高神スヴァントヴィトは光の神、また太陽神でもある。それゆえ豊饒を促し、幸福と勝利をさずけてくれる（スヴァントヴィトとは強い勝利者の謂である）。同時に、嵐の神でもあり、したがってヴォーダンとも親近である。その乗代である白馬は予言の能力を持ち、ときには黒馬、あるいは雄鶏も暁を告げ知らせるものとして加わることがある＊。その雄鶏の意味は、聖ヴィトゥス（ファイト）に濃厚に伝わっている。

　聖ヴィトゥスは、ベーメン（ボヘミア／チェコ）人の守護聖者で、黒い雄鶏を伴った姿で描かれる。古くポメルン人は、雄鶏を（スヴァントヴィトの動物として）崇めた。彼らを改宗させたバムベルク司教オットーは、聖ヴィトゥスの遺骨を銀の腕型容器に納め、その上に一羽の雄鶏の作りものを載せた。ポメルン人たちはその雄鶏の前に跪き、それによって心ならずも聖者の遺骨を崇め、その霊力に与った＊。雄鶏が、塔宇や教会堂や礼拝堂や聖者像や家屋のてっぺんに載っているのは、ベーメンの場合はここに起源をもっている。ドイツの雄鶏にも同じ意味がある（？）。ベーメンでは聖ファイトの日には、数十年前までは黒い雄鶏を供物としていた。雄鶏叩きもこれと関係する。バイエルン北部や東部は、聖ヴィトゥスは大きな意味を有するが、それは5世紀から7世紀あたりには、ソルブ人が多かったからであり、またフランケン地方には今もスラヴ人が住んでいた痕跡が

---

19) 表記にはSwantewitをはじめSvetovit, Svatovit, Świętowit, Святовитなどがあり、一般にスラヴ神話の戦いの神として知られている。主神ペルーン（Perunn）と重ねられる場合もある。参照、Alfred Wieczorek(Hrsg), *Europas Mitte um 1000*. Stuttgart 2000.; Zdenek Vana（Text）, Pavel Vacha(Photos), *Die Welt der alten Slawen*. Praha 1983.

161

みられる*。南ドイツでは、小児の寝小便を防ぐのに聖ヴィトゥスの名前を唱えるが、これはスヴァントヴィトの雄鶏が眠っている者を目覚めさせるからである。高地フランケンやバーデンやシュヴァーベンでも、〈夏至の祭り火〉（ヨハネの火）に、〈聖者ファイトよ、我らにかがり火を与へ給へ〉（Heiliger Sankt Veit!, bescher uns ein Scheit）*と、聖ファイトの名前が呼ばれるのは、太陽神を指している。バイエルン南部では、この篝火は聖ファイトの日（6月15日）に点火され*、シュヴァーベンではヨハネの祭り火には、ヨハネを聖ファイトと一緒に唱えるのは、（火を授けてくれる）〈薪の山〉を指している*。聖ファイトの夜はありとあらゆる魔法が解き放たれるが、とりわけビルヴィスシュニッターが跳梁する（バイエルン南部）**。……

　ドイツの異教がキリスト教会によって追い払われたとき、それまで崇められていた神々はただちに消滅したのではなく、なお力を保ち、特にキリスト教の神に対抗し、したがって多少とも悪い霊力とみなされた。それは二様においてであった。一つには、それまで大事にしてきた宗教的な諸々の観念をキリスト教とその聖者に移し変えることによってであった。二つには、従来の神的な諸力を幽霊や悪霊や不気味な存在とみなし、また程度が弱い場合には、キリスト教に背いた方向での愛や恐れを喚起することどもに付会させた。民間俗信は、聖書と教会が教える悪魔にも、異教の観念世界に由来する多くものを織り込み、かくして本質的に異なった存在を作り出した。悪魔には、異教に由来する超越的な諸力から延命したありとあらゆる観念が凝縮している。それらの観念には、多神教世界の一部を見ることができる。巨人、雷神、ヴォーダン等々、これらは悪魔の観念の形成に大きく関係している。……

　スラヴ圏だけが問題なのでないことはもちろんで、ヨーロッパのキリスト教世界の全体がその視点から観察される。事実、聖ヴィトゥス（ドイツ語ではファイト）は広く知られている伝説的な聖者である（§93）。

夏至には、異教に起源を負う犠牲祭り（？）がドイツ全土ばかりか、ほとんど全ヨーロッパ（北欧、イギリス、フランス、アイルランド、スペイン、ポルトガル）でおこなわれるヨハネの火祭り(Johannesfeuer)という形で残っている（南ドイツでは"Sunwendfeuer"、"Suwentfeuer"、"Siwentfeuer"、"Sibetsfeuer"、"Simetfeuer" などと称され、また上部フランケンでは"Kannesfeuer" と呼ばれる）。ヨハネの日の前夜に、それがところでは丘の上で大きな焚火にし、そのために薪や古箒を村中からあつめるが、薪の供出を断る者はいない（シレジア、中・南ドイツ）。低地フランケン地方では、若衆がこんな言葉を唱えるほどである。〈火を焚くのに薪を出さない者は、永遠の光をもらえない〉。篝り火の回りで踊り、箒につけた火を打ち振り、空中たかく放り投げ、また火の中をくぐる。火の中を跳ぶと、これからの恋人の姿が見え（シュヴァーベン）、あるいは収穫の刈り取り作業のときに腰骨（クロイツ）が痛くならない（バイエルン）。跳ぶのが高ければ、亜麻が高く成長する（バイエルン、フランケン、プファルツ、バーデン）。恋人たちはカップルで手をつないで火を跳び越す（バイエルン、上部プファルツ）。これはFeuerjuckenと言う。レッヒ川では、青年がそのときこう歌う、〈頭の下に、頭の上に、俺は帽子を打ち振る、恋人よ、俺と一緒にいたいな、俺と一緒に火を跳ばなきゃあ〉。跳ぶときには拍車を手にし、それを透かして火を覗くと、眼病をまぬがれる（フランケン地方）。老人や青年が火の周りを歌いながら踊っているとき、子供たちは一羽の雌鶏を火の上で振り回す（生贄の意味か？）。青年たちはまた真ん中に穴をあけた木板に火をつけて（太陽のシンボル）を空中高く放り投げる（バイエルン）。麦藁で編んだ輪（同じ意）を山から転げ落とす（シュヴァーベン、モーゼル）。ヨハネの火祭りには雄鶏叩きも行われる（メクレンブルク）。ヨハネの火祭りの際、南ドイツでは聖ヴィトゥス（スヴァントヴィト）の名前が唱えられる。篝り火の一片は家へ持ち帰り、それで新しく竈に火をつける（バイエルン）。燃え残った3片の木片を亜麻の畑に差し、それによって亜麻は順調に丈を伸ばす（上部プファルツ）。亜麻は太陽の光の形でもある（？）。燃え残った木

片を屋根の下に挿しておくと、向こう一年間火災に遭わない（バーデン、フランケン）。この祭りに際して、若者は花で冠をつくる。特に足元草（Beifus［訳注］ヨモギ、南ドイツ／ベーメン）や鉄草（Eisenkraut/Verbena）で、その後も家中に吊るしておくと雷を防ぐとされるのは（フランケン）、すでに16世紀のその事例が見られる＊。ヨハネの火祭りには、15, 16世紀でもなお高位の身分が参加しており、領主が自ら加わることすらあった＊＊。またその火で豌豆を煮たり、また豌豆を手づかみでたべることもあり、そうすることには種々の効能があるされる（シュヴァーベン）。あるいは豌豆をとり分けて、傷や挫傷の際にすりつける（シュヴァーベン）。すこぶる独自で古い時代に遡ると思われるのは東プロイセンの風習である。そこでは、夜、村の火がすべて消された後、唐檜(アイヒ)の杭を地面に突き刺し、その上に車輪を載せて、ぐるぐる回すと、しばらくすると発火する。その火を木片に移して、家々で新しい種火にする＊＊＊。

＊Grimm, *Deutsche Mythologie*, S.385.

＊＊ 同上。

＊＊＊ Max Töppen, *Aberglaube aus Mazuren mit einem Anhang: enthltd.: Masurische Sagen und Märchen*. Erweiterte Aufl.: Danzig 1867.

ここで触れられている拍車については、別の箇所（§136）では〈ヨハネの火祭りに拍車がもちいられる（§93）、太陽の乗代たる馬（Helianthemum）が男女の愛の魔法の意味をもつ（ベーメン）〉とも解説される。

このヴットケの著作は、キリスト教世界に異教の延命や痕跡をもとめようとする向きには正に宝庫であろう。ここで見本にとったような叙述がつまっており、しかも先行する参考文献で裏付けるという体裁をとっている。先に文献の挙示の様子をみておいたが、特に依拠されるのは、ヤーコプ・グリム（Jacob Grimm）、ヴィルヘルム・マンハルト（Wilhelm Mannhardt）、エルンスト・マイヤー（Ernst Heinrich Meier 1813-66）、ヨーハン・ヴィルヘルム・ヴォルフ（Wilhelm Wolf 1817-55）、カール・ジムロック（Karl Simrock 1802-76）、

エルンスト・ルートヴィヒ・ロッホホルツ（Ernst Ludwig Rochholz 1809-1892）等であり、いずれも今日も顧みられる錚々たるゲルマニストである。

　このヴットケの記述は論述、すなわち事実にもとづいた理論である。証拠や先行する文献を挙げ、推論においても一貫した視点をそなえ、またそれを関連する先人の見解と関連付けるという体裁をとっている。もっともそうした体裁であるからとて、今日の民俗研究にもただちに通用するわけではない。証拠として言及された事象について地名が挙げられているが、大ざっぱであり、証拠能力が低いのは一読して明らかである。収集された事例が証拠になるには時期と場所を明示する必要であるが、空間にしても、都市や村の特定ないしはそれに近い限定がなされなければ確認のしようがない。たとえばベーメンは今日のチェコの国土全体（約 7 万 8 千 km2）であり、バイエルン（約 7 万 km2）もドイツの一州ながら、面積においてチェコ一国にほぼ迫る。そのため後世にとっては手掛かり以上ではあり得ない。しかしそれは今日の研究水準から見た場合の判断であり、当時は空間の指示でもこの程度が普通で、説得性も認められていた。

　言い添えれば、このヴットケの著作も含めて、この頃、人間社会の原像について、さまざまな着想が多彩に出現していた。たとえばヴットケがたびたび依拠するエラルド・ミュールハウゼという人物は今日では忘れられ、また実際にその考察に深みがあるわけではないが、人類の〈原宗教〉といった表現をその採録に冠している[20]。ともあれ、民衆的な事象にそれまでに無かった視点があらわれた時代であった。かなり怪しいものも多いが、良質なものとしては、バッハオーフェンの『母権制論』（1861 年）が書かれたり、後にエンゲルスの『家族・私有財産・国家の起源』（1884 年）へと発展するカール・マルクスの「モーガン古代・社会史ノート」（遺稿）などが成り立った時代であった。

　そこで次に論述として記されたものの問題性にふれてみたい。雄鶏叩きにおけるヴットケの推論は次のようにできている。19 世紀半ば頃には各地で雄鶏叩きが行なわれていたことは事実である。しかしそのピークは過ぎてお

り、衰微しつつある風習であり、また聞き書きによって少し前まではおこなわれていたことが確かめられるという状態であったと考えられる。それをもとにヴットケは、雄鶏が聖ヴィトゥスに寄り添う鳥類であり、さらに遡るとスラヴ人の神話の登場者として今も最もよく知られ、太陽神に擬せられるスヴァントヴィトのお供であることに注意を喚起した。それゆえキリスト教文化において太陽信奉の要素をもつ節目であるヨハネの火祭りでも雄鶏叩きが行なわれる、とする。こうして、キリスト教が広まる以前の信仰がなお生き続けているという構成が組み立てられる。この限りでは整然として論理的でもある。しかしそこには問題が幾つもある。

　一つは、雄鶏叩きに限定すれば雄鶏しか見えてこないが、叩いたり切り裂いたりする対象は一律ではなかったことである。特に多かったのは鷲鳥であった。ちなみに、グリム兄弟に影響を受けたゲルマニストの一人に、先に

---

20) Elard Mühlhause(od. Mülhause), *Urreligion des deutschen Volkes in hessischen Sitten, Sagen, Redensarten, Sprichwörtern und Namen.* Cassel 1860.；この時代に多数あらわれたヤーコプ・グリムのエピゴーネンと、歴史法学の土台をもつヨーハン・ヤーコプ・バッハオーフェン（Johann Jakob Bachofen 1815-87）とは同列には置くわけにはゆかないが、またバッハオーフェンも歴史時代以前には＜乱婚＞が支配的であったと想定するなどの限界を見せている。；なお"Urreligion"（原宗教）の概念は、種々の概念に"Ur-"を付けた18世紀末以来の遡源志向や原理志向に連なる。それぞれの潮流によってこの語に託された思念には幅があるが、＜原宗教＞の観念は、20世紀前半のドイツのカルト集団、たとえば第一次大戦直後から起きたフランツ・ゼットラー（Franz Sättler 1884-1942）等のカルト集団「アドニス協会」（Adonistische Gesellschaft）や、ナチズムの周辺にも出現した。後者では、特に親衛隊の学術組織「祖先の遺産」（SS-Ahnenerbe）の初代会長で一時期ゲッティンゲン大学教授でもあったヘルマン・ヴィルト（Herman Wirth 1885-1981）にみられ、1930年代からの主張をまとめたものとして『ヨーロッパの原宗教とエクステルン岩』（*Europäische Urreligion und die Externsteine*.1980）がある。欧米では折に触れて原宗教の観念が出没しており、現代ではアメリカのフェミニズムと女神崇拝の女流運動家スターフォーク（Starhawk 1951生）に『大女神の原宗教としての魔女信奉』（*Der Hexenkult als Ur-Religion der Großen Göttin*）があるほか、一部の狂信的・秘教的な自然保護運動や菜食（あるいは生もの食）運動や音楽グループのなかでも合言葉となっている。

名前を挙げたエルンスト・マイヤーがいた。シュヴァーベン地方の初期の民俗収集家でもあり、ボーデン湖北辺の習俗にかんする記述のなかに次の一説がある[21]。

　マルティーニの日、ランゲナウにては、野外に一羽の鶯鳥くくりつけ、各々目隠しにて三度まで叩くことあり。首尾よく叩き当てたる者、〈マルティーンの鶯鳥〉貰ひ受く。

　マイヤーや事実を語るだけであるが、論者によっては理由づけをおこなう者もいた。すなわち古くから鶯鳥を添えてものとしてきたキリスト教の聖者マルティヌス（マルティーン）と関係づけられ、さらにローマの軍神マルスに遡るという説などである。これはヴットケと近似した視点であり、また少し後に書かれたウルリッヒ・ヤーンの『畑作と家畜飼育におけるドイツの供儀習俗』における扱い方でもある。しかし、叩く対象は猫のこともあった。すると、何と関係づけるのであろう。さらに生物ではなく、壺のこともあった。この問題は後に取り上げるが、その前にこうした記述がヴットケだけではなかったことにも注意を払いたい。

b. 神話学系の民俗研究２：ヴィルヘルム・マンハルト『森と畑の信奉』

　ロマン派の民俗学の定礎者はグリム兄弟であろうが、後世が民俗学と受けとめるようなスタイルを実現したのは、ヴィルヘルム・マンハルトであった。マンハルトはまた民俗学の分野でアンケート調査をはじめて大規模におこなったことでも知られている。収穫行事を中心にした200項目からなるアンケートがドイツ語圏に加えてヨーロッパ諸国に発せられたのは1865年のことであった。その質問項目の34番に〈雄鶏叩き〉が含まれている[22]。

---

21) Ernst Meier, *Deutsche Sagen, Sitten und Gebräuche aus Schwaben*. Stuttgart 1852, S.452.

34. 習俗的な遊戯ならびに競技(雄鶏叩き、その他)について質問

　この項目についてはそう多くの回答は返ってこなかったらしい。主著『森と畑の信奉』(1875 / 1877)には数か所で取り上げられている程度である。一つは「豊穣霊：新緑の花嫁」節中のパラグラフである。そこには〈ファスナハト・復活祭・夏始めの習俗のなかには、その期日に最も近く結婚したカップル、あるいは最近結婚した女性が、祭り火にちなんで役割を担うことがある〉として、その個所の注記の一部に次の説明がみえる[23]。

　テューリンゲン地方では、結婚したばかりの者らは、結婚から数週間後に、雄鶏叩きを催すか、あるいは結婚から最初の棕櫚の日曜(枝の主日)に独身の若い男たちや学校児童にブレーツェル(8の字パン)をふるまわなければならない。

　同じく「豊穣霊」の「太陽魔術」の項目[24]には次のように記されている。

　ケーニギンホーフの近辺の諸所では、収穫祭やファスナハトや献堂祭において雄鶏叩きが毎年行われる。

---

22) マンハルトが集めたアンケートを改めて検証したインゲボルク・ヴェーバー＝ケラーマンの次の著作を参照, Ingeborg Weber-Kellermann, *Erntebrauch in der ländlichen Arbeitswelt des 19. Jahrhundets, auf Grund der Mannhatdtbefragung in Deutschland von 1865.* Marburg [N.G.Elwert] 1965.
23) Wilhelm Mannhardt, *Wald- und Feldkulte.* Bd.I. Halle a.S.1875, 2.Aufl.Berlin 1904. 1965, S.36. なおこの箇所の出典としては次の文献が挙げられている (S.488.)：F. Schmidt, *Sitten und Gebräuche bei Hochzeiten in Thüringen.* S.47-48.
24) 同上, S.533. この箇所の出典は先のヴットケにおけるのと同じくヴェルナレーケンである。

また〈扮装〉の諸形態をあつかった箇所を見ると、そうした考察が同時代の人類学とも直接つながっていたことが判明する。次の二カ所は、ともにエドワード・タイラーを出典としている。

　ドイツでもイギリスでも、ファスナハト習俗には、穀物霊を雄鶏の姿で表し、それに扮した男の背中には一筒の鐘が付けられる。……これはタイラーによれば、自然民族のあいだでは、死者や幽霊に対しては、金切り声や叫びや舌打ちや口笛といった音が言語の意味をもつことに着せられよう。（S.327）

　イギリスではShrove-Tuesdayに穀物の雌鶏に扮した者の背中に鐘や鈴をつける……（S.547）

　実際に豊穣信奉や穀物霊の観念となると、マンハルトが最も大規模な考察であり、またそれが同時代人のエドワード・タイラーとも接続していたことが、この断片からも知ることができる。それゆえ、グリム兄弟、マンハルト、タイラーなどの学究と、その亜流ともみられる人々の区分は必ずしも截然としたものではない。ヴットケがエピゴーネンかそれ以上かはともかく、ここで引いたその著作の初版は、マンハルトの大著でもしばしば活用されている。

c. 神話学系の民俗研究３：パウル・ザルトーリ『民間習俗』

　以上のような観点は、以後半世紀以上を経てもなお優勢であった。むしろその時期には、先行するその種類の報告を総合するかのような業績も現れた。今日も無視できないその総合的な成果とは、パウル・ザルトーリの『民間習俗』3巻である。もっとも、ザルトーリにおいても、ヴットケが依拠したのと同じ典拠を含む多くの民俗調査が活用されている[25]。

---

25) Paul Sartori, *Sitte und Brauch*. 3 Bde Leipzig 1910, 1911, 1914.

今話題としている〈雄鶏叩き〉では、特にその第三巻「年中行事」の何カ所かでかなり詳しく言及される。その一つは〈ファスナハト〉(カーニヴァル)の項目で、本文にはファスナハトの催し物として次ように記述される[26]。

その時節の食習慣として、特定の生物を一種の儀式によって特別の役割をになわせた上で殺し、それを共に食べる……
雄鶏を籠あるいは袋に入れて叩き殺し、あるいはロープに吊るして首を切る……

この箇所への注記には、参考文献を含む補足が次のように記される[27]。

Meyer, *Baden.* 205, Vgl.Jahn, *Opfergeb.* 117f., Kuhn, *WS* II, 127(384), *ZrwV* IV, 20(Kr.Widenbruck), Kuhn u. Schwarz, 371; Vernaleken, 304f.(Aschermittwoch), Reinsberg-Duringsfeld, *Böhmen,* 61, Jahn, *Opfergeb.* 108f., Strackerjan(2.Aufl.), 2, 57ff, 59f.; エッセン地方では雄鶏を脚で吊るして、首

---

26) Paul *Sartori, Sitte und Brauch.* Bd.3: Zeiten und Feste des Jahres, S.114-11.
27) ここに名前が挙げられる Meyer はバーデン地方の民俗収集の基礎を築いたフーゴ・マイヤーを指し、次の著作が知られると共に、先に引用したヴットケの著作の第三版をも担当した。参照、Elard Hugo Meyer(1837-1908), *Badisches Volksleben im neunzehnten Jahrhundert.* 1900.; Jahn は先に言及したウルリッヒ・ヤーンであり、Strackerjan はオルデンブルク地方の民俗収集の定礎者で次の著作を指す。参照, Ludwig Strackerjan, *Aberglaube und Sagen aus dem Herzogtum Oldenburg.* Bd.1. Oldenburg 1867.; 注目すべきは"Nork"で、これは諧謔調の文筆家 Friedrich Korn(1803-1850)のペンネームであるが、その早過ぎた晩年には既に一般化しつつあったグリム兄弟の神話学を知識としては取り入れても、思想的にはなお染まっていず、むしろ啓蒙主義から続く批判精神を見せている点でジャン・パウルとも重なるところがある。参照、Nork, *Der Festkalender, enthaltend: Die Sinndeute der Monatszeichen, die Entstehungs-und Umbildungsgeschichte von Naturfesten in Kirchenfeste; Schilderung der an denselben vorkommenden Gebräuche und Deutung ihrer Sinnbilder usw.* Stuttgart 1847.

を切った者が王様となる。その後、全員で、翌年ファスナハトをつとめる者の家へ赴く。先頭は楽士で、次に王様が切り取った雄鶏の頭を盆に載せて歩む。その家に着くと、戸をノックする。家の主人が開けると、年配の数人が王様とともに家中に入る。王様は、雄鶏の頭を煙突に釘で留め付ける。これが、翌年その家がファスナハトを担当する標になる（Starackerjan 2.Aufl.: 2, 56）。イギリスでは、一人の若い男に馬鈴をつけ、その背中に一羽の雄鶏を結わえつける。他の者たちが手に小枝をもってその若者を追い立て、雄鶏を叩き終えたあと、一緒に食べる。これらについては次を参照、Reinsberg-Duringsfeld, *D.festl.Jahr.* 44, Vgl. Mannhardt, *WFK* I, 613. また〈鵞鳥の騎馬行事〉（Gänsereiten）については次を参照, Kuhn, *WS,* 2, 127.; Huser, *Progr.v.Brilon.* 1893, 4.; Nork, *Festkal.*II, 1005（Bretagne）．

なおここで〈鵞鳥の騎馬行事〉（Gansreiten）と訳したのは、馬で疾駆しつつ、空中に吊るした鵞鳥を突き刺すか、切り落とすというものであろう。言葉の作りから、〈輪突き競馬〉（Ringreiten）と同じ趣向である。これについては後にふれる。

〈雄鶏叩き〉は〈献堂祭〉(キルメス)の箇所でも取り上げられる。本文自体は〈キルメスには舞踏が行なわれるが、それには帽子、去勢羊、雄鶏が賞品とされる〉という簡単なものである。が、ザルトーリのスタイルは、むしろ注記において種々の事例が出典を含めて詳細に挙げられるのが特色である[28]。

舞踏の優勝者が雄鶏をもらうことについては次を参照、Pfannenschmid, 293, 560.; ELJ 24, 297ff. Vgl.309f., 311f.; あるいは青年と乙女たちが脱穀の殻竿で叩き殺して共に食する（Drechsler I, 161, Reinsberg-Düringsfeld, *Böhmen* 391, 416 - 叩き殺した者が共食にあたって優先される）, 419.; John, Westb. 94.; Rank, 119f.; Meyer, *Baden* 238f.）；ケーニヒスホーフ（Konigshof）

28）Paul Sartori, *Sitte und Brauch*.Bd.3, S.253.

では5年ごとに雄鶏叩きが行なわれ、その次第は、雄鶏の花嫁（Hahnenbraut）が雄鶏を叩き殺し、焙り肉の最初の一切れを受け取る（Vernaleken, *Mythen* 305f., vgl. Pfannenschmid, 297.）；フランケン＝ヘンネベルク（fränkischer Henneberg）では、献堂祭の三日目に乙女たちが家から連れ出され、手押し車に乗せられて飲食宿の前の台座に横にされて、一人一回づつ洗濯棒で尻を叩かれる。その後、彼女らは手押し車に一羽の雄鶏を載せて草地まで運ぶ。そこで青年たちがその雄鶏を叩き殺す（Spieß, 144ff.）；ボッパルトでも雛鶏の叩き殺しが行なわれる（ZrwV, 8, 183）；コーブレンツのヴァイサーでの献堂祭においては昔から若鶏（雄）の焙り肉が供されてきた（ZrwV 7, 60）；シュヴァイトニッツ郡フローリアンスドルフ（Floriansdorf in Kr.Schwaitnitz）では雄鶏の走り競技が行なわれる（Drechsler I, 161）；ルクセンブルク＝アーメヒトでは同じく献堂祭の日曜に一匹の猫を籠に入れて生きたまま焼き殺す（Jahn, *Opfergeb.* 231, 242f.）；……

当時のスタイルとして引用文献が略記されているため直ちには特定できないものもまじっているが、概して、現在も活用される諸成果が基本になっている[29]。

このザルトーリの著作もまた、生物犠牲や供儀慣習に関心の向きには、材料が山積みされた問屋の倉庫の観があるであろう。しかも先に見たヴットケ以上に、多くの文献による裏付けがなされている。もっとも、その文献の大半は、古文書ではなく、19世紀後半に行なわれたロマン派の神話学系統の民俗調査である。そのなかに19世紀の年中行事の記録としては古典的な価値をもつラインスベルク＝デューリングスフェルト夫妻の著作だけでなく、ヴェルナレーケンのような昔話研究の古典もありはするが[30]、全般的に時代思潮の歪みを受けていることも否定できない。当時は、いかにもプリミテイヴな様相の習俗を頭から古ゲルマンやキリスト教以前とみなしても少しも疑いが差しはさまれなかったのである。それはドイツ語圏だけのことではなく、ヨーロッパに広くみられた時代の風潮であった。その点で敢えて言い添えれ

ば、その総決算にして短所・弱点を含めて総合されたものがジェームズ・ジョージ・フレイザーであった。日本では今も高い評価が続いているが、それ自体が正常と言えるかどうか、受容する側の条件を併せて問われるべきものを含んでいよう。

d. 第三帝国時代の民俗学とその延長にみる雄鶏叩き
（ハンス・シュトローベル）

　神話学系統の民俗学は、ナチス・ドイツ時代にも勢いを持続していた。たとえばハンス・シュトローベルの『年間カレンダーにおける農民行事』[31]]に

---

29) ここで引用される文献の主要なものについて、書誌データを補う。Pfannenschmidt, *Fasnachtsbebräuche in Elsaß-Lothringen.* Colmar 1884（アルサス地方の郷土史家 Heino Pfannenschmid であろう）。; Drechsler, *Schlesische Pfingstgebräuche*, In: ZfVk, 10, 245ff.; Ders., *Martinstag*. In:ZfösV, 16(1910), 43f.；また Reinsberg-Düringsfeld, Feste aus Böhmen. とあるのは、スイスの貴族の家系で多彩な文筆家であったオットー・フォン・ラインスベルク（1822-1876）が妻で紀行家として知られたイーダ（Ida von Reinsberg-Düringsfeld 1815-76）と共に執筆した『ベーメンの祭り暦』(*Fest-Kalender aus Böhmen: ein Beitrag zur Kenntniss des Volkslebens und Volksglaubens in Böhmen.* Prag, Kober 1862)を指している。; 残念ながら略記号で指示された文献には特定が難しいものも混じっている。先の引用文では"Rank"が誰を指すのか定かではない。; また後の一節でフランケン＝ヘンネベルクのこととして挙げられる特異な事例の出典は次の文献である。Moritz Spieß, *Aberglaube, Sitten und Gebräuche des sächsischen Obererzgebirges. Ein Beitrag zur Kenntniß des Volksglaubens und Volkslebens im Königreich Sachsen.* Dresden.1862.（Abhdlg.z.Progr.d.Realschule zu Annaberg f.1862）

30) テーオドル・ヴェルナレーケン（1812-1907）は昔話の収集では古典的な存在で評価も高いが、ここで引かれる習俗の採録とその意味付けに疑問がつくとすれば、昔話の収集にも同じ問題が付着しているのではなかろうか。習俗は事実を指すため問題性が目立つが、フィクションである昔話ではそれが等閑に付される傾向があるように思われる。なおザルトーリによって頻繁に引用されるのは神話学派の代表作の一つでもある次の文献である。参照, Theodor Vernaleken, *Mythen und Bräuche des Volkes in Österreich als Beitrag zur deutschen Mythologie, Volksdichtung und Sittenkunde.* Wien 1859.

も、その時代らしい角度から〈雄鶏叩き〉が解説されている。「収穫祭とキルメス」の節である。

　壺割り（Topfschlagen）あるいは雄鶏叩き（Hahenschlagen）：目隠しをして棍棒で三度まで壺を叩き当てる。壺のなかには雄鶏が隠されており、叩き当てた者が貰う。これは広く分布している。類似のものに雄鶏つかみ（Hahnengreifen）もあり、これは雄鳥をつまえる。また〈雄鶏の薙ぎ切り〉（Hahnenwerfen）は、ヴァルデック（Waldeck）の騎馬遊戯で、収穫の冠のついた木製の雄鶏を騎馬でとらえ、勝者は生きた雄鶏を賞品にもらう。低地ザクセンでは〈土の雄鳥を当てる〉と称して、棍棒で壺を割って木製の十字架を探しあてる。ところによっては雄鶏の代わりに鳶鳥の雌あるいは雄をもちいて、騎馬競技が行なわれる。耕地騎行と結びついているところでは、鳶鳥は来るべき冬（その他）のシンボルとみなされている。
　ドイツ農民が我らの勝利をもって名誉と自由をふたたび手中にしたとき、農民とそのいさおしは、農民がその責務によってそれに値するものである民族共同体に場所をしめた。年に一度、ミヒァエルの日のあとの日曜、すなわちすべての収穫が終えた後、全ての民（フォルク）が一九となった、我らが民（フォルク）国家（ライヒ）を享受するのは農民性だけであることを認識するのでえある。まことに総統の言葉の通りであり、〈国家は農民国家である、さもなくばホーエンツォルレルンもホーエンシュタウフェンも国を無くしたごとく、国家を失うであろう〉。……

　ハンス・シュトローベル（Hans Strobel 1911-44）は民俗学を学んでナチ党で活動した若きナチ・エリートの一人で、本人自身は真剣であった。そしてナチス・ドイツらしい体制を整えるために民俗学の知見を活かすことに挺身し、著作と実践の両面で農村行事の維持・振興に邁進した。それはナチスの

---

31) Hans Strobel, *Bauernbrauch im Jahreslauf.* Leipzig [Koehler & Amelang] 1936, S.148f.

政策でもあった。ヒトラーのいわゆる第三帝国にあって、民俗学は、冷遇や迫害どころか、〈登りつめた晴れ姿〉を享受した、とはヘルマン・バウジンガーの悲痛な学史回顧であるが[32]、それが透けて見えるような一節でもある。

（オイゲーン・フェーレ）

この他、オイゲーン・フェーレ（Eugen Fehrle 1880-1957）にもふれておきたい。ナチス・ドイツ期にハイデルベルク大学のゲルマニスティクを主宰した民俗学者でナチストであった。次はフェーレが戦後10年ほど経った頃に執筆した年中行事の解説書の一節で、「収穫期とキルメス」の箇所に〈雄鶏叩き〉が取りあげられている[33]。

> 成長力が雄鶏によってシンボル化されることもある。ベルゲン地方では、1860年まで、ライ麦の収穫を終えるにあたって、雄鶏の首を切り、その頭に穀穂をあしらって杖に結び、また色とりどりに飾って、行列が終わると雄鶏を食していた。また別の形態では、（収穫の）最後の車は、色紙で飾りつけた雄鶏（生きている場合もあれば、木製のこともある）を多くは収穫の冠あるいは熊手の樹と結び合わせて村へ帰ってくるのだった。それをマールブルクでは、収穫物を積み降ろした後、納屋の入り口に打ちつけて、次の収穫まで残しておく。雄鶏叩きは、ヴェンド人（東ドイツ地域のスラヴ系の人々）のあいだでも行なわれている。……
> デンマークでは、雄鳥を殺すのはファスナハト（カーニヴァル）である。生

---

32) ヘルマン・バウジンガー（著）河野（訳）『科学技術世界のなかの民俗文化』文楫堂 2005, p.25.（原書: Hermann Bausinger, *Volkskultur in der technischen Welt*. 1961.）.
33) Eugen Fehrle, *Deutsche Feste und Volksbräuche*. Leipzig/Berlin 1920,S.77-78.; Ders., *Feste und Volksbräuche im Jahreslauf europäischer Völker*. Kassel 1955, S.176-177. 前者は簡便な小冊子であるが、後者は立派な作りである。オイゲーン・フェーレはナチズムへの同調を公的にもとめられた経歴があり、戦後は職位において不遇であったが、著作の刊行は可能だったようである。

きた雄鶏の脚をくくって吊るす。雄鶏の頭にはたっぷり石鹸を塗りつける。若者たちは、馬を走らせ、そのぬるぬるした頭を引きちぎるのを競う。見事成功したものは、ファスナハトのさいに勝手をすることができる。

雄鶏を殺し、それによって呪い（まじな）の効果があるとするのは多彩であり、また遊戯になった。それはドイツの南でも北でもそうである。ベーメン、その他のヨーロッパ諸国でも見ることができる。収穫のときだけでなく、他の祭りでも行なわれる。とりわけ、献堂祭（キルヒヴァイ）である。これは雄鶏は性欲が強いが故に豊穣行事と結びつき、収穫のお祝いを体現するものと考えられたことから理解できよう。また朝を告げ、光をもたらす者という大きな役割も支えになったであろう。雄鳥を野外に放し、つかまえて殺し、収穫の最後の車と一緒に（村へ）帰り、そして食すという段取りが多い。これは春先の行事において生育力を殺すのを想起させる。つまり老衰を自然のなかに持ちこまないために古い生育霊が殺され、次のものに交替させることによって、新たに活力をあたえるのである。収穫の雄鶏では、それを食することによって自らにその祝力を取り入れることになる。敷衍すれば、乙女が雄鶏花嫁に選ばれるという形態がベーメンで行なわれるが、それは春先の行事にみられる愛の絆による祝いの仕方と同じである。その乙女は町村体を代表している。このならわしの原初の意味は忘れられ、その一部は祭りの遊戯となって残った。バーデンでは、雄鶏叩きにはダンスが催される。干し草の納屋の階上に、楽士たち、つまりパン稼ぎのバイオリン弾き（Brootegiiger）が坐り、床の真ん中には棒が立てられて上に雄鶏がつながれる。その下には皿が吊るされ、水を入れたコップが載っている。踊りながら、その下へ来ると、乙女はダンスの相手をかかえてもちあげて（バールの娘たちは力持ちで、これができる）、男をコップにぶつけさせる。三度これに成功したカップルが雄鶏をもらって食べる。ハールブルク（ニーダーザクセン州）など、ところによっては、農民たちは雄鶏を肥えさせてから、祭りの焼き肉にする。収穫祭りの締めくくりの祭りは、利鎌掛け（スイスでは Sichelheke あるいは Sichlete）と呼ばれるが、それは、これらかしばらく

刈り鎌を使わないので掛けておくことに由来し、そのため御馳走は収穫雄鶏（Erntehahn）と称される。

こうした収穫祝いの体現ないしはシンボルはインドゲルマンの諸々の民族のあいだで確認され、それゆえ古くから持ち伝えられてきたとみなす他ないであろう。

若干の語注であるが、パン稼ぎのバイオリン弾き（Brootegiiger）はここでは方言を映した綴りであるが、素人のバイオリン楽士である。なおブロートはブラーテン（Braten 焼き肉）を指すとの理解もあり、いずれにせよ<u>宴の御馳走狙い</u>といった意味になろう。そうした楽士たちが牧草を入れる納屋の階上に陣取るのは、決まった型であったらしく、それを描いた19世紀半ばの木版画が知られている（口絵を参照）。その版画が伝えるのは、刈り鎌掛け（スイスでは Sichelheke あるいは Sichlete）というお祝いである[34]。すなわち収穫の刈り取り作業が終わり、しばらく鎌をもちいることがないために鎌を掛けて休ませるという趣旨で、南西ドイツからスイスで行なわれてきた。また雄鶏を棒の上に止めて、ダンスの途中でコップの水をひっくり返すのは〈雄鶏のダンス〉と呼ばれる[35]。バールの娘たち（Boormer Meidli）とあるのは、シュヴァーベン地方の西端、シュヴァルツヴァルトのバール地方（Baar）である。また引用文のはじめの箇所で言及されるベルゲン地方は、ブランデンブ

---

[34] 口絵に挙げたのは版画「シュヴァーベンの刈り鎌休め」の原画を描いたのはフリードリヒ・オルトリープ（Friedrich Ortlieb 839-1909 ⊕シュトゥットガルト ⊗ミュンヒェン）で、後半生はミュンヒェンで活動した風景画家であった。次を参照、Friedrich Ortlieb, *Die Gartenlaube*. 1868, S.77. この版画では刈り鎌が掛けられている様子は定かではない。なお壁に休めた刈り鎌が描かれた1830年頃に描かれた図像資料では、次の拙訳の写真を参照，（前掲 注9）ヘルベルト & エルケ・シュヴェート『南西ドイツ　シュヴァーベンの民俗 ― 年中行事と人生儀礼』p.124.

[35] 参照、本書所収の「〈民俗学〉のかたち」（p.86）に上記（前掲 注9）からスケッチを転載した。

ルク州の（旧）シュテルンベルク郡ベルゲンかと思われる[36]。

　このフェーレの記述は戦前からの民俗学者であることを勘案すると、この箇所に関しては並みの出来であろう。フェーレは若くしてタキトゥスの『ゲルマーニア』のドイツ語版と注解のレクラム文庫版を担当もしたが、ナチズムに浸って逸脱があり、戦後まもなくナチス・ドイツの加担者として法的にも糾弾された[37]。戦後のこの記述は、かなり慎重になってはいる。インドゲルマン諸族の古い伝承を想定するあたりでは限界を露呈しているが、民俗愛好家の多くに見られる欠陥でもある。雄鶏について性欲が強いがゆえに豊穣のシンボルというのも、それが民俗事象においてこの生き物がもった主要な脈絡であったかどうか疑問である。

e. アードルフ・シュパーマー（編）『ドイツ民俗学』の記述
　またナチ時代の初期にアードルフ・シュパーマーが編集した指標的な概説書『ドイツ民俗学』にも雄鶏叩きとそれに近縁な習俗への記述が入っている。「民間舞踏と遊び」の章である[38]。

　　中世の伝承には多彩な騎馬競技があり、民の祭りで行なわれる。アルテンブルクの農民競馬でも、それが大規模な祭りの中心である。ブラウンシュヴァイクの旗の奪い合い（Fahnenjagen）、テューリンゲンの去勢羊の騎馬競

---

36) Bergen / Sternberg について：(旧) シュテルンベルク郡はオーデル川辺フランクフルト付近で、昔の郡は現在ドイツとポーランドに分かれている。ベルゲンの収穫行事については詳しい報告をマンハルトがアンケートを通じて入手した。参照, 本稿のインゲボルク・ヴェーバー＝ケラーマンの説を取りあげた箇所を参照（p.186）
37) 次の拙論を参照，「ナチス・ドイツに同調した民俗研究者の再検討 — オイゲーン・フェーレの場合」及び「民俗学と非ナチ化裁判」河野『ドイツ民俗学とナチズム』（創土社 2005）所収
38) Wilhelm Hansen, *Volkstanz und Spiele*. In: Die deutsche Volkskunde, hrsg. von Adolf Spamer. Bd.1. Berlin [Stubenrauch] 1934, S.329-348. here S.342f.

技（Hammelreiten）、ニーダーラウジッツのケーキの騎馬競技（Stollenreiten）も同じで、いずれも勝者が競技名に冠せられた賞品をもらう。1700年のシュヴァーベン参事会記録には次のように記されている。〈メールシュテットのチーズ競馬（Käserhuten）の儀、アルトハイム、ボレンドルフ、ホイヒリング村の馬の若衆ら、メールシュテットの農民供せしチーズ奪り合ふ試合にて、いにしへより行はれければ、聖霊降臨節の月曜に非ず、火曜に催すべし〉。中世の騎馬試合との関係が密接なものには、輪突き競技（Ringstechen）、花輪突き競技（Kranzreiten）、乙女の争奪（Jungfernstechen）があり、また特にホルシュタイン地方のローランの騎馬競技（Rolondreiten）は兵営比武の突き試合（Quintanastechen）に遡るもので、それは騎馬者が、空中で揺れている木の人形を撃ち当てる形態である。またいかにも田舎風で身分が関係する特殊な形態には、雄鶏叩き（Hahnenschlag）が行なわれてきたが、これはヴィルヘルム・マンハルトがその『森と畑の信奉』において取りあげている。昔は、騎馬者が、ロープで吊り下げられた雄鶏の頭を引きちぎるか、あるいは木刀で切りはなした。それに対して、今日では杭の上にネジで止めた木製の雄鶏を叩き落とす。また雄鶏叩きの衰退した形態として壺叩きが行なわれている。これは早くフッシャルトが〈壺割り〉（Brich den Hafen）として言及している。逆さにした壺の中には雄鶏が入れてあり、啼き声をたよりに、競技者が目隠しをして、殻竿で壺を叩き割る。そのソフトになった形態は壺だけであるが、名称は〈雄鶏叩き〉となっている。これにはダーニエール・ショドフィエスキーが描いたものが有名である。この他に独特の形態では、オランダでは女性たちが、木の棍棒を、雄鶏が入った壺めがけて投げつける。したがってここでは、雄鶏叩きは純然たる投げ遊びとなっており、熊手投げ（Raakwerfen）、牧草人形投げ（Heugeißwerfen）、木杭投げ（Pfahlwerfen）が、これらをめがけて棒を投げる遊びであるのと近似している。物投げゲームでは、最も有名なのを挙げるなら、「ニーベルンゲンの歌」にも記された石投げであろう……

この記述では、マンハルトに言及してはいるが、生物供犠のような解釈にはふれていない。ヨーハン・フィッシャルト（Johan Fischart 1546-90）についても、雄鶏叩きとの関連ですでに注意が向けられている。また断定はしないものの、中世の武藝試合の民間への広まりの脈絡を想定しているような事例の挙げ方である。そしてこれに照応する添付の図版では、19世紀初めにニュルンベルクで刊行されたスケッチの他、オーストリアのケルンテン州ガイル谷の樽突き競技の写真などが集められている[39]。なおローランはフランス語の中世叙事詩「ローランの歌」に由来する名称で、中世騎士の騎馬試合を指す。また〈兵営比武の突き試合〉と訳したのは、古代ローマの兵士の武藝に遡るとして中世の騎士たちが発展させた競技試合を指す。原語のクウィンタナ（Quintana）は古代ローマの兵営に設けられていた小広場ないしは街路（五番小路）とも解され、種々の催し物の会場にもなったが、本来そこは武技の練習場で、杭が立ち並び、それを相手に歩兵が剣と盾の技をみがいていたとされる。それが、中世になって、騎兵の武藝競技がこの名称で呼ばれるようになった。またダーニエール・ショドフィエスキー（Daniel Chodowiesiki 1726-1801）は18世紀末の代表的な銅板画家で、ゲーテの「ヘルマンとドロテーア」の挿絵も手がけた。

f. レーオポルト・シュミット『ニーダーエスタライヒの民俗学』の記述
　レーオポルト・シュミット（Leopold Schmidt 1912-81）も、オーストリアのニーダーエスタライヒ州の総合的な民俗学書のなかで雄鶏叩きを取りあげている[40]。キルメスなど世俗の祭りにおける遊戯の項目で、ボーリングなどの物投げゲームの延長といった扱いである。

---

39) 次の概説書から転載：参照、*Die deutsche Volkskunde*, hrsg. von Adolf Spamer. Bd.2. Berlin [Stubenrauch] 1935, S.216.
40) Leopold Schmidt, *Volkskunde von Niederösterreich*. Bd.2. Horn [Ferd.Berger] 1981, S.600.

生物供犠と遊戯の間――雄鶏叩き行事に見るドイツ民俗学史の一断面

さまざまな遊戯が描かれた石板画／左は鵞鳥引き（**Ganszihen**）：樽に渡された板で弾みをつけて跳び上がり、空中のロープに吊るされた鵞鳥の頭を引きちぎる／手前は雄鶏（あるいは雌鶏）のダンス：杭の上に鶏を入れた籠がとめられ、カップルの勝者（ゲームの内容は不明）が景品にもらう／右奥は水を入れた桶をひっくり返す競技のようである　原出典：**Curiöser Spiegel. Nürnberg 1804.**

樽突き競技　オーストリア　ケルンテン州ガイル谷ネッチュ
Nötsch in Kärntner Gaital
元は左端の杭にかぶせた樽が目標であったが、それ終わった後、箍をつかう競技があったらしい
出典：**Die deutsche Volkskunde, hrsg. von Adolf Spamer. Bd.2.**

……雄鶏叩きも器用さを競う集団的なゲームである。村落部の報告例によれば、若衆が目隠しで雄鶏を叩き殺す。もっとも、シュネーベルク山麓グリューンバッハの遊戯に関する詳しい報告では、若衆は、杭の古壺を目隠しで探って叩き割る。使うのは殻竿その他の農具で、首尾よく壺を割ると、雄鶏をもらう。したがって、雄鶏叩きと言うより壺叩きである。この遊戯は、婚礼や収穫終いの祭りで行なわれる。ローゼッガーもこれを描いているので、19世紀前半まで遡るのは問題がなさそうである。この壺叩き、ないしは雄鶏叩きは、その形態から見ると、器用さを競う遊戯に属している。……

　レーオポルト・シュミットも、その意味解釈を慎重に回避している。なおペーター・ロッゼッガー（Peter Rosegger 1843-1918）はオーストリアの小説家で農村を舞台にした作品で知られている。
　先のアードルフ・シュパーマーが編集した概説書でもそうであるが、レーオポルト・シュミットも、雄叩きを民衆の娯楽的な遊戯と解しており、先に見たマンハルトやヴットケの神話学的な解釈とは一線を画している。

4. インゲボルク・ヴェーバー＝ケラーマンによるマンハルトの再解釈

　これまで見たのとは性格の異なる見解をしめしたのはインゲボルク・ヴェーバー＝ケラーマン（1918-93）である。最初の本格的な研究成果は、先に挙げたヴィルヘルム・マンハルトのアンケートに即した再検討であった。マンハルトがドイツ語圏を中心に約1万か所に向けてアンケートを送付したのは1865年のことで、質問項目は収穫習俗に集中していた。穀物の収穫にあたって、畑に最後に残った穀穂をさまざまな形に仕立てる風習が広く行なわれていたが、それが古い穀物霊への信奉の名残りとの予想が立てられたのである。そして返ってきた数千の回答に支えられつつ、マンハルトは大著『森

と畑の信奉』2 巻（1875 / 1877 年）をまとめた。一方でマンハルトの研究は、主にヤーコプ・グリムの手法を受け継いで、文書資料を手堅く扱っており、文献学の性格をも強く示している。中身の点では、ヤーコプ・グリムの『ドイツ神話学』の世界を受け継いでもいた。ヤーコプ・グリムが歴史言語学の側面を際立たせていたのに対して、マンハルトは後世の民俗学の体裁を整えたと言ってもよい。実際、それは神話学としてのドイツ民俗学の頂点でもある。またそれゆえにジェームズ・ジョージ・フレイザーに本質的な影響をもあたえた。フレイザーが基本的な着想をマンハルトから得たことは『金枝篇』の序文にも記されているほか、やがて擡頭したフレイザーへの批判は、学史上、マンハルディアン批判と称された[41]。

　マンハルトは自分が手がけたアンケートを使いはしたであろうが、アンケートの結果をデータのかたちでは呈示しなかった。そして回収された多数の回答はマンハルトの死後、ベルリンの国立図書館に保存された。インゲボルク・ヴェーバー＝ケラーマンの研究は、そのアンケートへの回答を独自の視点から点検することからはじまった。その方法論の要点は幾つかある。一つは、19 世紀に行なわれたアンケートへの回答が映しているものがあるとすれば、はるかな上古の事情ではなく、同時代の 19 世紀の実態であろう、との理解であった。もう一つは、収穫習俗という労働にかかわる伝統的な行為であれば、その土台にあるのは、関係者の社会的な条件であり、それぞれの立場の表出とみなすほかないという観点であった。

　マンハルトはダンツィヒ（現在のポーランドのグダニスク）とベルリンを中心に活動していたこともあって、北ドイツ、特にエルベ河以東の資料を多く集めていた。後にマックス・ウェーバーが社会学の調査をおこない、今日も指標とされる調査報告『東エルベ・ドイツの農村労働者の諸関係』[42]とし

---

41) これについては次の拙著を参照，（前掲 注 37）『ドイツ民俗学とナチズム』p.525-559（「スウェーデン学派の導入　ー　マンハルトとフレイザーへの批判」及び「インゲボルク・ヴェーバー＝ケラーマンによるマンハルトとレーオポルト・シュミットへの批判」）

てまとめた地域でもある。ヴェーバー＝ケラーマンの研究は、資料面では収穫習俗に限定されてはいたが、民間習俗を社会関係の表れとして読み解く試みであった。とりわけ地主（多くは領主）と働き手の関係である。

　ここでは雄鶏叩きという特異な習俗を覗き窓としているためにヴェーバー＝ケラーマンの研究を見わたすにはほど遠いが、この小さな一角からもその研究の持ち味に触れることはできよう。

　（以下の引用文のなかで、※～※はマンハルトが残したアンケート調査からの引用）

　ベルクホルツでは、祭りの場所の真ん中に、収穫の冠、大鎌、利鎌が立て懸けられた。ダンスが始まるにあたって領主夫妻は、その周りを歩まねばならなかった。刈り取り労働のシンボルへの敬意を目に見えるかたちであらわしたのである。それに対して刈り取り労働の者たちは、収穫の冠を差し出した。冠のなかには、紙や木でこしらえた雄鶏が隠されている。祭りが〈収穫の雄鶏〉（Erntehahn）の呼称をもつのはこのためである。地主たちが、収穫にたずさわった働き手の誰とも踊らなくてはならないのは、身分差の棚上げを意味していた。先ずは刈り手の若者や娘とである。時には、穀物刈り取りの直後、外から来た働き手に特別の御馳走を出すこともあった。一方、日雇いの者たちが収穫の宴に与るのは、ジャガイモの収穫まで終わってからである（グラウシュタインとヴィットシュトック）。

　収穫期の全体を（明確であったり思わせ振りであったりと幅はあるが）貫いているのは、社会的な〈逆さまの世界〉のモチーフであり、それはファスナハト（カーニヴァル）流に、男女間で衣装を取りえ替える遊び半分の形で表出された。〈畑のカップル〉をめぐる古い俗信からあきらかになったのは、収穫の働き手の習俗理解で、それは、常は堅固な諸規則をひっくり

---

42) Max Weber, *Die Verhältnisse der Landarbeiter im ostelbischen Deutschland. : Die Verhältnisse der Landarbeiter in Deutschland, geschildert auf Grund der vom Verein für Socialpolitik veranstalteten Erhebungen Band 3.* Leipzig 1892

返す意味のシンボルであることが判明した。

※〈最後の穀穂を結んだ夫人（あるいは乙女）は収穫の冠を受けとり、そのさい老人（der Alte）の名前をもらう。次いで彼女は男の服装に着換え、代わりに一人の男が女の衣装を着る。地主から遣わされた音楽隊は、穀物を積んだ車に働き手と共に乗りこむ。トランペットの響くなか、馬が車を足早に牽いてゆく。その様は、それが最後の収穫運搬であることを馬たちが知っているみたいである。農家に着くやいなや、働き手たちは音楽隊と共に、飾りつけがなされた部屋へ入る。そこで老人（実は女）は、地主に愛想よく迎えられる。すると、音楽隊がコーラス「皆々神を称ふべし」の演奏をはじめ、全員が一緒に歌う。それから飲食になる。飲み物は、主にビールとブランデーである。その後がダンスである。老人がその〈夫人〉と最初のダンスをし、それに他の者が続く。地主も家族ともども賑やかな輪のなかに入ってゆく。昔はこのお祝いには、雄鶏掴み（Hahnengreifen）が付きものだった。その時、働き手たちはこんな文言を唱えた。

　旦那様、我ら、ここに雄鶏を進上いたします
　我らは山を越え谷を越え
　アザミをも茨をもものともせず
　我らの旦那様がために穀物を刈り申した。〉　※
（以上はシュヴィーブスの事例、類例はミッテンヴァルトのブランケンフェルトであるが、そこでは問題の夫人は収穫男と呼ばれた）

ここで紹介した収穫物を地主に引き渡す詞章には特に目新しいタイプはなく、既知の通りである。多くの場合、収穫の冠あるいは収穫の雄鶏を、大小さまざまながら高尚な詞章と共に地主に渡す役目は、たいてい、（最後の穀穂を）結んだ女性たちである。タイプ4kとしてまとめた詞章、すなわち〈ここに旦那様に冠を進呈いたします〉、あるいは〈雄鶏を進上いたします〉

の文言は、ブラデンブルクではヴァリーエションが多く、また能う限り希望の品々もうたいこまれた。

 されば、一トンのビールを所望いたし
 はじめの一呑みはそれがしが頂戴いたす
 加えて一カンネのブランデーも頼み申しますれば
 我らこぞって機嫌よくなれましょうぞ。
 （事例はリューディングスドルフ：類例はベルゲン、ミッテンヴァルトのブランケンフェルト、ビューレグーレ、カーゼル、グリーニック、ゲーレン、ゲーリッツ、クラウスニック、クーホルスト、ルッカウ、マルツ）

ノイエンドルフの詞章は、すでに唱えはじめの箇所において、労働によって獲得した刈りとり手の権利を地主に思い知らせるものとなっている。

 ここに冠と雄鶏を進上いたしましょう
 これを旦那様の土地より獲たるは我らでありますぞ。
 （類例：ノイツェレ、エールゼン、リュッヒェンのレッツォフ、ザンドフ、シュテルンベルク、シュトルベ、ヴァイセンシュルリング、ヴェルミッツ、ヴィットシュトック）

マンハルトは、収穫におい最後に残った穀穂を結ぶことに神話や古代宗教の名残りを読もうとしたが、ヴェーバー＝ケラーマンは、それを地主領主と働き手の関係、とりわけ働き手の権利の主張を含む機能として解読を試みた。その基本的な視点は、雄鶏ないしは雄鶏の作りものの授受にも表現された、との解釈である。これは、先に見たどの研究者の観点とも違っている。雄鶏叩きという習俗の成立や習俗に限定した意味あいの解明そのものではないが、階層と利害のなかにある人間のダイナミズムに眼を向けたことにおいて、民俗学のあり方にまちがいなく新たな局面を切りひらくものであった。通常、

社会科学の資料とは見えない事象が社会科学の分野に近く位置づけられたのである。

5.〈鵞鳥の薙ぎ切り〉と〈雄鶏叩き〉の過去と現在

[1] 初例の探求

　1991年にマールブルク大学の民俗学の研究者組織「ヨーロッパ・エスノロジー研究所」は機関誌『ヘッセン民衆・文化研究報』を「人と動物」の特集で組んだ。そこにベルギーの「フランデレン民間スポーツ・センター」の研究員エーリク・ド・フレーデが「人間による動物ゲーム：鵞鳥の薙ぎ切り・鵞鳥競馬・雄鶏叩き」という論考を寄せた[43]。そこで論者は、この種の行事を、ベルギー、オランダ、フランドル地方などを中心にしつつ、空間的にも時間的にも広く目配りをおこなった。その論考で今特に注目したいのは歴史的な遡及である。それによれば、古くは、鵞鳥が多かった。鵞鳥の薙ぎ切り（Ganswurf）、鵞鳥引き（Gansziehen）、鵞鳥叩き（Gansschlagen）などである。しかしその他にも、兎、雄鶏、猫、鰊も使われた。

　最も古い資料は13世紀末に写本の装飾として描かれたスケッチで、斜めに突き出た棒の先端に首の部分で結わえた鵞鳥めがけて刃ものを投げつける形態である。なお鵞鳥の薙ぎ切り（Wurf）は、刃ものを振って頭部を切り落とすことに焦点を合わせた呼称である。これには1560年頃に成ったペーター・ブリューゲル（父）の描写があり、また1600年頃の克明な絵画も報告されている。その2点は共に収穫の時期である秋が画題となっている。

---

43) Erik de Vroede (1955-L), *Menschen spielen mit Tieren: Ganswurf, Gansritt, Hahnenschlagen*. In: Hessische Blätter für Volks- und Kulturforschung. NF d.Hessischen Blätter für Volkskunde, Bd.27 (1991), S.61-81. 寄稿時の職位として「フランデレン民間スポーツ・センター」（Vlaamse Volkssport Centrale）が挙げられている。

13世紀の写本の端に描かれた鵞鳥の薙ぎ切り：プレイヤーは鉄の刃ものを投げたようである。
出典：**Erik de Vroede**（注43）

セバスティアン・フランク（**Sebastian Vrancx 1573-1657**）による油彩「秋」に描かれた鵞鳥の薙ぎ切り；収穫の祝いに好まれたアトラクションであったらしい
出典：**Erik de Vroede**（注43）

生物供犠と遊戯の間——雄鶏叩き行事に見るドイツ民俗学史の一断面

ペーター・ブリューゲル（父）(Peter Bruegel d.Ä)「収穫」(1565年)
New York, The Metropolitan Museum of Art 所蔵（上）

部分図（拡大）：背景中央に〈鵞鳥の薙ぎ切り〉が描き込まれている（下）

河川上の鵞鳥引き　16世紀　Hans Bol (1534-93) によるスケッチ
アムステルダム：Rijksprentendabinet 所蔵　出典：Erik de Vroede（注43）

れた。その実際がどうであったかは、それから100年ほど後の16世紀末のスケッチによって具体的に知ることができる。川をはさんでロープが張られ、そこに吊るされた鵞鳥を小舟に乗った者が通過しざま引っ張ってむしり取るのである。となると、それは水路に限らず、広場や通りでもよく、事実、16世紀には鵞鳥引きはポピュラーな遊戯であったと言う。

[2] ベルギーの近例

　ベルギーからの報告は、初例をたずねるだけでなく、現代に近い、二三十年前までの諸事例を写真と共に説明している。その一つとして、アントワー

プ郡に属するヘーフェネンの町で行なわれていた鵞鳥競馬も紹介されている。

それ以外でも、他所ではあまり知られていないと思われる形態も取りあげられている。ベルギー北部の海岸沿いに Wenduine という町があり、そこの聖セバスティアン・ギルドという団体の遊戯として独特の形態が1970年代にはなお行なわれていた。その場合にもちいられたのは鴨であった。縦に立てた板の先に鉄の刃が付き、鴨は上の板に括りつけられている。棍棒で上板を撃ち、首尾よく当たると、鴨は下方に押しこまれて首が切り落とされる。この工夫の由来は定かではないが、外見からはさしずめミニ・ギロチンである。胴体を傷めずに事後に食肉となし得る効果もあるが、それが工夫における目的であったかどうかは特定できない。女性たちがかわるがわる挑戦し、首尾よく果たし終えた者が女王とされたと言う。

また古くからの形態を踏襲した事例では、二本の短い杭の間に二枚の横木をわたし、その間から鵞鳥の首を突きださせる。この場合は、遊戯の後で料

ベルギー北部アントワープ郡　**Hoevenen / Stabroek, Lillo**
20世紀後半にも鵞鳥引き競走が毎年行なわれていた　出典：**Erik de Vroede**
（注43）

理をするときに鵞鳥の肉が損なわれていないためであった、とされ、その杭の写真も載せられている。また中世にまで遡る鵞鳥の薙ぎ切りであるが、そこで使われる刃ものも、やはり二三十年前には現行であった小道具として写真で紹介された。

　これらの諸例を挙げた後、論者は、これらの習俗行事には遊戯性が強かったと考察する。逆に、それを宗教儀式などと見ようとしても、その要素を示す資料には行きあたらない、とも述べている。そして遊戯の核心は、〈動物をいじめて楽しむ〉ことにあったとも指摘する。

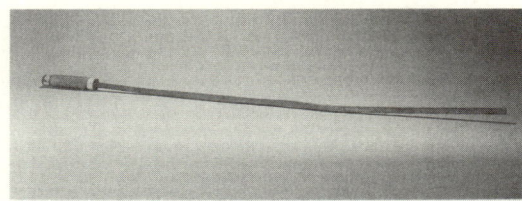

ベルギーのリームブルク郡（Reckem /Limburg）で〈鵞鳥の薙ぎ切り〉に使われていた鉄製の刃状の棒　1979 年撮影　出典：Erik de Vroede（注 43）

ベルギーのリームブルク郡（Uikhoven /Limburg）で＜鵞鳥の薙ぎ切り＞に使われていた杭：鵞鳥の頭だけを出し、胴体を傷めずに料理にまわせるための工夫とされる　1978 年撮影　出典：Erik de Vroede（注 43）

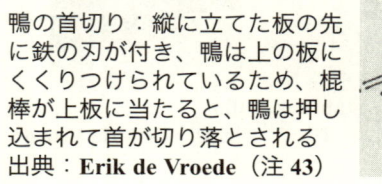

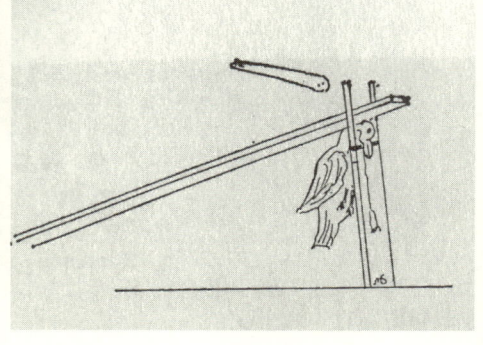

鴨の首切り：縦に立てた板の先に鉄の刃が付き、鴨は上の板にくくりつけられているため、棍棒が上板に当たると、鴨は押し込まれて首が切り落とされる　出典：Erik de Vroede（注 43）

[3] ハンガリーの婚礼の余興としての雄鶏叩き

　1985年にオーストリア民俗学会誌は、各地の婚礼習俗の特集を組んだ。そこに寄稿された一篇に、「ハンガリー西部における婚礼の雄鶏叩き」という報告がある[44]。それによると、雄鶏叩きは、ハンガリーがオスマン・トルコの支配から解放された後、移住したドイツ人とスロヴァキア人の習俗として確認され、部分的にはマジャール人の間にも伝播したとされる。第二次大戦後の社会主義政権のもとでほぼ姿を消したが、19世紀の記録を調べることによってその実態を復元することができるとしてデータを細かく挙げ、分布地図も付けている。のみならずハンガリーでの雄鶏叩きを広く見渡すことに主眼がおかれところから、婚礼のほかにも、主にファスナハトの灰の水曜を期日として行なわれていた諸例も紹介されている。継続している実例は存在しないが、廃止される直前の写真や、本来は雄鶏叩きと一体であったと考えられる婚礼料理の供し方については参考写真に解説がほどこされている。すなわち花嫁介添え人が、鉢に米料理を盛り、その上に雄鶏の頭を飾ったものを、決まった詞章を歌いながら新婚夫婦の席や、または招待客の宴席に運ぶという手順である。歌われる詞章は数種類が集められているが、19世紀の報告と1940年代の報告の再録である。

　　婚礼の際の雄鶏叩きが、エスキュ村では1920年代まで行なわれていた。婚礼の朝、花嫁の付添人たちは、村のなかで一羽の雄鶏を盗み出した。婚礼の客たちが教会堂前の広場に集まると、付添い人の一人が、その雄鶏を荷車の車輪あるいは脚立に縛りつけた。すると結婚立会人が、スロヴァキア語で雄鶏への死刑の宣告を告げた。

　　　これなる雄鶏は

---

44) Laszlo Lucacs, *Hahenschlagen in Westungarn*. In: Österr.Zs.f.Vkde, N.F.39 (1985), S.1-24. この報告には記録写真が載せられている。

  隣人たちのもとへ度々現れ
  作物の若菜を掘り尽くし
  あろうことか尼僧殿をも訪ねたれば
  どうであれ死刑に値するものなり
  されば、仲間よ、大鎌を取りて
  この者の首を切り落とされい

　また婚礼の宴席では鶏肉を取り合わせた米料理が定番であったらしく、そのときに特別の挨拶が歌われたとも記される。

　トランスダニューブ地方では、鶏の臓物と米の炊き合わせが婚礼料理の一品となっているが、それを花嫁介添え人が客に供するに当たって歌う（雄鶏を指す）詞章が幾つも伝わっている。旧ザーラ県のアルソレンドヴァ（現在はユーゴスラヴィアのレンダヴァ）では、こういう文言であった（1898年の報告より再録）。

  皆さまに立派な鶏冠(とさか)の雄鶏を
  上手に調理したる上、美味なる米粥を付けて持参いたしました、
  気前よき家主は雌鶏のことは二の次でありますゆえ
  存分に食して下さりませ

　またヴァース県セプレーグではこう歌われる（1943年の報告より再録）。

皆さまに立派な鶏冠の雄鶏を
じっくり炊いた上等の米粥をつけて持参いたしました

  それがしが、心をこめて運びましたれば
  百年を経るとも、これより美味なるものの

生物供犠と遊戯の間——雄鶏叩き行事に見るドイツ民俗学史の一断面

喉を通ることはありますまい。

同じくトールナ県カジャースではこうである（民俗博物館／ブダペストの収集資料より）。

皆さまに鶏冠の立派な雄鶏を持参いたしました
　　料理女殿の十本の指と爪にて持ちきたりますれば
　　雄鶏の手羽と雌鶏の脚とが
　　鍋の中にてなおも仲良く煮えております

折角の詞章ながら、意味や系譜の分析にまでは進んでいない。逆に、孤立したデータを深読みする弊にも陥っていない。

その他で、ハンガリー西部のある村の開村八百年記念のイヴェントとして1981年に雄鶏叩きが再現された模様の報告も入っている。

婚礼に際して新郎新婦に供される雄鶏の頭、ヴェスプレム州セントガル村（1942年）　出典： **Laszlo Lucacs**（注44）

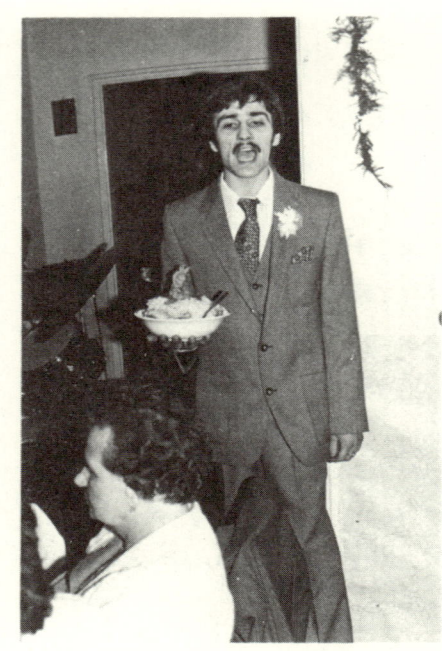

花嫁介添え人が花嫁に、鉢に盛った米料理に雄鶏の頭を載せて供する
ハンガリー西部セケスフェルヴァル＝フェルスヴォバロス村
1982年
出典： **Laszlo Lucacs**（注 **44**）

ハンガリー西部コマロン州タート村の開村 **800** 年記念行事としてファスナハトの灰の水曜（この年は３月１日）に再現された雄鶏叩き（**1981** 年）出典： **Laszlo Lucacs**（注 **44**）

[4] スルゼー市（スイス）のマルティーニの行事〈鵞鳥の吊し切り〉

　この話題に因んでもう一つ事例を見ておきたい。筆者の手元に『万歳ヨーロッパ』(ヴィーヴァ)という祭りの写真集がある[45]。そのなかにスイス中部ルッツェルン州の都市スルゼー市でのイヴェントが入っている。11月11日のマルティーニの〈鵞鳥叩き〉(Gansschlagen)、この町での言い方では〈鵞鳥の吊し切り〉(Gansabhauet)で、輪突き競技の形態をとっている。解説にはこう記されている。

　　木で桟敷が組まれ、中央の空中に針金で鵞鳥が吊られている。太鼓の伴奏が高鳴るなか、籤で選ばれた〈鵞鳥の吊るし切り〉コンクールの参加者があつまっている。彼らは目隠しをして、赤いマントを羽織り、サーベルをもつ。顔には太陽をかたどった仮面をつけ、仮面の周りには金色のボール紙でぎざぎざがついている。〈目隠しの〉挑戦者たちは、観衆の哄笑や揶揄を浴びつつ、鵞鳥の頭を切り落そうと懸命になる。一人が剣を振うのは一回切りと限られている。器用か偶然かはともかく、うまくできた者は観衆の喝采を受けて、焼き肉をもらう。

　スルゼー市のイヴェントは昔から人気のあるアトラクションで、外国人観光客の眼を惹くことも多い[46]。特に近年は、主に11月11日のマルティーを節目に開催され、内外から大勢が押し寄せる。しかし聖者マルティーンは太陽信奉らしき属性を通常もっていず、太陽を表す仮面や赤いマントについては疑問符がつく。

---

45) 著者は児童文学書や多彩なルポルタージュで知られるスイスの女流作家フェデリカ・デ・シェスコ（1938生）で、1980年に刊行されたこの作品はヨーロッパ各国の約100種類の祭りへの案内書である。解説は簡単で、むしろ一般向けの豪華な写真集である。収録された映像の大部分は1971年に再婚した相手の日本人写真家による。参照、*Die hundert schönste Volksfeste VIVA EUROPA*, Photos von Kazuyuki Kitamura, Text von Federica de Cesco. Zürich 1980, Abb.163 „Gansabhauet, Sursee/CH"．

目を広げると、スイスの民俗事象の包括的な研究では第二次世界大戦後まもない 1946 年に刊行されたリヒァルト・ヴァイスの『スイスの民俗学』がある。そこにもこの行事は収録されており、同じく太陽の仮面を着けた役柄が登場する。当時の記録写真が添えられており、その装束はすでに伝統となっていたようである。見物人も挑戦することができ、太陽の仮面をつけ、太鼓の伴奏を受けつつ登場する運びになる。ヴァイスの大著は民俗学のその後の改革につながる里程標であるが、なお前代の思考を脱却し得てはいないところもある。同時に、通念とされてきた見解への懐疑が深まってもいる面もあり、このイヴェントの解説にも、それが現れている[47]。

　古い信仰では、雄鶏を豊穣の担い手として畑で殺し、その血によって豊饒を大地に転移させるとされるが、それに根ざすものとして、多彩な競走競技や機敏を競うゲームが分布している。代表的なものは、雄鶏あるいは鷲鳥の名前を冠した催し物で、スルゼーの有名な〈鷲鳥の吊し切り〉はその一例である。登場者はいずれも太陽の仮面をつけて、目隠しで、空中に吊るされた鷲鳥をサーベルで突き刺す。しかし、民俗的な行事のすべてが信奉的な起源に遡るわけではない。特に、19 世紀に人気を博した神話学的な解釈には用心が必要である。

スルゼー市のいかにも〈生物犠牲の風習〉や〈太陽信奉〉を思わせる演出も、むしろ 19 世紀の民俗学の理論が反映されている可能性が考えられる。太陽信奉は、19 世紀の末から 1940 年代に至るまで、一部の民俗学者やエスノローグたちがその余燼や痕跡を懸命に追い求めた対象であったが[48]、そこで得ら

---

46) この行事は日本でも次の案内書に写真が載せられている。参照 , 谷口幸男（文）遠藤勝紀（写真）『図説　ヨーロッパの祭り』河出書房新社 1998, p. 11.

47) Richard Weiss, *Volkskunde der Schweiz*. Erlenbach-Zürich 1946. 1978(2.Aufl.), S.192 and Abb.172-176.

スルゼー市の〈鵞鳥の吊るし切り〉における挑戦者の登場　おそらく1940年代。出典：Richard Weiss（注47）

れた成果についても、19世紀の民俗学説が民俗の現場や担い手に浸透した場合が少なくないことが判明している。これについては後にふれる。

　なお言い添えると、スルゼー市の〈鵞鳥の吊るし切り〉の行事を古い豊饒

48）太陽宗教（Sonnenreligion）は人類学におけるウィーン神話学派の主要なテーマであったが、19世紀中葉以前から次第に高まっていた太陽信奉の考え方の到達点でもあった。その代表者であったレーオポルト・フォン・シュレーダー（Leopold von Schröder 1851-1920）やゲオルク・ヒュージング（Georg Hüsing 1968-1930）の著作と学問性の度合いについては、レーオポルト・シュミットの民俗学史に的確な解説がほどこされている。参照、（前掲 注9）レーオポルト・シュミット『オーストリア民俗学の歴史』p.218-219.

観念の脈絡において理解しようとする姿勢は、日本の読書界とも無縁ではない。有力なゲルマニストと写真家の手になる一般向けの案内書にも、ここに収録したのとほぼ同じ構図の写真が入っている。「死と再生」という神話的な儀礼を説く一節の口絵なのである[49]。

〈鵞鳥の吊るし切り〉のデザインによるスイスの切手　1977年発行

6.〈雄鶏叩き〉の近縁形態：壺割りゲーム

[1] フランソワ・ラブレー『ガルガンチュア物語』が伝える〈壺割り〉

　ところで、雄鶏叩きや、さらに古くから言及例のある鵞鳥の薙ぎ切りは、近縁種まで広げると、必ずしも生き物に限定されていなかった。すでにアードルフ・シュパーマーの編んだ『ドイツ民俗学』やレーオポルト・シュミットの解説は、生き物ではない場合の事例を同列においていた。さらにその脈絡から16世紀のフッシャルトにも注目が向けられていた。つまり、〈雄鶏叩き〉に近縁な行事として無生物が早くから射程にいれていた系譜もみられるのである。

---

49) 参照、（前掲 注43）なお同じ研究者と写真家による次の著作でも同じキイワードが掲げられている。参照、谷口幸男（文）遠藤勝紀（写真）『仮面と祝祭：ヨーロッパの祭りにみる死と再生』三省堂 1982.〈死と再生〉は人間の基礎的な条件とも言える要素であるが、それをもって諸現象に臨むのが解明につながるかどうかは難しいところがある。西洋の民俗事象、特に祭りのような民俗行事は、上古から連綿と続いてきたのではなく、歴史的な特定の時期に特定の機縁によって企画され、また歴史のなかで意味づけが変化してきたものであることが多いため、根源的な要素で説明するのが適切かどうかという問題が残る。

具体的な事例におけるその節目はフランソワ・ラブレーの記述である。その『ガルガンチュア物語』第一書（1534年）に見える遊びの名称である。巨人王ガルガンチュアの子供の頃の遊びとして200種類余が列挙されるなかの一つは原語が "jeu au casse-pot" とある。その邦訳は<u>壺破り</u>である[50]。またラブレーの評判作をドイツ語に改作したヨーハン・フィッシャルトの『ガルガンチュア』(1575年)も、収穫終いの行事として言及するのも "brich den Hafen"、すなわち壺割りである[51] 雄鶏叩きとの関係でこれに注目するのは、それまた系譜があり、文化人類学のファン・ヘネップ（1873-1957）もその一人であった[52]。

[2] ペーター・ブリューゲル（父）とピーエトロ・ロンギの「壺割りゲーム」
　しかもそれは、ほぼ同じ時期の絵画資料としても存在する。ブリューゲル（父 1526?-69）のよく知られた絵画「子どもの遊戯」（1560年頃）の一齣である。画面の中央には、一人の少年が目隠しのために頭巾ですっぽり顔を包んで両手で棒を振り上げており、その前の地面に伏せられた煤けた壺の底をもう一人の少年がナイフで叩いて、その音で位置のヒントをあたえている。なおこれまで見た幾つかの事例では壺のなかに雄鶏を入れている場合があったが、子供がナイフで音を立てていることから、中は空なのであろう。
　付記すれば、ブリューゲルが描いた多彩な子供の遊びを文書資料によって裏付けた研究ではさらに古い文献が掘り起こされているが、そこで挙げられるネルトリンゲン（南西ドイツ）で1426年に書き記された「遊戯の規則」でも "Hafen zu schlagen" となっている[53]。

---

50) 渡辺一夫（訳）『第一之書　ガルガンチュア物語　』岩波文庫 p.111.
51) François Rabelais, *Oeuvres. Tome premier. Gargantua.* Ed. Mignot. Paris. p.62.; Johann Fischart, *Geschichtklitterung.* Bd.I. Halle/Saale 1969, S.250.
52) Arnold van Gennep, *Manuel de folklore Francais contemporarin.* Vol.I/3. Paris 1947, p.958.; HwbdA.III(1930/31), Sp.1943.

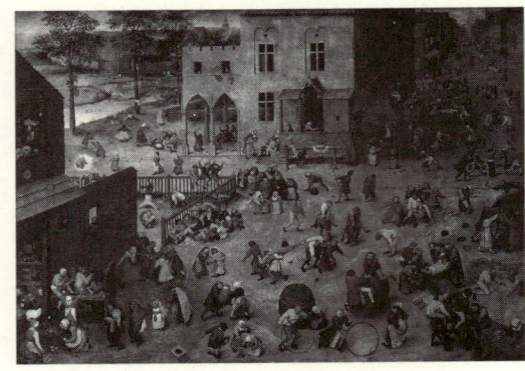

ペーター・ブリューゲル
(父)（Peter Bruegel d. A）
「子供の遊戯」1560 年頃
部分図：〈壺割り〉ゲーム

逆に後世では、18 世紀のヴェネチアの画家ピーエトロ・ロンギ（1701-85）が 1744 年に描いた貴族のサロンでの遊びとしての「壺割りゲーム」が知られている[54]。

ピーエトロ・ロンギの油彩
「壺割りゲーム」（*Il gioco della pentola*）1744 年
Washington, National Gallery 所蔵

53)「子どもの遊戯」はウィーンの美術史博物館の収蔵で、そこに描かれた個々の遊戯について文献資料を探索した研究では、オースリア民俗学博物館の研究書シリーズの一冊として次の文献が刊行されている。参照, J. Hills, *Das Kinderspielbild von Pieter Bruegel d.Ä.*(*1560*). Veröffentlichungen des Österrreichischen Museums für Volkskunde. Bd.X. Wien 1967, S.30.: "Nördlinger Spielgesetz aus dem Jahre 1426".
54) ピーエトロ・ロンギ（Pietro Longhi 1701-85）については次を参照, Thieme-Becker, *Algemeine Lexikon der bildenden Künstler von der Antike bis zur Gegenwart*, Bd.23, S.357-358.

7. 騎馬競技：輪突き競馬と樽突き競馬

　ところで鶯鳥や鶏、また猫や魚をももちいるこれらの習俗行事が、さらに他の行事形態とも類似の側面をもつことに注意しておきたい。それはすでにアードルフ・シュパーマーの編集にかかる民俗学の概説書のなかで「民間舞踏と遊び」の項目の執筆者ヴィルヘルム・ハンゼンが示した脈絡で、〈輪突き競馬〉（Ringreiten）と総称される種類の競技である。それはたとえば、広場や通りに杭を立ててロープを張りわたし、真ん中に吊るしたリングを騎馬で駆け抜けざま突き取るという競技である。これについて集中的に研究したのはレーオポルト・クレッツェンバッハー（Leopold Kretzenbacher 1912-2005）であった。この輪突き行事が比較的厚く分布しているのはドイツの北辺シュレスヴィヒ＝ホルシュタイン州で、1960年代にクレッツェンバッハーはキール大学の民俗学科の教授であったことを活かして、その地方の習俗行事を調査し、文化史的な解明を試みた[55]。

　なおクレッツェンバッハーはオーストリアのグラーツ近郊の出身で、もとはオーストリア南部からバルカン半島北部を調査研究のフィールドとしていたところから、その地方に幾つかの形態で伝わっている樽突き競馬にも関心を寄せて調査を重ねていた。こちらの方は、杭に被せた樽を騎馬で駆け抜けざま金属や木製の棍棒で叩いくというものである。手に握った棍棒が的の樽

55）オーストリアのグラーツ近郊の出身でミュンヒェン大学民俗学科を主宰したクレッツェンバッハーは、キール大学に在職した時期に、出身地の南東ヨーロッパの樽突き競馬と並んでドイツ北部シュレスヴィッヒ・ホルシュタイン州でも輪突き競馬が分布することに着目して、中・近世の宮廷や都市の武藝試合の民間行事化を跡付けた。参照、Leopold Kretzenbacher, *Ringreiten, Rolandsspiel und Kufenstechen. Sportliches Reiterbrauchtum von heute als Erbe aus abendländischer Kulturgeschichte.* Klagenfurt 1966 (Buchreihe des Landesmuseums für Kärnten, 20). なお5点の写真はこの著作から転載した。

にとどく位にまで速歩の馬を杭に近付けるのは危険で高度な技術を要する。また樽は叩かれると空しく回転するだけのことが多い。樽を叩いて板と箍をバラバラにして落下させると勝利であるが、それはたいそう難しい。クレッツェンバッハーの研究は、南東ヨーロッパに分布する樽突き競馬と北欧に近い地域の輪突き競馬がともに古く中世の騎士社会の武藝競技が民間に広まったとの構図を歴史的に概観したことにある。そこでは、古代ローマの武藝の風習を映した〈クウィンタナ行事〉も文化史的に見わたされており、大きな射程とフィールドワークの総合によって、この種類の行事に関する基本的な研究成果となった。と同時に学史的には、その構図は、先に見たアードルフ・シュパーマーの概説書中の雄鶏叩きの項目でのスケッチと重なっている。

輪突き競馬　ズューダーディートマルシェン／バルトル
　Barlt, Süderdithmarschen　1964 年
出典：**Kretzenbacher**　（注 55）

生物供犠と遊戯の間——雄鶏叩き行事に見るドイツ民俗学史の一断面

1894年刊『ホルシュタインの農民生活』(*Holsteinisches Bauernleben. 1894*) の挿絵から
出典：**Kretzenbacher** （注55）

貴族のたちの輪突き騎馬競技　1623年の銅板画（上部オーストリア州立博物館蔵）

樽突き競馬（上下の写真とも）：ガイル谷フライシュトリッツ／オーストリア、ケルンテン州 **Freistritz/Gail**

出典：**Kretzenbacher**（注55）

8. 雄鶏の文化史から

　雄叩きを軸に、関連する習俗とそれへの注目の事例を追ってきた。これについて先に進む前に、もう少し視野を広げた目配りが必要かも知れない。雄鶏の文化史を部分的に覗いておきたいのである。

[1] 雄鶏とフランス

　雄鶏叩きについては、先にヴットケなどにおいて見たように、神話学から出発していた頃には、上古の儀礼の名残りとみなされていた。そのため古層の文化が残存するとの見方を受けていた東ヨーロッパやスラヴ圏と接する地域に関心が偏っていたきらいがある。しかし近年ではむしろ雄鶏叩きとその近縁とも見える催し物はライン河の中流域からオランダやベルギーに近い地域に比較的多く分布していることにも注意が向けられている[56]。もちろんそれまでも事例としては拾われてはいたものの、それらをライン川流域と言う視点でくくるという考え方がなかったのが修正されて、そこへも研究がのびてきたのである[57]。そこから起きたのが、雄鶏はドイツ人には隣国のフランスを表しているのではなかろうか、という説である。いわゆる〈ガリアの雄鶏〉（gallischer Hahn）である。またその行事は、多彩な行事のたまり場とも

---

56) ドイツのライン地方の雄鶏叩きの概観を含む同地方の年中行事論では、次を参照，Alois Döring, *Bräuche durch das Jahr*. Köln: Greven 2007 (2.Aufl.), S.265-267.

57) Peter Mesenhöller (Hg.), *Hahnenköppen im Bergischen Land. Eine volkskundliche Dokumentation*. (Romerike Berge 3/86) Solingen 1986.; Ders., *Riten mit dem Federvieh. „Hahnenköpper"-Vereine im Bergischen Land*. In: Männerbünde. Zur Rolle des Mannes im Kulturvergleich. Hg.von Gisela Völger, Karin von Werck. Bd.2. Köln 1990, S.131-136.; Hubert Pitzen, *„Hahnenköppen" in Glaadt*. In: Jahrbuch Kreis Daun 1996, S.142-143.; Josef Ruland, *Kirmes auf dem Vorderhunsrück*. In: Rheinisch-westfälische Zeitschrift für Volkskunde, 13 (1966), S.145-163.; Erik de Vroede, 前掲（注43）

言うべき献堂祭において多くみとめられる[58]。もっとも、これまでも見たように、鵞鳥の薙ぎ切りや鵞鳥引きは中世にまで遡り、さらに鵞鳥の吊るし切り競走は中世以後、アトラクションとして愛好されたのであるから、生き物をもちいるこの種類の行事そのものは古から行なわれてきた。そこに鶏を使うのは比較的新しくなってから一般化した現象という面があり、それもあって途中経過の解釈として、雄鶏はフランスを表す脈絡が強調されたようである。

なおこれらのアトラクションが行なわれることが多かった枠組では献堂祭(キルメス)の名前がよく挙がる。キルメスの語義は教会堂の開基の周年行事である。と共に、中世を過ぎた頃から収穫祭など秋祭りの性格を強め、また教会ではなく世俗の楽しみとしての催し物の比重が高まった。そのためたびたび禁令や節制の対象となった[59]。また教会堂の外の祭りとして狼藉と見える振る舞いが多発したため、18世紀末からは10月第三日曜にほぼ統一された。

フランスの要素について、もう少し補足しておきたい。雄鶏はラテン語では"Gallus"であるが、それはまた〈ガリア〉の類音の故にフランスやフランス人のシンボルとみなされることがあった。またそれがドイツ人にとって特に意識されたのはフランス革命以後の状況と関係していた。革命後、王政を否定されると共に、ブルボン家の種々の標識に代わって登場したのは雄鶏であった[60]。特に革命後のフランス軍は軍旗に雄鶏の模型をつけることが多

---

58) ライン地方の献堂祭の変遷については次を参照、Nikolaus Kyll, *Zur Geschichte der Kiremes und ihres Brauchtums im Trierer Land und im Luxemburg*. In: Rheinisches Jahrbuch für Volkskunde, 20 (1969), S.93-132.; Michael H. Faber, *Kirmes in Nettersheim 1967 und 1989 - Kirmes im Wandel?* In: Michael H. Faber u.a. , Kirmestreiben. Ein Rhein-Landfest.（Schriften des Rheinischen Freilichtmuseums und Landesmuseums für Volkskunde, 42）Köln 1990, S.165-186.; また献堂祭に余興として雄鶏叩きが行なわれることについては次を参照、Rainer Hülsinger, *Vom Hanenköppen. Chronik zum 25jährigen Vereinsjubiläums des Hahnen-Club Rott, gegr. 1969. Untersuchungen zu einem alten rheinischen Kirmesbrauch*. Rott 1994.

59) 参照、*Handwörterbuch des deutschen Aberglaubens*. Bd.4,Sp.1422-25 „Kirchweih" .

60) 以下は百科事典"Larousse"に従う。参照、Grand Dectionnaire universel de XIX siècle.

かった。ナポレオンが政権を掌握し、皇帝となると、標識は、雄鶏に代わってローマ帝国のシンボルである鷲に変えられた。さらにナポレオンが失脚し、ブルボン朝が復活すると、ふたたび雄鶏がシンボルとなり、それは1830年の七月革命まで続いた。それがガリアの雄鶏が最も強く意識された歴史的な期間であり、そのなかにはフランス革命直後、各国の正規軍である対仏同盟軍が予想を裏切ってフランス国民軍によって打ち破られたのを皮切りに、以後、ナポレオンによるドイツ全土の制圧という、ドイツ人には屈辱の時期が入っている。ライン河左岸のフランスへの併合はその頂点のできごとであった。そうした政治状況が、ガリアの雄鶏をドイツ人にことさら意識させることになり、またフランス撤退後のライン地方において直近の出来事への恨みや警戒を醸成した。そこに、ライン地方における雄鶏叩きの素地がある、と見るのである。

　さらに話題を継ぐなら、パリのモンマルトルの丘に立つサクレ・クール教会堂にも雄鶏があしらわれている。この聖堂建設のモチヴェーションは、普仏戦争によるドイツへの敗退後の沈滞した世相を活気づけることにあった。また折から盛んとなっていたキリストの心臓を崇敬する大波に形をあたえたものでもあった[61]。それゆえ聖心すなわちキリストの心臓と命名されたのであるが、そこにはドイツに対するフランスの軍事的ナショナリズムもこめられ

雄鶏をフランスのシンボルとして掲げた戦没者記念碑

209

た。正面のキリスト像の左右にそれぞれ鳥類が配置されているのがそれである。向かって右はペリカンである。ペリカンはギリシア語（Πελεκα-νος）が起源で、ラテン語(Pelecanus)でも古くからおこなわれてきたが、アメリカ大陸やオーストラリアなどに生息する鳥であるため、古代ギリシア人が何にその語をあてていたのかは定かではなく、コウノトリ（鸛）などとも言われる。自分の身体に嘴で穴をあけて心臓の血で子育てをするなどの伝説が生まれ、自己犠牲の脈絡からキリストやキリスト生誕のシンボルともなったようである。それがサクレ・クールと重なるのである。そして左に配置されたのがフランスを表す雄鶏である。

パリのモンマルトルの丘に立つサクレ・クール（聖心）教会堂

61）キリストの心臓すなわち〈聖心〉への崇敬の大波は歴史的に数回見られるが、19世紀のそれはフランスが中心になった。これについては次を参照, LThk,Bd.III, Sp.135-142.

生物供犠と遊戯の間——雄鶏叩き行事に見るドイツ民俗学史の一断面

サクレ・クールの正面のキリスト像の左側に配置された雄鶏。(右側に配置されているのはペリカン)写真左は拡大図。

[2] 雄鶏の多彩なシンボル性

　雄鶏がフランスの象徴であるのは事実であるが、雄鶏は常にその点だけから意識されてきたのではない。雄鶏の意味するところはまことに重層的であるが、また多くの場合それらは真剣一辺倒と言うより、多少遊戯的な性格をも併せてもっていたであろう。

a. 聖書と初期キリスト教時代

　真面目一方ではなかったのは聖書も例外ではないと思われるが、雄鶏はキリストのシンボルの一つとして挙げられることがあった[62]。初例は旧約聖書「箴言の書」(第30章31節)に〈雌鶏のなかにあって堂々と歩む雄鶏〉とあるのがそれであるが、初期キリスト教におけるキリストを雄鶏と喩える場合にもそれを踏まえている。特にアレクサンドリアの盲目の大学長ディデュモ

---

[62] 以下しばらくは次の文献に従う。参照、レーオポルト・クレッツェンバッハー(著)河野眞(訳)『民衆バロックと郷土—南東アルプス文化史紀行』名古屋大学出版会 1988, p.147-160「教会堂塔上の雄鶏」(原書：Leopold Kretzenbacher, *Heimat im Volksbarock. Kulturhistorische Wanderundgen in den Südostalpenländern.* 1961); 本書は著者がミュンヒェン大学で一般向きに行った講義のノートで、著者が手がけた多方面の研究の抜粋のため、訳出にあたっては詳注をほどこした。

ス（398年頃没）に〈雄鶏は主にちなむ姿〉、また〈雌鶏のなかにあって力強く堂々と歩む〉としてキリストの喩とした。注目すべきは、アフリカの司教フォルトゥナティアヌスの解釈で、雄鶏が喩えとなり得るのは、キリストが自らの血を流して教会を救ったからであるとしているが、鶏を供犠とする習俗があったからと推測されることもある[63]。

しかしそれ以上に知られているのは、新約聖書「マタイによる福音書」（第26章74-75節）のエピソードであろう。ペテロは捕われたイエスの係累たることを避けるべく三度否んだ。

　ペテロ、〈我、その者を知らず〉と言ひて強く誓ひぬ。そのとき鶏鳴きたり。〈鶏の鳴くに先立ち、我を知らずと三度否むであらう〉とイエスの語られしこと思ひ出だされ、ペテロ外に出でて激しく泣けり。

これは極限状況における人間の弱さと、弱さを思い知らされた人間の自責と窮迫をえぐり出して、聖書のなかでもとりわけ深刻かつ劇的な一場である。人間はなぜ泣くのか、という設問への原理的な解答の一つですらあろう。

b. ローストチキンの奇蹟

しかしそうした意味解釈の本道だけが刺激ではなかった。鶏という小道具のゆえに、奇抜な小話へも延びていった。〈ローストチキンの奇蹟〉とでも訳すべきか、あるいは一部ではニワトリとは限らないために口承文藝研究では

---

63) これは前掲書（注60）のクレッツェンバッハーの解釈であるが、ミュンヒェン大学民俗学科主任教授でもあった著者は第二次世界大戦のドイツ民俗学界ではネオロマンティシズムの民俗学との接続を残しているところがあり、ナチズムと重なりなどのために一般にはネガティヴに評価される民俗学者の業績をも完全には否定しない場合がある。しかし文化史に関する博覧強記とオーストリア出身者として南東ヨーロッパ研究に堪能であったことによって不足補い得て、ドイツ民俗学界の一方の雄であった。参照, 前掲書の末尾に付した河野による解説。

広く〈炙り肉の奇蹟〉と名づけられてきた説話のモチーフである[64]。そのフィクションとしての原話はともあれ、キリスト教世界への伝播の起点は偽典『バルトロマイによる福音書』で、そこからヴァリエーションが多彩に生まれたようである。クレッツェンバッハーによると、それがキリスト教会にとって重要な説話となっているのはエジプトのコプト派であると言う[65]。

　コプト派の外典では、キリスト自ら雄鶏を名づけて光を告ぐる者と称し給い、それは洗礼者ヨハネがキリストの出現を予言したごとくであると説かれている。〈鶏の死してあるごとく、我は死して横たはらむも、やがて甦らむ〉。かくしてキリストは、晩餐のさなか、鶏に触れて、羽ばたくことを命じ給い、使徒たちはいたく恐れおののいた。

　これに従えば最後の晩餐のメインディッシュは鶏の丸焼きか丸煮であったことにもなるが、とまれ、この話は種々の機縁に触れて分岐と広がりを見せた。〈ユダの鶏〉もその一つである。

　ユダは裏切りを母親に告白した。母親は激しく叱責を浴びせたが、それに逆上したユダは、ちょうど羽をむしって鍋の中で煮つつあった竈の上の鶏を指さした。それが生き返ることがないのと同じく、かの十字架上に刑せられた者が復活することはあるまい、と言うのである。すると、鶏は、たちまち煮られていた鍋の中から羽ばたきと共に舞い上がり、屋根に飛び移るや、その場所から声高く、長く声を引いて鳴いて主の復活を予告した。

---

64) 参照、*Enzyklopädie des Märchens: Handwörterbuch zur historischen und vergleichenden Erzählforschung*, hrg. von Kurt Ranke ; zus. mit Hermann Bausinger u.a. Berlin 1977ff., Bd.2, Sp.684-688: '*Bratenwunder*'. その解説によると、鶏が最も一般的ではあるが、一部で鳩や孔雀や鶴、さらに羊や子牛などの家畜の炙り肉にも広がっている。
65) 参照、クレッツェンバッハー、（前掲 注60）, p.158-159.

これは、さらに使徒大ヤコブとも結びつき、巡礼地サンチャゴ・デ・コンポステラをめぐる説話としても親しまれた[66]。

　裁判官は、数日前に吊るされた刑死者が絞首台上でなお生きていることを信じようとはしない。それは余りに荒唐無稽であり、〈このテーブル上の鶏の丸焼きが生きてあらぬのと同じく、かの絞首せられし者の生きてあらうはずがない〉。その途端、炙り肉となった鳥は、生きて翼を羽ばたかせたのである。

c. 説教師のシンボル

　初期キリスト教の詩人アウレリウス・プルデンティウス・クレメンティウスの『日々の連作』の第一歌「雄鶏の歌声に寄せる讃歌」のなかでは、雄鶏はキリストの譬えとなり、〈鶏冠を頭に飾りたる雄鶏たるキリスト〉と呼びかけられ、次のようにうたわれる[67]。

　　そが姿を前にして悪霊の影も退散せしめらるるもの、そは雄鶏なり
　　主の復活を喜悦して告ぐるもの、そは雄鶏なり

　中世が進むとともに、雄鶏はさらに比喩を広げていった。典礼の手引書として広く用いられたギョーム・ドランドゥスの『聖務定式論』[68]では、雄鶏は説教師のシンボルとされた。と共に次の文言が里程標とされるのは、教会堂のてっぺんに立てられる飾り物としての雄鶏の意味解きの初例の一つだか

---

66) 同上。また次を参照, *LThK*, Bd.V., Sp.833-834: '*Jakobus der Ältere*'.
67) プルデンティウス（Aurelius Prudentius Clementius 348-ca.405）は、サラゴサあるいはカラオラに生まれ、弁護士、スペイン総督を経て、ローマ皇帝テオドシウスの側近として近衛隊長を務めていたらしい。キリスト教古代における最も詩人であり、特にウェルギリウスなどの古典を踏まえた叙情的表現に秀でていた。14篇の詩歌から成る『日々の歌集』（*Cathemerion*）は代表作の一つとして知られる。

214

らでもある。

　まことに説教師は夜の間も醒めてゐなければならぬ。歌を口ずさんで時を刻み、眠れる者たちを目覚めさせ、明け染める朝を告げねばならぬ。禁欲の鞭打ちさながら、翼を絶え間なく羽ばたかせて歌ふべく自らを目覚めさせねばならぬ。まことにこれらすべては深き神秘を宿してゐる。夜、それは現世の謂である。眠れる人々、それは罪のなかに横たはる夜の子供らである。雄鶏、それは時刻を過たず正確に己が声を響かせ、眠れる者らを目覚ましめる説教師らに他ならぬ。彼らは暗黒の仕業を駆逐し、かく呼ばはる。〈哀れなるかな、眠れる者どもよ、起きよ、汝、睡眠者よ〉。裁きの日と、来るべき栄誉が予告されるとき、それは来るべき光が予告さるることに他ならぬ。説教師らは自ら賢者たるべく、他者の眼前に徳を示現するに先立ちて、自れの身体を苛んで罪の眠りから自己を目覚ましめねばならぬ。説教師らは罵言と告発を以て敵と戦はねばならぬ。狼を見て逐電したとの不評を蒙らないまでに勇敢であらうとするなら、塔上の雄鶏が嵐に立ち向かう如くでなければならぬ……

　教会堂の上に立つ雄鶏がすべてこの意味であるわけではないが、こうした数々の説話がまつわるために、雄鶏は概して肯定的な意味で見られることが多い。中世半ばから教会堂の塔屋に雄鶏が多く立つようになったのとからんでもいたようである。

68）ギョーム・ドゥランドゥス（Guilelmus Durandus 1237-96, 生年は 1230/31 とも）はプロヴァンス地方のピュイミソン（Puymisson）に生まれ、ローマで没した。教会法学者として知られ、教皇庁で活動の後、1285 年にマンド（Mende）の司教となった。1295 年以降、ラヴェンナ大司教、またロマニア、さらにアンコナ州総督に補せられた。

d. 紋章のデザイン

　それゆえまた雄鶏は、種々の意味がこめられて紋章にも添えられた。ヨーロッパの都市や貴族の家門には、紋章に雄鶏が含む例が少なくない。雌鶏もありはするが、それは派生形態のようである。

雄鶏をあしらった町の紋章の数例　左より：**Golzow(Oderbruch)、Gerach、Frankfurt an der Oder**

　その他にも、雄鶏はさまざま意味合いでシンボルにはなっていた。多くの雌鶏を伴い、それゆえ子孫繁栄を意味することがあった。その現れは、家紋に雄鶏をあしらった貴族や町が少なからず見られることである。もっとも、それはフランスに限られることではなく、ドイツでもその例が幾つもある。それゆえ、雄鶏が常にフランスのシンボルであったわけではないが、フランス革命を節目にその高まりの波があったのも事実であった。

　しかし雄鶏をフランスのシンボルとみることによって、雄鶏叩きとその親近な行事が遺漏なく説明できるわけでもない。先にもふれたようにそれもまた後解の一つ、ないしはある時期の時事性であったであろう。

9. 民俗学における推論の構造

[1] 神話学系の民俗研究者たち

　雄鶏叩きとその類似の習俗をめぐって、19世紀後半から第二次世界大戦後までに現れた解釈を追ってみた。もとより網羅的ではなく、飛び石伝いの観察であるが、そうではあれ推移の大筋をつかみ得たのではなかろうか。

　19世紀後半には、雄鶏、鵞鳥、あるいは猫を叩いて殺す多くの事例が採集された。一つ一つの事例における記録の精度はともかく、それはそれで全体として事実の収集であったであろう。上のヴットケやザルトーリの引用を見ても知られるが、依拠されたのは、各地域の情熱的で良心的な収集家の報告であった。なかには経歴がすぐには判明しない人物も含まれる。先に解説を加えた人々（注27, 29, 30）の他にも、今日では忘れられている一人二人を挙げてもよい。たとえばヴットケ（§156）が引用するマックス・テッペン（Max Toppen）はケーニヒスベルク大学を卒業した後ダンツィヒにおいて高校教諭をつとめ、民俗調査の他にもプロイセンの地誌や教育の分野で多数の書きものを残している。またザルトーリが出典として挙げるシュピース（注28に当たる本文）はモーリッツ・シュピース（Moritz Spies）のことで、ドレスデンの実科学校の教諭であった。グリム兄弟の神話学は、ドイツ全土にこうした熱心な民俗収集家を数多く生みだした。またそうした膨大な調査報告を総合するような仕事を残したのが、19世紀後半のアードルフ・ヴットケ（Adolf Wuttke 1819-70）や、20世紀はじめのパウル・ザルトーリ（Paul Sartori 1867-1936）であった。まだ民俗学が大学の講座とはなっていなかった時代であり、ザルトーリ自身もボンやゲッティンゲンなどの諸大学でドイツ語文献学を学んだあと、長くドルトムントの高校教諭であった。そして地元の同志と共に1904年に『ライン・ヴェストファーレン民俗学クラブ誌』を創刊した。これは1902年に創刊された『ヘッセン民俗学報』とともに、ドイツ民俗学における地方誌の双璧である[69]。

また、そうした人々の系譜に連なるなかの傑出した一人としてリヒァルト・バイトル（Richard Beitl 1900-82）を挙げてもよいであろう。オーストリアの西端、フォアアールベルク州シュルンスの出身で、ベルリン大学などでゲルマニティクと美術史を学び、同大学の講師となったが、やがて故郷へもどって文化財関係の職につくかたわら、博物館人オスヴァルト・アードルフ・エーリヒ（Oswald Adolf Erich 1883-1945）と共に、今日も普通にもちいられる『ドイツ民俗学事典』を執筆した。時代は現代に近づいてはいたが、民俗学の分野では大学教員のポストはなおほとんど設けられていなかった。以下では、リヒァルト・バイトルが自ら執筆した「雄鶏叩き」の項目を読みながら、19世紀後半以来の民俗学のあり方にふれておきたい。

[2] リヒァルト・バイトル『民俗学事典』における「雄叩き」の項目解説
　事典には、次のようにまとめられている[70]。

　　刈り取りの最後の穀穂を切りとるに際して、あるいは脱穀に際して、穀物霊（狼、雄鶏、老人、ライ麦女）を殺すことによって、畑地に豊穣を再びあたえるとされる、あるいは殺す者自身が動物の生命力をもつことになるとされる。特に、大鎌を振ったり殻竿で雄鶏を殺す習俗は、代償行為として多彩であり、時には単なる遊びと解されることともなった。早くフィッシャルトはこれを遊びとして『ガルガンチュア』において触れている

---

69) 『ライン・ヴェストファーレン民俗学クラブ誌』（Zeitschrift des Vereins für rheinische und westfälische Volkskunde）は1954年に『ライン・ヴェストファーレン民俗学誌』（Rheinische-westfälische Zeitschrift für Volkskunde）と改称された。また『ヘッセン民俗学報』（Hessische Blätter für Volkskunde）は今日の『ヘッセン民衆・文化研究報』（Hessische Blätter für Volks- und Kulturforschung）にあたる（前掲 注43の出典）。

70) *Wörterbuch der deutschen Volkskunde*, begründet von Oswald A.Erich u. Richard Richard Beitl, 3.Aufl, neubearbeitet von R.Beitl unter Mitarbeit von Klaul Beitl, Stuttgart: Kröner 1974, S.318" Hahnenschlagen"。

(Brich den Hafen)。魔術的な行為が刈り取り終いの遊戯になり、18世紀には宮廷風の洒落た野外の社交ゲームになった。そして古い期日を離れて献堂祭(キルメス)やファスナハトや聖霊降臨節や夏至、また特に婚礼に移行した。生きた雄鶏は、やがて雄鶏の死体や、木彫(による競馬)あるいは鉛の作りもので代用されるようになった。雄鶏の代わりに、鵞鳥、鳩、あるいは猫も使われた。遊びでしかなくなったために、かつて雄鶏を閉じ込めておいた籠が空っぽでもよかった。台所の陶器、特に薄手の焼き物、あるいは今日の都会でアルミの容器に飴玉を入れて、それを目隠しをして棒で叩き当てるのである。また雄鶏、鵞鳥、あるいは家鴨、また壺を、二本の杭に張りわたした紐に吊るし、それが、輪突き競技と同じく騎馬の的ともなった。形態と行事の機縁が多彩に変遷し、起源としての儀式から、障碍物を組み込んだ遊びに変化した(障害物競走や障害物競馬)。ショドフィエスキーの有名なスケッチは社交ゲームへの展開を示している。すなわち、グーツ・ムーツの発案で壺の代わりに鉛の土台の上にボールをとりつけたものを9本もちいて、スポーツの一般的なルールによる遊びになった形態である。

最後の箇所は、近代スポーツの定礎者とされるヨーハン・グーツ゠ムーツ(1759-1839)が壺割り遊びを9柱戯すなわちボウリング・ゲームに転換させたのを銅板画家ダーニエール・ショドフィエスキー(1726-1801)が描きとめたことを指している[71]。

語釈はさておき、この標準的な事典における〈雄鶏叩き〉の記述は、あたかもドイツ民俗学の思考と推移の縮図の観がある。はじめに記される最後の穀穂を穀霊とする見解は、ヴィルヘルム・マンハルトの古典的な学説として知られる(先に挙げたマンハルトとそれを再解釈したヴェーバー゠ケラーマンを参照)。それを土台としつつ、フィシャルトの〈壺割り〉の証言にも注目しつつ、信仰行為がゲーム化したという推移を呈示する。逆に言えば、ファスナハト(カーニヴァル)や献堂祭(秋祭り)あるいは婚礼の余興を、古い儀礼の残照と見るのである。

異なった証言を整合的に解釈しようとの意図であったろうが、原意が忘れられた豊穣儀礼の原像として生物供犠が想定するこの構成は、さまざまな習俗の理解に共通する。同時にそれは問題性の型でもある。なおこの場合の問題性をキイワードで言い表すなら、豊穣儀礼がそれにあたるであろう。

[3] 豊穣信奉・豊穣儀礼の妥当性

　ドイツ語では"Fruchtbarkeitskult"(豊穣信奉)あるいは"Vegetationsdämon"(豊穣霊)、英語では"Fertility rite"(豊穣儀礼)と一般に表記されるところのものは、ドイツ民俗学では特にロマン派の神話学の中心に位置する概念であった。その金字塔はマンハルトの『森と畑の信奉』で、それがフレイザーによって肥大化したことは先にも触れた。しかし豊穣信奉はそれほど確かな土台なのであろうか、という疑問も起きる。民俗学史に照らすと、それを指摘したのは、1930年代から兆しを見せ、1950年前後に開花したスウェーデン学派（青年スウェーデン学派）であった[72]。そこでは、マンハルト以来重く見られてきた最後の穀穂の穀霊への見立てが疑問視され、スウェーデン各地の農村調査を通じて、儀式の面でも農民の心理の面でも否定的な結果が収集された。畑作物の実りや生き物の多産・発育を願うものとしての豊穣信奉は耳になじみやすいが、実際に農業経営者や従事者がそうした信仰心意を持っているかどうか、またその継ぎ送りがどのような社会的な仕組みによって維

---

71) グーツ＝ムーツ(Johann Guts Muts)が9柱のボウリング(Kegelspiel)を提唱したことをショドフィエスキー(Daniel Nikolaus Chodowiecki)が描きとめたことが強調されるが、スポーツとしてのボウリングの歴史の上では必ずしもこれは決定的な節目とは考えられているわけではない。なおボウリングの前身がドイツ語で"Kegelspiel"と表記される遊戯であったとの見方をとるなら、その表現は中世半ばまで遡り、またグリム兄弟の昔話集にも骨を使った球技が描かれているが、近代スポーツとしてのボウリング自体は19世紀末以後にアメリカで完成された。；またショドフィエスキーはダンツィヒ（グダニスク）出身でベルリンに没したグラフィック画家。ロココ調の画風で主に銅板画によって多数の風俗描写を手掛け、ゲーテの「ヘルマンとドロテーア」の挿絵も担当した。

持されてきたかとなると、実態を超えて仮説ないしは先入観が力を揮っている。また連続した習俗と認定するには、ゲルマン上古あるいは古代ギリシア・ローマ文化のその後の時代への継続が果たして（知識によって導入したのではない、いわゆる）〈基層文化〉のレベルで確認し得るのか、という歴史学にもまたがる基本問題にもなる[73]。スウェーデンの研究者たちは、豊穣信奉という仮説と農業労働の実態との乖離を指摘し、神秘的なキイワードを用いずとも、収穫の終わりにあたって催される諸々の行事は仕事終いの区切りや社会集団の交流という実際的な機能をもっていることにより強く注目した。ドイツでは 1950 年代にポイカート（Will-Erich Peuckert 1895-1969 ゲッティンゲン大学）とラウファー（Otto Lauffer 1874-1949 ハンブルク歴史博物館）に

72) 1920 年代からルンド大学の員外教授カール・ヴィルヘルム・フォン・シイドォウ（Wilhelm von Sydow 1878-1952）が、着想を幾つかの論考として先鞭をつけ、やがてシグルド・エリクソン（Sigurd Erixon 1886-1968）によって発展を見、さらにその門下から出たアルベルト・エスケレード（Albert Eskeröd 1924-75）の 1947 年の著作（フランス語版 1950 年）に結実した。＜豊穣信奉の虚構＞を暴くものであったため、文化人類学と民俗学にとっては基本概念の見直しを迫るとものとして世界各国で衝撃をもって受けとめられた。参照 , Albert Eskeröd, *Årets äring. Etnologiska studier i skördens och julens tro och sed*. Stockholm 1947. ; このあたりの学史については拙著（前掲 注37）『ドイツ民俗学とナチズム』で紹介したが、また次を参照，（前掲 注3）ヴェーバー＝ケラーマン『ヨーロッパ・エスノロジーの形成／ドイツ民俗学史』文緝堂 2011, 第 IV 章 3 節「ウィーン学派とスウェーデン学派 ― 同時代の両極」

73) 歴史学においてドプシュ（Alfons Dopsch 1868-1953）やダンネンバウアー（Heinrich Dannenbauer 1897-1961）が論じた連続性問題（Kontinuitätsproblem）は民俗学でも避けて通れなかった。ハンス・モーザー（Hans Moser 1903-90）など民俗学において文献史学の側面を重視した人々の問題意識もこの課題に深くかかわっており、またそれは民俗学の方法論の見直しとも連動した。里程標としてドイツ民俗学会の取り組みを挙げると、次の論集がある。参照、*Kontinuität？ Geschichtlichkeit und Dauer als volkskundliches Problem,* hrsg. von Hermann Bausinge und Wolfganga Brückner. Berlin 1969. またそのバウジンガーによる巻頭論文は拙訳を参照，ヘルマン・バウジンガー（著）河野（訳）「民俗文化の連続性をめぐる代数学」（原著：Hermann Bausinger, *Zur Algebra der Kontinuität.*）愛知大学『一般教育論集』第 3 号（1990 年），p.89-109.

よってスウェーデン学派の見解が紹介され、折から民俗学の改革とも重なって大きな影響力をもった[74]。

　しかしここで取り上げたリヒャルト・バイトルは、スウェーデン学派の見解がドイツ民俗学界で注目される時代に、なお前代の物の見方を押し通した人物として批判を受けたこともあった[75]。その論議に今は立ち入らないが、雄鶏叩きについても、上古に起源をもつ特殊な心意の流れを前提にしなければ理解できないというものでもなく、収穫終いや種々の機縁での余興であり、それ以上に深い宗教的な意味をもつものでなかったと見ることも不可能ではない。〈樽突き競技〉や〈輪突き競馬〉については、先に見たクレッツエンバッハーの研究でも、中世の支配者層の武藝競技に由来する流れがほぼ確かめられている。また一般の傾向として、民間の行事が宮廷にとりいれられ、あるいは都市のイヴェントの元は村落の行事であったという推測がみられるが、民俗事象はむしろ逆の経路によって成り立っていることが多く、ドイツ民俗学ではそれが基本理論と言ってもよい[76]。

[4]　マンハルト＝フレイザーの神話学

　広く民俗理解の変遷にも簡単に目を走らせておきたい。19世紀後半（すで

74）大きな刺激となったのは両者による次の著作であった。参照、Will-Erich Peuckert / Otto Lauffer, *Volkskunde. Quellen und Forschungen seit 1930*. Bern 1951. 特にポイカートが執筆した"Sitte und Brauch"の章でスウェーデン学派の見解が取り上げられた。

75）強い批判者にはヘルマン・バウジンガーの高弟ヴォルフガング・エメリッヒがおり、その学位論文『ゲルマニスティク民族体イデオロギー』が刊行されると共に論議を惹き起こした。参照, Wolfgang Emmerich, *Germanistische Volkstumsideologie. Genese und Kritik der Volksforschung im Dritten Reich*. Tübingen 1968 (Volksleben 20), S. 10.；エメリッヒは、ここで引用した『民俗学事典』の著者リヒャルト・バイトルが、ナチ時代の1936年の初版の姿勢を1955年版でもなお改めていないとして、その＜根強い民族体性＞を指摘した。これらの論議の推移については拙著でやや詳しく取り上げた。参照, （前掲 注37）『ドイツ民俗学とナチズム』第二部「第二次世界大戦後のドイツ民俗学とナチズム問題」

に前半からその動向は起きていたが)、ヨーロッパ諸国には、神話的な上古世界について想像を逞しくする人々が各地に出現した。(今日の言い方をすれば)民俗愛好家たちである。また彼らを生み出した時代思潮はそれに学問の形態をあたえずにはおかなかった。シンボリカルな存在を挙げるなら、その風潮の極まったところで出現し頂点に立ったのがジェームズ・ジョージ・フレイザーであった。その基本となる考え方がヴィルヘルム・マンハルトに負っていることを学史は教えている。しかし両者には違いもある。マンハルトはグリム兄弟の文献学の側面をも受け継ぎ、多くの文献史料と取り組んだ。しかしフレイザーの博識の情報源には、西洋の知識人の常識的な教養としての古代の古典をのぞけば古文献は少なく、豊富に接したのは近い時代の報告類であった。この〈アームチェアー・スコラー〉は古典文献学者ではなく、資料批判に足を踏み入れることもなかった。博覧強記という伝説的声価とは裏腹に、本領は書記資料の否定にあったのである[77]。

　　アーリア人の原始的宗教に関するすべての研究は、農民の信仰と慣習か

---

76) 高次の制度や知識が継続される場所である宮廷・教会・社会的上層において新しい事象や文物が作られ、ややあってそれが民間に〈下降する〉という構図は、19世紀から20世紀への転換期あたりから多くの民俗研究者が注目してきた。早い事例では民謡研究の定礎者ヨーン・マイヤー (John Meier 1854-1953) がおり、後には1920年代にハンス・ナウマン (Hans Naumann 1886-1951) が〈沈降した文化物象〉(versunkene Kulturgüter) という単純化した合言葉図にまとめたことによって一般化した。ナウマンについては次を参照、ハンス・ナウマン (著) 川端豊彦 (訳)『ドイツ民俗学』岩崎美術社 1981 (原書: Hans Naumann, *Grundzüge der deutschen Volkskunde*. Leipzig 1922);この理論をめぐる学史については拙著『ドイツ民俗学とナチズム』(文楫堂 2005) 第1部第1章で検討を加えた。

77) 参照、James George Frazer, *The golden bough: a study in magic and religion*. Vol.1. London 1890. 邦訳は数種類がおこなわれているが、たとえば次を参照, フレイザー (著) 永橋卓介 (訳)『金枝篇(一)』岩波文庫 1951, 1966 (第3版改版), 1977 (第16刷), p.8.

ら出発するか、あるいは少なくとも彼らに関する事どもによって常に指導され、それを参考にすべきものである。今も現に生きて活動しつつある伝承によって提供される事例の前には、古代宗教に関する古文献の証明は、きわめて価値が低いものでしかない。……書籍を読むことがない民衆は、書記によって惹起される精神的革新に煩わされない。それゆえ、今日のヨーロッパにおいて、口頭言語によって伝承されて来た信仰と慣習とは、アーリア族の最古の書記のなかに書き留められている宗教よりも、はるかに、ずっと原始的な形を保存していると言うことができる。

　農民のあいだで行なわれている慣習は原初のアーリア人時代の古代宗教そのままであるため、農民の慣習を観察することによって古代宗教の復元も可能であると言うのである。根拠は、農民は文字とは無縁であったから、とされる。これが大著『金枝篇』の方法論であるが、この胡乱な説が文化人類学でも民俗学でも永く金字塔と見られてきたのである。今日では、農民も農村も常にその時代の歴史的条件と照応していたと解することが当然視されている。しかし一般論の次元では修正がなされても、個々の習俗や慣習をどう見るかとなると、その歪みは容易に改まらないようである。

　果たしてフレイザーのマジックの効用は大きかった。個々の農村習俗が歴史的にどこまで遡れるか、といった疑問に対して文書資料による裏付けを欠いていても、それは書記に関係なく継続した領域であった、との前提によってすり抜けることができるからである。それどころか、それこそ歴史学が及び得ない対象を、文化人類学や民俗学がはじめて解明したとして、大手を振って成果が誇示されるのであった。もとより、フレイザーの論法は、ただ一人の独自なものではない。時代状況がそれをもとめたのである。

[5] 神話学からの脱却
　そもそも生贄や人身供犠は、18、19世紀の民族学や文化人類学が、ヨーロッパ以外の未開民族の風習と想定したものという面がある。文明であるヨー

ロッパとの落差としてことさら意味が付与され、しかも西洋とは異質な（しばしば）弱小な諸文化に容易に適用された[78]。

　ちなみにフレイザーの『金枝篇』では、身体に衰えをきたした支配者が豊饒観念の体現者たり得ないために若い挑戦者に殺され、取って代わられるという基本的な設定がなされている[79]。これなどは象やライオンのような野生動物のトライブの観察を人間社会に引き写した構図であったろう。もっとも、衰弱した者や老齢者が労働力たり得ないために必ずしも大切にされず、それどころか余計者として扱われることにもなるのは文化圏の違いを超えて起きる現実の問題でもある[80]。しかし加齢の運命が若手の挑戦による抹殺であり、それは豊饒信奉の化身たるが故というのは、近代西洋がこしらえたフィクションと言うべきであろう。西洋から遠ざかるにつれて野生に近づくとの前提であり、またその野生は動物の習性の観察などから得られた知識によって構成された。そこにはまた野蛮や奇怪の観念も重なった。食人風習（カニヴァリズム）や首刈りといったもので、これら人間に嫌悪の感情を起こさせかねない種類の行動が、西洋文明から遠い世界の特徴とされた。生肉食や昆虫食ですら、それに馴染まない西洋の人々からは低位や野生に位置づけられた。自然物崇拝のアニミズム、異類に民族・部族の起源をもつとするトーテミズム、憑依を核とする

---

78) 一例を挙げると、1877（明治10）年に来日したエドワード・モース（Edward Sylvester Morse 1838-1925）は日本で高い評価と厚遇を得、また日本文化への貢献も小さくなかったが、そのきっかけは来日早々の大森貝塚の発見であった。そこでの調査をもとにした講演の一つとして1878（明治11）年に浅草で500人の聴衆を前に「大森村にて発見せし前世界古器物」のテーマの下、大森貝塚が新石器時代に属すること、また〈昔の日本には、アイヌとは別の、食人する人種が住んでいた〉との推論をおこなった。これはモースに関連した多くの文献で取り上げられている。特にこれに焦点を当てた考察を含む次の文献を参照, 吉岡郁夫『日本人種論争の幕開け：モースと大森貝塚』共立出版 1987.

79) 参照、フレイザー『金枝篇』は次のような文学的で書き出しでその様が描かれる。〈誰かターナー描くところの金枝を知らぬものがあろう。……〉。フレイザー『金枝篇』岩波文庫　第1巻, p.5.

宗教を指すシャーマニズムの 3 概念が措定され、それらによって西洋から離れた人間集団を説明できるとされたのにも、同じ脈絡が走っている[81]。そしてそれらは、19 世紀から 20 世紀前半、それどころか今日にいたっても、冒険小説や SF や映画のシーンの栄養源になってきた。ジュール・ベルヌ、カール・マイ、コナン・ドイル、そしてハリウッド映画の数々。野生の島にたどりつくと、そこで自然民族が怪物を崇め、人身御供の儀式にふけっていたと

---

80) 高齢者が働き手としての能力を減じるにつれて家政の主宰を次世代にゆずる慣習は日本の隠居制だけでなく、西洋でも見ることができる。それに対して中国では高齢者が心身にいかに衰えをきたすとも家父長として一族に君臨するといった見方がある。〈七十日耋、八十日耋、百年日期頤〉といった長壽をことほぐ言いまわしがあり、また〈耋〉と同音異声の〈蝶〉に仮託してその図案化として伝統的に花蝶図がおこなわれてきた。すなわち自力で食物を咀嚼することがかなわず助けを要する程の高齢であるのを尊ぶのである。しかしそれは一族の結束を要した支配層の場合であり、一般の庶民、とりわけ農民のあいでは高齢者が家政において発言力が低下するのが普通であったことが社会学者の費孝通（1910-2006）によって解明されている。参照, 費孝通『生育制度』（初版 1947）次に収録、『郷土中国』上海人民出版社 2007, p.385-587. 特に第 8 章「世代間的隔膜」、第 9 章「父母的権力」、第 11 章「社会維替」; また次の翻訳を参照、横山廣子（訳）『生育制度 中国の家族と社会』東京大学出版会 1985.

81) トーテムについてだけ補足すれば、トーテム（Totem）はアメリカの政治家（合衆国財務長官）で民族研究にも手を染めたアルバート・ギャラティン（Albert Gallatin 1761-1849）に遡るとされるが、初期の試行錯誤はともあれ、その後の議論においても西洋文明と非西洋文明の質的・原理的な差異が前提となっているところがある。フレイザー（James Georges Frazer 1854-1941）の外婚制の視点や、レヴィ＝ブリュール（Lucien LéviyBruhl 1857-1939）の神秘的融合の理論はトーテミズムの実態として特定し得ないと見る概念への根本的な疑義が提出されるのはレヴィ＝ストロースを待たねばならなかった。参照、J.G.Frazer, *Totemism and Exogamy*. 1910.; リュシアン・レヴィ＝ブリュル（著）山田吉彦（訳）『未開社会の思惟』岩波書店 1953.; クロード・レヴィ＝ストロース（著）仲澤紀雄（訳）『今日のトーテミズム』（原書: Claude Lévi-Strauss, *Le Totémisme aujourd'hui*. Paris 1962）みすず書房 1970.; シャーマニズムについては、カルロ・ギンズブルグがその概念を西洋にも適用しているが、本来、改めて概念定義を要するところであろう。

いうのは、「キング・コング」が撮影された頃だけのネタではなかった。現今のアニメの諸作品でも紋切り型の小道具となっている。

　ドイツ民俗学界は、特に第二次世界大戦後、ナチズムとの関係の清算の作業とも手をたずさえつつ、神話学的な解釈の歪みからの脱却を主眼の一つとしてきた。目下の話題で言えば、雄鶏を西瓜割りさながらのしぐさで叩いたり、鵞鳥を薙ぎ切り、あるいは吊るし切りにするといった催しも、その現象ゆえにただちに生物供犠の名残りと見るような短絡は、さすがに現代に近くなるにつれて通用しなくなった。これまでに追った数人の説のなかで転換点に位置するものをもとめるなら、ナチス・ドイツ期のまっただなかの刊行であったにもかかわらず、アードルフ・シュパーマーの概説書『ドイツ民俗学』の記述がそれにあたるであろう。

　雄鶏叩きや、それ以前から多くの事例が確認される鵞鳥をもちいた催しさが生物供犠であったかどうか、という点に焦点を合わせるなら、対比的にその遊戯性に注目しなければならない。資料を素直に読めば、遊戯に重心をもとめて解する方が筋の通るところがありそうである。先に挙げた事例では、ペーター・ブリューゲルの二つの絵画は、同じ画家がその両方を描いたことにおいても興味をそそられる。一つは「子供の遊び」である。もう一つは「穀物の収穫」で、中央付近の背景画に鵞鳥の薙ぎ切りが描きこまれている。その大画面に躍動する画技は点景においても揺るぎがなく、鵞鳥を狙う競技に興じる人々の陽気な空気を伝えている。

　これらを見ると、割るのが鵞鳥や雄鶏であるのと、壺であるのとの間に本質的な相違があるかどうかは疑問である。輪突き競争も、鵞鳥であるのと、桶の箍などであるのとは、基本的には重なっていよう。たしかに鵞鳥や雄鶏の場合、生き物の反応への計算が加わりはするが、畢竟、具体的な物象が然らしめる二次的な要素であろう。機能の面では、生物と壺・箍の交替に飛躍や障害はないように思われる。そうした物象の幅をめぐっては、犠牲の儀式を始原と見、その代替ないしは退化形態を想定することがかつて安易におこなわれたが、これという裏づけがあるわけではない。むしろ適用の安易であ

ることを自覚せず、受け入れもした人々の心理のメカニズムが関心をそそるのである。

10. 若干の考察：民俗学をめぐる状況から〈生類犠牲〉を振り返る

　しかしもう少し問題が残っている。はじめに挙げた柳田國男が注目したゴンムの記述である。教会堂の建設ないしは改築にあたり、鶏の血を入口の敷石に注いだという〈小さな異聞〉である。ゴンムのその事例を追跡することは現在ではむずかしい。それゆえ一般論の水準で考えてゆかなければならないところがある。その限りであるが、幾つかの疑問とそれへの状況証拠を突き合わせようと思う。

[1] 伝統社会の仕組みとその変質
　一つは、家屋の建設に当たって生き物の血を注ぐという事例が他にどれだけ確認できるのか、という点である。もしそれが古い観念の層に属するならば、ただ一か所だけということはあり得ない。しかし、そうした慣習は見あたらないように思われる。
　二つ目に重要なこととして、歴史を通じて永く機能してきた町や村の生活や生存の枠組みの性格に注意を払う必要性である。太古の記憶が民衆のあいだには連綿と生き続けてきたといった説が唱えられることあるが、それは社会の歴史的実態を無視した議論と言わなければならない。近代が進展するまでは、人間の生活の場は、通常、町村体の規則やしきたりや約束の網の目で張りめぐらされていた。それはまた狭い世界であり、〈誰もが誰もを見張っている〉と言ってもよいくらいであった[82]。歴史を遡ったときの社会の実態は、それぞれの人が基本的には自由を享受し、たがいに干渉しない今日の形態とはまるで違っていた。服飾でも、先ずは身分と性差、そして年齢、さらに職能・職位によって細かく決められていた。条例であれ慣習であれ、細則

までもが強い拘束性をもっていた。もちろんそれは服飾に限られない。振る舞い方も言葉遣いもそうであった。金銭の使い方ですら、身分や地位や機縁のタガがはめられていた。種々の行事もそうであった。祭りや晴れの日の行動をめぐっても、領邦政府が領民に対して発した御達しやお触れ書きを見ると、細かいところまで規制がはまっていた。そうした規準は、たとえば婚礼や葬儀では、招待客の数の制限から料理の品数にまで及ぶのが普通であった。もちろん、お上の関与だけではない。村人のあいだでもルールや不文の約束事への目配りには容赦がなかった。一例を挙げると、嫁入りに持参する衣装は身分や社会的立場や幾つかの類型化された条件によって揃える点数に目安があり、手元の不如意な花嫁の親には頭痛の種であった。品物の質で調節したのであろうが、それでも婚礼道具のお披露目は、村の事情通の老女たちとの駆け引きであった。〈衣類はたたむのを増やすと分量が多めに見える。しかしそうした小細工は、やかましく点検する女性たちにかかれば発覚しないわけにはゆかない。彼女たちは、衣装の山に手を差し入れる面倒を厭わないのである〉[83]。

　村の教会堂の会計について言えば、通常、司祭・牧師、市・村長、町村体から選任された教会堂番役の三者によって財務が担当され、教会堂の運営や祭事・飲食などあらゆる出費が丹念に記入された。そして年に一度、町村体総会で収支が確認された。今日では、市長・村長官房や教会堂の出納簿は歴史学の資料として重視されており、祭り行事の研究でも踏まえるべき文献史料となっている。ヨーロッパの文書資料の厚みとその調査研究の水準はきわめて高い。もし教会堂の新築にあたって鶏を殺してその血を灌ぐといった慣例

---

82) 特に町村体の生活の歴史的な実態と取り組んだカール＝ジーギスムント・クラーマーの研究がこれを説いている。本書所収の次の拙論を参照,「カール＝ジーギスムント・クラーマーの法民俗学の構想」

83) 参照、(前掲 注9) ヘルベルト & エルケ・シュヴェート『南西ドイツ　シュヴァーベンの民俗 － 年中行事と人生儀礼』p.148. これは、南西ドイツ、バーデン＝ヴュルテムベルク州ウルム郡において最近も見られたことであると言う

があったなら、そのための出費、たとえば鶏の代金やその役割を請け負う者への報酬や心付けが出納簿に記録されるはずで、それがどこかに残ったであろう。もとより記録は出納簿に限られることではない。文書種は他にもさまざまなものがある。それらに記載されることなく、千年ものあいだキリスト教の陰で連綿と生き続けていた慣行といったものがあり得るであろうか。

さらに付随的に考えておかなくてはならない三つ目の問題がある。広い意味でのフォークロリズムが遅くとも19世紀半ば過ぎから始まっていたことである。その背景は社会構造の変化であった近代が進むとともに、町村体の生活をしばっていた諸々の規制はゆるんだ。永く機能してきた町村体の諸々の組織も、近代国家の行政機構に取って代わられ、人々の自由の度合いはたかまった。誰もが誰をも、生活の一挙手一投足まで見張っていることはなくなった。折から、民俗学が形成に進んだ。それまでの正規の学問にはなかった種類の関心であり、また時代状況は自由な解釈を可能にした。しかもロマン主義の有力な脈絡として神話学が勢いづき、神話に近づけた意味解釈が説得力あるものとして広く受容された。19世紀も終わりに近づくと、農村調査に出かけた先で、習俗行事が民俗学や民俗愛好に胚胎する雑知識を参考にしたとおぼしき改変をきたしていたのに出逢うという事態も起きていた。一例をあげると、穀穂や牧草の刈り取りにおける〈車刈り〉という円環状あるいは渦巻き状の作業手順がある[84]。1920年代には、これが上古のユーラシア大陸に分布していた太陽信奉の痕跡として尊ばれた。フィールドワークの採集では、〈儂は日輪を刈り出しておるのじゃ〉といった古老の証言すら報告されたが、事実は19世紀から20世紀にかけて神話学説が通俗化し、辺地の農民のあいだにも浸透した結果であったことが今日では判明している[85]。

先に挙げたスイスのスルゼー市の鷲鳥の吊るし切りにおける太陽の仮面も、そうした改変の可能性をもっている。太陽の仮面が近代の産物であることはまちがいなく言い得るのである。それは一般の風潮であると共に、一部では学問化してもいた。有史前ないしは歴史の黎明期、ユーラシア大陸を広くおおって太陽信奉が行なわれていたとは、19世紀末あたりからの民族学(エスノロジー)の有力

な学派の見解であった[86]。神話的な脈絡に合わせた習俗の改変、それどころか創出が、逸脱の意識もなく手がけられることは珍しくなかった。ゴンムの記録が偽物かどうかは即断できないが、いかにもその時代が歓迎しそうな報告とは言えるのである。

---

84) ナチズム民俗学の克服に向けた大部の研究書は、この〈車刈り〉(Radmäen) を民俗調査における倒錯のシンボルとしてカヴァーにその写真を載せている。参照, Wolfgang Jacobeit / Hannjost Lixfeld / Olaf Bockhorn (Hrsg.), *Völkische Wissenschaft. Gestalten und Tendenzen der deutschen und österreichischen Volkskunde in der ersten Hälfte des 20.Jahrhunderts*. Wien/Köln/Weimar: Böhlau 1994. 批判をこめたシンボルとして掲げられたのは、ナチス政権下でリヒャルト・ヴォルフラム（Richard Wolfram 1901-1987 戦後はウィーン大学教授）が南チロルのフィールドワークにおいて撮った記録写真である。この写真について筆者は、生前のハンヨースト・リックスフェルト氏と話題にしたことがあり、写真の提供をも受けていたので、次の訳書の口絵に収録した。参照, （前掲注 3）ヴェーバー＝ケラーマン『ヨーロッパ・エスノロジーの形成 / ドイツ民俗学史』口絵 p.XXIII.

85) 穀物や牧草の刈りとりにおける〈車刈り〉や〈日輪刈り〉はかなり新しいもので、もし何らかの形状に刈りとる系譜をたどるなら、古形は十字架にたどりつく可能性が高いようである。これはレーオポルト・シュミットの研究によって知ることができる。参照、Leopold Schmidt, *Gestaltheiligkeit im bäuerlichen Arbeitsmythos. Studien zu Ernteschnittgeräten und ihrer Stellung im europäischen Volksglauben und Volksbrauch*. Wien [Verlag d. östrerr. M.f.Vkde.] 1952. 本書はレーオポルト・シュミットの研究方法の限界を示す面から取りあげられることがあるが、個々の論説では〈車刈り〉への批判的な考察をはじめ聞くべき知見が幾つも含まれている。なお次の拙論を参照、「ナチス・ドイツに同調した民俗研究者の再検討 ― オイゲーン・フェーレの場合」（前掲注 37）『ドイツ民俗学とナチズム』所収, 特に p.356-361: 第 8 節「ハインリヒ・ヴィンターと収穫における〈車刈り〉の習俗」

86) 原初のユーラシア大陸を広くおおって太陽信奉がおこなわれ、それがインド・ヨーロッパ文化の基層をなしているとの見解は民族学におけるウィーン学派の基本理論であり、後にナチズムにも流れこんだ。次の拙訳を参照, （前掲 注 9）レーオポルト・シュミット『オーストリア民俗学の歴史』p.218.; またその派生形態として月と太陰暦が同じく基層の性格にあるとの理論も提唱された。その日本への影響は特に石田英一郎（1903-68）に見ることができる。

[2] 柳田國男の位置

　不思議なことにと言うべきか、必然的にと言うべきか、上に挙げたような神話学的な意味解釈はたがいに連絡がなくとも、あるいはわずかなヒントに接するだけで、さまざまな国や地域で盛り上がった。その思潮の一角に柳田國男も姿を見せた。よく、柳田國男はフレイザーの方法を借用し、しかもそれを秘密にしたがっていたことが話題になる[87]。たしかに、柳田國男の周辺には常に欧米の学説にヒントを得ていることを嗅ぎつけようとする冷やかな視線が一部にあり、時にそれへのいら立ちもつのったようである。その時の柳田國男の心理がどうであったかはともかく、現在から振り返ると、フレイザーの視点や方法は、かすめ取ったとか取られたとか騒ぐほど高度でもなければまっとうでもなかった。また、徹底性の度合いはともかく、傾向という程度なら誰もが考えつくような通俗的なものであった。しかもそれは現在も一向に改まらない種類のものとさえ言ってもよい。したがって長大な時代思潮とも言え、しかも歪んでいる。

　柳田國男は、ゴンムの著作に鶏の血のエピソードを読み、我が意を得たりと感じたらしい。そしてただちにヨーロッパ文化全体の構造にまで敷衍した。〈耶蘇の宗教が一世を席巻した欧羅巴大陸にも、猶百千年を隔てて豊富なる上代が活き残つて居た〉、と言うのである。それを実証する文書資料がどの程度、またどのように存在するか、といった留意は着想の前に吹き飛んだ。ヨーロッパ社会に〈上代〉から連綿と続く基層文化を想定するだけでなく、〈紳士の表面事相〉を糾弾するところまで突っ走った。この安易な西洋理解は、柳田國男が日本にあっては文献史料の読みこみの厚さにおいて余人の追随をゆるさなかっただけに、却ってその思想のスケルトンを露わにしている。

　しかしまた、民俗学史の教えるところでは、この学問分野は、先ずはそう

---

87) 柳田國男がフレイザーをめぐって複雑な反応を見せたことについて幾つかのエピソードが紹介されているものとして次を参照，岩本由輝『柳田國男を読み直す』世界思想社 1990, p.233f.：「あとがき ― もしくは大岡昇平と柳田國男」

した着眼から始めるしかないところがある。柳田國男は正に第一世代であった。めぼしい文書資料が教えない隠れた層序、民衆の暮らしの位相とそれに特有の流れがある、という推測から始めるしかなかった。そこには、民衆の日常にかかわる種類の文書資料への目配りが必ずしも確立されていなかった当時の状況も関係していたかも知れない。

と同時に留意すべきは、概括的な理論の当否と個々の実証的な判断の可否や精粗は必ずしも一致しないことである。事に臨むにさいして目安とされた理論や命題が後世から見て疑問を抱かせる場合でも、実事では遺漏がなく卓見・洞察が光っていることは幾らもあり得る。ここでは柳田國男の西洋文化への理解が、大きな枠組みでは通俗を出ないことを指摘したが、翻って日本文化の解明におけるその知見は前人未到かつ個々のテーマにおいて周到であった。しかも、柳田國男は日本の事情についても、大枠の構想では、今日では首肯されないような観点に立っていることがあった。山住みの人々を平地人とは系統を異にするとの見方や、日本人の起源をめぐる仮説などはその代表的なものであろう。最後の大著をめぐっては〈『海上の道』という大謬説〉の論評すら起きたが[88]、そこに点滅する知見の数々をも払いのけるとすれば、愚かなしわざになるだろう。そうした指導理論の如何と個々の見解の適不適との相反は、程度の差はあれ不可避なところがある。むしろそれが一般的と言ってもよい。グリム兄弟の偉業も、後世の訂正を要した予見や誤認を数多くふくんでいる。そうした指針と検証、先入観と実地、教条と手さばき、理念と実作業の不整合は不可避であるだけに、探求者それぞれが示すダイナミズムでもあり、個性のありかですらある。

とまれ、ドイツ語圏でも、民俗学が対象とするような諸々の事象を文献史料によって跡づける必要性が強く説かれるようになったのは第二次世界大戦後のことであった。ハンス・モーザー（Hans Moser 1903）やカール＝ジーギスムント・クラーマー（Karl-Sigismund Kramer 1916-98）らがそれに向けた方

---

88) 参照、（前掲注 87）岩本由輝『柳田國男を読み直す』p.233f.

法論を提唱してからである[89]。そして、上古のゲルマン人の風習以来の伝統が説かれていたさまざまな習俗が文献史料に即して洗いなおされ、神話学系統の民俗学が立てた予断は次々に崩壊していった。原始宗教の延命として推定された秘儀めいた脈絡も、多くの現象において否定された。

[3] 動物倫理

　最後に、雄鶏叩きや、おそらくその前から盛んであった鵞鳥をもちいた種々の習俗行事について、別の角度からふれておかなければならない。19世紀後半から20初めには、多くの論者が、そこに原初の犠牲儀礼を読んだことは先に紹介した。しかし、現代の研究者はおおむねその脈絡をとらず、遊戯性に重点を置いている。しかし雄鶏や鵞鳥といった生き物の場合、却って非ヨーロッパの視点は、犠牲性を棄てて遊戯性をとることに躊躇するかも知れない。ベルギーの論者が言う〈動物をいじめてたのしむ〉要素ももう一つ釈然としないところがあろう。

　動物をいじめるといった感覚、すくなくともそこに悲痛を感じるような心理が現代を離れた時代に一般的であったかは怪しい。むしろ、生き物が反応して鳴き声を立てたり、咆哮を響かせると、いかにも手ごたえがあり、端的に面白くたのしかったとも考えられる。またその楽しみを連結項にして、雄鶏叩きや鵞鳥の薙ぎ切りは壺割りや輪突きゲームと交替可能であった。使われる小道具が生き物であることに過度に注意を集中させて論を立てると、ありもしない歪みを想定することになる。献堂祭（秋祭り）と思われる19世紀初めの石板画（本書p.181）に、空中に吊るされた鵞鳥の頭を引きちぎるのと、雄鶏（あるいは雌鶏）のダンスと、桶の水をひっくりかえす遊戯がまとめられて描かれているのは、それらの間に特に隔たりが感じられていなかったことを示唆している。祭りのアトラクションであり、私たちが身近に知る運動

---

89) 本書所収の次の論考を参照，「カール＝ジーギスムント・クラーマーの法民俗学の構想」，特にその一節「歴史民俗学としてのハンス・モーザーの方法」

会の玉入れやパン食い競走のような感覚ではなかったか。鵞鳥の代わりに鰊（にしん）がもちいられたとの16世紀に遡る記録もあることをも考え併せれば、私たちのあいだで何かの余興の景品に新巻鮭が喜ばれるのと似ていなくもない。卑近な現実で言えば、釣りに犠牲のセレモニーや痛みの感覚を想定するのはシニカルな視線になるだろう。

　ごく一般論として対比に進むなら、多くの日本人は、活け魚の調理や、蟹・海老・貝の跳ねて動くのを焼き網に載せることに対して、通常、残酷の感情を起こさない。むしろネタの鮮度をめでて楽しんでいる。しかし欧米人のなかには、ショックを受ける人もいる。そこにあるのは慣れであり[90]、また生存や社会的な面で必要性があるなら、ヒューマニテイが侵されない思念と感覚の回路ができている。それもまた文化の一面であろう

レストランでプラスチックの模型を使って行なわれる鵞鳥の吊し切り
2001年　ノルトライン＝ヴェストファーレン州ヒュルトゲン
Hürtgen, Hürtgenwald im Kreis Düren, Nordrhein-Westfalan
出典：Alois Döring（注52），S,266.

90）民俗研究者のなかで〈慣れ〉とは何か、を論じたのはヘルマン・バウジンガーであった。参照、（前掲 注32）ヘルマン・バウジンガー『科学技術世界のなかの民俗文化』p.21ff.

そして現代、動物への愛護の動きが非常な高まりを見せている。この二三十年の間に鵞鳥の薙ぎ切りも雄鶏叩きも姿を消した。プラスチックの代用品に代わったところもある。近年の西洋でにわかに熱を帯びるようになった動物愛護の高波は、かつて西洋の人々による動物の扱いが無慈悲を感じさせ、それゆえ不可解であったのと同じく、正反対の方向から分かりにくいものとなっている。それは必然的に現代の西洋文化における動物倫理とは何か、という設問へ移って行くが、この課題は今後としたい[91]。

---

91) 本稿の初出では最後に「動物倫理の高まりのなかで」の一節を設けて私見を述べたが、その課題はここでは省き、稿を改めて取り上げたい。

II
今日のドイツ民俗学の形成に関わる三つの構想

★

ヘルマン・バウジンガーの経験型文化研究／フォルクスクンデ

はじめに

　筆者は予てドイツ語圏の民俗学の紹介を手がけているが、数年前にヘルマン・バウジンガーの『フォルクスクンデ』の翻訳を上梓することができた[1]。その後も比較的新しい著作である国民性論を『ドイツ人はどこまでドイツ的？』のタイトルで訳出・公刊したが[2]、民俗学の方法論にかかわる面からは『フォルクスクンデ』は紹介における一つの節目であったと考えている。論者バウジンガーにとっても、体系的な著作としては『科学技術世界のなかの民俗文化』[3]を引き継いだ第二の大きな成果であった。ちなみに最初の主要著作『科学技術世界』が刊行されたのは 1961 年で、『フォルクスクンデ』はそ

---

1) ヘルマン・バウジンガー（著）『フォルクスクンデ／ドイツ民俗学 ─ 上古研究の克服から文化分析の方法へ』文緝堂 2010.（原書：Hermann Bausinger, *Volkskunde. Von der Altertumsforschung zur Kulturanalyse*. Darmstadt 1971, Tübingen 19993, 20104）
2) 参照、ヘルマン・バウジンガー（著）河野眞（訳）『ドイツ人はどこまでドイツ的？　国民性をめぐるステレオタイプ・イメージの虚実と因由』文緝堂、2012。原書：Hermann Bausinger, *TYPISCH DEUTSCH　Wie deutsch sind die Deutschen?*　München [C.H.Beck] 2000, 20095.
3) ヘルマン・バウジンガー（著）『科学技術世界のなかの民俗文化』文緝堂 2004.（原書：Hermann Bausinger, *Volkskultur in der technischen Welt*. Stuttgart [Kohlhammer] 1961, 19862, 20053）なおこれに先立って、愛知大学・国際コミュニケーション学会のディスカッション・ペーパー No.2 として刊行して希望者に配布した。

の十年後の 1971 年の出版であった。従って今から半世紀ほど前の議論になるが、ドイツ民俗学の展開を見るには抑えておかなくてはならない里程標にとどまらず、世界各国の民俗学に対しても刺激となってきた。それを日本語で読める状況を目指してきたのである。そのなかで、本稿は主に『フォルクスクンデ』への案内である。したがって以下の記述は、訳書に付した解説と重なるところがある。しかし「解説」では注記を省くほかないなどの体裁の制約があるため、資料への指示を含めるとすれば、稿を改めて呈示する必要があったのである。ちなみに筆者は先に『科学技術世界』を訳し終えたときにも、それを紹介する一文を草して理解の便を企図したが[4]、それと趣旨を同じくする。しかし、ここでも二つの主要著作を中心に、あらためてバウジンガーの民俗学の構想の要点を概観したところがある。

ところで、『科学技術世界』と『フォルクスクンデ』の二著の性格について、簡単な目安を呈示しておきたい。両者は同じことがらを繰り返しているわけではない。そこで指示される文献も、重複がないわけではないが、多くは種類が異なる。バウジンガーがそう明言しているわけではないが、次のような区分を頭に入れておくと分かりやすい。すなわち民俗文化とは何か、その仕組とは、を問うて解明を試みたのが『科学技術世界』であり、他方、民俗文化をいかにとらえるか、それを研究する方法の如何、を探ったのが『フォルクスクンデ』である。それに尽きるとまでは言えないが、目安にはなるだろう。

---

4) 次を参照、河野「バウジンガーを読む ー ＜科学技術世界のなかの民俗文化＞への案内」愛知大学・国際コミュニケーション学会『文明 21』第 2 号（1999）, p.101-118.

1.『フォルクスクンデ / ドイツ民俗学 ― 上古学の克服から文化分析の方法へ』の書誌データと構成

　はじめに、この概説書の目次を挙げる。翻訳は1999年の第三版であり、また今日では2010年にも版が改められているが、目次も内容も初版（1971年）との間に変更はなく、1999年版にも2010年にも、それぞれの時点から見たコメントが追加されているだけである。これはバウジンガーの一貫した姿勢でもある。公刊された著作や論考は、その時点の状況に対する論者の関与であり、同時代との対話的関係とそのドキュメントとしての性格を失わせたくないという考え方である。先ず原著の書誌データを挙げる。

Hermann Bausinger, *Volkskunde. Von der Atltertumsforschung zur Kulturanalyse*. Darmstadt［Carl Habel Verlagsbuchhandlung - Deutsche Buch-Gemeinschaft, C. A.Koch's Verlag Nachf. Berlin/Darmstadt/Wien］1971,（2. Aufl）Tübingen［Tübinger Vereinigung für Volkskunde E. V. Schloß］1979., 3. Aufl. 1999., 4. Aufl. 2010.

次にその部建て、つまり目次である。

　はじめに：事例ではなく問題性
　I. 民俗学史の再検討
　　1. 序曲：人文主義の国民意識
　　2. 啓蒙主義のさまざまな軌跡
　　3. ロマン派の運動
　　4. 神話学と実証主義
　　5. 保守的な社会理論としての民俗学
　　6. 帰結としての極端化：民族体学としての民俗学
　II. 基本概念の批判
　　1. 連続性

2. ゲマインシャフト（共同体）
　　3. 部族
　　4. 仕来り
　III. 名残りとその行方
　　1. 引揚げ民の伝統
　　2. ツーリズムとフォークロリズム
　　3. 反対世界としてのフォークロア
　　4. フォークロリズムと文化工業
　IV. 文化分析への視点
　　1. 対象と機能
　　2. 等価と変容
　　3. 分散とコミュニケーション
　　4. スタンダードとスタンドポイント
　後記：1999 年から見た新たなパースペクティヴ

[1]『フォルクスクンデ』の書き出し
　上の目次は民俗学の概説書にしてはかなり特異であるが、それは民俗事象を分類して説いているのではなく、民俗事象という対象設定とはいかなる行為か、またそれをいかにして研究するか、という研究方法論だからである。民俗学の一般の理解とのあいだでの擦りあわせを通じて学問原理に修正を加えることがめざされる、と言ってもよい。それゆえ、その書き出しは決して修辞ではない[5]。

　一つの学問分野への案内となれば、通常、想定されるスタイルがある。一軒の家に喩えれば、その外観を何度か見ているなら、それをもとに内部に

---
5) 参照、（前掲 注1）バウジンガー『フォルクスクンデ p.3. (序文「はじめに：事例ではなく問題性」)

ついても漠然としたイメージをもっているであろう。やがて、戸が開けられ、中へ招き入れられ、仕切られた空間に通されて、調度類があらわれる。特に間取りは重要で、5室か7室か12室かが分かってはじめて、案内されたことになる。家の内部や細かなところまでは明瞭ではないまでも、その家について知ったことになる。

　本書の章建てを一見すれば分かるであろうが、そういう種類の案内ではない。まったく逆と言ってよい。むしろその家はラディカルな建て替えの真っ最中である。どこに柱があるのかすら分からないほどである。部屋々々の四面の壁すらもはや存在せず、間仕切りも明確ではない。こういう状態を検分するのは刺激的であろうが、見慣れた眼には幾分困難を強いるであろう。……

これが何を意味するのか、を以下、少しときほぐそうと思う、

[2]〈フォルクスクンデ〉概念をめぐる議論から

　先ずタイトルが〈フォルクスクンデ〉（Volkskunde）であることが注目される。この語は、広義では国民学ないしは民衆学の意、あるいは語感から言えばむしろ〈民の知るべ〉や〈民の覚え〉とでも言い表すのが相応しい。幅広く感覚にうったえ、とらえどころのない表現である。しかし耳にした者が、何となく分かった気になる語でもある。狭義では邦語の民俗学にも相当するが、また邦語の〈民俗学〉がそのための専門的な術語の性格にあるのに対して、〈フォルクスクンデ〉は18世紀の最後の四半世紀に出現した一般語と言ってもよい[6]。加えて近・現代史に消長したイデオロギーの大波と幾たびも交錯を経た問題をはらむ語でもある。それがために1970年代には民俗学の意

---

[6] "Volkskunde" の語は1780年代に現れ、特に統計学者による民衆生活の実態調査に用いられたことが指標的であるが、これについては本書所収の次の論考の当該箇所を参照、「〈民俗学〉の形をドイツ語圏の学史に探る」

味でのフォルクスクンデを避けて、種々の改名が行なわれてきた。事実、バウジンガー自身が率いたテュービンゲン大学の民俗学も〈経験型文化研究〉（empirische Kulturwissenschaft）と標榜され、またフォルクスクンデをも併せた表記がなされてきた[7]。それにもかかわらずバウジンガーがその構想を盛った概説書のタイトルに〈フォルクスクンデ〉を掲げたことについては、次のような説明がなされている。

　　本書のタイトルにフォルクスクンデの語を掲げたのも、これに関係している。実は、本書が刊行された頃、すでにテュービンゲン大学の民俗学の組織は「経験型文化研究のためのルートヴィヒ・ウーラント研究所」と名称を変えていた。名称の改変は他所でも進んでおり、文化人類学、地域的文化研究、ヨーロッパ・エスノロジーなど多方面への展開が起きた。したがって分岐に向かって動いていたが、そのなかで敢えて古い名称を選んだことになる。もとより、それには理由がある。すなわち、この専門分野がまとまる一点と（ありとあらゆる問題があるにせよ共通の過去をもつものとしての）その歴史を確かめようとしたのである。

この説明からも明らかなように、バウジンガーが敢えてこれをタイトルに選んだのは、単純な選択ではなかった。それはドイツ民俗学におけるバウジンガーの改革姿勢とも重なっている。ここでも触れられているように、〈フォルクスクンデ〉は、19世紀の前半以降、ドイツ語圏において民俗研究が行なわれるときには共通の旗印であった。グリム兄弟の弟子たちの世代が中心に

---

[7]「経験型文化研究のためのルートヴィヒ・ウーラント研究所」（Ludwig Uhland-Institut für empirische Kulturwissenschaften）：もとはナチスの文化政策の一環としてテュービンゲン大学の一組織として設置され、「フォルクスクンデ（民俗学）のためのルートヴィヒ・ウーラント研究所」（Ludwig Uhland-Institut für Volkskunde）であった。ウーラント (1787-1862) はテュービンゲンに生まれ没したシュヴァーベン・ロマン派の代表的な詩人で、一時期テュービンゲン大学でドイツ語学・文学の教授でもあった。

なって一般化させた神話学的な民俗研究もフォルクスクンデを掲げていたが、それを批判したヴィルヘルム・ハインリヒ・リールもこれを標榜した[8]。しかも両者のあいだには人的な交流はほとんど皆無であった。その事実からも知られるように、フォルクスクンデの呼称は、決まった誰か、あるいは決まったいずれかのグープの専有物でもなかった。しかし互いに交流をもたない人々や思潮が共通性を持つ上での交点でもあった。さらにドイツ全土にまたがる民俗学の学会組織は、19世紀末の成立以来今日にいたるまで、〈フォルクスクンデ〉を、学会名にも、その機関誌にも冠しており、それはオーストリアとスイスでも同様である[9]。それゆえ〈フォルクスクンデ〉を挙げるのは、この名称で行なわれてきた民俗研究の推移を視野におこうとする意図を籠めていた。

しかし近年のドイツ民俗学界では、それが必ずしも理解されない局面も現れている。それは民俗研究が今日では〈ヨーロッパ・エスノロジー〉に言い換えられたこととも関わっている。一例を挙げると、ベルリン（フムボルト）

---

8) 20世紀初めに見直され、その後指標的となったリールの講演「学問としてのフォルクスクンデ」は1858年で、同年他の数篇の論考と併せて刊行された。Wilhelm Heinrich Riehl, *Volkskunde als Wissenschaft*. 1858. その書誌データは本書所収の「〈民俗学〉の形ドイツ語圏の学史に探る—図解の試み」を参照（p.58f.）— またこの講義論文はその後何度も翻刻された。

9) ドイツ民俗学会の前身「フォルクスクンデ組合」はベルリン大学のゲルマニスティクの教授カール・ヴァインホルト（Karl Weinholdt 1823-1901）によって設立され、学界誌は『フォルクスクンデ組合誌』(*Zeitschrift des Vereins für Volkskunde*) のタイトルで1891年に創刊された。第二次世界大戦後しばらく休刊の後、『フォルクスクンデ誌』(*Zeitschrft für Volkskunde*) と改称されて今日に至る。オーストリアではミヒァエル・ハーバーラント（Michael Haberlandt 1860-1940）によってオーストリア民俗学会機関誌『オーストリア民俗学誌』(*Zeitschrift für österreichische Volkskunde*) が1895年に創刊された。スイスではエードゥアルト・ホフマン＝クライヤー（Eduard Hoffmann-Krayer 1864-1936）によって民俗学会の機関誌『スイス・フォルクスクンデ・アルヒーフ』(*Schweizerisches Archif für Volkskunde*) が1897年に創刊されて今日に至る。

大学の民俗学科にあたるヨーロッパ・エスノロジー研究科の教員・研究者組織である「ヨーロッパ・エスノロジー研究所」において、2001年に同大学のヨーロッパ・エスノロジーを回顧し、今後の課題を論じる座談会が開かれた。その座談会記録は最近筆者が翻訳して紹介したが[10]、そこでの話題の一つは、ヨーロッパ・エスノロジーを、フォルクスクンデを引き継いだものと考えるか、それともまったく新しい学問分野であるべきか、という問いであった。フォルクスクンデをめぐる<u>連続性</u>という表現もそこでは現れた。特にベルリン大学ヨーロッパ・エスノロジー研究科の教授であるペーター・ニーダーミュラーが何度かそれを口にした[11]。

　……もう一度考えてみなくてはならないのは、ヨーロッパ・エスノロジーを主要にフォルクスクンデの伝統から導き出すのがストラテジーとして正当なのかどうか、ということです。……事実としても、ヨーロッパ・エスノロジーは、現代化されたフォルクスクンデと解するほかないのかどうか……

　……この専門分野の将来的なパースペクティヴを議論しようとするなら、当然ながら、連続性についても論じなければなりません。しかし、どこまでフォルクスクンデの伝統から導き出さなければならないのでしょうか。むしろ別の視点をさぐるべきではないでしょうか。そして、とりわけ新し

---

10) 参照、河野（訳）「座談会ベルリン・ディスカッション（2001）：ベルリン（フムボルト）大学におけるヨーロッパ・エスノロジーの十年と今後の課題」愛知大学国際コミュニケーション学会『文明21』第30号 (2013), p.89-137. 原著：*Berliner Diskussion 2001: Perspektiven Eruoäischer Ethnologie — Versuch einer Zwischenbilanz, Gespräch zwischen Wolfgang Kaschuba, Peter Niedermüller, Bernd Jürgen Warneken und Gesela Welz, Stefan Beck und Leonore Scholze-Irrlitz*. In: Berliner Blätter — Ethnographische und ethnologische Beiträge, Jg.23 (2001), S.167-190. ;

11) 引用は前掲（注10）p.103, 107, 94.

い研究上のパースペクティヴ、たぶんフォルクスクンデの伝統とはほとんど関係しないような新しいパースペクティヴを切り拓ひらかなくてはならないのではないでしょうか。

その観点から、この論者は、フォルクスクンデの名称にこだわるかのような動きに対して、次のような感想をもさしはさんだ。

テュービンゲン大学での大会において、専門分野のアイデンティティを見出すには〈フォルクスクンデ〉の名称に立ち戻るべきとの声が挙がったことを耳にしたりしますと、懐疑はさらに強まります。……

連続性（Kontinuität）とは、民俗学では習俗行事や信仰心意が古くから近代まで伝統であったり、延命の果てに名残りとなったり、といった継続性が無批判に受け入れられてきたことを指し、またその検証をもとめる姿勢において取りあげられる。他ならぬバウジンガーの『フォルクスクンデ』の一節（先に挙げた目次を参照）がそれを正面から取りあげている。その術語を逆にもちいて、フォルクスクンデの連続性をとがめたのである[12]。ニーダーミュラーは勉学地や研究者歴からはテュービンゲン大学の学派とは関わりが希薄であることもあろうが、ヨーロッパ・エスノロジーの名称が主流になるなか、それは従来のいわゆるフォルクスクンデとは別ものという声が強まっているのも昨今の一面である。しかしまたヨーロッパ・エスノロジーを名乗る研究者たちをも含む結節点であるドイツ民俗学会では、近年でも、たとえば19世紀のフォルクスクンデに改革の姿勢を見せたヴィルヘルム・ハインリヒ・リー

---

12) これは民俗学にとどまらず、歴史学が古典古代（古代ギリシア・ローマ）とその後の接続の如何を問題にしてきたエポックが背景となっている。またバウジンガーの著作を刺激としてドイツ民俗学会がこれをテーマにした。これについては本書所収の「生物供犠と遊戯の間」への注73を参照。

ルをどう見るかがシンポジウムになったりしている[13]。〈フォルクスクンデ〉という呼称をめぐる議論は、これまでもそうであるが、今後もさまざまな問題関心が表面化するときの係争点の一つではあろう。

[3]〈民のいとなみ〉の概念

　これと重なる問題性は、ドイツ民俗学におけるもう一つの伝統的な用語 "Volksleben" についても言い得よう。バウジンガーは同じ視点から、その企画編集してきたテュービンゲン大学の民俗学研究所にあたるルートヴィヒ・ウーンラント研究所が刊行する叢書を〈フォスルクスレーベン〉と名付けた[14]。〈民のいとなみ〉とも〈民のいのち〉とも〈民の暮らし〉とも訳せるが、民俗学の対象とされてきた民衆像への型にはまった表現で、19世紀後半に民俗学がブームとなった頃から書物の他タイトルにも文章のなかでもさかんに用いられてきた。これまた"Volk"を基礎にしてつくられた合成語で、やはり〈フ

---

13) たとえば2005年にドレスデンで開催された第35回大会では、テュービンゲン大学教授ベルンハルト・チョーフェンが中心になってヴィルヘルム・ハインリヒ・リールの再評価についてシンポジウムが企画された。参照、Thomas Hengartner und Johannes Moser (Hg.), *Grenzen & Differenzen: zur Macht sozialer und kultureller Grenzziehungen: 35 Kongress der Deutschen Gesellschaft für Volkskunde. Dresden 2005.* Leipzig 2006.

14) バウジンガーはテュービンゲン大学民俗学教室とルートヴィヒ・ウーラント研究所を主宰すると共に、共同研究や大学院生の論文発表の機会のために1964年から"Volksleben"のタイトルで叢書の刊行をはじめた。その叢書は、初年度の1964年には第一号として『20世紀の通俗的な家庭小説と恋愛小説』(Dorothee Bayer, *Der triviale Familien- und Liebesroman im 20. Jahrhundert*. Bd1)のタイトルによる通俗文藝の研究など6点が刊行され、次いで1965年はファスナハト研究など5点、1966年も4点というように、刊行の経過もかなり高密度であり、取りあげられた研究テーマではドイツ民俗学界に新しい視点を導入する種類が相次いだ。今日もテュービンゲン大学の民俗研究の指標的な叢書であり、2012年には第130号まで刊行されている。また今日では、同研究所の刊行物は幾つかの種類に分けて行なわれるようになっている。

ォルク〉がドイツ人には、中身はあいまいながら実感に富んだ語であることに依拠している。バウジンガーは、民俗学の学史において多用されてきたことを踏まえて、敢えて過去の負の遺産をも直視するという反語性をこめてこれを採用した。

　事実、"Volkeleben" は民衆の様子を指すときには、ごく普通に使われ、多くの場合、そこにはふるさとや土の香りといった視点がより添っている。文学作品でもそうであり、たとえば19世紀後半の農村ロマンティシズムの作家ペーター・ローゼッガーが1870年に発表した『シュタイアマルクの民のいとなみ』はその代表作の一つとなっている[15]。フーゴ・フォン・ホフマンスタールにも『ギリシア：その建築・風土・民のいとなみ』という写真家の作品集への解説がある[16]。民俗学の書物や報告書でこの語をタイトルにしたものとなれば何百とあって数えきれるものではない。古典的な一書を挙げれば、バーデン地方において比較的早く、また総合的にまとめられた民俗調査にフーゴ・マイヤーの『十九世紀のバーデンの民のいとなみ』がある[17]。その後も多くの民俗研究者がこの語をもちいてきた。改革志向の代表者でも例外ではなく、カール＝ジーギスムント・クラーマーは、代表的な研究成果『アンスバッハ伯領領邦とその周辺地域における1500-1800年期の民の営み』をはじめ幾つかに "Volksleben" を冠した[18]。インゲボルク・ヴェーバー＝ケラーマンも、『ヘッセンの民のいとなみ1970年』を共同執筆者と共に上梓し、またそのタイトルによる記録映画のシリーズを製作ないしは指導した[19]。

---

15) Peter Rosegger (1843-1918), *Volksleben in Steiermark*. 1870.

16) Hans Holdt & Hugo von Hofmannsthal, *Griechenland: Baukunst, Landschaft, Volksleben*. Berlin 1923.

17) Hugo Meyer (1837-1908), *Badisches Volksleben im neunzehnten Jahrhundet*. Straßburg [Trübner] 1900, Reprint: Stuttgart 1984.

18) Karl-Sigismund Kramer, Volksleben im Fürstentum Ansbach und seiner Nachbarlandschaften (1500-1800). Eine *Volkskunde auf Grund archivalislcher Quellen*. Würzburg 1967.

19) Ingeborg Weber-Kellermann und Walter Stoll, *Volksleben in Hessen* 1970. Göttingen 1971.

ただし K.-S. クラーマーやヴェーバー＝ケラーマンは、〈民もいとなみ〉の語をもちいるときには説明を添えている。それが一般語であることにも考慮しつつ、意味を限定し、使用における留意点を明記している。同じことがバウジンガーについても言えるのである。バウジンガーがその主宰する研究報告シリーズに「フォルクスレーベン」の叢書名をあたえたのは、上記の〈フォルクスクンデ〉と同工の語法であった。それゆえ、そのシリーズの第 27 冊には『フォルクスレーベンとの訣別』というシンポジウム記録も入っているくらいである[20]。これはフォークロリズムに関するシンポジウム記録をも含み、ヘルマン・バウジンガーが主宰したテュービンゲン学派の方法論にとって里程標となったもので、日本でも早く坂井洲二氏によって「さらば民俗よ」という訳語で言及されたことがある[21]。

　こうして見てゆくと、〈フォルクスクンデ〉や〈フォルクレーベン〉をもちいるに際して、バウジンガーが高度の方法意識を以て臨んでいることが分かってくる。特殊な学術語を新造ないしは借用すればかなり区切りのはっきりした定義が可能になるかも知れない。しかし表現には一般語彙を欠かすわけには行かない。概説書のタイトルは、学問分野の推移を問題的な過去をも含めて視野におさめようとする工夫でもあった。

2. バウジンガーの初期の活動とドイツ民俗学の改革への志向

[1] 第二次世界大戦のドイツ民俗学におけるバウジンガーの位置の概略

　ヘルマン・バウジンガーの仕事は、後年になるほど多彩になってゆくが、その中心は民俗研究であった。ここでもそれに話題を絞るが、バウジンガーが広くインパクトをあたえたのには幾つかの理由がある。一つには、ドイツ

---

20) *Abschied vom Volksleben*. Tübingen 1970. (Volksleben, Bd.27).
21) 参照、坂井洲二『ドイツ民俗紀行』法政大学出版局 1982, p.106.

語圏の民俗研究のなかでバウジンガーの改革的な理論が事態の核心にせまるところがあったからである。二つには、バウジンガーが取り組んだ課題は、ドイツ語圏を対象にした民俗研究であることを超えて、多くの国々や地域に共通な動向とふれ合ったことである。これらについて、筆者はこれまでも折にふれて解説をおこなってきた。なかには、やや踏み込んであつかったものもあるため、ここではかいつまんで案内するにとどめる[22]。

　ドイツ語圏の民俗学（ドイツ民俗学と略す）は、グリム兄弟の弟子たちの営為にはじまるドイツ民俗学会の主流に、他の幾つかの異なった刺激や系統が重なって19世紀後半以来展開を遂げてきた。細部を端折って簡単にその一面を挙げると、ドイツ民俗学の推移における大きな問題の一つに、ナショナリズムとの交流を濃くし、最後はナチズムとの相乗に陥ったことへの反省がある。それは、必ずしも学界の内部だけの問題意識ではなく、第二次世界大戦直後には、民俗学とも訳される〈フォルクスクンデ〉をめぐって、隣接分野の識者のなかには無用論をぶつ人もあらわれた。そうした状況のなかで、学問としての民俗学の再建を指導したのは、ナチス・ドイツ期にも節を曲げず、迫害にもめげなかった少数の気骨のある学究たちであった。ヴィル＝エーリヒ・ポイカート（Will-Erich Peuckert 1895-1969 ゲッティンゲン大学教授）やレーオポルト・シュミット（Leopold Schmidt 1912-81 ウィーンのオーストリア民俗博物館長）、またナチズムとは直接ふれずに過ごし得て思想的にもその時流に流されなかったスイスのリヒァルト・ヴァイス（Richard Weiss 1907-62 チューリヒ大学教授）などである。これらの人々や、それ以外でも時代潮流に迎合せずに地道に学問にはげんでいた研究者たちによって、第二次世界大戦後のドイツ民俗学はともかくも再建に向かった。カトリック教会系の民俗研究の代表者ゲオルク・シュライバー（Georg Schreiber 1882-

---

22）以下に略述する学史は次の拙著においてやや詳しく扱った。参照、『ドイツ民俗学とナチズム』創土社 2005、特に第2部「第二次大戦後のドイツ民俗学とナチズム問題」

1963 ミュンスター大学神学部教授）も、ナチ時代に迫害に耐えた大きな存在として戦後もなお学術分野の一角に場所を占めていた。

しかし事はそれではおさまらなかった。民俗学という学問自体の存立基盤を洗い直す必要があるとの認識が強まったのである。なおここで言い添えるべきは、バウジンガーの世代的な位置である。先に挙げた学究たちは、戦後のいわば第一世代である。それに対してバウジンガーは次の第二世代にあたる。バウジンガー個人の経歴について言えば、ドイツの敗戦の間際に19歳で徴兵されてフランス戦線に配属され、ドイツの降伏によって捕虜となる経験を経て、1946年に復員して大学で勉学をはじめた。研究者としての自己形成が戦後であったために、前代の遺産をひきずっていたり、しがらみにとらわれる度合いは小さく、むしろ自己のかかわる学問領域の全体を批判的に見はじめた世代である。折から、戦後ならではの新思想も強烈であった。大学へ入り、ゲルマニスティク（ドイツ語学・文学研究）の分野で勉学をはじめたバウジンガーが最も強い影響を受けた刺激の一つは、1947年に主著『啓蒙の弁証法』[23]をホルクハイマー（Max Horkheimer 1895-1973）と共に刊行したアドルノ（Theodor W [iesengrund] Adorno 1903-69）の社会批判であった。とりわけその大衆文化論である。それがよくうかがえるのはアドルノとホルクハイマーの造語とされる〈文化産業〉（Kulturindustrie 文化工業）であろう[24]。

バウジンガーの民俗学には、アドルノの大衆文化批判を受け入れ、その上

---

23) 参照、マックス・ホルクハイマー／テオドール・W・アドルノ（著）徳永恂（訳）『啓蒙の弁証法：哲学的断想』岩波文庫 1990．（原書：Max Horkheimer / Theodor W. Adorno, *Dialekt der Aufklarung. Philosophische Fragmente*. Amsterdam 1947.）

24) なお"Kulturindustrie"はアドルノとホルクハイマーの造語とされているが、視点はともかく術語に限定すれば、1867年のパリ万博における民間工藝（民藝）の扱いをめぐって用いられたことがある。参照、Julius Meyer, *Das Kunstgewerbe auf Weltausstellung von 1867*. In: Zeitschrift für Bildende Kunst, Bd.3 (1868), S.14-18, 38-45, hier S.15. これは筆者が"Volkskunst"をめぐる議論を追っている過程で気づいたものだが、他にも用例はありそうである。

で独自の観点を探ったことが本質的と意味をもっている。概括的に言えば、後者が大衆文化に全体として否定的で、また外からの鋭利な観察者であったのに比べて、前者は民衆文化の内部に分け入って必然性と論理をたずねたところにある。アドルノに対するバウジンガーの立場について、筆者は別に論じたことがある[25]。

[2] 学位論文「口承文藝の現在」

　バウジンガーの最初のまとまった著述はゲルマニスティクの分野で書かれた口承文藝の研究で、それが学位論文であった[26]。そのなかですでにバウジンガーは、通常の口承文藝研究とは趣の異なった視点を提示していた。それは一口に言えば、伝統社会では存在したとされる昔話の語り手がほとんど消滅した状況のなかでの口承文藝の実態に注目し、その状況を説明できる理論をさぐったのである。辺鄙な村落ですら、老人や老婆が孫たちを相手に昔話を語り伝えるといった伝承形態は消滅し、昔話はむしろ絵本や映画で伝達されるようになった。また語り伝えがみとめられる場合でも、その昔話は、素朴に耳から耳へと伝えられるものに限定されず、外国の作品も特に区別されることなく語り手のレパートリーに入るのである。しかしまた口承によるフィクションは、人間の社会生活では無くなりようがないことをも、バウジンガーは見逃さなかった。そして、そうした現代の位相に重点をおいたときの理論をさぐったのである。

---

25) 次の拙著所収の論考を参照、河野『フォークロリズムから見た今日の民俗文化』p.195-360:「ナトゥラリズムとシニシズムの彼方 ― フォークロリズムの理解のために」、特に p.218-244.:〈文化産業〉から見たフォークロリズム」
26) Hermann Bausinger, *Lebendiges Erzählen. Studien über das Leben volkstümlichen Erzählgutes aufgrund von Untersuchungen im nordöstlichen Württemberg*. Mschr. Tübingen Diss.1952.「現代に生きる語り物 ― ヴュルテムベルク北域での調査にもとづいた民衆的な語り物の生命について」

[3] 引揚げ民の民俗学への参画

　次いでバウジンガーが着手したのは、引揚げ民をめぐる民俗学であった[27]。ナチス・ドイツの瓦解の前後に、東欧に広く分布していたドイツ人は、数百年も培った定着の地を追われて、今日のドイツとオーストリアの国境内へ避難し、あるいは強制的に移住させられた。その数は一千万人を超えたが、それは当然にもひろく社会に流動性をもたらした。それと共に、大きな人口移動は、さまざまな分野の研究対象となった。民俗学もその一つで、〈引揚げ民の民俗学〉という一分枝が提唱されたのである[28]。バウジンガーは当時テュービンゲン大学の助手であったが、後輩のヘルベルト・シュヴェート（Herbert Schwedt 1934-2010 後にマインツ大学教授として民俗学科を主宰）とマルクス・ブラウン（Markus Braun 後に牧師）と共に、学生10数人と共に調査研究をおこなった。そこでバウジンガーが手がけたのは、引揚げという社会的に大きな事件が相次いだ時期そのものではなく、1950年代後半であったが、その時代的な差異もあって、先行する引揚げ民民俗学の成果とは趣の異なるものとなった。

　それまでの引揚げ民民俗学は、引揚げという要素から出発していた。バウジンガーは、この一見当然と見える出発点を批判した。すなわち大量の引揚げ民の発生とその西ドイツ地域への流入という研究をうながした基本要素が、

---

27) Hermann Bausinger, Markus Braun und Herbert Schwedt（Hg.）, *Neue Siedlungen. Volkskundlich-soziologische Untersuchngen des Ludwig Uhland-Instituts*. Stuttgart［Kohlhmmer］1959, 2.Aufl.:1963. 河野による次の抄訳を参照、「新しい移住団地 — 東ヨーロッパからのドイツ人引揚げ民等の西ドイツ社会への定着に関するルートヴィヒ・ウーラント研究所による民俗学・社会学調査」愛知大学国際問題研究所『紀要』第94, 96, 98, 99号（1991-93）

28) 提唱者ならびに初期の主要な研究者には、アルフレート・カラーゼク＝ランガー（Alfred Karasek-Langer 1902-70）がおり、またミュンヒェン大学で民俗学を主宰したヨーゼフ・ハニカ（Josef Hanika 1900-63）もオピニオン・リーダーであった。この両者では学術性が勝っているが、引揚げ民の失地回復を煽るような感情的なリーダーも少なくなかった。

逆に観察者の目をくもらせ、延いては客観性を標榜する調査結果そのものにゆがみをもたらした、とバウジンガーは考察した。

　もっとも、バウジンガーも、引揚げという行動そのもの、また引揚げ民の行動形態について独自の整理を試みてはいた[29]。それは特に〈順応〉をめぐる姿勢である。すなわち、引揚げ民の移住地への順応について、一つの軸として故土への〈固執〉と移住先への〈溶け込み〉を、他の軸として〈ナイーヴ〉（素朴）と〈ゼンチメンタール〉（情感）を指標として整理したのである。たとえば、ハンガリーから旧ユーゴスラヴィアにかけて居住していたドイツ人のなかでも、農村住民の場合、生活の必要上から近隣の他民族との接触が日常的であったために客観的に状況をとらえる姿勢が根づいており、従って〈ナイーヴ〉（率直・平静）である。それに対して、都市住民は同じく接触をもっていても他民族に関する見方が観念的であるために〈ゼンチメンタール〉（情感的）となる傾向があり、従って、そこから新しい移住地での対応にも差異が生じるとしている。この評価は、村落民と都市民の差異をめぐる一般の先入観とはことなったものでもあったろう。

　これと並行してバウジンガーは、引揚げ民の集住地に起きる諸現象は、何よりも現代に共通の趨勢であり、引揚げ民ゆえの行動や思想と側面を強調するのは事態を見誤るとも考えた。バウジンガーはこの移住団地の研究で、流入民を対象としながらも、むしろ現代社会の一般動向について多くのデータを得たのである。この『新しい移住団地』は一般的にも好評をもって受けとめられ、民俗学界におけるバウジンガーの存在を印象づけるものとなった。

---

29) 参　照、Hermann Bausinger, *Beharrung und Einfügugn. Zur Typik des Einlebens der Flüchtlinge*. In: Jahrbuch für Volkskunde der Heimatvertriebenen, 2 (1956), S. 9-16. なお、„naiv" と „sentimental" はフリードリヒ・シラーの有名な文藝論「素朴文藝と情感文藝」(Friedrich Schiller, *Über naive und sentimentale Dichtung*. 1795) 以来、ドイツ文化においては人間の基本的な姿勢の二類型とみなされてきた伝統があり、それを踏まえている。

[4] 科学技術世界のなかの民俗文化

　同じ年すなわち 1959 年に、バウジンガーは、予(かね)て進めていた教授資格申請論文として『科学技術世界のなかの民俗文化』をテュービンゲン大学に提出した、タイトルがすでに画期的であるが、そこで中心になっている考え方として 3 点を挙げておきたい。

　一つは、ドイツ語圏の民俗学が、ナチズムに傾斜したことへの批判的な取り組みである。戦後、民俗学の再建と社会的な信用回復に努力した第一世代は、ナチズムへの傾斜をめぐって学界の一部の誤った志向やその方向のリーダーたちに原因をもとめた。また多数の半可通や好事家の〈通俗民俗学〉にアカデミズムが引きずられたといった論もさかんであった。それに対してバウジンガーは、ナチズムへの傾斜は、民俗学が発生したときからの根本に由来すると考えた。すなわち、19 世紀半ば頃からの近代社会の進展に対する〈保守的な処方箋〉が民俗学であった、と言う[30]。それゆえ、ナチズムへの合流は本質的・宿命であり、学問の存立基盤を根本から考え直す必要があるというのであった。

　要点の二つ目は、従来の民俗学における対象設定の限界である。すなわち、民俗学は過去の文物を回顧的に取り上げるための手法を磨いてきたが、反面、社会の現実の動向に目をそらし、時には反撥の感情に学問的な裏づけをあたえさえしてきた、と言う。それは、現代社会の状況に取り組むための視点も術語も欠いていることとも重なっている、とも指摘する。たとえば、農民・農村を対象にした視点や術語で都会的な諸現象や現代の様相をとらえるのは無理があるということでもある。

　三つ目は、これらを解決するためのキイを何にもとめるか、という課題で

---

30) この点ではドイツ民俗学会の機関誌に発表されたバウジンガーの論考「伝統概念の再検討 — 民俗学の現状に因んで」がよく知られ、学史の面からも大きな意味をもつ。参照、Hermann Bausinger, *Kritik zur Tradition. Anmerkungen zur Situation der Volkskunde*. In: Zeitschrift für Volkskunde, 65 (1969), S.232-250.

ある。バウジンガーによれば（これはまことに説得的な指摘であるが）、民俗学はこれまでその対象とする伝統的な文物が縮小し、名残りにすぎなくなるのを歎き、また名残りの文物をいとおしむことによって一般の賛同を得てきたが、そのとき民俗・伝統文物の縮小の原因として決まって挙げられるのは、科学技術の進歩、すなわち科学的な技術機器の普及であった。電灯、汽車、電話、自動車、農機具、また医学知識や医療機器の浸透、合理的な思考、これらが、伝統的な生活様式を消滅に追いやったというのである。たしかにコンバインで刈り取りをするようになると、刈り取り鎌をめぐる多彩な民俗は消滅に向うであろうし、近代医学にもとづいた治療方法や医薬が普及すれば民間療法は不用になる、という具合である。しかし、民俗の消滅をなげくとき、その主因ないしは犯人として科学技術が決まって挙げながら、民俗学は科学技術を一度も正面から考察したことがなかった、と言う。それはまた至極当然な疑問へと進んでゆく。科学技術が民俗を消滅させるというのは本当であろうか、という問いである。これに対して、オートバイが普及すると、オートバイや自動車をめぐる迷信や迷信を取りこむかのようなアネクドートがいくらも発生している事実がある。たとえば乗り手を死亡事故に巻きこんでは売り飛ばされ、次の乗り手をもとめて漂流する〈不吉なオートバイ〉、あるいは同乗者となりながらいつしか姿を消す〈消えたヒッチハイカー〉。後者はアメリカの民俗研究家が編んだ収集成果のタイトルでもある[31]。あるいは、高度な技術機器にたずさわる職種の人々が縁起をかつぐのもめずらしくない。

　　たいてい、感じの悪い、うさん臭い人たちです。何よりも、おそろしく迷信深い連中です。幸運の豚や鳥のマスコットを持ちこんだり、あちこちに三度唾を吐いたり、無事故のパイロットの手袋をはめたりします。

---

31) 参照、ブルンヴァン（born 1933 著）大月隆寛・重信幸彦・菅谷裕子（訳）『消えるヒッチハイカー —都市の創造力のアメリカ』新宿書房 1997（原書：Jan Harold Brunvand, *The Vanishing Hitchhiker*. 1981）.

これはバウジンガーが引用している事例で、トーマス・マンの小説のなかで交わされる会話だが、飛行機のパイロットが話題なのであるである[32]。
　バウジンガーは、これらも含めて多くの事例をあげながら、科学技術と民俗文化との関係をときほぐした。その中身にはここでは立ち入らないが、そのときのバウジンガーの方法論において注目すべきは、生活者にとって、あるいは日常生活にとって科学技術とは何かと問うたことである。そこで行なわれたのが、〈科学技術〉そのものと〈科学技術世界〉という二つの概念の措定であった。科学技術そのものとは、具体例をとるならテレビを成り立たせている科学技術的な仕組みである。しかしテレビの視聴者は、その仕組みを知っているわけではなく、知る必要もない。すなわち生活の場では、自分がかかわっている技術機器は、科学技術に関する知識のかたまりとして存在するわけではない。先ずはただの道具である。斧や鍋と同じく道具である。〈道具存在〉についてはマルティーン・ハイデッガーが原理的な考察をおこなっていたが、バウジンガーはそれをも踏まえつつ、〈身体の延長〉としての道具と、技術機器の道具性の限界を指摘した。またそこから、故障と故障の予感の一般化を境界とする技術機器の特性に着目して、人間と技術機器との交流の解明に向った。
　バウジンガーの〈科学技術世界〉とは、技術機器が道具として一般的となっている場を指している。もちろんいつの時代にも、その時代なりの科学技術世界があったが、近・現代社会の特質は、科学技術世界が生活の基本的な位相となっていることにある。具体的には、電車や自動車や電話やテレビや農機具や、その他さまざまな電化製品が、あたりまえの生活環境となっている位相である。逆にみると、そこでは民俗学が相手どるような伝統的な俗信・迷信あるいは文物は、もはや生活の基本でもではなく、また最も関心を惹くものでもなく、周辺的かつ断片的である。かかる構図にあるものとしての生活世界と伝統文化のあいだにはいかなる動きが起きるのか、すなわち〈科学

---

32) 参照、（前掲 注3）バウジンガー『科学技術世界のなかの民俗文化』 p.52.

技術世界なかの民俗文化〉の解明を試みたのである[33]。しかもそれを、当時ドイツ民俗学界で話題になっていた3つのキイワード、空間・時間・社会に沿って考察した。科学技術世界のなかの民俗文化の空間的な動きの仕組み、時間軸における特徴、そして社会構成との関わりである。

なお付言すれば、この三次元は、スウェーデン学派によるマンハルト＝フレイザーの民俗学への批判の過程で提唱された[34]。カール・ヴィルヘルム・フォン・シイドゥ（Carl Wilhelm von Sydow 1878-1952）が開拓しアルベルト・エスケレード（Albert Nilsson Eskeröd 1904-1987）によって一応の完成を見た批判活動のなかで、特にエスケレードが民俗文化の相互連関が有意であるためには、空間・時間・社会の軸に沿って資料の相互関係が実証可能かどうか問われねばならないことを論じたのである[35]。またその見解は1950年代にヴィル＝エーリヒ・ポイカート（Will-Erich Peuckert 1895-1969）によってドイツ民俗学界に紹介されて、折から低迷からの脱却を模索していた民俗学の方法論議を刺激した[36]。しかしバウジンガーがこの三次元を言うのは、その延長線上ではなく、その議論を踏まえつつ学術的な客観性を得る上での一般的な規準としてであった。民俗事象の変容における一般的な法則を得るためにこの三次元において考察したのである。

この最初の主要著作は、今なお話題になるほどの反響を呼んだ。出版から

33）これを解説し応用を試みた次の拙論を参照、「現代社会と民俗学」（前掲 注25）『フォークロリズムから見た今日の民俗文化』p.72-86.
34）『金枝篇』などで知られるフレイザー（James George Frazer）とその先行者であるヴィルヘルム・マンハルト（Wilhelm Mannhardt）のネオロマンティシズムの民俗観を批判したのはスウェーデンの1930年前後からの若手・中堅の研究者であったが、これについては次の拙著を参照、『ドイツ民俗学とナチズム』第一部「ナチズムとの関わりかみたドイツ民俗学の諸相」第一章「民俗学における個と共同体」；また本書所収の拙論を参照、「生物供犠と遊戯の間」第9節4項：マンハルト＝フレイザーの民俗論。
35）参照、Albert Nilsson Eskeröd（1904-1987）, *Folkliv.* Stockholm 1947.
36）参照、Otto Lauffer u. Will-Erich Peuckert, *Volkskunde.* 1955.

まもなくあらわれた書評と論評は、ドイツだけでなくアメリカの社会学界など各国もふくめると100種類にも及んだ。簡単に言えば、民俗学が現代の事象や文物に取り組む上での方法論が姿をあらわしたのである。もとより、それを当てはめれば解答が引きだせる方程式のようなものではないが、現今に重点をおいた姿勢であり、物の見方であった。

[5] フォークロリズムと民俗事象の担い手

かくしてドイツ民俗学は新しい動きへの手がかりを得ることになったが、そうした反応のなかの際立ったものにフォークロリズムという概念の提唱があった。バウジンガーの『科学技術世界のなかの民俗文化』を真剣に読んだ一人に戦後の歴史民俗学の定礎者ハンス・モーザー（Hans Moser 1903-90）がいた。バウジンガーより20年以上の年長であり学派を同じくするわけでもないことから、その柔軟性と度量に感心するが、ハンス・モーザーは、バウジンガーの理論をその長年手がけてきたフィールドワークの現場の事情に適用したのである。すなわち、民俗事象の非常に多くが、それと一体になっているとされていた意義や機能において大きな変化をきたしていることを指摘したのである。たとえば、穀物の豊穣を願って行なわれるとされてきた行事が、現実にはもはや農民によって担われるのでないといった変化である。

その際、折から盛んになった民俗学の知識もそこに入り込んでいる。また民俗行事の昔の意味合いや機能に変化をきたしていることは、むしろそれが普通と言ってもよい。民俗の担い手をめぐるかかる動向にバウジンガーは、むしろ民俗をめぐる伝承の本質的なものをみていたのである。それはまた、数十年にわたって地域の実態調査と文献資料の精査にたずさわっていたハンス・モーザーの認識と期せずして重なった。ハンス・モーザーはそうした変質に〈フォークロリズム〉の呼称をあたえた。バウジンガーの『科学技術世界のなかの民俗文化』が刊行された翌年の1962年のことであり、またそれをいっそう丁寧に論じた第二論文を1964年に発表した[37]。これは、バウジンガーの理論の刺激が生産的かつ鮮やかに結実した最初の事例でもあった。バ

ウジンガーも、学界の長老の一人が柔軟な受け入れを示したことに感動し、以後、両者の協力関係が深まった。なおフォークロリズムは日本でも注目されており、筆者も何度か解説を加えたことがあるため[38]、これ以上は触れないが、『フォルクスクンデ』では二つの節がフォークロリズムを見出しに掲げていることに注意を促したい。それらは、ハンス・モーザーの参画を受け入れて、バウジンガーがそこから自説を敷衍したという性格にある。

[6] フェルアイン／フェライン（クラブ／組合）への着目

これにちなんで言い添えれば、バウジンガーは民俗学にかかわった最初期から、近・現代社会の集団形成に注目していた。バウジンガーが学会誌に発表した最初期の寄稿の一つに「民俗研究の対象としての倶楽部（組合）について」という研究ノートがある[39]。日本語の巧みな当て字である倶楽部があてはまるかのごときその種の団体は、ドイツ語では〈フェルアイン／フェライン〉（Verein）と呼ばれる。

民俗行事の担い手では、民俗研究のなかでは、通常、日本の宮座や頭屋組織や講集団に照応する面もみられる町村の肝入りたちの参事会（Gemeinderat）、隣人組（Nachbarschaft）、教会寄合（Kirchenkonvent）、兄弟団

---

37) Hans Moser, *Über Folklorismus*. In: Zeitschrift für Volkskunde, 65 (1962), S.123-345.; Ders., *Folklorismus als Forschungsproblem der Volkskunde*. In: Hessische Blätter für Volkskunde. Bd.55 (1964), S.9-57. 後者への拙訳を参照、 ハンス・モーザー「民俗学の研究課題としてのフォークロリズム」（前掲 注25）『フォークロリズムから見た今日の民俗文化』p.363-448.

38) 次の拙論を参照、「フォークロリズムの生成風景」（前掲 注25）『フォークロリズムから見た今日の民俗文化』, p.87-106, 特に 91-93.；またハンス・モーザーが提唱した＜フォークロリズム＞概念が学界で無視されていたことに対して発言した記録には次のものがある。参照、 Hermann Bausinger, *Zur Kritik der Folklorismuskritik*. In: Populus Revisus. Tübingen: Tübinger Vereinigung für Volkskunde e.V.Schloß 1966.

39) Hermann Bausinger, *Vereine als Gegenstand volkskundlicher Forschung*. In: Zeitschrift für Volkskunde, 55 (1959), 98-104.

(Bruderschaft)、信心会（Kongregation）などが取り上げられてきた。また中世以来の職業団体としてツンフト（Zunft）やギルド（Gilden）があり、これは日本の座に当たるところがある。さらに祭り行事などでは、村では未婚の若い男性が担い手になることが多く、若者組（Burschen）も注目されてきた[40]。これらの伝統に対して19世紀前半から急速に広まりをみせたのが、その形成において諸個人の自発性の度合いが高い団体である倶楽部（クラブ）であった。最も数多くつくられたのは、体操クラブ（Turnverein）と歌唱クラブ（Gesangverein）で、どちらもナショナリズムを帯びた団体であった。やがてそれらの多くは（そう名乗るかどうか別として）ふるさとクラブの性格を帯びた。19世紀を通じて、多くの民俗文物が〈保存〉されるようになるが、その担い手はこうしたクラブ（組合）であり、それは今日まで続く趨勢でもある。別の面から言えば、民俗行事の多くは、保存会が維持するものとなったのである。たとえば、ファスナハト、つまり今日ではカーニヴァルの名称で知られている冬季の代表的な祭りでは、それを担うグループは〈ツンフト〉つまり座を名乗ることがある。中世に遡る職能団体の通称であるが、それを冠した団体がまったく新しく結成されることも多く、また祭りの担い手グループの連携組織として〈ツンフト連合〉などが成立している。つまり名称は伝統的であるが、中身はクラブなのである。それは教会周辺の民俗行事でも例外ではなく、信仰を核とする奉賛会の場合でも伝統保存の意識が寄り

40）未婚の若い男性が種々の民俗行事の担い手になるのは、実際的な必要性に加えて、家庭に縛られていず幅広い可能性をもっているからであり、また種々の行事を通して若い女性との結婚相手として機会をもち、さらに相性や能力を査定される存在という面があるであろう。これは今日の穏当な理解であるが、若い男性のグループ分けにおいて年齢の要素が広く見られることから、年齢階梯制として軍事的な性格が強調され、またそれは古ゲルマン時代の信奉の名残りといった解釈がなされた。これについては、レーオポルト・シュミットがその民俗学史（1951）において批判を加えた。参照、レーオポルト・シュミット（著）河野（訳）『オーストリア民俗学の歴史』名著出版 1992, p.214.（原書：Leopold Schmidt, *Geschichte der österreichischen Volkskunde*. Wien 1951）

添っていることが多い。また保存会が担うことは、言い換えれば、民俗行事の文化財としての意義を認識することでもある。

[7] ファスナハト研究

　バウジンガーがテュービンゲン大学の民俗学科を主宰すると共に、学科と照応する教員・研究者・組織「ルートヴィヒ・ウーラント研究所」の叢書として「フォルクスレーベン」が刊行されたことは先にふれた。創刊は1964年で、その多くは学生の研究成果、とりわけ学位論文に書物の形態をあたえて研究者を育成することが意図された。ちなみにドイツの大学の学位論文は、学生の自主性に配慮しつつも、テーマの選択では主任教授が指導することが多い。その点から見ると、叢書に実現された多彩なテーマはバウジンガーの世界と言ってもよいところがある。テーマの大多数はバウジンガーがどこかで言及した着想の具体化という性格を持っている。その実際をみると、民間療法や聖者崇敬などの伝統的なテーマとならんで、読み切り小説や西部劇や流行歌や、さらにテレビ番組の製作にかかわるテーマなどが入っている。研究の進め方では、フィールドワークと報告書づくりが重視されたのは〈経験型文化研究〉の持ち味であった。また研究調査のテーマの幅が広がったことによって、そこで学んだ者に、それまでの民俗学に比べてはるかに多彩な分野への進出を可能にした。そのさい重要なのは、調査対象の拡大を可能にするような視点と方法論をバウジンガーが確立していたことである。著作で言えば『科学技術世界のなかの民俗文化』によって呈示された民俗学にあり方であり、それは現代民俗学の標榜がしばしばそうであるような焦りや目移りを脱却していた。それが教育課程としても実現されたのである。

　そうしたなかで、バウジンガーが重点的に手がけた一つにファスナハト研究があった。ファスナハトとは、カーニヴァルの伝統的な形態への南西ドイツにおける呼称である。今これを特に挙げるのは、バウジンガー自身はファスナハトを正面から掲げた研究をまとめていず、その指導した主に大学院生たちや若手の研究者に発表させたからである[41]。研究所の叢書「フォルクス

レーベン」(1964年創刊)の始まった頃、バウジンガーは後進たちによるファスナハトの調査研究に特に力を入れたが、それに先だって、すでに『科学技術世界』(1959年提出1961年刊行)のなかで、ファスナハトは、それまでの民俗学とは異なった視点から何度もとりあげていた。大学院生たちの調査報告は、基本的にはバウジンガーの視点を対象に則してさらに調査を重ねて具体化したという性格にある。しかもそれは、従来の考え方を大きく修正するものでもあった。以下にその要点を挙げる。

一つは、やや土俗的な様相を呈すると見えるファスナハトは、ロマン派の流れを汲む民俗研究では上古ゲルマンの宗教性や神秘的な人的結社につながるものと見られ、また類似の観点から農村習俗が土台であるとも説かれてきた。その見方は、農村習俗に社会の基盤を説いたナチズム民俗学の一翼をになうことにもなった。しかし実証的な研究は、ファスナハトが都市の職人団体に発することを示している。それは広くみれば、教会や宮廷から民間へという民俗文化の一般的な経路と方向を同じくする動きでもあった。「フォルクスレーベン」叢書の一冊として刊行されたハンス＝ウルリッヒ・ロラーの『ニュルンベルクの仮面者跳梁行事』(1965年)[42]は実証的な歴史研究の性格を併せもち、中世のファスナハトに関する研究では里程標となった。なお言い添えれば、それ以後のファスナハトの歴史にかんする研究は概ねロラーの成果を受け入れてきた。しかし日本では、1980年代に入ってもなおファスナハトは農村習俗を起源とするとの見方が西洋史家のあいだでも改まらなかった[43]。

二つ目は、ファスナハト行事の担い手の問題である。ファスナハトは歴史のある祭り行事であるが、それを実際になっている集団が、中世から連綿と

---

41) その最初の成果は『ヴュルテムベルク地方のファスナハト』としてまとめられた。参照、Tübinger Arbeitskreis für Fasnachtsforschung, *Fasnacht. Beiträge des Tübinger Arbeitskreises für Fasnachtsforschung.* Tübingen 1964 (Volksleben, Bd.6).

42) Hans-Ulrich Roller, *Der Nürnberger Schembartlauf. Studien zum Fest- und Maskenwesen des späten Mittelalters.* Tübingen 1965 (Volksleben, Bd.11).

つづいてきたわけではない。その現在の形態は近代の結集のあり方としてのフェルアイン（クラブ／組合）であるのが普通で、その点では近・現代の人間がその時代の一面を表している。それは、フェルアインが行なう行事次第や行為の形式を詳細に見てゆけばいっそうあきらかになる。その実態を、学生を主体したワーキング・グループは、物ねだりや制裁習俗や仮面など指標的な現象について調査した。この調査では、後にバウジンガーの協力者になる人材が学生として参加していたことでも注目される。たとえば『ネッカー川／ボーデン湖間の村のファスナハト』（1966 年）[44] では、ウッツ・イェクレ（Utz Jeggle 1941-2009）が集団形成を担当して、バウジンガーが『新しい移住団地』（1959 年）で見せた現代のグループ作りへのアプローチを活かすことを試みている。

　三つ目は、フォークロリズムである。ファスナハトの実際は、昔から今まで多彩に変化してきた。特に現代に近い時代では、その時代の世相へのかかわりと古習への立ち返りの意識とが交錯している。それゆえその理解には、フォークロリズムの観点もまた欠かすわけにはゆかない。そうした重層性のなかで祭りを解きほぐしてゆく試みとなると、ファスナハトは今なお多様な取り組みをもとめているトピックである。

　バウジンガーはその後もファスナハトには何度か言及しているが、1980 年にはやはりワーキング・グループの論集として『阿呆の自由（ナル）』を刊行させた[45]。この段階ではウッツ・イェクレやマルティーン・シャルフェが中心なっており、

---

43) 筆者は、阿部謹也『中世の窓から』（朝日新聞社 1981 年）への書評（『日本読書新聞』1981 年）の中で、その頃すでにファスナハトへのドイツ学界の見方が一変していることを見落としているのではないか、との疑義を呈したことがある。これだけでなく、民俗学と接するところでは、阿部氏の社会史研究にはところどころでナチス系の文献が無批判に使われている。同じ問題は、日本の代表的なゲルマニストにおいても見受けられる

44) 参照、Tübinger Arbeitskreis für Fasnachtsforschung, *Dörfliche Fasnacht zwischen Neckar und Bodensee. Beiträge des Tübinger Arbeitskreises für Fastnachtsforschung.* Tübingen 1966（Volksleben, Bd.12）.

インゲボルク・ヴェーバー＝ケラーマン製作の学術映画「フォルクスクンデとは何か」（1969 年）のひとこま：インタヴューに応えてファスナハト仮面などの展示企画（ルートヴィヒ・ウーラント研究所）を背景に研究方法を語るヘルマン・バウジンガー[46]

また次の世代も姿をみせている。またその後も「フォルクスレーベン」叢書ではないが、同じルートヴィヒ・ウーラント研究所がかかわった学生の研究課題としてファスナハト仮面の特集が編まれたりしている[46]。

なお付言すれば、祭り行事の見直しは決してバウジンガーのグループだけ

---

45) 参照、*Narrenfreiheit. Beiträge der Fasnachtsforschung.* Tübingen 1980（Volksleben, Bd. 51）。この論集に寄稿者の一人であるヴェルナー・メーツガー（Werner Mezger 1951-L）もバウジンガーの門下生である。ファスナハト行事の地元の一つロットヴァイルの出身で、今日、フライブルク大学教授として、南西ドイツのファスナハトの研究と一般への解説に精力的な活動を見せている。また次の報告書も参照、(Textredakiton: Gabriele Bartsch), *Wilde Masken: ein anderer Blick auf die Fasnacht*, Ludwig-Uhland-Institut für Empirische Kutlurwissenschaft, in Zusammenarbeit mit der Merz-Akademie, Fachhochshule für Kommunikationsdesign Stuttgart. Tübingen Tübinger Vereinigung für Volkskunde 1989.

ではない。特に、従来、神話的な脈絡で語られていた個々の祭りを文書資料にそくして実証的に解明する作業では、ハンス・モーザー（Hans Moser 1903-90）の存在が大きく、またその刺激を受けた人々の活動も見逃せない。一例を挙げると、ザルツブルク地方のペルヒテ巡回行事では、ゲルマン上古に遡らせてきた見方を打破する指標的な研究成果がマリアンネ・ルムプフ（Marianne Rumpf 1921 生）によってまとめられた[47]。

3. 概説書『フォルクスクンデ』を中心に見たバウジンガーの民俗学

[1] 時代的な背景

　バウジンガーの著述歴を見ると、『科学技術世界のなかの民俗文化』（1959年, 刊行 1961 年）へ登りつめる最初のエポックがあきらかであるが、次に1970年前後に再びピークを迎える。この時期には、1968年にゲルマニスティクの分野の労作『民衆詩心の諸形態』[48]を刊行し、次いで 1971 年に本書が上梓され、翌 1972 年に『ドイツ人のためのドイツ語』（邦訳「ことばと社会」）[49]と矢継ぎ早である。以後もたゆみなく著作を続けているが、1970 年前後はや

---

46) 記録映画『民俗学とは何か：放映への案内』はインゲボルク・ヴェーバー＝ケラーマンが 1960 年代末から 1970 年代初めにヘッセン放送局とともに製作した 30 篇の作品への導入部として撮られた補巻に当たる。原題：*Deutsche Volkskunde - Einführung in die Sendereihe.*［Autoren］Ingeborg Weber-Kellermann,［Hersteller］Junior-Film GmbH Frankfurt a.M.［Verlag］Hessische Rundfunk, Frankurt a.M. 1969.；なおこのスチール写真に照応するテュービンゲン大学の民俗学の企画として、ファスナハト仮面に関する報告書がこれに先立って編まれていた。参照、*Masken zwischen Spiel und Ernst.* Tübingen Schloss［Tübinger Vereinigung für Volkskunde e.V.］1967 (Volksleben, Bd.18).

47) 参照、Marianne Rumpf, *Perchten: populäre Glaubensgestalten zwischen Mythos und Katechese.* Würzburg［Königshausen & Neumann］1991.

48) Hermann Bausinger, *Formen der "Volkspoesie".* Berlin［Erich Schmidt］1968.（Grundlagen der Germanistik, hr.von Hugo Moser, Mitbegr. von Wolfgang Stammler, Bd.6）.

はり特別の意味をもつように思われる。バウジンガーの理論と世の中の歯車が噛み合ったとも言えるからである。

その時期は、ドイツ社会の大きな転換期であり、世情は騒然としていた。原因には、全世界を覆う状況もあれば、当時の西ドイツに特殊な事情もあり、それらはまた相関していた。大きな動きではアメリカがインドシナ半島に大規模な軍事介入をおこない、ヴェトナム戦争が泥沼化を呈していた。しかもそこではアメリカ帝国主義の横暴が指摘され、世界各国で反米運動や反戦運動が起きた。それと並行して、西ドイツの国内では別種の問題が噴出した。戦後復興を進めたアデナウアー政権の次の時代の国際政治上の路線が描き切れないなかで、経済的な繁栄を優先させる行き方が、大連立内閣（1966-69）の成立へと進んでいった。それは言い換えれば、国会の圧倒的多数が与党という状況の出現であり、野党の実質的な消滅であった。これが、国政レベルで国民の批判の声を代弁する機能を国会が失ったと受けとめられたのである。さらに大学では高等教育の大衆化にも拘らず、教育システムは旧態然たるエリート養成の性格をつよく残していた。加えて、ナチス・ドイツの過去を清算する考え方がゆるみ、当時なお社会のいたるところに存在したナチス加担者への断罪がなおざりにされた。これらの要素が絡み合い、大学生を中心とした若年層が反応して激しい街頭行動に発展した。1968年のいわゆる〈異議申し立ての年〉（Revisionsjahr）である[50]。この時期の若者たちの正義感と焦

---

49) 参照、バウジンガー『ドイツ人のためのドイツ語 ― 話し言葉、言語障壁、特殊言語』（原書：Hermann Bausinger, Deutsch für Deutsche. Dialekt ― Sprachbarieren ― Sondersprachen. Frankfurt a.M.Fischer 1972.）次のタイトルによる邦訳を参照、バウジンガー（著）浅井幸子・下山峰子（訳）『ことばと社会』三修社 1983.

50) 1960年代末の学生運動への評価に関する最近ならびに比較的新しい鳥瞰的な文献としては次を参照、Thomas P. Becker, Ute Schröder（Hrsg.）: *Die Studentenproteste der 60er Jahre: Archivführer, Chronik, Bibliographie*. Böhlau, Köln u.a. 2000.; Christina von Hodenberg, Detlef Siegfried (Hrsg.): *Wo „1968" liegt. Reform und Revolte in der Geschichte der Bundesrepublik*. Vandenhoeck & Ruprecht, Göttingen 2006.; Michael Ruetz, *1968―Ein Zeitalter wird besichtigt. Zweitausendeins*. Frankfurt 1997.

1968年4月11日に学生運動の指導者ルディ・ドルチュケが襲撃されて重傷を負った後、ベルリンでは学生と警官隊との衝突が起きた：この時期に若者であった人々は〈68年世代〉と呼ばれる

燥と閉塞打破とある種の予感がないまぜになった集団行動はすさまじく、既存の価値観への全面的な懐疑と権威の否定へ進んでいった。それは支配権力や支配構造への批判に向うだけでなく、社会批判の権威であった哲学者アドルノにまで及んでその憤死をさそったとも言われる。よく知られた出来事を挙げれば、学生運動のリーダーとして活動していたベルリン自由大学の学生ルディ・ドゥチュケ（Rudi Dutschke 1940-79）が1968年4月11日に反対派の青年に銃撃され、その前後にデモ隊と警官の衝突が何度も起きた。なお犯行は新聞王アクセル・シュプリンガーが率いる西ドイツ最大の大衆紙『ビルト』による扇動の結果であったとされ、メディアの問題にも発展した。

　ドゥチュケをめぐる出来事は日本でも話題になったが、意外に伝わっていないのはナチス批判をめぐる動きである。そのシンボリックなできごととして、当時の西ドイツ首相への平手打ち事件がある[51]。大連立内閣の首班はキリスト教民主同盟党主キージンガー（Kurt Georg Kiesinger 1904-88）であった。

青年期にナチ党員であったのは事実であるが、その程度については定かではなく、風評が絶えなかった。1968年11月8日、CDU党大会の会場において、突然歩み寄った女性ジャーナリストでナチス批判の急進派ベアーテ・クラールスフェルト（Beate Klarsfeld born 1939 in Berlin 旧姓 Künzel）が"Nazi!,Nazi!"（このナチ奴！）と叫んで彼の頬平を平手で叩いた。当時のナチス批判の風潮の頂点のできごとでもあった。もっとも、キージンガーとナチ党との関わりについては、ナチスの反ユダヤ思想にはむしろ反撥していたとの裁判所の見解も出されている。総じて手堅い政治家であり、政策面でも後世から評価されている点も少なくなく、またヴィリー・ブラントのようなアクの強い野党党首をも閣内で協力させていた。しかし激動する国際情勢のなかで西ドイツの進路という大問題への決断が必要とされた時期にはミスマッチであったかも知れず、実態を超えて反撥を招いたようである。

　この騒乱の時期への評価はなお定まっていないところがあるが、さまざまな意味で歴史の曲がり角ではあったろう。なお国際政治におけるその後の推移では、西ドイツの国際政治上の基本姿勢は、ややあって登場した社会民主党政権のブラント首相によって提示されることになった。

　ドイツの戦後史のなかでは激動期の一つであったろうが、その時期バウジンガーの執筆は活発化し、社会への刺激ともなった。しかしその仕事は、沸騰する世相に合わせてなされたのではなく、10年以上も前に取り組んだ原理的な思索を土台にもっていた。そして1970年前後に時代の波長がある種の

51）参照、Otto Rundel, *Kurt Georg Kiesinger. Sein Leben und sein politisches Wirken*. Stuttgart [Kohlhammer] 2006. ; Reinhard Schmoeckel / Bruno Kaiser, *Die vergessene Regierung. Die große Koalition 1966-1969 und ihre langfristigen Wirkungen*. Bonn [Bouvier] 2.unveränderte Aufllage 2005（1.Aufl. Bonn 1991）. なおユダヤ人（フランス国籍）の弁護士と結婚してクラールスフェルト姓となっていたベアーテであるが、イスラエルによって賞賛され（1974年）、その後ミッテラン大統領によっても叙勲され（1984年）、またサルコジ大統領によっても賞賛された（2007年）。息子アルノ（Arno Klarsfeld, born 1965）はサルコジの内務相時代からの側近である。

重なりをしめしたところから、バウジンガーの考えに耳を傾ける気運が民俗学の枠を超えて広まったのである。

　なお言い添えるなら、現代から振り返ると、その時代はすでに伝説の彼方に消えつつある。ドイツのいわゆる〈1968年世代〉は日本の〈団塊の世代〉の数歳上にあたり、すでに大多数は引退した。現代のドイツでは、その20年後の世代、ベルリンの壁の崩壊を共通経験とする〈1989年世代〉が社会の中心に進出した。ちなみにそのあたりの事情を、バウジンガーは、ドイツ人の国民性を論じた新書（2000年刊）の一節で次のように描いている[52]。

> 若い人々、特に八九年の〈ベルリン世代〉は〈オールド六八年世代〉に批判的である。それは八九年世代が、そのラフでプラグマティックな姿勢ゆえに、六八年世代のイデオロギー的な諸々の原理をもはや繰り返したくないことにもあるであろうが、それだけではない。要は、六八年世代自身が、

ベルリンの壁の崩壊（1989年）〈89年世代〉の原体験

52）参照、（前掲 注2）『ドイツ人はどこまでドイツ的？』p.191.

自分たちがかつてもっていたイデオロギーをもはや信じていないからもである。彼らは〈社会の仕組みのなかを歩む過程で〉、イデオロギーの重石を投げ捨てたのだった。

バウジンガーの諸々の考察が今も基本理論と言ってもよい性格を見せるのは、社会の動きの深部にどこか突きあたるものがあるからであろう。時代が早ければ深味のある考察が可能になるわけではないが、第二次世界大戦後の価値転換の時期に大学生であった世代であったことがさまざまな面で関係しているようである。同じ世代の日本の識者たちとの比較という課題も、今日あらためて試みてもよいかもしれない。

[2] ナチズムの評価

　1970年前後の時期、バウジンガーの所論が一般の関心とかさなった接触面の一つに、ナチズムへの評価があった。バウジンガーは、予て、ナチズムをドイツ文化にとって偶然の逸脱ではなく、むしろ思想と社会形成の行き着いた姿とみていた。その見方は徹底しており、ナチスへの抵抗者にまでナチズムとの同質性を指摘するところまで進んだ。それは、偉大な硬骨漢であったカトリック教会の大立者ゲオルク・シュライバー（先述 p.251f.）に対してだけではない。ナチスに処刑された教育学者アードルフ・ライヒヴァイン（Adolf Reichwein 1898-1944）や、抵抗学生のグループ「白薔薇」の支えとなって同じく処刑されたミュンヒェン大学の民謡研究家クルト・フーバー（Kurt Huber 1893-1943）にまで、バウジンガーはそれを言い当てた[53]。その上で、抵

---

53) 次の拙訳を参照、バウジンガー「フォルク・イデオロギーとフォルク研究 ― ナチズム民俗学へのスケッチ」愛知大学法経学会（現・経済学会）『経済論集』第133号 (1993), pl47-187.（原著：Hermann Bausinger, *Volksideologie und Volksforschung. Zur nationalsozialistischen Volkskunde*. In: Zeitschrift für Volkskunde, 61, 1965, S.177-204.）；拙訳の次の箇所を参照、（前掲 注3）バウジンガー『科学技術世界のなかの民俗文化』p.16-17.

抗者たちは〈思想や学問においてではなく、人間として正しかったのだ〉という論評をおこなった。含蓄のある言い方だが、また顰蹙を買いかねない限界でもあり、全面的な批判や否定をよろこぶ空気のなかでなければ受け入れられるのは難しかったであろう。またバウジンガーの弟子のなかには、ナチ時代に〈象牙の塔にこもって研究にいそしんでいた学究たちの犯罪への加担〉を咎めて、物議をかもした者もいた。代表的な人には、ゲルマニストとしてブレーメン大学教授となったヴォルフガング・エメリッヒ（Wolfgang Emmerich 1941-L) がいる[54]。バウジンガーはナチスへの加担の範囲を広くとることと、批判の鋭角性において左派であり、また東ドイツの研究者たちの信頼をも得ていたが、その考えは決して単純ではない。それには、逸脱した過去が惹き起こした混迷を経験していたからでもあろう。バウジンガーは、戦後まもなくの大学生のときから、その師事する教授たちの世代がナチスへの加担の嫌疑をめぐって相互に応酬を繰り返し、非難合戦と庇い合いを演じ、強弁と韜晦に終始する醜態や狂態や悲喜劇を身近に見聞していた。それ自体は多くの同世代者と共通の経験であったろうが、バウジンガーの独自性は、そこから自己のたずさわる専門分野の原理を問うことへと進んだ点にある。1970年前後にようやく成年に達した世代の持ち合わせない屈折を帯びた背景でもあった。

---

[54] エメリッヒはドイツ民俗学がゲルマニスティクと共にロマン派思潮を土台として生成し、その脈絡がどのように推移したかを当時としては驚くほど克明に検証し、同著は今日に至るも里程標の意義を保っている。この方向での研究として資料への目配りも周到であり、レベルも高い。参照、Wolfgang Emmerich, *Germanistische Volksideologie. Genese und Entwicklung.* 1968.；次いでその抜粋版でもあり、同時代の動向に対する発言をも含むズーアカンプ社の新書が手がけられたが、やや表面的と見えるところもあり、批判を受けた。参照、Ders., *Zur Kritik der Volkstumsideologie.* Frankfurt a.M.［Suhrkamp］1971. このあたりの事情については次の拙著を参照、（前掲注22）『ドイツ民俗学とナチズム』第二部第9章4節「バウジンガー学派のフォルク・イデオロギー批判とその反応 ― 特にヴォルフガング・エメリッヒの2著にちなんで」

[3] 民俗研究の現代社会への拡大

　因みに、1970年代以降の西ドイツでは大学の機構改革と新設の動きがあり、そのなかで民俗学が大学の学科として設置されるようになった。もとよりそれはバウジンガーの影響だけではなかったが、専門分野を刷新しようとする姿勢は与て力になった。データを挙げれば、西ドイツ時代の大学の民俗学科（どう数えるかという問題があるが）は1950年代末には正式には4大学、広く見ると約7大学であったが[55]、1980年には25大学にまで拡大したのである。これは、民俗学そのものの変革がなければあり得なかったであろう。少なくとも、（よいか悪いは別として）現在のドイツのフォルクスクンデは、日本でイメージが定着している民俗学とは趣が異なる。そうなる過程でバウジンガーの果たした役割では、過去と現代をつなぎわたしたことが大きい。

　ちなみに、歴史的な分野を対象とする専門家でも、近・現代の動向に切実な関心をいだくことがあるであろうが、そのための方法論を要しよう。しかし従来、民俗学はそれを扱えるディシプリンを発展させてはこなかった。それゆえ、時に気持ちが逸り、義務感に駆られたとしても、目移り以上にはなり得ない。それが可能になるには学問伝統の見直しと、過去の文物と現在の様態をつなぐための方法論が欠かせない。そのミッシングリングは粘り強い思索と試行を経てはじめてたどりつくものでもある。これを課題とする研究者がドイツの民俗学界に現れたのは、その分野の過去の錯誤がそれだけ深刻だったかったからでもあろう。バウジンガーの考察は、その面から見た場合、基礎理論の性格にあると言ってもよい。もっとも、それが説かれるときの事

55）ドイツの大学での民俗学科あるいは講座の設置は、ハンブルク大学を除くと、ナチス・ドイツの文教政策によるところが大きく、ベルリン（フムボルト大学）、ミュンヒェン、ゲッティンゲン、テュービンゲンの諸大学に導入された（これに加えて当時はドイツ領であったポーランドのブレスラウの5大学）。またその時期に、ボン、ハイデルベルク、グライフスヴァルトの諸大学でも民俗学が有力な科目となったが、ゲルマニスティクの講座に民俗研究者が就いたためであり、学科（あるいは講座）として民俗学が設置されたわけではない。

例や社会的背景には外国からは分かりにくい面もあるが、それは紹介する者が解説すればすむことである。それを受けて、各国・各地域の研究者が所与の条件でどこまで活用できるかが次に問われることになるだろう。

［4］新たな概説書の試み

　そこで概説書『フォルクスクンデ』の特徴であるが、そのサブタイトル「上古研学の克服から文化分析へ」が、すでに民俗事象の基本的な理解をめぐる転換を言い表している。これは、ドイツ民俗学に19世紀以来つきまとっていた遡源試行を払拭することを意図している。ドイツの民俗学は、分野の面ではゲルマニスティク（ドイツ語学・文学研究）との接続が強く、また思想潮流ではロマン派の性格を帯びたナショナリズムへの偏りがみられた。それが民俗研究を広い意味で神話学の方向へ縛ることになり、延いてはナチズムとの相関へも至ったのである。

　その克服に向けて専門分野の生成根拠にまで降り立って検討するのがバウジンガーの課題であった。それにあたっての基本的な考え方は、これまでもふれた『科学技術世界のなかの民俗文化』において、ともかくも系統的な表現に達していた。しかし叙述の構成は、その着想と思索に沿った限りでの筋道であり、特異な形態での表現であった。それゆえ、民俗学徒にとっても、その理論の重みは受けとめても、個々の研究にどのようにして活かすことができるかにかについては戸惑いがおきても不思議ではなかった。別の言い方をすれば、その専門分野の概説として読まれる上での体裁が必要であった。平たく言えば、既存の研究姿勢との擦りあわせである。それがあってはじめて、これまでの民俗研究のディシプリンとの接続、また逆に不可避の断絶があきらかになる。しかしそうした形態で説くのは、バウジンガーにとっても改めて考察を考察と工夫を要した。たとえば、『科学技術世界のなかの民俗文化』の序文では、体系性を重視したために個別領域それぞれの記述はあきらめるほかなかったとして、次のように言われていた[56]。

本書の趣旨は、民俗学の個別領域それぞれの内部展開をたどることにはなく、すべての（あるいは、多くの）個別領域に共通した射程の大きい始点を獲得することにある。たとえば、大きく隔たっている個別領域を二種類挙げるなら、口承文藝にも住宅の民俗にも適用できるカテゴリーに到達することが大事なのである。

　〈口承文藝にも住宅の民俗にも適用できるカテゴリー〉という言い方自体が、民俗学の通念からは不穏当とも聞こえよう。個別事象の特性を明らめることこそ事実認識の出発点とされてきたからである。それに対して、バウジンガーは、民俗学の対象とみなされてきたもの（邦語で言えば民俗事象）が等しくこうむり、担ってもいる変質に重点をおいたのである。となれば、その考え方は、さらに敷衍される必要があったであろう。専門分野としての基本概念の検討や未開拓の対象にかかわる指針と試行などである。

　『フォルクスクンデ』の第二章は特にそれを課題としている。そこでは、連続性、ゲマインシャフト（共同体）、部族、仕来りの4種類が取り上げられる。いずれもドイツ文化に根をもつ概念であり、他の外国語に対応させるのが難しいところもある。この著作は直接的にはドイツ民俗学の批判的な検討であり、ドイツ民俗学の根幹にかかわる問題性をえぐり出そうしているのであるから、それは当然と言えば当然である。しかしまた民俗研究はドイツ語圏だけのものではなく、国や地域を超えた一般的な性格にもある。バウジンガー自身も一般論となることを同時に意図していたであろう。

　なお付言すれば、基本概念の検討はバウジンガーが常に心がけたもので、本書だけのことではない。数年後に3人の後輩と共に執筆した『民俗学概論』[57]

---

56) 参照、（前掲 注3）バウジンガー『科学技術世界のなかの民俗文化』p.16-17.
57) バウジンガーが後輩と共に執筆した概説書を参照、Hermann Bausinger/Utz Jeggle/Gottfried Korff/Martin Scharfe, *Grundzüge der Volkskunde*. Darmstadt［Wiss. Buchges.］1978. このなかでバウジンガー執筆の項目（S.204-263: Identität）には次の拙訳がある。参照、「アイデンティティとは何か」愛知大学『一般教育論集』第29号（2006）, p.161-198.

もそうであった。そこでは、折から現代に生きる者にとってキイワードの一つとなりつつあった概念アイデンティティについて検討が加えられる。参考までに言えば、アイデンティティの語が一般化し、多くの人々が話題にする現在の状況が出現したのは、アメリカの精神分析学者エリック・エリクソンがその語を用いた1950年からやや後のことであった[58]。バウジンガーは、アイデンティティの語が定着しつつある動きそのものを問題にし、村落の〈昔の生活にはアイデンティティがあった〉とか〈失われつつあるアイデンティティ〉といった見方そのものに現代の神話を読んだのである。

[5] 個別事象に一般論を探る

先にふれたのと重るが、『科学技術世界のなかの民俗文化』の序文の少し後の箇所に次のような一節がある。理論の論証のために挙げる事例について、バウジンガー自身が慣れ親しんできた南西ドイツ地域のものに偏っているとも見えることを説明した後、それに自ら付したコメントである[59]。

> しかし他面では、古い時代の狭域的な民俗文化のあり方とは異なり、今日では、取り上げた空間がどこであるかは、それほど決定的な意味をもたないのである。

民俗事象を論じながら、それがどこの土地のものであるかは特に重要ではない、などとは、民俗研究者が目をむきそうな発言である。

もっとも、新しい民俗文化であれば、それも無理はないとの受けとめ方はされるであろう。よく知られた事例を挙げるなら、赤いマントのサンタクロースは、コカコーラ社が1930年代に冬季にも売り上げを維持するためにカ

---

58) エリクソンによる〈アイデンティティ〉概念の提唱については後掲注を参照、（注88）
59) 参照、（前掲 注3）バウジンガー『科学技術世界のなかの民俗文化』p.16-17.

ンパニー・カラーを取り入れたのが（ただし19世紀後半のアメリカ人イラストレーター、トーマス・ナストの先行作があった[60]）、やがて 1950 年代末頃から世界中にひろまったのであるから、特定の空間に限定されるわけではない[61]。しかし、大事なのは、バウジンガーの意図が、決して昨今出現した現象にかぎられるのでなく、民俗事象に一般的にそれが言い得るとしていることである。

なおバウジンガーと地域との関わりについても言い添えておきたい。その出身地はバーデン＝ヴュルテムベルク東部の小都市アーレンで、在職したのは同じ地域と言ってもよいテュービンゲン大学である。いわゆるシュヴァーベン地方で、バウジンガーはその地域の専門的な識者でもあり、地元を扱った書き物は分量的にもかなりの割合を占める[62]。また一般的なテーマでも地元に例証をとることが多い。参考までに言えば、バウジンガーという苗字がすでにシュヴァーベン地方に特徴的な固有名詞形でもある。

しかしその論じるところは地方の特色を強調するのではなく、むしろ一般

---

60) David Shirley, *Thomas Nast : cartoonist and illustrator.* New York ; London ; Hong Kong ; Sydney ; Danbury, Conn. : Watts 1998.; またサンタクロースのイラストを多数含むトーマス・ナストの作品の紹介では次の展示カタログを参照、 Pfalzgalerie 〈Kaiserslautern〉 (hrsg.), *Thomas Nast : Karikaturen ; Pfalzgalerie Kaiserslautern. Januar - Februar 1978.* ; Thomas-Nast-Stiftung (in Zusammenarbeit mit Pepperdine University, Malibu, Californien, hrsg.), *Der Pfälzer Thomas Nast : (1840 - 1902), Vater der amerikanischen Karikatur.* 1982.

61) 赤いマントのサンタクロースの受容をめぐる 1950 年代のヨーロッパでの反応については、特にレヴィ＝ストロースの次の指標的な論考がある。Claude Levy-Strauss, *Le per Noël.* 1955.

62) 書冊にまとめられたものに限っても次の 3 点がある。参照、 Hermann Bausinger, *Baden-Württemberg, Landschaft und Kultur im Südwesten.* 1994.『バーデン＝ヴュルテムベルク ― 南西ドイツの風土と文化』 Ders., *Die bessere Hälfte. Von Badenern und Württembergern.* Stuttgart / München 2002.『よりよき半身 ― バーデン人とヴュルテムベルク人』 Ders., *Fremde Nähe. Auf Seitenwegen zum Ziel. Essays.* Tübingen 2002. 『異質な隣人 ― わき道を通って目的地へ』

的な趨勢を読みとる姿勢が強い。先に引用した〈古い時代の狭域的な民俗文化のあり方とは異なり、今日では……〉という言い方も、バウジンガーにあっては、遅くとも19世紀半ばあたりからの動向が考えられている。すなわち、古くから伝わり踏襲されると見える民俗行事にも、同時代に共通の傾向が走っており、むしろ民俗文化の重点はいつしかそこに移っていることに注目をうながしている。

たとえば観光の振興や町おこしなどに民俗的な文物が活用されることなどは、最近の動向であろうが、その方向へ進んでもおかしくない一般的な動きは、さらに前からはじまっていた。その簡潔な説明は、たとえば2000年に刊行されて評判となった『ドイツ人はどこまでドイツ的？』のなかにも見出される[63]。

> ドイツの各地方の旅行ガイドブックや地域案内には、民俗衣装は先ず欠けることが無い。観光案内のパンフレットの多くには、民俗衣装に身をつつんだ若く魅力的な若い女性あるいはカップルのカラー写真が載っている。シュヴァーベン地方でも、そうした写真には、古くからの民俗衣装が今日まで保たれてきたとのコメントがよく添えられる。しかし村落では民衆は何世紀にもわたって色彩豊かな民俗衣装でパレードをしたり散策したりしていたなどと考えるのは馬鹿げている。今日披露されるような民俗衣装は、大多数の人々には、まったく手がとどかなかった。遺産目録などの古文書から明らかになるように、多くの人々は、衣類と言えば一揃いか二揃いしか持ち合わせなかった。当然にも、それらは簡素で質素で丈夫な衣服でなければならず、見栄を張るためのきらびやかなものではなかった。僅かに、裕福な農民や資産のある名望家たちが、古い時代から日曜や祭日のための晴れ着をもっている程度であった。なお付言すれば、それらは形態や色彩や付属の装飾品において、多く宮廷の流行に強く倣っていた。後には、色

---

63) 参照、（前掲 注2）バウジンガー『ドイツ人はどこまでドイツ的？』p. 85-86.

調豊かな衣装が庶民にも着用されたが、それは都会の人間の目を惹くための標識であり、またその外見を要する仕事と結びついていたりした。町で開かれる定期市の売り子であったり、都市の奉公人のしるしであったり、風景画家のモデルであったりという具合である。売春婦もまたそうした衣装を身にまとった。さらに19世紀を通して、支配家門が、領内の子供に民俗衣装を着せて忠誠を表す催しを企画した。そのときの衣装は部分的にはその土地の伝統に依拠していたが、またその特殊な目的に合わせて優美にされ、またその方向で発展することも少なくなかった。そして最後に、観光地を中心に民俗衣装の諸団体が結成された。

平易な説明ながら、民俗的な文物の流れが的確にとらえられている。ここでは踏み込まないが、民俗衣装の収集を支えてきた考え方や過去の代表的な研究と並べてみると、郷土意識なるものに疑問符がつけられていることだけでも、その視点の独自性が見てとれる。

[6] 民俗研究における分析概念

　バウジンガーの議論は、理論が勝っているが、決して韜晦でも晦渋でもない。むしろ素直である。民俗学が19世紀前半のロマン派思潮との交流以来、その思考と推論自体が独特の形状をもつにいたったのに対して、率直に事実に向き合うことを説いているにすぎないとも言える。しかし、過去の経緯の然らしめるところ、民俗学の思考には数々の前提が染みついている。それは歪みと言ってもよいものであるが、それを前にして、素直に物事を見るとはどういうことかを言い表すには、かなり工夫を要するのである。別の面から言えば、従来の主要なキイワードを改めて検討し、その容量を測り、場合によってその組み換えや、新たな概念を措定することをも射程におくことになる。それがよく表れているものとして、バウジンガーが、物の見方を執拗なほど問題にしていることをとり上げておきたい。たとえば次のような考察である。民俗事象と言う場合、それは伝統であることが想定されているが、伝統とは

恒常性や持続性のことであると考えら得ているとすれば、それ自体に改めてメスが入れられなければならないと言う[64]。

　伝統に対するその都度その都度の姿勢を問題にすることには、これまでほとんど注意が向けられなかった。民俗学における連続性概念と伝統概念が密接であることが何を結果するかといったことについても、等閑に付されてきた。言い換えれば、伝統概念を特徴づけるのが、持続的にしてポピュラーであることという昂ぶった要請であるとするなら、すなわち、民俗文化（民衆文化）の諸現象が（正反対の諸例までふくめて）常に〈いにしへより〉（uralt）とされねばならないなら、ある種の持続姿勢が想定される他ない。すなわち伝統を継ぎ送ろうとする〈民(フォルク)〉の姿勢は常に不変であるとの想定である。そこでは伝統の推移が穏やかで均質な流れとみなされるのは必然である。すると勢い、関心は、個々の伝統、すなわち伝承される物象へと向かうことになる。正にシーソー・ゲームのようなもので、（反対側から見ると）個々の伝統すなわち伝承された物象へ（関心が）集中すると、（伝統に）姿勢の変転を読みとることも妨げられてしまう。そもそも連続性の印象が起きるのは、かなり長期の事実継続を狙って資料が並べられるためであることが多い。たとえば歌謡を例にとると、中世末期から現今に至るまで膨大な数の証拠が存在する。しかし果たして歌謡が〈いにしへより〉と言えるであろうか。もしこの事例において連続した伝統が口にされるとすれば、それは有益な指摘であり得るだろうか。事態について的を射当てているであろうか。青少年運動が目指した（民謡）ルネサンスや民俗研究者の意識のなかでのそれに類した諸々の志向までが、いかにもニュートラルな装いの連続性観念に溶け消えたことにも思いを致すべきであろう。本来むしろ、変化した社会的土台への問いかけ、まったく別の視点への問いか

64）参照、（前掲注1）バウジンガー『フォルクスクンデ』p.92-92（第2章第1節「連続性」；原書p.83f.)，なお（小文字）は訳者の補足。

け、機能と意味の変化への問いかけが立てられるべきであろう。率直に言えば、ことがらの恒常性は、実際にはそうした変転一般によってはじめて可能になる事態である。

ドイツ民俗学では、民俗事象に相当するものは永らく"Sitte und Brauch"という一対の呼称で表現されることが多かった。しかしこの一対ないしは組になった概念を構成する二語のそれぞれの意味は必ずしも明瞭ではない。大雑把で平均的な区分けでは、"Sitte"は多彩な事象の奥にある強固な規準観念、"Brauch"はその都度その都度の現象といった違いになろう。しかしこの区分は厳密ではない。それゆえ便宜的に前者を〈仕来り〉、後者を〈慣わし〉あるいは〈民俗行事〉と訳すが、これは〈儀礼と行事〉という訳でも構わない[65]。あるいは"Sitte"は漢語の〈禮〉の観念とも重なるところがあると筆者は見ているが、今はこの問題はひとまず横に置く。とまれ、民俗学の対象は、その組(くみ)概念によって言い表されてきたように、その様態においてある種の一定性や不動性、さらに実体性をもち、それゆえ規則や尺度、あるいはその拠り所であることを感じさせるような性格が想定される。しかしバウジンガーは、この問題にも考察を伸ばしている。もし慣習その他で呼びならわされる現象に恒常性が成り立つ場合には、それはむしろ行為者がその行為にある種の公的な規準との同致すなわち公共性を予想しているからでもあるが、それは取りも直さず関係の変化を含むものであることをも意味している。その点で、バウジンガーは、民俗学の対象となるような行為において〈期待・予測〉が働き、またそれが社会的に妥当する〈確かさ〉の度合いを観察すべきことを説く。すなわち民俗事象は、社会的な変数からなる行為と観念の結集として

---

65) 川端豊彦氏はハンス・ナウマン『ドイツ民俗学』(岩崎美術社　Original: Hans Nauman, *Grundzüge der deutschen Volkskunde*. 1929) において"Sitte und Brauch"を〈儀礼と行事〉と訳しておられる。また (前掲 注1) バウジンガー『フォルクスクンデ』では、これについて訳注で解説をほどこした。参照、p.356.

現れる。しかしまたそれが〈仕来たり〉（Sitte）と呼ばれること自体が、その変数としての側面を見えなくさせてもいる。すなわち現実の民俗事象は変動を含みながら、あるいは変動のなかにありながら、それが（ドイツ語では）〈Sitte und Brauch 仕来たりと慣わし〉と呼ばれることによって、無変動のなかに引き入れられる。その事情をバウジンガーは、民俗事象をその対立物でもある〈流行〉との相関において考察する[66]。

　……仕来り（Sitte 禮）の概念は、そもそも批判することを妨害し禁じさえするところがある。それは、この概念が、合規則性の体系を、その都度その都度の均衡として解するだけでなく、恒常的な実体としても解するからである。それは、反対概念の流行（Mode）と比較すれば特に明らかになる。実際、"Sitte"と"Mode"は、断固たる、また内実にも及ぶ妥協の余地のない対立物であろう。もっとも、〈たんなる〉流行は、民俗学の考察からは除かれることが少なくない。しかし、そうなると、変化の原理や、仕来りの周りを包むのには適さない社会的対象へのインデックスも排除されてしまう。すでにイェーリング*は、流行に、〈身分的虚栄への狩り立て〉を読みとっていた。高い身分の一般的な文物（衣装のタイプ、家具、その他何であれ）が、より低い身分に取り込まれるや、高い身分は、その代替として新しい流行を発展させる。かかる観察は、身分的な仕組みが取り除かれたところでも当てはまる。流行は、原理的に膨張的な性格にも拘らず、しばしば非常に階層的であり、社会的ステイタスの標識となったり、社会的対立を指し示したりする。イェーリングが流行（モード）について記した過程は、また、もっと緩やかで長期的かつ長持ちのする展開においても特徴となっている。たとえば、アメリカの社会言語学者たちによって、方言（話し言葉）や日常語の変化において、同様の〈flight pursuit-mechanism〉が提唱されている。

---

66) 参照、（前掲注1) バウジンガー『フォルクスクンデ』p.144-145（第2章4節「仕来り」、原書p.135f.）

極く一般的に言えば、分析を進めれば進めるほどほど、仕来りと流行という二つの対立的とされている世界は接近をはじめ、最後は溶解することが判明すると。規準（Norm尺度）の概念に取り組むなら、ここでも機能におけるのと類似したものがみとめられる。つまり、流行の反復性は、仕来りのそれよりも、はるかに強迫的であることも分かってくる。流行における<u>期待の確かさ</u>や<u>振る舞いの確か</u>さも、しばしば仕来りを上回るほど頑なであるが、これは規準（尺度）と雖も恒常的に固定したものに縛られているわけではないことと関係していよう。

　＊［訳注］イェーリング：（Rudolf von Ihering 1818-92）：アウリッヒ（Aurich NI）に生まれ、ゲッティンゲンに没した法学者。ウィーン大学教授、ゲッテインゲン大学教授。

　なおここでバウジンガーは、期待・予測に手ごたえがある（確かである）ことを指す"Erwartungssicherheit"、また姿勢が動じないことを意味する"Verhaltenssicherheit"を一種のキイワードとしていることに注目しておきたい[67]。仕来り（Sitte）と（呼ぶかどうかはともかく）、民俗事象とされるような行動様式が成り立ち、それが社会的な規範となっていることが条件になる。

　バウジンガーがこの箇所で挙げている例を紹介する。1950年代末にドイツ西部アイフェル地方のある村で、村の娘と結婚することになった他所の男が村人の仲間入りをするにあたって、村の若者に挨拶として一杯ふるまうことをもとめたところ、その男がその〈仕来たり〉に応じなかったために〈制裁〉を受け、裁判所がそれを差し止めた。しかし事は迂回路をとって拡大した。カップルを揶揄する〈ロバの結婚式〉が催され、遠方からも観客があつまった。このため法学関係者も注目し、法民俗学の観点からも論じられた[68]。

---

67) バウジンガーはこの2語を術語として措定して索引で検索すべき事項としている。参照、（前掲 注1）バウジンガー『フォルクスクンデ』事項索引ならびにそこで指示される諸所、p.143f., 180, 228f., 231, 281f.

20世紀の50年代の終わりに、アイフェル地方のある寒村で一つの事件が起きた。それを報道したり、論じたりするにあたって、新聞記事はもちろん、学術誌においても、仕来たりの語(ジッテ)が氾濫した。しかしそれだけに、この概念の問題性を目の当たりにする好例でもあった。その村のある娘に、隣村の若い男が恋をした。村の若者たちは、従来通り、その男に対して若者たちが集まって酒を飲むための金を出すように要求した。しかし男は応じなかった。そこで最初の制裁になった。材木を鋸で挽いたおが屑を、娘の家から2キロメートル離れたその恋人の住居まで撒いて線を引いたのである。それに類した動きはその後も続き、遂に結婚式で爆発した。寒村の青年たちは、二人の結婚式の前夜、そのカップルに向けて罵倒の意味の騒音を立てる挙に出た。ちょうど、上部バイエルンの山羊皮たち＊のような現れ方をして、鍋の蓋や真鍮の器物や、その他の音の出る雑多な道具類でけたたましい雑音を立てた。しかもそれは、一週間にわたって毎夜おこなわれた。花婿が裁判所に訴えたところ、嫌がらせを止めるようにとの仮処分が出された。しかし騒音は続いた。次いで10人余りの青年が訴えられ、彼らは裁判所から警告を受けたが、それを境に騒音を立てる若者の顔ぶれが変わり、その多くは仮装してやって来るようになった。そして遂に制裁（差別）は、いわゆる驢馬の結婚式において頂点に達した。これについて言えば、一般的には、ことさら奇妙な格好に扮したカップルが登場し、驢馬であると言い渡され、さらに〈これなる夫婦から生まるる子らは、驢馬の仔と名づくべし〉との申し渡しをうける運びになる悪ふざけである。今回

68）参照、（前掲 注1）バウジンガー『フォルクスクンデ』p.139-140. なおバウジンガーは事件そのものについては次の2文献を挙げている, Robert Sheying, *Volksbräuche und Rechtsordnung*. In: Juristenzeitung, 14(1959), S.239-241.; Gerhard Lutz, *Sitte, Recht und Brauch. Zur Eselshochzeit von Hütten in der Eifel*. In: Zeitschrift für Volkskunde, 56 (1960), S.74-88.; また慣習法をめぐる法学の議論については幾つかの見解を挙げて検討していることは拙訳の当該個所（p. 139-144）と原著の参考文献を参照。

ドイツ西部アイフェル地方の村で、村の娘と結婚した隣村の青年が〈しきたり通り〉酒をふるまう挨拶を拒否したことに端を発した騒動は、1958年9月21日、カップルを揶揄する「ロバの結婚式」が企画され1万5千人が訪れるまでになった。（左）ポスター　（右）扮装した登場人物と観客

の場合、裁判所は、それが名誉棄損に当たるとして事前に禁止した。しかし、禁止措置は、それまた迂回路をとることをうながした。大きな民衆祭が企画され、そこに驢馬の演劇を上演するとの提案が公式になされたのである。それが地元自治体の許可を得ると、1958年の夏、住民70人の寒村に、近隣はもちろん、やや遠方からも人々が押し寄せ、1万5千人もの観客が列をなした。目玉は、入場料一人1.5マルクの驢馬の結婚式であった。

　　＊［訳注］山羊皮たち（Haberfeldtreiber）：バイエルンやオーストリア西部の制
　　　裁習俗に現れる仮装の集団を言う。便宜的にこう訳すが、語義は定かではない。

　また別の箇所では、バウジンガーは魔女をめぐると俗信とそれに沿った行動についても同じ観点から考察を加えている[69]。それはまた社会に共有されている物の見方、すなわち先入観の問題でもあるが、魔女が信じられ、それを撲滅しなければならないことが社会的に通念となっている場合、誰かを魔

69）参照、（前掲 注1）バウジンガー『フォルクスクンデ』第4章1節「等価と変容」、
　　特に p.231-233.

女として摘発すること、あるいはその風評のある人間に対する迫害については、迫害という態度・振る舞いへの期待がはたらき、またその態度・振る舞いへの期待には一定の〈確かさ〉が成り立っている。迫害者はその確かな期待に沿って行動するのである。そうした場合、魔女観念を信じていず、したがった迫害が不当であると考えている者が阻止の行動をとろうとしても制約を受ける。精々、行きすぎた迫害を手控えさせる、つまり行動への期待の限界以上であることを指摘して抑制をすることができるに過ぎない。そうした〈行動・姿勢への期待〉と〈期待の確かさ〉によって民俗的な行動が成り立ち、また確かさの度合いにはよって必ずしも成り立たないことにもなる。さらに、かかる性格は、民俗事象とよばれる行動の種類、つまり〈仕来り〉だけのものではなく、〈流行〉にも認められる、と言うのである。

　他所から来て慣習にしたがわなかった若者へ制裁や、魔女の観念となると深刻な話題であるが、同じ構図はずっと無難な現象にも見ることができる。バウジンガーは上の引用文との関わりでは、また小学校の新入生への菓子袋を事例として挙げている。19世紀の終わり頃から始まったとみられているが、子供たちは入学にあたり、厚紙の円錐形の袋にお菓子をいっぱい詰めて貰うのが風習となっている。1930年代に刊行が始まった『ドイツ民俗地図』にも分布地図が収録されているが、古くからの<u>しきたり</u>ではない。すなわち時間的側面では近代のある時点にはじまったこと、社会的には何らかの共同体の規則でもなく古い法慣習を受け継いだものでもないことでは、それは<u>流行</u>である。それでいながら、現代では虫歯を心配する歯科医師の警告がさまざまなかたち封じられるほど規準の性格を帯び、期待と振る舞いの両面において確かな手ごたえが一般化している。しきたりと流行とが対立概念とは言えないのは、もちろんこれだけではない。非常に多くの現象が同じ構図をもっている。

[7] 隣接諸学を射程においた位置づけ

　概説書『フォルクスクンデ』の要点としてもう一つ挙げるべきは、バウジ

ンガーが民俗学を、社会科学系を含む隣接する諸学との関係において位置づけを試みていることである。ドイツ・フォルクスクンデの発展史を洗い直す作業も重要であるが、それに加えてフォルクスクンデが現代に意味のある学問的な一分枝であるためには、諸学との共通課題と、それらに対する独自性の特定を要するとの認識である。もっとも、隣接学との関わりをめぐる考察は決してバウジンガーがはじめてではなく、文化人類学や歴史学や法制史研究や考古学や美学史研究との関係は、それまでもある程度論じられてきてはいた。また生成の土壌を共にするゲルマニスティク（ドイツ語学・文学研究）とは不可分の関係にある。それは昔話や民謡を中心にした口承文藝研究だけのことではない。ちなみにバウジンガーの当初からの問題意識の一つは、〈民の詩心〉（Volkspoesie）の概念であり、原理と歴史的変遷の両面から考察がかなり多数に上る[70]。本書でも折に触れてその問題も入ってくるが、ここで特に強く課題とされるのは、むしろ社会科学との関係である。とりわけ直近の時期にいたる社会学の指標的な多くの潮流や学説が多かれ少なかれ検証のための指標として注目される。具体的には、テードル・ガイガー（Theodor Julius Geiger 1891-1952）、ジョルジュ・ギュルヴィッチ（Georges Gurvitch 1894-1965）、カール・ポパー（Karl Raimund Popper 1902-94）、ジョージ・カスパー・ホーマンズ（George Caspar Homans 1910-89）、ウェスタン・ラ・ヴァレ（Raoul Western La Barre 1911-96）、ロベール・エスカルピ（Robert Escarpit 1918-2000）、ヴェルナー・ホフマン（Werner Hoffmann 1922-69）、バジル・バーンステイン（Basil Bernstsein 1924-2000）、ウラディーミル・カルブスィツキー（Vladimir Karbusicky 1925-2002 音楽研究・構造主義）などである。そして最後は、1965年当たりから始まって本書が刊行される直前までつづいていたいわゆる実証

---

70) ここでは書冊の形態の２著のみを挙げる。参照、（前掲 注 25) Hermann Bausinger, *Formen der „Volkspoesie"*. Berlin [Erich Schmidt] 1968. これはバウジンガーのゲルマニスティクの分野での代表的な著作でもある。またグリム兄弟にかんする論考をも含む次を参照、Ders., *Märchen, Phantsie und Wirklichkeit*. Frankfurt a.M [Dipa-Verlag] 1987.

主義論争が民俗学にとってもつ意味に説き及んでいる。これはネオポジテヴィズムとも分類されるウィーン学団（ヴィトゲンシュタインなど）を背景にしながらその批判者ともなったカール・ポッパーの反証理論と、それに対するアドルノとホルクハイマーを中心としたフランクフルト学派の批判によって繰り広げられた社会科学の認識論的基礎と社会的責務をめぐる論争で、当時の話題でもあった。日本でもその直後から紹介されていた20世紀後半の学問史のエポックでもある。バウジンガーがその論争の中心的なテーマにからんでいるかどうかはともかく、民俗学の対象設定の妥当性の基礎と、民俗研究者の活動の基準というバウジンガーが予て問題視してきた課題を同時代の論争とのかかわりで改めて検討している。

　その姿勢は1999年のやや長めの後記でも継続しており、初版から30年を経過した状況の然らしめるところ、クリフォード・ギアツ（Clifford Geertz 1926-2006）やピエール・ブルデュー（Pierre Bourdieu 1930-2002）、それにずっと若いウルリッヒ・ベック（Ulrich Beck 1944-L）に注目している。現代のドイツ社会学の中心に位置するゲルハルト・シュルツェ（Gerhard Schulze 1944-L）は挙がっていないが、主著を携えて後者が登場したのが90年代初めであることを考えると致し方がない。しかし目を広げると、節目々々で隣接学の動向をたしかめてフォルクスクンデの課題と可能性をあきらかにしようとするバウジンガーの姿勢は次の世代にも受け継がれている。この話題をつなぐなら、シュルツェの主著以来流行語ともなった〈ライヴ社会〉論との擦り合わせを、テュービンゲン大学の民俗学科の教授であるカスパル・マーゼ（Kaspar Maase 1946-L）が早い時期に試みている[71]。ここではバウジンガーの次の世代には詳しくは触れるわけにはゆかないが、もう一人を挙げるならべ

---

[71] ドイツ民俗学会の機関誌に掲載された論考の拙訳を参照、カスパル・マーゼ「ポピュラー・エンタテイメントの変遷 ― 大衆文化からライヴ社会へ」愛知大学語学教育研究室『言語と文化』第23号(2009), p.101-135（原著：Kaspar Maase, *Spiel ohne Grenzen. Von der Massenkultur zur Erlebnisgesellschaft.* In: Zeitschrift für Volkskunde, Jg.90[1994], S.14-36.）

ルリン大学のヨーロッパ・エスノロジー学科の主任教授ヴォルフガング・カシューバ（Wolfgang Kaschuba 1950-L）は、テュービンゲン大学に学んでバウジンガーによるフォルクスクンデの社会科学への志向を直接受け継いだ人で、EUや多文化社会に対するフォルクスクンデの課題を強く意識している[72]。

[8] 民俗学における対象設定

概説書『フォルクスクンデ』に入ると、全体を通してバウジンガーが執拗なほど問題にしている課題がある。それは本来、出発点において解決されるべき設問でもある。すなわち、何をどうとりあつかうことが民俗学であるのか、という問いである。これは、概念的には、民俗学における対象設定とは何かと言うことになるだろう。

しかし、従来、それがあいまいだったわけではない。むしろ対象設定については、決然たる姿勢すらみとめられた。何はともあれ、先ずは採録を！今のうちに調査を！という合言葉である。『フォルクスクンデ』では、引き揚げ民の民俗学のあり方にちなんで、こんな一節がある[73]。

　　民俗学がロマン派以来もちつづけてきた認識とは、〈目下、12時5分前〉というものだった。すなわち、さもなくば湮滅するものを納屋に運びこもうとしたのである。この動機の前に、引き揚げ民の流入は古典的な状況をつくりだした。……ドイツの西部諸地域では集中的な工業化の進展のため

---

72) その趣旨ではカシューバ（ベルリンHU大学教授）による2008年韓国ソウルでの講演には河野による翻訳がある。参照、ヴォルフガング・カシューバ「ヨーロッパとグローバリゼーション：ヨーロッパ・エスノロジーの新たな挑戦」愛知大学国際問題研究所『紀要』第135号 (2010), p.271-295 （原著: Wolfgang Kaschuba, *Europa und die Globalisierung: Neue Herausforderung für die Europäische Ethnologie. Ein Vortrag in Seoul, 12 XII. 2008*）.
73) このシンボリックな言い方は次の箇所に見られる。参照、（前掲 注1）バウジンガー『フォルクスクンデ』p. 154.

に下積みになり消滅させられたものが、全体としてはなお強く農村的な内実をかかえている東方のドイツ語地域で生き続けているとの見方である。とりわけ多くの言語島については、そこでは自給自足的な文化が継続し、数百年前の移住より前の段階の伝統が固定しているはず、との仮定が加わった。

ドイツ人が東ヨーロッパ各地に拡散していたことは歴史的な事実で、なかには13世紀に遡るところもあれば、17、18世紀に集団的に移住が起きたところもあった。前者は東プロイセンなどであり、後者はドナウ河流域やルーマニアのトランシルヴァニア地方などである。そうした起源はともかく、特にハンガリーや旧ユーゴスラヴィア諸地域やルーマニアからの引き揚げ民の場合、移住前の故郷である南西ドイツのシュヴァーベン地方や旧東ドイツ地域のザクセン地方の古い習慣の名残りに出逢うことが期待された面がある。たしかに、かすかにその脈絡に合うような現象もなかったわけではない。しかし、そこに引き揚げ民の東ヨーロッパ各地での生活の基本をもとめると、大きな勘違いが起きる。そうした諸現象は、東ヨーロッパのドイツ系住民の実際の暮らしのなかでもすでに名残りでしかないものであった。なおここで言われる言語島（Sprachinsel）は、スラヴ人地域のなかのドイツ人の居住地が特に第一次世界大戦、そうした観点から理解され、それが政治的に利用されることにもなった。実際には、第一次世界大戦よりも前は、さまざまな言語が入り組む状況であっても、それは必ずしも孤島のような孤立した状態というわけでもなかった。民族自決の原理はたしかにポジティヴな考え方であったが、それが国境と民族との重ね合わせに過大な意味を持たせた面もある。スラヴ人と隣り合うドイツ人の村も、〈孤島〉ではなく、広くヨーロッパや、世界の趨勢とは、多少のタイム・ラグはあるにせよ、基本的には、各時代のヨーロッパの一部、さらに世界の趨勢の一部であった。しかし、そこに何にもまして名残りを見ようとする視線をもって臨むと、引き揚げ民の実態は抜けおちるのである。この事例は、単に戦後の一時期のドイツ民俗学の一部の偏りに

とどまらず、民俗学の一般的な弱点をも示唆しているところがあり、バウジンガーもその脈絡において考察をおこなっている。

[9] 名残りと感傷

　〈名残り〉（Relikt）にはまた、もう一つの要素が重なってくる。〈感傷〉（Sentimentalität）の語であらわすこともできる特殊な感情である。もっともこの語は、辞書の説明だけではすまないドイツ人の教養と深く結びついた概念でもある。この語が"naiv"と一対になって現れるときに一層その性格を濃くするが、それはフリードリヒ・シラーの著名な文学論「ナイーヴな文藝とセンチメンタルな文藝について」を踏まえているからである。この古典的な論作以来、人間の姿勢の二類型としてこれらの術語がもちいられるのである。バウジンガーが、早く引揚げ民の研究に際しても、引揚げ民の姿勢を類別するときにこの二語を活用していたことは先にふれた[74]。とまれ、名残りと感傷、そしてフォークロリズムとの関係が簡潔に言い表された次のような一節がある[75]。部分引用のため、補足を加える。

　　名残りをめぐる問題の検討においてあきらかにしたように、〈民俗文化〉としての〈古（いにしえ）の文物〉は、尊きものとして注目されるときには、ほとんど常に（現今との）対比的な現象とみなされてきた。それを見ると、（民俗学の）ほとんどの資料や論考に対して、感傷的に過ぎやしないかとの疑惑が向けられたのも宜（むべ）なるかなの観がある。のみならず、同じ疑惑は（民俗学の）対象そのものにも投げ返される。それは、いわゆるフォークロリズムにおいて特にあきらかになったところである。とは言えフォークロリズムは、民俗学に最初から付随し、部分的には民俗学そのものによって条件付けら

---

74) 参照、本稿前出（注29）
75) 参照、（前掲 注1）バウジンガー『フォルクスクンデ』p.238f.（第4章2節「等価と変容」）

れた推移の最終局面にすぎない。

これはまた民俗学の対象が、切実性を欠いたものに傾きがちであることとも重なる。名残りとは、現実の社会のなかでは周辺的に位置づけられるもの、過去からの最後の生き残りであり、生き残りであることが主要な存在意義であるような物象である。たとえば昔の婚礼衣装などを思い浮かべてもよい。それは過去の復元にかかわるインデックスであったり、かつてそれがもっていた社会的・文化的機能の一部としての美的要素のクローズアップであったり、博物館に収蔵されるような特別の等級でなければパッチワークの材料となる。

[10] 退行とホビー

そうした古い文物が現代に価値をもつとされるときには、その価値観の基底には〈退行〉すなわち後ずさりがある、と言う[76]。

　……起源や構造の点で前工業的な古い段階の民俗文化の形態に立ちもどるなかに、人文（ユマニスム）化や新たな自己規定や自発性への芽は存するであろうか、との問い — この問いは簡単に斥けるわけにはゆかない。フォークロリズムの本質的モチーフがここで確かにつかまえられるのである。見渡しがきかない、極端に〈手ごたえが〉なくなってしまった世界を逃れて、見渡しがきき手ごたえがある身近な場所をもとめる希求である。この希求を満たすかのような仮像が、ここでもまた人を惑わすことになる。原初性という飛び領土（これは物象に関係づけると名残りになる）と見えるものも、実際には多くの場合、企画され組織され整えられ〈保存され〉たものに他ならない。

76) 参照、（前掲 注1）バウジンガー『フォルクスクンデ』p.210f.（第3章4節「フォークロリズムと文化工業」）

加えて、この飛び領土は、すこぶる罪のない空間であり、そこからは、社会への積極的な働きかけは起きない。非常に多くのフォークロアが（古い家具の収集からパッチワークのように女性の手仕事技術に至るまで）、ホビーの領域に収斂したのは偶然ではない。フォークロアはホビーとなった。それゆえ、労働とは決定的に対立する余暇の領域に属することになる。同時に、労働とも深く関係しはするが、労働のあいだの小休止（ブレイク）という無難な調整の見本を提示するのである。

　しかしフォークロアが単なるホビーであることを超え、それゆえ価値と結びつく場合には、それはほとんど専ら退行（レグレシオーン）の性格を帯びる。不変な実体や不変な社会構造を信じる人だけは、ここに救いを期し得よう。しかし、実際には、そうした頑なな価値は（これについては、基本概念の批判において何度も取り上げたが）、現代という圧迫的な現実への答えをあたえることはできない。それは、継続的に再生産される逃避イメージである。……

　退行は、ルネサンスすなわち後ずさりの様相のもとでの前進という契機を含みはするが[77]、それを強調することから始めるのは、それまた〈退行〉以外の何ものでもなくなる。

　民俗文化を、ホビーか退行か、あるいはホビーにして退行、ととらえるのは、（たとえば日本の）民俗研究者には我慢ができないかも知れない。なぜなら、民俗研究とは、たいしたことをしているわけではない、と聞こえかねないからである。なお言い添えれば、日本でも民俗研究の意義をめぐっては、それが意味のない学であるのと有用の学であるのとの間で戸惑いも起きる局面があると考えられるが、それは角度を変えると、民俗学は人文科学か社会科学か、という選択とも重なる[78]。大ざっぱに言えば、前者は文化を研究対

---

77) 参照、（前掲注1）バウジンガー『フォルクスクンデ』p.199.（第3章3節「反対世界としてのフォークロア」）

象とし、後者は社会を研究対象とする[79]。しかも、これらは本来、出発点において、すなわち民俗学とは何かいう設問への回答として、一応の解決が呈示されていなくてならない問題でもある。この点で、ホビーと退行をキイワードとしたバウジンガーの説明を出発点として受けとめる方が誤りをおかさずに済みそうである。なぜなら、だからと言ってバウジンガーは民俗学を無用のものと言っているわけではないからである。そうしたネガティヴな諸要素を分野の生成以来組みこんできたことを直視する緊張関係において取り組む必要性を説いている。『フォルクスクンデ』の第四章「文化分析への展望」は、それを幾つかの話題について実際に手がける見本でもある。しかしそれまた、何らかの方程式をあてはめれば任意の課題が解ける、といったものではない。個々の問題ごとに、それに最もふさわしい視角があり、また分析のキイワードがある。その事情は、そこで事例として挙げられる魔女をめぐる俗信や、待降節の飾り輪や、服飾におけるミニとマキシの交替や、母の日あるいは樹木の日などがよく示している。とともにこれらの話題は、やはり広い意味でのホビーの次元にある。余暇と近接したところでの行為であるが、だからとて全体としての生活の仕組みからの取り去り得るわけでもない。

4. 考察：バウジンガーの民俗学に読みとること

今挙げた社会と文化とも重なるが、最後に二点にふれておきたい。一つはバウジンガーの読み方である。二つ目に、バウジンガーの民俗学の構想を概

---

78) 民俗学が人文科学か社会科学か、との問いかけがなされたものとして次を参照、宮田登『日本の民俗学』（講談社学術文庫）1978.
79) この問いは分野の固有の出発点まで立ち戻ったときに屢々立てられてきた。最近でも、ヨーロッパ・エスノロジーは精神科学（Geisteswissenschaften）の一分野か社会科学（Soziawissenschaften）の一分野か、という形で論議となったことについて次を参照、（前掲 注10）「座談会ベルリン・ディスカッション」

『ドイツ人はどこまでドイツ的?』の原書(2000 年刊)と日本語訳(2012 年刊) 表紙デザインは陶器製の庭人形〈これぞドイツ的〉(typisch deutsch)とされるアイテムでもある

括的に言い換えるとどうなるか、である。これまでバウジンガーを中心にドイツ民俗学の里程標となる成果を幾つか紹介してきたが、あまり理解が進まないように思われるところから、角度を変えて、まったく一般的な言い方に置きなおしたのである。読むときのコツと言ってもよいだろう。

[1] 精神科学(人文科学)か社会科学か

　先にヴォルフガング・カシューバなどバウジンガーに学んだ後進たちの関心のあり方にちなんで、研究テーマが社会科学とふれあう領域にも広がっていることにふれたが、それらが民俗研究の意味で所期の成果を得ているかどうかは改めて検討しなければならない。しかしここでは話題をバウジンガーに限りたい。そこで筆者の感想を述べるなら、バウジンガーの民俗学の構想を理解するには、社会科学とかさなる諸テーマへの広がりに目をうばわれる前に、核心部分の性格を見ておくことが大事であろう。領域区分から言えば、

それは精神科学（人文科学）である。バウジンガーの独創や革新も、そこにあると思われるのである。筆者の見るところ、バウジンガーは社会科学向きというより、むしろ精神科学の角度からの考察において際立っており、それが資質であり持ち味でもある。

多彩な研究テーマのなかで最も社会科学に近いところでなされた引き揚げ民の研究でもそうである。たしかに、そのサブタイトルに「社会学・民俗学調査」とあるのも不思議でなく、住民の職種の統計的な把握や通勤形態など行動様式の観察もなされてはいるが、考察の核心は社会に生きる者としての人間の心理の解明にある。それはまた近代社会の結集の原理とも言えるフェルアイン（クラブ／組合）への着目にもあてはまる。この結集形態への着目自体がドイツ民俗学界ではバウジンガーに帰着するところがある。これを社会学（ソシオロジー）が取りあげてこなかったのが不思議なくらいであるが、ドイツ人社会の人間関係では見ないですますわけにはゆかない。と同時に、バウジンガーの関心が向くのは、クラブ・組合に結集する人間の心理の解明であり、それが近・現代社会への独自の考察となっている。それはまた、民俗学という学問分野の本質につながると思われる。

それは社会科学の場合、人間の社会的行動における心理にまで突き入る作業ではディシプリンに必然的な節度がはたらくことを思いうかべればよい。慣習法をめぐる紛糾について住民のさまざまな立場を取りあげるのは人文・社会科学両分野の接点であろうが、社会科学では法行為の次元での解明という枠がはまっており、それが学問分野としての節度でもある。さらに流行にかかわる諸相、たとえば服飾におけるミニとマキシの交替、あるいはある種の流行歌の盛衰、あるいは庭にかざる陶器人形、あるいは寝室の飾り絵などになると、社会科学の側からの統計をも取り入れた観察に意味がないわけではないが、そこで作動している心理に迫るのは人文科学の課題になるだろう。庭に据える陶器人形を例にとると、〈これこそドイツ的〉（Typisch deutsch!）のキャッチ・フレーズでも知られるアイテムであるが、テューリンゲン地方の地場産業である陶製人形の出荷額の推移などの統計が、その何であるかを

語ってくれるわけではない。そこに接近できるとすれば、それは〈キッチュ〉（Kitsch 俗美）をめぐる理論であり、それゆえアドルノの洞察や、そこに支柱をもとめつつ民俗学の諸理論とも突きあわせたバウジンガーの考察が意味をもってくる。

　バウジンガーの学問が社会科学に接近したもうひとつの事例を挙げると、ファスナハト研究がそうであった。ファスナハト、すなわち一般にはカーニヴァルの名称で知られる祭り行事は、ロマン派の流れを汲む民俗研究では上古ゲルマンの宗教性や神秘的な結社が言いたてられ、またその見解のゆえにナチズムと重なっていった。その逸脱を暴いたバウジンガーの研究成果は、ナチス的なものの克服として社会的に意味をもった。と同時に、その克服の核心は、風俗の担い手の心理のより正確な解明にあり、またその視点からの歴史の洗い直しにあったのである。

　しかし民俗学が挙げて社会科学とは一線を画したものであるかとなると、そうとは言い切れない。バウジンガーの民俗学の構想では、人文科学として理解する方が実り多いであろうということであり、それはバウジンガーその人の資質ともかかわっていよう。これを言うのは、社会科学に向いた資質の研究者もまた存在するからである。その代表者を挙げるなら、インゲボルク・ヴェーバー＝ケラーマン（Ingeborg Weber-Kellermann 1918-93）がさしずめそれにあたるであろう。その研究の性格については別にとりあげたが、そこでは社会科学への傾斜をつよく見ることができる[80]。その意味は、取りあげた対象が人文科学系と映るものであっても、考察は社会科学の性格を帯び、そこで独自の知見に達していることである。たとえば民謡や、刈り取り習俗にちなむ祭りの風習や、民俗衣装といった、普通に見れば人文系に属するような諸現象が、女史の研究では社会の構造につながってゆく。しかもその手法には天性のものが感じられる。研究者も最後は個性や資質なのである。

---

80) 本書所収の次の拙論を参照、「インゲボルク・ヴェーバー＝ケラーマンのヨーロッパ・エスノロジーの構想」

前節とも重なるが、分野別の研究対象を極限まで単純して、精神科学（人文科学）は<u>文化</u>を相手取り、社会科学は<u>社会</u>に向かうと言えるとすれば、バウジンガーは社会現象を文化の仕組みとして解きほぐし、ヴェーバー＝ケラーマンは文化現象に社会の仕組みを探りあてたという対比を見ることもできる。そして両者とも、ドイツ民俗学をそれまでの水準にくらべて一段も二段も引き上げたのだった。

[2] 近・現代世界の自己表出としての民俗文化

　これまで挙げた諸々の事例からも分かるように、バウジンガーの民俗理解は、多くの場合、近・現代の動きを組み込んでおこなわれている。もっとも、そう言ってしまうと、<u>現代民俗学</u>ないしは現代フォークロアという民俗学のなかの<u>一分枝</u>についての議論と受けとめられかねないが、決してそうではない。近・現代の動向を組み込むことは、バウジンガーにあっては、民俗学という<u>学問分野の本質</u>にかかわるものであった。バウジンガーによれば、民俗学は古くから行なわれてきた学問でなく、近代の産物である。具体的には、近代化が一般的な趨勢となると共に、そこで起きる躊躇や気後れもまた一般的となったことを基盤にして成り立った。すなわち進展の必然と不可避を認識しながらも、折にふれてこみあげる〈もはや進みたくない〉という後戻り志向に根拠をもつ、とされる。

　なお近・現代という言い方は邦語の思案であるが、欧語でも時代概念の立て方はそれぞれの分野、ときには論者一人々々が工夫しているところがある。もっとも西洋では時代区分の大本には不動の原理がある。古代・中世・近代で、それが人間のあり方の基本的な三類型と考えられている。近代はルネサンスに始まり、現在もその延長線上にある。その時代観は現代の社会と文化の解明に挑んだ多くの思想家でも前提となっている。ヴァルター・ベンヤミンやテーオドル・W・アドルノもそうである。それが"moderne Zeit"であるが、しかしそれでは幅があり過ぎるため、分野の特性に合わせて補助的な区分が導入される[81]。今の場合、西洋思想史で言えば、啓蒙主義あたりに起点をも

とめ、やがて思想的な成熟ないしは爛熟であるロマン主義へ移り、現代に至る流れをもって〈近代〉と見る区分が念頭に置かれていることが多い[82]。それに対して近い時代を指す〈現代〉をめぐっても、これまた幾つかの工夫がおこなわれてきた。もっとも、"modern"が目下の現在を指すことも少なくなく、その意味の場合、訳語は〈モダン〉となる傾向がある。〈ポストモダン〉（postmodern）のモダンもそうである。それゆえ目下の現在を指すには補助的な用語としてドイツ語では"Gegenwart"が用いられることが多い。〈現代民俗学〉が"Gegenwartsvolkskunde"と称されることが少なくないのはそれを示しており、時期と研究組織における指標は、レーオポルト・シュミットによるその名称を冠した研究部門であった[83]。しかしその"Gegenwart"は、これまた理解に幅がある。現在ただいまの現今に限定されることもあれば、また現下の物象や世相をたどると、どうしても19世紀の後半から末にまで行き着くこともある。ハンス・ナウマンが、その頃の現代の様相として娯楽映画やジャズを忌避したのは1930年代初めであった[84]。またハンス・ナウマンのようなネガティヴな見方でなくても、広く近代工業の機械による生産や、機械を

81) 本書所収の次の論考では歴史学における区分との関わりからこの問題に言及した。参照、「カール＝ジーギスムント・クラーマーの法民俗学の構想」
82) 今の話題ではバウジンガーもかかわった論集『近代の民俗文化：経験的文化研究の所問題とパースペクティヴ』でも、近代は啓蒙主義時代が目安とされている。参照、Utz Jeggle u.a.(Hg), *Volkskultur in der Moderne*. Reinbek bei Hamburg [Rowohlt] 1986.
83) レーオポルト・シュミットはオーストリア学術アカデミーの支援を得てウィーンの民俗博物館の一部門として現代民俗学研究部門を創設した。その趣旨については次の講演記録を参照、Leopold Schmidt , *Probleme der Gegenwartsvolkskunde. Vortrag in der Gesamtsitzung der Akademie am 25. Oktober 1973*. Wien [Verlag der Österreichischen Akademie der Wissenschaften] 1974. またレーオポルト・シュミットによる〈現代民俗学〉の考え方については次の拙論を参照、「ドイツ語圏における現代民俗学研究とマス・メディア資料の活用 ― 現代日本民俗の資料をめぐる議論のために」筑波大学比較民俗研究会『比較民俗研究 for Asian Folklore Studies』第3号（1991）, p.124-145.

動力に組み入れた交通・通信によって特色づけられた時代様相と見ることは珍しくはない。それゆえ〈工業社会民俗学〉とでも訳せるような"industrielle Volkskunde"がルール工業地帯について試みられたこともあった[85]。以上は、〈近・現代〉という言い方にちなんでの補足である。また最後に挙げた工場と機械の時代は、民俗事象とその近い時代における変化を重ね合わせると、平均的に起きる感想でもあろう。

　バウジンガーも、近・現代が進展する要因を科学的な技術機器の浸透にもとめたことは、すでに何度も取りあげてきた。それは、社会事象であるだけでなく人間のあり方でもあった。〈工業社会化された人間〉(der industrialisierte Mensch)がドイツ民俗学会の大会の総合テーマとなったこともあった[86]。その大会のテーマ設定はバウジンガーの刺激ゆえであったが、それを民俗学が受け入れたということ自体、ある種のひねりのようなものが組みこまれていたからであった。言い換えれば、バウジンガーが行なったのは、現代を特色づける科学技術的な諸事象の人文科学の分野への移調であっ

---

84) 次の小冊子「危機に立つドイツ国民」を参照、Hans Naumann, *Deutsche Nation in Gefahr*. Stuttgart [Metzler] 1932. しかしハンス・ナウマンは映画の活用についてはポジティヴな姿勢を見せており、その判断基準は自ら想定した民衆存在のあり方にあったのであろう。なおハンス・ナウマン (Hans Naumann 1886-1951) に対してクルツィウス (Ernst Robert Curtius 1886-1956) が批判の小冊子「危機に立つドイツ精神」(Ernst Robert Curtius, *Deutscher Geist in Gefahr*. Stuttgart/Berlin 1932.) を草したことについては (映画が話題ではないが) 次の拙著で両者の見解を対照させた。参照、(前掲注22)『ドイツ民俗学とナチズム』第一部第1章3節「ハンス・ナウマンの二層論」特に(注)129, (注)130.

85) 次の拙著では、ルール工業地帯の人口移動の研究でも知られる社会学者ヴィルヘルム・ブレポール (Wilhelm Brepohl 1893-1975) の試みに言及した。参照、(前掲注22)『ドイツ民俗学とナチズム』第二部第8章3節「工業社会民俗学」

86) ハーゲンで1991年に開催された大会記録を参照、Michael Dauskardt / Helge Gerndt (Hg.), *Der industrialisierte Mensch*. Hagen 1993. この時バウジンガーがこのタイトルで基調講演をおこなった。なおこの大会の企画にはバウジンガーの停年を記念した性格があった。

た。技術機器を生活世界の次元のことがらへと置き換えたのである。さらにその措定した〈科学技術世界〉の動きの法則を取り出す上でバウジンガーが特に重視したのは、これまた心理的な要素であった。退行（Regression）である。この語で呼ばれる心理機制が社会的な幅にまで適用され、また時代的・社会的状況における必然性が説かれたのである。元は子供の成長過程における一時的な後戻りを指す教育学と心理学の用語であるが、これが近・現代の<u>周辺的にして本質的な要素</u>と考えられたのである[87]。これらの考察に接すると、そこには息づいているのが精神科学（人文科学）の感性であることも了解されよう。またそうした術語の転移は、エリック・エリクソンが子供の成長過程を説明するための術語であった〈アイデンティティ〉を社会的な次元にまで拡大したのと似たところがある[88]。どちらも20世紀の50年代であった。

とまれ、〈退行〉のキイワードの下で取り出された、社会に広く分布する後

---

87) 参照、（前掲 注3）バウジンガー『科学技術世界のなかの民俗文化』の第1章4節は「退行を喚起するものとしての科学技術」の見出しとなっており（p.64-80.）、科学的な技術機器や科学的知識が古い民俗的な思念を喚起する仕組みが論じられている。

88) エリック・H・エリクソン（Erik Homburger Erikson 1902-94）は今日ではアイデンティティ概念の開拓者として知られている。その最初の重要著作"*Childe and Society*"（邦訳『幼年期と社会』）が刊行され、その第6,7,8章において〈アイデンティティ〉が論じられたのは1950年のことであった。それまでも動詞"identify"には二つの名詞形があり、"identification"が動作を、"identity"が状態を表すという大まかな差異をもって並んでいた。エリクソンは後者を前者に対して高次概念とも総合性をもつ意味をもつものともとれる語法を示した。また同時に、個体の発達にかかわる概念としての〈アイデンティティ〉を、国民性を論じる上でのキイワードにも横滑りさせたことは、同書の第8章の見出しに"Refleciton on the American Identity"を掲げたことからも明らかであった。以後エリクソン自身も、その用語をキイワードとする度合いを強めて、"*Identity and the Life Cycle*"（1959 邦訳『自我同一性』）、"*Identity: Youth and Crisis*"（1968 邦訳『主体性：青年と危機』）などを世に問い、これらもその都度反響を呼んだ。

戻りの心性であるが、その発現の仕方は、さまざまである。回顧のなかにまったく埋没してしまうこともあれば、ひととき懐旧にひたり、そこから活力を得て前進へと立ち上がることもある。あるいは、古きものという枠をはめて固定し、慈しみに見合う条件と施設のなかに文物を据えおくこともある。博物館における民俗資料の展示は概ねそうしたところがある。かく発露の形態はさまざまではあるが、基本を言えば、社会を覆う、あるいは社会の進展の陰で蓄積された退行という心性に立脚して民俗学は生成した。すなわち広く社会に根を張る後戻りの心理が、普遍的であるために、必然的に一部で学問の形態をとったということでもある。またその点に留意をするなら、民俗学は、客観性に徹した中性的な観察を出発点とするのではない。その独特の対象へ向う姿勢そのものが、すでに中性的ではあり得ない。それゆえ、純然たる観察者と観察される対象という関係は成り立たないことにもなる。学問分野自体が近代化の過程の産物であり、それゆえ時代状況に規定された変数である。

民俗学が対象とする民俗事象も、古きものが固定して持続するのではなく、近代化とそれで解発される退行に見合った変化を遂げている。ある民俗事象が古きもの、不動のものとしてとらえられるなら、そこには固定や持続という変数が作用していることを意味しよう。かかる関係のなかで民俗事象を理解し、またそれは学問としての民俗学の性格を反省的にとらえることがもとめられる。

かかる理解がバウジンガーの民俗学の構想から引き出せるとすれば、それは一言で言いあらわすことができるかもしれない。それは近・現代という特定の状況が自己を表出する様式にかかわっている。近・現代とは、先ずは合理性の進展として解されよう。また合理性に支えられた一般的に進歩として解されよう。しかし、だからこそ、部分的には非合理な停滞や後戻りもまた作用する。それは決して、頭からネガティヴな趨勢ではない。高速列車と鈍行列車のようなものである。時代の先端を行くのは高速列車であるが、鈍行列車もまた前に進んでいることには違いがない。歴史、少なくとも近代以後

の歴史に絶対的な停滞や後戻りがあり得るのかどうかという問題には立ち入らないが、遅い前進は、安堵や拠りどころの感覚を得させてくれることがある。その安堵や拠りどころの感覚は、遅い前進が、速度はともあれ前進であることには変わらないということにも起因する。決して逆行ではなく、前進であることを了解しつつ、逆行の感覚を持ち得ることに、遅い進み方の特質がある。しかし逆行の錯覚も起きかねず、錯覚を実像と思いこむと座標軸の狂いをも結果しかねない。バウジンガーが言うのは、社会的に共有された、そうした心理の仕組みなのであろう。それを科学技術に着目し、〈科学技術世界〉の概念を措定してその論理をたずねたのはバウジンガーの独創であった。特に科学技術に着目したのは、ものごとが推移する作用因を組み込むことでもあった。

　そこでの論理については、もう少し見ておかなくてならない要素もあるが、できるだけ分かりやすく説明するという趣旨から、次元を変えた言い方をしてもよい。やや静的なとらえ方になるが、ここで起きているのは、<u>故習という様式における自己表出</u>と言えるところがある。現存の正面に位置するのではないが、周辺部にあって淡く反射光を放っているカット面である。その位置と作用をあやまたず計測するのは、微妙な作業ながら、取り組む者がいないわけにはゆかない課題でもあるだろう。

インゲボルク・ヴェーバー＝ケラーマンにおけるヨーロッパ・エスノロジーの構想

1. はじめに

　筆者はこのほど、インゲボルク・ヴェーバー＝ケラーマンを主著者とするドイツ民俗学の一書を『ヨーロッパ・エスノロジーの形成』のタイトルで翻訳・刊行した[1]。内容は、ドイツ民俗学の発展を、発端から今日の状況まであつかった学問史である。以下では、刊行を機に、この著作を中心にしながら、インゲボルク・ヴェーバー＝ケラーマンの民俗学について案内を試みる。

　現下の日本ではドイツ民俗学を扱う研究領域はなお定着していない。筆者がこの分野の基本書の翻訳を進めているのも、多少なりとも空白を埋めようとの意図に発している。とりわけ学史理解は、何らかの分野が手がけられるときには出発点のはずであるが、残念ながらその当然の手続きへの留意を欠いているために、日本の読書界では多くの誤認が起きている。あるいは、その誤認が特定の方向を示している面から見ると、原因は日本人のあいだの通念により多く存すると言うべきであろう。この問題にも言及したことがあるが、それを克服するためにも、筆者はドイツ民俗学にかかわるようになった早い時期から、学史文献そのものの共有を心がけてきた。先ず紹介したのは

---

1) インゲボルク・ヴェーバー＝ケラーマン／アンドレーアス・C・ビマー／ジークフリート・ベッカー（著）河野眞（訳）『ヨーロッパ・エスノロジーの形成』文緝堂 2011．（原　書：Ingeborg Weber-Kellermann, *Einführung in die Volkskunde / Europäische Ethnologie. Eine Wissenschaftsgeschichte.* Stuttgart, 3. Aufl. 2003）

（書物の形態には至らなかったが）マティルデ・ハインの「ドイツ民俗学とその方法」[2]であり、次いでレーオポルト・シュミットの『オーストリア民俗学の歴史』を一般に供した[3]。そして先年訳出したヘルマン・バウジンガーの一書は第一章が学史にあたられている[4]。それゆえ大小はあるものの、これで4種類のドイツ民俗学史が日本語で読める状況となった。

はじめに原書の書誌データとタイトルの直訳を挙げる。なお今回訳出したのは、主著者のインゲボルク・ヴェーバー＝ケラーマン女史の没後にその門下生が加筆した版である。すなわちアンドレーアス・C・ビマーとジークフリート・ベッカーが加わって執筆された改訂第三版を底本としたのである。そこで、先ず初版以来のデータとタイトルの直訳を挙げる。

（書誌データ）

Ingeborg Weber-Kellermann, *Deutsche Volkskunde zwischen Germanistik und Sozialwissenschaften*. [Sammlung Metzler, Abteilung Lieteraturwissenschaft und Geisteswisschaften, M79] Stuttgart 1969.

2）マティルデ・ハイン（Mathilde Hain 1901-83）はユーリウス・シュヴィーテリング（Julius Schwietering）の学徒として、民俗研究に機能主義を導入したことで知られ、またフランフルト大学で民俗学を担当した。その観点からの簡便な学史理解の拙訳を参照、マティルデ・ハイン「ドイツ民俗学とその方法」愛知大学文学会『文学論叢』第86輯（昭62[1987]年12月），p.146-123.; 第87輯（昭和63[1988]年3月），p.190-169.（原著: Mathilde Hain, *Volkskunde und ihre Methode*. In: Deutsche Philologie im Aufriss, hrsg. von Wolfgang Stammler, Bd.III, 2.Aufl. 1962, Sp.2547-2570.）

3）次の拙訳を参照、レーオポルト・シュミット（著）河野（訳）『オーストリア民俗学の歴史』名著出版 1992.（原書: Leopold Schmidt, *Geschichte der österreichischen Volkskunde*. Wien 1951）

4）ヘルマン・バウジンガー（著）河野（訳）『フォルクスクンデ：ドイツ民俗学 — 上古学の克服から文化分析の方法へ』文緝堂 2010.（原書: Hermann Bausinger, *Volkskunde. Von der Altertumsforschung zur Kulturanalyse*. Darmstadt 1971, Tübingen 1979, 2010[4].）訳書の解説に加筆した本書所収の次の論考を参照、「ヘルマン・バウジンガーの経験型文化研究／民俗学」

インゲボルク・ヴェーバー＝ケラーマン「ドイツ・フォルクスクンデ（民俗学） － ゲルマニスティクと社会科学のあいだ」

Ingeborg Weber-Kellermann / Andreas C. Bimmer, *Einführung in die Volkskunde / Europäisöche Ethnologie.*〔Sammlung Metzler, M79〕Stuttgart 1985.
インゲボルク・ヴェーバー＝ケラーマン／アンドレーアス・C・ビマー／ジークフリート・ベッカー「フォルクスクンデ － ヨーロッパ・エスノロジー入門」

Ingeborg Weber-Kellermann / Andreas C. Bimmer / Siegfried Becker, *Einführung in die Volkskunde / Europäische Ethnologie.*〔Sammlung Metzler, M79〕Stuttgart 2003.
インゲボルク・ヴェーバー＝ケラーマン／アンドレーアス・C・ビマー／ジークフリート・ベッカー（著）『同』

このように1960年代末の初版の後、2回の改訂がほどこされ、都合3種類のヴァージョンとなっている。それに伴って、執筆者にも変化があった。初版はインゲボルク・ヴェーバー＝ケラーマンの単独著作であるが、第二版は先にふれたような共同執筆者となった。また第三版は主著者の没後の改訂である。それゆえ15年から20年ほどの期間をおいて改訂がなされているが、それは、本書が、専門分野への直近の情報を含めて案内するという性格であることによる。シュトゥットガルトに所在するメッツラー社の刊行による「メッツラー叢書」の一冊である。この叢書は、学問分野やそれを構成する小領域やテーマごとに編まれた数百点に上る案内書・入門書のシリーズとして知られている。それぞれの専門分野における諸テーマについて概説と書誌データを盛り込んだ体裁であり、ドイツの大学生へのややレベルの高い概説書である。そうした基本的な性格のゆえに、時代の推移と共に学界動向と書誌情報を新しくすることがもとめられる。またその日本語版となれば、最新の版

を底本とするのは当然の選択であろう。

　しかしそこで一考を迫られることがらがあった。それは学史研究が併せもつ二つの側面の相関である。学史は、一つはその分野に関心をもちはじめた人々への案内であり、それゆえ直近の時期の学界状況と文献にかんする情報提供を課題とするであろう。二つには、しかしより本質的なこととして、その学問が何であるかを学問史の整理によって解明するという修史の側面がある。本書の主著者が初版の序文に〈学問の歴史とは学問そのものである〉というゲーテの言葉を掲げたのは、その課題と取り組んだことへの表明と自負に他ならなかった。それは言い換えれば、その分野にかんする学問論であり思想である。この情報提供と学問論という二つの側面が、主著者亡きあとの増補改訂版において、なお優れて調和を保っているかどうかについて問題を感じさせるのである。これについては後に少しふれるが、先ずは主著者と改訂版の共著者たちの略歴をあげる。

インゲボルク・ヴェーバー＝ケラーマン（Ingeborg Weber-Kellermann 1918-93）は長くマールブルク大学の民俗科教授としてヨーロッパ・エスノロジーの主宰であった。

アンドレーアス・C・ビマー（Andreas C. Bimmer 1943 生）はマールブルク大学のヨーロッパ・エスノロジー研究所のアカデーミシャー・オーバーラート（特任教授）で、専門領域は、学問史、習俗（民俗行事）研究、フランスとハンガリーのエスノロジー。現在は大学からは引退してマールブルク郊外の古民家を拠点に活動をつづけている。

ジークフリート・ベッカー（Siegfried Becker 1958 生）は、マールブルク近郊に生まれ、大学ではヴェーバー＝ケラーマン女史に就いて民俗学を専攻した。マールブルク大学のヨーロッパ・エスノロジー学科・研究所の教授で現在の所長である。専門領域は、学問史、事物研究、口承文藝研究、地域エスノロ

ジー（ヘッセン、ベーメン、ハンガリー）。ビマー氏と共にヴェーバー＝ケラーマンの門下生で、その衣鉢を継ぐ立場にある。同研究所の古くからの専門誌の編集に携わり、毎号、特集を企画している。その一点として「人間と動物」特集に氏が自ら寄稿した「ミツバチと養蜂が映す西洋社会の自画像—ドイツの事例から見たその変遷」（原著1991）を筆者は最近紹介した[5]。

2. インゲボルク・ヴェーバー＝ケラーマンの略歴

インゲボルク・ヴェーバー＝ケラーマンは、1918年6月23日にベルリンに生れ、1993年6月12日にマールブルクで亡くなった。研究者としての初期にはベルリン（フムボルト）大学において民俗学科の教授アードルフ・シュパーマーに師事し、1940年に学位を得、さらに1946年から1959年までドイツ学術アカデミー（東ドイツ時代のベルリン）に付設された「ドイツ民俗学インスティトゥート」（Institut für Deutsche Volkskunde an der Deutschen Akademie der Wissenschaften zu Berlin）の助手として勤務し、1960年にその主任となった。しかし同年中に西ドイツのマールブルク大学の民俗学科にあたる「中部ヨーロッパ民俗研究所」（Institut für mitteleuropäische Volksforschung）に移った。そこで研究に従事し、1963年に教授資格を得た。1968年にマールブルク大学民俗学科の教授となり1983年の定年退官までその地位にあった。

---

5) 次の拙訳を参照、ジークフリート・ベッカー（著）河野（訳）「ミツバチと養蜂が映す西洋社会の自画像—ドイツの事例から見たその変遷」愛知大学国際コミュニケーション学会『文明21』第30号 (2013), p.37-87.（原著：Siegfried Becker, *Der Bienenvater. Zur kulturellen Stilisierung der Imkerei in der Industriegesellschaft. Dem Andenken meines Vaters*. In: Hessische Blätter für Volks- und Kulturforschung. N.F..d. Hessische Blätter für Volkskunde, Bd.27 [1991], S.163-194.）

3. 主要著作のリスト

次にインゲボルク・ヴェーバー＝ケラーマン女史（1918-1993）の主要著作のリストを挙げる。

1957: *Ludolf Parisius und seine altmärkischen Volksliedern*. Berlin. 『ルードルフ・パリジウスとアルトマルクの民謡』

1965: *Erntebrauch in der ländlichen Arbeitswelt des 19. Jahrhunderts. Auf Grund der Mannhardtbefragung in Deutschland*. Marburg 1865.『十九世紀の農業労働における収穫習俗 ── マンハルトのアンケートのドイツ地域に関する再検証』

1967: mit Gerhard Heilfurth Hg.: *Arbeit und Volksleben. Deutscher Volkskundekongreß 1965 in Marburg*. Göttingen. 『労働と〈民の営み〉』（ドイツ民俗学会研究発表大会［1965］の記録）

1969: *Deutsche Volkskunde zwischen Germanistik und Sozialwissenschaften*. Stuttgart 1969. 『ドイツ民俗学 ── ゲルマニスティクと社会科学の間』

1971: - und Walter Stolle, *Volksleben in Hessen 1970. Arbeit, Werktag und Fest in traditioneller und industrieller Gesellschaft*. Göttingen. 『民の営み：ヘッセン州の1970年──伝統社会と工業社会の間にあるウィークデーと祭り』

1973: - und Annemie Schenk unter Mitarbeit von Michael Motzer und Walter Stolle, *Interethnik und sozialer Wandel in einem mehrsprachigen Dorf des rumänischen Banats*. (Bd.3 der Marburger Studien zur vergleichenden Ethnosoziologie). Marburg. 『ルーマニアのバーナト村：複数言語村の社会的変遷をめぐるインターエスニック研究』

1974: *Die Deutsche Familie. Versuch einer Sozialgeschichte*. Frankfurt a.M., 9.Aufl.1988. 『ドイツの家族 ── 社会史の試み』

1978: *Die Familie. Geschichte, Geschichten und Bilder.* Frankfurt a.M. - 3.Aufl. 1987.『家族・歴史・エピソードと図像』

1978: *Zur Interethnik. Donauschwaben, Siebenbürger Sachsen und ihre Nachbarn.* Frankfurt a. M.『インターエスニック研究：ドナウシュヴァーベンとザクセン系ジーベンビュルゲンおよびその周辺』

1978: *Das Weihnachtsfest. Eine Kultur- und Sozialgeschichte der Weihnachtszeit.* Luzuern/München. - 2. Aufl.1987.『クリスマス期間の文化史と社会史』

1979: *Die Kindheit. Kleidunng und Wohnen, Arbeit und Spiel.* Frankfurt a.M.『子供の時期：着るものと住まい ― 仕事と遊び』

1981: - und Regine Falkenberg, *Was wir gespielt haben. Erinnerungen an die Kinderzeit.* Frankfurt a.M. 『遊びの思い出：子供の頃の記憶のために』

1981: Hg., *Eine preußische Königstochter. Glanz und Elend am Hofe des Soldatenkönigs in den Memoiren der Markgräfin Wilhelmine von Bayreuth.* Frankfurt a.M. - 3.Aufl. 1988.『プロイセン公女：プロイセン兵隊王の宮廷の栄光と悲惨 ― バイロイト辺境伯妃ヴィルヘルミーネの記録』

1982: *Volksfeste.* Hamburg.『民の祭り』

1982: *Das Buch der Weihnachtslieder.* Mainz.; 3.Aufl. 1986.『クリスマス歌謡』

1983: *Frauenleben im 19.Jahrhundert.* München.『十九世紀の女性の生き方』

1985: *Der Kinder neue Kleider. Zweihundert Jahre deutscher Kindermoden in ihrer sozialen Zeichensetzung.* Frankfurt a.M.『流行の子供服』

1985: - und Andreas C. Bimmer, *Einführung in die Volkskunde / Europäisöche Ethnologie.* ［Sammlung Metzler, M79］Stuttgart.『ヨーロッパ・エスノロジーの形成／ドイツ民俗学史』

1985: *Saure Wochen, frohe Feste: Fest und Alltag in der Sprache der Bräuche.* München［Bucher］.『ウィークデーと晴れの日 ― 民俗行事に見る祭りと日常』

1987: *Landleben im 19. Jahrhundert.* München［Beck］2.Aufl. 1988.『十九世紀の村の生活』

学術映画「フォルクスクンデとは何か」（1969年製作）のひとこま：
解説するインゲボルク・ヴェーバー＝ケラーマン

1990: *Vom Handwerkersohn zum Millionär. Eine Berliner Karriere des 19. Jahrhunderts*. München. 『職人の子供から億万長者へ：十九世紀ベルリンのある立志者』

1991: *Die Kinderstube*. Frankfurt a.M. （Insel-Bucherei 1126）. 『子供部屋』

1994: *Die helle und die dunkle Schwelle. Wie Kinder Geburt und Tod erleben*. München （Beck'sche Reihe 1035）. 『しきいの内外：子供の命と死』

この他にも編著があり、また専門誌への寄稿も多数に上る。さらに民俗学関係の記録映画を監修・製作している。

4. 著作等への案内

学問傾向を測るにはさまざまな方法があろうが、ここでは、よく読まれている著作よりも、初期のものをふくめてやや地味な研究への案内に重点をお

こうと思う。もっとも、はじめに2著はいずれも大部であるため、わずかに覗く程度である。

a.『ルードルフ・パリジウスとアルトマルクの民謡』

最初の大きな業績は19世紀プロイセンのある官僚が民俗学の分野において残した収集成果との取り組みであった[6]。ルードルフ・パリジウス（Ludolf Parisius 1827-1900 ㊤ GardelegenST Berlin ㉒）はプロイセンの法曹家にして出版をめぐる諸問題にかかわったリベラリストで、ドイツ進歩党のメンバーとして数年間ではあったが国会議員をつとめた。出身はマルク・ブランデンブルクの発祥地でもあるアルトマルクであった。今日のザクセン＝アンハルト州の一部で、一帯の中心都市はマグデブルクである。そして本務のかたわら、郷土誌をも手がけて、同好者と共同で成果を刊行するなどしていた[7]。また〈貴族と農民の二極関係において社会構造をあきらかにしよう〉との意図を以て創作にも手を染めたが〈アルトマルクの民衆性の研究に比べると高い藝術性には至らなかった〉[8]、とりわけ情熱を傾けたのは郷土の民謡で、1850年頃から収集を始めたようである。1857年に10篇の民謡を雑誌に発表し、ややあって1879年には21篇のバラードに注解をほどこした小冊子を刊行した[9]。

---

6) Ingeborg Weber-Kellermann, *Ludolf Parisius und seine Altmärkishcen Volkslieder.* Herausgabe der Melodien von Erich Stockmann. Berlin [Akademie-Verlag] 1957.

7) Hermann Dietrich und Ludolf Parisius, *Bilder aus der Altmark.* 2 Bde. Hamburg 1883, Reprint 1991.

8) 小説と短編が次のように刊行された。Ludolf Parisius, *Pflicht und Schuldigkeit.* 3 Bde. Hannover 1873; *Ein Freiheitsmüder.* Hannover 1873.; *Im Wald und auf der Heide. 3 Novellen in 2 Bdn.* Berlin 1876. なお引用した論評はヴェーバー＝ケラーマンによる。参照、（前掲 注4）Weber-Kellermann, *Ludolf Parisius und seine Altmärkishcen Volkslieder.* S.5.

9) Ludolf Parisius, *Deutsche Volkslieder mit ihren Singeweisen.* 1879. この書誌データはヴェーバー＝ケラーマンから引用であり、次を参照、（前掲 注6）Weber-Kellermann, *Ludolf Parisius und seine Altmärkishcen Volkslieder.* S.8-14.

しかしそれは片鱗に過ぎず、以後もつづけられた収集は782篇の民謡と約200篇の断片、それに200種類を超える楽譜となった。それらを整理する作業に手間取り、また単独での完成は期し難いとして、甥のマックス・パリジウス（Max Parisius 1845-1920）が協力したが、刊行には至らなかった。

ヴェーバー＝ケラーマンがその膨大な手稿の山に接したのは1954年のことであったらしい。その民謡資料が陽の眼を見るようになることが大判800頁の大著の直接の目的であったが、それは通常の翻刻にはとどまらなかった。民謡研究の指針に沿って一応の分類をおこなうのと並んで、ヴェーバー＝ケラーマンの関心は、むしろ民謡が歌われた状況と歌った人間の社会的関係に向かった[10]。

　資料を読み込むにつれて、アルトマルクの歌謡の生きた姿とその多層な歌い手たちのあり方が生き生きと迫ってきた。しかもそれは、社会と文化の転換期である19世紀半ばのものであった。かくて研究は、通常の歌謡編集の枠を大きく超え出た。歌謡はそれを歌った人々の発信であると思われ、それと取り組む作業は、師のアードルフ・シュパーマーの意味での集団精神を民謡というメディアの形態において把握し、その成果を呈示することへと進んで行った。

なおこの翻刻と研究の刊行が実現したのには、（序文で謝辞が贈られる）東ドイツ民俗学界の中心人物ヴォルフガング・シュタイニッツ（Wolfgang Steinitz 1905-67）の応援があったと考えられる。政権政党、社会主義統一党の中央委員であり、民謡研究家として自らも社会主義東ドイツの民俗学の代表的な成

---

10) 参照、（前掲注6）Weber-Kellermann, *Ludolf Parisius und seine Altmärkishcen Volkslieder*. Vorwort. 序文は1956年2月となっており、そこに、パリジウスの手稿に接したのは〈2年前〉と記されている。刊行が1957年となった事情は不明であるが、楽譜を音楽の専門家が担当したことが関係したかも知れない。

果『ドイツ民謡：過去6世紀にわたるデモクラシーの性格をもつ民謡』[11] を著している。そして指導理論となったのは、民俗事象をめぐるアードルフ・シュパーマーの考え方であった。ここでは踏み込んだ解説は避けるが、民俗事象の起源は社会的・文化的上層に発するとしつつも、やがてそれは民(フォルク)に受容され、その独自の立場や情念を盛るものとして機能するようになる、といった考え方である[12]。民謡で言えば、それぞれの土地の民間で発生したものではなく空間的・社会的な伝播の結果として存在するが、歌う者は、まちがいなく自己の存在の何かをそれに託している。しかし多くの民謡集は、整理された歌謡テキストの集積であり、歌い歌われる現場の様相を伝えていることは稀である。

ヴェーバー＝ケラーマンが注目したのは、パリジウスの民謡収集の場合、テキストと楽譜だけでなく、採録の具体的なデータが付いているものが含まれることであった。さらに一部で手紙等を併せてもちいることも可能であった。それらを参照すると、身分の別では女性の奉公人からの聞き取りが多いことが判明した。つまり田舎から都会へ働きに出た女性たちである。下婢すなわち女中さんも、そこには含まれる。あるいは子供たちが、祭礼日などにグループで物集めにさいして歌うおねだりの習俗[13] とむすびついた歌もまじっている。そうした具体的状況との関係において歌謡の生きた姿を取り出すことを、ヴェーバー＝ケラーマン女史はもくろんだ[14]。以下では、その作業の実際を見ようと思う。

1856年、ルードルフ・パリジウスはマグデブルク近郊の郡庁の町ヴォルミールシュテットでしばらく過ごしたが、ブルク（地名）の場合と同様、

---

11) Wolfgang Steinitz, *Deutsche Volkslieder demokratischern Charakters aus sechs Jahrhunderten*. 2 Bde. Berlin 1955 / 1962.
12) やや詳しい解説は次の拙著を参照，『ドイツ民俗学とナチズム』創土社 2005, 第一部第1章9節「アードルフ・シュパーマー」

彼はその滞在した家の家主のもとで働く娘から歌謡収集のかなり多くを聞きとった。音楽に堪能な19歳の少女で、家内で仕事をするさいに歌を口ずさんでいた。歌謡収集家は、新しい情報源としてこれに目をつけた。その事情は、1879年の小冊子に次のように記されている。

　〈ヴォルミールシュテットの家主のもとで働く19歳の少女は（これは1856年の春のことだったが）民謡を少なくとも100曲は諳んじていた。生れたのは、地主の土地と若干の小農民からなる小村モーゼ（Mose）で、すべてそこで覚えたのだった。彼女はすでに三年間ここヴォルミールシュテットで奉公しているが、新しく付け加わった歌は一つもなく、ただ忘れる一方であった〉。

　その少女が貧しい境遇からやってきたことは明らかで、その寒村モーゼこそ、（以下に挙げる）パリジウスによって記録されることになる70種類以上の歌謡と、うち少なくとも51曲のメロディの元の舞台であった。パリジウスは個々の歌謡に注記をほどこすことはめったにない。それがどこの歌であるかだけ、すなわち〈モーゼの歌〉と記されるだけである。しかし

13）祭りなどの節目に小麦粉や卵、少額の金銭などをもとめて家々をまわる風習（Heischebrauch）で、にない手が青年たちの場合も多い。ここでは解説には踏み込まないが、民俗学ではその起源や機能が問題となってきた経緯があり、かなり大きなテーマである。文献も多いが、インゲボルク・ヴェーバー＝ケラーマンが取りあげていることを参照、Ingeborg Weber-Kellermann, *Saure Wochen, frohe Feste: Fest und Alltag in der Sprache der Bräuche*. München 1985, passim.:(Heischebräuche).；またヘルマン・バウジンガーの指導の下で行なわれた南西ドイツのファスナハト調査において、コンラート・ケストリーンとマルティーン・シャルフェが研究者としての最初期に手がけた次の共同論文が、概念規定・伝統・イデオロギーなどに注目してまとめているのを挙げておきたい。参照、Konrad Köstlin / Martin Scharfe, *Heischebräuche*. In: Tübinger Arbeitskreis für Fasnachtsforschung, *Dörfliche Fasnacht zwischen Neckar und Bodensee. Beiträge des Tübinger Arbeitskreises für Fastnachtsforschung*. Tübingen 1966 (Volksleben, Bd.12).S.156-195.

14）参　照、（前　掲　注6）Weber-Kellermann, *Ludolf Parisius und seine Altmärkishcen Volkslieder.* S.310f.

稀に名前が記載されることがある。リゼッテ・シュルツとフリーデリケ(パリジウスはときどき〈フリーデリケその男兄弟〉とも記す)の名前が伝わるが、この二人のどちらがヴォルミールシュテットの下婢であるかは明らかであろう。そうした個人の特定は重要ではないと見て、むしろモーゼ村の 70 篇の歌謡を一括してとりあつかうのは構わないが、いずれにせよ、19 世紀半ばに、村の若者(特に女性)が歌謡を我がものとしていたとは言い得よう。収集者の言によれば、その娘はヴォルミールシュテットに住んですでに三年になるとのことであり、そうであれば十三歳や十六歳でそうした歌謡一式を知っていたことになる。その角度から見ると、以下の歌謡がそれにふさわしく独特であることが分かってくる。始まり方では(部分的には)完形を呈する 20 篇のバラードにおいて、その終わり方が独特なのである。すなわち、いかにも村の感じがし、また若者ならさもありなんと思える特殊なかたちなっている。たとえば「粋な軽騎兵」(340 番 Feiner Husar)は、11 節まではまったく通常の進行を見せた後、次のような感動的な歌詞になる。

12. やがて騎兵は悲しみて
　　黒き衣装を買いたれば
13. 七年間も喪に服し
　　衣摺り切れちぎれたり。

あるいは「溺れ死んだ水車屋の娘」(350 番)でも、普通では見られないような終わり方をする。

5. 我が身撃たんとしたれども
　　花婿、気力あらばこそ
　　弾もあらねば、海に入り
　　娘恋しと死ににゆく。

「若い大工」（356番 Junger Zimmergesell）では、密通の相手の辺境伯夫人による救出の件（くだ）りがまったく抜け落ち、歌は判決さながらの一節で締めくくられる。

7. 絞首刑の臺なるや
　　即刻その場に引き連れば
　　<u>男は刑に消え果てぬ</u>
　　<u>若き大工の末路なり</u>

まったくの付け加えであるこの一節からは、歌う若者たちの性状、すなわち彼らが明白なモラル概念と倫理秩序の確認を歌謡にもとめていることが明らかになる。古くからの歌謡にそれが見出せないなら、元の歌謡を削って新たな付加したのであり、それによって猟奇的な唄い物（モーリタート）となってしまうことも厭わず自分たちの現在に引きつけたのだった。

ここで言及された三つの歌謡は、いずれも歌詞が一般に知られたヴァージョンとは少し違ったかたちになっているとされる。三歌ともほぼ同種の動きが推測されるが、ここでは最後の「若い大工」について補足を加える。この歌謡に対するヴェーバー＝ケラーマンの見解は興味深い。が、これだけでは日本の読者には分かりにくい。

この歌はドイツ人のあいだではかなり知られているが、注意すべきことに、2種類の大きく異なったヴァージョンがある。一つはドイツの大学生の間で19世紀半ばを過ぎた頃から使われはじめた『交流歌集』（『学生歌集』（コメルスブーフ））[15] 所収の第539番で、ここでのパジリウスの採録ヴァージョンとほぼ同じである。

---

15) *Allgemeines Deutsches Kommersbuch*. Lahr / Schwarzwald [Moritz Schauenburg] 1858, 以後160刷以上がおこなわれてきた。ただしこの歌を省略した版も見られる。

それに対してもう一つ、さらに古くから行なわれてきたと思われる、もっと長いヴァージョンがある。それが入った指標的な歌謡集は 1841 年に刊行されたアンドレーアス・クレッチュマー（Andreas Kretschmer 1775-1839）の『ドイツ民謡：メロディ付』第二巻である[16]。そこで先ず、第七節が紹介された歌謡のその前の第 6 節までを、パリジウスが採録したヴァージョンで挙げる[17]。

1. むかし大工の徒弟あり
   ミルクと血とでできたごと
   若き身体で建て上ぐる
   御殿は金と大理石。

2. 御殿の成るや中へ入り
   うとうと眠りいたるとき
   奥方様が入り来て
   呼びて誘いて問いかくる

3. 〈起きよ、若人、大工殿
   わらわと寝たくはあるまいか
   白き身体のそばに伏す
   今が逢瀬のそのときぞ〉

4. 共にありたる両人は
   二人きりとぞ思いしも
   悪魔に言われし女中来て
   鍵の穴より覗き見る。

5. 〈お館様よ、参られい
   白き身体の奥方の
   傍に伏せしは紛うなく
   あれぞ大工の徒弟なり

6. 〈白き身体の傍なるは
   まさしく大工の徒弟なり
   絞首刑の臺たてよ
   素材は金と大理石〉

---

16) 参照、Andreas Kretschmer, *Deutsche Volkslieder mit ihren Original-Weisen, nach handschriftlichen Quellen*. Bd. 2. 1841; Reprint: hrsg. und mit Anmerkunnge versehen von August Kretschmer. 1969.

17) 参照、（前掲注 6) Weber-Kellermann, *Ludolf Parisius und seine Altmärkishcen Volkslieder*. S.325.

そして先に挙げた第7節になる。これが『交流歌集』のヴァージョンとほぼ一致することにはすでに触れた。後者の刊行は1858年であった。以後大学生のあいだの歌のテキストとして急速に広まって行くのであるが、パリジウスは、ちょうどその時代の人であった。そしてこの歌謡には、次のような注記をつけている。

> このヴァージョンには奇異な感じがする。実は1845年にハレでもほとんど同じ文言で聞いたことがあるほか、その後も同じ経験をもった。よく調べてみると、モーゼ村ではずっと前からこのかたちで知られていたと言う。とすると、先ずはこの村でその形をとり、それが大学にまで広まったということになる。その逆ではないであろう。

1845年は、パリジウスがハレ大学に入ったばかりの頃であったろう。そのときすでに、後にモーゼ村出身の娘がうたったのと同じ歌詞を大学で耳にし、またその後も聞くことになったと言う。1858年以後なら、『交流歌集』に取り入れられたのであるから、当然大学生を中心に広まり、聞く機会は増えたであろう。しかし、パリジウスは、そのヴァージョンから〈奇異な感じ〉を受けていた。それは、通常、別のヴァージョンで流布していたことを知っていたからである。しかもそれは、20世紀の60年代に再点検したヴェーバー＝ケラーマンが受けた印象とも重なった。女史もまた、『交流歌集』とは異なるヴァージョンを知っていた。どこが〈奇異〉であるかと言えば、〈密通の相手の辺境伯夫人による救出の件（くだ）りがまったく抜け落ち〉ているからであり、また〈元の歌謡を削って新たに付加した〉第7節の展開もそうである。しかも、歌はそこで終わってしまう。

ではパリジウスにもヴェーバー＝ケラーマンにも既知であった別のヴァージョンはどういうものであったろうか。第6節までは、（細かくはともかく）ほぼ一緒である。ところが第7節以後（!）が違っている。また第7節はいわばターニングポイントであり、そこから後半が続く。その後半の2節だけを

挙げる。

7. 絞首刑の臺なるや
　即刻その場に引き連れば
　<u>色浅黒き徒弟殿</u>
　<u>はやあきらめて目を伏せぬ</u>

8. これ知りたるや奥方は
　近習呼びて言いつくる
　〈ただちに馬に鞍つけよ
　行くはラインのシャフハウゼン〉

と言うように、若者が絞首刑臺へと連れて行かれたことを頂点として、急を知って駆け付けた伯夫人が若者を救い出す運びになる。なお登場人物については、大工の徒弟は、その身分には特に重要性はないので、ここでは〈若い大工〉とした。また辺境伯は、特定の官職名をもつ領主であることに重点はないので、〈殿さま〉でも〈旦那〉でもよい。伯夫人も〈奥方〉くらいで問題はない。そして全部で19節（クレッチュマー版）まで続く。実は、この歌の後半の文言はややきわどく、春歌の趣があるとも言える。奥方が駆けつけたのを見るや、若者は一言だけ言わせてくれと頼み、そこで殿さまと若者のどちらが奥方を満足させたかといった問答になる。殿様は白髪の老人なのである。そして老人があきらめて立ち去り、改めて奥方が若者を口説く展開になる。

　なおパリジウス版では、青年の肢体の色つやを、まるで〈ミルクと血とで〉できているようだ、とうたっているが、クレッチュマー版では〈色浅黒き〉が繰り返されるなど違いがある。また後者ではライン河沿いの地名が幾つも入っていたりする。

　ヴェーバー＝ケラーマンは、これらの変形がモーゼ村で起きた、というパリジウスの説を採ったわけではないが、そうした歌い替えがなされた社会的背景には注意を向けた。パリジウスが採録をおこなったアルトマルク一帯はプロテスタント教会ルター派の地域であるが、むしろ狭隘な農村の零細農や小作人のあいだゆえのがんじがらめの倫理性が背景にあったと考えられる。

321

その結果、老人が若い妻をとどめるのは所詮無理があるといった浮薄なテーマが、密通への制裁に変えられた。〈モラル概念と倫理秩序の確認を歌謡にもとめ〉たのである。またそのため、歌が途中でちぎれることにもなり、それどころか〈猟奇的な唄い物となって〉しまった、とも言う。モーリタートとは、殺人ものとでもいった意味で、歌謡の種類を言う[18]。したがって歌謡の性格が変わったのである。

　補足がやや長くなったが、プロイセンの一官僚の歌謡収集の翻刻と、その分析からも、ヴェーバー＝ケラーマンの関心が、民俗事象を社会の仕組みに照らして読み解くことにあったことが見てとれる。そしてそれがさらに大きく羽ばたき、かつ成功したのが、収穫行事の研究であった。先人の収集データの再検証という点でも、類似の手法の発展であった。

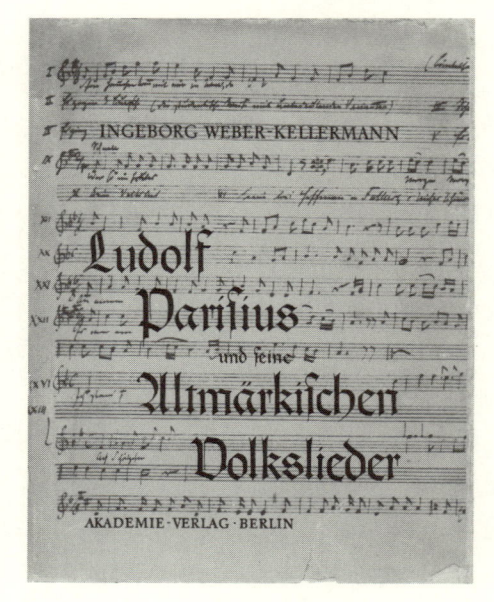

『ルードルフ・パリジウスとアルトマルクの民謡』(1957年) 表紙カヴァー

18) 歌謡研究家カール・リーハによる標準的な案内書を参照、Karl Riha, *Moritat, Song, Bänkelsang. Zur Geschichte der modernen Ballade*. Göttingen [Sachse & Pohl 1965. また同じ著者による次の歌謡集をも参照、Ders., *Moritat , Bänkelsang. Protestballade*. Königstein /Ts.[Athenäum] 1979 2.

b.『十九世紀の農業労働における収穫習俗 ── マンハルトのアンケートのドイツ地域に関する再検証』

　大著『十九世紀の労働世界のなかの収穫習俗』(1965)[19]には「マンハルトの 1865 年のアンケートに依拠して」というサブタイトルがついている。ドイツ民俗学の発端をどこにもとめるかはさておき、ロマン派の思潮がその後の方向を決定したことは疑えない。となると、その最も大きな存在はグリム兄弟である。またその視点を学び、民俗学のスタイルを確立したのは、兄弟の教えをも受けたヴィルヘルム・マンハルト（Wilhelm Mannhardt 1831-80）であった。その経緯は『ヨーロッパ・エスノロジー／ドイツ民俗学史』のロマン派の章に詳しいが、マンハルトはまた大規模なアンケート調査を実施したことによっても民俗学の歴史にエポックをつくった。

　マンハルトが、収穫習俗のさいに農民が行なう特異な動作に着目して、ドイツ語圏を中心にヨーロッパ諸国の一万人の関係者にアンケートを送付したのが 1865 年であった。そのアンケートの内容は、収穫にあたって最後に残した穀穂をどのような形に仕上げるかに特に注目しており、またそれが古いゲルマン神話に遡るとの予想を前提としていた。アンケートは約 1200 通の回答を得ることになり、それがベルリンの国立図書館に現存する。ヴェーバー＝ケラーマンはその資料を改めて点検して、マンハルトが読解を意図したゲルマン神話ではなく、むしろ同時代の労働とその背景にある社会的関係を読み解いた。とりわけ農民と地主や地主貴族との関係、労働の現場を自己の領域とみなした働く者たちの自負と権利意識であり、それを地域的な差異をも含めて解明する試みであった。

---

19) Ingeborg Weber-Kellermann, *Erntebrauch in der ländlichen Arbeitswelt des 19. Jahrhunderts auf Grund der Mannhardtbefragung in Deutschland von 1865*. Marburg ［N.G.Elwert］1965.

『十九世紀の農業労働における収穫習俗 ― マンハルトのアンケートのドイツ地域に関する再検証』（1965年）表紙カヴァー

　さらに言い添えれば、マンハルトを批判的に読むことは、その限りにとどまらない意義をもっている。マンハルトの視点を受け継ぎ、マンモス的に巨大化したのがイギリスのジェームズ・ジョージ・フレイザー（James George Frazer 1854-1941）だったからである。フレイザーの『金枝篇』（The Golden Bough. 初版 1890）の序文は大著の方法論でもあるが、そこにはマンハルトから着想を得たことが明記されている。20世紀の30年代から始まるフレイザー流の研究方法への批判が〈マンハルディアン批判〉と呼ばれるのはこの系譜のゆえである。これまた『ヨーロッパ・エスノロジー』の「ウィーン学派とスウェーデン学派」の一節に詳しい。なおこのあたりの学史と思潮の変遷について、筆者はやや詳しくとり上げたことがある[20]。概括的に言えば、

---

20) 参照、（前掲 注 12）拙著『ドイツ民俗学とナチズム』 passim.

ロマン派、さらにネオロマン派の思潮に彩られた民俗理解を、調査がなされた時期の特定の歴史的・社会的条件に置きなおして解明しようとするのが、ヴェーバー=ケラーマンの姿勢であり、それは取りも直さずドイツ民俗学を彩っていた神話学のヴェールをひきはがす作業でもあった。節目の年次をシンボリックに見るなら、ドイツ民俗学のロマン派とネオロマン派[21]の時代は、マンハルトの1865年のアンケートに始まり、ヴェーバー=ケラーマンが同じ資料をリアルな視点で読みなおした1965年で終わったと言ってもよい。そのちょうど100年はドイツ民俗学の栄光と挫折の百年でもあった。晩年の大作『十九世紀の農村生活』(1987) も、この収穫習俗の研究の延長上に位置づけることができ、また各方面に刺激となる名著と言ってよい。

なお収穫習俗の研究の具体的な記述については、これまでに何度か取りあげたことがあるため[22]、ここでは省くが、さらに詳細な解説は稿を改めて試

---

21) ロマン派 (Romantik) とネオロマン派 (Neo[Neu]romantik) の違いは一概には言えないが、一つの目安として、ロマン運動の特定の要素が強力に作用して一定の方向づけが起きたことを以てネオロマン派 (主義) と解することができる。ロマン派の場合、近代化の進展を前に多様な (たがいに矛盾する) 要素があらわれ、その複合として、政治を含む現状の認識 (人間性の解放や自由主義への志向)・歴史観・宗教観などいずれにおいてお種々の方向性を併せもち、解決不能による分裂症のような心理現象をも伴った。それに対してネオロマン主義では、回顧性、遡源・原初志向、農村回帰 (農村ロマンティシズム)、中世回帰 (ゴシックへの憧憬など)、神話偏重、貴種跪拝などが優勢になり、それらはナショナリズムや人種論とも結びつく動きを見せた。その面では、ロマン派運動が含んでいた退嬰性などのマイナス要素が強まったと言えるであろう。現行の農村行事をア・プリオリにゲルマン性 (さらにアーリア人以来の伝統) とみなすような思いこみも強まったことは、文化人類学・民俗学の分野でのイギリスのフレイザーにおいて特にみとめられる。
22) 次の拙著を参照、(前掲 注12) 『ドイツ民俗学とナチズム』第二部第8章6節「インゲボルク・ヴェーバー=ケラーマンによるマンハルトとレーオポルト・シュミットへの批判」;また本書所収の次の論考では雄鶏叩き行事の話題にちなんで検討した。参照、「生物供犠と遊戯の間」4.「インゲボルク・ヴェーバー=ケラーマンによるマンハルトの再解釈」

みたい。

c. 女性史研究：『プロイセン公女の記録』など

　ヴェーバー＝ケラーマン女史の仕事はその後、民衆の家庭、女性史や子供や被服にも延びてゆくが、いずれもリアルな社会関係と社会関係を背景にした当事者の意識・心理を解明するという行き方を見せる。その分野ではすでに『ドイツの家族』と『子供部屋』が邦訳されており、その見解の基本的な構図を知ることができる。そのため、少なくとも日本では注目される度合いが小さいと思われるものをもとに解説してみようと思う。と言うのは、女史の正面からの論述ではないからである。

　『プロイセン公女：プロイセン兵隊王の宮廷の栄光と惨状 ― バイロイト辺境伯妃ヴィルヘルミーネの記録』(1981) は、資料の復刻ないしはリメイクである[23]。プロイセン国王フリードリヒ2世（Friedrich II von Preusen 1712-86 1740以来プロイセン国王）の姉にあたる人物が書き記した回想録にもう一度光を当てたという性格にある。プロイセン公女ヴィルヘルミーネのその自伝風の記録はフランス語で書かれており、すでに1910年にドイツ語訳が刊行されていた。それに序文をつけてペーパーバックで刊行したのである。

　大王とも讃えられるプロイセン王フリードリヒ2世は高い教養人で文筆にも音楽に秀でていたが、長姉ヴィルヘルミーネ（Wilhelmine von Bayreuth 1709-58）も才媛であった。弟がマリア＝テレジア女帝のオーストリアを相手に起こした七年戦争（1756-63）は最終局面の直前までプロイセン側に不利とみられ、姻戚関係にあるプロテスタント教会系の諸邦すら巻き込まれることを恐れた。ヴュルテムベルク大公家やアンスバッハ伯家などであり、バイロイト伯家もその例にもれなかった。ヴィルヘルミーネは婚家の憂慮に逆らい

---

23) *Wilhelmine von Bayreuth, eine preussische Königstochter: Glanz und Elend am Hofe des Soldatenkönigs in den Momoiren der Markgräfin Wilhelmine von Bayreuth, aus dem Französicheen von Annette Kolb*, neu hrsg. von Ingeborg Weber-Kellermann, mit zahlr. Illust. von Adolph Menhel und 8 zeitgenös. Porträts. Frankfurt a.M. 1990.

はしなかったが、人脈を活かして運動をつづけ、それが、死後に実現した講和につながった面があるとされている。ちなみに今日もバイロイトのモニュメントである辺境伯劇場は、ヴィルヘルミーネが嫁ぎ先の夫フリードリヒ3世と共に文化の振興を図った名残りである。しかしそうした文化政策が国庫を疲弊させたことも歴史の教えるところである。なお辺境伯は中世以来の方伯の伝統的な官職名であり、バイロイトが辺地というわけではない。

　伯妃の回想録が一般に知られたのは没後50年が経った、フランス革命以後のことである。中身はほぼ自伝であるが、特に詳しいのは公女時代のベルリンやポツダムの宮廷生活の模様である。自分の縁談がすすめられてゆく経緯も克明に記されている。そして1742年で終わる。夫のバイロイト伯フリードリヒ3世の女性関係に直面したゆえの執筆の放棄だったようである。辺境伯劇場はその頃からの建設であり、計画はもっと早かったであろうが、伯夫妻が共に文化の振興に熱を入れたという伝説の裏には夫婦間の冷えこみという現実もあったようである。

　とりわけ詳細なのは父王フリードリヒ＝ヴィルヘルム1世（Friedrich-Wilhelm I. von Preusen 1688-1740）の家庭と宮廷である。ちなみに〈兵隊王〉のニックネームは、長身を選りすぐった役立たずの通称〈ポツダム巨人軍〉（歩兵第六連隊）を可愛がったためである。王は当時の領邦君主にはめずらしく多情家ではなく、国庫の回復など国政に取り組んだ半面、教養には関心が薄く、振る舞いは粗暴で外交に支障をきたしたことすらあった。我意を通して、家族にも廷臣にも拳骨や頬打ちを食らわせ、杖でなぐることもたびたびであった。ヴィルヘルミーネは、各国の貴顕や高位高官の人々の出入りを実名でこまかく再現しているが、中心にいるのはその強圧的な父王である。弟フリードリヒが王室からの出奔を図ったエピソードはよく知られているが、その背景も細かくつづられている。母の王妃をはじめ多数の人物の発言が直接話法で挿入されているところからメモを元にしていたと思われ、心理分析のような深みでつづられるわけではないものの、それぞれの局面で感じた恐怖や驚きや当惑や反発、そして自制と忍従が語られる。ヴェーバー＝ケラー

マンの言うように〈印刷を予想せず、気持ちの整理のために記した備忘録〉であったろう。しかも宮廷の価値観と、(東洋風に言えば)巧言令色鮮矣仁を地で行くような形式的な諸作法は、それにもかかわらず、書き手が最後は肯定するものでもあった。かくて時代と身分が然らしめるところ、利発で敏感で〈未解放〉(ウンエマンツィピールト)な女性が立ち現れる。

なおこの視角をも含めて女性史を解きほぐしたのが女史の大きな研究成果『十九世紀の女性の生き方』[24]である。順番からはこちらの方が早いが、そこですでに前代の18世紀のヴィルヘルミーネ公女の手記への注目がなされている。

d. ヨーロッパ・エスノロジー:ルーマニアのバーナト地方のフィールドワーク

注目しておきたい一書に『ルーマニアのバーナト村:複数言語村の社会的変遷をめぐるインターエスニック研究』(1973)がある[25]。これは女史が率いたマールブルク大学民俗学科が1960年代末から1970年代初めに行なっていた外国でのフィールドワークを素地にしている。主要な調査地は、ルーマニアの古くからのドイツ人の入植地の村で、また複数の民族が並存する地域であった。その成果は、学生たちが編んだ報告書「ヨーロッパ・エスノロジーへのマールブルク大学生ワーキング・グループ双書」の一冊として刊行された。もっとも、実際には、この報告書に執筆しているのは、主に女史と、マールブルク大学の民俗学科の研究員で、女史の仕事の協力者のアンネミー・シェンク、それに後にダルムシュタットの博物館で活躍するヴァルター・シュトレであった。ともあれ、そうした刊行形態であるためあまり知られていない

---

24) 参照、Ingeborg Weber-Kellermann, *Frauenleben im 19. Jahrhundert.* München [Beck] 1983.

25) Annemie Schenk und Ingeborg Weber-Kellermann, *Interethnik und sozialer Wandel in einem mehrsprachigen Dorf des rumänischen Banats*, unter Mitarbeit von Michael Motzer und Walter Stolle. Marburg 1973. [Marburger Studienkreis für Europäische Ethnologie, Bd.3].

が、そこでヴェーバー＝ケラーマンは「家族」の項目をも執筆した。次はその一節である。

　村人は、たいてい45歳を過ぎるあたりで〈老人〉となって〈隠居〉へ移った。まだ人生はかなり残っており、そのため彼らの関心は、隠居後の生活の保証に集中した。〈子供を村で結婚させておけば安心だった〉と言われていたが、それはセンチメンタルな次元の話ではなく、〈隠居留保分〉は公正証書で定められた。

<u>アントーン・シュヴェンクラー儀</u>

　子息ニコラウス宛、家屋（297番地及び298番地）並びに畑地全て（収穫量32ヨッホ相当）、馬4頭および荷車、鋤、まぐわ＊、農作業に要する器具一式譲渡致し候。併せて痩せ豚＊＊3頭入りたる大囲ひ地付す。

　されば若夫婦、三ケ年の間、奉公働き致し候ふ事。一年の賃料、夏冬各々1ヨッホ納め候ふべし。若夫婦に2ヨッホ買ひ取らせんがため、父母三年に渡り仕事致すハ勝手に候。三カ年が後、父母、12メッツの小麦籾にて8ヨッホの実り得ん事とし、8ヨッホの燕麦得んがため30メッツ種籾を蒔き候はバ、1886年を期して2ヨッホのトウモロコシ収むるを以て父母より独立す。

　若夫婦儀、いずれかの者嗣子無く死没致し候はば、実家、オーストリア通貨2000グルデン婚家に対し支払ふ可き事、其の儀ハ、家産の損壊なく続き候為也。家屋の修理、3カ年が間、父母これを行なふ可く候。但し豚舎2屋ハ若夫婦持ち分と致し候。若夫婦、父母に対し、オーストリア通貨にて3300グルデン並に手数料支払之可有候。

<u>留保分</u>

　父母すなわちアントーンとバルバラ、生涯にわたり、小麦18ツェントナー、トウモロコシ9ツェントナー、燕麦9ツェントナー、村向かひの牧草地中に1ヨッホ相当の穀物畑。父もしくは母各々2ヨッホ買い取らむと致し候ひては、両人併せて3ヨッホ勝手たるべく、自用用に挽き、

残り市にて売るも勝手に候。薪半クラフター、大麻種子の畑4分の1、鶏卵300並びに若鶏6羽、豚舎1屋、家内菜園半分、葡萄園半分、又、収穫物家内に運び入れ之可有、存分の薪、雌牛2頭の飼育可為候。

　家内居室、居室にて賄ひを得、厨房半分、前部屋半分、館の内10クラフター。上記の如く証書326番として取りまとめ候。一八八三年十月廿一日

　　＊　[訳注] まぐわ (Egge)：鋤で鋤返した後、畑の表層を整える道具で、鉄が多く使われるため特記される

　　＊＊　[訳注] 痩せ豚 (magere Schweine)：屠殺の前に餌を十分あたえて肥えている (gemastet) と対比的に言われる語法。

この1883年の法的な取り決めはほとんどどの家でも同じであった。農民からの聞き取りによれば、平均すると父母への提供は次のようであった。
(他の契約文書を中略)

毎年　鶏卵300	葡萄畑　収穫の二分の一
毎月　鶏2羽	毎年　藁300束
毎年　耕した畑地1ヨッホ	毎年　干し草荷車1台
毎年　トウモロコシ50kg	毎年　肥えた雌牛1頭
毎年　小麦50kg	毎年　肥えた豚1頭

これらの契約からは、若夫婦が従属的であったことが明白になる。係争になると、たいていの場合、〈老人〉が正しいとされた。・・・

　これを見ると、老人たちの権利がかなり大きかったことが分かるが、それが平均とされていることから推せば、負担は堪えられるものであったとみなければならない。事実、ここで取りあげられる人々の身分は正農 (Bauer) であって、零細農 (Häusler 水呑み) ではなかった。ヴェーバー＝ケラーマンが村落事情を記述するとき、この二語を区分して用いていることが普通である。またそこから見ると、(厳密な制度であるかどうかはともかく) 家父長的な関

係が想定されよう。と言うことは、高齢者が純然たる労働力の多寡を超えて、（過大ではないにせよ）一族・一家の権威として村内の秩序維持に関わっていたということであろう。ここで見たのは、調査当時の村の実態の背景として挙げられているにすぎないが、第一次世界大戦前の事情は、調査当時はなお記憶が生きている範囲の過去であったと考えられる。

　なおここで 10 点ほど挙げられる文書資料はいずれも興味深いものであるが、数年後に編まれた『インターエスニック研究：ドナウシュヴァーベンとザクセン系ジーベンビュルゲンおよびその周辺』(1978) には[26]、これらの在地文書を省いたかたちで収録されている。これは、インターエスニック研究とフィールドワークの方法について、主に同時代の研究者の方法論をあつめた資料集である。それゆえ、ドイツ人が特に東欧地域との関係をどのように理解してきたかを民俗学の広い分野で目配りしたもので、それゆえヘルマン・バウジンガーやイーナ＝マリーア・グレヴェルス（Ina-Maria Greverus 1929-L 後にフランクフルト大学教授）の論考も収録されているほか[27]、ナチス・ドイツの東方侵略に照応するような見方としてマックス・ヒルデベルト・ベーム（Max Hildebert Boehm 1891-1968）の論考も併せられている[28]。

---

[26] Ingeborg Weber-Kellermann, *Zur Interethnik. Donauschwaben, Siebenbürger Sachsen und ihre Nachbarn*. Frankfurt a.M. [Suhrkamp] 1978.

[27] バウジンガーの引き揚げ民の民俗学『新しい移住団地』(*Die neue Siedlungen*. Stuttgart 1959) からの抜粋やイーナ＝マリーア・グレヴェルスの主著『テリトリー的存在としての人間』(Ina-Maria Greverus, *Der territoriale Mensch*.1972) からの抜粋が収録されている。

[28] M・H・ベームがペスラー編集の『ドイツ民俗学ハンドブック』に寄稿した「国境と国外における民族体」(Max Hildebert Boehm, *Das Volkstum des Grenz- und Auslanddeutschtums*. In: Handbuch der deutschen Volkskunde, hg. von Wilhelm Peßler. Bd.1, Potsdam o.J. 1934, S.170-182.) が、ナチスの東方侵略政策の脈絡で資料として収録されている。

左：バーナト村の調査記録（1973 年）
右：インターエスニック研究の手引書（1978 年）

e. 民俗学の学術映画

　ヴェーバー＝ケラーマンの業績のなかで看過し得ないものに学術映画がある。女史は、民俗学の分野で映画作りを手がけた最初の一人と言ってもよく、しかもそのシステマティックであることにおいて随一であった。その視点も、今日なお過去のものとは化していない。

　民俗学の記録映画を女史が手がけたのは 1969 年から 1975 年の期間で、ヘッセン放送局（今日のヘッセン・テレビ）と組んで合計 31 篇が製作され、ヘッセン・テレビで放映された。またそれは著作ともつながっている。最も密接なのは『民の営み：ヘッセン州の 1970 年 — 伝統社会と工業社会の間にあるウィークデーと祭り』（1971）で、それだけでも独立して読むことができるが、女史が手がけた 11 編の記録映画と照応しており、同時代の民衆生活の諸相を輪切りにした観がある。この他、映画の製作時期よりもずれこむが、映画の数篇と構想を同じくする著作には『ウィークデーと晴れの日々 — 民俗行

事に見る祭りと日常』がある[29]。さらに、『ヘッセン：グリム兄弟の昔話の風土』は女史が1970年に製作した映画に沿って、後に門下生が書物にまとめたものである[30]。

今、映画のナレーションの一部を見本程度ながら引用する。これは1969年に製作・放映された『民俗衣装』のなかの〈お針子〉の一節である。特に、その職能の女性たちの社会的な位置と機能をとりあげていることに注目したい。

　ニーダーヴェスター村では、第二次大戦後、ズデーテン地方から引き揚げてきた手藝に堪能な女性が民俗衣装の機能を引き受けたとき、彼女は村中の目を惹いたものだった。それは特に、彼女が下着の袖の返し縫いができたからである。

　これに言い及んだことによって、民俗衣装づくりの社会心理的側面にふれたことになる。村の労働の構図のなかでは、お針子の社会的役割は、都市の仕立て師の女性たちとはまるで違っていた。村では、彼女たちは、その手仕事をこなせるだけではすまない。縫いの技量を工藝の水準までもっていっても、それだけではなおすまない。衣装を着けたときの振る舞いの作法や、人生のさまざまな節目での処し方についても通じていなければならなかった。身ぶり、身ごなし、慶弔の局面での機能的な意味合いである。事実、花嫁に晴れの着付けをするのはたいてい縫い師であった。リボンを結び、頭飾りを整え、花嫁装束の前板を挿してやるのである。ミサに被る頭巾を丹念に洗ってアイロンをかけるのも彼女たちで、それらは染替や糊づけをする必要のあることも少なくなかった。死者の身体に納棺の衣装を着せるのも彼女たちの役割で、年齢に応じた衣装を選ぶのである。死者の

29) Ingeborg Weber-Kellermann, *Saure Wochen, frohe Feste: Fest und Alltag in der Sprache der Bräuche*. Müncen [Bucher] 1985.
30) *Hessen. Märchenland der Brüder Grimm*. Im Auftrag der Europäischen Märchengesellschaft, hrsg. von Charlotte Oberfeld und Andreas C. Bimmer. Kassel E.Röth 1984.

花冠も、昔はお針子が付ける役目であった。民俗衣装がその機能を果たしていた昔のヘッセンの村では、そうした女性が必ずいて、村の生活のなかでたいそう大きな役割をはたしていた。しかも、彼女たちは物質的には恵まれず、ひどく貧しく、報酬はおどろくほど低かった。彼女たちは尊敬されていたが、それはその資産ではなく、人生行程の節目という魔的な領域におよぶ規則の知識と照応していた。昔の村社会の物差しは資産の多寡であったが、深いところでは、そうした知識（あるいは一般的に知識や教養）は物質では測れないという内的な論理がはたらいていたのかもしれない。

ヴェーバー＝ケラーマン女史は、民俗衣装に関する第一級の専門家であった。優品だけでなく仕事着をも含めた服飾の収集を指導し、また伝統技術が忘れられることに警告を発して保存を提言した。それと並行して、民俗衣装とは何か、について歴史と社会的実態を直視するリアルな視点をもっていた。民俗衣装への今日の愛好が意味するのは、それが併せてもっていた一つの側面に光があてられたからであった、と言う。美しい、凝った素晴らしい装いという側面である。

　村が外に向けて開かれ、住民が都市への通勤者となり、また昔の村落社会の規準が各方面へ向けて解き放たれるようになるや、さまざまな機能が緊密にからみあって複雑な関係をつくっていた時代は過去のものとなった。村の集団の関係性のなかで衣装がもっていた座標的価値を失うと、着用されなくなった。にもかかわらずそれが維持されるのは、民俗衣装が色彩や高価な仕立てにおいて個々の部分ごとに美的価値をもつからであり、すばらしい工藝性の故である。忘れさられないのは、そうした形態においてである。民俗の衣装の人形を飾る家庭が多いのもその表れである。

そして記録映画『民俗衣装』は、そもそも民俗衣装とは何か、という総論的な文言で締めくくられる。

民衆祭や大規模な民俗衣装パレードなどのフォークロリズム、それらにおいて主催者は、ユートピアめいた浄界を演出しがちである。農民存在のなか、色とりどりの民俗衣装によって浄らかな世界が表現されていたと言うのである。ロマン主義以来たえず再生産されてきたそうした文化イデオロギーが、社会的現実を直視した批判の前に瓦解するのは当然であった。伝統は〈美しく〉もなければ、〈健全〉でもなかった。突きつめればそれはモラルの砦であった、などとはとうてい言えない。逆に、民俗衣装は社会的事実であった。すなわち村落共同体のなかで記号的な機能を果たしていたのであり、その現実において把握しなければならない。そこでは、衣装は言葉でもあり、またそう解された。衣装を身につけるにあたっての村落的規準は、貧しい者、持たざる者たちへの有無を言わさぬ厳しい格差であった。衣装が語るのは、村落における資産のヒエラルヒーであり、それが教会堂に参集するときに着ける衣装の色リボンの幅やスカートの枚数や頭飾りの銀糸刺繍によって表現された。それは支配層の無言の威圧であった。村落の厳格な階層秩序をまもらせずにはおかない意思の表れであった。そうした観点に立つと、今日、民俗衣装がついに脱ぎ捨てられたのは、新しい民主主義的な解放の意味をもっている。流行への追随、実用本位、衛生観念などの表面的な動きの奥にあるのは、そうした変化にほかならない。と同時に、そこではまた小市民的なプレステージへの強迫観念もまた頭をもたげている。

ヴェーバー＝ケラーマンの民俗研究では、伝統に重点を置きつつも、それを美化したりノスタルジーが支配的となることへの用心が強くはたらいている。むしろ伝統が過去のものと化してゆく必然性が直視される。そうした批判的な視線は現代に向かう趨勢の理解でも変わらない。民俗衣装を棄てて流行の服飾に切り替える<u>解放</u>には、市民存在（実態は小市民存在）への参入を急ぐ背伸びの姿勢も寄り添っていると言う。転換期の心理をも見逃してはいない

のである。

f. 家族研究その他

　女史の研究の一般的な特徴はこれくらいにしておくが、その叙述はどれも明快な構成をもち、メリハリがきいている。本邦ではすでに『ドイツの家族』[31]がと『子供部屋』[32]手にとることができるが、もっと多くが紹介されてもよいであろう。と言うより、実際にはクリスマス習俗の歴史の本邦における紹介などでは、ヴェーバー＝ケラーマンの著作を下敷きにしたり部分的に引き写しているものなどもあり、(よいか悪いかはともかく)明記されないまま女史の研究成果は断片的に本邦にも伝わってはいる。

　上記のリストのうち、タイトルの訳語だけでは分かりにくい 2 点について簡単に解説をつける。

　『職人の子供から億万長者へ：十九世紀ベルリンのある立志者』(1990) は女史が結婚したヴェーバー家の歴史で、舅を含む数人の生涯をドイツの社会史として描いている。早く離婚はしたが、一人息子に贈る趣旨もこめられていた。

　『労働と〈民の営み〉』(1967) はドイツ民俗学会研究発表大会［1965 年］の記録であるが、ヴェーバー＝ケラーマンの視点がよく表れている。すなわち、懐かしさをさそう習俗や祭りの記録などに傾く民俗学のあり方に対して、民衆を労働する現実の姿でとらえようとし、また社会科学に近づけることが試みられている。

---

31) 参照、インゲボルク・ヴェーバー＝ケラーマン（著）鳥飼美緒子（訳）『ドイツの家族：古代ゲルマンから現代』勁草書房 1991.

32) 参照、インゲボルク・ヴェーバー＝ケラーマン（著）田尻三千夫（訳）『子ども部屋：心なごむ場所の誕生と風景』白水社 1996.

5. アードルフ・シュパーマーの弟子として

　インゲボルク・ヴェーバー＝ケラーマン女史について見逃せないのは、ベルリン大学の学生として民俗学に進んだ頃から若手研究者として研鑽を積んだかなり長い期間にわたって、アードルフ・シュパーマー（Adolf Spamer 1883-1953）に師事したことである。これは一時期の師匠という以上に大きな意味があり、女史はその師弟関係に言及することが生涯を通じて何度もあり、またドイツ民学界でもその系譜はよく知られていた。アードルフ・シュパーマーはベルリン大学民俗学科の初代の教授であるが、それに先立つ1920年代の少壮・中堅の頃からドイツ民俗学の一方の代表者とみなされた俊秀であった。分類の角度からは、民俗学における〈心理学的方法〉の代表者である。その研究の方法論と実際についてはすでにまとめたことがあるが[33]、ナチ時代の難しい局面のなかで活動した学究であった。その時代にベルリン大学のポストに就いたのであるから、すでにそれ自体について学史の面では見解の相違が見られる。ヴェーバー＝ケラーマンの証言では、ナチスがカール・フォン・シュピース（Karl von Spieß 1880-1957）を配置しようとしたのに対して、ナチスを嫌う有力なゲルマニスト、アルトゥール・ヒュープナー（Arthur Hübner 1885-1937）がそれを斥けてシュパーマーを就任させたとされる。しかし20世紀の終わり頃に、ナチスをめぐる民俗学者の動静の実態解明をライフワークとしたハンヨースト・リックスフェルト（Hanjost Lixfeld 1937-98）が論じたところによれば、シュパーマーはすでに1920年代からナチス教員同盟のドレスデンにおけるリーダーであり、その役割を期待されてベルリン大学へ入ったとされる。そのいずれが事実であるかはここでは論じないが、ヴェーバー＝ケラーマン女史は終生シュパーマーを擁護し、その学統を主張した面

33）次の拙著を参照、（前掲 注12）『ドイツ民俗学とナチズム』第一部第1章9節「アードルフ・シュパーマー」

がある。

　一般論を言えば、ドイツ民俗学において微妙なのは、師弟関係とナチズム問題がからんでいることで、それはシュパーマーとヴェーバー＝ケラーマンに限ることではない。レーオポルト・シュミットもヘルマン・バウジンガーもそれぞれその師筋に当たる人物の評価には神経質であったところがあり、またその苦い糧をも取り入れながら学問方法と立脚点を築いたと言える。もっともシュパーマーについて付言するなら、傑出した学究であることは疑いを容れない。同じく1920年代以来ドイツ民俗学の花形であったハンス・ナウマン（Hans Naumann 1886-1951）などと較べると、資質が上で品格を感じさせもする。その研究の実際に就いては訳者は何度か内容を紹介しているが、先に言及した拙著では、シュパーマーの初期の好著である『ドイツ港湾諸都市における刺青慣習』を例にとってその手法を分析した。また20年以上前になるが、代表作『念持画片』が復刊されたのを機に紹介を試みたこともあった[34]。またここでの話題ではないが、シュパーマーの研究は具体的な対象では美術史とかさなることが多く、しかしまた美術史研究の分野からの注目はごくわずかにとどまっている。19世紀末に各種版画の一大センターであったヴィッセムブールで刷られた錦絵（ビルダーボーゲン）の研究などはシュパーマーのパイオニア的な業績を抜きにしては考えられない。さらに基本的なところでは、"Volkskunst"とは何かというテーマがある。つまり日本の〈民藝〉に相当する分野で、ドイツ語圏では主要に民俗学かかわってきたが、美術史研究との関係は微妙である[35]。

34）次の拙論を参照、「念持画片（Kleines Andachtsbild）の成立とその周辺 － A．シュパーマーに依拠しつつ」（愛知大学『外国語研究室報』第9号 昭和60[1985]年3月, p.39-70.）
35）筆者は、目下"Volkskunst"をめぐる議論を概観する便宜として『ドイツ・オーストリア民藝論集』（仮題）に取り組んでいるが、その構成は美術史家アーロイス・リーグルと民俗研究家アードルフ・シュパーマーを二つの焦点としたものとなろう。

6. フォルクスクンデからフォルクスクンデ / ヨーロッパ・エスノロジーへ

　今日では標準的な学史文献となっている『フォルクスクンデ / ヨーロッパ・エスノロジー』にふれなくてはならない。このタイトルは第二版からで、初版は『ドイツ・フォルクスクンデ ― ゲルマニスティクと社会科学の間で』であった。

　民俗学はドイツ語では伝統的に"Volkskunde"と呼ばれてきた。しかし初版の序文にもあるように、この名称には独特の語感、それもネガティヴな語感が払拭できなかった。簡単に言うと次のような問題点である。

　一つは、ナチス・ドイツ期にドイツ国民を指すのに"Volk"が多用されたことである。〈フォルクスワーゲン〉や〈フォルク・ラジオ〉や〈フォルク浴槽〉など、何もかもにフォルクが冠せられた[36]。ナチスのポスターで最も一般的なのも "Ein Volk, ein Reich, ein Führer" すなわち〈一つのフォルク、一つの国、一人の指導者〉であった。また〈Volksgemeinschaft〉（民族共同体）という集団概念も喧伝された。そうした過去があったため国民の総体をフォルクの語で言い表すのは倒錯した心理が支配した近い過去との接続を感じさせることになり、それゆえフォルクの語から距離がおく方がよいとの見方がひろがったのである。注目すべきは、そういう声がたかまったのは、戦後まもなくの時期を除けば、むしろその後の1960年代末から1970年代初めであった。世界各地で学生運動・学園紛争が起きた時代でもあり、その頃、ドイツではナチズムの誤りへの風化に対して若い世代が敏感に反応した。名称変更にもそうした時代思潮も関係していたところがある。

---

[36] 民俗学では絶えず話題として取りあげられてきたが、それ以外の分野の近年の文献として第三帝国時代の国家の宣伝と消費動向の関係をたどった次を参照、Wolfgang König, *Volkswagen, Volksempfänger, Volksgemeinschft: „Volksprodukte" im Dritten Reich: vom Scheitern einer nazionalsozialistischen Konsumgesellschaft*. Paderborn [F. Schöningh] 2004.

しかしまた〈フォルク〉は、ドイツ人には、ナチスの使用やその前史という問題性を除けば、たいそう実感を伴う語であり、ナチ時代との重なりがそれほど意識されなくなると特に悪い印象というわけでもなくなった。それゆえ西ドイツ時代にドイツの良心と称えられたリヒァルト・フォン・ヴァイツゼッカー大統領の 1985 年の国会演説「荒れ野の四〇年」でも、ドイツ国民への呼びかけに〈フォルク〉の語がもちいられている。さらに言い添えると、"Volk"から派生した語に"Volkstum"と"völkisch"がある。〈フォルクストゥーム〉は 1810 年に〈体操の父〉（Turnvater）とも呼ばれることになったフリードリヒ・ヤーン（Friedrich Jahn 1778-1852）が形容詞形"volkstümlich"とその名詞形"Volkstümlichkeit"ともども造語した[37]。いずれも 19 世紀を通じて一般に定着したが、問題が大きかったのは〈フォルクストゥーム〉（Volkstum）で、人によってその籠める意味に開きがあった。ナショナリズムや、さらにナチズムに関与した人々がもちいる一方、ナチズムに距離をおいたり、それどころか抵抗姿勢をとった人々もキイワードにしていた。前者の例ではオットマル・シュパン（Ottmar Spann 1878-1950）の社会理論やナチスのスローガンに頻繁に現れたことであり、後者ではカトリック教会の汎ヨーロッパ的な立場に立った代表的な民俗研究者ゲオルク・シュライバ（Georg Schreiber）[38]や、ナチスに抵抗する学生グループ「白薔薇」と行動を共にして処刑された民謡研究家クルト・フーバー（Kurt Huber 1893-1943）の語法がある。それゆえ、前者を〈民族体〉、後者を〈民衆体〉というように訳者はこれまでも使い分けてきた。しかしドイツ語は一つであり、ドイツ人の論争となると、互いに

---

37)　"Volkstum"とその派生語のドイツ文化における意味については拙著で一章を設けて考察した。参照、（前掲 注 12）『ドイツ民俗学とナチズム』第一部第 2 章「ドイツ思想史におけるフォルクストゥームの概念」
38)　ゲオルク・シュライバーがカトリック教会の立場に立って〈教会民俗学〉ないしは〈キリスト教民俗学〉を提唱し、また大成させたことについては次の拙著に収録した論考を参照、（前掲 注 12）『ドイツ民俗学とナチズム』第一部第 3 章「ゲオルク・シュライバーの宗教民俗学」

使っている語が同じであるために、自己の位置が確認しづらいという問題を
みせている。と同時に形容詞形"volkstümlich"と抽象名詞"Volkstümlichkeit"と
なるとまた別で、それらは思想性があまり強くはなく、土俗的、土俗性と
いった意味で普通につかわれるのである。

　また"völkisch"については、誰が造語者であるかには諸説があるが、その
語を言い立てるナショナリズムの運動が20世紀の初めころから姿をみせは
じめた。現代史では〈フェルキッシュ運動〉と呼ばれる動きであるが[39]、単
一の組織によるのではなく、ワンダーフォーゲルの一部を含む青少年運動か
ら、数種類のカルト集団にいたるまでいくつもの動きがそこには含まれる。
しかし語としてどこか坐りが悪いところがあったのであろう。1920年代を
頂点として語法として衰えていった。あるいはナチ党の機関紙のタイトルを
花道として消えていったとも言える。すなわち『フェルキッシャー・ベオバ
ハター』（Völkischer Beobachter）である。それもあって、この語は、今日で
はほとんど口にされないようである。他にも"volkhaft"やその抽象名詞形も
あるが、ここでは踏み込まないでおく。

　„Volkskunde"に戻ると、それは一般語でもあったが、また学術用語にも
なった。つまり〈民俗学〉にあたる専門分野の名称である。ちなみに日本でも、
最近、ドイツでの学問名称の変更が一部で話題になっている[40]。それは2008
年にドイツの民俗研究者が日本で講演を行ない、名称変更にことさらに意味
をこめた解説をしたことによるらしい。居合わせた日本の研究者たちのなか
には、それが大変なことであるかのように受けとめた人もいたらしい。しか
し講演をしたドイツ人はその話題が外国人にすぐに伝わる種類のものかどう
かよく考えていず、つまり自己を相対化するところがなかったようである。

---

39)〈フェルキッシュ運動〉の呼称での思潮および組織的な動きについては次を参照、野
　田宣雄『教養市民層からナチズムへ：比較宗教史のこころみ』名古屋大学出版会
　1988.
40) 参照、上杉富之・松田睦彦(編)『戦後民族学／民俗学の理論的展開―ドイツと日
　本を視野に―』成城大学大学院文学研究科・民俗学研究所 2008年3月.

それを言うのは、フォルクスクンデ＝民俗学と等号でつないで受けとめると事情がつかみにくいからである。言葉のもつオーラとでも言うべきか、語感というべきか、語彙のなかの一つ一つの意味はそれぞれがその国語のなかでもっている連関を措いてはあり得ない。それゆえ背景も脈絡も異なる外国語と対比させるのは無理であるが、理解の便のために敢えて言えば、〈フォルクスクンデ〉は強いて言えば〈たみのまなび〉、あるいは〈たみのおぼえ〉とでもいった感じの語である。つまり古めかしく、定義をしようとすると捉えどころがなく、聞きようによっては異様な響きでもある。邦語の〈民俗学〉が必ずしもそうした問題点をかかえていないとすれば、フォルクスクンデの名称変更に限定する限り、大きな刺激として受けとめる必要はない。

なお言い添えれば、〈フォルクスクンデ〉という学問名称を止めてほかの何かに変更することが強く言われた一つの節目は、1970年にヘッセン州のファルケンシュタインで開かれたドイツ民俗学会の特別部会で、その記録は「ファルケンシュタイン・プロトコル」として知られている[41]。

学問名称の変更自体は語感の問題もあって外国にはあまり意味が無いが、そこに込められた問題意識は無視するわけにはゆかない。フォルクを民（たみ）と訳せるかどうか別にして、仮に大まかではあれ対比させれば、民衆の総体、あるいは民俗学の対象となるような人間の集まりに〈たみ〉といった言葉をあてはめると、それだけで対象を見失うのではないかという反省である。民衆と言うにせよ、大衆と呼ぶにせよ、一様で同質のかたまりがあるわけではない。さまざまな区分による諸集団の複雑な絡み合いであり、しかも絶えず流動している。それを〈フォルク〉なり〈たみ〉なりの語でひっくるめると、静止して自足した民衆像ができてしまう。つまり現実に生きる人間の動きも社会性も見えなくなる恐れがある。その点で思い出されるのは、ベルト・ブレヒトの発言であろう。1934年にブレヒトは、「真実を書くための五

---

[41] *Falkensteiner Protokolle*, bearbeitet und herausgegeben von Wolfgang Brückner. Frankfurt a.M. 1971.

つの困難」の一つとして、"Volk" の代わりに "Bevölkerung" と言う人は、それだけで〈あまたの欺瞞を支えるのを止めることになる〉と説いた。これは意表を突くようなブラック・ユーモアでもある。〈ベフェルケルング〉は中性的で無味乾燥な言い方で、〈フォルク〉との間には敢えてたとえば、子供が〈歩き始めた〉という代わりに、〈二足歩行に移行した〉とでも言うような落差がある。なお民俗研究者としてこのブレヒトの言葉に注目したのはバウジンガーで、1959年の教授資格申請論文『科学技術世界のなかの民俗文化』(1961年刊) の序文の冒頭にこれを配置した[42]。以後、民俗学の分野ではすっかり定着して、必ず言及されるものとなっている。

　以上は〈フォルク〉と〈フォルクスクンデ〉の言語使用としての背景にふれたのであるが、そうした経緯が背景にあって、フォルクスクンデを別の何かに言い変える必要性が起きた。そして広く使われるようになったのが〈ヨーロッパ・エスノロジー〉ないしは、そこに〈フォルクスクンデ〉を併せる二重名称であった。それには、さまざまな民族が複雑に絡み合う現実にも目を向けざるを得ないという不可避の課題もあった。また先に注目したように、インゲボルク・ヴェーバー＝ケラーマンが主宰したマールブルク大学の民俗学科では特にルーマニアのバーナト地方をはじめ南東ヨーロッパでのドイツ人とスラヴ系やラテン系の諸民族のとの混合地域のフィールドワークも手がけていた。

　このヨーロッパ・エスノロジーの名称はそれが採用された 1970 年前後よりも、むしろ今日においてその名称の意義が高まっている面がある。現今のドイツ社会のキイワードの一つは "Europäisierung"（ヨーロッパ化）である。EU がいよいよ存在感を高めるなか、生活次元でもヨーロッパを枠としてとらえる局面が強まっている。日常的に起きる社会問題から個々人の心理まで多岐

---

42) 次の拙訳を参照、ヘルマン・バウジンガー（著）河野（訳）『科学技術世界のなかの民俗文化』文楫堂 2005, p.11（原書：Hermann Bausinger, *Volkskultur in der technischen Welt*. 1961, 第2版 1986: 翻訳には第2版の序文を収録）

にわたってヨーロッパへの参入が課題になっている。それもあってヨーロッパ・エスノロジーを名乗る大学や研究機関が増えているのは今日の趨勢でと言ってよい。シンボル的な一例を挙げると、ベルリン（フムボルト）大学の民俗学科も、東ドイツ時代からの移行期を過ぎた今日、ヨーロッパ・エスノロジーを標榜する拠点となっている。主宰するのはヘルマン・バウジンガーの高弟の一人ヴォルフガング・カシューバ教授である[43]。

7.『ヨーロッパ・エスノロジーの形成』の学史上の位置 ――他の数種類の学史との対比

　本書の邦訳によって、筆者は、ドイツ民俗学界において特色のある学史研究の4種類を紹介したことになる。いずれも他の外国語には訳されていず、その点ではドイツ民俗学の歴史的な流れを概観することに限っては日本語を介してでもかなり視界が開けてきたはずである。その4種類の学史研究は相互の関係しているところもあるため、簡単にふれておく。

　第一は、時間的にはこれに先立つもので、戦後かなり早い時期にレーオポルト・シュミットが世に問うた『オーストリア民俗学の歴史』である。原書は1951年で、拙訳は1992年であった[44]。拙訳は、それに先だって1987年から89年にかけて愛知大学国際問題研究所『紀要』に7回にわたって連載した

---

43) ヴォルフガング・カシューバの日本への紹介では、同教授が2008年12月に韓国民俗学会の主催でソウルにおいて行なった講演の拙訳を参照、ヴォルフガング・カシューバ「ヨーロッパとグローバリゼーション：ヨーロッパ・エスノロジーへの新たな挑戦」― カシュバ（ベルリン大学ヨーロッパ・エスノロジー学科教授）の韓国ソウルでの講演（2008年12月12日）の翻訳と解説、2010年3月 愛知大学国際問題研究所「紀要」第135号、p.271-295.（原著：Wolfgang Kaschuba, *Europa und die Globalisierung: Neue Herausforderung für die Europäische Ethnologie. Ein Vortrag in Seoul, 12. XII. 2008*）

44) 参照、（前掲 注3）

ものをベースにしたので、その時点で情報を供していたことになる。レーオポルト・シュミットは第二次世界大戦後のドイツ語圏において民俗学を再建する課題をになった第一世代にあたる。その立場から再出発に臨んで、改めて民俗学とはどういう学問で、なぜ逸脱が生じたかを歴史的に学問思想・立脚点、そして諸々の学説において検証したのである。

マティルデ・ハイン「ドイツ民俗学とその方法」(1962 年)

　第二は、マティルデ・ハインの「ドイツ民俗学とその方法」(1962 年) で、その翻訳・紹介は 1987/88 年であった[45]。原文の書誌データを挙げると、ゲルマニスティクの大部な案内書である『ドイツ文献学綱要』の第三巻に第Ⅴ部として「フォルクスクンデ」が設けられ、そのはじめの箇所でフランクフルト大学の員外教授であったマティルデ・ハイン女史が学史を担当したのである。その第二版は 1962 年版が初版に較べて加筆がなされており、それを訳出した。このハイン女史の学史解説については二点にふれておきたい。一つは、それが早い時期に日本において識者の関心の圏内に入ったことである。1960 年に平凡社から刊行された『民俗学大系』の第二巻『民俗学の成立と歴史』のなかで、関敬吾氏が「独墺民俗学の成立と発展」を担当されたときに主な参考書となったのはこの文献である[46]。それを言うのは、20 世紀の 20 年代末から第二次世界大戦後に及ぶ局面におけるドイツ民俗学を、(1) 社会学的方法、(2) 地理学的方法、(3) 心理学的方法、(4) 機能主義的方法の 4 種類に分類されているが、それはハインの整理の仕方を踏襲したのである。二つ目はハインの学史が、その当時のドイツ民俗学界の展開に有機的にかかわり、ある種の先見性をも示していたことである。具体的には、1962 年の改訂版で

---

45)　参照、(前掲 注 2)
46)　参照、関敬吾「独墺民俗学の成立と発展」大間知篤三・岡正雄・桜田勝徳・関敬吾・最上孝敬 (編)『民俗学の成立と展開』(日本民俗学大系 / 第 1 巻) 平凡社 1960, p.81-115.

は、その前年に刊行されたヘルマン・バウジンガーの最初の主要著作『科学技術世界のなかの民俗文化』について早くも好意的で正確な、同時に問題点にもふれるコメントが加えられていることである。他にも、当時、同じくドイツ民俗学界の一角を担う存在となろうとしていたレーオポルト・クレッツェンバッハーについても評価をあたえており、ハイン女史が、次の世代の発見においても過たなかったことがうかがえる[47]。

第三が、本書で、インゲボルク・ヴェーバー＝ケラーマンの単独による初版は1969年に刊行された。第二版は1985年、また今回底本とした第三版は2003年である。

第四が、ヘルマン・バウジンガーの学史研究であるが、本書の初版と第二版の間に入っていることには注目してよい。これは学史に特化された著作ではなく、独自の概説書として1971年に刊行された『フォルクスクンデ ― 上古学から文化分析の方法へ』の一部で、全4章のうち最初の一章が学史の検討に当てられている[48]。

以上のうちレーオポルト・シュミット、インゲボルク・ヴェーバー＝ケラーマン、ヘルマン・バウジンガーの三人について敷衍すると、三者とも学史を執筆したのは、学問方法を確立するにあたって学問史を独自に洗い直して、その専門学への関わり方を過去の系譜との関係において明瞭ならしめる必要性を覚えたからであった。その点では、近年、数種類が刊行されているよう

---

47) クレッツェンバッハー (Leopold Kretzenbacher 1912-2007) は文化史の該博な知識に加えて南東ヨーロッパ研究の第一人者であったため、民俗学界ではやや保守的な思潮を受け継いでいたにもかかわらず、またミュンヒェン大学民俗学科を主宰したこともあって重要な位置を占めている。その学問傾向については次の拙訳と解説を参照、レーオポルト・クレッツェンバッハー『民衆バロックと郷土―南東ヨーロッパ文化史紀行』名古屋大学出版会 1988. (原書: Leopold Kretzenbacher, *Heimat im Volksbarock. Kulturhistorische Wanderungen in den Südostalpenländern*. 1961.)

48) 次の拙訳を参照、(前掲 注4) バウジンガー『フォルクスクンデ ― 上古学の克服から文化分析の方法へ』

な編著形式で、10人あるいは数十人が分担して執筆する概説書や入門書とは趣が異なる[49]。もとより、一専門分野を構成する個別領域の全体にわたって内容に立ちいたって担当することは容易ではなく、多数の寄稿による概説書にも意義があることは否定できない。特にさまざまな個別領域の文献の情報量などでは、その形態において詳細な情報が盛り込まれるのは強みである。が、その半面、そうした種類は必ずしも編者の個性でまとめられるとは限らず、その学問が何であるかという思想の表明としては平板になる傾向は否めない。また単独で学史を執筆するにはよほどの力量を要する。その点では、第二次世界大戦後、斯界の草分けの一人であったハイン女史に加えて、続く三人はいずれも規模が大きい学究である。さらに互いの関係も興味を惹くところがある。

レーオポルト・シュミットの民俗学史（1951年）

　レーオポルト・シュミットは戦時中から客観的な学問としての民俗学を標榜し、それゆえ時流に押されず、したがって時局のなかで優遇を受けることもなく5年の兵役とソ連での捕虜生活を強いられた人物であった。戦後、学界に復帰すると共に旺盛な執筆と調査活動、また展示企画をおこなったが、そこで指標は事実を踏まえることと客観性であった。その民俗学史もその観点であり、それぞれの時代の、時には派手な理論の陰で地道に続けられていた事実重視の系譜をたどったのである。それは必然的に、理論やイデオロギーに傾斜した人々、とりわけナチズムとからみ合った人々をその脈絡において明るみに出す作業であり、しかも批判の対象となった人々のなかには同窓の先輩も少なくなかった。その点では、レーオポルト・シュミットの民俗学史は第二次世界大戦後の出発点として意義を減じない。

---

49) 多数の寄稿によって成り立つ概説書のなかで近年の標準的な企画には、ブレードニヒ（ゲッティンゲン大学教授）の編集による次の文献がある。参照、Rolf Wilhelm Brednich (Hg.), *Grundriß der Volkskunde. Einführung in die Forschungsfelder der Europäischen Ethnologie.* Berlin 1988, 3.erw.Aufl.2001.

しかしこれに対して、インゲボルク・ヴェーバー＝ケラーマンは、レーオポルト・シュミットの言う客観性によって、（博物館人の視点として不可避であるとは言え）個々の事物や文物が生身の人間存在や社会関係から切り離される危険性があることを批判した。そして社会的な存在としての人間あるいは人間集団の表出としての民俗事象を問うたのである。またその実際として、ヴェーバー＝ケラーマンは収穫習俗を始めとする多数の研究成果を世に問うた[50]。

ヘルマン・バウジンガーの民俗学史への視点（1971年）

バウジンガーの場合もレーオポルト・シュミットを越えようとする志向が（初期の諸著作には）いわば通奏低音のように響いており、それは、その思索が強く方法論的となっていることと一体である。バウジンガーによれば、レーオポルト・シュミットは客観性と事実性を標榜するが、そもそも客観的であると言い立て、また受けとめられるという関係を探ってゆくと、〈少し前の時代に優勢であった思想や視点に合致している〉がゆえにそれが成り立っていることが見えてくる。これは社会科学の方法論をめぐるユルゲン・ハーバーマスとも重なる視点で、バウジンガーはそうした原理的な次元にまで踏みこんだ。そして民俗学が特にロマン派思潮のなかで形成されたことに重く見て、学問の生成にかかわる諸要素を検討し、民俗学が〈歪みを抱えて生れ〉たこと、また歪みには必然性があったこと、さらに自己の生成にかかわる歪みを意識化する緊張がこの学問を意義あるものたらしめると考察した。これらについては、先に『フォルクスクンデ・ドイツ民俗学 ─ 上古学から文化分析の方法へ』の翻訳を上梓し得たことにちなんで解説したことがある[51]。

---

50)『収穫習俗』(1965) のなかでは、特にレーオポルト・シュミットの道具（農具）研究の指標的な著作である『形態聖性』への批判的な考察がみられる。これについては次の拙著で言及した。参照、（前掲 注12）『ドイツ民俗学とナチズム』第二部第8章6節「インゲボルク・ヴェーバー＝ケラーマンによるレーオポルト・シュミットへの批判」

インゲボルク・ヴェーバー＝ケラーマンの学史に因んでバウジンガーを挙げたのは、両者のあいだにある種の交流が見られることに注目しておきたかったからでもある。ヴェーバー＝ケラーマンの第二版を見ると、初版の後に現れたバウジンガーの見解が取り入れている箇所がかなり見られる。ヘルマン・バウジンガーは現代フォークロアを本領すると見られるが、啓蒙主義時代にも造詣が深く、これまであまり注目されなかった人物や著作の掘り起こしも多い。それらがヴェーバー＝ケラーマンの第二版で活用されている。しかしまたヴェーバー＝ケラーマンの立場からは、学史の1969年の初版の構想がバウジンガーに刺激をあたえたという自負もあったようである。その点では両者には思想的に交流があり、その上で互いの立脚点と手法の違いを押し出したと言える。ちなみに立脚点の違いが特に表面化したテーマは、ナチ時代を生きた民俗研究者たちの評価であった。それは本書の第5章においてヴェーバー＝ケラーマンがバウジンガーとその高弟のヴォルフガング・エメリッヒの姿勢に厳しい言辞を投げていることによく表れている。〈共和国の市民という安全な立場にあった、ナチ時代を生きた学究たちを抵抗したかしなかったと単純に分類するシニカルな姿勢〉をたしなめるのである。諒とすべきは諒とし、反論・批判すべきときは決して遠慮しないという姿勢においてメリハリを利かせた論述である。同時に両者が互いにその独自性と、それぞれの学派を率いるリーダーとして認め合ってもいたことをうかがわせる。

8. インゲボルク・ヴェーバー＝ケラーマン（他・著）『ヨーロッパ・エスノロジー』の具体例から

以上はやや概括的に特色を指摘したが、最後に、具体的な記述における特色を幾つか挙げておきたい。もっとも、それまた、第二次世界大戦後のドイ

---

51) 本書所収の次の論考を参照、「ヘルマン・バウジンガーの経験型文化研究／フォルクスクンデ」

ツ語圏の民俗研究を代表者との相互関係のなかで考えるのがより分明にもなり、また実情にもかなっていよう。すなわち、レーオポルト・シュミット（1912-81）、インゲボルク・ヴェーバー＝ケラーマン（1918-93）、ヘルマン・バウジンガー（1926-L）である。この3人の他にも、看過し得ない数人が数えられようが、それぞれが単独でドイツ民俗学史を執筆したことでは、やはり傑出した存在と言ってよい。学史とは、その専門分野が何であるかを歴史の形で解明し呈示することだからである。

a. 労働し、抵抗するものとしての民（フォルク）：三月革命の推移

　インゲボルク・ヴェーバー＝ケラーマンの民俗観の骨子の一つは、はじめにもふれたように、ロマン派、さらにネオロマン派の思潮に彩られた民俗理解を、リアルな歴史的・社会的条件に置きなおして解明すること、したがってドイツ民俗学を覆っていた神話学のヴェールをひきはがす作業でもあった。それは必然的に、（邦語の民（たみ）に近い語感をもつ）"Volk"をリアルな実在者として把握することともなった。これ自体は、戦後のドイツ民俗学界において、少なくとも改革を目指した人々には共通した問題意識で、またその課題にどのように対処するかでそれぞれの特色が発揮されたのであった。たとえばカール＝ジーギスムント・クラーマーが"Volk"を"kleine Leute"と言い換え[52]、またヘルマン・バウジンガーが、同じく〈Volk〉に限定語を付して"einfaches Volk"と表記したのは[53]、その端的な表れである。

　インゲボルク・ヴェーバー＝ケラーマンの場合は、先ずは民（フォルク）を特に労働の民（Arbeitsvolk）として把握する行き方として結実した。それは、民衆を、それぞれの時代のリアルな社会的条件や支配構造の末端の様相との関わりにおいて観察することに他ならなかった。『収穫習俗』は、神話と習俗を持ち伝

---

[52] この言い方は、例えば K.-S. クラーマーの60歳を祝う記念論集のタイトルにもなった。参　照、*Das Recht der kleinen Leute: Beiträge zur rechtlichen Volkskunde. Festschrift für Karl-Sigismund Kramer zum 60.Geburtstag*, hrsg.von Konrad Köstlin und Kai Detlev Sievers. Berlin 1976.

える民を、同じデータを読みなおして、労働と労働者の権利を主張する民(フォルク)を浮かび上がらせると試みであった。注目すべきは、その視点の赴くところ、民俗学の対象を農民に限定せず、都市民にも関心が延びていったことである。

『ヨーロッパ・エスノロジー』において、ヴェーバー＝ケラーマンが1848年の三月革命のなかでの民衆の動静を特筆したのは、そうした視点の果実であった。次の一節は、民俗研究者の記述であることを忘れさせるものであり、逆に言えばその民俗研究の特質に改めて気づかせられるはずである。ドキュメントして引用されるカール・シュルツの報告ともども以下にその部分を抜き出してみる。

1848年にフランスで起きた二月革命は政治的・社会的目標を伴った労働者革命であったが、狼煙のごとく国境の彼方に影響をおよぼした。ドイツでは革命思想では果敢に民主主義を闘う市民層にになわれて、出版の自由、憲法の尊重、さらに評判の芳しくない支配者の廃位などの諸理念となった。最後の項目の例は、さしずめ自堕落なバイエルン国王であった。フランクフルトのパウル教会堂（Paulskirche）においてドイツ同盟（Deutscher Bund）は〈国民議会〉を開催し、偉大な歴史的瞬間を現出させた。しかし事態がさらに進んで、身分制国家の最終的廃絶や共和制・議会主義憲法を望見するところまで行くや、流血をともなう社会的騒擾が勃発した。それはとりわけ、バーデン、フランクフルト・アム・マイン、そしてベルリンにおいてであった。ベルリンの三月革命については、行動的な民主主義者であったカール・シュルツ（Carl Schurz 1829-1906 ⊕ Liblar/ErftstadNW［善のライン州］㉒NY）が回想録のなかで、その悲惨な成りゆきを描いている。

---

53) ヘルマン・バウジンガーが〈素朴な／単純な〉を意味する形容詞 "einfach" を選んだのは、庶民を指す言い方として "einfaches Volk" が行なわれていることに加えて、人間が〈民衆〉として自己を表出する場合は、それは、多様・多重な内実を〈素朴〉な様式において行なうことに他ならないとする見解によっている。これは、（前掲注42）『科学技術世界のなかの民俗文化』におけるテーマの一つでもある。

シュルツは、革命が挫折した後、アメリカ合衆国へ逃れて、その地で共和党員となり、エイブラハム・リンカーン（Abraham Lincoln 1809-65）の大統領選出（1860年）にも貢献のあった人物である。

ベルリンでの三月革命の推移、とりわけバリケードを築いた民衆が軍隊と対峙した様が詳細につづられる。そして革命の前代の頂点の場面が来る。以下はカール・シュルツの記述で、ヴェーバー＝ケラーマンによる引用の後半である。

　国王ははじめ何が何でも蜂起を鎮圧せずにはおかない決意だったらしい。しかし市街戦がおさまる気配をみせないことに直面して、事態の深刻さを思い知らされた。報告がとどくたびに、国王は心痛をいらだった。戦闘中止の命令を出したかと思うと、たちまち続行を命じていた。真夜中を過ぎてから、ようやく彼は自ら声明文を書いた。〈余がベルリン市民に告ぐ〉。彼は、こう述べた。今回の騒乱は二丁の銃が火を噴いたことに端を発するが、まったく偶発である。しかるにこれを故意に曲解した者共がいる。〈一団のならず者、その多くは外国人だが〉、その連中が善良な市民を惑わして、おぞましい衝突にまで引き込んだ。次いで、国王は、蜂起した者たちがバリケードを撤去したなら、軍隊を撤退させることを約束し、声明をこんな文言で結んだ。〈汝らの国王の告げる父なる声に耳を傾くべし。我が忠実にしてうるはしき都市ベルリンの市民よ。事件を忘れるがよい。余もまたこれを忘れるにつとめ、余の心底に秘めおかん。そは、プロイセンがドイツ人に範たるべき偉大な未来のためなり。汝らの女王にして慈母、かつ汝らの友たる妃また心痛に伏したるも、衷心涙を抑へ難く余と願ひを同じくするものなり。フリードリヒ・ヴィルヘルム〉。しかし声明は所期の目的に達しなかった。大砲とマスケット銃でこれに応えた闘う市民たちは、〈一団のならず者と、その軽率なる犠牲者〉という国王の名指し方に憤慨した。

3月19日、すなわち日曜の午後にメレンドルフ将軍が蜂起した人々の捕虜となり、ここにおいてようやく軍隊の撤退が命じられた。軍隊をベルリンから退去させ、またプロイセンは広く国民的民主主義の上に立って出版の自由と憲法を定めることを合意内容として平和が回復した。軍隊がベルリンを去った後、古今の革命を見渡しても、意味深長かつ劇的関心をそそる点でこれを超えるものはあるまいと思えるできごとが起きた。男も女も、それに子供たちをも併せた荘重な行列が静々と王宮に入ったのである。男たちは棺台をかついでいた。それは市街戦で斃れた戦士たちだった。― 無残な切り傷、ばっくり開いた傷口がむき出しになり、その周りに月桂樹や不凋花やその他の花々で飾られていた。行列は押し黙ったままゆっくりと王宮の中庭に入った後、棺台が整然と並べられた。不気味な死体のパレードだった。棺台の間には男たちが立っていた。破れた衣服、火薬で真っ黒になり、血潮のこびりついた男たちの顔。その手はバリケードで闘った武器をまだ握りしめている。傍で、女性や子供たちが死者を悼んで泣いていた。大勢の人々の重苦しい呼び声にうながされて、フリードリヒ・ヴィルヘルムは上階のガレリーに蒼ざめた動顛した姿を見せた。彼の横では王妃がすすり泣いていた。声がとどろいた。〈帽子をとれ〉。国王は、死者を前にして被り物をとった。（カール・シュルツ『回想録』 *Lebenserinnerungen*.1906 ,S.123ff.）

これほど具体的に取り上げられるのは、『ヨーロッパ・エスノロジー』のなかでも特殊であるが、それには理由がある。一つは、不発に終わった革命が長期的には民衆史の観点からも大きな転換点であったことである。もとより生活文化の変遷は政治的な大事件によって截然と区分できるものではないが、また政治的な節目と無縁ではあり得ない。その点では、その後、ドイツ民俗学界では、1848年を曲がり角として民衆事情の歴史的変化を考えることがテーマとなってゆくが、それに弾みをつけた考察ともなっている。一例を挙げるなら、ヴォルフガング・カシューバ（ベルリン大学教授）とカローラ・

リップ（ゲッティンゲン大学教）の最初の大きな研究成果は三月革命期の南西ドイツでの民衆動向を探った共同作業『1848年 — 田舎と革命：ヴュルテムベルク王国における文化変容と社会変動』であった[54]。三月革命を民俗学の側からとらえたのはこれだけではないが、日本の民俗研究との対比も見えてくる。日本の場合、政治史的な大きなエポックを正面に掲げることは民俗学ではあまりなく、それらは歴史学の分枝である民衆史研究によってになわれているからである。

とまれ、三月革命の推移をヴェーバー＝ケラーマンがドイツ民俗学に重要と見た二つ目の理由は、ヴィルヘルム・ハインリヒ・リールとの関係である。

b. 学史理解の要点：ヴィルヘルム・ハインリヒ・リールの評価

先に引用した三月革命の一こまは、『ヨーロッパ・エスノロジー』のなかでは、ヴィルヘルム・ハインリヒ・リールを取り上げた章の一節に他ならない。リールは、ドイツ民俗学史のなかで、神話への遡及と神話的淵源に価値根拠をもとめるおけるロマン派の民俗理解に軌道修正を迫ったことによって特別の位置を占めている[55]。ちなみに、ドイツ民俗学がナチズムとの相乗に陥り、それがゆえに戦後は戦争加担などの責任を免れえなかったのも、古ゲルマンの世界を仮定して、そこに判断基準をもとめるロマン派の民俗学、またそれを教条化したネオロマン派の民俗観のためであった。それゆえ、同時代の民衆のリアルなあり方を直視することを重視した民俗研究は、第二次世界大戦後のドイツ民俗学の再建では指標ともなり、〈リールに帰れ〉が叫ばれた。リールの全貌を民俗学の観点から把握しようとする大部な研究が現れたのも、そうした問題意識を背景にしていた[56]。しかしまたリールは保守的な思想家であり、ジャーナリストでもあった。しかも、リールの原点は1848年の革命

---

54) 参照、Wolfgang Kaschuba / Karola Lipp, *1848 - Provinz und Revolution. Kultureller Wandel und soziale Bewegung im Königreich Württemberg.* Tübingen 1979.

55) その事情については本書所収の次の拙論でも取り上げた。参照、「〈民俗学〉の形をドイツ語圏の学史に探る」の p.545.「リールの出発点としての1848年の三月革命」。

との出会いであった。自ら創刊した地方新聞に郷土でもあるナッサウ公国での革命の推移を活写したのが出発点で、そこでリールは自己の思想的な立場を見出した[57]。それは、〈二度と革命騒ぎを起こさせてはならない〉として、不発に終わった三月革命に社会が崩壊しかねない危険な兆候を見たのである。もっとも、リールは保守派と言っても頑迷ではなく、民衆が革命に走る理由をも理解していた。それゆえ政治が民生を重視すべきことを説き、同時に民衆から、彼らを革命へと扇動する〈根なし草の知識人〉を切り離すべきことをも力説した。かかる意味でリールは保守派であり、また社会改良の思想家であったが、後者の点で特別のプランを提示したわけではない。

　注目すべきはインゲボルク・ヴェーバー＝ケラーマンが、そうしたリールの問題点をも含めた全体像を問題にしたことである。先に引いたのは第二版（1988）の一節であるが、簡潔な初版（1969）においてもその姿勢はすでに明らかである。これはドイツ民俗学の学説史の面からも重要である。リールを肯定するだけでなく批判的に見ることも含めて評価する視点が今日では一般性を得ているのは、ヴェーバー＝ケラーマンの学史の初版によって切り拓かれた面があるからである。

　すでに初版でも、思想家としてのリールを、同じく1848年の革命を（少なくとも一つの）原点として思想形成を行なった同時代人カール・マルクスと対比してもいる。図式的に言えば、三月革命に、カール・マルクスは民衆による未来を遠望し、リールは破壊を見たのであった。その対比は、民俗学史の里程標であるリールの講義録「学問としてのフォルクスクンデ（民俗学）」（1858年）を、ほぼ同時期に現れたマルクスの『経済学批判』（1859年）における社会観と対比していることにも表れている。もっとも今日から振り返る

---

56) リールの人生と事績については、ゲラムプによる次の浩瀚な研究を参照、Viktor von Geramb, *Wilhelm Heinrich Riehl: Leben und Wirken*. Salzburg［Otto Müller］1954.

57) リールの最初の重要著作となった新聞連載『ナッサウ年代記』は今日では次の復刻版を参照、Wilhelm Heinrich Riehl, *Nassauische Chronik des Jahres 1848*, hrsg. von Guntram Müller-Schellenberg. Idstein 1979.

と、この 30 年ほどの世界の動静、とりわけソ連邦の崩壊の後、マルクスへ関心は著しく低下している。それ自体は硬直した社会主義思想の脈絡で過度に尊ばれたことへの反作用として致し方がないが、カール・マルクスが思想史上の巨峯であることは変わらない。ヴェーバー＝ケラーマンが学史の初版を著した頃は、ソ連邦も東ドイツも厳然と存在しており、それは勢い労働者国家を建前とする東ドイツへの理解にもつながった。それには、ヴェーバー＝ケラーマン女史が、終生、師として偲んだアードルフ・シュパーマーが東ドイツの民俗学の定礎者となったこと、さらに女史自身も1960年代半ばまで東ドイツの研究組織で活動していたことも関係していたであろう。旧・東ドイツは、後に暴露されたように非民主的な警察国家であったのであろうが、それと並行して社会主義の理想に燃える人々が国内にも国外にもいたのも一方の事実であった。先に名前を挙げたヴォルフガング・シュタイニッツもその一人であったろう。

　これらを加味する必要はあるにせよ、ヴェーバー＝ケラーマンの学史がリールを肯定・否定の両面から考察した意義は大きかったのである。批判的な視点において里程標となる研究がその後あらわれたことからもそれは言い得よう。目安を挙げれば、1971 年に刊行されたヘルマン・バウジンガーの『フォルクスクンデ』は 4 部構成の第一部が学史にあてられ、そこでリールが批判的にとりあげられている[58]。また 1978 年にハンス・モーザーが発表したリールの観察記録の構造にかかわる研究などである[59]。とまれ、民俗研究の今後が問題にされるとき、議論がリールの再検討のかたちになるのは、ヴェーバー＝ケラーマンも重要な一翼をになって形成されたドイツ民俗学界のトポスですらあり、それは今日なお続いているほどである[60]。

---

58) 次の拙訳を参照、（前掲 注 4）バウジンガー『フォルクスクンデ』第 1 部 5 節「保守的な社会理論としての民俗学」(p.55-64).

59) Hans Moser, *Wilhelm Heinrich Riehl und die Volkskunde. Eine wissenschaftsgeschichtliche Korrektur.* In: Jahrbuch für Volkskunde, 1 (1978), S.9-66.

c. ウィーン学派とスウェーデン学派の対比

　カール・マルクスと対比させてリールを洗い直す手掛かりを作ったのと同じく、民俗研究におけるウィーン学派をスウェーデン学派と対比させて、問題点を浮かび上がらせたのも、ヴェーバー＝ケラーマンの工夫であった。もっとも、この対比が導入されたのは第二版においてであった。初版では章名も「ウィーン学派」となっていて、その見出し通りの記述であった。またここで扱われる諸点は、いずれも先人があるため、独自性はその組み立てと観点の異同にあるであろう。

　ここでウィーン学派と呼ばれるのは、19世紀の末からウィーンで活動したエスノロジーと民俗研究の関係者が見せた相互に近似した傾向を指している。それは期せずして近似していたと言ってもよい。それを付言するのは、一人のリーダーの下での学派とは言い切れないからである。指標的な人物を挙げると、第一は民間のエスノローグであったレーオポルト・フォン・シュレダー（Leopold von Schröder 1851-1920）やゲオルク・ヒュージング（Georg Hüsing 1869-1930）、またその影響を受けた人々、第二はウィーン大学のゲルマニスティクの主任教授であったルードルフ・ムーフ（Rudolf Much 1862-1936）とその学派、第三はウィーン民俗博物館を拠点とする研究者グループであった。これらの個人やグループは必ずしも相互に直截的な連携を保っていたわけではなく、またその研究や著作の質も不統一で、素人論議からアカデミックな場で生成した論究まで振幅が大きい。しかしまた相互の異同は漸層的である。以下では、ムーフの門下で、戦後も社会的に復活を果たして、ウィーン学派

60）2009年にフライブルク・イム・ブライスガウで開催されたドイツ民俗学会の大会でも、リールの再検討がテーマとなり、ベルンハルト・チョーフェン（Bernhard Tschofen）が企画したシンポジウムでは、コンラート・ケストリーン（Konrad Köstlin）などがパネラーであった。参照、Reinhard Johler, Max Matter Sabine Zinn-Thoma (Hrsg.), *Mobilitäten — Europa in Bewegung als Herausforderung kulturanalytischer Forschung. 35. Kongreß der dgv. 2009 in Freiburg i.Br.* Münster / New York / München 2011.

の伝統を近年まで継続させたオットー・ヘーフラー（Otto Höfler 1901-87）に関する記述を、見本として挙げる。

　この方面の最も重要で甚大な影響力をもった代表者は、ゲルマニスト、オットー・ヘーフラー＊で、著作『ゲルマン人の祭祀的秘儀結社』と『ゲルマン連続性問題』によって1930年代初期の民俗学に新たな危険なアクセントを加えた。ヘーフラーが証明しようと苦心したのは、ゲルマン人の時代から今日まで続く巡回行事が伝説に反映されているとの主張であった。ヘーフラーによれば、ゲルマン人の生活の中心として、また途方もない力をもつ宗教的・倫理的、さらに歴史を貫流する政治的な諸力の源泉として不気味な作用を及ぼしてきたのは、結盟団体に対するデモーニッシュな英雄信奉、殊に結盟団体と祖先の死霊との忘我的な一体化であった。しかも、この信奉における存在感覚の昂揚を支配しているのは混沌ではなく、秩序である、と言う。重要なのは〈社会的信奉〉であるが、これが紐帯としての共同体と祖先とを構造化することによってはじめてこの社会的信奉を担う同盟結社に存在の確かさを付与するのであるとも言う。ヘーフラーは、特にスカンディナヴィア系の証明材料をふんだんに用いて、〈信奉的な共同体形態の類型学〉を提示し、それによって〈この種の信奉の連続性〉が途切れないものであることを証し、またそれによって〈私たちの歴史がもつまとまり〉を証明することを志向した。ドイツ人の歴史観を支配しているのは、ゲルマン的上古とキリスト教的中世のあいだの断絶であるが、〈文化伝統の射程の大きい統一性〉という考え方に慣れることこそが必要であると言う。なお〈連続性〉とは、生き方そのもの本質に他ならない、ともされる。それは二つの意味においてであり、一つには文化形態の独自の延命という意味（その事例として彼はオーディンの槍＊＊を挙げる）、二つには〈民族体性の核〉とその創造性の命脈としての〈有機的な意味〉においてであると言う。この連続性の概念は、本来、ウィーンの歴史家アルフォンス・ドプシュ＊＊＊が、古典古代の文化要素がゲルマン的黎明時代とドイ

ツ中世を通じて生き続けたと定義したことに由来するが、ヘーフラーはそれをイデオロギーへと歪曲したのである。すなわちゲルマン上古の文化的諸現象が現代まで生きながらえており、しかもその意味内容までが恒常不変にある、と言う。すなわち〈文化創造の存続〉という考え方で、しかも担い手は絶えず新しく入れ替わる〈商品〉としてこれらの諸々の文化形態に流れこむにすぎないとされる。このゲルマン連続性のテーマが開示する想念世界は、イデオロギーにどっぷり浸った学問理解を俟ってはじめて理解できる体のものであ。要するに、民話や神話や、それに脈絡なく拾いあげた古文書資料、こうした現存の伝承形態をもとに、循環論法をもちいて、始原に近い古体を証明したとし、さらにその土台の上にふたたび連続性を想定するのである。かかるアクロバットじみた思考が進行するなかで、事実に立脚した学問的な民俗学を志向してきたそれまでの努力は忘却の淵に沈んだかの如くであった。

* オットー・ヘーフラー（Otto Höfler 1901-87 ㊤㉂ウィーン）：参照、本稿 p.361.
** オーディンの槍（Odins Speer）：オーディンは北欧神話の主神で、その権威と支配のシンボルである持ち物である槍に対する特殊な観念が永く生き続けたとする。特にその変形としてキリスト教世界に入ってロンギヌスの槍（キリストの十字架上での刑死に用いられた槍）を神聖ローマ皇帝など支配者が支配と資格の標識として求めたという脈絡が強調された。
*** アルフォンス・ドプシュ（Alfons Dopsch 1868-1953）：生 Lobositz =Lovosice 現チェコウィーン、ウィーン大学教授：参照、本書 p.74（注 81）、p221（注 73）.

なお、そうしたウィーン学派の構成とそこでの個別の特色や相互の関係を批判的に解明したのは、自身も広義のウィーン学派から出たレーオポルト・シュミットであった[61]。ヴェーバー＝ケラーマンの記述は、ウィーン学派批判

---

61) 次の拙訳を参照、（前掲 注 3）レーオポルト・シュミット『オーストリア民俗学の歴史』 この後の引用文は p.214-215.

に関する限り概ねレーオポルト・シュミットの学史研究をなぞっている。〈民話や神話や、それに脈絡なく拾いあげた古文書資料、こうした現存の伝承形態をもとに、循環論法をもちいて、始原に近い古体を証明したとし、さらにその土台の上にふたたび連続性を想定〉したという記述では、〈循環論法〉というキイワードもレーオポルト・シュミットの表現である。細かく見れば、後者はそれをローベルト・シュトゥムプフルの評価に際してもちいたのである。参考までに、レーオポルト・シュミットのその箇所を挙げる。

　この学派全体体の主要テーマは、リリー・ヴァイザーの『古ゲルマンの若者聖別と成人男子の組織』に端的にあらわれている。しかしこのテーマに最も深くのめり込んだのは、オットー・ヘーフラーとその著作『ゲルマン人の宗教的秘密結社』であった。この方向の特徴は、イギリスの学界が早くから提唱していた、習俗は語りもののモチーフに先行するという仮説である。とりわけ〈死霊の群行〉なるモチーフ複合がこの観点から絶えず議論の的になり、若者組の慣習を反映していると解釈された。この〈儀式論者〉と〈神話論者〉との対立点は、またムーフ学派とヒュージング学派の永い対立の背景でもあった。スカンディナヴィアの影響をも受けた儀式重視論は、ヘーフラーにおいて頂点に達した。もっともこれ以外では、彼はムーフの仕事の上古学の側面をひたすら継承発展させた。これに対して、リヒァルト・ヴォルフラムは、成人男子結社という広い分野から特に剣踊りの現象を選んで、1936年に『剣踊りと成人男子結社』を表した。ヘーフラーとヴォルフラムは、共にスカンディナヴィアの研究動向に強く接近したが、この二人にあっては、当時のオーストリアの習俗（民俗行事）研究がとうてい果たさなかった、程度の高い素材見通しと、諸テーマをめぐる細かな分類がおこなわれている。またローベルト・シュトゥムプフルは、民俗的な劇行事の問題をおなじく徹底して究明して、1936年に『中世演劇の起源としてのゲルマン人の信奉行事』を著した。しかしフレイザー時代のイギリスのフォークロア研究がすでにそうであったのと似て、ここでも

循環論法がもちいられている。すなわち、諸々の残存形態から上古形態を推論し、その上で歴史的諸現象をその証明材料とみなすという行き方である。もっとも、中世の典礼劇がゲルマン人の行事に遡るという考え方を証明することには、シュトゥンプフルも成功しなかった。この学派の代表者たちのなかでも、彼のばあいには、カトリック教会に対する反撥と、他方すべての価値をゲルマン性から導き出す傾向がことほか顕著である。このようにナショナリズム的民俗学のなかの最も客観的な分枝においてすら、ゲルマン性称揚の影響は歴然としていた。

レーオポルト・シュミットが、ウィーン学派を批判する作業の先鞭をつけたことは、この一節からも知られよう。そこでは、ドイツ語圏の動向だけでなく、フレイザーに代表されるイギリスのエスノロジーの問題性も併せて指摘されている。この学史の刊行は 1951 年と早く、インゲボルク・ヴェーバー＝ケラーマンにとってもヘルマン・バウジンガーにとっても学史理解においては先行者であった。またオットー・ヘーフラーとリヒァルト・ヴォルフラム (Richard Wolfram 1901-95) について付言すると、二人は、レーオポルト・シュミットにとって、ムーフの下での同門の先輩であった。さらに両者ともやがてウィーン大学教授となって社会的に復帰を果たしたことも人間関係をいっそう難しくした。事実、ウィーン大学へ出講したレーオポルト・シュミットと二人の先輩との確執は彼らが死去するまで続いたのである。なお言い添えれば、ローベルト・シュトゥンプフル (Robert Stumpfl 1904-37) は、ウィーン出身ながらベルリン大学のユーリウス・ペーターゼン (Julius Petersen 1878-1941) の下でゲルマニスティクを学び、そこで『中世演劇の起源としてのゲルマン人の信奉行事』[62] を仕上げた。おそらく三人のなかでは最も俊秀であったろうが、この大著の直後、交通事故で夭折した。ちなみにプライヴェートな面では、この数年若い同士を敬愛していたヘーフラーは、シュトゥンプルの未亡人と結婚した。また後に共にウィーン大学教授となったヘーフラーとヴォルフラムには〈男性結社の双子〉のニックネームがあったように

親密であった。さらにノルウェー人と結婚してオスロへ移ったリリー・ヴァイザー＝オール（Lily Weiser-Aall 1898-1987）はウィーンの神話学系の学風、特に〈若者の結社〉を中心に共同体を上古に遡及させる考え方を北欧にもたらし、同地における民俗研究の一方の代表者として戦後も有力であった。

なおヴェーバー＝ケラーマンの記述と、それに対応するレーオポルト・シュミットの考察を引用したので、バウジンガーの同じ項目の扱いも参考として挙げておきたい[63]。

ローベルト・シュトゥムプフルは1936年に『中世演劇の起源としてのゲルマン人の信奉行事』という綱領的なタイトルの一書を刊行した。シュトゥムプフルは、中世演劇の原型がファスナハト劇に具現されていると考えた。彼はまた、それを〈豊饒魔術の機能〉から導くと共に、信奉性の強い早春の祝祭に登場する〈男根信奉につながるデーモンの群〉、またそれを引き継ぐ〈艶笑譚〉から説明した。しかし伝承され活字化された何百という古いファスナハト劇のテキストを検証しても、そうした信奉につながるような要素はみとめられない。たしかに劇行事には短いレヴュー的な仕草が入っており、また演劇には性的なほのめかしや開けっぴろげな大らかさもありはするが、それらは因襲に対する粗野な爆発である。成立時期から見ると、それは市民的な（これはこれで多分に因襲的でもあった）世界に典型的であった。ファスナハト劇（あるいは多様な諸々のファスナハト劇）に見られる形態上の特殊条件は、素材的には（市民的な）文藝の性格にあ

---

62) 参照、Robert Stumpfl, *Kultspiele der Germanen als Ursprung des mittelalterlichen Dramas*. Berlin [Junker & Dünnhaupt] 1936. 筆者の経験を言い添えると、1980年代半ば、ドイツの著名なゲルマニストがこの著作を肯定していたことに疑問をもってテュービンゲン大学を訪れたのが、バウジンガー教授との交際の最初であった。そのときバウジンガー教授は、これこそナチズム民俗学であると言い切った。
63) 次の拙訳を参照、（前掲 注4）バウジンガー『フォルクスクンデ』p.88-89.

362

ることが判明する。加えて、演劇の社会的背景もシュトゥムプフルのテーゼとは食い違っている。ファスナハト劇は、農民的世界とは関係が無く、都市の手職者たちによって演じられたからである。

　かかる検証から免れるものがあり得たとしても、なお忽せにすべからざる異論が残る。すなわち、ファスナハト劇が確認されるのは、ようやく中世後期である。この点から出発するなら、これまた劇的な証拠にぶつかることになる。ファスナハト劇は、ほとんど例外なく宗教劇であり、典礼の厳格な枠に組み込まれていたのであり、仕草の幅が広がるにつれて、宗教劇の枠に少しづつ穴が開き、世俗性が付着したのであった。シュトゥムプフルが立脚したのは、その付着物であり、緩みによって生成した諸場面であった。それをよく示すものとして、例えば復活祭劇における〈香油屋の場面〉や、使徒たちがキリストの墓へ向かって競走する場面などを挙げることができよう。しかしシュトゥムプフルは発生を逆転させて、そうした場面にこそ、ゲルマン性に胚胎する起源的な核がひそんでいるとみなしたのであった。しかもその核は、キリスト教が重なることによって覆い隠され、中世後期のファスナハト劇のなかで再び噴出したと言うのであった。この見解も、オットー・ヘーフラーが1930年におこなった講演のなかで準備されていたものであり、そのときすでにゲルマン的なアクセントが決定的となっていた。そこでは、方法論上の欠陥や連続性という要請をめぐる短絡は少しも問題にならず、ひたすら古ゲルマン文化は常に現存するものと解されたのである。……

問題点が丁寧になぞられ、民俗行事を古ゲルマン性の遡及させる論法の化けの皮がはがされてゆく。その批判作業の骨子が、レーオポルト・シュミットが〈循環論法〉と看破したことにあることもまた明白である。インゲボルク・ヴェーバー＝ケラーマンもヘルマン・バウジンガーも、レーオポルト・シュミットの批判の不足を指摘することがあるが、それは反対の理論と言うより、研究の積み上げと見るべきであろう。

d. ヨーロッパ・エスノロジーの視点

　中身の点ではドイツ民俗学史にあたる本書がヨーロッパ・エスノロジーのタイトルを冠していることについてもふれておかなくてはならない。これは直接的には、マールブルク大学の民俗学科にあたる研究室がこの名称をもつことと関係しているが、それ自体がドイツ民俗学の推移とかさなっている。大きな背景では、とりわけフォルクスクンデがナチズムとの相乗に陥った過誤を重く見て、フォルクスクンデやフォルクの派生語を避けようとしてきた第二次世界大戦後の一貫した傾向を受けている。またそれ自体が幾つかの波をつくって進行した。その辺りの事情に本書のなかでは次のようにふれられている[64]。

　1955年のアルンハイムでの民俗学大会を機に、国際的に通用する新しい専門学の名称をもとめる声は、時を追って高まりを見せた。しかしドイツで真剣な意図が現実化するのは、なお1970年代初めまでまたねばならなかった。ドイツ民俗学会、およびその大学教育と研究体制のための常設委員会が召集したファルケンシュタインでの特別討論会（1970年）がそれである。この討論会の参加者たちは、いわゆる〈ファルケンシュタイン決議〉として提案を行なうことで一致した。そこでは名称の変更がはっきりとうたわれており、文化人類学（Kulturanthropologie）、文化研究（Kulturrologie）、あるいはヨーロッパ・エスノロジー（Europäische Ethnologie）といった名称が特に推奨された。それに続いて、ドイツ民俗学会の会報（dgv-Mitteilungen）において、かなり長期間にわたりそれぞれの研究機関の立場をめぐって議論が交わされた。しかしなお統一的な名称変更にまでは行き着かなかった。ヨーロッパ・エスノロジー、文化人類学、経験型文化研究（empirische Kulturwissenschaft）などが有力となる一方、依然、フォルクスクンデや比較民俗学（vergleichende Volkskunde）や、それに類した名称も

64) 参照、（前掲 注1) p.182f.

おこなわれている。なおこの種の議論をうながした外部の影響力として見落とせないものに、近隣のヨーロッパ諸国での専門誌の名称変更があった。『エトノロギカ・スカンディナヴィカ』（Ethnologica Scandinavica）、『エスノロジー・フランセーズ』（Ethnologie Francaise）、『エトノロギア・スラヴィカ』（Ethnologia Slavica）、『エトノロギア・ポロナ』（Ethnologia Polona）などで、これらはいずれも国際的な相互了解を念頭に置いて、従来の名称をヨーロッパ・エスノロジーの方向へ変更したのである。こうした努力と並行して、1968年のいわゆる学生運動とそれに続く各大学での大学改革があり、その結果、持続的な構造転換が図られた。そのなかで民俗学もまた、旧来の哲学部の廃止の後、新しい大学の専門構成のなかに置かれることになった。

この箇所の始めに1970年のファルケンシュタインでの特別討論会が挙げられているが、これについて簡単にふれる。その企画は、フランクフルト大学教授となってまもなくであったヴォルフガング・ブリュックナー（Wolfgang Brückner 1930-L）の呼びかけによって、ドイツ民俗学会の活動の一環としてプファルツ地方のファルケンシュタイン村（ラインラント＝プファルツ州）において実現した。1970年9月21日から26日までのことで、そこではドイツ民俗学の名称が従来の"Volkskunde"であることの問題性の検討と今後の課題が討議され、またその大会の詳細は準備段階の関係者の手紙のやりとりなどのも動きもふくめて一書にまとめられている[65]。過去の清算と今後を切り開くために学問名称と課題がテーマであった。ドイツの民俗学の機関はこのワークショップをも一つの節目として"Volkskunde/Europäische Ethnologie"を掲げることが多くなったのである。また議論の中身は民俗研究が一般的に直面する課題とかかわっていた。議論の行方では、改革の旗手であり討論にも参加したヘルマン・バウジンガーの理論が大きな刺激となり、またこの企

---

65) 参照、（前掲 注41）Wolfgang Brückner (Hg.), *Falkensteiner Protokoll.*

画を機にその影響力はさらに強まった。なお発言者の半数は改革姿勢をもつ中堅・少壮で、傍聴者にも大学院生が多かったが、その後1980年代に入って発言者たちが学界のリーダーとなるにつれて、ナチズムへの民俗研究者の関与に対する評価をきっかけに互いの見解や姿勢の違いが表面化し、激しい対立に発展した。またその兆候はすでに70年代初めからみとめられた[66]。しかし今日では関係者はいずれも高齢となり、物故者も少なくない。ちなみにバウジンガーはすでに1999年に〈さすがに今となっては、あたかも退役軍人たちがかつての戦場での経験を反芻するのと似ていよう〉と記して、当時の応酬の継続にこだわった反目をたしなめた[67]。とまれ、かかる動静の一環としてマールブルクではヨーロッパ・エスノロジーの名称が選択され、それが本書へとつながるのである。

9. マールブルク大学におけるヴェーバー＝ケラーマンの後進世代の問題意識

　ところで、今回翻訳を供した『ヨーロッパ・エスノロジーの形成』の底本は主著者の死後の第三版である。第二、三版の間には東西ドイツの統一のような大きなできごとがあり、またそれは民俗学のような広義の学術界の一隅にまで研究組織の消滅や改変という結果をもたらしたので、それらがデータとして盛り込まれた新版に拠るのは必然的であった。しかしそれを脈絡づけるのは課題として重すぎた面もあったようである。新しく加筆された第七章がもうひとつ収まりがよくなく、また第八章はまったく文献の挙示にとどまっているのは、その表れであろう。特に、第七章ではテュービンゲン大学民俗学科が標榜する〈経験的文化学〉が勢いを強めている現実に対して、歯切れの悪い論評となっている。しかし歯切れの悪さが却って学界事情を伝え

---

66) これについては次の拙著を参照、（前掲 注12）『ドイツ民俗学とナチズム』p.673ff.
67) 参照、（前掲 注4）バウジンガー『フォルクスクンデ』p.293ff.

ているとも言える。ちょっと長めであるが、その一節を見ておきたい。次のような記述である。

　学問史の分析のなかで、直接の現今につながる展開を見わたすのは、特別の難しさがある。なおアクチュアルな種々の異なった潮流があり、また民俗学の場合にも多くの出版物があふれており、それが全体を見渡すことを困難にしている。それゆえこの締めくくりの解説では、幾つかの特に明らかな事例を挙げるにとどめる他ない。
　専門分野の組織作りは、過去二三十年の間に頂点に達した、すでに峠を越した観もある。大学における新しい学科として設置される動きも活発であったが、昨今では後退気味でもある。つまり、この専門分野でアカデミックな研究にたずさわる人員数は、1970-80年代にめざましい増加を見たあと、学問分野全般のポスト削減に直面して大幅に数を減らしている。その反面、この分野で研究をめざす者の数は非常に多いままであり、それどころかなお増加の傾向にすらある。
　1990年代のフォルクスクンデにおける重要な特徴は、学問としての方法論的な自己理解に対応して、視座の変化が起きたことである。それは決してこの分野の孤立した〈希求〉ではなく、人文科学・社会科学の諸分野に共通の動きでもあった。名称変更の波はその一つであり、フォルクスクンデの場合は、この既存の名称に追加名称を並列するかたちをとった。ドイツ語でひろく行われることになったのは、統計的にも明らかであるが、ヨーロッパ・エスノロジーを重ねるという表示である。
　しかし、エスノロジーの名称をめぐる議論はあり得ても、近似した響きの名称であるフォルクスクンデ（Volkskunde）とフェルカークンデ（Völkerkunde）を選ぶという動きはほとんど見られない。それに対して、文化研究をめぐる議論は盛んである。この名称の場合は〈親近な〉分野名と言うわけではなく、むしろ文化学／研究（Kulturwissenschaft）や文化学的（kulturwissenschaftlich）の語を組み合わせることによる分野全体の手直しを

目指しているところがある。その根拠を特定するのは簡単ではなく、むしろ種々のモチーフが重なっている。むしろそこで危惧されるのは、文化研究というシックな列車に飛び乗る人がかなりいるのはよいが、その停車駅からは、在来のこの分野への接続が一向に見てとれないとも思えることである。

とは言え、文化研究は、近年めざす人が多く、インフレーションと言ってもよいくらい流行の観があるが、それだけに文化研究と学術政策をめぐる広い場で適切に議論されることがもとめられる。学問名称に付加された概念でも日常語でもある場合には往々みられるように、文化学／研究も鋭さや正確さや一義性をだんだん失ってきている。他方で、目下の語感ではすこぶる前向きの含意の語でもあるため、特に〈現金な〉時代にあっては功利主義的な使い方がなされてもいる。

専門分野としてのヨーロッパ・エスノロジーの展開のなかでは、内容と方法にかかわる多くのファクターが重要な役割を果たした。そのなかには政治状況の推移をも含む外的な枠組みがあり、以下にそれらを挙げておきたい。

1. 社会科学諸部門に接近した最初の局面は、1960年代には、経験的な社会研究の（特に量的な）方法と密接に結びついていた。しかし、1980年代半ばにはすでに、いわゆる〈ソフトな〉方法を取り入れる動きのなかで、量的な方法の低下があきらかになっていた。質を重く見るインタヴュー、語りに目をむけた統計手法、緻密な記述、カルチュラル・スタディーなどである。それによって、方法的には解釈学的な手法を特徴とする文化研究が発展に向かう地ならしがなされることとなった。

2. 理論的には、文化的な巨人であるニーチェやカントやシラーなど、またフロイトなどが引き合いに出されること度合いが高まった。それに引き換え、民俗学の先人たちを受け継ごうとの姿勢はまるで立ち消え、多少見られたとしても、きわめて稀であった。自己の専門のなかの論議を理論形成のための推進力として注目することは絶えてなくなった。代

わって、現今の文化哲学や文化社会学（たとえばラケールやブルデュー）がきわめて重くみられる度合いが増えた。専門学としての自己の理論的基礎に立って発展や応用を図るのではなく、ヨーロッパ・エスノロジー/フォルクスクンデは、理論を産出する学問分枝というより、理論を利用する学問分枝であることがいよいよ明白となっている。

3. 世界情勢の変化への反応：1990年代にヨーロッパと世界で進行した政治的、社会的、そしてエスニックな変化、東ヨーロッパの国家システムの崩壊、戦争と迫害を背景にしてヨーロッパのなかでも（またヨーロッパへの向かう流れとしても起きた人口流入、さらに止むことのないグローバリゼイション、この十年間を決定づけているのはこれらのファクターであり、それらはまたヨーロッパ・エスノロジー/フォルクスクンデにもさまざまなかたちで持続的な影響をあたえてきた。

ここで先ず数えられるべきは、ドイツ国内のいわゆる〈転換〉である。これは私たちの専門分野にとっては、東ドイツの民俗学がドイツ連邦共和国の在来の学問システムに吸収・再編されることを結果し、さらにそれは他の東ヨーロッパ諸国の従来のフォルクスクンデの再編成にもつながった。

ドイツ再統一の状況下で、それまでの東ドイツの学問傾向の評価がおこなわれた。それは一種の査定のような作業でもあった。それは一面では、東側の学問原理の廃棄を意味した。学問が教示される場としての大学、研究機関としての学術アカデミーの廃止である。他面では、政治・党システムとむすびついていたかつての諸機関の解体が課題であった。東ドイツの学問的なフォルクスクンデもその動きに服する以外になかった。顧みると、次の問が立てられよう。東ドイツのフォルクスクンデは、純然たる受け入れとして旧西ドイツの学術システムに継ぎ目なく入っていったのであろうか、それとも東ドイツのフォルクスクンデの少なくとも個々の要素が新たな連関のなかに同化されたのであろうか。

東ヨーロッパの他の国々でも、これと類似のシステム変化にともなう改

変や転換や刷新が進行した。しかしドイツの政治状況とは異なり、それまでの分裂国家という問題とは別であった。

4. 人口流入やエスニック・グループやエスニック化過程、またマイノリティの編入、日常生活のヨーロッパ化等々のといった新しいテーマ、さらにアングロ・アメリカ出自の文化人類学・社会人類学の研究方法と理論を強く取り入れることによって、ヨーロッパ外のエスノロジー/民族学(フェルカークンデ)への関わりがもう一度とり上げられ、凝縮した様相を呈することとなった。それは、たとえば文化研究の他の分枝であるメディア研究へも開かれることなどにおいて明らかに見てとれる。

総じて、ヨーロッパを枠とした国際性、さらに諸大陸にまたがる射程も強まっているが、その主たる背景は、統合ヨーロッパが政治的にも高まっていることにある。すなわち、多彩なEU促進プログラムが教養・文化部門にも推進されつつあることが挙げられよう。それに対応するエスノロジーの組織化であるSIEF*などが意義と関心を獲得しつつあるのもその現れである。インターネットの可能性がヨーロッパ・エスノロジーの組織とそのメンバーによって活用され、従来なかった広範かつアクチュアルな情報交換に寄与しているのである。

* ［訳注］ SIEF（Societe Internationale d'Ethnologie et de Folklore）：インターナショナル・エスノロジー・フォークロア協会。前身は1929年に設立され大戦をはさんで断続的に活動していたCIAP（Commision Internationale des Arts et Traditions Populaires）で、1964年のアテネ大会で紛糾が頂点に達したために、同年中に先ずその内部機関として発足し、その後、母体を引き継いだ。1971年からヨーロッパ諸都市で数年おきに大会が開かれている。現在の会長はコンラート・ケストリーン。

このなかで注目したいのは、経験型文化研究を標榜する行き方への言及である。これは言い換えれば、テュービンゲン学派への批判にほかならない。そ

の箇所では、さらにドイツ民俗学界の主流への批判を試みた次のような一節もみられる（p.253-254）。

　それにしても、この約30年間、私たちの専門分野には何が起きたであろうか。方向を指示するような刺激はどこからやって来たのだったろうか。この分野の機関であるドイツ民俗学会を誰が牽引し、おなじくこの時期に誰が機関誌『民俗学誌』を編集してきたのであろうか。
　1968年以来、学問的で公共性をそなえたフォルクスクンデ（民俗学）をドイツだけでなくヨーロッパ全体におよぶ影響力をもちつづけてきたのは、ヘルマン・バウジンガーが基礎を築いた<u>テュービンゲン大学の経験型文化研究</u>であり、それが、どの学派にも増して大学の教授陣を多く輩出してきた。
　1970年代以来、また同時期のドイツで進行した大学改革のなかで新たにフォルクスクンデの教授ポストを占める人材を（圧倒的多数ではないにせよ）供給したのはテュービンゲン学派であったが、その事実と並んで看過し得ないのは、テュービンゲン学派がきわめて重要な意味をもち、また学界において基準的な重みをもったことである。のみならず、その反響は世界的なものともなったところがある。学問としてのフォルクスクンデがその方向をとったことは、ドイツ内外の多数の専門書によっても、フォルクスクンデの理解のあり方においても、組織の形態においても判明する。

　それゆえ、フォルクスクンデはこれを手がける（あるいは手がけてきた）とか、それには未だ手をつけていない（あるいはそれと取り組む責任がある）といった言い方が繰り返されるとき、<u>テュービンゲン学派が一般的な基準となっている</u>度合いがかなり高いのである。この点で、（フォルクスクンデが根本的には常に別のもの変わってゆくものとして現在の様相をとっているのであるとしても）許容し難いまでの狭隘もそこには起きている。

371

この一文には、たしかに状況の問題的な一面を突いているところもありはする。ヨーロッパ・エスノロジーや経験型文化研究の名称のもとに止め処なく、とりとめもなく対象領域が広がっている傾向もみられ、またその方向への広がりこそがフォルクスクンデの本来のあり方といった受けとめ方がなされる傾向はあるであろう。たとえばファースト・フード店の調査と分析などは何種類も現われている。しかしまたそれは経験的文化学を標榜してはいない別の学派においても手がけられているので、かならずしもその専売ではないが、そこで切り開かれた局面において生成した調査研究のテーマとは言い得よう。民俗研究の様相、ないしはその名称のもとに行われる研究の拡散が見渡せないくらいになっているわけである。そうなると、ヴェーバー＝ケラーマンがもし現在の状況を記述していたなら、どんな鮮やかな裁断を示したであろうか、そうした印象をも時に起こさせる第三版である。

　参考文献を整理して挙げるにとどめている第八章でも、現今がいかに複雑となっているかを改めて思わせるところがある。文献リストではじめて気付かせられる人物や成果が多いのは事実である。それと共に、不足も間々感じられる。しかしどのように整理しても過不足は避けられないであろう。なお言い添えるなら、ヴェーバー＝ケラーマンが単独で執筆した初版では参考文献のリストは非常に限定的で、むしろ論述への力点が圧倒的である。その体裁を現在ただいまの案内書にももとめるのは状況の変化からも無理であろう。むしろ、研究テーマの分岐も、産み出される文献の量的な多さのなかで、よく一定の輪郭を描くことできたと感心させられる。本書は、多少の問題も含みつつも、初版以来のたしかな構図に支えられて、案内書として課題を十分にこなし、また全体として見れば出色でもある。

カール゠ジーギスムント・クラーマーの法民俗学の構想

　筆者は予てドイツ民俗学のなかで、カール゠ジーギスムント・クラーマー（Karl-Sigismund Kramer1916-98）の研究方法に関心を寄せてきた[1]。これまでレーオポルト・シュミットやヘルマン・バウジンガーについて案内してきたが、なお一般への紹介にまで至らないドイツの民俗学者のなかでは、K.-S. クラーマーは最も気がかりな存在である。1926 年生まれのバウジンガーよりも 10 年早く 1916 年に生まれ、1998 年に亡くなった。活動拠点はキール大学で、今も同大学の民俗学科には K.-S. クラーマーが築いた学問伝統が生きている。後継者にはキール大学の教授であったカイ・デトレーフ・ジーヴァース（Kai Detlev Sievers 1932 生）がおり、またコンラート・ケストリーン（Konrad Köstlin 1940 生）は親近な後輩、そして 1999 年から 2003 年までドイツ民俗学会会長をつとめたキール大学教授ジルケ・ゲッチュ゠エルテン（Silke Götsch-Elten 1952 生）は最後の弟子の一人になる。K.-S. クラーマーはドイツ民俗学の概説書では常に一定の比重をもって言及される存在でもあり[2]、事実、同学界が

---

1) 以下、同姓が多いため、イニシャルを付して K.-S. クラーマーと表記する。モーザーやシュミットも同姓者が多い苗字であるため同じく名前を挙げる。
2) 参照、Rolf Wilhelm Brednich(Hg.), *Grundriß der Volkskunde. Einführung in die Forschungsfelder der Europäischen Ethnologie*. Berlin 1983, 3.erw. Aufl. 2001, S.353-373 („Rechtliche Volkskunde", von Herbert Schempf).; また次の拙訳を参照、ヘルマン・バウジンガー（著）河野眞（訳）『フォルクスクンデ／ドイツ民俗学 ― 上古学の克服から文化分析の方法へ』文緝堂 2010, p. 92, 98-99.（原書：Hermann Bausinger, *Volkskunde. Von der Altertumsforschung zur Kulturanalyse*. 1971, 3.Aufl.:1999）

今日の水準へ上昇するにあたって本質的や役割を果たした。

　もっとも、K.-S. クラーマーにこれまでまったく触れなかったわけではない。それどころか筆者はすでに25年ほど前に、概括的な紹介の文を記したことがあった。しかし、なぜか一向に注意されることもなく過ぎてきた。その四半世紀前の紹介も後に再録しようと思う。かいつまんで傾向を伝えるには、今ふりかえってみても一応の案内になっていると思えるが、日本の民俗学の関係者には意味をもたなかったようである。今もそうであるのかどうか、四半世紀ぶりにたしかめてみたい。そのため今回は、実際の叙述をある程度まとまって紹介したい。またそれにあたっては、K.-S. クラーマーの特色が最もよく出ていると思われる一書を選んだ。それはドイツの特定地域の歴史的事情など背景について細かな知識をもたずとも骨格が分かる種類のものである。

　なおそこへ進む前に、もう一つ考えておきたいことがある。おそらくこれが、本邦においてあまり関心が寄せられなかった理由の一つかもしれない。K.-S. クラーマーの民俗学の構想は本人の表現では〈法民俗学〉（rechtliche Volkskunde）と称され、それには違いないが、同時により広い分類では〈歴史民俗学〉（historische Volkskunde）に含められる。事実、K.-S. クラーマーの研究は、たとえばバウジンガーが現代に向けて民俗研究の射程をひろげたのと較べると、ほとんど専ら過去の民俗文化（この概念を便宜的にもちいるとすれば）をあつかっている。となると、日本の民俗学と重なるところが多いのである。言い換えれば、特に学ぶべき、あるいは注意すべき何かがあるのかどうかが問われるということでもある。

　日本民俗学は、おそらく世界の民俗研究のなかで遜色のないもので、高度な質を保っていると見られる。たしかに現代社会を射程におくような方法はなお模索中で、だからこそバウジンガーへの関心が多少起きているのであろうが、歴史的な過去に目を向け、それを解明することにおいては、むしろドイツ民俗学よりも一日の長があったと言ってもよい。これは、ドイツ民俗学の主要な母体がゲルマニスティク、すなわちドイツ語学・ドイツ文学研究であったために、文学作品を対象にした文献学を除くと、文献史料には必ずし

も堪能ではなかったからである。それにはゲルマニスティクがロマン主義の思潮と共に発展したことが関係している。上古への無批判な傾斜や遡源志向がつよくはたらいたのである。ドイツにおけるその事情には今は踏み込まないが、それに較べて日本民俗学はおおむね歴史学との重なりが特色となってきた。地方・村方文書と呼ばれる地域の文書資料によって手堅く裏付ける操作が定着していたことでは、日本の研究はドイツ民俗学の上を行っていたと言ってもよいくらいである。しかしまた民俗学らしく、と言うべきか、ありとあらゆる不如意と窮迫にもかかわらず最後は温もりのある様相として過去を描こうとする志向もしみついていた。そこが歴史学と異なる点で、また世界各地の民俗学と重なるところでもあったろう。なお歴史学との関わりでは、ドイツでも地方史研究の伝統があり、そこでは地域の古文書への精査も行なわれていたが、それはゲルマニスティクを柱とする民俗学とは重ならないことが多かった。

カール＝ジーギスムント・クラーマー
1975年頃

　以上はおおざっぱな説明であるが、問題はここにかかわっている。日本の事情がそうであるなら、歴史民俗学としてのクラーマーに敢えて注目する必要がどこにあるのか、という疑問につながるからである。実際、クラーマーの研究は、個別事象にかんする限りでは、通常の歴史学の手法や成果とそう変わらない。一例として初期のモノグラフィーを挙げると、村落の隣人組（Nachbarschaft）の研究がある。中世以後の時代に村落の運営にたずさわった、主要には一定の資産と資格を持つ正農による運営組織である。その呼称もさまざまで、〈ナッハバルシャフト〉はその一つであるが、一定地域におけるそ

の歴史的な実態、すなわち構成や機能を文書資料によって解明しようとしている[3]。これなどは、日本民俗学のなかで行なわれてきた頭屋や各種の講集団の歴史的実態の解明などとも通じるところがある。

　K.-S. クラーマーにはそうした個別研究でも見るべきものが少なくないが、より大きな特色、まさに独自性と言ってもよいのは、それらをまとめるときの視点と手法である。今便宜的に項目にすると、それは不可分な関係にある二点になる。一つは、民俗事象（これが厳密に何であるかはひとまず措いて）とは、多くの場合、法観念ないしは法意識の表出ととらえる視点である。第二は体系性である。

　上記の二点については以下にやや詳しく紹介するが、さらに補足を加えるなら、K.-S. クラーマーはそうした観点に立って把握し得る歴史的な様相が過去のものであり、現代とは原理的に異なることをも認識していた。K.-S. クラーマー自身はそれへの関心をしめすにとどまり、踏み込みはしなかったが、民俗学を近・現代世界の民俗文化を把握し得るところまで脱皮させようとした後輩のヘルマン・バウジンガーに共感を寄せ応援もした。それは、歴史研究をきわめた人だったからであったろう。

　なお付言するなら、ドイツ民俗学の代表者としてひときわ屹立するのはヘルマン・バウジンガー、インゲボルク・ヴェーバー＝ケラーマン、そしてカール＝ジーギスムント・クラーマーの三人、と筆者は見ている。言うまでもなく、個別領域では指標的な研究や、大きな研究成果は幾らもある。年中行事、各地域の民俗誌、食文化、民俗衣装、家屋研究、河川交通、鉱山民俗、漁撈民俗、葡萄酒の文化史、等々、さらに昔話や民謡などの口承文藝でもそうである。またヨーロッパ文化史に深くかかわりって幅広く探求をおこなったことでは、レーオポルト・クレッツェンバッハの多数の著作も見逃せない。そ

---

3) Karl-Sigismund Kramer, *Die Nachbarschaft als bäuerliche Gemeinschaft. Ein Beitrag zur rechtlichen Volkskunde mit besonderer Berücksichtigung Bayerns.* München-Pasing 1954 （Beyerische Heimatforschung, Heft 9）.

れまであまり使われることがなかったバロックの説教記録を自在にもちいた手腕も、この論者ならではのものがある。また膨大な数の著述と展示企画を残したレーオポルト・シュミットも不世出の学究であることは変わらない。特に両者については、筆者はその研究の特色を紹介したことがある。またなお紹介を予定している数人もありはするが、民俗研究の方法を説き、またそれが<u>今この時点で日本の民俗研究にも</u>意味をもつとすれば、先ずは上記の三人と思えるのである。

　ところでこの三人には幾つかの共通点がある。一つは、近・現代が過去とは原理的に異なったものであることを説いていることである。二つ目は、過去を懐かしんだり、過去に行動基準や模範をもとめたりする姿勢をほとんどもっていないことである。たとえばヴェーバー＝ケラーマン女史は民俗衣装の分野でも高度な専門知識をそなえていた研究者であったが、現代世界で民俗衣装が衰微・消滅するのを嘆いていなかった。民俗衣装が生きて着用されていたときの社会的機能や、着用における約束や作られる時の手仕事の担い手の社会的位置を把握していたからである。たとえば女性の民俗衣装の衰微は、<u>女性が民俗衣装を脱ぎすてた</u>のであって、それは厳しい身分秩序と強い拘束性をもつ狭域的な生活世界からの<u>自己解放</u>に他ならなかったと解している。と同時に、民俗衣装のなかで発達した縫製・刺繍などの技術の保存と記録には力を尽くした。

K.-S. クラーマーへの筆者の最初の言及から（再録を含む）

　カール＝ジーギスムント・クラーマーの法民俗学について、筆者がほぼ四半世紀前に言及したことは先にふれた。昭和60年に東京教育大学において、当時の大塚民俗学会が欧米の民俗学の現状に関するシンポジアムを開催したときのことである。筆者が担当したのはドイツの部であったが、その際、ハンス・モーザーが歴史民俗学を提唱したことを紹介し、それに続いて K.-S. ク

ラーマーをやや詳しく取り上げた。シンポジウムは、翌年、若干の加筆の後に質疑応答を含めて『民俗学評論』誌に掲載された。その記録自体が、今となっては、ただちに手のとどくものではなくなっているので、次にその箇所を再録して解説に代えることとする[4]。引用文はモーザーへの言及からであるが、これについては後に補足を加える。なお＊を付けた箇所は、その後、（　　）内のような訳語に変更することになった。大きな変更ではないが、原書への筆者の理解が幾分進んだ結果でもある。

クラーマーの方法
　　　…このモーザーの提唱をいっそう突きつめて、この方向での研究を完成させたのがカール＝ジギスムント・クラーマー（1916年生、キール大学）です。クラーマーの方法論考には1968年に発表された『歴史的民俗文化を研究するための原理と方法』（注）がありますが、これは主要な業績がほぼ出揃った後にそこでの考え方を改めて原理的に解説したという性格をもっています。
　　ここでクラーマーは、先ず民俗研究における種々の資料を次のように分類します。
(1) 記録資料（神学・学術著作、旅行記録、回想記録、日記、年代記、文学作品）
(2) 法令資料（部族法、［中世の］法書、領国法、都市法、村落法、風俗条例、慣習条例、その他）
(3) 古文書資料（会計帳簿、裁判・行政記録、［教会］巡察記録、畑地・屋敷地記録、相続証書、売買証文、財産目録、教区司祭記録簿、教会堂記録簿、奉納文書）

---

4) ドイツにおける民俗学の現状 昭和61(1986)年11月 大塚民俗学会『民俗学評論』第26号, pp.1-47:「昭和60年度大塚民俗学会年シンポジァム：欧米における民俗学の現状」（昭和60[1985]年12月1日開催）、（ドイツにおける民俗学の現状:17-33）

(4) 映像資料（[詳細略]、美術品、民俗工藝など）
(5) 残存資料（家屋遺構など、家具・道具・身分・ツンフト遺制、法制遺習、宗教生活の遺習、残存習俗など）
(6) 間接資料（[詳細略]、民話・昔話、儀礼と行事など）

　この中でクラーマーが特に重視し、また巧みに活用しているのは、(3)古文書資料と (3) の一部（村落法、風俗条例など）であり、それに較べて民話・昔話、儀礼と行事は間接資料とされているのは、その研究方向をよく示していると言えます。そしてこれらの資料をいかに解釈し、また相互に関係づけるかについても例題を設定して説明しますが、それは省略して、その他クラーマーにおいて注目すべきその時間的上限の考え方にもふれておきます。モーザーと同様、彼もまた《西暦1500年あたりに容易に踏み越え難い境界があるのは歴然たる事実である》と言います。もっとも、それ以前の時代に踏みこむことをまったく否定しているわけではなく、家屋研究の一部、また民衆信仰、聖者崇敬、民間俗信などの宗教民俗学の領域では成果が見られるとして具体的に挙示しますが、同時に中世を対象とする民俗研究は中世でもその最末期、すなわち近世に隣接する時期までずれこむほかないことも指摘しています。それは、主要には、資料的な制約の故で、《中世ヨーロッパには文化的な統一性があったという逃げ道》でも使う以外は民俗実態の総合的な復元は不可能であると言い、また中世社会はその現存資料の性格上、《国制史や社会史》という違った水準から把握する対象とも言っています。そして民俗学の立場からは《知りたいという学問的衝動は1500年あたりの境界線の否定に傾きがちだが......当面は現代の直接的な前段階としての中世後時代（近世）にエネルギーを集中するのが合理的であろう》という指針を提示しています。／これらは奇妙な自己規制ともきこえかねませんが、他方では歴史研究における歴史学とは違った民俗学の独自性を標榜しているとも言えます。事実それはクラーマーの著作の実際を見ることで納得されるはずですが、ここでは次の三点を挙げてみます。『近世の低地フランケン地方における農民と市民』（1957年）、『ア

ンスバッハ伯領とその周辺地域における 1500 － 1800 年期の民衆生活』(1967 年)、『法民俗学概説』＊（1974 年『法民俗学の輪郭』）。このうち前二作は、中部ドイツの特定地域を対象にして、地方・村方文書を通して村落と都市の景観から集団形成、支配関係、教会と俗信、家屋と家族、雇用、労働形態、集団行事、娯楽、言語慣習にいたるまで体系的に記述しています。これに対して、最後に挙げた著作は、特定の都市や村落ではなく、〈近世村落のモデル〉を提示したもので、次のような整然たる章立てのもとに過去の村落生活がスケルトンのような美しさで描かれています。第一章「規則」（村落法、風俗条例などの諸規則）、第二章「空間」、第三章「時間」、第四章「名誉」、第五章「差別」＊（「排他（帰属）」）、第六章「制裁」、第七章「個体」、第八章「労働」、第九章「官庁」＊（「お上」）、第十章「教会」、第十一章「一般的な事柄」＊（「普遍妥当性をさぐる」）、第十二章「結び」＊（「考察」）。なおこういう方向である以上、クラーマーの民俗学は、歴史学、殊にカール＝ジークフリート・バーダーに代表される村落史研究と重なるところがあるわけですが、他方、現代民俗の体系的把握を主張するバウジンガーらとも一定の了解関係にあることは注目してよいと思われます。‥‥‥

［補記］　なお上に挙げた K.-S. クラーマーの著作の原語表記は次である。

☆ *Bauern und Bürger im nachmittelalterlichen Unterfranken. Eine Volkskunde aufgrund archivalischer Quellen.* Würzburg ［Ferd.Schöningh］ 1957.（近世の低地フランケン地方における農民と市民）

☆ *Volksleben im Fürstentum Ansbach und seiner Nachbarschaften （1500-1800）. Eine Volkskunde auf Grund archivalischer Quellen.* Würzburg ［Ferd.Schöningh］ 1967.（アンスバッハ伯領［邦］とその周辺地域における 1500 － 1800 年期の民衆生活）

Volksleben in Holstein (1550-1800). Eine Volkskunde aufgrund archivalischer Quellen. Kiel ［Mühlau］ 1987.（ホルシュタインの民俗［民衆生活］　― 文献資料にもとづいた民俗学）

読み返してみると、舌足らずではあるものの、基本的な理解では現在ともそう変わってはいない。もっとも、そのときにはなお目を通していなかった次の3著作を加えるべきであったろう。

Haus und Flur im bäuerlichen Recht Ein Beitrag zur rechtlichen Volkskunde. München 1950.（農民の法観念における家と耕地－法民俗学のために）

Die Nachbarschaft als bäuerliche Gemeinschaft. Ein Beitrag zur rechtlichen Volkskunde mit besonderer Berücksichtigung Bayerns. München-Pasing 1954.（農民共同体としての隣人組－バイエルンについてみた法民俗学）

☆ *Volksleben im Hochstift Bamberg und im Fürstentum Coburg (1500-1800). Eine Volkskunde aufgrund archivalischer Quellen.* Würzburg ［Ferd.Schöningh］1967.（バムベルク司教領邦とコーブルク伯領邦における1500～1800年期の民衆生活 ── 文書資料にもとづく民俗学）

はじめの二作は小著であるが、早くも〈法民俗学〉の構想が現れている。またバムベルクとコーブルクの地域史研究は、著者が「低地フランケン」と「アンスバッハ伯領邦」と共にバイエルンをめぐる三部作（☆）と呼ぶ体系的な著述の締めくくりにあたる。

＊印をつけた箇所も、訳書を刊行できるチャンスがあれば、現在ならカッコ書きにした表現にするであろう、といった訳語としての工夫であるが、理解の仕方が変化したわけではない。たとえば『法民俗学概説』＊（『法民俗学の輪郭』）の第5章の見出しは原語では"Exklusivität"である。したがって〈排他（性）〉、〈帰属（性）〉、〈差別〉のどれもあてはまり、実際には3つの訳語を使い分けるしかない。同じく第6章の章題の原語 „Obrigkeit" は、文脈によっては〈官庁〉と訳すのが合っている場合もある。しかしまたドイツ語では „Obrigkeit" はちょうど日本語の〈お上〉のような、漠然としながらも実感を伴いつつ高次権力を指していることが多い。同時に、（学術語が別建て

381

の傾向をもつ日本語とは違い）日常語が文脈に応じて抽象概念にもなるヨーロッパ言語の特色として〈公権〉ともなるわけである。これについて K.-S. クラーマー自身もその語感に次のように言及している[5]。

　お上（Obrigkeit）とは、まことに古めかしい、近代の言葉使いからは違和感のある語と言われようが、今立ち返ろうとするのは正にそれなのである。今日なら国家と呼ばれるところであろう。なぜなら、かつて自立的なお上であったであろう全て、すなわち町村体も、大小さまざまな支配圏も領邦権力も、今日では国家の下にまとめられているからである。

ちなみに歴史の実像を掘り起こしている別の研究者を見ても、大きな権力が〈お上〉と呼ばれていた頃、といった意味で、それをタイトルにかかげていることがある[6]。

　なおこの紹介文では、先ずハンス・モーザーの名前を挙げているが、それはハンス・モーザーを歴史民俗学の脈絡で挙げたためである。〈フォークロリズム〉の提唱者として知られ、筆者もその観点から屢々紹介してきたがが、本来、歴史的な方向での民俗学の歪みをただすことを説いてきており、フォークロリズムの概念もその土台の上に成りたったことに触れたのである。

　歴史的な方向でのドイツ民俗学がかかえていた弱点が、逆にハンス・モーザーとクラーマーという個性的な改革者を生み出したとも言えるのである。

---

[5] Karl-Sigismund Kramer, *Grundriß einer rechtlichen Volkskunde*. Göttingen [Otto Schwartz] 1974, S.104.
[6] 次の文献がさしずめそれに当たるであろう。シュヴァーベン（南西ドイツ）で古文書に密着した研究を多く発表してきた地方史家が、一般向きに著した好著で、権力が〈お上〉と感得されていた語法を踏まえている。タイトルは『シュヴァーベンの人々とお上―古文書から見えてくるのは、ほのぼのとした世界ばかりではない』とでも訳せよう。参照、Angelika Bischoff-Luithlen, *Der Schwabe und die Obrigkeit : nicht nur Gemütvolles aus alten Akten und schwäbischen-Dorfarchiven*. Stuttgart 2003（9.Aufl.）.

次のこの点を取り上げようとおもう。

歴史民俗学としてのハンス・モーザーの方法

　はじめにも触れたように、一般の傾向を言えば、民俗学は過去の文化を扱うことが多く、従って歴史学と重なるのは当然との印象があるかも知れない。しかし、事実は、ドイツ語圏の民俗学は厳密な資料批判に弱点をもっていた。民俗学がナチズムに巻き込まれていったのも、先入観や空想に流れたことが絡んでいた。第二次世界大戦の敗戦によるナチス・ドイツの瓦解と共に、価値観や判断基準が逆転し、そのなかで民俗学は過誤を問われ、専門分野としての存在意義をほとんど否定されたのである[7]。上にも引いた〈民俗学は、大戦後の数年間というもの、イデオロギー的な脆さの故に存在資格を否定され、そのため、民俗文化とその担い手を探求する営為が学問の他のいかなる分枝よっても代替されない一箇独自の正当化され得べき研究分野であることを証すには、内部の関心ある者すべての非常な努力を要したのである〉というクラーマーの指摘は、事態を簡潔に言い当てている[8]。それゆえ歴史学的な民俗研究の方法も、累卵の危機に瀕した民俗学を再建する課題とつよくむすびついていた。またその問題意識と使命感は、ハンス・モーザーにも共通していた。それゆえ彼らの取り組み方には、民俗学が歴史学と重なるという一般的な傾向では言い尽くせない緊張感が漂うのである。また両者とも青年期からミュンヒェン大学と近い関係にあり、研究のフィールドもバイエルンであったために、ミュンヒェン学派と呼ばれたりもする。もっとも、クラー

---

7) これらについては、20世紀のドイツ民俗学の展開を扱った次の拙著を参照、『ドイツ民俗学とナチズム』創土社 2005.

8) Karl-Sigismund Kramer, *Zur Erforschung der historischen Volkskultur. Prinzipielles und Methodisches*. In: Rheinisches Jahrbuch für Volkskunde, 19 (1966), S.7-41, here S.8.（歴史的民俗文化を研究するための原理と方法）

マーは、1960年代には僅かしかなかった民俗学の教授ポストを北ドイツのキール大学において得たところから、後年は研究対象地域を徐々にホルシュタイン地方へ移して行った[9]。またその創刊になる『キール民俗学報』[10]は地方的な小専門誌ながら、ドイツ民俗学には一定の比重を占めている。

　ところで、ハンス・モーザーとカール＝ジギスムント・クラーマーは、基本的な問題認識や使命感では共通しながらも、研究のまとめ方には大きな違いがあった。簡単に言えば、ハンス・モーザーは、個別の民俗行事や習俗を文献史料によって正確に把握することを説き、またそれを幾つかの実例によって提示したのであった。それは、見ようによれば、驚くべきもの、あるいは人を唖然とさせるようなものでもあった。と言うのは、それまで、分かり切ったことがら、あるいは時には余りにたわいがない現象であるために、誰も労力を費やして解明しようとはしなかった対象との取り組みだったからである。例えば、一月六日の御公現の前夜あるいはそれに先立つ数日間に子供たちが家々を訪ねて歩く三聖王の巡遊は、今日もヨーロッパの町や村で人々を和ませている習俗である。見ようによれば、変哲もない祭りの一齣である。しかし、ハンス・モーザーは、そうした行事が文献史料の面からどこまで遡ることができ、歴史的な変遷とは何であったかを問題にした。しかも、そこに時間と空間それぞれについて、一つの資料と他の資料とを関係づけることができ

---

9) キール大学の前任者はオーストリア出身で北ドイツとは縁の無いレーオポルト・クレッツェンバッハーであり、そのミュンヒェン大学への転出の後をカール＝ジギスムント・クラーマーが襲ったのである。補足を加えると、一般にドイツ語圏の民俗事象では南ドイツやオーストリアのものが親しまれている一方、北ドイツの民俗研究は厚いとは言えない。それだけにクラーマーのような第一級の研究者が北ドイツ地域を研究フィールドとするようになり、それによって空白が埋められた意義は大きい。またキール大学はそれ以後今日まで民俗学では拠点的な大学の一つとなっている。近年では、東ドイツの民俗学の代表者であったウーテ・モアマン女史が、東独の消滅後、ややあってベルリン大学（フンボルト大学）民俗学科の主任教授を辞して、キール大学へ移ったというできごともあった。

10) Kieler Blätter zur Volkskunde. Kiel [Komm.-Verlag Walter G. Mühlau] 1969-.

るかどうかを厳しく問うたのである。

　その代表的な一例では、五月樹（Maibaum）の風習をも挙げることができる[11]。英語の 〝May Pol〟 でもあり、ヨーロッパの各地で、春ないしは初夏に、大きな新緑樹が立てられる。森から大きなまっすぐの樹木で切り出して、たいていの場合、民俗衣装の大勢の青年たちがそれを広場に立てるのであるから、いかにも土俗的な感じがする。19世紀の後半あたりから、それが自然崇拝や神話の脈絡で受けとめられてきたのもうなづけるような外見である。森の信奉や樹木崇拝、またそれが生きつづけてきた原初の集落や共同体の表出という見方である。しかし文献史料による限り、そうした神話的な理解は成りたたない。非常に古い例まで遡っても、中世の宮廷の社交が生み出した趣向の一種であった。また中世以後ではその頃の軍隊である傭兵隊の周辺では現れるが、村の共同体の風習という事例は見あたらないとされる。さらに18世紀末から19世紀初めにかけては、フランス革命に共感するパフォーマンスともなった[12]。今日のような古習への回帰のモチーフにおいて五月樹がおこなわれるのはロマン主義の思潮のなかにおいてであり、それには、民俗学の形成につながるような知識が推進力になってすらいたのである。見ようによれば、すでにフランス革命時代の〈自由の樹〉にも時代の先端に立つ政治的な声明の陰にロマン主義的な原初志向が寄り添っていた脈絡も考えられなくもない。もっとも、それ自体は、一概にネガティヴでもなければ、無条件にポジティヴな姿勢でもない。それは、すでに原点でもあるジャン・ジャック・

11）参照、Hans Moser, *Maibaum und Maibrauch.* In: Bayerisches Jahrbuch für Volkskunde (1961), S.115-159.

12）樹木を立てて思想を宣言する当時の流行にゲーテが強い関心を寄せ、記録に残し、また水彩画をも手がけたことはよく知られている。フランス革命へのゲーテとゲオルク・フォルスター（Georg Forster 1754-94）の関心をめぐるドキュメントである次の文献では、この風習が重要項目となっている。参照、Günter Jäckel(Hrsg.), *Der Freiheitsbaum. Die Französische Revolution in der Schilderungen Goethes und Forsters 1792 / 93.* Berlin 1983.

ルソーにおいて、人間の内面性の近代的な造形が素朴な自然憧憬とかさなっていたことからも知られよう。さらに言えば、素朴な自然憧憬は、近代と近代人がはじめて持つことになった時代思潮だったのである[13]。

　それはともあれ、五月の樹を立てる行事をゲルマン時代へ遡及させたり、豊饒信奉のような意味づけは成りたたないのである。それゆえ文書資料の精査によるそうした立証をハンス・モーザーがおこなったのは、五月の樹に限られない意義をもっていた。同じような脈絡でみられてきた習俗行事はいくらもあったからである。たとえば、バイエルンの西南端のオーベルストドルフに伝わる〈野人踊り〉の行事もそうで、その視点から改めて史料を丹念にさぐるなら、神話学が好んだ解釈はほとんど成りたたないものであることが明るみに出たのである[14]。習俗行事を厳密な歴史学の手法で解明しようとする多くの研究者に対して、ハンス・モーザーは幾つかのモデルによって指針を提示したのである[15]。それは民俗学界でも受け入れられ、インゲボルク・ヴェーバー＝ケラーマン（マールブルク大学教授）[16]やヘルベルト・シュヴェート（マインツ大学教授）といった習俗行事の代表的な研究者もハンス・モーザーの方法が指針となったことに再三言及している[17]。その研究は、一

---

13) ここではこの問題には踏み込まないが、ジャン・ジャック・ルソーとアルブレヒトがアルプスを讃えたことについては、本書所収の次の論考を参照、「スポーツと民俗学」
14) オーベルストドルフの野人踊りをめぐる民俗学説の変遷、殊にハンス・モーザーによって第二次世界大戦前の通説が覆されたことは、次の拙論で言及した。参照、「ナトゥラリズムとシニシズムの彼方」『フォークロリズムから見た今日の民俗文化』創土社 2012, p.195-360, here p.289-29. その箇所には、オーベルストドルフの〈野人踊り〉の写真も添えた。
15) たとえばオーストリアのザルツブルク州で行なわれてきたペルヒテ行事を文献資料に即して解明したマリアンネ・ルムプフは、方法的にはハンス・モーザーに指針を仰いだことをライフワークの序文において特筆している。参照、Marianne Rumpf, *Perchten: populäre Glaubensgestalten zwischen Mythos und Katechese.* Würzburg 1991 (Quellen und Forschungen zur europäischen Ethnologie, Bd.12 / a).

見瑣末な現象に異常な情熱を傾けるとの観を呈するが、通俗的な民俗理解が、ゲルマン神話やゲルン時代など壮大な文化史に無批判に走り勝ちで、またそれが一般に歓迎される、という悪循環を断ち切る大ナタとなったのである。

さらに一例を挙げれば、2010年にユネスコの世界遺産に無形文化財として登録されたオーストリアのイームストの仮面行列もそうである[18]。神話学的な解釈が19世紀を通じてなされ、その影響から、地元の主催者は、1960年代末でもなお〈キリスト教以前に起源をもち……ゲルマン人の信仰では、悪霊によって豊穣が阻害されるとされていた……〉といった解説のパンフレットを作成していたことがヴェーバー=ケラーマンの民俗学史でも取りあげられている。と共に同書は、豊穣儀礼、悪霊調伏、死者信奉といったキイワードで民俗行事を解してきた流れをハンス・モーザーが覆したことをも記している[19]。

なお付言すれば、ドイツ民俗学では過去を清算する課題意識からゲルマン上古への遡及が検証されることになったが、歴史学では却ってそれが徹底されていない場合があるとも見られる。たとえば上に挙げた〈自由の樹〉に関

---

16) インゲボルク・ヴェーバー=ケラーマンは早くから習俗行事に取り組み諸誌への寄稿の他、収穫行事に関する著作でも盛りこまれているが、やや後に特に次の著作としてまとめられた。参照、Ingeborg Weber-Kellermann, *Saure Wochen - Frohe Feste. Fest und Alltag in der Sprache der Bräuche*. München 1985. この他1969年から数年の間に、ヴェーバー=ケラーマンは多数の民俗学の学術映画を製作したが、そのなかにも祭り行事が数多く取り入れられている。

17) 参照、ヘルベルト&エルケ・シュヴェート（著）河野（訳）『シュヴァーベンの民俗 — 年中行事と人生儀礼』文楫堂 2009.（原書：Herbert Schwedt und Elke Schwedt, *Schwäbische Bräuche*. Stuttgart 1984, S.11 u.passim. また次の文献を参照、;ドイツ民俗学界において、習俗行事の分野では1980年代半ばに、インゲボルク・ヴェーバー=ケラーマンの上記（注16）と並んで（シュヴェート夫妻の著作はやや小ぶりであるが）総合性をもつこの二つの著作が現れたことにも注意を喚起したい。

18) 祭りの様子を見るには例えば次の簡便な案内書を参照、Werner Raffetseder, *Imster Schemenlaufen*. 2012. また次のWeb-siteを参照、*Imster Fasnacht ist UNESCO-Kulturerbe*, tirol.orf.at, 12. März 2010

するモノフラフィーは、代表的な法制史家の下で作成された学位論文[20]で、五月樹と同様の形態の樹木の設営を法行為として追跡している点で重要であるが、上古への遡及の可否を検証する点ではやや甘さを残している。

カール＝ジーギスムント・クラーマーの方法

1. 法観念（法意識）の表出としての民俗事象

　かかる視点はカール＝ジーギスムント・クラーマーにも共通であった。文献史料による裏付けに重点をおいた行き方である。しかし研究成果の組み立て方はかなり相違する。その特色は、(先にもふれたことだが) 外面的にもただちに分かるところとして二点を挙げることができる。一つは、民俗事象、つまり民俗学が対象としてきたような諸事象を、民衆の法観念ないしは法意識の表れと解する視点である。二つ目は体系的把握である。すなわち、一定地域の一定の時代のおける（でき得るなら）すべての文書資料を洗い直し、それらを幾つかの項目を立てて相関関係の下において理解することである。

　たとえば、K.-S. クラーマーが特に注目した資料に、市長・村長など地域の運営者のもとで行なわれていた金銭の出納簿がある。そこで何らかの行事と

---

19) 次の拙訳を参照、ヴェーバー＝ケラーマン（他・著）河野（訳）『ヨーロッパ・エスノロジーの形成／ドイツ民俗学史』（第三版）文緝堂 2011, p,54f. （原書：Ingeborg Weber-Kellermann u.a., *Einführung in die Volkskunde / Europäische Ethnologie. Eine Wissenschaftsgeschichte*. Stuttgart 3.Aufl. 2003）この指摘は主著者の生前の版でも見ることができる。

20) カール＝ジークフリート・バーダー（Karl-Siegfried Bader 1905-98）の下でチューリヒ大学へ提出された次の学位論文を参照、Suzanne Anderegg, *Der Freiheitsbaum. Ein Rechtssymbol im Zeitalter des Rationalismus*. Diss. Zürich 1968 (Rechtshistorische Arbeiten, Bd.4). ハンス・モーザーや K.-S. クラーマーの民俗学における先鋭な改革とは直接かかわらない分野で執筆されたこともあり、前史に関する記述ではロマン主義やネオロマン主義の思考や文献を受け入れているところがある。

思しきできごとに多少の支出が記載されておれば、金額の多寡はともかく、公的な性格の支出であったことが予想される。それは自治体にとっては支出が一種の責務であり、受け取る側には権利があったことが推測される。そこに、当時の町や村の組織やグループを重ねれば、その町や村の社会構造と何らかの関係があったことが見えてくる。それは必ずしもその行事が行われている時代の最も優勢な構造であったとは限らないが、少なくとも無視しえない意味をもっていたとは言い得るのである。『法民俗学の輪郭』では、序章において、三つの事例がモデルとして挙げられる。次にその一つを見ておきたい。

なおそれを引用するに先だって補助的な知識をほどこしておきたい。ここでの話題は、精霊降臨節の期間に行なわれる若い男たちの一団による騎馬による巡回とそれに付随する行為である。これは中部ドイツから南西ドイツには各地で見ることができる[21]。そのさい騎馬は、見ようによれば勇壮でもあるため、ゲルマン時代の戦士の風俗が連想され、また精霊降臨節についても農業の節目と見て豊饒信奉の意味合いで解されることが多かった。そうした19世紀のロマン主義的な神話的解釈を打破することが、ここでは眼目の一つとなっている。二つ目の予備知識は、ここでは行事が行なわれる集落がマルクトのことである。マルクトとは市広場とも訳されるが、古くからの都市ではない。都市は支配機構の網目の重要度の高い末端であり、囲壁にかこまれ、支配者につらなる代官がおり、常設の年貢蔵などもある。そこまで行かないが生活の拠点であるのが村である。それに対して、マルクトは、町や村の中間にあって、立地の便利などにより定期市がひらかれたりしているうちにいつしか集落となったものを指す。それゆえ、マルクトと呼ばれている場合には、比較的新しいことが多い。もちろん時代が進めば、町にもなり、村にも

---

[21] たとえば次を参照、(前掲 注17) シュヴェート『シュヴァーベンの民俗 ― 年中行事と人生儀礼』p.106-113 (年中行事：第10節「精霊降臨節」) ここでは、バーデン＝ヴュルテムベルク州テュービンゲン郡ロッテンブルク市ヴルムリンゲン (Wurmlingen) における精霊降臨節の騎行行事が写真も併せて解説されている。

なるわけである。三つ目は、羊飼いの人々の位置である。まことに不思議なことで、必ずしもその起源や理由が定かではないが、羊飼いは他の農業民よりも下位に位置する存在であった（牧羊者の歴史に関する指標的な研究では、それは非常に古くからではなく、中世以後に顕在化した傾向とも説かれている[22]）。四つ目に、集落の祭り行事の担い手は、独身の男性が中心になることが多いことである。これはドイツ語圏の祭り行事などでは一般的な現象である。その場合、彼らは単に同年齢の者たちの関心事を表現するのでなく、集落の全体にかかわる何らかの意思表示であることが一般的である。以上の補足の上でK.-S. クラーマーの挙げるモデル・ケースである[23]。

事例１：中部フランケン地方の市広場（マルクト）ブルクベルンハイムでは、17、18世紀に聖霊降臨節の巡回行列が行なわれていた。それを担う人々は〈馬の若衆〉（Roßbuben）と呼ばれた。彼らは、聖霊降臨節の日曜の午前中にミサに参集した後、教会堂の前に集合して、未婚の乙女たちに野原からとってきた草花で編んだ花輪を配った。翌朝、彼らは、この乙女たちから、卵、小麦粉、ラードを貰い、それでケーキその他の焼き菓子をこしらえてもらう。またその日には、午後のミサの後、彼らは、仲間のなかから村長（シュルトハイス）と市長（ビュルガーマイスター）を選出し、次いで領主の代官の館まで馬で赴き、そこで色リボンを付け、腰にはサーベルという出で立ちで、次のような名乗りを挙げる。
　〈我らは、いにしへの法をもとめて参上したる次第にて、古きもの捨つることせず、新しきに走ることも致し申さぬ〉。
そしてこれが許諾されると、この町村体の羊牧場（シェーフェライ）ヒルペルツホーフへ行って、そこで羊飼いから〈新規の運上金一フロリン〉を受けとる。その後、やはり馬で二か所の隣村へ行き、家々を回って食べ物をあつめ、それを馬

---

22) 参照、Wolfgang Jacobeit, *Schafhaltung und Schäfer in Zentraleuropa bis zum Beginn des 20. Jahrhunderts*. Berlin 1961, 1987(2.Aufl.).

23) Karl-Sigismund Kramer, *Grundriß einer rechtlichen Volkskunde*. 1971, S.4-7.

につけていた畑役人用の籠に入れる。それが終わると引き返し、ある家に集まると（この家が何であるかは資料からは詳細不明）、〈徴収してきた〉品々でご馳走をこしらえて会食をする。その後のダンスには、下働きの者たちも全員が参加する。市役所も、これには幾らか支出しており、1651年以後、出納簿に記載がある。

　以上の記録は1729年のものであるが、そこにはまた近隣における同種の行事の因由についても言及がある。

　〈これなる騎行は、地区の牧場に赴いてヒルペルツホーフの牧羊者より、その牧羊を許された故に、毎年、運上金として差し出されるチーズもしくは一フロリンの金銭を受納せんがため也〉。

これまでは、聖霊降臨節の騎行の行事は、豊饒魔術の行為という理解がプロトタイプとなっており、それは同じく聖霊降臨節の牧人の行事にまで敷衍されていたが、これを見ると、〈牧場のチーズ〉の授受が行事の核になっていることが明らかである。もっとも、この行為を、正に豊穣信奉に沿った仕草とみなし、そこに注目するのは、聖霊降臨節のときの羊飼いの習俗行事において典型的にみられる理解でもある。しかし、これが法的な核となっていることは明白であり、この核に他の多くの要素があつまったのである。これが核心要素であることは、代官の前での儀礼的になされる名乗りのなかで〈いにしへの法〉の言葉が現れることによっても知られよう。その他、馬の若衆のなかから〈頭取〉を選出することにも、法的な性格があらわれている（市長や村長）。これらは、〈法的形態の名残り〉と見ることができる。それは、青年たちと乙女らとの間の品物の交換や、馬飼い人たちが近隣の村々から品物をあつめる権利をもつことからも読み取れることでもある。実際、聖霊降臨節は、羊飼いに支払いをする日取りとして一般的だったのである。同時に、これを見ても、ブルゲルンハイムの馬の若衆が特別な位置を占めていたことが明らかである。彼らが、羊飼いから代価を受け取る役割を負っていたことは、かつての経済の古い段階では馬飼いが穀物耕作や乳獣飼育よりも上位におかれていたことからも傍証されよう。

こうして行事次第の全体は、経済的、時に社会的な変化の標識となったのである。ブルゲンハイムは市広場(マルクト)であり、この資料の時代にはすでに社会の分岐は著しく進んでいた。市民総体のなかで、〈農民たち〉は独自の権利と義務のシステムをもつ人的結合にまとまっていた。村の牧師がその行事を悪弊とみなして止めさせるようとしたとき、農民たちは馬の若衆を激励した。

　〈((行事の) 楽しみ、いにしへの法に基づくと言ひ立て、取り止むること肯ぜず〉。

　また別の場合には、農民たちに、特殊な権利がみとめられた。町村体所有の羊の牧場の設営に際して、彼らは、町村体の経費で〈正当な宴〉をもとうとした。この言葉が意味するのは、ペーストのことで、そのために 25 グルデンもの大きな金額が支出された年も少なくなかった。またそのために、牧羊者たちが、子羊と去勢羊を何頭も提供した。それが、共同体の作業を終えた後の締めくくりの饗応であったことは明らかである。また、農民のなかで馬の若衆が特殊な位置にあったことは、同じ村の別の資料からもうかがえる。1578 年のある調書の記載である。

　〈((農民ら) 何人も牧場に馬を乗り入るべからずとの規則設け、反することあらば、若衆、その者を馬の水呑み場に放りこめり〉。

　この決定によって、独身の馬飼い者の団体は、農民がその権利を侵害した場合に限っては、農民団の成員を超える懲罰権を獲得した。懲罰の形態は、水の中に投げ込むというもので、制裁習俗のなかでは、珍しくない種類の実力行使である。

　聖霊降臨節の騎行巡回とその担い手が占める位置がそのように定まっているなら、アイシュ河畔ノイシュタットにおいてバイロイトから派遣された代官が、騎行行事を今後もつづけることを許諾する場面が一連の行事の締めくくりに入ってくるのも、少しも不思議ではない。この種の状況下では決して異常なことではないものの、いにしへの法が引き合いに出されることだけを以ってそうした結論にみちびくわけではない。社会的に幾重も

の層序がみとめられた市広場ブルゲンハイム(マルクト)において、強度の自意識をもつ特殊集団が占めていた社会的に優位な位置もまた、同じ程度の重みをもったのである。しかしまた、聖霊降臨節の騎馬巡回の習俗をめぐって〈草地の権利〉にしか注意を払わないのであれば、かかる結論には到底至らないであろう

ここで明らかになるのは、この集落に関係する人々のある種の序列である。おそらく中心は穀物栽培の農民であろう。それに対して周辺に、あるいは一部に牧羊者が存在する。牧羊者は本来、その土地を所有しているわけではなく、借りるか、使用をみとめられるかしたのであろうが、その関係を映していると考えられる。そのさい、さらに古い時代には、馬飼いが一種の特権であったことが追憶的ないしは伝承的に付随し、権利の表明をあきらかならしめるために若者たちは馬に乗るのである。なおここで〈馬の若衆〉と訳した"Roßbuben"は、近代になって若者を一般に指す"Bursche"よりも古い言い方である。ともあれ、ここには集落における農民間の区分が反映されており、特に牧羊者と集落の主要な農民との関係が意味をとどめているが、すでに厳しい階層区分ではなくなっているということであろう。行事を若衆がにない、乙女たちが彼らを饗応するという祭りのありふれた形態に解消する直前にまでなっているからである。かかる構図において、集落の構造と権利関係の記憶を反映しているが、これに注目することは、上古ゲルマンの豊穣信奉といったロマン派思潮の民俗学が流布させた通説を打破することになる。

なお上でも聖霊降臨節にふれたが、時期的に農業の節目でもあるのであろうが、なにもよりも復活祭とクリスマスと並ぶキリスト教の三大祭礼であるために、非常に古くから広く浸透していた。そのため民間での受容の歴史も長く、多彩な催しものの結節点となってきた。いかにも一見では上古ゲルマンの風習の名残りと見たくなるような扮装もおこなわれる。緑の葉で全身を覆った出で立ちの、どこの誰とも分からぬ者の巡回や入村のしぐさといったもので、"Pfingstl"(聖霊降臨節の出現者)などと呼ばれる。しかしそれまたキリ

スト教文化であり、上古ゲルマンに遡らせるのは無理がある。同じようなことは、古い歴史をもつ教会の他の節目でも見られるのである。

2. 体系的理解：規則体系としての人間の社会生活

　K.-S. クラーマーの法民俗学の中心に立つ概念は、法意識ないしは法観念である。この場合の法は、実定法としての法に限定されず、慣習法や法諺から、日常生活における判断基準をも含む広義なものである。これはドイツ語における（英語もそうであるが）法を指す語 "Recht"（英 right）の一般的な意味の広がりとも照応している。"Recht"は、法・正義・権利・資格・適切、さらに右をも意味し、つまりまっとうであることを広く覆っている。人間は、ほとんどの行為を "rechtlich" か "unrechtlich" かの二項目で振り分けている。自他の言動が、正義や権利に合うか否か、適か不適、資格の有無、さらに軽い場合は状況に調和するか不調和か、の二項判断である。そして、それが明瞭にあらされるわれ一般的かつ日常的な言葉がある。ドイツ語では "Ordnung" である。この語を筆者は、できるだけ〈規則〉と訳している。訳語としては〈秩序〉ではないかと言う人も多いであろうが、これは、日本語の秩序のような概念性が表に立つ言葉である前に、すこぶる実感を伴うのである。また具体的な事象ともつよく結びついている。これを含む合成語も大変多い。となると、秩序よりも、規則の方がより語感に近いであろう。日本語の規則では間に合わないこともあるが、それは "Ordnung" がドイツ人には文句なくプラス・イメージの語で、愛好の言葉と言ってもよいからである[24]。日本語の〈規則〉が何となく冷たい感じがするのとは、まるで違っている。〈ちゃんとしている〉といったくだけた肯定の意味にも相当する。それゆえ特定の日本語の

---

24) ドイツ人の国民性における〈規則〉（Ordnung）の意義については、たとえば拙訳の次の箇所を参照、ヘルマン・バウジンガー（著）河野（訳）『ドイツ人はどこまでドイツ的？　国民性をめぐるステレオタイプ・イメージの虚実と因由』文緝堂 2012、第 2 章 7 節「規則は生きることの半分」（原書：Hermann Bausinger, *Typisch Deutsch. Wie deutsch sind die Deutschen?* München 2001.）

語とまったく照応するわけではなく、できるだけ規則と訳して、それでは間に合わないときには、他の訳語で補足することを考えたい。

ところで、K.-S. クラーマーは、過去の人間が生きた普通の様相を体系的にとらえようとしたのであるが、それは人間の社会生活を規則体系"Ordnungssystem"と見ることに他ならなかった。すなわち"rechtlich"か"unrechtlich"かの二項判断を生活の基本的な局面においてたしかめるのである。『法民俗学の輪郭』は、第一章「規則」からはじまる[25]。

> 出発点になるのは、規則（Ordnung）の概念である。法（Recht）については、これから何度も取り上げることになるが、これは、人間が共に生きることを可能ならしめる規則因子に他ならない。それゆえ、規則は社会的な機能をもつ。それは、人間が偶然一緒に生きる状態を恒常的なものに変え、またそのようにして相互交流を可能にするが、それはかなり長い時間をかけてはじめて達成される。人間が、一つの集団にあつまるか、あるいは一つの集団に共に投げこまれるかすると、規則の必要性が生じる。現行の規則に闘いをいどみ、成功した集団でも、その集団に見合った規則をもつであろうし、またその独自の規則を、闘いに破れ敗北させられた集団のメンバーに義務付けるであろう。
>
> 規則という言い方が指すのは、習慣と必然から成りたった、共に生活することに因む決まり（Regeln, 基準:Normen）のシステムで、そのシステムは時間の経過のなかで拘束的となり、また権威を帯びるようになる。この意味で規則は、永遠や永続のものではない。一つの規則は、根底から変革されることもあれば、新しい規則に取って代わられることもある。また古い規則の残りの部分が、新しい規則のなかで、同じ機能あるいは変化した機能をもって存続することもある。
>
> 人間活動の領域における規則は、時間と結びついており、大小さまざ

---

25) K.-S. Kramer, *Grundriß einer rechtlichen Volkskunde*, S.17f.

な集団の要求に沿ったものとなっている。規則は自然からあたえられたものではなく、文化の所産である。理論的には、どの規則も他の規則とは同一ではない。とは言え、規則は、時代や状況のなかで優勢なかたちに合わせて作られ、また優勢なかたちに合わせて変化してゆくのが通常である。

人間の規則は、その目的にかなっている。規則は、この目的に合わせて区分され、また書かれたものとなる。村落規則、耕地規則、森林規則、射撃規則、パン焼き規則、井泉規則、等々であり、その先には、今日の刑事訴訟法や道路交通法が位置している。複雑な町村、あるいは一般的に言えば複雑な社会では、幾つもの規則があつまって体系を作っている。そこでは、諸々の規則は関係し合うが、また互いに衝突することもある。原理的には、衝突は不可避である。それは、すべての成員が諸規則に沿って行動するか、諸規則から脱しようとするかとは別問題である。諸規則の網はもつれ合っているため、息苦しくもある。危機的な状況では、生き抜くことを目指す諸規則が、他の諸規則を破壊することにもなる。

規則は定められる（制定される）こともあれば、自由な申し合わせによって決められることもある。定められた規則は、お上（公権）の性格を帯びる。自由な申し合わせによって決められた規則は、すでに細部まで行きとどいた国家の規則体系のなかの隙間として残っている空白を埋めるか、あるいは、国家の規則と衝突する。社会に国家の官吏が行きとどくようになる過程では、自由に取り決められる規則は、かなり広い範囲にわたる。

制定された国家の規則とは対立する、自由で、集団に関係する、共同体のタイプの諸規則は、当該集団の習慣に沿って作られる。すなわち、集団の成員のあいだの社会的接触に向けた伝承的な決まりごとである。一般の術語を用いれば、広義での習俗（Brauch）であり、また特定の形態や決まり、あるいはパターンである。形式が整った規則が成文法となるのが通常であるのに対して、こちらの方は、法的な振る舞いの土台というべきであろう。だからと言って、いささかも軽視してよいわけではないが、またその拘束性は種々の異なった段階を含んでいる。それらにあっては、規則の強

制的な性格は、充分に発達してはいない。またその段階の差異は、原理的ではなく、漸層的である。もちろん、序論でふれたように、一集団の規準の体系は、その集団の多様な規則のあつまりとしての体系と衝突する可能性があり、また事実しばしば衝突するであろう。一集団の規準の体系がその集団の生き方のスタイルを決定しているが、この生き方のスタイルから結果される諸規則は、そのスタイルを固定し、未来に対してはそのスタイルを拘束性のあるものにしてしまう傾向がある。

ここで引用したなかの幾つかのルールの種類、すなわち村落規則（Dorfordnung）、耕地規則（Feldordnung）、森林規則（Waldordnung）、射撃規則（Schutzenordnung）、パン焼き規則（Backordnung）、井泉規則（Brunnenordnung）、刑事訴訟法（Strafprozeßordnung）、道路交通法（Straßenverkehrsordnung）はいずれも"Ordnung"で終わる合成語である。しかし規則が意味するものは、もっと大きな幅をもっている。人間が他者と共に集住地を形成するとき、比較的単純な村の段階でも、ありとあらゆる問題とそれへの解決が必要となる。その事情をK.-S.クラーマーは引きつづいて、こう記述している。少々長い引用になるが、翻訳書が存在しないことを考慮して、少しでもその情報不足をうずめるために実地に接するチャンスを供するのである。

　しかし、文字化に至らない段階でも、かなり綿密な内部の仕組みがあったであろう。決まりごとを監視し、場合によっては違反を質すには、事情を把握している（たとえば年寄りたちによる）〈取り締まり機関〉が機能していたであろうし、あるいは境界を見張るとなれば、境目を引いたり、標を付けるのにたずさわり、同時にそれを頭に入れている心得役が必要とされた。そうした（いわば）委員会は、その有識が頼りになることによって大きな権威をもつと共に、責任をも自覚し、また容赦の無いところがある。
　さらに、町村体の人口が増えるだけでも、機構化が射程に入ってくる。

一年を任期とする一人の監督者が選ばれる。村長、農民頭、市長などである。選出とは異なるものとしては、輪番での業務を果たすという方法もある。輪番による者あるいは選出された者は、村落体の集会を主宰し、また集会の意向を受けて村落体の諸々の事項を処理する。彼は、街路や小路、墓地、池沼・井泉、耕地、牧草地、森林などでの町村体の作業の分担にたずさわる。時には、専門の職能者を雇い、町村体として報酬を支払う。従って、共同の金庫が設けられ、その出納や年度ごとの会計が行なわれる。さらに規模が大きくなると、四人あるいはさらに多数の隣人から成る役員会が彼を補佐するようになる。すなわち、宣誓をした四人から成る〈四役会〉、あるいは〈六役会〉、〈十二役会〉等が設けられる。さらに、その下に部門ごとの下部の職能会が置かれることになる。畑地監査人、耕地番、防火役などである。また、まとまりとして運営が行なわれるためには、村落体の雇われ人が確保される。牛飼い、羊飼い、理髪師、鍛冶師、等である。これらは漫然と付け加わるのでは実際的ではないため、明文化されるかどうかはともかく、それに見合った規則が必要になる。

　一般に基本的な機関になるのは町村体集会である。そのメンバーについては定義があり、また決まりごとにもなっている。すなわち、完全な資格をもった農民であり、人数は基盤になる食料生産とかかわっているので、増えつづけるものではない。それゆえ、資格を欠く者が入り込まないように注意が向けられる。参加しようとする者は、挨拶として一席もうけなければならない。あるいは、大樽一杯のビールや一樽の葡萄酒である。あるいは、一定の金額を隣人金として支払う。それは、時には隣人組の掟によって義務とされており、また宣誓を伴うこともある。そのメンバーではない者は、締め出されたままである。そうした帰属（排除）の様相については後に取り上げることになろう。また相互の扶助も義務となっており、自分の責任ではなく貧窮に陥った場合には、共同で援助が行なわれる。なお帰属感情は強調されると共に促されもし、しばしば宣誓をも伴う。なぜなら、軋轢も避けられないからである。そして、帰属感情を高めるための

重要な手段に、町村体集会に引き続いて催される<u>町村体の宴会</u>がある。飲食という感覚な楽しみであるが、肝心な点は、共同体性の確認にある。新たな入会者はそこでの回し飲みを通じて受け入れられ、またそのときの酒はその新入りが挨拶の意をこめて負担する。あるいは、共同生活の決まりに反した者も、宴会の一部にその者の償いによる酒の一席が設けられることによって、もう一度受け入れられる。またここでも、席次などテーブルに就くことに関する規則が入ってくるが、それらは争いを起こさせまいとする配慮である。上品な服装、穏やかな振る舞い、武器を携行しないこと、等であるが、それも必ず効き目があるとは限らない。平和を乱したり、無作法に振る舞った者は、これまた、酒樽を満たすことによって許してもらう。

　責任のある人的組織が課題に照らして整備されるのと並行して、町村体に特有の一連の機関も発達する。それに要する経費は町村体が負担し、また賄われる。街道・大路・小路、橋梁、墓所が町村体民の共同作業で設営され維持されることは、先にふれた。パン焼き窯、酒醸所、鍛冶処、風呂、乾燥室、亜麻打ち小屋、煉瓦焼成所、粉引き場などは、それぞれの作業を合理的に行なうことを村落体の全員に可能ならしめ、それらの機器について便宜を供与する。例えば、大きな祭礼日を控えた時期にはパン焼き窯を使うのは籤引きになるが、それなどもパン焼き小屋の規則の一部に過ぎない。パン焼きの通常のリズムも、誰が火を入れ、誰が掃除をするのかなどについて細かく決められている。鍛冶師や風呂屋も、こまかな取り決めに沿って仕事をこなす。手職人の権利と義務、また逆にそれに関わる隣人の権利と義務も決められている。因みに、ダッハウ近郊リンダッハでは、新しく移住した鍛冶師が1579年に、隣人の集まりの前で〈かく約せり〉。

　〈即ち、鎖輪ならびに端綱の輪など鋳物の類、熊手ならびに鋤などの鍛へ物を作り或は修繕致すこと、尤も前任の鍛冶師の手懸くる一切の働き引き継ぎ候〉。

これに対して隣人たちは、鍛冶師に対する報酬を決めた。

〈夏畑2分の1ヨッハルト、同じく冬畑2分の1ヨッハルト耕作致し候間、尤もそれに当たりては、鍛冶師にて種籾用意致し候はば、隣人ら木材1フーダー（二頭立て荷車1台分）、堆肥3フーダー畑に入れ、併せて畑より干草1フーダー集め候ひ、加ふるに農民一人につき籾付き穀粒2分の1シェッフェル、籾取りたる穀粒4分の1シェッフェル御渡し申し候。尤も鍛冶師の鉄塊より釘作るにおいては、農民ら石炭取り揃ふべく候〉。

この契約は、相方が遵守する限り有効であり続けるとされた。他所では、鍛冶師は、特別の仕事に対して、より大きな報酬を得ることもあった。例えば、刈り取り具を鋭く保つことに対して穀物を受け取り、また鍛冶師の下男たちも、馬の瀉血の代わりに喜捨を集めに廻ってもよいとされた。こうした事情は、風呂屋でもまったく同じであった。昔の風呂屋が、職名通りの仕事に加えて、外科医でもあり、瀉血も手懸けたことは、よく知られている。

特に意が用いられたものには、また給水があった。通常、各家は自分の井戸を持ってはいなかった。井泉の手入れは、町村体にとっては特別の関心事であり、また独自の規則の対象であった。井泉主任が置かれ、厳格な規則に沿って、決まった時期に井泉の清掃を自らおこない、また監視の任務を果たした。村に多数の井戸がある場合には、それぞれの井戸を使用することが出来る者の数は細分された。それと共に、町村体の全体と相似形とも言えるような人的結合が形成された。いわゆる井泉隣人組である。この井泉隣人組は、独自の定款を持ち、独自の出納を行ない、独自の集会をもち、独自の祭りを催した。ここではその細部には触れないが、その存在はよく知られ、記録に現れることも多い。

給水のための規則は、当然ながら、火に関する規則の前に来ることが多い。なぜなら、消火活動では、町村体は相対的に無力で、官庁の助力を要したからである。もっとも、ある種の用心の措置は昔から村落体を基盤と

して行なわれており、火のある場所を監視したり、簡単な消火器具を揃えたり、避難用梯子や脱出用のフックの収納小屋をそなえてきた。しかし本格的な消防規則はたいてい領主に由来した。自由な結集体の規則よりも、領国の法令の方が効果的なのである。

経済的な建物の他に、共同体の一連の建物がある。そのなかには、公民館、市役所あるいは機能的にその前身となる建物を第一に挙げなければならない。機能的な前身という言い方で指すのは、集会場を表示する目印で、裁判のための石のテーブルや椅子代わりの石塊、また菩提樹の下のベンチや菩提樹の下の小屋掛け（イッツグルントのミュールスバッハ村の〈お触れの傘堂〉）、さらに結界の菩提樹である。これらはいずれも町村体集会の中心地であり、また裁判の場所であり、同時に社会生活の中心地でもあった。それゆえ、人々が夕べに顔を合わせる場所であり、ミサの後のコミュニケーションの場所であり、村の祭りの会場でもあった。そうした菩提樹は、教会堂や墓地の傍に立っていたが、また菩提樹と井泉の組み合わせも少なくなかった。しかし野外の集会場は、天候に左右されっ放しという弱点がある。そこで、屋根を設けることが試みられた。フランケン地方中部のヴィンデルスバッハの1616年の村落規則では、次のように明記されている。

〈天候の悪しく有之に於いてはオーストリアの館を用ふること勝手たるべし〉。

その意味するのは、そうした場合、村の飲食館へ移るわけである。従ってここでは、独自のセンター施設への志向が明らかである。庁舎や公民館であるが、それらは、決して都市に固有のものではない。多くの土地では、村の飲食館あるいは村の酒場で充分とされるが、また見栄の喜び、ないしは書類の保存や常設の事務施設のような現実の必要性もあって、町村体の一大中心地と独自の建造物にまで発展することもある。またそうした建造物は、複数の機能を果たすことになる。裁判所、集会場、鉄砲置き場、留置場、貯蔵庫、酒場、種々の祭礼の会場、そして町村体の事務局である。し

かも、すこぶる実際的な思いつきがなされ、村のパン焼き小屋が公民館にも活用されたが、それは暖房のためであった。もっとも、これらの共同の建物は、一つの用途にしてはほとんどの場合大きすぎた。それらは自由に活用できる場所であり、種々の用途に供されたのである。たとえば、町村体の雇われ人の住まいや学校にも使われた。しかし、法の場所にして町村体の規則体系の中心であったのは、何と言っても庁舎であった。庁舎の階段やバルコニーは、町村体の決定事項や裁判の判決が知らされる場所でもあった。そこの黒板に、知らせが釘で打ち付けられた他、領主のお触れや自治体の管理面の条項が扱われた。庁舎には、極刑とまではゆかない刑具もそなえられていた。さらし者を留めておく晒し柱や、鉄の首輪のついた杭などである。

　告知の場所としては、教会堂の扉の前も使われた。また口頭での告知が教会堂の説教壇からなされることもあった。教会堂と墓地は、規則のシステムに組み込まれていた。隣人組からは教会堂番役（Gotteshauspflegr）あるいは教会堂主任（Kirchenmeister）が出て、教会堂の会計を担当した。教会堂の供奉係（Mesner）は、羊飼いや学校教師と同じく、町村体の雇い人であった。それどころか、宗教改革に続く時代には、プロテスタント教会園では、牧師すらそうであった。墓地は、軍隊の襲撃に際しての代表的な避難場所であった。したがって防壁と塔門で囲まれていた。墓地がもとになって、教会堂防郭や防塁教会堂が発達した。また教会堂の域内囲壁の内側には、いわゆる教会菜園があって、それらは個々の農民の貯蔵場所に分割され、不穏な状況下では最も大事な品々を隠すのに使われた。町村体の運営施設や、司祭（牧師）館や学校もその囲壁内に配置された。さらに教会堂の床には穀物が積まれた。そしてこれらすべては、それぞれ規則を必要とした。

　ここでは流し読みにとどめるが、この引用文だけでも、注解を要する事項はいくらもある。数例を挙げると、〈パン焼き窯〉はたいてい村の中心部にあり

ネルトリンゲン（旧）市庁舎の階段下の「阿呆の家」（＝留置場）：入口の横に〈阿呆〉の似顔が彫られている[26]

共同の施設である。教会堂に隣接していることもある。公民館への代用もそれによって可能になる。それに対して、〈風呂、乾燥室、亜麻打ち小屋〉と並んでいることに付言するなら、こちらも共同の施設であるが、場所はたいてい村の家屋が立ち並ぶ地域からはずれた場所、特に小川の傍らにある。つまり火災を用心した立地である。風呂はサウナ風呂であることが多い。〈乾燥室〉と〈亜麻打ち小屋〉が続くのはそのためである。空焚きをして、そのなかで、予め天日干しでかなり乾燥させておいた亜麻の水分を完全に抜き、それを風呂小屋に併設する亜麻打ち小屋（屋根だけで吹き抜けの作りのことも多い）で叩いて繊維を取り出すのである。季節は9月の末から10月で、亜麻打ちは女性の仕事であった。娘たちの共同作業であることが多く、するとそこへ若い男たちも集まって来るというのが生活のリズムであった。

26) ネルリンゲン市（バイエルン州シュヴァーベン行政管区ドナウ＝リース郡 Nördlingen Lk.: Donau-Ries, R-Bez.: Schwaben / Bayern）現在の人口は2万人弱。"Narrenhaus"は留置場を指す。"Narr"は〈半端もの〉の意で、阿呆、道化師、留置場に入れられる者などを指す。入口横の似顔に見える二つの尖がりの先に鈴をつけた帽子は道化師・阿呆の決まった装束である。

この亜麻打ちはともかく、ここに挙げられた多彩な項目の多くは、この著作のなか、あるいは他の著作において具体例があげられている。そのうち、教会の一部、とくに宗教改革以後の村の教会堂の運営の基本と、教師の実態について後ほど紹介する。

3. 中世以後の町村体のモデル

　K.-S. クラーマーの関心が過去の民俗文化であることは、これまでにもふれた。"Volkskultur"の語をも用いているが、それは過去の民衆の生き方といった意味である。つまり生活次元での伝統である。しかし何がそこで中心になるかについて、やはり新しい考え方を呈示している。もっともそれは第二次大戦の直後から70年代あたりまでの学界状況の中では、という限定においてである。と言うのは、ドイツ民俗学は、これまでにも言及したようにロマン主義の思潮のなかで興隆に向かったが、それはとりもなおさず、神話的な過去に民衆生活の原点を見ようとする志向でもあった。伝承的な祭りを無批判にゲルマン時代の名残りと見るような論調は、決して好事家だけのものではなかった[27]。それに対して、K.-S. クラーマーはハンス・モーザーともども文献史料を重視したことから、近・現代の直接の土台にあたる時代を特定していた。先にも引用したように、それはほぼ西暦1500年以後である。また資料

---

27) 第二次大戦後もゲルマン時代や神話に原点をもとめる行き方が学界においても残っていた端的な事例は、ウィーン大学の教授であった二人の民俗学者リヒァル・ヴォルフラム（Richard Wolfram 1901-95）とオットー・ヘーフラー（Otto Höfler 1901-87）の存在であろう。若くしてナチス好みの研究スタイルで頭角をあらわし、戦後しばらく鳴りをひそめていたが、ウィーン大学は二人を共に教授として採用した。民俗学界の大勢は批判的であったが、その地位の然らしめるところ、国際的な学術組織にもドイツ民俗学の代表として名前をつらねることがあった。これについては、二人と同じルードルフ・ムーフ門下で民俗学の改革を主導したオーストリア民俗博物館長レーオポルト・シュミット（Leopold Schmidt 1912-81）が、生涯にわたって対立関係にあったことを、次の拙著でとりあげた。参照、河野『ドイツ民俗学とナチズム』（創土社 2005.）第2部第7章第4節「レーオポルト・シュミット」

的に民衆生活をある程度遺漏なく追うことができる上限という意味でも、また近代の土台という意味でも、民俗学にとっての過去の原基にあたるものは、ゲルマン時代のような悠遠な上古ではなく、宗教改革以後なのである。それは、ドイツ語では〈近代初期〉(Frühneuzeit) とか〈中世以後〉(nachmittelalterliche Zeiten) と表現される。

　ヨーロッパの歴史区分では、日本の〈近世〉のような便利のよい言葉が見つからない。あるいは、日本の近世の語があまりに万能的な使われ方をしていることの問題性を問うべきかもしれない。西洋は、古代、中世、近代が大区分で、それには確かな理由がある。古代はギリシア・ローマであり、中世はキリスト教的であり、近代はルネサンスが切り拓いた局面で、現代もまたルネサンスという偉大は人間史的変革の延長線上にあると考えられるからである。日本の〈近世〉の語の場合、そうした人間の基本類型にかかわる思想的な裏付けを欠き、便宜が優先しているところがある。しかしまた西洋の場合、ルネサンス以後には区分を設けないとなると、現実にはそれではすまなくなる。そこで絶対主義時代といった政治史の区分を立てたり、バロックのような美術史の様式概念を援用したり、また（フランス文学史がしばしばそうであるように）世紀で分けるというような工夫が凝らされている。しかしいずれも、ルネサンスによる近代の開始という公理的な区分の下での便法である。これが K.-S. クラーマー〈中世以後〉とい時代区分をおこなう大きな背景であるが、K.-S. クラーマーは、そこに現代に直接先立つ時代の原点をもとめ、そのなかではたらいた法則を解明するための思考モデルを設定するのである。『法民俗学の輪郭』が特異かつ魅力的な研究となっているのは、中世以後の社会における人間の生き方のモデルをさぐろうとしていることにある。シミュレーションと言ってもよい。

　規則の網の目がどのようであるかを多少窺うために、モデルとして、中世以後の中規模の比較的単純な構造の集落を選ぼうと思う。出発点は、集落となる場所の周辺の土地を生活の基盤として利用しようとして数人の農

夫が住み着いたことであった。この萌芽集落は社会的にも経済的にも同質的であったと仮定しよう。すなわち、他の集落から独立し、また上位の公権的なものからも免れていたとみなすのである。しかし、そうした集落であっても、人数が増えると共に、たちまち、人間が共に生きるためには、ある種の（なお緩やかで、また拘束的でないながらも）組織体であることが求められる。道路やちょっとした橋を整えなければならず、水の供給を確かにせねばならず、火災予防も必要になる。利用権の分配も課題になり、隣接する土地には仕切りが要るようになり、隣り合う町村との境界も確定しなければならない。外部の敵に対しては、警戒と防衛のシステムを整えることになる。死者のための墓地も必要になる。かかる原初的な必要性に対してだけでも、慣習法的な諸規則の多少とも厚い網の目が生成する。ともあれ、これらが、緩やかな、はじめはなお非拘束的なかたちで、自由な取り決め（任意や思いつき）として組織される。コミュニケーションの場所としては、〈町村体集会〉がある。もっとも、この〈町村体集会〉の概念は、中世以後の発達した集落においてはじめて正しく適用することができるようになるが、原理的にはもっと古くからのものであった。それは、集落の完全な成員の集会という意味である。その集会は、立法権と行政権を同時に持っていた。〈農民たちは規則を作った...〉と、序文に挙げた事例2には記されている。彼らは、差し迫った際どい事件に対して決断を下し、その実行を見守る。違反に対しては罰を課す。そのためには、ある種の権威が必要になる。いずれにせよ、個々人にとっては組み込まれ下属させられるわけであるが、所与の状況からは必然的とみとめられる。個々人は何らかものを放棄し、それによって農民たちは全体としてはより強力になり、行動能力が向上する。

　これが一旦起きると、共に生きる上での基本ルールを据え、また中心機関である町村体集会の存在意義を確かにすることへつながってゆく。それは、はじめは記憶によって、次いで口承によって、そして最後に書かれたものとなる。そうした書記形態への移行は、多くは、複雑な（特に当事

者の一方が勝手な行動をしかねない）状況下ではじめて現実のものとなる。かくして、諸個人や町村体や支配の位置を規定する法諺と村落規則、禁止法令と勝手放任、身分法令と農民法（農民の権利）が生成する。……

村の集会広場とお触れなどが告げられる〈告知の小屋〉（手前の吹き抜けの傘堂）　ミュールスバッハ村（バイエルン州高地フランケン）[28]
K.-S. クラーマーによって撮影された写真。小屋はその後改修され現在では屋根の形状が変わっている

---

28) ミュールスバッハ村（Mürsbach Lk.: Bamberg / Oberfanken バイエルン州バムベルク郡）の現在の人口は 500 人弱。なお、この地方によく見られるように村の教会堂には防塁が残っている。

4. 規則と空間

　先に井泉規則やパン焼き規則や、現代の道路交通法など、かなりまとまった形態のルールのかたまりであるが、それにとどまらず、人間とは、常に〈正しい〉か〈正しくない〉、かという二項においてものごとを見る存在でもある、と K.-S. クラーマーは言う。正しい（recht）とは法（Recht）であり、資格であり、また権利である。《recht》か《unrecht / nicht recht》かの二項関係でのものの見方は人間の社会生活の基本であると共に、社会組織が複雑化する過程に常に寄り添ってその作用を発揮する。単純な例をあげるなら、人と人が出会うとき、挨拶をするかしないか、どう挨拶をするかは、端的に適切か不適切かが測られる事象である。井戸の水汲みの順番や使う時間の長さとなれば、すでに複雑な規則に踏み出している。さらにプライヴェートな場所である家庭においてすら、例えば居間のどの場所に誰が坐るかは、それぞれの家庭の独自でも勝手でもあり得ない決まりがあった。それらを中世以後のモデル的な町村体を仮構して、そこでの様相を再構成するというのが、法民俗学輪郭である。そのなかから、具体的な項目の最初に来る〈空間〉の一部を引用する[29]。

　　町村体における共同生活の内部区分と規則のなかに、空間も（それが生存の基盤となる限りにおいて）入ってくる。空間には中心点と境界があり、それが幾重にも重層したシステムを作っている。

　　はじめに取り上げるのは、本来の意味でのムラ空間とマチ空間、すなわち町村体のなかにあって家屋によって占められている土地である。教会堂や庁舎は、精神的な中心であるだけでなく、多くは空間的な意味でも中心である。それらは、特に選ばれた場所に立っており、その場所は町村体の集まりにも充分である。そこには、多くの場合、井泉も設けられ、また菩提樹も立っている。その開けた場所、すなわち村の原っぱあるいは市広場

---

29) K.-S. Kramer, *Grundriß einer rechtlichen Volkskunde*, S.26f.

で、そこで裁判が開かれたり定期市が立ったりするが、するとそこには、その場所の内面的な中心地を時限的に保証する特殊な平和状態があらわれる。

その場所を囲んで、家や屋敷が立ち並ぶ。町の場合は、小路と街路が走り、それらはしばしば職種ごとに区分されている（靴屋小路、床屋小路、肉屋小路、穀物商小路、等）。集落の全体は、木柵や生垣、村垣根、掘割、囲壁、塔舎で囲まれる。堅固な施設、すなわち囲壁をめぐらしたムラは比較的少ないが、何らかの明らかな境界標識によって周囲の耕地と区切るのは、どのムラでもみとめられる。古い時代の絵図などが示すように、多くは木柵である。また外の世界には門が設けられ、それによって時には完全に遮断することもできた。

木柵、垣根、環壕、あるいは囲壁によって仕切られた集落空間は特別の法的性格にある。そのなかでは、垣内権と垣内平和が支配する。そのなかで為された犯罪は厳しく処罰される。それによって住民には、高度の保護と高度の安全があたえられる。それはまた、シンボリックな行動によって強調される。例えば、教会堂の会衆が大きな祭礼において町の周りを行列を組んでめぐる。それと並んで、市民も周辺住民（隣人）も、実際的な防衛措置を準備しなければならなかった。防衛の規定には、町や村の縁辺が防衛ラインとして明記された。また防衛にあたる人員は四分されて、危急に際して、囲壁や門へ急行した。ある程度の大きさを超える集落では塔舎が設けられて、見張り役が常駐した。・・・・・

境界をめぐる民俗事象は多彩であるが、要はここでモデル的に記述されたような構図を土台としている。祭りの一種である地境巡りの行事だけでなく、怪異現象もそこから理解される。

　境界が一旦確定されると、不可侵とされ、その変更は法的な協定においてはじめて可能となった。勝手に、自己利害のために地境の標識を動かし

た者には、代償が課せられた。法諺は、罰として残酷な死刑を語っている。肩まで埋められて、頭を鋤で切られるといったものであるが、それが実際に適用されたことがあるのか、それともタブーとしての効果のための言い回しであったのかは定かではない。それは、地境を勝手に動かした者が、死後、地境い石が本来あるべき場所をみつけるまで背中にその石を背負って休みなく彷徨わねばならないという、広く分布している伝説とも意味の点で重なっている。

また自己の住む空間と、その周りに広がる、ムラやマチの法的な権利も効力も及ばない空間との心理の差異に生成をもとめることができるような伝承もみとめられる。

地境いが民間俗信において特別の場所となっており、また境界を越すことは観念世界では大きな効力をもっている。夜中に旅人を脅かし危害を加える魔性たちも、町村体や村の境界でその力を失うのである。その理由は心理的な面からあきらかになる。自分が親しんでいる自己の空間では、夜の恐怖は消失する。境界はまた、異界と出会う場所でもあり、とりわけ未来を予知する場所でもある。その際、多くの場合、境界の線引きを改めておこなうこと、すなわち新らしく確実な空間をつくる新たな境界によって自己をまもることが必要となる。‥‥

境界はまた町や村の内部にも存在する。最後は個々人ないしは各家・各戸の境界である。細かなところで言えば、たとえば放し飼いにした家畜・家禽の越境や、塀越しの果樹の問題も起きる。それらにおいても何が正しく、何が正しくないか、が関係者の通念と合致する範囲で決められる必要がる。

隣人との地境、あるいは放牧地における家鶏の放し飼いの範囲についても同様で、例えば東シュタイアマルクのハルトの町村体規則（1580年）には

次の条文が入っている。

〈第十二条：家鶏また同じく自由の範囲を有するが、それにおいては、人、家屋の屋根より腕にて槌をふるひて投げ落し、以て家鶏の飛び離るる広さとす〉。

しかし、これら集落の内部の境界において、その核にあたるもの、すなわち特別の意味をもつものがある。それが家である。

かかる様相は、集落共同体の任意のモデルにおける最少の空間的統一体においてもみとめられる。すなわち、家である。ここでも、法的に安全なものとすることが大きな役割を果たす。境界を持つものとしての家は、家の平和の作用範囲であり、それは、長く広い時空を通して法規則の確固たる構成部分としてはたらき、驚くほど近似した定式で表現される。17世紀の低地オーストリアの法諺では、次のように謳われる。

〈(何人も) その家にありては平和にして、あらぬ暴言あるいは他の手立てにて他人を脅かす異変あるべからず〉。

オーストリアの諸々の法諺は、さらに強い表現をみせる。

〈家持つ者いずれも、その家、仮令一筋の糸にて囲みたるに過ぎずとも、そが内にては平和（平和）たるべし〉。

アイダーシュテットの1591年の領国法でも、「家の平和」の条項にはまったく同じ表現が見える。曰く、

〈第一条：何人も、そが家にては平和を得べし……〉。

しかしまた、〈家〉とは、通常、どこからどこまでを指すのかという問題も生じ、これまた規則がなければならない。

適用範囲の境界が明示されることもある。最少の空間は、家の四本の柱をしるしとする。〈何人も、そが四本の柱のなかにては平和を得べし〉、ある

いは〈己が家とそが四本柱のなかにては〉とされる。また広く見られる考え方として、雨だれ線がある。屋根から雨が落ちるラインが境界とされるのである。

　　〈住まひ並びに屋舎有する者、何人も、雨滴落つる限りにては、力と平和を得べし〉。

オーストリアの法諺の他のテキストでは敷居がうたわれる。〈屋根より雨滴落つる中にては、あるいは足、敷居超ゆる内にては〉闖入致す者は罰せらるべし、と言う。最後に次の例を挙げる。

　　〈家持つ者、すなわちFridにて囲まれ限りにてはFrid（平和）を得べし〉。ここで始めに言われるFridとは、Fried、すなわち〈垣根（Zaun）〉のことである。

家の中にも、また二次的な区分が存在した。極端な例では、闖入者が家のなかで家人に危害を加えたり殺人に及んだりした場合、家中のどの場所かによって犯罪の重みが違ったと言われる。もっともK.-S.クラーマーは、これについては先行研究を引用するにとどめて、その規則性にはやや保留をしてもいるので、ここでは紹介をあきらめて、別の局面に移りたい。

　ここではすべての項目について紹介しているわけには行かないので、空間と関わる一項目を手がかりに他の局面に注目しておきたい。それは差別である。

5. 排他性（差別）

　「排他（Exklusivitat 帰属）」の章では、その一部で、墓地をめぐる排他性が取りあげられる[30]。それには、集落の中央に位置する教会堂の境域内に墓地がもうけられていたこと、したがってその場所自体が名誉をおびるものであったことも関わっていた。

---

30) K.-S. Kramer, *Grundriß einer rechtlichen Volkskunde*, S.64ff.

墓地における排他性（差別）では・・・・・生きる人間の共同体は死後にも継続するとの深く根を張ったものの見方によっていた。生きているときにそこに属さなかった者は、厳密に見れば、それゆえに死後にもその地の墓地に安住することができないのであった。有効であると尊ばれる教義に照らした宗教的要素は、規則体系の一部でもあった。

　帰属性は延長し、先ず、〈キリスト教に属する〉のではないすべての人間に及んだ。洗礼を受けずに死んだ小児は墓地の囲壁内には居場所はなく、場合によって教会堂の雨樋の下しかなかった。それは一般の死者の扱いに比較的近いものであったが、事実として罪科を負っているわけではないことによったと思われる。それに対して自殺した者たちに埋葬が拒まれたのは、宗教的な理由であった。自殺者は、主流となっている信仰に照らせば、その自選死の故にキリスト教の世界秩序の外に位置づけられた。自殺者の遺体は焼かれたり、荒野に埋められたり、あるいはマイン河畔の諸所で行なわれたように樽に詰められて河川に投げられた。例えば、オクセンフルトの市長出納簿には1636年のこととして次の記載がある。

　　〈皮剥ぎ場の親方宛：1フロリン...を支給。カテリン［刑務所の名称！］にて絞首刑に付されし兵士を樽詰めし、川に投棄致したるに報ふため也〉。

そうした樽は、他所では、川を流れ下ることに特に留意されたこともあった。

　　〈豚飼ひの牧者に1フロリン：自殺者を樽詰めし、マイン河の岸より突き放ちたるに報ゆ〉。

なお死者を埋葬するにあたっては、そのためだけに作られた埋葬具が用いられた。また自殺が精神病によるものであることが判明したときには、扱いはやや寛大になった。

　処刑された犯罪者が墓地に入れられなかったことも不思議ではない。その遺体は処刑台の下や荒野に埋められるか、あるいは焼かれて灰を撒いて

しまうかであった。不名誉を表すものは、墓地からできるだけ遠ざけねばならなかったのである。

　墓地が、本来、教会堂の傍に設けられ、それゆえ村の中央にあるのが通常であり、またそこは町村体の集会場や裁判の場所であったことを勘案すれば、そこに排他性がはたらいたのは理解しやすい。

ところで〈差別〉について考えておきたいことがある。日本では、〈差別〉は、歴史学、殊に社会史では人気のテーマである。それはもちろん、差別への強い反発を誇示しようとする研究者の姿勢と一体である。またそれにも促されて、西洋社会にも、簡単に差別の用語をもちこんで論じる傾向が見うけられる。しかし日本で言う差別を西洋ではどの語が指すのかをもふくめて検討を加えることが必要であろう。おそらく日本語の差別に該当するのは、"Sanktion / sanktionieren"あるいは"Ausschluß / ausschließen"ではなかろうか。前者は、〈特殊視（する）〉意味で、たいていマイナスの意味であるが、場合によって特別視として持ち上げる意味でもつかわれることもある。また後者は、広く〈排除する〉、〈別にする〉ことを指し、したがって〈つまはじき（する）〉という意味でつかわれることもある。しかし歴史的な場における差別は、これらの語が必ずしも当たっていない面があった。K.-S. クラーマーが"Exklusivität"の語を選んでいるのも、それがかかわっていると思われる。もとより、差別にはさまざま種類がある。同輩のなかの抵抗力にとぼしい者に対する〈弱い者いじめ〉となると、必ずしも歴史的な条件によるのではなく、昔も今も似たような心理が想定される。それに対して歴史的な世界における差別は、社会的な約束ないしはルールの性格をももっていた。現代世界は公的にはそれを許容しないことを社会の原理にしており、したがってそこでの差別は、基本的には非公式な性格にある。いわば社会の裏面、裏の顔である。そうした現代世界の差別の基本的性格と、歴史的世界の差別とは分けて考えてみなくてはならない。歴史を遡ると、差別に該当するとも見える現象は、社会の仕組みであった。これを見逃がして、現代のたとえばいじめと

かさねると本質的なものがかき消えてしまうであろう。

　"Exklusivität"は排他であるが、それは裏返せば帰属であり、種類を同じくする者のまとまりや団結でもある。むしろそういう意味での区分が強固に存在したこと、またそれが社会の決まりでもあったこと、これが先ず理解されなくてはならない。その点で K.-S. クラーマーの論述は簡潔ながら、日本の社会史家たちが〈差別〉の語を携えて西洋社会を相手に冒す独りよがりに気づかせてくれるところがある[31]。

　　ローカルな規則体系についてすでに提示したモデルが、ここでも改めて出発点となる。その体系は内部に法と義務をそなえ、そこには、完全な権利を持つもつ者たちがいる一方、異なった立場の人々もいた。同じことを別の問い方をしてもよい。すなわち、誰がそれに属すのか、また誰がそうではないのか。さらに、こうも言える。それに属する人々のものの見方はどうであったか、逆にそこに属さない人々のものの見方どうであったか。もっとも、予め言うなら、そこには、その作用へのまったくの情け容赦ない無視から、攻撃的な除け者扱いまで大きな幅があった。

　　それに属する人々を厳密な意味でとるなら、完全な有資格者、隣人、市民（すなわち親方（マイスター）でなくても職業身分の組織の在籍者）と、広い意味での家族の成員、すなわち家での働き手も入っていた。村や町の日雇人の家族は完全な権利には遠かったが、それでも規則体系の構成者であった。それは、町村体に雇用された者も同様であった。牛飼い、鍛冶師、理髪師、ときには水車屋もそうであり、さらに学校教師もそうであった。それどころか、プロテスタント地域では牧師もそうであることがあった。例えば、ニュルンベルクの南に位置するゲオルゲンスグミュント（Georgensgmünd）では、聖職者の法的地位をめぐる問いについて、代官フォン・ロートは次のように記した。

---

31) K.-S. Kramer, *Grundriß einer rechtlichen Volkskunde*, S.61f.

〈代官たる余、(牧師が儀・・・)、他の雇ひ人と等しく、隣人組と共に
　之を雇ひ入れ候〉。
　パウル・ドレーフスも、肝入りたちよって採用された説教師について、類似の報告を残している。しかしやがて牧師の地位は強化された。牧師は、完全な資格をもって町村体に属しているのではなかったが、その立場の優位によって多大の影響力を発揮した。

　ここで挙げられるのは町村体の完全な有資格者と、それに連なる者である。先に見たように、鍛冶師はかなり好待遇で迎えられている。なおここでもある程度の語釈が必要であろう。たとえば〈完全な有資格者、隣人、市民〉、というふうに同列に並べているのは、〈隣人〉がほぼ市民、また村では正農（Bauer）を指すからであり、さらに市民には〈親方(マイスター)でなくても職業身分の組織の在籍者〉と補足を加えているのも、ツンフトの有力な構成員として、ツンフトの権利を分有するいわば年寄や兄貴分の資格の者がいたからである。またここでの文脈とは関係せず、文献の書き手というだけのことであるが、パウル・ドレーフス（Paul Drews 1858-1912）は19世紀からの20世紀への転換期に活躍したプロテスタント系の神学者で、〈宗教民俗学〉と後に日本では訳されることになる術語 "religiöse Volkskunde" の提唱者である（ただしその時点でこの語が指したのは学術名ではなく、民衆の側の伝承的行為およびそれを組みこんだ司牧者の布教活動であった）。

　とまれ、一方にこれらの集落のまともな構成員がいたのに対して、他方で排斥の対象とされる人間種が多彩に存在した。差別を受けていると言えなくもない人々である。同時に、そのなかの有力なグループは、それはそれで強い団結を示した。

　　なるだけ接触を避けるべき一連のグループがあった。その最初は、不名
　　誉民（die Unehrlichen）の諸グループであるが、それについては前節で取り
　　上げた。彼らの仕事は必要であったが、密接に付き合うことは考えられな

かった。皮剥ぎ人や死刑吏は典型的な部外者であった。それは屢々文字通り部外であり、彼らの家屋や皮剥ぎ場や死刑場は（町村体の）囲壁の外に置かれていた。もっともそうした厳しい排他は〈感染する不名誉〉の運び手に対してだけであり、羊飼いや塔守り人や音楽士や水車屋はそれに当たらなかった。彼らは、個人的な接触まで排除するほどではなかった。それに引き換え、皮剥ぎ人や死刑吏に対しては、病気などで彼らの助けが必要なときに秘かに接触されるだけであった。と言うのは、彼らは人や家畜について特別の知識をもって助けることができたのである。しかし、羊飼いにも、皮剥ぎ人や死刑吏にも、さらに塔守り人にも共通していたことがらがある。彼らは、市民あるいは農民の連携から排除されていた埋め合わせとして、独自のまとまりをつくっていたのである。ある種の独立王国を形成して皮剥ぎ人や死刑吏や羊飼いや塔守り人はその仕事を独占的に運営することができ、ときには、顧客たる名誉ある町村体を恐怖に陥れることもあった。その点で、特に活動的であったのは皮剥ぎ人である。彼らは、その不名誉のかたまりでもある生業の道具、すなわち皮剥ぎ刀や、獣屍を運搬する車を、邪魔立てをした者の門に突き入れたり、家屋の前に横付けにしたりするのであった。

その他にも、排斥の対象となるさまざまな人々がいた。まことに多彩で、抵抗力を持ち合わせているために武力で排除するほかない者から、哀れな弱者まで多種多様であった。かなり多くの種類が、同じ立場の者として結束をもち、それはそれで社会に位置を占めていたのも一方の事実であった[32]。

　被排除者の第二のグループは遍歴者である。見世物師、軽業師、人形使い、コメディアンなどである。乞食もその中にいれることができる。もっとも、それは定住した貧民としての乞食ではなく、ふるさとを失って街路

---

32) K.-S. Kramer, *Grundriß einer rechtlichen Volkskunde*, S.62ff.

を住まいとする者たちである。戦争の後などは（戦争がない時代はむしろ稀であった）、腕力で活動する流民（gartende Knechte）すなわち、仕事を失った傭兵が大量に発生することによって、乞食の群れは膨れ上がった。そうした遍歴者から身をまもる工夫が必要になった。防衛の手段としてとられたのは、宿泊の禁止で、その遵守は注意深く監視された。冒す場合は、罰を覚悟せねばならなかった。武器を携えた無宿者たちが大挙して押し寄せるとなると、隣保組織を挙げて動員が義務付けられた。乞食たちは、夜の寝泊りが禁じられただけでなく、とどまること自体が極力阻止された。乞食が病気になったときには、車に乗せて、隣の町村体へ送る。送られた方も、次にどうするかを知っていた。もっとも、それが実際にどこででも行なわれていたわけではない。乞食の病気がひどいときには、町村体の雇い人や牛飼いの家に泊まらせ、死亡すると貧民墓地に埋葬して、その費用は町村体で負担した。しかし原則は、厳しく排除するところにあった。そこでそのための監視役が設けられた。乞食代官や乞食追い払い人がそれで、よそ者が許された境界の外側を動くことを見張るのが役目であった。かかる防衛は、乞食の数があまりにも多いことからすれば無理が無いが、キリスト教的ないたわりとは相反する。実際には、いたわりは、定住者で困窮した人々である〈家のある貧民〉に集中していた。

　ジプシーと接触をもとうとしないのも、地方を歩く者たちへのかかる態度から理解されよう。彼らは、あらゆる不行跡の担い手と受けとめられていたのである。彼らについては、村境いを足早に素通りしてくれれば、言うことはなかった。最悪の場合は、彼らを追うために隣人組が人数を動員した。無断で村の境界で泊り込むと、法に則って見回りが繰り出された。因みに、領国政府が後年、そうした見回りの対象として規定した言い方を借りれば、彼らは〈無宿の輩〉であった。

　最後に、支配体制の法制度の犠牲者というグループがある。村法でも都市法でも、罰則の対象として、悪評の人間たち、すなわち尻の軽い未婚女性やアルコール常習者や狼藉者などが、然るべき場所で取り上げられてい

る。そうした措置を町や領国は対症療法的に実施していたが、それは却ってふるさとを無くした者の数を増やし、徒党を組むことを助長した。またその種類に入る人間として、耳を切り落としたり烙印を押すなどで識別される犯罪者たちもおり、彼らもまた<u>ふるさとの権利</u>を失った者たちであった。この種の罰則は、特定の神聖な節目（復活祭やクリスマス）や特定の機縁（若い領主が神の前で即位の儀式をあげるなど）に原則的には実施されるはずの恩赦を適用しないなどによって一層重くされた。例えば、バンベルクの一市民が、ある婦人を侮辱したために召還されたが、市役所において再度同じ悪態をつき、それ自体は撤回したものの、都市法廷は、恩赦を適用しないこととした。

　　〈代官、市長ならびに参事会員の御同意有り候はバ、その者、原告の女人に向ひて一度ならず誹謗したる不埒に付き、バンベルクの町より２年にわたり４マイル離るるべく罰し候間、日月果つ迄、伯ならびに貴顕の思し召しバンベルクに及ぶも、同人の憐恵に与ること之無く候〉。

この関連では、最後に、ユダヤ人のゲットーを想起しなければならない。ユダヤ人は、町村に暮らし、ある種の権利を享受してはいたが、決して共同体には組み込まれない存在であった。村の狭い一画や都市の保護区に居住してはいても、ユダヤ人は完全な意味では同等の権利をもたなかった。もちろん、例外はあった。小さな町村体エアランゲン近郊フォルト（Forth bei Erlangen）は、〈ユダヤ人とキリスト教徒〉から成り、両者が同等の負担と恩恵に与っていた。町村体にはユダヤ人の代表者として〈村落の他のメンバーに代わって行動し議論する……ユダヤ人村長〉がいた。決算に際しては〈邑落のすべてのキリスト者とユダヤ教徒〉のために宴会が開かれた。時代が下れば、そうした〈啓蒙的な〉姿勢に行き着いたかも知れないが、これは十七世紀末のことであった。しかしそこでも、緊張と特殊事例が起きており、賦役にさいしてユダヤ人は常に金銭による代納を強いられていた

これを見ると、ユダヤ人やジプシーといった出自による被排斥が正当であるはずはないが、彼らも含めて、多くの種類は、それはそれで結束して、都市民や農民などの正規の集落構成員に対抗していたことが分かる。まったく抵抗力ななく、ただただいじめられていたのは最後の人々であり、それはむしろ集落の内部における何らかの落ちこぼれであった。
　またこれが厳しい身分社会のなかのことであったことも念頭におく必要がある。集落に居を構える者たちも平等であったのではなく、現代では考えられないほどの貧富の差が常態であった。こうして見ると、差別という語をもって現代人の立場から正義を振るおうとしても、何を基準とすればそれが妥当するのか、むしろそれによって歴史の実像をつかまえそこそこなう恐れが大きいように思われる。

6. 宗教改革後の教会と町村体：牧師（司祭）の立場

　宗教改革が教会のもっていた世俗権力や世俗権益の大幅な削減を結果したことはよく知られている。幾人もの国王や各地の領主が宗教改革の側に立ったのも、伝統的な種々の権益が立ちはだかって領国経営が立ちゆかない状況を打破するためであった。イギリス王ヘンリー8世が教会や修道院の所領を没収して国庫に納め、彼らがもっていた権益を国家に回収したのは最も劇的かつ大規模なものであるが、そうした国家・領国レベルの動きとも連動して、末端の町や村でも教会の運営の主体は急速に世俗側へ移っていった。プロテスタント教会圏では、牧師も町村体の雇われ人の性格をもつようになっていった。しかも同様の動きはカトリック教会圏内でもみられたのである。のみならず、中世後期の早い時期から、それはすでにはじまっていた。そして宗教改革を境に本格化したのである。その一般的な構図を K.-S. クラーマーは次のように描いている。地域によって呼び名にはばらつきがあったようであるが、ここでは代表的な名称として教会堂番役（目付 Gotteshauspfleger）と名指されている役職がそのかなめであった[33]。

教区と町村体が交錯していたことは、教会堂番役、聖者係り、教会堂主任あるいは帳簿主任といった役目をみれば（ここでは地方的な名指し方のほんの数例を挙げるだけだが）きわめて明瞭である。教会堂番役は町村体の部署であり、名望ある市民、たいていは二人の人間が町村体集会で選出された。彼らは教区の出納に責任を負い、それによってキイパーソンとなり、またそこから司祭（牧師）の行動の自由を大きく制限することができた。その役目へのドイツでの最も古い言及は13世紀である。事実、その職責は中世後期には確実に定着していた。15世紀後半に、名前は不詳ながらある村司祭は自分を苦しめる九人の妖怪について語っている。その第四番目に彼は〈教会の継父〉を挙げる。そいつが喜捨を勝手にあつめ、遺贈があっても独り占めにし、司祭にはまったく分けない、と言う。またあるとき一部を司祭がとったときは、不満をぶちまけた。それゆえ、収入も支出も司祭を蚊帳の外において、そいつが独りで裁量している。この名前の知られない書き手は、事態を推測するしかなかった。すべてについて決定する権限は〈司祭に〉にあるはず、と言う。とりわけミサ料はすべて彼に帰属するはずであり、遺贈は半分のはずという。それに帳簿を付ける責任には彼も関わるはず、というのである。実際、いわゆる〈浮き所得〉（寄進と税から成る神の館という目的［これは司祭の収入とも分離して差配されるべきもの］への手段）の俗人采配は教会の決まりに反している。しかし慣習法の面からは、町村体が教会資産のこの部分を請負うことはすでに定着していた。宗教改革のなかでは、この教会堂番役は、宗教改革運動の推進にさいして町村体のテコになった。資産の聖職禄と浮き所得への二分は廃止された。またそれによって、司祭は町村体に依存する存在となった。司祭もまた〈他の受給者とおなじく請負い〉となり、毎年、新たに承認してもらわねばならなくなった。教会堂番役は、司祭にも、他の教会雇い人や学校教師と同じく給料を支払ったのである。この世話係たちは貧民や孤児

---

33) K.-S. Kramer, *Grundriß einer rechtlichen Volkskunde*, S.128ff.

たちへの扶助の担い手であった。それ以前も以後も、町村体全体の会計を管理し決算をおこなっていたのは彼らであった。教会堂会計と町村体会計は同じ日に読み上げられ承認を受けた。金銭も書類も〈同じ櫃〉にしまわれて、教会堂あるいは庁舎に保管された。櫃には三つの錠前がついていた。その鍵をもっていたのは三人で、一人は司祭（牧師）、一人は市長、そして教会堂番役であった。

　聖職者が、その裁量権をこうして制限されたことを腹立たしく受けとめたのは当然である。ちょっとしたきっかけでそれが爆発することもあった。たとえば決算の後の飲食会である。そうした場には集まった町村体のメンバーは和気あいあいとなるが、司祭（牧師）が同席しないこともあった。決算の備考欄の記載が聖職者の怒りの突破口になったのが、1650年の中部フランケン地方のシュヴァープハイム村であった。

　　〈但し書：決算。内、会食費28グルデン余り、料理・飲み物とも存分
　　に支度あらんとてなり〉。
町村体は、教会にかかわる案件への協議の権利を別の形で押し通すこともあった。聖職者の義務、すなわち司祭（牧師）が隣人組のメンバーに対していかにあるべきかは、法諺や村規則でもとりあげられた。聖職者には、義務を履行することを町村体に対して宣誓しなければならないとの要請がなされ、チロールの16世紀の事例では、次のような但し書きまで付いていた。

　　〈違ひたれば教会堂内に立ち入らせぬこととす〉。
この例からもうかがえるが、聖職者を選ぶにあたって町村体の参加がもとめられたのは、プロテスタント教会圏だけではなかったのである。

　解説の要はないかも知れないが、1650年のシュヴァープハイム村の例では、町村体の多額の飲食費が教会堂会計に計上され、その分だけ、牧師の取り分ないしは自由に裁量できる金額は減ったのである。またチロールの例については、そこがカトリック教会圏であることが注目される。そこですら、町村

体の世俗の運営権が優勢で、従わない司祭には教会堂から閉め出しを食らわせるという但し書きが残っているというのである。

しかし牧師や司祭が金銭面では控え目な人物で、待遇に納得ないしは我慢しておれば、町村体の名士として晴れの会合、とりわけ飲食会には欠かせないメンバーとして歓迎された。むしろそれは義務ですらあった[34]。

牧師が町村体の会食に参加にしていたことにちなむこれらの証言からうかがえるのは、年中、接待を相互に繰り返していことである。低地フランケン地方の市広場ツァイルの1580年の規則にはつぎのように記されている。

〈牧師殿の儀、大祭・小祭に拘はらず一年通し御同席有度く候〉。

これは具体的には、たとえば復活祭では次のようになった。

〈この日、ミサ終りたる後、十一時の刻限打ちたれば、皆、ノーン（[訳注] 固有名詞であろう）のもとへ赴きぬ。牧師、御復活の説教垂れたり。然る後、代官、出納係、村長、参事会のメンバー挙りて招き、果ては市書記、荷運び、下働きにいたるまで牧師館へ迎へ入れ、焼きもの（[訳注]菓子であろう）に併せ平焼麺麭三卓並べて供したり。聖者係また麺麭チーズ葡萄酒存分に出だしぬ〉。

同様の会食は、精霊降臨節や聖体大祝日、また〈神の屍体の八日祭〉（in Octava Corporis Christi）でも催された。フォルカッハ（Volkach）やオクセンフルト（Ochsenfurt）やアイベルシュタット（Eibelstadt）では、クリスマスに市庁舎で豪華な会食がおこなわれた。これについて、フォルカッハの市長会計簿は1650年について次のように記載している。

〈ステパノの日、（[訳注] 12月26日）6フロリン13デイナル並びに古貨1ディナル計上す。牧師、副牧師、参事会の面々、市役員、加ふるに教会堂務め人、学校勤め人、古き慣はしに従ひ招待され会食供されたり〉。

---

34) K.-S. Kramer, *Grundriß einer rechtlichen Volkskunde*, S.131ff.

この場合は市長と参事会が招待したことが分かる。料理が伝統に沿っていることから、教会とのあいだで順番に会食をもうけていたこともうかがえる。クリスマスについてみると、焼き菓子とチーズのほか、いわゆるクリスマス・パンあるいはクリスマス堅麵麭であった。それは、町村体の従業員へのねぎらいでもあった。それらはまた、クリスマスの会食の名づけ方にも反映されている。たとえばアンスバッハでは、市庁舎に招かれた人たちは、〈堅麵麭〉に姿を見せる、という言い方がされていた。復活祭では、先に挙げたツァイルの平焼麵麭のほかにも、復活祭の子羊、ハム、卵ケーキ、それに復活祭のスープと呼ばれるものがあった‥‥‥。

他にも牧師が小さな会食では参会者全員が酔っぱらったために、支払いの計算を手伝ったなどの具体的な生態にも言及している。それと並んで大きな構造にも注意がはらわれる。世俗の支配権と宗教的権威が相補い、かつ重層しつつ地域の支配を円滑にしていたことである。それは国政レベルともかさなる構造であった。

　これらの催しに招かれた客の種類をみると、世俗の代表者と聖界の代表者が町村体のなかで一つのまとまった指導層をかたちづくっていたことが明らかになる。公権の役所の所在地でもあったツァイルでは、領主の役人たちも同席していた。アンスバッハでは、辺境伯宮廷の顔ぶれも姿をみせていたことは、〈伯領国のお歴々、貴族、その他の参事会員〉という表現からも知られる。小さな空間であったジンブローンでは、牧師と市長は会食には同等の権利で出席した。こうした繋がりは、町村体の会食を超えて多くのことがらを示唆していよう。それには、領主が〈聖界の首長〉でもあったことを想起したい。その脈絡が、〈王冠と祭壇〉という格言のなかに体現されているとともに、それが空洞化してもいたわけである。機関と機関の関係でも、人的な面でも、宗教と法は密接にかさなっていたことが改めて浮かび上がる。これについては、すでに「お上（公権）」の章でくわしく取

りあげた。アウクスブルクの市参事会はその「教導・仕置き規則」を神と聖なる福音書への責任とうたっているが、それは他のあらゆる公権においても同じであった。ミサをはじめとする宗教的な行事は、世俗の法行為や日常の振る舞いとおなじく、規則に即していることをしめす対象であった。世俗の裁判が宗教的な〈罪〉をも断罪したのは、かかる土台に立っていたからであった。それは軽微な過失から、瀆神や教会財産を奪う重大な行為にまで及んだ。

　それをよく映しているのは、会計帳簿に贖罪が記載されることであろう。宗教規則への違反が教会帳簿にも記載されるのは、罪に問われた贖罪が教会の会計に入ったことをあらわしている。そうした贖罪の多くは、祭日を怠ることにかかわっていた。週日とおなじく家や畑で仕事に従事したり、商売をおこなったりなどで祭日の安息にそむくという脈絡であり、また行列からはなれたり、聖体拝領のさいにその場に居合わせなかったり、禁欲の教えからの逸脱によってであった。教会堂の敷地内での喧嘩やミサのあいだのお喋りその他の逸脱、教会の儀式のときに飲食宿にいたり、説教の最中に教会堂の前の広場をうろついていたり、などである。マイン河畔フリッケンハウゼン（Frickenhausen am Main）の教会堂会計帳簿の数例のなかには、多数の下男たちが高額の贖罪金をおさめたとの事例が見えるが、それは〈教会堂でのミサの最中に飲酒にふけったから〉であった（1691年）。また17人の若者らが贖罪に蠟燭をおさめたのは、〈夕祷と児童への教説の時間なるも、ヨープスト・シュタルツェンなる者の家にて遊戯にふけりおりたる〉ためであった（1670年）。

　〈蠟燭一ポンド［に相当の金額］3ポンド10ペニヒ、クリストーフ・ベルク、ヴァーグナー、ネッカーマンの長男率先なしたるが故に同額なり、そが母親、球技の場よりキリストの教説に赴かせんと注意致しその場に石投げ入れたるも［聞き入れざればなり］〉。

　これと近似した記載は、シュレースヴィヒ=ホルシュタイン地方の会計帳簿にもみとめられ、たとえばボルデスホルムの役所の1635年の会計帳簿

425

である。

〈クラウス・シュノル（シェーネッボック在）、精霊降臨節に大酒呑みて、午後の説教のさなか教会堂にて騒動なしたり、3ターラー〉。

7. 学校教師の身分

次に学校教師がやはり町村体の雇用であったことについて、K.-S. クラーマーの見解を聞いておきたい[35]。

町村体の学校は教会が面倒を見ていた。学校の施設と内部設備は教会によってまかなわれ、教区司祭（牧師）が教育プランに責任を負い、学童たちに試験をおこない、また試験にちなんで子供たちにちょっとしたプレゼントをあたえた。特にプロテスタント地域では、尋常小学校の導入とその徹底化がおこなわれたのは教会のイニシアティヴであったと断言してもよい。それゆえ学校教師は同時に教会の使用人であった。彼は、教会の基金から報酬を得るのであり、彼の負うべき義務は世俗的な町村体と教区民団に分かれていた。いずれにせよ、彼は両方の書記として記録をとり、町村体会計と教会堂会計を担当した。宗教改革の前の時期について、中部フランケン地方ハイデックの学校教師規則は、その義務を次のように挙げている。〈町の書記ならびに学校教師〉として、司祭より報酬を得てミサの補助をおこない、また早朝ミサには祭壇にて助手を務めることについては〈早朝ミサゆえ学校教師に机あてがひ候〉とあり、〈町の必要に応じ〉筆録をおこない、税金を収納し、聖者図像の手入れをし、〈裁判においては〉記録にあたる、とされる。彼にはまた所在義務があり、夜中には町の外に出てはならなかった。また町のあらゆる事項について守秘義務が課せられていた。さらに教会堂の時計をまもり正確を期すものとされた。婚姻に立ち合うにあたっては、1マースの葡萄酒と〈スープ一人前〉が供されることとなっ

---

35) K.-S. Kramer, *Grundriß einer rechtlichen Volkskunde*, S.126ff.

ていた。これらすべては、学校教師としての職責以外である。

　〈学校教師殿には学童らに対し道義に沿ひ教導一途に御励み有度く存じ候。学童の両親より嫉み受くことあらむも学童に仕返し致すことなかるべく候。別して心得有度き儀は、学童つかみ頭叩くことなかるべく、尤も罰課さんとて鞭にて尻打つは苦しからず候へ共程々に致され度く存じ候。教会堂にての訓育滞りなく為されたく存じ候。その儀ハ学童ら一学期宛5ディナル支払ひおり候ハ、学校の権利並びに古き慣はしなれば也。学童ら学校へ薪運び入れ候間、学童らに寒き目遭はすこと無かる可く、外より薪目当てに学童来たらむ折も金銭もとむるは控へられ度く、少々の事にて有らば薪持ち去るも咎めなきやう心得有り度候〉。

田舎では、学校教師が教会堂のなかのオルガンと合唱隊の世話をし、それに対して応分の報酬を得ていた。そのほか、洗礼、婚礼、葬儀、臨終の秘跡などの特定の場合には臨時収入を見込むことができた。学校教師の採用にあたって、低地フランケン地方のオーベルンブライト（Obernbreit /Ufr.）では、次のように報酬の説明がなされていた。

　〈40フランケン・フロリン、穀物2マルテル、薪2部屋分、川端の畑地、領主蔵の裏の果樹園、風呂小屋の裏の菜園、臨時収入として、屍一体につき6バッツェン、婚礼一件につき3バッツェンと花嫁スープ、小児洗礼一件につき2バッツェン・1マースの葡萄酒・ヴェッケン＝パン6個、病者への聖体拝領一件につき2バッツエン〉。

ときには村人のもとで食事が供されたが、それは週に一軒の割合であった。彼の畑地の耕作には村人が犂を入れて耕してやる必要があった。薪割りも彼らがおこない、学校へ運び入れた。学校教師の職務と同様、権利も〈まじり合っており〉、契約の相手は教区と町村体の両者であった。

この最後の報酬の記録を見ると、かなりの待遇であったことが分かる。年間に穀物を6マルテルは、1マルテルが150〜700リットルと、地域によって幅が大きく正確には測りかねるが、他の条件を見ると、通常の雇い人と較べ

ると破格である。〈薪二部屋分〉も自分で刈るのではなく運び入れてもらえ、〈川端の畑地〉は水の供給に便のよい良地であり、〈領主蔵の裏の果樹園、風呂小屋の裏の菜園〉も、前者は村の真ん中に近いところにあって便利がよく、後者は共同風呂の近辺で肥料を得る便がよく、好条件である。冠婚葬祭に付添うことも副次的にもとめられているが、いずれについても応分の御祝儀が約束されている。週に一軒の割合で村人のもとで食事に招待されるのも、この〈村人〉の原語は"Nachbar"であるから正農であって、村では資産家である。やはり大事にされていたのであろう。しかしまた町村体から教師への注文を見ると、まじめ過ぎるのか金銭に細かいのか、融通の利かない人物もいたことが伝わってくる。

8. 規則をめぐる形式主義と悶着

　K.-S. クラーマーは、他にも、近代初期の町村体の住民の世界観なども復元しているが、ここでは再録をひかえ、最後に規則をめぐる悶着をみておきたい。規則づくめであっても、それが整合的かどうかはまた別で、異なった支配者の権利がからむ場合は、矮小なレヴェルではあれ外交問題にもなった。「お上（公権）」の章では、この概念のさまざまな側面が挙げられているが、その一例として二つの領主権力の接点で起きたできごとが紹介されている[36]。

　　お上と臣下のあいだの出会いは高度に儀式的であった。好例は献堂祭の保護の布告であり、領主の法的高権を周知させるのに役立ったが、またライヴァル関係にある領主のあいだでの争いの種でもあり、ときには流血の対立にいたった。それを避けるために導入されたのは、極端なまでの形式主義であった。村が一領主だけの場合ですら、その形式主義が維持された。複数のゆえに、保護をあたえる権限をめぐって争いが生じる場合は、なおさらであった。バムベルクの近くの村ヴィールテ（Vierthe）では、ヴュル

---

36) K.-S. Kramer, *Grundriß einer rechtlichen Volkskunde*, S.123f.

ツブルクとミヒェルスベルク僧院のあいだでそうした事態が発生した。それについて、『フランケン・マーキュリー』の編集人の一人が「いわゆる献堂祭の平和の布告とヴィルテの草地での催しにちなむ奇妙なセレモニー」のタイトルの報告を寄せた。要点をごく短く挙げる。

〈ヴュルツブルク側にては、終日、臣下らをして草地にとどまらしむる権利あると思ひゐたり（臣下らの息子・娘も同地の草地にて舞踏なせり）。されどミヒェルスベルクの僧院長、ヴュルツブルク人の留まるを許すは牛飼ひ牧者の牛に草食はませ牧草地より引き上ぐるまでの間にかぎりてなりと解せり。正午十二時、牛飼ひ人牛追はんとてラッパ吹き牛引き連れて半時間費やし村へ立ちもどりぬ〉。

その間にミヒェルスベルク僧院の舞踏者たちはすでに踊りの用意をし、ヴュルツブルク側が予定していた場所で踊りの催しをはじめた。これが抗議を受けたために反対の抗議がなされ、儀式じみたいさかいとなった。開始にあたっては、献堂祭の平和の布告が発せられており、その事態に、布告の任にあった百人長役は村の小川のなかの石に片足を、もう片足を岸につけて突っ立っていなければならなかった。──同時に、ヴィルテの献堂祭のあいだ中、牛の群れを会場の草地へ出したり入れたりが繰り返されたのは不思議ではなかった

これは18世紀末に中部ドイツのフランケン地方で起きたちょっとした紛争で、奇妙な騒ぎのゆえに当時の新聞ダネになったのである。ヴュルツブルク司教座とミヒェルスベルク僧院の両方が権利を持っていた土地のようである。ヴュルツブルク司教座に属する近くの村民と思われるが、そこで牛に草を食ませる権利を僧院からみとめられていた。献堂祭は本義はともかく、実際には世俗の秋祭りであるが、その草地が会場にふさわしかったらしく、そこで開催したところ、祭りのような周辺住民や外部の業者があつまる催しものとなれば、土地の所有者である僧院がみとめるのでなければならない、として祭りの平和を宣言した。祭りでは、大勢が集まるために、平和を保つべきこ

429

とを高次の権力者が布告するのが通例である。それはまた土地の使用や占有についていずれがより権限を有するかという問題もはらんでいたのであろう。この僧院側の反対行動に対して、牛飼いの権利は確実であるために、祭りの間じゅう、ヴュルツブルク側は牛の群れを会場の草地へ出したり入れたりを繰り返し、その騒動が呆れられて噂になったのだった。

　これ自体は、笑い話のようなエピソードであるが、同じような悶着や、近視眼的な行動は、町村体のなかでも、個体の次元でもいくらも起きている。規則づくめの傾向があるだけに、どうにもならない悶着の火種には事欠かないのである。もとよりその土台には利害対立があったのである。K.-S. クラーマーは、特に使用者と使用人の関係ついて、火薬庫をかかえているようなものだった、とも解説している。

9. 個体の立場：隠居の待遇の一例

　伝統的な町村体のなかで個体が何であったかは特に大きなテーマであり、筆者はこれについては稿をあらためて論じる予定でいる。と言うのは、K.-S. クラーマーの理論を紹介するのではすまない問題に踏み込むことになるからである。それは日本である程度力をもっている一種の通念とかかわっている。一口に言えば、西洋は個人主義の世界で、それに対して日本人の生活は個人が自立しないあいまいな集団性に支配されてきたといった論である。それは西洋には〈社会〉が機能しているのに対し日本は〈世間〉しか知らなかったといった主張になり、それが一定の説得性をもつまでになっている。〈世間〉が仏教用語に起源をもつことを別にすれば、西洋でも日本の語感で世間にあたるような言い方があることはいくらも気づくはずである。辞書ではなく実際の語法をみれば、たとえば"Welt"や"Weltmeinung"は文脈によれば〈世間〉や〈世間の噂〉とほとんど違わない意味でつかわれることがある。また多少特殊なところで作られた語であるが、〈村の目〉（Dorfauge）という言い方がされたこともある。こういう現象はいくらもあるが、なぜ日本では西洋が個人主義で日本がそうではないとみられるようになったのか、また西

洋と日本の差異をどう考えるべきか、そうしたテーマを設定して論じるしかないであろう。それゆえ、ここでは大きなテーマながら先送りにしたいのである。なお筆者はこれを、生活者がどうであれ生きる場である〈狭い世界〉の比較として計画しており、できれば日本と西洋と中国について試みたいと考えている。

　そこでこの項目は、事例をひとつだけ取り上げて締めくくろうと思う。これも大きな課題への入り口にすぎないが、隠居という項目である。隠居とは何であったかについて K.-S. クラーマーの考察を聞いてひとまず本稿を擱くことにしたい。「個体」の章のなかで K.-S. クラーマーは隠居取り置き分について次のように論じている[37]。

　　結婚式において夫婦の財産契約が取り上げられたり、なけなしの資産が数え上げられるのは、多くの場合、いわゆる取り置き分（Austrag）、すなわち若夫婦に家産と家政を譲り渡す両親の留保分への同意が重なっている。そこでは、老人たちに何を残しておくかについて、種々の現物、家畜、菜園地所、果樹、居宅など、細部まで決められる。その点では、村落部では一般的に行なわれていた最小留保分があったが、それは、なろうことならそれ以下には切り詰めるわけにはゆかないものであった。老人庵（Altenteilskate）、すなわち〈籠〉（Korb）と称された隠居小屋（Austragshäuserl）であるが、それは農場内の母屋の近くに立っていた。老人には、若い者たちが家を運営してゆく上で役立つような活動も残っていたからである。それと共に、悶着が特に頻繁に起き、裁判による決定も必要であった領域であったことは、これまた言うまでもない。それだけに、いずれの老人にとっても、その残し置かれる用益権を細かく決めておくことが一層重要であった。

---

37) K.-S. Kramer, *Grundriß einer rechtlichen Volkskunde*, S.93f.

これは高齢者がそれぞれの社会で何であったか、という問題とも重なる。一般的に言えば、基底にある人間的な感情と社会的機能とのからみあいとして現実の様態があらわれる。親は子供にとって、自己の存在根拠として、また成長に本質的な助けを得たことによって結びつきの感情がはたらく。その基底の上に社会的な機能が加わって広い意味での制度や慣習、またそれぞれの状況による工夫となる。その面から見ると、高齢者の性格は二通り、やや幅を持たせれば三通りになる。第一は、労働力としてもはや十分な役割が期待できず他者によって養われるほかなくなるため<u>厄介物</u>である。第二は、体力こそ衰えるが経験を積みノウハウやコツをそなえているためにその判断が家族あるいは共同体にとって必要とされる<u>知恵者</u>である。第三は、その変形でもあるが、別の要素が強くなる場合、すなわち<u>一族の結束のかなめ</u>としての機能で、これは長老の存在を前提とした紐帯が意味をもつ社会制度の下、したがって典型的には支配者層にあらわれる[38]。

　今の話題では、親が隠居にあたって要求する待遇とその取り決めの実際はかなり幅がある。また相続慣習によっても差異がある。しかしいずれの場合も、親と子のそれぞれが個体としての維持と位置をめぐるせめぎ合いがあったとは言い得よう。

＊

　本稿は、K.-S. クラーマーの民俗学、すなわち〈法民俗学〉を、できるだけ叙述の実際において紹介するのが眼目であった。ここでは特にその『法民俗学の輪郭』を読んだのだが、機会があれば翻訳を供することも含めて、さらに補足を加えたい。

38）この〈支配〉は大社会に限られず、村社会の仕組みのこともある。偶々本書に収めた別稿では、ルーマニアに存在したドイツ人が中心の村の隠居の事例に僅かながら注目した。参照、「インゲボルク・ヴェーバー＝ケラーマンの民俗研究」4-d.「ヨーロッパ・エスノロジー：ルーマニアのバーナト地方のフィールドワーク」

III
今後の局面のために

〈不安〉が切りひらいた地平と障壁
——日本民俗学にとって現代とは

1. 日本民俗学と現代民俗学

[1] 柳田國男への接近

a. はじめに

　本稿を書き出すにあたっては、幾つかの刺激がはたらいた。その一つで最も直接的なのは、昨今、〈現代民俗学〉が話題になっていることである。二つ目に、自分の日頃関わっているのが、やはりその言葉に該当する面をもつことである。事実、タイトルに〈現代民俗学〉やそれに類した語を含む文章をこれまでに何度か試みた[1]。もっとも筆者が主に取り組んできたのはドイツ語圏の民俗学であり、滅多にその立場を離れて発言することはない。しかしまた日本の民俗学の動静も部分的であれ見えてこないわけにはゆかない。むしろ外国の文献の翻訳や事情の解説は、現下の状況への自分なりの認識と並行する行為でもある。それゆえ、わずかながら日本民俗学にも言及したこともあったのである[2]。三つめはそれに関係している。かつてドイツ民俗学を紹介する際に、現実との接点として触れてみた日本民俗学への自分なりの感

---

[1] 次の拙著に収録した諸稿を参照、『フォークロリズムから見た今日の民俗文化』創土社 2012 「民俗文化の現在 — フォークロリズムから現代社会を考える」（初出：平成 17（2005）年 2 月）また次を参照、「現代フォークロアの理論（愛知大学『文明 21』第 12 号[2004] p59-70、「現代社会と民俗学」（初出：2002 年）；

触を、一度、まとめる必要性を覚えたのである。

　もっとも直接の刺激をさらに絞り込むなら、それは改まった場所ではないところでの経験である。日本民俗学を専門とする人たちと乏しいながらも付き合いがあって会合に出ることがあるが、会の後は親睦会になるのも珍しくない。そうした折に、一再ならず耳にする表現がある。〈柳田國男を読めば、すべて書いてある〉というのがそれである。気楽な場所で発せられるだけにというべきか、それはむしろ真率な述懐として響いて来る。日本民俗学が危機にあるのかどうかはともかく、現状打開の必要性のようなものは漂っているらしい。したがって、いかに打開するかという課題と結びついて、その述懐は発せられているようである。またそういう観点から見ると、日本民俗学の新しい担い手のあいだでも、柳田國男に依拠して局面を切り開こうとする動きは決して小さくない[3]。しかし補足をするなら、〈柳田國男を読めば、すべて書いてある〉というのは、決して悪い言い方ではない。筆者の乏しい読書経験からも、そういう見方があってもよいとも思うのである。これは、柳田國男は決して専門的な日本民俗学の研究者だけのものではないであろうとの希望とも重なっている。

b. 記憶をたどって

　柳田國男が日本民俗学の人たちの独占物ではないはず、というのは、一人の読者としての経験を筆者ももつからである。実際、民俗学に興味を寄せるとは、人生のどの時期かに柳田國男を夢中になって読む行為が組み込まれていることを意味するであろう。筆者の場合、それは高校生のときであった。

---

2) 次の拙著に収録した数編を参照、（前掲 注1）『フォークロリズムから見た今日の民俗文化』所収：「外から見た日本の民俗学」（初出：1994年）、「〈民俗文化〉の語法を問う」（初出：2005年）；また次の拙論をも参照、「ドイツ語圏における現代民俗学研究とマス・メディア資料の活用 ― 現代日本民俗の資料をめぐる議論のために」筑波大学比較民俗研究会『比較民俗研究 for Asian Folklore Studies』第3号 （1991），p.124-145.

ちょうど『定本 柳田國男集』が刊行された時期で、親にねだって予約購入をしていたのである。そこで量的にはかなり読みはしたが、所詮、乱読だったのだろう、覚えているのは僅かである。ただ、今も頁をめくると、かつて訪ねたことのある街へ還ったような感覚に見舞われるが、それも半世紀近くを経たこととて、果たして曾遊の地の記憶の底から立ち昇るのか、それとも既視幻覚(デジャ・ビュ)にすぎないのか、と戸惑ってしまう。代表作でも構成が浮かぶ程度であるものが多い反面、小さな書き物の文章が明らかなこともある。『先祖の話』の印象が意外に薄いのに比して、『瑞西日記』などは西洋についての第一印象に近い性格にあったのであろう、部分的には文章まで浮かんでくる。最も鮮やかなのは『桃太郎の誕生』で、それが傑作であることを知らずに読みながら、深甚な衝撃を得ることになった。もっともそれには前段階があった。小学校の頃に母が買ってくれた挿絵入りの読本のなかに百合若大臣の話が含まれていたために、その材料に最初から親しみがもてたのである。振り返るとそのきっかけ自体に運命的なものを感じもするが、桃太郎の一書からは大きな影響をあたえられたと自分では思っている。と共に、今なおそれを使い切るに至らないわだかまりをも覚えるのである。

---

3) 民俗学の刷新の姿勢を示しつつ、そこに柳田國男に立ち返ることを重ねている人々の研究者の代表として、新谷尚紀氏と岩本通弥氏を挙げてよいであろう。参照、新谷尚紀『柳田民俗学の継承と発展―その視点と方法』吉川弘文館 2005; 同「柳田民俗学の継承」『本郷』吉川弘文館 No.65 （2006）, p.2-32. 他。新谷氏の見解には説得性を感じることが少なくないが、柳田國男の民俗学における(柳田國男以後の主要な研究者とも外国の民俗研究とも異なる、柳田國男しか持ち得ない)独自性が強調されるため、民俗学という分野の一般的な根拠が改めて問題になるように思われる。；岩本通弥氏が学界誌への寄稿（研究ノート：「家」族の過去・現在・未来 in: 『日本民俗学』第 232 号 2002 年）において福田アジオ氏『柳田國男の民俗学』（吉川弘文館 1992）の一節に言及されたのを皮切りに両者のあいだで議論がなされたのは近年の話題であったが、そのさいに考察の対象となった墓制の解明だけでなく、それと同等ないしはそれ以上の比重で柳田國男への否定的な姿勢を含んでいるかどうかに重心が移っていったのは、日本民俗学における評価基準のあり方を示しているように思われた。

記憶をたどると、筆者の子供の頃、育った土地では（後になって知った分類名と分布に照らせば）観音講が盛んであったらしく、そこで垣間見た仕草や祈禱の文言は今もはっきり覚えている。また毎日の遊び場の近くには和泉式部の墓というものがあって、形ばかりの祠には小さな絵馬が十枚ほど埃を被っていたことも目に浮かぶ。しかしそういう古い日本の生活の切れ切れの思い出を尊ぶ気持ちはほとんど起きない。後にドイツ文学から、隣接するドイツ民俗学へと関心を移したが、その場合も日本の民俗との接点を感じることは意外に少なかった。文学作品や思想書を読んだ期間が長かったことも影響しているのかも知れないが、はじめからヨーロッパの民俗事象に関心を寄せた人たちが照応する日本の事象と重ね合わせる傾向をもつことにはむしろ違和感を覚えてしまう。日本民俗学の対象となるような記憶は懐かしいものではなく、どちらかと言えば淀んだ鬱陶しい感触として残っている。
　ちなみに、筆者がドイツ民俗学を手掛けようと軸足を変えた頃の思い出を挙げると、巡礼の風俗との出会いがあった。ライン河沿いの町々で、夏の終わり頃、夕闇のせまる時刻に長い行列がブラスバンドを先頭に賑やかに帰ってくる光景はドイツでの滞在の早い時期から何度か眼にしていた。その見知っていた一種の祭りの雑踏が、あるとき突然、特別の意味を帯びてきたのである。それは巡礼の行列に他ならなかったが、日本語で言われる巡礼とはまるで違う、遠くへ行くのでもない、日帰りの賑やかな行進である。巡礼には老人も若者もいるが、雰囲気から言えば、遠足から帰ってくる子供たちを家族が出迎えるような和やかさである。日本とは違う何か別の文化があり、それが透けて見えるような思いに打たれたのである。実際にはそれがどういう行為なのかを理解するには時間をかけて案内書や研究書を読むことになったが、これまでにない、模糊とはしていない澄んだ対象を相手にしている感覚は消えることはなかった。それゆえドイツ民俗学との最初の取り組みは宗教民俗学で、それもキリスト教民俗学であった。同時に、この最初の段階で、（そもそも宗教民俗学やキリスト教民俗学という分野の提唱も含めて）、時代の変転とそこでの当事者の関与のあり方が複雑にからんでいること、した

がって思想潮流と幾つかの学問傾向を整理しておかなければ理解を過つことを痛感することになった[4]。この部門に入り込むのは避けるが、そういった経緯から関心はごく一般的な課題へ延びていった。一口に言えば、学史の重要性である。

c. 日本でのドイツ民俗学研究の出発点

　どの分野であれ、それと取り組む最初は概論と学史を措いてはあり得ない。つまり、その分野には、どんな理論や学説があり、具体的には誰が何を説き、それらは相互にどういう関係に立っているのかという系統的な知識である。ドイツ民俗学に着手したとき、気づいたのは、その種の案内が日本には欠けているという事実であった。たしかに西洋史家やゲルマニストや宗教学者が民俗学の文献を活用している例も決して少なくないが、ドイツ民俗学の分野に限って言えば、そこにはかなり問題が多かったのである。偶々入手した書物を、それがどういう系統に位置するかを確かめることなく使っているのではないかと思われる事例が目立つのである。しかも厄介なことに、どの見解をどの論者から、どの記述をどの本から取ったかが明記されないことが多いために、一般の読者はその当否を確かめるすべもない。これはなお未紹介の分野にかかわる関係者の態度としては本来肯定されるべきものではないであろう。

　しかしそうであれ、間違いがなければまだしもだが、事実それは大きな問題につながるのである。しかも二重の意味においてである。一つ目に、ドイツ民俗学にかかわる知識がそういう形で日本に紹介されるときには、先ずそれが問題を帯びた行為であることを紹介者自身が自覚していないと思われることである。出版社もその方面への用心が欠如しているようである。これに

---

[4] ドイツにおける民俗学の現状 昭和61(1986)年11月 大塚民俗学会『民俗学評論』第26号, pp.1-47:「昭和60年度大塚民俗学会年会シンポジアム：欧米における民俗学の現状」（昭和60[1985]年12月1日開催)、（ドイツにおける民俗学の現状:17-33）

は、民俗学がいわゆる毒にも薬にもならない雑知識という先入観があるのであろう。ところが、ドイツ語圏では毒として作用した経緯がある。それは民俗学がナチズムとの相乗に陥ったからである。ナチズムと聞けば誰しも身構えるであろうが、ナチズムと重なった民俗学のあり方は、それだけを示されれば見分けがつかないであろう。もちろんドイツ人で民俗学を勉強した人には判別できるが、一般にはなお難しいところがあり、外国人にはなおさらである。そのために、紹介する識者の判断力をも仲介する出版社の鑑識眼をもすり抜けてきた。二つ目に、そういう彼の地で毒であった民俗学の学説が、案外、日本の読書界にすんなり受け入れられてきたという事実がある。これは、ナチズムとの関わりという知識があるか無いかとは別に、そういう性質のものが日本で符合するということであるから、その因由を自分たちの問題として尋ねる必要があるであろう。とまれ、ドイツ民俗学のなかの問題の大きい、現在では否定されているような見解が日本では大手を振って通用しているのである。筆者が、ドイツ民俗学を先ず学史の把握から始めようと決めたのは、それが一般的にも順序だからであったが、同時に日本での乱脈な紹介に唖然としたからでもあった。しかも厄介なことに、そもそも疑念が存在しないために、事態は一向に改善されてはいないのである。

　かくして学史が筆者の主要な課題になったのであるが、これは筆者の世代だから否応なく直面した制約でもある。学史文献を翻訳し、やや詳しい注解をほどこすという基礎的な作業に時間を割くほかなかったのである[5]。もっとも、ドイツ民俗学の分野では基本文献の紹介はまだ緒に就いたばかりである。筆者が手がけたものを含めても、僅かしか紹介されていないのではあるまいか。西洋史学の分野では過去のものまで数えあげれば数百点、あるいは千点にもおよぶ翻訳書があるのとは大きな違いである。翻訳は見下されがちで、筆者も下等な仕事をしているような見方をされて快い思いをしないことがあるが、基本書の共有は基礎作りには欠かせない。翻訳ばかりでも偏りがあるであろうが、理解を怠ったまま論じるのも困るのである。とまれ、学史理解という土台については、次の世代は素早く頭に入れた上で、それぞれの

テーマに進むことができるようになりつつあるであろう。

d. 過去の指標を克服するモデル

　筆者は学史に時間をかけたわけだが、その副産物と言うべきか、ドイツ語圏において過去の大きな理論がどのような影響を及ぼし、またそれに対して後世がどう対処したかをやや詳しく知ることになった。めぼしい具体例を挙げるなら、さしずめグリム兄弟がその筆頭に置かれるであろう。ドイツ民俗学の生成をどこにもとめるかはともかく、ロマン主義のなかで成長を遂げたことは間違いがない。すると指標はグリム兄弟とその直接の弟子たちということになる。今日のドイツ民俗学につながる組織も、人脈の面ではグリム兄弟の弟子筋によって創設されたのである。しかしまた、グリム兄弟の民俗学に関係した構想が学界組織を通じて常に指針でありつづけたわけでもなかった。すでに20世紀に入った頃には、批判的な見方が学界のリーダーたちには相当つよまっていた。人脈と思想とは、必ずしも直線的ではなかったのである。あるいは、もう少し詳しく言えば、グリム兄弟を実質的な鼻祖とする神

---

5) ドイツ語圏の民俗学史にかかわる次の諸文献（拙訳）を参照、マティルデ・ハイン（著）河野（訳）「ドイツ民俗学とその方法」愛知大学文学会『文学論叢』第86輯（昭62[1987]年12月），p.146-123.；第87輯（昭和63[1988]年3月），p.190-169.（原著：Mathilde Hain, *Volkskunde und ihre Methode*. In: Deutsche Philologie im Aufriss, hrsg. von Wolfgang Stammler, Bd.III, 2.Aufl. 1962, Sp.2547-2570.）；レーオポルト・シュミット（著）河野（訳）『オーストリア民俗学の歴史』名著出版 1992.（原書：Leopold Schmidt, *Geschichte der österreichischen Volkskunde*. Wien 1951）；ヘルマン・バウジンガー（著）河野（訳）『フォルクスクンデ：ドイツ民俗学 ― 上古学の克服から文化分析の方法へ』文緝堂 2010. 第一章が学史にあてられている。（原書：Hermann Bausinger, *Volkskunde. Von der Altertumsforschung zur Kulturanalyse*. Darmstadt 1971, Tübingen 1979, 20104.）；インゲボルク・ヴェーバー＝ケラーマン／アンドレーアス・C・ビマー／ジークフリート・ベッカー（著）河野（訳）『ヨーロッパ・エスノロジーの形成／ドイツ民俗学史』文緝堂 2011.（原書：Ingeborg Weber-Kellermann, *Einführung in die Volkskunde / Europäische Ethnologie. Eine Wissenschaftsgeschichte*. Stuttgart 3.Aufl. 2003）

話学と呼ばれる民俗研究の行き方に対しては、図式化するなら、批判は三回起きた。一度目は、神話学系の民俗学の外部に位置したヴィルヘルム・ハインリヒ・リールが立てた異論である[6]。二度目は、今話題にしたドイツ民俗学会につながる全国組織の成立期に若手のリーダーたちが起こした運動である[7]。そして三度目が、第二次世界大戦後のナチズム批判と一体になった見直しである。この内、一度目は民俗学徒が珍習奇俗に傾いていたことへの批判であり、また三度目はナチズムの崩壊と第二次世界大戦のドイツの敗戦による未曾有の価値転換の一環であり、直接的な背景は分かりやすい。それに対して民俗学の原理が問われたのは二度目であった。それはヨーロッパ文化の特質と深く関係しているところがある。言い換えれば日本では考えられないような種類の議論であったために分かり辛いところがあるが、それだけに最も注目すべきものでもある[8]。

　あるいは、別の事例をとると、ジェームズ・ジョージ・フレイザーをめぐる評価の逆転も見逃せない。フレイザーはその『金枝篇』ともども日本でもなお影響力を残すほどであるが、事実として、20世紀の前半にはヨーロッパ各国の民俗研究には重い規準としてはたらいた。今日でこそネオ・ロマンティシズムの思潮から来る行き過ぎや逸脱があきらかであるが、それが克服されるには多大の労力と試行錯誤を要した。これは、学史理解がどれほど重要なことであるかを知る上でも分かりやすい材料でもある。フレイザーの研究がその前提において根本的な欠陥を抱えていることが議論されたのは1930年代から40年代で、1947年にはスウェーデンのアルベルト・エスケレード（1904-87）の著作が刊行されて一応のまとまりに行き着いた[9]。そうした動き

---

6) これについては早くから日本では知られており、次の概説書にはそのまとめがおこなわれている。和歌森太郎『日本民俗学概説』東海書房、昭和22[1947]年, p.60f.
7) これには関敬吾が関心を寄せていたが、元の論争が（思想史から解きほぐすしかないような）背景がからんでおり、また当時の情報の制約下で要点が捉えにくかったようである。次の拙著を参照、『ドイツ民俗学とナチズム』創土社2005, 特に第一部第1章「民俗学をめぐる個と共同体」

が1950年代前半のドイツに大きな刺激となり、フレイザーの権威は失墜した[10]。それだけでなく、先ず顧慮する必要がなくなった。むしろスウェーデン学派の批判のなかで表になった民俗事象を観察する基準が話題になって、民俗事象を考察する差異の軸の取り方において様相が一変した。エスケレードのフランス語の抄訳も発表されて、ヨーロッパの民俗学界に程度の差はあれ影響をおよぼした。ちなみに柳田國男のフレイザーに対する見方と感情には特殊なものがあったと言われているが、遅くとも1950年代前半にヨーロッ

8）参照、同上、ここでは実際の論争の経緯を整理することを主眼にして叙述したが、ヨーロッパ文化の特質という面からは、民俗学とは直接的には関わらない他の分野の論議をも併せて検討する必要を覚えている。これは端折って言えば、共同体ないしは何らかの集団において人間が規則性をもっておこなう行為やそれらからなる事象を自明のものとみなすか、それとも個体が共同的行動をとること自体に強く関心を寄せるかという正反対の立場によって起きる議論と言うことができる。共同体・集団に主体をみるか、個体に主体を見るかという基本的な視点の違いであり、20世紀初めのドイツ民俗学界における所謂〈フォルク論争〉は畢竟ここから発していた。しかしこれが議論の土台になること自体がヨーロッパ文化ならではの背景に根ざしており、それゆえ日本の研究者が関心を寄せながら理解が容易でなかったのであろう。この問題について筆者は、西洋思想史における生命体原理（organisches Prinzip）と個体原理（individuelles Prinzip）の系譜の相関として別稿を設けて扱うことを考えている。

9）参照、Albert Eskeröd, *Årets äring*. Stockholm[Nordiska Museet]1947. これには英文のやや詳しい概要が付されており、各国の研究者もそれによって北欧の批判理論を知ることになった。スウェーデン学派の着想が初めて表れたヴィルヘルム・フォン・シュードヴ（Wilhelm von Sydow 1878-1952）の指摘からエスケレードの成果に至る学説の流れは前掲の拙著でまとめておいた。

10）この推移については拙著で取り上げたが、目安を挙げると、ナチズムへの姿勢が潔癖で戦後の再建のリーダーともなったヴィル＝エーリヒ・ポイカート（1895-1969）とオットー・ラウファー（1874-1949）の二人が執筆した民俗学の概説書（1951）において、北欧でのフレイザー批判が紹介され（ポイカートの分担）、折から民俗学の再建を模索していたドイツ学界の方向付けに大きな影響となった。参照、Will-Erich Peuckert / Otto Laufer, *Volkskunde. Quellen und Forschungen seit 1930*. Bern 1951, 特に第4章 "Sitte und Brauch" の第1節での方法論に関する記述。

443

パの学界事情が伝えられていたなら、幾らか違いが出たかもしれない。また
その角度から本邦の早い時期の民俗学の書誌をたどると、すでに端緒が見出
されるが、第二次世界大戦をはさむ途絶が情報の継続を阻んだようである[11]。
もっとも、フレイザーの評価に限れば、欧米でもかなり差異がありはする。
図式的に言えば、英米系では評価が下がることはそれほどなく[12]、徐々に過
去の大理論という位置づけへと変わっていったようである。それに対して、
ヨーロッパの大陸では見方はかなり劇的に変化した。さらにフランスとドイ
ツでも違いがあった。最も大きく逆転したのは、北欧とドイツであり、フレ
イザーの大著はほとんど噴飯ものとすら見られるようになった。そのいずれ
が適切であるかはともかく、外国の学界事情が余り遅れずに伝達されること

---

11)『民間傳承』誌の創刊（昭和10年）から程ない1930年代末から40年代初めには大藤時彦をはじめ数人によって何度か海外の民俗学の動向に関する報告が行われていた。なかにはナチス・ドイツ時代の民俗学の状況もやや詳しく取り上げられているが、またそれへの疑義も表明されており、概ね良識的な紹介である。参照、「諾威（＝ノルウェー）の民俗学」（第3巻・第5号　昭和12=1938　大藤）「セビオの方法」（第3巻・第8号　昭和12=1938：柳田）「科学としての民俗学（アドルフ・シパーマー）[大藤時彦による摘意紹介]」（第3巻8号　昭和12=1938 シュパーマーによるリール回帰の発言を含んでおり、リールの高い評価に関する情報源となったようである），「独逸に於ける質問要項」（第3巻9号　昭和13=1939 守随憲治）、「民俗学と宗教民俗学」（第3巻10号　昭和13=1939 杉浦健一）、「民俗学と学校」（第3巻11-12号　昭和13=1939 大藤：ドイツの学校教育における民俗学の知識の内容を学年ごとに紹介しており、ナチス・ドイツ時代の特色をかなり詳細に伝えている）、「大学と民俗学」（第4巻9号　昭和14=1940 大藤：ナチ政権によって大学に民俗学の講座が多数設置されたことを伝えると共にドイツの民俗研究がナチ政権との親近であることへの忌避感をも述べている）、「海外民俗学界の消息」（第6巻10号　昭和10=1941 大藤：米・南米諸国・ソ連の民俗学の状況）

12) 例えば1970年代のアメリカの学界を背景にしつつ、柳田國男を国際的に位置づけるために「外国のフォークロア研究」の一節がもうけられ、柳田國男が参考にした欧米の民俗研究が一通り挙がっているが、フレイザーをめぐる評価の転換はほとんど意識されていなかったようである。参照、ロナルド・A・モース（著）岡田陽一/山野博史（訳）『近代化への挑戦　柳田國男の遺産』日本放送協会 1977, p.159-171.

には意義があり、またその土台になるのは鳥瞰をも可能にする学史理解なのである。

とまれ、過去の幾つかの指標に対して後世がどのように立ち向かったか、ある程度見当がつくのは、学史理解に幾分時間をかけた者にあたえられた小果ではないかと思っている。これを言うのは、目下の課題にそれが幾分役立つかも知れないからである。今日、日本民俗学の先端的な人々によると、柳田國男を克服することが課題であると言う。克服が適切な言い方であるかどうかは別として何らかの対処はもとめられてはいるようである。もちろん、頭からその必要性を否定する人がいても不思議ではないが、また克服を課題とする人々の主張も必然的である。いずれにせよ、少しでも歩み出すには、過去との決着ないしは折り合いは、今日、不可避の手続きでもある。もとより、それにあたっては外国のモデルがただちに適用できるわけではない。先に挙げたフレイザーを克服したヨーロッパ諸国の対応は参考にはなるが、他方、柳田國男はまちがいなくフレイザーよりも数段すぐれた学者であった。もっとも、その叙述が標準的なスタイルに則っているかかどうかという問題はありはする。外国の研究者のなかには、フレイザーが系統だった大著を物したのに対して、柳田國男が〈長い論文はあまり書かなかった〉[13]ことを指摘する向きもありはする。たしかにそれ一つをとっても、体裁にはずれがあろう。しかし他面では、フレイザーは大著ながら、その前提は一時期の思潮に乗った単純な誤謬というところがあって、その上に建てられた、ほとんど砂上の楼閣でもある。学術的な論述が作文とは違って一定のルールをもつのは、系統的な記述が読み手にまとまった世界を提示することになるのと、またそれによって誤謬が防ぐことができるからであるが、その予防措置も効果を発揮しないことがある。筆者はドイツ民俗学のナチズムに重なってゆく経緯を調べたことがあるが、そこには論文として遜色のない体裁をとりながら

---

13) 参照、(前掲 注12) ロナルド・A・モース『近代化への挑戦　柳田國男の遺産』p.8.

基本的な誤謬を含むものが幾らも見出される。論文の形式が普段はチェック機能を発揮することを軽視すべきではないが、時代思潮の大波の前にはあまり役立たないのも学史の教えるところである。

　なお言い足せば、柳田國男の著述については、その文学的であることがよく指摘されるが、これも微妙な問題を含んでいる。学術論文が美しい表現をとるのは理想でこそあれ、非難されるべきことではない。しかしまた論文が文学に変わってしまっているとすれば、それはそれで問題が発生するが、そこではまた何が文学であるかという基準も問われなければならない。

[2] 現代民俗学と現代
a.「現代民俗学会」のHPを読む
　2008年、日本民俗学の積極的な人々によって「現代民俗学会」という組織がつくられたようである。直接的には関知していず、同会のHPを開いた程度であるが、その考え方を見るにはWeb上でも不足は無いと思われる[14]。そこには会の目的が直截に表明されているからである。それによると目標は三点であると言う。

1. 先鋭化：民俗学の先人たちを乗り越え、新たな理論の構築を目指す
2. 実質化：民俗学において自明視されていた知的前提や技法を明晰に表現し、他分野との対話と開かれた議論の土台を作り出す。
3. 国際化：国際的な広がりを前提とした日本民俗の把握を推し進めるとともに、世界各国の民俗学との交流を確立する。

すぐれて単刀直入な言い方であるが、特に第一に挙げられる〈先鋭化〉の内容には注目してよい。〈先人たちを乗り越え……〉とあるが、その先人の筆頭には柳田國男が想定されていると見て間違いがないであろう。と言うのは、

---

14) 参照、現代民俗学会HP.

同じくHPには会長の古家信平氏が、初代会長で早世した宮本袈裟男氏の文面を自筆の写真を添付して特筆しているからである。

　多くの民俗学研究者が、正面から方法論を論ずるのが億劫になり、個別研究を優先させてきたといえるのではないでしょうか。1970～90年代の状況は、民俗学の先達柳田國男の書いた論考と研究者との対話のなかで方法論が語られてきたように思われます。そのため研究者の研究課題と民俗学とが遊離したまま今日に至っているように思われるのです。……
　柳田國男の思いや目指した方向は重要と思いますが、今日の民俗学研究の方向を考える場合は、柳田の考え方も〈あくまで一つの考え方〉と相対化し、民俗学が直面している課題、将来起こりうるであろう課題に対応できる民俗学の方法論を構築すべきであると思います。

おそらくこの会の目的や創設者の書簡は、今日の日本民俗学の真摯な問題意識と見てよいであろう。柳田國男を〈相対化〉する、あるいは先人を〈乗り越え〉よう、という率直な表現からは切羽詰まった課題意識が伝わってくる。

b.〈現代〉という強迫観念
　ところで、その発足した組織は、「現代民俗学会」であると言う。これを聴いて、筆者には、一般的な用語であることに加えて多少思い当たることがあった。15年余り前になるが、近似した表題の本が現れて、それに言及したことがあったのである。今その昔のできごとを言うのは、現今の動きとつながりがあると推測されるからだけではない。そのときの自分の着想を検証する必要を覚えたからである。その書物『現代民俗学入門』[15]は筆者の知人も編者の一人であったが、落手して先ずタイトルに戸惑いを覚え、頁を繰って

15）佐野賢治・谷口貢・中込睦子・古家信平（編）『現代民俗学入門』吉川弘文館 平成8[1996]年

(個々の寄稿には教えられるところが多い事実とは裏腹に）その思いはさらに募ったものである。折からドイツ民俗学のなかでの現代との取り組みを紹介する文章を書いていたときだったこともあり、その新刊書を話の枕にさせてもらった。したがって本格的にあつかったのではなく、そこから得た印象をもとに、タイトルのあいまいに見えることを取り上げたのである。つまり、〈現代民俗学入門〉というタイトルは、（仮に表記上の記号を借りるなら）どこに中黒が来るのかと疑問を発したのである。現代・民俗学入門か、それともなのか現代民俗学・入門か、分かりかねたのである[16]。

改めてその本を開いて見ると、当時の疑念は今も手がかりになるのではないか、と思えてくる。むしろ、刊行から15年を経た現在なら、少々立ち入っても、過去の事例の検証として、悪影響はないであろう。その序文は次のようにはじまっている。

　師走の声を聞くころになるとクリスマスのイルミネーションが街角を飾り、ジングルベルの音色がそちこちから流れて、子供たちはうきうきした気分にひたる。これに限らず、近年日本中である時期になると似たような光景が繰り広げられるのは、たくましい商魂によるばかりではなく、テレビ、ビデオ、パソコンなどの情報機器の普及によるところが大きい。情報の伝達が早く大量に起きることによる画一化は驚くほどである。その一方で、知識の得方の世代間のちがいは大きくなり、体験の伝達継承はかつてのようになされなくなった。世代間の感覚のずれはますます広がっている。この点では画一化と裏腹に多様化が進んでいるといえよう。

そのために部建てにおいて取捨選択の工夫を凝らしたとして、次のように解説される。

16）次の拙論を参照、「現代民俗学への視点をめぐって －ドイツ語圏の民俗研究との比較において」愛知大学文学会『文学論叢』第108輯（平成8[1996]年7月）、p.80-63.

……村落研究を基本とした民俗学研究の諸分野も再検討されなければならない、というのが本書の出発点である。このため神社祭祀、村落組織、狩猟・諸職、交通・交易、口承文藝、民謡といった分野の比重は軽くし、分野の分け方も新たに構成しなおすことにした。

またそれを受けて、締めくくりに近い場所ではで次のように言われ、そこには現代民俗学の語も現れる。

　……移りつつある研究の「中核」を意識しながら、問題意識の多様化に対応することを課題とした。……<u>現代民俗学</u>の多くの課題に見通しを与えたいと考えたからである。……
　（下線は引用者）

そうなると、やはり〈現代民俗学〉なのかとも思われる。事実、現代の様相の幾つかのテーマをあつかった２章「現代社会と民俗学」と「国家と民俗」、そしてそれを構成する各４節、併せて８節が盛り込まれている。しかし何を以て〈現代民俗学〉なのかはあまりはっきりしないのである。おそらく、観察の対象をひろげるのがそれに当たるというのが、編者たちの考え方だったのであろう。それゆえ、〈過疎化と村の再生〉、〈癒しの民俗〉、〈移民の民俗〉、〈伝統教育と近代教育〉、〈戦争と民俗〉といった話題をこなせる論者を加えれば現代民俗学になり得るということであったのであろう。従来の民俗学概論に沿った項目と記述があり、そこに今挙げたような話題を加えることによってバランスが図られたということであったろう。概論とはそういうものであるとするなら、現在なら、そこに年金の民俗とか、（これを書いているただ今の話題である）〈行方不明の高齢者〉とか、あるいは〈宇宙遊泳の民俗〉といった話題が加えられてもおかしくない。これを言うのは、アクチュアルな世相に沿った話題を付け加えれば、〈現代民俗学〉になるのであろうか、とい

449

う疑問が起きるからである。すなわち、新しい領域が加わるときには、その分野の全体にかかわるかなり深いところに降り立った再検討が必要ではないか、と問いたいのである。それは、最近、結成された「現代民俗学会」にも言い得よう。同学会の場合にも、(表記上の補助記号を当てはめるなら) 中黒がどこで打たれるのか、があまり透明ではない。すなわち、〈現代民俗学〉(Current Folklore Studies) のための会なのか、それとも現代あるいはこれからの〈民俗学〉(Folklore Study of Today) のための組織なのか、という問いである。

ちなみに (筆者の身近な場所でも例外ではないが)、昨今、大学の学部・学科、あるいは大学院の研究科の名称にも無闇に〈現代〉をかぶせようとする傾向がある。それを見ていると〈現代〉という言葉には魔術性がこもっていることが推測される。一般社会ではそうとも思えないが、アカデミズムの一部ではその現実があるようである。

しかし民俗学にとっては、〈現代〉は、キャッチ・コピーであることを超えた特異な側面がありそうである。率直に言えば、それは強迫観念であるように思われる。〈現代民俗学・会〉か〈現代・民俗学会〉かはともかく、現代という言葉が人間を引きまわしているところがないであろうか。本来、人間が言葉を制御するのでなければならないのである。しかし、そのどちらであるのかを測る目安は意外に簡単なところにある。要するに、言い換えができるかどうか、である。つまり〈現代〉は、どういう言葉で置き換えられるのであろうか。

c. ドイツ民俗学史から〈現代〉の二例

この問いを筆者は、かなり前に立てたことがある。2001 年に中国の西安で講演に呼ばれたときに話した「現代社会と民俗学」[17] がそれで、またその講

---

17) 次の拙論を参照、「民俗文化の現在 ― フォークロリズムから現代社会を考える」(前掲 注 1) 『フォークロリズムから見た今日の民俗文化』所収；またその中国語訳は次を参照、周星 (訳)「現代社会与民俗学」山東大学主弁『民俗研究 Folklore Studies』季刊 2003 年第 2 期 ,p.21-32.

演は仲介の労をとられた周星教授によって中国語に訳された。まことに恐縮なことであると共にも、臆面もなくそれを言うのは、講演は、私の専門であるドイツ民俗学の紹介という性格が強かったからでもある。分野の重なる中国の識者にドイツの民俗学を知ってもらうのが本来の意図で、筆者の独自性と言えば、少しでも分かりやすいようにと話題を選び、構成を工夫したことであった。しかしここでは同じ話題を繰り返すことは避けて、そのときは取らなかった事例を挙げてみたい。ただし、一般にはあまり知られていない外国の事例を挙げるのは、彼地の動向を理想化して此方を貶めようと言うのではない。決して隣の花は紅い、と吹聴するためではない。予め付言するなら、次に挙げる2例はすでに今では直接的には通用しなくなっている。しかし過去のある時点では斯界を刺激し利澤するところがあり、学史的には忘れられないのである。

α．工業社会民俗学

　民俗学が現代を扱えるようになるというのは、見ようによっては、この分野の悲願であった。都市民俗学もそうであろう（この問題は本稿でも後に多少は言及する）が、要は<u>現代が現代である所以を何に見定めるか</u>である。その一つの里程標に、工業ないしは工業社会という考え方があった。そこで提唱されたのが、工業社会民俗学（industrielle Volkskunde）で、それは、主たる論者であった社会学者で民俗学者のヴィルヘルム・ブレポール（1893-1975）の名前と共にドイツ民俗学史の一頁となっている[18]。ブレポールは、ルール工業地帯の形成とそこでの民衆の組成の解明に生涯取り組んだ人物であった。まことにまじめな人柄であったと伝えられており、その克明な調査によって、ルール工業地帯の人口構成などが解明されていった。しかし民俗学となると、その主要な対象は民衆の生活文化の諸相であり、そこには量的な調査や統計

---

18) Wilhelm Brepohl, *Industrievolk im Wandel von der agraren zur industriellen Daseinsform, dargestellt am Ruhrgebiet.* Tübingen 1957.

では十分に把握できない多くの現象が含まれている。ブレポールはその方面でも新しい傾向に積極的に挑戦したところがあり、口承文藝の通常の種類にとどまらず、日常生活のなかの雑談にも注意を払った。雑談をテーマにするのは今日でも冒険であろうが、それだけ真直だったのである。しかし人間と工業との関係をめぐる人間学的考察を欠いていたために、その結果は決して説得的なものとならなかった。人がどんな雑談をするか、そこにどんな法則が見出せるか、といったソフトな問題との取り組みは、労働時間や通勤時間や余暇に関する量的調査とは質が異なるのである。これが教えるのは、使命感だけでは打開できない課題があること、あるいは課題はそれに相応しい方法論を要することである。

β. 民(フォルク)と大衆(マッセ)

　もう一つ話題を挙げよう。民俗学が現代を射程に置くための基軸の取り方を、別のかたちで試みた人にリヒァルト・ヴァイス（1907-62）がいる。その『スイスの民俗学』(1946)[19] は、第二次世界大戦後まもなく刊行されて、ナチズムとの関わりのために存亡の危機に立っていたドイツ語圏の民俗学に立ち直りの可能性を提示した記念的な大著であった。その要点は、従来、民俗学はその対象とする人間種を民(フォルク)（Volk 邦語の<u>たみ</u>に近い語感がある）と特定していたが、それを大衆(マッセ)（Masse）に関する学知へと視点を切り替えたことにある。これによって、従来考察の埒外に放置するしかなかった対象があつかえるようになった。たとえば民(フォルク)と照らし合う歌い物である民謡（Volkslied）に対して、大衆(マッセ)の歌い物としての流行歌が射程に入るのであり、同じく民(フォルク)の民俗衣装（Tracht）に対して、大衆(マッセ)の流行服（Mode）が、さらに民(フォルク)の祭り行事（Brauch）に対して、大衆(マッセ)のスポーツ祭典が見えて来る。あるいは、民(フォルク)の村芝居に対して、大衆(マッセ)の映画やミュージカルが現れるというように、民(フォルク)と大衆(マッセ)を対比するという部建てとなっている。そして変化式のいわ

---

19) Richard Weiss, *Volkskunde der Schweiz*. Erlenbach-Zürich 1946.

ば分母として伝統（Tradition）と共同体（Gemeinschaft）が挙げられる。すなわちこの二要素が拘束性をもつときには大多数の人間は民(フォルク)と呼ばれるのが適切であるような表れ方をし、両要素の拘束性が緩むと共に大衆(マッセ)化するととらえられる。それゆえ〈民俗文化〉から〈大衆文化〉へ、という変化を一連の動きとしてとらえることができる、とされる。この書物が一種の革新であったのは、たとえば 1920 年代から 30 年代にかけて一世を風靡したハンス・ナウマン（1886-1951）が映画を在来の文化の崩壊と離脱として非難がましい姿勢をとったのと比べても明らかである[20]。後者に較べて、ヴァイスはよほどまともな議論をしており、また一見したときの図式的な構成よりも、個々の記述はしばしば柔軟でもある。もっともその刊行から 10 年余り経つと、<u>伝統</u>と<u>共同体</u>という概念が果たして分母として確かであり得るかという疑問が高まった。またヴァイスの著作は、大きな思想潮流から言うと、1930 年前後から 60 年代辺りまで続く大衆(マッセ)をめぐる議論[21]のなかに位置づけることでき、その民俗学ヴァージョンでもあった。それが刊行されたのは、大衆文化論の里程標となったアドルノとホルクハイマーの『啓蒙の弁証法』とほぼ同時期であった。と言うことは、その後、大衆(マッセ)や大衆文化の概念の自明性に疑問が高まると[22]、その大波を被らないわけにはゆかず、事実しだいに浸水に見舞われて沈没に向かったが、民俗研究が過度期へ進むことを可能にした伝説的な艦船である。

---

20) 参照、ハンス・ナウマン（著）川端豊彦（訳）『ドイツ民俗学』岩崎美術社 1981 年（原書：Hans Naumann, *Grundzüge der Volkskunde*. 2.Aufl.1929.)

21) 大衆（Masse）をめぐる論議の系譜における里程標では、ホセ・オルテガ＝イ＝ガセト『大衆の反逆』(José Ortega y Gasset, *La rebelión de las masas*. Madrid 1929, 邦訳：桑名一博 [訳] 白水社 1975,1985)、本文でふれたアドルノとホルクハイマーの共著『啓蒙の弁証法 - 哲学的断想』（原書：Max Horkheimer / Theodor W. Adorno, *Dialektik der Aufklärung. Philosophische Fragmente*. Amsterdam 1947, 徳永恂 [訳] 岩波文庫 1990)、そしてエリーアス・カネッティ『群衆と権力』（原書：Elias Kanetti, *Masse und Macht*. Hamburg 1960, 邦訳：岩田行一 [訳] 2 巻 法政大学出版局 1971) を挙げるのが標準的であろう。

ここでは二つの例をとったが、いずれも、現代を満たすのは何かを考察している。その伝でゆくと、目下、日本で〈現代〉がキイワードとして口にされるのなら、それは何よって置き換えることができるのであろうか。もちろん世相を羅列することもできようが、それは余り有効ではないであろう。個別の現象におけるやや大きな枠であれば、環境問題や、観光や、コミュニティの崩壊と再生や、グローバリゼーションや、あるいは改めて都市と都市化を挙げるなど、さまざまな迫り方があるであろうが、民俗学にとっての基軸は何かが問われるべきで、またその脈絡が呈示されなければならない。環境問題はたしかに大きな課題であるが、それは民俗学の基軸であり得るだろうか。つまり、民俗学にとって何を主眼におくことが現代を直視し解明することになるのか、という分野を覆う鍵をめぐる問いである。ちなみに、筆者が紹介してきたドイツのヘルマン・バウジンガーは、それを科学技術の浸透に見さだめ、民俗事象の衰微の主因として科学的な技術機器や科学的思考・知識が一般化したことが挙げられながら、民俗学が科学技術を論じてこなかったことを批判的に検討したのであった[23]。

[3]. 日本民俗学における〈現代〉を問う

　しかしこの問題は、別の角度から検討することもできる。それがこの小論のテーマでもあるが、日本民俗学は何を基軸にして現代を射程に置こうとし

---

22) 大衆（Masse / mas）と大衆文化（Massenkultur / mas culture）の概念が成り立つかどうかについては既に1950年代から議論があり、1970年代には批判的な見解が強まった。民俗学でも、ヘルマン・バウジンガーの最初の主要著作『科学技術世界のなかの民俗文化』(1961) では、〈大衆〉を実体概念として見ることには批判的である。〈大衆文化〉(mas culture) はアドルノが原理的な解明を試みた対象であったが、1970年代末には、ドイツの主要な百科事典からはこの語は見出し語から削除され、それ自体が時代の変化のシンボルとして受けとめられた。

23) 参照、ヘルマン・バウジンガー（著）河野（訳）『科学技術世界のなかの民俗文化』文楫堂 2005.（原著：Hermann Bausinger, *Volkskultur in der technischen Welt*. 1961）文緝堂 2004.

てきたであろうかと問うのである。たしかに取りあげられた材料は千差万別であり、それぞれの材料に即した話題も豊かである。その点では多彩なのであるが、同時に、それらを通じて、そこには明らかな特徴がみられ、結果的には単一の思考によっていたとすら思えるところがある。もとより、実際の議論は常に未知の領域と接しており試行錯誤と冒険に彩られていたであろうが、今日から振り返ると、広い砂の上に残された足跡は一つの方向へ向かっていた観がある。それにたずさわった人々が、それぞれの独自性を自負・自認し、しかも結果的には一連の系譜を形作っていると見ることできるとすれば、それはこの分野において何が不可避であったかを示しているであろう。もっとも、そうした観点から日本の民俗学をたどることはあまりなかったかも知れない。とまれ、その課題に入ることにしよう。

a. 出発にあたっての材料と手立て

　ここでは、柳田國男の主に現代を取り扱った幾篇かの著述、それに日本民俗学でその方面へ広大な領域を押し広げた代表者である宮田登の幾つかの著作を取り挙げようと思う。なかでも宮田登氏の業績は、柳田國男を受け継いで発展させようとしたときに何が起きるかを見るために特に注意を向けたい。もちろんこれ以外にも目配りは必要であろうが、ここでの眼目は網羅的とはせず、少ないサンプルを用いることによって得られる明瞭性を重視したいのである。

　出発点は柳田國男であるが、その思想を核心に近い部分において把握するという課題は容易ではない。一定の手立てをもって臨むほかない。その際、論点を広げるのは問題点を曖昧にしかねないので、特定の主張に即して解きほぐして行けばよいであろう。それはミクロの観察であるが、ミクロの観察であるが故に明らかになることがらと、ミクロであるが故の限界には改めて留意する必要がある。

1. 検討の対象である〈元サンプル〉（この場合は柳田國男の特定の所説）を素直に読む。これは、対象が成り立った意図と必然性を理解することで

もある。そこでは一面的な捉え方は避ける。一般的に言えば、長所と短所は別物ではなく、ことがらの両面であることが多いからである。検討の対象である所説に走る論理を問う。
2. 次に対象（所説）そのものではなく、それがどのように受け継がれたかを〈後継サンプル〉において検討する。ここでもそれを素直に読むために、上でおこなったのと同じ注意を怠らないようにつとめる。
3. これによって特定の所説が受け継がれ学問伝統となる過程を、小さなモデル・ケースで観察したことになるであろうが、受け継ぎの際に起きた変化にも注意する。つまり〈元サンプル〉の単なる繰り返しであるか、何らかの改変・発展であるなら、その仕組みを理解するようにつとめる。〈元サンプル〉と〈後継サンプル〉の間の繋がりと差異を特定し、一連の系譜の特徴を把握する。

b. 古典としての柳田國男

　しかし、この手続きに沿って検討に臨むにあたって、主要な対象についての考え方を確かめておきたい。それは、柳田國男を読むときの姿勢のようなものである。先に〈柳田國男を読めば、すべて書いてある〉という見解を取り上げたが、決してそれを口にした人への非難でもなく揶揄でもない。一面では、筆者自身がそういう気持ち分かちもっているのである。柳田國男を繙けば、その広い見識、社会のさまざま分野にかかわる発言の幅の広さ、深い洞察力、それに密度の高い文章と自在な表現力、いずれも読む者を自然に承服させるに十分である。それに抗うのはむしろ苦しいことでもあり、解釈し直してすませるのであれば気持ちも楽になる。筆者には、〈乗り越え〉ようという気持ちはどこにもない。その点では、現代民俗学会に集まる人たちには、日本民俗学の担当者として柳田國男以来の流れのなかにいるだけに、相手の手の内が分かっているか何かで、成算があるのであろう。筆者の場合、日本民俗学会の会員ではあれ、別の分野から接近したこともあって柳田國男を論じるには工夫をこらすほかない。

これは自分の立場や気持ちを改めて確かめることでもある。『日本民俗学』誌には目を通しており、勉強になる論考も多いが、それでも払拭できないのは、(率直に言えば)不毛な時代に生きているという感覚である。つまり、とてつもなく巨大な思想家・学者が現れてその分野の全体を言い尽し、一般社会もその分野となると、その巨人の名前や風貌と共に思い浮かべるという状況が続いているとすれば、後続の時代は、巨祖の衣鉢にすがるのでなければ、胡乱に堕すか無謀に走るかを運命づけられている。孔子の後の儒学の世界、アリストテレスやヘーゲルの後の哲学の世界などと言うと大げさだが、何を以て対置し得るかとなると、俗に言うペンペン草も生えないのである。そういうときに何ができるのか考えるとき、(直接的に役立つわけではないが)思い出すのは、遥か昔、大学を出たか出ない頃に読んだ一冊の書物である。美術史家アーロイス・リーグルの『古代ローマ末期の美術工業』[24]だが、テーマそのものが驚くべきものであった。美術史研究というと造形の歴史に燦然と輝く名品が生まれた高揚したエポックか、ないしは或る時期を代表する特定の人物に焦点が当てられるのが普通であろう。しかし、古代ギリシアとそれを受け継いだローマがその盛期が過ぎてしまうと、ローマの文化は、もともと周辺地域に対しては高低の差があり、制度的な裏づけもあったために惰性や惰力で広がってはいったが、創造力となるとすでに著しく枯渇していた。数世紀の後にキリスト教の中世が始まるまでは、藝術は不毛であることを余儀なくされたのである。しかしその不毛の時代に住む者も藝術なくして生きることはできなかった。過去の栄光にひたって日を送ることもできなかった。貧弱な時代は貧弱な時代なりに、時代の空気を吸って吐くほかない。藝術も学術もそういう観点から考察するなら、不毛と言われる古代ローマ末期の独自性が見えてくる、藝術的な高下などではないは固有の意思と構図が浮かび

---

24) 参照、Alois Riegl, *Spätrömische Kunstindustrie*. Wien 1901, 2.Aufl. 1927, Reprogr. Nachdruck: Darmstadt 1973. 今日では次の翻訳を参照、アロイス・リーグル(著)井面信行(訳)『末期ローマの美術工芸』中央公論美術出版 2007.

上がる、というのがリーグルの論である。そうなると、藝術を産み出すのは何なのかという問題が起き、そこで〈藝術意思〉という概念を措定してリーグルは理論を組んでゆくのだが、ここはそれを取り上げる場所ではない[25]。要は、その名著があつかっている時代と今日とが、民俗研究の分野に限っては重なるように思えるのである。あるいは、そういう観点から臨むほかない状況に立っていることを認識することが必要ではなかろうか。

　筆者の立場は、ここで述べたことにおいてすでに言い表してもいる。それは、柳田國男を古典として見ようということにある。〈柳田國男を読めば、すべて書いてある〉、ゆえにひたすらその説くところを読み解き、咀嚼し、従い、右顧左眄すべからず、というのであれば、それは教典として作用していることになる。教典とは、拘束力をもつ指導要領であり、現行法規であり、場合によっては警察手帳にすらなるであろう。もしそうであれば、一方では大方に対して生存と安全を保証しながらも、他方では（少なくとも部分に対しては）封殺する圧力としてはたらき、どこかで何かを死滅させてしまう。しかし、古典はそうではない。今生きてある者が、振り返り、掘り起こし、智恵を読もうとするのである。

　これには、たぶんただ今の時代も関係していよう。今の比喩を続けるなら、柳田國男は、曾ては、現行法規として機能したことがあったように思われる。今も部分的にはその要素があるのかも知れないが、時間が経ったお陰で、拘束力はすでにことさらルールたらしめようとする人々の周辺に限られよう。もちろん今も注疏を大切にする人がいるのは不思議ではない。さらに細かく字解が編まれ、訓詁が施されるとしても、決して瑣事でも消閑でもないであ

---

[25] ここでアーロイス・リーグル（Alois Riegl 1858-1905）を挙げたのは、民俗学にとって無縁でもないからである。リーグルはオーストリア民俗博物館（ウィーン）の設立に関わり、またオーストリア民俗学会の機関誌の創刊号にも寄稿した。それだけでなく、日本の〈民藝〉の概念とも重なる"Volkskunst"の定義をも試みた。ただしやや特殊な条件下でおこなわれたこともあり、筆者が目下進めているドイツ・オーストリアの民藝理論の概観において解説をほどこすことになろう。

ろう。しかし知らず知らずの間に注疏の外には立てなくなっているとすれば、やはり問題であろう。それを防ぐには、やはり距離を確かめるしかない。依拠するための距離であると共に、離れるための距離である。

2.『明治・大正史世相篇』における柳田國男

[1]「自序」に見る方法論

　『明治大正史　世相篇』（昭和6［1930］年刊）[26]は、柳田國男の書き物の中では、かつてはやや異色と見られながら、昨今では、むしろ高い声価を得ている。昭和初期の当代に向き合って世相を解読しようとしたもので、しかも全15章89節で取り上げられ扱われる話題は多岐にわたり系統的であることからも、ほとんど現代小百科の観を呈する。時代の活動のほぼ全貌に自己の知識と判別を当てようとした意欲は、概観するだけでも伝わってくるが、また自序において〈野望〉の語が入っていることからも窺える。同時に〈失敗した〉と述べていることもよく知られているが、その当否はともかく、それが一般に言われるフォークロアと一連のものとして構想された、あるいは一連で無ければならないとの決意の下に着手されたことには注目しておきたい。

　打ち明けて自分の遂げざりし野望を言ふならば、實は自分は現代生活の横断面、即ち毎日我々の眼前に出ては消える事實のみに拠って、立派に歴史は書けるものだと思って居るのである。……資料は寧ろ有り過ぎるほど多い。もし採集と整理と分類と比較との方法さへ正しければ、彼（＝人間史）に可能であつたことが此方に不可能な筈は無いと考へたのである。
　此方法は今様に起こりかけて居て、人は之を英国風にFolkloreなどゝ呼んで居る。一部では之を民俗学と唱へる者もあるが……さういふ人たちの

26）参照、定本 柳田國男集』（筑摩書房）第29巻,p.3-16.

中には、専ら其任務を茫洋たる古代歴史の模索に局限しようとする傾向が見えるが、之に對しても自分は別な考を持つて居る。其一つは古代史にして尚此方法に由つて究め得べくんば、新代史は愈々其望みが多からうといふこと、遠き上古にすら之を應用する必要があるならば、近くして更に適切なる現代の疑問にも、是非とも試みて見なければならぬといふことであつた。今一つは正反兩樣の證拠の共に示し難く、たとへば日本人は希臘より來るといふ説までも、成立つたり闊歩したりするやうな區域に於て、この無敵の劍を舞はすことは、何か巧妙なる一種の逃避術の如き感がある。だから邪推する者には故意に事實の檢閲を避け、推理法の當否を批判せられえるのを、免れんとする者の如く解せられるので、是はこの新たなる研究法の信用の爲、可なり大いなる損害と言はなければならぬ。それを防止する爲にも自分は今一方の片扉を、是非とも押開く必要があると思つた。それでこの一つの機會を逸すまいとしたのである。

要するに生成しつつある民俗学の本ものであるかどうか、その見極めにもなる乾坤の場との使命感があったと言うのである。しかも、その方法は、当時としては非常に斬新であった。新聞が主要な材料とされたからである。

　問題は然らばどうして其材料を集め、又標本を調整するかであつた。自分が新聞の有り餘るほどの毎日の記事を、最も有望の採集地と認めたことは、決して新聞人の偏頗心からでは無かつた。新聞の記事ほど時世を映出するといふ唯一の目的に、純にして又精確なものは古今共に無い。さうして其事實は數十萬人の、一齊に知り且つ興味をもつものであつたのである。ちようど一つのプレパラートを一つの鏡から、一時に覗くやうな共同の認識が得られる。是を基礎にすることが出來れば、結論は求めずとも得られると思つた。其爲に約一年の間、全國各府縣の新聞に眼を通して、莫大の切抜を造つただけで無く、更に參考として過去六十年の、各地各時期の新聞をも渉獵して見たのである。

ところが現実は新聞記事の伝えるところよりもはるかに複雑で、有力な記録が新聞では漏れることにも気づいたとの感想が述べられる。また余りに分かり切った事象についての証拠の挙げ方に困難を覚えたとの述懐も入る。つまり〈松とか笹とか雀とかいふやうな朝夕見慣れ切つた物で丁寧に序説すると、精密だと評せられる〉が、世相研究では〈もしそんな事をすれば馬鹿々々しいと謂つて、耳を傾ける者が一人も無くなるであらう〉ということから、やむなく〈論評式の筆を遣つた〉とも言われる。が、注目すべきは、その次の一節である（下線は引用者；以下同じ）。

　次に尚一事附加へたいと思ふのは、此書が在来の傳記式歴史に不満である結果、<u>故意に固有名詞を一つでも掲げまいとした</u>ことである。従つて<u>世相篇は英雄の心事を説いた書では無い</u>のである。國に遍満する常人といふ人々が、眼を開き耳を傾ければ視聴し得るもの、限り、さうして只少しく心を潜めるならば、必ず思ひ至るであらう所の意見だけを述べたのである。

方法論として、きわめて純粋でリゴリスティックですらある。その奥にあるものへの興味も起きる。それに、新聞だけを材料にして論文を書くという試みは、フォークロアの世界ではおそらく欧米でも前例がなかったのではなかろうか。おそらく、このとき柳田國男は、世界の民俗研究の先端に立っていたと言ってもよいであろう。と言うのは、類似の試みは、欧米でもずっと後のことなのである。

[2] 新聞を材料にしたフォークロア研究
　筆者が知っているのはドイツ民俗学のなか

柳田國男『明治大正史　世相篇』（朝日新聞社昭和6 [1930] 年刊）中扉

461

での動きであるが、たしかに似たような姿勢が無かったわけではない。第一次世界大戦がはじまったとき、後にベルリン大学の民俗学科の初代の教授となるアードルフ・シュパーマー（1883-1953）が、新聞・雑誌・チラシ・広告などを集めて戦争の推移を民俗学の面から記述することを企画したと言われている[27]。しかし、結局、公刊されるところまでは進まなかった。むしろ同じような意図が実際におこなわれるのは、はるか後の1960年代までまたなければならない。その頃、オーストリアの民俗学のリーダーであったレーオポルト・シュミット（1912-81）が、その主宰するオーストリア民俗博物館に現代民俗研究所を併設し、民俗学の観点から新聞・雑誌を資料とすることを進め、自らも実験的な論文を書いた。レーオポルト・シュミットは生涯に数百冊の書物を公刊し、著作目録には5千5百篇余の業績が挙げられている規模の大きい学究であるが、なぜか日本では注目されず、筆者が紹介してきただけのようである。なかには、現代民俗学の節目となった著名な考察もある[28]。筆者がウィーンのその施設を訪ね、活動の様子を報告したのは20年前のことであった[29]。

a. レーオポルト・シュミットの試み：火葬とヨーロッパ文化

　新聞記事を主要な材料にして世相を解明するのは、レーオポルト・シュミットの現代民俗研究における工夫の一つであった。そのなかから一つの論文を紹介しよう。おそらく成功例に数えてよいと思われるものに、「現代の文

---

27) 参照、（前掲 注5）ヴェーバー＝ケラーマン『ヨーロッパ・エスノロジーの形成』p.130-131.
28) 次の拙訳を参照、レーオポルト・シュミット「信仰なき習俗 ― 公的シンボル動作をめぐる意味解釈の変遷」愛知大学『一般教育論集』第2号（1989), p.51-79（原著：Leopold Schmidt, *Brauch ohne Glaube. Die öffentlichen Bildgebärden im Wandel der Interpretationen*. In: L. Schmidt, Volksglaube und Volksbrauch. Gestalten, Gebilde, Gebärden. Berlin[Eich Schmidt] 1966, S.289-312.）
29) 次の拙論を参照、（前掲 注2）「ドイツ語圏における現代民俗学研究」

化変容のなかの葬送習俗」がある[30]。近・現代のなかで生成した新しい習俗から幾つかを論じているが、そのなかから比較的大きな話題として火葬に限ってかいつまんで（一般的な背景を補足しつつ）紹介する。

　キリスト教文化のヨーロッパでは、一般的には埋葬は土葬である。これには、二つの教義が関係している。一つには、世界の最後の日に天使がラッパを吹き鳴らすと共にすべての死者が墓から呼び起こされ、神によって天国と地獄へ振り分けられるとされている。〈最後の審判〉である。図式的に言うと、ラッパの響きは旧約を、鐘の音は新約をあらわすが、そうした古くからの観念が生きつづけたところから、死体が残る必要があるとされることが多いのである。二つ目のより大きな影響力をもつ教義は、煉獄（英 purgatory　独 Fegefeuer）である。人は死ぬと、ただちに天国や地獄へ行くのではなく、魂は煉獄にとどまって修練を受ける。なお死者の魂が天国へ挙げられたと葬儀にあたって聖職者によって告げられるのは私審判で、公認の便法である。そもそも死者がどこへゆくか、その議論の辻褄が合うかどうか細かいことを言い立てるのは意味が無いとの実際的な判断は、キリスト教においてもはたらいてきた。その一方で、この煉獄の観念はヨーロッパ・キリスト教の最も重要な特徴ともされるが、その煉獄で起きるのは魂の修練に他ならない。しかもその最も流布した形態は、死後、魂が火で焙られるというところにある。この火炙りを、西洋の人々は、古来、たいそう恐れてきた。現代人から見ると死後のことであるから、直接の苦痛ではないことになるが、ほとんど実感をもって受けとめられたようである。その様子を描いた図像も枚挙にいとまがない。参考までに言い添えれば、宗教改革のきっかけになった贖宥符（免罪符）はこれを免れさせるもので、人々は自分だけでなく、父母など近親者が死後に火炙りに遭うのを少しでも和らげてもらおうとして献金に応じたの

---

30) Leopold Schmidt, *Totenbrauchtum im Kulturwande der Gegenwart.* Wien〔Verlag der Österr. Akademie der Wiss.〕1981（Sonderdruck aus dem Anzeiger der phil.-hist.Klasse d. Österr. Aakd. d. Wiss, Jg. 1981）.

である。この教義はプロテスタント教会では否定されたが、ローマ・カトリック教会では受け継がれており、今日でもローマ教皇が期限を切ってローマに詣でる者には贖宥をあたえると宣言することがある。とまれ、この煉獄のイメージと重なるため、火葬は忌避され、広まらなかったのである。

　ところが19世紀になると、キリスト教的であることに反撥する人たちが出てきた。それが社会主義者で、ヨーロッパの伝統的な支配体制と一体になったキリスト教会の教えに対する抗議や不同意の表明として敢えて火葬を選ぶという動きをとるようになった。よく知られているのは、フリードリヒ・エンゲルス（Friedrich Engels 1820-95）が遺言で火葬を指示したことである。やがて、20世紀に入ると共に、社会主義者ほどの明確な抗議・抵抗の姿勢でなくても、伝統への疑問として火葬を選ぶ人たちが増えていった。その指標として、レーオポルト・シュミットは、『特性のない男』の作家ローベルト・ムージール（Robert Musil 1880-1942）が、家系の伝統（事実ではないらしい）との口実を構えて火葬に処して灰は森に撒くようにもとめたことに注目した。さらに時代が進み20世紀も後半に入ると、ロマン的な世界観・自然観が浸透した。つまり人間は自然から生れ、自然に帰るという、人間にやさしい自然という考え方で、ヨーロッパの伝統的な自然観は根本的に変化をきたしていたのである。そうした徐々に進んでいた変化であったが、それを顕在化させることになったシンボル的なできごとが起きた。1977年9月16日に逝いたオペラ歌手マリア・カラス（Maria Callas 1923-77）が火葬を望んだのである。その遺志を受けて、絶世のプリマ・ドンナの遺体の灰はやや時をおいて故郷のエーゲ海に、ギリシアの文部大臣によって船上から撒かれたのであった。このニュースは世界中で感動をもって受けとめられ、殊にヨーロッパで一種の憧れをも掻き立てて火葬へ向かう流れの一つの転機となった。レーオポルト・シュミットは、ここで挙げた三人の火葬の性格の違いを取り上げると共に、すでに社会主義者の選択の奥で進行していたロマン的な自然観が、やがて表面化するという変動を描いた。この論文は、手法としてみると、新聞報道が、必ずしも無名の人々の記録に限定されず、種々のスターの動静を伝え

る性格をもつことを活用したものでもあった。

　なお言い添えれば、レーオポルト・シュミットが火葬を分析して得た構図は、現代の西洋社会にもほぼ当てはまる。一例として、世界的にベストセラーとなったロバート・ジェイズム・ウォラーの小説『マディソン郡の橋』を挙げてもよいだろう[31]。小説は1992年に刊行され、1995年にはメリル・ストリープとクリント・イーストウッド（兼・監督）の主演で映画化されてロングランとなった。このアメリカ映画は、死亡した母親が遺体を火葬にして橋の上から撒くようにとの遺書を残したところから始まる。その遺志への二人のすでに成人している子供たちの最初の反応は、〈キリスト教徒なら土葬じゃないか〉として、母親が老いて頭がぼけていたのでは、という疑念であった。しかし理由を克明に記したノートが残されており、それがスクリーン上でかたちを取る。中年の男女の淡い恋である。したがって火葬に対する伝統的な違和感と、自然回帰とも接する火葬のロマン的な側面が交錯している西洋キリスト教社会の心理が小説ならびに映画のモチーフの一つとなっている。

1977年に亡くなったマリア・カラスの遺灰はギリシアの文部大臣によって故郷のエーゲ海に撒かれた。散骨の報道記事に添えられた写真　『南ドイツ新聞』1979年6月5日付レーオポルト・シュミットの論文（注30）より転載

b. 柳田國男の新聞の使い方

　以上を挙げたのは、柳田國男の方法に改めて注意をするためでもある。それはヨーロッパのフォークロアよりもはるかに早い着

---

31) 参照、Robert James Waller （1939-L）, *The Bridges of Madison County*. 1992. 邦訳：村松潔（訳）『マディソン郡の橋』文藝春秋 1993.；映画化（1995）：監督・主演 Clint Eastwood, 主演女優 Meryl Streep.

眼と実践であった。同時にその方法はやや特異でもある。それは他でもなく、〈固有名詞〉を排除すると表明されるからである。民衆を主役にするという観点からは、その手法はいかにも自然に見え、また強い意志をうかがわせる。新聞は毎日の出来事、普通に発生するできごとを追っているので、それが情報源であるのも、首肯されよう。しかし、その両者が素直に絡み合うかどうかには、一考を要するところがある。つまり新聞報道の性質に適っているかどうかである。

　新聞に限らず、報道にあっては、政治家・藝能人・スポーツ選手から凶悪犯罪者にいたるまで、各分野のヒーローの動静を伝えることが大きな役割となっている。それは、人間社会の一般的な素地に基いているように思われる。大小に拘らず、人間の集団は単に多くの者の寄り集まりではない。国民は、昔からその属する国の王様や女王様や首相といったトップの顔を見てきたものであり、会社・商店その他の組織でもメンバーは常にリーダーとの関係で自己の位置を確認している。それ自体は群をつくって暮らす動物の基本的な習性に根ざすのであろうが、人間社会の特質はその関係がきわめて多彩で輻輳している点にある。何十・何百という関係が同時にはたらいている。現代の報道は、その多面化・多彩化をいっそう押し進めたのであって、そこではありとあらゆるヒーローあるいは話題の主が現れる。新聞は決して無名な存在を無名なままで伝えるのではなく、無名な人間を（善きにつけ悪しきにつけ）一躍名のある人にするのである。新聞社では、事件が起きると、〈がん首〉すなわち関係者の顔写真を集めることに精力を注ぐ。誰それと特定できる写真を入手するのは同業他社との競争の大きな節目で、地方の支局などには、奇禍に打ちひしがれた遺族からたちまち故人の写った一枚を調達してくるその道の達人もいたりするようである。購読者の希求に応えることとつながっているのは明らかであるが、それは決してゴシップを喜ぶというレベルだけのことではないであろう。絶えず名前の挙がる公人や著名人の動静はともあれ、多くのできごとにあっては、固有名詞は事実としては何ほどの意味をもたない。隣人や遠い縁者など思いがけず見知った名前を見出すという効果は

限られたもので、ほとんどの受け手にとっては、名前も写真も手持ちの知識とは重ならない。報道が架空のものではない保証でしかないが、しかしそれだけではすまない意味があるように思われる。つまり深いところで、<u>できごとの人間化</u>とでも言うべきものが、それによって実現される。人間とは、何よりも人間の顔を見る存在だからである。<u>顔が見えないできごとはむしろ人間的ではなくなるであろう</u>。名前の代わりにAさんとかB氏とかいった符合が振ってある場合の収まりの悪さがそれを教えている。そこで、誰それと名前を挙げ、(仮名)と注記する方法も行なわれているが、実際には符合と少しも変わらないにも拘らず、読む側の苛立ちは半減するらしい。

　ちなみに明治はじめ頃の瓦版仕立ての一枚摺り錦絵などを見ると、その時々の世相や好奇心に合いそうな珍事や美談が語られ、そこに実在かどうか怪しげな人名がもっともらしく書きこまれている。それは実事件の実名というより、記述されたできごとに生命をふきこむ手段であったと思われる。しかも江戸時代の後半から多くあらわれる風説でもすでにみとめられる趨勢でもあった。

　これを柳田國男が知らなかったはずがないが、敢えて〈英雄〉を尊ばないという理念の下に、あらゆる固有名詞を排除したのであろう。しかし、これは新聞の特質の半分を捨てるようなものである。柳田國男の『明治大正史世相篇』が、本人の意に満たずに終わった面があるとすれば、新聞報道の性格にそぐわない対処方法も関係していたのではなかろうか。とまれ、その壮図の一節を読んでみたい。

[3]『明治大正史　世相篇』の一節「障子紙から板硝子」

　全89節のなかには、成功したテーマもあれば、不発に終わったトピックもあるとされてきた。それは事実であろうが、目配りが網羅的ないしは総合的であることは先にもふれた。章名だけでも挙げると、次の15項目である。

　　1. 眼に映ずる世相　　2. 食物の個人自由　　3. 家と住心地

4. 風光推移	5. 故郷異郷	6. 新交通と文化輸送者
7. 酒	8. 戀愛技術の消長	9. 家永續の願ひ
10. 生産と商業	11. 勞力の配布	12. 貧と病
13. 絆を慕ふ心	14. 群を抜く力	15. 生活改善の目標

一目で総合的であることがうかがえるが、それはフォークロア研究を建設することと一体になった使命感の故でもあったろう。それはまたここでの記述が二面性をそなえていることを示唆している。一つには、フォークロア研究の構想の実際であり、そのいずれもが構想を分有するという意味では、ほとんどすべての場合に同じ構図がみられるであろう。二つには、そうは言っても実際の話題となれば得手不得手や材料の調達その他の種々の要因から、成功したものと必ずしもそうではないものとがあり得るであろう。『明治大正史 世相篇』を最も強く意識した一人は、それを当代に試みた色川大吉氏であろうが[32]、氏によると、〈成功しているのは最初の4章と、「家永續の願ひ」を書いた第9章くらいであり、あとの三分の二の章は柳田の志からすれば、並列的な記述や論評的な平板な解説におちいっており、構成的な叙序ができていない点で失敗であった〉とされる。また最も成功しているとして挙げられるのは、「家と住心地」であるともされ、次のような論評が加えられる。

衣食住に対する民衆の感覚の変化（情動）を重視し、それを内側からとらえることによって、「民衆的近代」に向う時代相を浮き上がらせるという方法を示している。住居を「板戸から紙窓へ」、さらに「ガラス窓へ」の発展でとらえ、それが家の内部を細かく仕切ることを可能にさせ、結果として家長権の支配から個の空間を分離独立させていった内側からの近代化過程を情動の視点から描いてみせた。その手法はフランスの『アナール』派社会史のそれに似て心憎いばかりで、柳田は住居の問題を「住心地」という

---

[32] 参照、色川大吉『昭和史 世相篇』小学館 1990, 以下の引用は p.12f.

切り口でとらえているのである。

かく、すこぶる高い評価である。もし検討のためのサンプルをもとめるなら、遺漏や弱点に蝕まれた逸文を拾うのではなく、出色の出来と後世の識者が称える達意の箇所を撰ぶのが生産的であろう。故に、以下では第三章第3節「障子紙から板硝子」を僅かに刪りつつ、その実際を読んでみたい。

　部屋といふ詞(ことば)も今日は家の各室の名になつて居るが、是も曾ては小屋を意味し、若くは小屋の一種であつたことが有るやうである。……屋敷は都會の長屋など、同様に、もとは數多くの部屋を分立させて居た。是と主屋(おもや)との明かなる差別は、大きい小さいといふ以外に竈屋(かまや)の附いて居るか否かであつた。主たる用途は寝るといふだけであつて、食事は集つてする習ひであつた故に、さう大きなもので無くともよかつたのである。……近世の分家といふものゝ中には、單に炊事食事の場を別にしたといふだけのものが多かつたのが、後々土地を分配して經營まで二つにするやうになつた為に、新宅はもはや部屋では無くなり、へやは唯家の中の或区畫といふ意味に歸したのである。

母屋を中心として、それに小屋（部屋）がいくつもあるような（おそらく大）家族のための大きな家屋があって、それが基本的なまとまりであったとされる。そのまとまりの重要な契機は食事で、大勢が集まって行なうのが決まりであった。それが時と共に、小屋でも食事どころか生業上の経営すらも分立したために、小家は（従属性を意味する）部屋とは呼ばれなくなった、という文脈であろう。

　今日の村の小家には、此種の勞働小屋の唯少しばかり進化したものが多い。……村では獨身者は即ち婚姻し得る者であつた。それ故に部屋は同時に婚舎であり、やがては數多くの小兒(こども)を育て上ぐる家でもあつた。但し幸

469

ひなことに田舎の子には外といふものがあつた。さうして親たちも晝だけは始終外に居た故に、部屋の小さいことは格別の拘束では無かつたのである。町でも長屋の子はいつも外に出て遊べと言はれた。僅な空地でも近くに在る場合は勿論、道路の上でも、獨樂や紙鳶をもつて、遊ぶのが權利であつた。それが追々に不安になり戒められるやうになつたのである。……

かくして小家が増えたが、それは独立した若い夫婦の住まいで、そこで子供も育てられた。小家は手狭であったが、日本では戸外との有機的なつながりがあるので、子供は遊び場には困らなかった。

　何にせよ我々は、外を住居の一部分の如く考へて、育つた國民であつた。それには先づ毎日のやうに晴れた空、柔かな空氣に感謝しなければならぬのである。北の半分では雪降る間、南の半分では梅雨の頃が、特に小兒の窮屈がる季節であつたが、同時に又其親たちの改良を思ふ時でもあつた。併し改良とは言つても只家の大きさを加へただけでは、目的を達することが六つかしかつた。町では擴張は殆ど不可能であつたけれども、家を明るくする技術だけは先づ講じて居たのである。
　始めて日本が西洋の旅人のいふ紙窓の國になつた時の、農民の喜びは想像することが出來る。家はもと寒風を遮る爲にも、木戸蓆戸を卸さなければならぬ造りであつた。窓を大きく又低くしようとすれば、吹き降りを凌ぐことが出來なかつた。夜で無くとも内を夜にすることが、家の効用を達する唯一つの途であつた。爐の火を高く焚けば家の中が明るくなり、それが又火の神の神壇の拝まれた由緒でもあつたが、冬で無ければさういふことは望まれない。そうこと無しに雨の降る日は寝るといふ、をかしな慣習さへ普通になつて居たのである。明り障子の便利はよほど前から知られて居たが、紙が商品にならず經濟が其交易を許さぬ間は、農家では之を實地に應用することが出來なかつた。奇妙な因縁で是が又小兒の手引きによつて、追々に小家へも入つて來たのである。近世の草双紙の繪を見ると、き

まつて斯ういふ家の障子には、いろはになどの清書の紙が貼つてある。それが明治の中ほどになる迄、尚多くの村の實際の光景であつた。さうして子供が學校に行くやうになつて、始めて又この端居といふものが必要になつて来たのである。

日本の気候風土は天の賜物であるが、また北国では冬場、南国では梅雨の時期が家の窮屈が痛感された。その拡張は簡単では無かったが、家内を明るくする工夫は進んだ。家と外部との開口部は昔は木戸や蓆戸であり、ゆえに屋内は暗かった。冬は爐に火を焚くので、火の高さの調節で屋内は明るくなり、それだけに灯りのある場所である神棚をいっそう神々しくも感じさせた。しかし爐の火が僅かですむ温かい季節には家中は灯りが乏しく、雨の日などは戸を閉めて暗いこともあって早々と寝るしかなかった。紙を貼った障子を入れれば明るいことは分かっていたが、紙は容易に手に入らなかった。やがて子供が習字をするようになると反故ができるので、それを貼った障子によって明るくなった。それだけでなく、勉強のために太陽光線のあたる場所に座る習慣もできた。西洋人は、紙障子にまで進んだ段階の日本を見て、それが一般的だとおもっているようだが、いずれにせよ紙の障子によって家内が明るくなったときは住民も嬉しかったであろう。

　家が明るくなつたといふことは、予想以上の色々の効果を齎した。第一には壁や天井の薄ぎたなさが眼について、知らず〲に之を見よくしようといふ心持の起こつて来たことである。障子に日の影の一ぱいに指す光は、初めて經驗した者には偉大な印象であつたに相違ない。ちやうど同じ頃から勝手元の食器類に、白く輝くものが追々に入つて来たことは、必ず相映發する所があつたらうと思ふ。所謂白木の合子の清いのは最初の一度だけであつた。始めて染まつたものは永久のしみになつて残つた。粗末でも塗物の拭うて元にかへるものを、農家が使はうとしたのも同じ刺戟からであらう。茶釜罐子の類を磨き抜くことは、今日主婦の常の作業であるが、

是なども特に必要が多くなつたこと\、思ふ。これから色々の什具の形と好み、よそで見たるものと同じものが慾しくなることも、次第に多くなつて来たわけである。家を機會ある毎に少しでも大きくし、押入れを仕切つたり縁側を添へたり、内からも外からも見た目をよくようとしたのも、實際は亦此頃からのことであつた。是は兎に角に改良に相違ないが、其御蔭で以前の小屋が簡素なる本式の住居となり切つて、是でもどうやら住めるといふ小満足に達したことが、ちやうど又町の長屋の人と同じであつた。乃ち貧農が一つの定まつた世態となつたのである。

家が明るくなると、家内の汚いのが眼について改良はさまざまな箇所に進んだ。白木の食器から漆器や磁器への切り替えも起きた。家内を細かく手入れし、押し入れをつけたりといった改良を加えることによって、小家でもこぢんまりと便利になり、それは町の長屋が手狭でも暮らしの場らしくなったのと同じでもあったが、お陰で（つつましく独立した）貧農が一つのタイプとして定着した。

　一方、日本の常の住屋といふものには、別に昔からの一つの型があつて、元は略各種の階級に共通して居たらしい。……大體に木材が太く軒が厚く、土間と廣敷とが無暗に廣いのを特徴として居たが、是は共に働き共に食ふ人の、數多かつた時代の住心地に基づいたもので、一旦部屋の者が分散して獨立の小前になつてしまふと、がらんとしただけでも寂寞の感は深かつた。これにも光線の歉乏といふことは始めからあつて、僅に大規模なる圍爐裏の火によつて、暗さと湿氣に對抗する勢力の中心を作つて居たのであつた。障子紙の採用は斯ういふ家々に取つても、最初は簡易なる改造のやうに考へられたが、實際はこれが重大なる變動の因になつて居る。しかも歓迎してよいか否かに拘らず、<u>来ずには済まない變動</u>でもあつたのである。大きな建物の隅々が明るくなつたといふことは、家に幾つもの中じきりを設けてもよいといふことを意味する。有るだけの柱と柱との間に、悉く鴨

〈不安〉が切りひらいた地平と障壁――日本民俗学にとって現代とは

居敷居を取り附けて、板戸唐紙戸を立て、置くやうにしても、それが片方に引込んで居る者の、幽閉では無いことになつたのである。

ところで、昔の日本には階級を横断して共通した住屋の型があった。太い材木を使い、軒が深く、土間と座敷がたいそう広かったが、それは大勢が共に働き共に食していたからである。しかし小家が手狭でもまとまった世帯となると、大きな造りの家屋はがらんして寂しく感じられた。板戸などで太陽が入らず、囲炉裏によって広く照らしていたあいだは仕方がなかったが、紙障子を入れることが普及すると、細切れにしてもそれぞれの区画が明るくなった。そこで仕切りで部屋をつくることになったが、どこの場所でも幽閉という感じでは無くなった。

柳田國男『明治大正史世相篇』の口絵の一枚：障子によって明るくなった日本の民家を〈鳥影の映寫幕〉と説明している

板硝子は久しく日本の國内に産せず、遠くから輸入したものを大切に使つたが、もう其頃より之を障子の一枠に嵌め込んで、黙つて其間から外を見て居る者が田舎にも多くなつた。紙が硝子に移つて行つたのは、外がただ、一團の明るい感じから、忽然として個々の具體的なる物象に進化したことにもなるのである。家の若人等が用の無い時刻に、退いて本を讀んで居たのも又片隅であつた。彼等は追々に家長も知らぬことを、知り又考へるやうになつて来て、心の小座敷も又小さく分かれたのである。夜は行燈といふものが出来て、隨意に何處へでも運ばれるやうになつたのが、實は決して古いことでは無かつた。それら洋燈(ランプ)となつて又大いに明るくなり、次いで電氣燈の室毎に消したり点したりし得るものになつて、愈々家といふものには我と進んで慕ひ寄る者の他は、どんな大きな家でも相住みは出来ぬやうになつてしまつた。自分は以前の著書に於て、之を火の分裂と名づけやうとして居たのである。

　初めは西洋から輸入品であつた板ガラスの導入もこの趨勢のなかでのできごとであつた。仕切られた小さな明るい空間で、若者が本を読むようになり、家長も知らない知識や考えをもつ者もあらわれ、個々人の精神的な自立が進んだ。行燈という持ち運びのできる照明具も決して古くからのものでは無く、かかる推移のなかで必要となって出現したのである。電気燈はそれを受け継いだもので、事態をさらに発展させることになったのは言うまでもない。大きな家という形態でも住み方は耐えられなくなり、分立以外にはなくなったが、これは〈火の分裂〉と言うこともできる。

　特に易しく摘要をほどこすまでもないほどであったが、次に、そこで見られる論述の特徴を挙げる。
　① 日本文化はめぐまれた自然条件のなかで育ってきたもので、外界との階調のある交流のチャンスが日本の暮らしには満ちている。
　② 文化（ここでは住まい）には本来決まった型があった。住居で言えば。大きく大勢の人々が共に住んだ家である。そもそも大勢の人が共に暮

らすことが本来の日本の生活であった。
③　しかしそれは一種の必然によって変動せざるを得なかった。それは決してマイナス面ではなく、工夫であり、喜びという面をもっていた。
④　最近の動き（行燈や白い食器の普及からは、おそらく江戸時代後期も入るであろう）は、小家族や個人の分立であり、それによって大きな集団として家族の意義は薄れざるを得なかった。しかしそれは必ずしも非難されるべきものでもなく、むしろ個人の能力の開発でもあった。

　この「家と住心地」の一節について言えば、〈変動〉は決してマイナスとしては解せられてはいない。〈家長の知らぬことを……〉や〈家といふものには我と進んで慕ひ寄る者の他は、どんな大きな家でも相住みは出来ぬやうになつてしまつた〉の表現には一抹の寂しさと危惧が感じられるが、その時代の趨勢を見守るという姿勢がうかがえる。また〈来ずにはすまない変動〉という表現も、変化を分割できない流動としてとらえているのであり、しかもその変動の先端は（当時の）現代にまで及んでいるとの理解がなされていると見てよいであろう。
　ここでは柳田國男のほんの一節をサンプルにとったに過ぎないが、ここから読み取ることができるものは概ね肯定的に評価されてもよい。またその特徴は、他の多くの論考にも共通であると思われる。しかし、これらの諸要素は、また他の局面ではかなり異なった様相をも呈するようになる。長所は、多く場合、短所や弱点と表裏の間柄にある。逆もまた言い得るのであり、短所はしばしば未発の長所でもある。それを次に考えてみたい。

[4] 柳田國男の都市・農村論

　柳田國男は農漁村の古習を飽くことなく収集し解明したことによって測り知れないほどの恩沢を後世に垂れたが、決して古習に拘泥していたわけではなかった。社会の変化や、それを担う人間の行動、殊に新たな仕組みへの移行を必然的かつ肯定的に理解していた。しかしそこにはまた限界もあった。

その事情を、たとえば「現代科学といふこと」（昭和22年）に読むことができる。そこでは民俗学が対象とするような〈言はず語らずに日本式なる約束といふもの〉に柳田國男がいわば節度のようなものを考えていたことがうかがえる[33]。

> それが果たしてよいか悪いか。又は今後も續けるか中止するか、それを決定するのは諸君であるが、それはともかくも事實を知つてからでなくてはならぬ。たとへば夏が過ぎ秋風が僅かに吹き始めると、家の内外を掃き清めて、どの家でも盆の魂祭をする。つまらぬことだからもう止めようとなると、先づ其爲には何の故に、又はいつの昔から之をしてをるかを知つてからねば、さうですかといふ者は恐らく無いであらう。斯ういふものこそ中央の政治機關の變遷やその權力の所在移動などよりも以上に、全日本人に取つて、抜きさしのならぬ歷史であるの、それがまだちつとも知られてゐなかつたのだ……

政治的な事件や權力者のめぼしい事蹟よりも、民衆の動きこそもっと深いところで大問題であるとの自論であるが、その動きとして具体的にはどのようなものが考えられていたであろうか。

> さういふやゝ珍しいこの國限りの事實を、少なくとも若い人たち乃至は都會のうかゝした生活を續けて居る人々に心づかせ、全體どういふわけでさうであるのかと、たとへば物を覚え始めの小兒のやうに、訝り不思議がり又年長者に向かつて尋ね問ふやうな氣質を、養つて見たいのである。世の中が多忙になつてから、この物をいぶかる氣風は、一旦有つたものまでがひどく衰微して居る。勿論五つ六つの子供のようにやたらに、「何で」や「どうして」と連發はしなかつたらうが、元は若い人々は心に不審を抱

---

[33] 参照、「現代科学といふこと」（昭和22年）『定本 柳田國男集』第31巻 p.3-16

くと、いつも年をとった人の會話を気を付けて聽いてゐたのである。男も女も成長して行く頃の好奇心は、今でも田舎の方がずつと盛んである。ちよつとでも何か變つたことが村に入つて来ると、全心是れ眼、全身是れ耳といふやうにそれに氣を取られる。……

柳田國男は、人間が進歩し変化を遂げる存在であることを理解しており、それを抽象的にではなく、動きの現場においてとらえてもいた。これは個人主義への柳田國男の理解とみてもよいであろう。しかし個々人の進歩への柳田國男の信頼は、田舎の若者の行動にほかならなかった。それは、〈都会のうかゝゝした生活を続けて居る人々〉と対置して称揚されるものでもあった。そしてこれが、都市と農村の理解とも重なってゆく。柳田國男は、日本の歴史を通じた日本の国情を次のように論じている。それは外国との比較における日本の特質にほかならない[34]。

　たとへば我々が先に考へようとして居るのは、申す迄も無く「日本の都市」である。支那をあるけば到る處で目につくやうな、高い障壁を以て郊外と遮断し、門を開いて出入りをさせて居る商業地域、そんなものは昔からこの日本には無かつた。然るに都市といふ漢語を以て新たに譯された西洋の町場でも、やはり本來はこの支那の方に近く、言はゞ田舎と對立した城内の生活であつた。尤も近世はどこも人が殖えて郊外に溢れ、今では寧ろ其圍ひを邪魔者にして居るのだが、しかも都市は尚耕作漁獵の事務と、何等直接の關係を持たぬといふのみでは無く、そこには市民といふ者が住んで居て、其心持は全然村民と別であつた。

たしかに中国でも西洋でも都市が城壁によって囲まれていることは、一般的

---

34) 柳田國男「都市と農村」（昭和4 [1929] 年）『定本 柳田國男集』第16巻 p.237-391, here p. 241f.

によく知られている。もっとも、近代に近づく時期になれば、中国も西洋も、町は必ず城壁があるわけではなくなったのも一方の現実であった。中国で言えば、城壁でかこまれているのが城であり、国家の行政機構の末端である。そこには役所がおかれ、また軍隊も駐屯していることがある。それに対して、都市からややはなれた多くの農村が産物や生活物資の売買するための集落も各地に成立した。そこはもとは定期市の場所や交通の結び目であったが、後発地であるために、必ずしも囲壁をそなえていない。それが鎮であり、鎮もまた時と共に大きくなり定住の場所となった。またその成り立ちから、国家の諸機構の末端という性格は薄く、そのため中国の各地域には城と鎮という性格のことなる二種類の町が網の目をつくるようになった。これについては費孝通の城鎮研究がおこなわれている[35]。一方、西洋でもどの町も壁をもつとは限らなかった。中国と似ているとも言えるが、やはり定期市の場所が自ずと定住地としても発達した。それが〈マルクト〉である。これにはカール＝ジーギスムント・クラーマーなどの研究がある[36]。都市が厚い防壁についてその有無を単純に対比されると、そうした補足をつけてみたくなるが、それを加味しても、大づかみには、日本の都市が住民をも包含できるような都城ではなかったのはやはりひとつの特徴であろう。またそうなると都市と農村の境がはっきりしないという論も成り立つ面がある。柳田國男は、そこに日本人の歴史に即した国民性を読みとった。

---

35) 費孝通（1910-2005）の研究では、中国社会における小城鎮の意義を強く意識したことが特筆されるが、それにあたっては城と鎮の歴史や正確について考察がなされている。参照、費孝通『小城鎮四記』北京 [新華出版社] 1985.; 同（著）『江村経済：中国農民的生活』南京 [江蘇州人民出版社] 1986.: 同（著）『郷土重建與郷鎮発』香港 [牛津大学出版社] 1994.
36) 参照、〈マルクト〉と呼ばれる集落については、本書所収の次の拙論にそれを扱っている箇所がある。参照、「カール＝ジーギスムント・クラーマーの法民俗学の構想」本書 p.373.; また特に次を参照、Karl-Sigismund Kramer, *Fränkisches Alltagsleben um 1500. Eid, Markt und Zoll im Volkacher Salbuch.* Würzburg 1985.

創設当初の日本の都市は、今より遥かに村と近いものであつた。所謂屋敷町にはつい此頃まで、まだ澤山の田舎風の生活法が残つて居た。といふわけは士は殆ど全部、やはり亦農村から移つて来た者であつて、其収入の簡易さは特に田舎の住居の模様などを、改める必要を感ぜしめなかつたからである。しかも眼前の新境遇を大切に固守して、最も早く故郷と絶縁したのも彼等であつたが、尚周圍には多くの村に生まれた者が、仲間小者（ちゅうげんこもの）などとなつて付随して居た。彼等が自分たちも町に住みながら、他の一半の商業に携はる者のみを、特に町人と名づけて別階級視し、力めて異を立て感染を避けようとした氣風の起り、卽ち武士の特色とした質素無欲率直剛強の諸點は、本来は身分や權力とは關係無く、村から以て出た親譲りの美徳であつて、同じく刀を指す人に威張られて居た者の中でも、地区を隣接して住んで居た町人よりは、よほど百姓の方が生活の趣味に於て、彼等に近い所が多かつたのである。

日本の歴史の教えるところでは、武士は元はいわゆる開発（かいほつ）領主であった。〈一所懸命〉もその所有し得た土地に身命を賭した彼らの心構えとライフスタイルに遡るとされる。鎌倉幕府が滅びたのも、増え続ける武士たちに一所を保証することができなくなったからであり、室町幕府が弱体を強いられたのも一子相続の原理と相続者の選定にあたっての基準を確立し得なかったからであったとも言われる。その点では、柳田國男の論は十分に裏づけのある見解であった。

　士農工商の名目はいつから始まつたか知らぬが、猶太人の様に先祖代々、商ひの道しか知らぬといふ家筋は、我邦には殆と無かつたので、従うてそれから以後も商人の卵を要請するのに、いつでも年季奉公を村民の中に求め、又其中から次々に立派な新店が崛起した。單にそればかりで無く、番頭手代の律義又精勤なる者を見立て、家の娘を娶はせ、或ひは株を譲り或

ひは幼弱なる弟息子を後見させ、又は衰へかゝつた家道を恢復させるなどは、日本特有のしかも普通なる町風であつた。敷銀と稱して多額の持参金を携へ、在所の物持の二男三男が、養子に入込むといふ例も多かつたらしく、是を一種の資本調達法として居たことが、西鶴其磧の小説には屢々見えて居る。要するに都市には外形上の障壁が無かつた如く、人の心も久しく下に行通つて、町作りは乃ち昔から、農村の事業の一つであつた。どこの國でも村は年人口の補給場、貯水池の如きものだと言はれて居るが、我々のやうに短い歳月の間に、是ほど澤山の大小雑駁の都會を、産んだり育てたりした農民も珍しいので、從つて少々の出来そこなひ位は、適当の時に心付きさへすれば、先づ我慢をするより外は無いのである。

　この一節からも知られるように、日本人の生き方については、農村ないしは農村的なものが土台であり本家であったとされる。しかもそれは発端だけのことではなかった。その後も農村は水源であり、兵站基地であり、それどころか本営ですらあった。それに対して都市ないしは都市的なものは派生であり分家のような性格であったということになる。本営たる農村に対する前線であった。それが説かれるときの力点を勘案すると、それは柳田國男とっては日本の社会原理とも言ってもよいものであった。そしてその見解は一種綱領的な表現にまとまってゆく、『都市と農村』一書の小見出しともなっている〈土を離れた消費者心理〉である[37]。

　「土を離れた消費者心理」　私の想像では、衣食住の材料を自分の手で作らぬといふこと、卽ち土の生産から離れたといふ心細さが、人を俄に不安にも又鋭敏にもしたのでは無いかと思ふ。

　この箇所だけ読むと、柳田國男でなければ思いつかなかったほどの指摘とも

---

[37] 参照、(前掲 注34) 柳田國男「都市と農村」p.249f.

見えないが、背景を加味すると、かなり奥行きのある言説である。しかしまたそれが結論である以上、都会人が土と接触が希薄であるという今日誰もが言うような平凡な見方であることも、ことがらの一面と言わなければならない。そこに以後の問題が胚胎しているように思われる。

3. 宮田登の都市・現代民俗論の検討

[1] 柳田國男との接続

　日本民俗学が現代社会と直面したときに不可避となる課題を直接的に感じとり、またそれを生産的に解決した人を挙げるなら、それは近い過去に逝いた宮田登であろう。氏の問題意識は、民俗学が対象とするような現象をめぐる一種の構造的な変動との直面であり、またそれに気づいたが故の専門分野にかかわる危機意識であったように思われる[38]。

（下線は引用者：以下同じ）

　　近年都市の民俗研究に関心をもつようになったのも、民俗学の調査で古い農村を訪れて妖怪や幽霊などの話を聞いてみても、古老たちにいささかいぶかしげに受けとられてしまい、資料がうまくでてこないのに対し、賑やかな町場では逆に昨日不可思議に出会ったような具合で生き生きしたデータにぶつかるからである。
　　つい二、三年前に大流行してた口裂け女にしても、山中奥深くおどろおどろしき妖怪として出現したのではなかった。盛り場のスーパーマーケットや道ばたに現れて子どもを脅かすのである。東京では三軒茶屋あたりに出たという噂があったり、私の勤務先の筑波大学の周辺にも出現したとい

---

38) 参照、宮田登『都市民俗論の課題』未来社 1982, p.143-150（II. 都市の心意　2. 都市空間としての浅草）here p.150-151.

うニュースを水戸へ行って聞いたこともあった。これも筑波山中ではなく、コンクリートで固められた学園都市の真中なのだから、これからのお化けの考現学もフィールドを都市に限定した方がよさそうなのである。
　口裂け女は、妖怪の一種で、一説に子育てに狂わんばかりの母親イメージのパロディだという。……

　そしてその解決を日本民俗学の大宗である柳田國男を読みなおすことにもとめた点に宮田登の基本があったようである。
　民俗学が近代化のなかで起きる必然性、それは消滅に向かうもの気づいたがゆえに成り立つ学問であることを、宮田登は率直かつ適切に説いている。そのさい、民俗学が認識だけでなく運動であるとも説いている[39]。それゆえ、学問が相手取る対象が縮小し、さらに消滅に向かうなかで民俗学はどこに課題を見出すかという問題についても、柳田國男の認識に手掛かりをさぐっている。正に柳田國男の衣鉢を継ぐものと言ってもよい。

　われわれが民俗学を学び始めた1960年代以降の高度成長期は、民俗学にとってはエポックメーキングであった。民俗学を学ぼうとする時点で、民俗というものは遠からずなくなるだろう、という話を聞かされた。民俗が急速になくなりつつあるということは民俗学にとって、研究対象がなくなってしまうことである。だから民俗学も消滅していくであろうという不安感につねにさいなまれていた。
　しかしこのことは、明治40年代にすでに柳田國男自身が、民俗が消滅するということを前提に民俗学を成立させていたことなのであり、柳田國男に限らず諸外国の民俗学は、文明民族の当然の帰結点として、それぞれの国の地方に残る前代の生活の風俗習慣を、文化の核をとらえようとする運

---

39) 参照、宮田登『〈心なおし〉はなぜ流行る　不安と幻想の民俗学』小学館 1993, p.214-215.

動でもあった。つまり、民俗学研究は、方法であるとともに運動であった
し、その存在は文明民族に課せられた一つの使命であったといえる。

　柳田國男は昭和10年代に日本民俗学の体系化の方向をとったが、他の
国々でも民俗学は近代化とうらはらに起きてきた学問なのであり、一方で
研究対象はどんどんなくなるのではないかという不安はつねにいだかれて
いた。ヨーロッパの民俗学は産業革命以後、農村に残っている古い民具、
生活用具を集めたり、あるいは昔話や民話を採集してきたりする、という
文脈の中では、生き残ってきた。しかし柳田國男は日本の場合は特別であ
ると『民俗学の現代性』の中で強調している。日本には民間伝承が西欧と
は違って日常生活の中に強く残っているということが前提となっている。
それは物とか形以外に、精神として残っているというのである。

柳田國男が留意した日本と西洋との違いは、先に見た都市の農村の関係だけ
ではない。西洋では古い信仰や習俗をキリスト教が消滅させたのに対して、
日本では上古の文化がその後の生き続けているとの見解も、柳田國男がしば
しば説いたところであった。それはともあれ、ここでの議論は都市と農村の
連続であろう。しかしまたそれを必ずしも広げも深めもしなかった、と宮田
登は指摘する。要点を言えば、都市民の基本にあるのは〈不安〉であるが、
それをえぐり出した柳田國男は自身はその容量を究めなかった、と言う[40]。

　「新しい民俗学」の方向は積極的に都市と取り組むと同時に、現代社会に
対抗できる分析力を備えることである。農村とか田園の対立概念として都
市をみる場合、農民が「お城下」を大切にしたのと同じように、高層ビル、
大きなスーパーマーケット、洗練されたファッション、繁栄した人々の生
活、そういう見方が一方にあろう。他方には公害に代表される汚染の問題、
衝動殺人のような犯罪の問題、家庭問題では核家族が生み出したさまざま

---

40) 参照、（前掲 注39）宮田登『〈心なおし〉はなぜ流行る』p.229-230.

な悲劇がある。孤独な生活がありムラがもつ安全なイメージに対して危険なイメージが都市には多い。快適なものがある一方、不快を与えるのが都市である。都市というのは素晴らしいものだという見方に対し、都市は危険なものだという考え方を、民俗学的立場からも抽出できるのではないか。都市の中に潜んでいる犯罪とか、不安とか、危険な状況、これらは社会不安として一括されるし、精神病理学的にいうなら、都市のもっている病理である。自然や生活環境を破壊していくなかで都市の繁栄が作られてきたから、都市が作られる代償として必然的に危険な要素もはらんできた。

ところが、早くから都市に取り組み、また現代人のもっている不安な心理を通してフォークロアが組み立てられているであろうという予測を、柳田國男もすでにしていた。<u>「都市は不安によって支えられている」という言い方を柳田はしているが、その不安の実態を民俗学として、あるいは民俗事実として究めようとはしなかった。</u>純粋で古風な民俗のみを精力的に集めようとして、結果的には文化財保存の一助にはなったけれども、現実に生きている民俗としてとらえることには失敗してしまった。そのツケが今、出ているといえよう。現代の都市人間のもっている心意をどのように解釈していくか、それらをとらえる手段に立ち遅れていたということが分かる。

そこで民俗学とは何かということと深く関わってくることは明らかだが、民俗そのものが都市の中にあるというなら、それはどのように存在しているのか。都市の中で民俗は死滅しないで十分に生きているというならば、それはどうやってとらえるのか、その場合都市とか農村に分ける必要はすでになくなっている。日本列島すべてが都市化しはじめているわけだからである。……

この一文には、現代に留意した場合の宮田登の柳田國男への関係が端的に表現されている。一口に言えば、継承と発展である。先師の原理を受け入れ、同時に、先師が原理をつかみながらもなお説き切らなかった敷衍の作業を手がけるというのである。その点では、宮田登は、柳田國男の理想的な継承者

であった。

[2] 宮田登が説く都市民の不安の諸相

　都市民をもふくめた民衆の一般的な行動法則をとらえるために措定された日本民俗学の概念に〈ハレ・ケ・ケガレ〉があるが、これにも農村と都市の関係がからんでいたところがあったと思われる[41]。

> 　従来のハレとケはたしかに農民の日常使っていた用語を探りだし、その背景にある精神的な心意を求めようとする民俗学の方法によって出てきた概念であるが、日常生活の場は、都市と農村が混在化していることは明らかである。伝統的に日本の都市は、城下町、門前町、宿場町、港町、などに分類できる独自の空間があるといえる。
> 　しかし、都鄙連続体といい、農村と都市とが対立関係を持たなかったという、日本的な特色が一方にはある。柳田國男「都市と農村」（『定本柳田國男集』第16巻）の中では、都市と農村とは従兄弟のような関係で、したがって最初に農村のことを調べれば、都市のことも分かってくる。農村が分からなくなったら、都市のことを知らべれば、農村のことも分かってくるだろう。つまり両方を調べていけば、日本文化の全体像がつかめてくる、と解釈していた。
> 　だが実際には、民俗のフィールドワークといえば農村の方に傾斜していたことも確かだったのである。

a. 怪異譚を中心に見た都市民俗の性格

　都市の民俗として宮田登が特に熱意をこめて論じた一つは怪異現象や怪異譚であった。多くの個別研究にも目配りされているが、たとえば次のような

---

41) 参照、宮田登『現代民俗論の課題』未来社 1986, p.21-22.（3. 都市の生活心意 2. 民俗学と都市）

485

話題がある[42]。

　最近の常光徹による「学校の世間話」に関する研究も、「世間話」を口承文藝の領域においてのみ対象とすべきでないことを、はっきり示してくれた好論といえるだろう（＊）。大都市とその周辺の小・中学校の生徒たちの間に、独自のフォークロアが認められた。常光は「コックリさん」や「せんまさま」と称する不思議な遊びが、都内の小・中学校の女子生徒の間で流行していることを問題にしており、そこには、神霊の憑依現象ともいえる民俗宗教の一つのタイプが発現しているとみている。

……その中の話題として多かったのは、学校のトイレ、しかも女子トイレに出没する妖怪の話である。……常光は、学校の怪談が、校内の特定の空間と結びついている点を指摘している。それは、怪異の発現する場所が、普通教室ではなくて、特別教室ないしは付属施設に限定されているという。生徒にとって、特別教室は非日常的空間であり、そこの独自の装置が、怪談の中心的モチーフに組み込まれ、話の効果を高める役割をもつ。また夕方から夜間にかけての学校は、昼間とちがって子供たちが去った後の静寂な世界であり、不気味な様相を帯びた空間になるという。
　常光は、学校という生徒の活動領域の中に、異界性を伴なった空間が存在し、そこに関心をよせる生徒たちが、無意識裡に、豊かで多彩な話の世界を保有しかつ演出しているという点に注目している。興味深い点は、女子の小・中学生で、年齢的には十一～十三歳ごろに多くこれらの怪異譚が語られていたことである。ちょうど初潮の前後にあたる時期で不安定な情緒の状態にある。それが都会の学校という空間における集団生活の中で、

42）参照、（前掲 注41）宮田登『現代民俗論の課題』, p.35-38　(4. 都市民俗を考える)　（＊）常光徹「学校の世間話 ― 中学生の妖怪伝承にみる異界的空間」『昔話伝説研究』12号（1986）

より深く異界と交流することを契機として、妖怪をイメージしたことになる。大都会の学校社会が、共通していだいている共通要素が、ここに存在しているのであろう。

学校になかに空いた〈非日常性〉の空間、また女性の成長過程における〈不安定な情緒の状態〉の時期が抽出されるが、それはその限りにとどまらず、さらに都市生活の一般的な性格ともつよく重なっている、と宮田登は考察をひろげている。

「なるほど昔の人が信じていたようなお化けや幽霊やいなくなったかもしれない。だがそれだけで、現代には怪談がないと言いきることができるだろうか。いやいや、人間が恐怖心を失わない限り、この世から怪談の種がなくなるということはあり得ないのだ。あの馬鹿馬鹿しい、間の抜けたお化けや幽霊はいなくなったかもしれないけれど、その代わり、もっと気味の悪い、なんとも得体の知れぬ怪物が、ネオンライトに彩られた、この近代都市の一角にひょいとおして顔を出すことがある」（横溝正史『首吊り船』）という記述は、昭和11年に書かれた横溝正史の作品の一節である。この横溝の発想は、近代都市の空間に、正体不明の怪異が突然として発現してくる必然性を問いかけているようだ。都市生活者たちの潜在的心意の中に、共通要素としての「社会不安」や「異常心理」が内在しているのではないかということは、以前にも指摘されたことである。知性の集中する大都市には、非合理的要素は本来排除されて然るべきであるにもかかわらず、そうはならない。前出の常光の調査結果はたまたま学童の社会の事例であるが、一般論として都市社会に共通する心意を象徴しているといってよいのである。

〈不安〉としてまとめることができるような心理のあり方が都市と都市生活者の一般的で共通な心意の特質であるという風に論は広げられている[43]。

487

精神病理学の野田正彰は、「都市人類学」ともいうべき都市住民の心理状況を、「移動の途上」と位置づけて考察している（＊）。……
　高層住宅という住居空間で持ち出している現象は、エレベーターを利用した性犯罪と飛び降り自殺であり、とりわけ後者には、板橋区高島平団地が「自殺の名所」に比定されている事実がある。野田は、コンクリートで固められた高層住宅には、外の世界と私の空間との間に、「地下のチューブ」というべき正体不明の通路があることを特徴としていると説明している。人は地下鉄を除いて、チューブを通って、自分の部屋の鉄の扉までたどりつく。「あたかもそれは、人を流す下水道のようであり、そこで人びとは他人を認めても、なお選択的に見知らなさを装わねばならない。半分の意識の中で行なわれる選択的な不注意、それが大都市に生きる人間の重要な感性である」という。そこには共同体としての二元関係を成立を難しくする状況をもたらしている。過密都市の環境が心身に及ぼす影響という点に絞ると、精神病理学的に見て、都市生活者は明らかに心身不健康の症候を呈していることが、さまざまの統計から暗示されている。高層住宅は、狭さと孤立そして運動不足をきたす要因をすべて備えているといって過言ではないのである。
　<u>つまり都市社会は非人間的な生活空間によって占められ、つねに精神的不健康の度合いが深められている</u>、ということになるのであり、それが他方では、「不安な気分」をたえず醸成していくのであり、それが「都市民俗」の一つの特色を生み出すことになるのであろう。……
　しかし、野田の都市論が精神病理学的にみて絶望的な把握にのみ終始しているのかというと、かならずしもそうではない。都市自身の発展史の文脈からいって、巨大化した現代都市は、情報のセンターであり、成熟産業

43）参照、（前掲 注41）宮田登『現代民俗論の課題』 p. 39-42. （＊）野田正彰『都市人類の心のゆくえ』日本放送協会　1986.

の中心地であり、文化的には混沌とした盛り場悪場所を内包している。
……

　都市に充満する〈不安〉を指摘することに、論者が力点をおいていることは、これを見るだけでも十分である。しかもそれは、都市をめぐる本質でもある。

　　「都市民俗」の領域は、右のような視点をもつ精神医学の調査研究とむすびつくことはいうまでもない。都市の繁栄と絶望という精神世界の反映の一面が都市社会の民俗宗教を規制する、という予測が成り立っている。たとえば国立歴史民俗博物館における民俗展示の冒頭にある「都市」は、日本の伝統都市の志向を説明するにあたって、現代都市の信仰生活をクローズアップしている。多様な心願を表現する小絵馬や流行神のあり様は、華やかな盛り場の基底に横たわる都市民の「不安な気分」を示すものと思われる。

　宮田登のかかる視点は、都市と農村という二項関係にもっぱら集中している。それは歴史的な制約をほとんど考慮する必要がないほど原理的・本質的なものとして考えられている。そのため、その関係は、歴史を通じて適用することもできる性格をもつものともなっている。現代の様相を論じたのと同じ視点で、宮田登は100年前の世相をも200年前のできごとをもとりあげる。次はその一例である。

b.〈池袋の女〉にみる都市近郊の位置づけ
　この話題を宮田登は繰り返しもちいているが、ここではこれまでと同じ論集からその箇所に注目しておきたい[44]。

　　……『柳樽宿の賑ひ』と題した柳樽の絵本に、「下女が部屋地しんこいつ池

489

袋」の句があり、この絵柄は、部屋の中の行燈や煙草盆、火鉢などが空中に浮かび上り、天上にぶつかってひっくり返っており、これを見た男が腰を抜かして驚いている有様である。「瀬戸物屋どびんがみんな池袋」というのも、やはり室内に食器がとびまわった状況の句である。「まちまちな評議の下女は池袋」というように、この奇妙なできごとの中心は、下女でかつ池袋出身という限定がついている。池袋村生まれの女が江戸市中の武家屋敷に奉公している最中、不思議な空間が現出する。当時同様のモチーフで「池袋の女」についての世間話が、流布していたのであった。器物が浮遊する現象については、そこにある種の霊的な力をみとめようとする傾向があり、その霊的な力は、「池袋の女」を根源としていたと想像される。この池袋と並んで池尻村（現世田谷区）の名も上がっている。ともに江戸の近郊農村で、都市化する以前の地域であること、そして池の字で共通するような地形もっていたらしい。「池袋池尻あたりの女は召使い給わずや」（『耳袋』巻二）という記述は、池袋とか池尻という江戸近郊農村出身の下女に不思議な霊力を感じとったことを示している。……

ここでは話題は〈池袋の女〉であるが、都市民俗として一般化できるものを含んでいる。つまり〈学校の怪談〉という個別の話題から都市民俗に関する一般論へと拡大されたのと基本的には同じ論法を宮田登はもちいている。学校の怪談では、学校のなかで特殊教室が非日常の空間となっているとされていた。それと同じく、江戸という空間のなかに落差が存することが指摘されるのである。土台には都市と農村の関係があるとされ、その二項関係を前提に、両者が接触する〈境界的近郊〉が想定される。境界が、異なった性状にある複数のものの交叉や移行の場であること自体は語義の通りであろう。また近郊が、都市とその周辺の非都市的な空間の中間であることも通常の認識

44）参照、（前掲 注41）宮田登『現代民俗論の課題』p.76-81（第一部「都市の民俗研究」9．妖怪の社会史）here p.79-81.

であろう。しかしその通常の理解の水準をはるかに超えて、宮田登の推論は延びてゆく。つまり江戸は比類ない大都会として殷賑と栄華の場であったが、それは氏の理解では不安と背中合わせの営みの場ということをも意味していた。そのため、都市と内側とその外側の世界の相互の異質性は極度にまで引き延ばされ、境界たる近郊の意味も濃縮されてゆく。境界における異なった性状のものの対比は極限的なまでの次元として想定されるのである。すなわち、江戸の都市空間とその外側とはこの世とあの世、現世と彼岸の性格を帯び、それゆえ境界はこの世とあの世の行き交う場となり、そこでは霊異が発現してもおかしくないことになる。なにゆえそうであるかと言えば、〈繁栄と不安が表裏一体〉であることは都市民の〈心的構造の核〉だからであるとされる。しかも江戸で形成されたその仕組みは〈原基〉とまでみられ、原基であるゆえに、理の赴くところ、現代にまで影響し続けているとも説かれる。のみならず、それは、どこそこの土地、と地名を挙げて説明できるほどリアルな現実と解されている[45]。

　……江戸は複合都市であるが、出発点は、隅田川、荒川に沿った境界領域にあったと思われる。隅田川の西岸から、浅草の都市空間は形成されており、浅草の北側に吉原が栄え、さらに北東縁部にハシバの地名が残っている。ハシバには「夢の浮橋」の伝説もあって、かつてこの地点から向こう岸へと渡っていったのであった。墨田川の東側を向島というのは、西側を内側とすると外側を表現する地名にあたる。本所の隅田川の東側に新開地として発展した空間であるが、両岸に両国橋がかけられることによって、東の橋際に怨霊を鎮めるための回向院が作られ、見世物小屋が林立したことははなはだ暗示に富んでいる。橋によって二つの世界が連結し、その通路を経て、都市民は向島に渡り、異界の体験を果たすことができる。現世

---

45) 参照、（前掲 注41）宮田登『現代民俗論の課題』（「都市の民俗・金沢」へのアプローチ）p.57-58.

に彼此の世界を確認できるところが、繁栄と不安を表裏一体としている都市の心的構造の核にあるとみるならば、現代の大都市の中に、そうした原基となる部分を発見することが重要であろう。それを都市民俗としてとらえるならば、辻とか橋とか坂などの境界にあたる空間を、心意の伝承として把握できるかどうかにかかっている。

しかし都市の内側と外側をこうして此岸と彼岸というようなところまで極限的に考えることがどこまで妥当であろうか。それはここでふれられている具体例の説得力への疑念とも重なる。浅草や回向院や向島や両国橋がその文脈で引き合いに出されるのであるが、過ぎた深読みというきらいもある。向島は景観的な位置関係に起因する表現として全国に類称があり、それは向山なども同様である。両国橋も、武蔵の国と下総の国を架けわたす位置のゆえの名称であったとするのが常識的な見方であろう。しかしそれではすまずに、あの世とこの世の意味とされるのであれば、それに相応しい証明がもとめられるであろう。そして、これらすべてが宮田登にあっては、柳田國男の都市の農村の二項関係を基底にしている。逆に言えば、柳田國男の論説を極限まで引き引き伸ばすところに宮田登の現代民俗学の本質的なものがあるであろう。そこで再び、その原点にもどってみたい。「都市民俗学への道」と題された論考の一節では、都市民の〈心的構造の核〉とは、ほかならぬ柳田國男の指摘したものであると論じられている[46]。

　……柳田民俗学における都市の扱い方は、右の『都市と農村』と、『明治大正世相史』の内容にとどまっており、農民史とくらべると手薄である。しかし、柳田は都市民が都市民らしさを備えるいわば中核にあったというべき心的構造をあざやかに指摘していた。それは土の生産から遊離したために漠然といだく不安感であり、その不安感を解消すべき日常の営みが、

---

46) 参照、(前掲 注38) 宮田登『都市民俗論の課題』p.20 (1. 都市民俗学への道)

都市的文化の源泉になり得るという考え方である。

原点はやはりここなのである。「都市民俗学の志向」でも柳田國男の議論が改めて丹念になぞられる[47]。

　……「要するに都市には外形上の障壁が無かつた如く、人の心も久しく下に行通つて、町作りは乃ち昔から、農村の事業の一つであつた」。これが柳田の都市論の骨子となつている。
　次に重要な点は、町風とか町の気質といえる町人の心的構造把握ということであった。
　興味深い指摘は、「衣食住の材料を自分の手で作らぬといふこと、即ち土の生産から離れたといふ心細さが、人を俄に不安にも又鋭敏にもしたのでは無いかと思ふ」という点である。いかに都市と農村とが互いに人心を共通理解し合えるとしても、なお都市らしさの気風の異質さが形成されているにちがいないという前提があった。そこに都市民俗の存在を認めるとすれば、その中核となり得る要素が求められねばならない。柳田の指摘した、右の「土の生産から離れた心細さ」とは一体どのような民俗を醸成したかが関心をよぶだろう。

先に〈学校の怪談〉を糸口にした現代の都市民俗の一般化と、〈池袋の女〉を手掛かりにして都市としての江戸の心理を趨勢を見たが、それと同じ構図の推論に何度も出会うことになる。そこで現れるのは、同じ視点に立った広い分野の見渡しである。柳田國男の着想にひそんでいた芽の可能性の大きさでもあり、またそれを拡大させた後継者、宮田登の培養技術の巧みさとそれにそこに注いだ情熱の程に改めて感心させられる。同時にそこには一種の装置

---

47) 参照、(前掲 注38) 宮田登『都市民俗論の課題』(II. 都市民俗学への道　2. 都市民俗学の志向) here p.36.

も取り入れられている。民俗学の財産の特殊な活用である。

c. 民俗学からみた〈若い女性〉

　先に〈池袋の女〉をめぐる宮田登の考察を検討したが、そこには都市近郊であることに加えて〈若い女性〉であることも要点となっている。この性と年齢期に、宮田登は特別の意味をもたせている。「ポルターガイストと下女」という論考では、それは次のようにまとめられている[48]。

　……化物屋敷として世間話に伝えられてくるなかで、とりわけ若い下女が何かかかわりを持っているという点は興味深い。下女といっている若い女が、一定の土地や、屋敷とつながりを持って、語られているのである。つまり土地とか家にこもっている霊を引き出す役割を下女が行っていることになる。たとえば江戸時代の末によくしられた「池袋の女」という話はその典型例であろう。……

　江戸の世間話のあら筋は、旗本か、御家人の家があって、そこに一人の下女が雇われている。雇われた下女は池袋村の出身だとされている。池袋は、いまでは東京の副都心の一つになっているが、江戸時代には江戸郊外の小さな農村であった。そこはちょうど市街地の外れにあたる境界領域であった。……

その下女が奉公先で犯され、それを機に器物が跳ね暴れる怪音がきこえる不可思議が起きることになるが、これについても説明の原点を柳田國男にもとめる論説がなされている。

　ところで柳田國男は、この件について東京郊外に異常な心理が発生して

---

48) 宮田登『妖怪の民俗学 ― 日本のみえない空間』岩波書店 1985, 1990（同時代ライブラリー 52）, p.79-98「ポルターガイストと下女」here p.79-80.

いると説明している。これは恐らく都市化現象と関係するのだろう。とくに都市化する空間において若い女性の示す精神作用が、こうした不可思議な力を起こしているとみている。

さきにもふれたが、農村の都市化、ないしは農村の人間の都市への移入という不安定と、大人になりかけている若い女性の過度的な不安定を重ね合わせているのである。それは江戸時代だけのことではなく、現代にもあてはまる、とされる。

　昭和五十一年六月、立川のあるアパートの二室だけがガタガタと鳴ったことがあった。そのことが「悪霊？　謎の地震？」という見出しで新聞にのせられている（『スポーツ・ニッポン』昭和51年7月）。これは立川市の木造アパートの特定の空間が、原因不明のまま、四回にわたってぐらぐらと揺れたというものである。第一回は六月一日午後八時……立川駅から北へ約１キロ、立川市高松町三丁目の木造モルタル造りの二階建てアパート「鶴間荘」の住人、一階二号室の主婦が、二人の子供を寝かそうとして添い寝をしていると、突然簞笥がきしみ電灯が大きく縦に揺れ、窓ガラスがガタガタと激しい音を立てはじめた。……急報により立川署から警察官が駆けつけた。揺れはおさまったかに思えたが、再びぐらぐらときて、警察官もびっくり。……
　世相の記事に注目すると、こうした記事はしばしば出てくる。……
　怪音とか怪異現象は先の「池袋の女」とよく似ているのである。こういう要素がくり返し起こり世間話となっている点で、何か共通要素が抽出できるのではなかろうか。……

そして次に江戸時代中頃の事例と、『北越奇談』所収の寛政年間にとされる事例が紹介される。そして次のような説明が来る。

日本のポルターガイストの現象の場合に必ずその近くに若い女がいた。前述の「池袋の女」はその典型的な例である。若い女が引き起こす霊的な力は無視できないのである。……
　この問題で、重要なのはこの現象が大都会にしばしば生じていることであり、そのことは柳田國男が都会に異常心理が働いていると指摘したことを示すものであろう。

若い女性に特有の霊的なものに傾く資質と都会にただよう不安の重ね合わせであり、またその理解の淵源を柳田國男にもとめるという構図である。しかも、江戸時代の事例も現代の事例も同じ構図において説明される。その論法を支えるのは、農村と都市について柳田國男が指摘した関係が本質的なものとして現代にも適用されることにある。それは原理であり、原理である以上、どれほど時間が経とうと、都市が段階を経てどれほど発展しようと、それらその間の変化は無視される。

d.〈民俗空間〉の措定をめぐって
　〈民俗地政学〉というものが成り立つかどうかともかく、そういう形容にさそわれるような行論が宮田登の論説にはしばしばみとめられる。それを宮田登は〈民俗空間〉と表現し、その論考において大きな役割を果している。〈池袋の女〉における江戸〈近郊〉の位置づけもその性格を持つが、それは都市の農村の交流における不透明と女性の年齢的な不安的との相乗であった。それに加えて、先に見た〈境〉への言及においてすでに現れてもいたが、ある種の地勢や地形というスポットをめぐる民俗学の知識が援用される。そして一種の法則があるような議論がなされるのである。宮田登自身もそれを〈トポス〉と読んでいた。あるところでは〈辻と交差点のトポス〉とも表現し、古くからの〈辻〉と現代の交通システムの呼び名である〈交差点〉を同列において、歴史を通じて同じ構図で理解していた[49]。

妖怪の出現にあたっては、その場所性というものが、強く影響していることはこれまでも指摘されてきた。具体的には、三辻とか四辻といった道が交差する地点あるいは橋のたもとであるとか、橋の中間部、坂の頂上とか、坂の中途などに独特の境界がある。それは私たちが無意識のうちに伝えている民間伝承の累積として定着している民俗空間の中に位置づけられている。

　たとえば、静岡市の繁華街を形成している浅間神社界隈の民俗聞き書きによると、周辺の農村部の人々がマチへ出てくる時に、ちょうど二つの空間の境界を通過するプロセスで独特な境にいる気分を味わったという。それはマチへやってきたという「気分」であり……そうした地点は景観的には、坂下の切り通しのような場所である。……その場所には古くから幽霊は狂女が出てくるという噂が広まったりしていた。あるいは狐にだまされやすい場所ともいわれたりしていた。

そして江戸時代の事例をあげ、ついで同じ文脈で現代の事例への言及へ移ってゆく。

　最近の都会の若者たちの間で語られている怪談に次のようなものがある。バイクに乗った男が、近道の坂の途中で、「乗せてって」という女の声を聞く。男がそれを断り走っていくと、女が追いかけてくる。急いで逃げてほっとしていると思わずハンドルを切りそこねて事故死してしまう。高速道路を走行中であったりする。ともに境界を通過する最中に、超自然的ナ何かに接触することによって生じた凶運を語っている。

さらに幾つかの事例を挙げた後、次のようにまとめられる。

---

49) 参照、宮田登『都市空間の怪異』角川選書　平成13年, p.76-81（「辻と交差点のトポス」）

辻とか、橋の上とかを通過する時の心意には非日常的な部分が働いていることが示される。橋の周辺に生じた幽霊話、現代の坂や高速道路で起こる原因不明の交通事故などはいずれも辻に起る怪異として共通している心意によるものであろう。

宮田登が民俗学の対象を大きく押し広げたことは見紛いようがないが、その仕組みの一つをここに見ることができる。辻に怪異が起き三叉路が人を迷わせるのは、おそらく古代も現代も同じようなものがあり、また洋の東西においてすら共通する感覚かも知れない。オイディプスが父親をそれと知らずに殺めたのは三叉路においてであった。そうした場所にまつわる伝承の蓄積に着目して、それを〈民俗空間〉と呼んだのは、宮田登の着眼であったろう。もっとも造語者であったかどうかは分からないが、ともあれ民俗空間を強調することにより、伝承が語られてきたのと同じ構図を現代の諸相にあてはめることができるようになったのである。つまり、坂下の切り通しを歩むときの境界を踏み越える感覚と、同じ地形をバイクで走る若者がもつ研ぎ澄まされた通過の感覚を同質のものとして理解することができるのである。人間が交通という行為を続ける以上、坂も三叉路もなくなりようが無い。そこに軸をすえて見るなら、通過の感覚は、徒歩であれオートバイであれ、さして違わなくないものとしてとらえることができる。となると、伝承を現代に重ねることができることになる。かくして伝承は少しも死滅せず、現代にも通用する、あるいは少なくとも相似形のものとして現れる。となれば民俗学は対象の範囲は確実に広がるのである。この仕組みを自らも活用したのが宮田登の民俗学であった。そこでの特徴は、歴史を越えてものごとを理解できる視点であるが、それは別の面から言えば、歴史を捨てる視点でもあるであろう。とまれ、具体例をもう少しみてゆきたい。「江戸の七不思議」を題された論説がある[50]。

……狐をカミに祀り稲荷とした祠が、東京にやたらに多いのは、江戸以来の伝統であり、稲荷の古社は、いずれも高台の端の方に多く分布している。台地には最初武家屋敷や寺社が集中的に建築されており、高台と対称される谷合いの低地は、後から開発されてきた。台地の周縁部がいわば上の世界と下の世界との境にあたり、そこが聖地視されていた結果である。
　狐は土地の守護霊の性格をもつのであり、稲荷の祠が数多いことは、江戸と東京の特色の一つとなっているが、いわゆる都市化のプロセスで、人間側が自然の領域を侵食しているという一種の負い目を自覚していたことをものがたっている。

そこではまた〈馬鹿囃子〉や〈狸囃子〉にもふれられるが、それらも含めて〈七不思議〉の解明がおこなわれる。

　七不思議という言い方は千差万別であるが、それぞれの土地ごとに住民たちが、自分たちの周辺の生活環境の中で、不思議だと思われる現象を選びだし、好んで七つに仕立てたものである。……
　七不思議をしきりに話題にしたのは、十八世紀中葉過ぎてからのことで、江戸の知識人たちが、江戸を離れた諸国の七不思議を奇事異聞の情報として記録した。ところが七不思議は、何も遠隔の異郷の地にあるのではなく、江戸という大都市空間の中にも形成されていることに気づかれ出したのである。麻布や本所をはじめその数は十指をこえる。しかもそれぞれの共通する要素があった。……
　七不思議の発生した地点は、大川をはさんで大橋でつなげられた部分、永代橋だと、深川と八丁堀、両国橋だと本所と馬喰町、さらに千住大橋の両岸。さらに洪積台地の端にあたり、高台と低地の差がはっきりしている

50）参照、（前掲 注 38）『都市民俗論の課題』（Ⅱ. 都市の心意　5. 江戸の不思議）　p. 168-172,

麻布や番町などである。明らかに江戸という大都市が開発されていく段階での要衝になっていた。都市住民にとってみると、川や橋あるいは坂によって、周縁とか境を認識する地点であり、そこを超えると、もう一つの別の世界になる。その時、不思議な音や光や形を共同幻覚としてとらえたのであろう。江戸という大都市が、その縁の部分に、かつての聖地を不思議な装置として温存させていたことは、依然都市の活力をよみがえらせ、自らを維持できる可能性を秘めていたことになる。……

これは直接的には江戸後期の話題にちなんだものであるが、現代の世相を論じた箇所でも同様の謎解きが行なわれる[51]。

　都市型の犯罪には、突発的というか、衝動的というか、あっという間に人を害したり、殺したりする事例が多い。昨年六月、江東区森下の隅田川新大橋のたもと、しかも交差点の近くで、通り魔による連続殺人が起こった。つづいて千住大橋の近くの公団で中学生による殺人事件、荒川近くの赤羽で、出会い頭に男が殺された。いずれも橋の近くで頻発しているかに見えるが、むしろこれは都市の民俗空間には伝統的な現象といえるのではなかろうか。
　辻斬りや辻強盗などは、辻空間に発生した典型的な都市の犯罪だった。辻は人々の集結する限定された空間であり、四辻とか三叉路などに見られるように、方角を違えた人たちが一か所に収斂するところに意味がある。そこにはつむじ風が巻き起こり、一瞬視角から消滅してしまう空間もあり、大勢の人々が集まりながら奇妙な不安感を漂わせる場所なのである。古くから辻占の人気が高いのは、たんに人通りの往来が激しいので客が集まるということ以外に、辻に発生する心意の裏を判断するウラナイに適した場

---

51) 参照、（前掲 注38）宮田登『都市民俗論の課題』未来社 1982, p.160-163（II. 都市の心意　3. 都市の犯罪空間）

所だからだろう。

　都市は、無数の辻によって重層的に構成されている。狭い小路の辻もあれば、広場となった大きい辻もある。橋と川の関係もまた辻となっている。そこに陸路と水路が交叉しており、明らかに異次元の空間が相交わっている。……橋は二つの世界をつなぐ唯一の道であり、人の密集度も高くなる。ハシはそれぞれの世界の端でもあろうから、境としての認識も強いものがある。境の道祖神と同様に、橋のたもとに祀られる橋姫の信仰も、日本の民俗に古くからあった。

　……新宿駅の北側にある淀橋は、以前、姿不見橋といった。かつてこの地で巨万の富を得たという中野長者が、淀橋のたもとに何度か財宝を埋めたが、そのつど一緒に同行した下男を橋の上で殺し、死体は、やはり橋のたもとに埋めたという。一度橋を渡った男の姿を二度と見かけないので姿不見橋の名がつけられたというのである。……

　……荒川や隅田川あるいは神奈川県との境である多摩川などの橋や渡しの古伝説には同様のモチーフが読みとれるのである。

　橋や辻などは、民俗的にある種の霊力がこもる空間であり、都市ではそれが人々の怨念や呪力となって、殺ばつとした事件を惹き起こすエネルギー源となっているようだ。

たしかに四辻や三叉路が普通ではない場所であるとは言い得よう。しかしそれは、交通の実態や通行する人や車両の視覚への影響という実際的なものである。交通にかかわる警察の注意や、自動車教習所などで、その分野の実験や理論を踏まえて指導が行なわれるものであり、それ以上でも以下でもない。少なくとも霊力を云々するような次元ではない。それでも、用心はしていても四辻や三叉路では事故は多発するとすれば、それは交通の調整のどこかに原因があるわけである。空間だけでなく、時間では暮色の迫る時刻は、用心が追いつかない〈逢魔が時（大禍時）〉になってしまうこともあるのは、それまた不思議ではない。宗教家や霊能者なら、その人知の限界に切り込みを入

れて次元の異なる教説を説くこともあろうし、時には時空の論に加えて、関係者の家系の因縁を持ち出すかもしれない。それはそれで、立場上、職匠上、少しも構わないのだが、学者が説く性格のものではない。〈民俗的にある種の霊力がこもる空間〉という言い方は、民俗学の性質からの採集が示すように多くの不思議な言い伝えがまつわる場所、といった意味なのであろうが、もう少し表現に工夫がなされてもよかったであろう。羽田空港のまじかに残る神社の鳥居なども宮田登はその証左として言及しているが、民俗学の特殊な知識を離れれば、霊力は何の関係もなく、正に胡乱でしかないからである。しかし民俗学が蓄積した知識をその分野を離れたところにまで延ばし、それが自明の前提であるかのように活用することによって、宮田登の都市民俗学・現代民俗学が成り立っているところがある。それは、柳田國男の教説を拡大するための装置の一つがここにある、ということでもある。と言うのは、その種類の論説を宮田登はかなり頻繁におこなっているからである。その事例をもう幾つか見ておこうと思う[52]。

　自殺者が高島平の高層ビルを選ぶわけは、社会心理学的に説明できる部分も多いだろう。高島平は、典型的な大都市空間を形成している。人工美で覆われているが、これを高いビルの屋上から一望すると、何か微妙な感覚が生ずるようである。大正時代以前の熱海の錦ケ浦とか両国橋という自殺の名所のような、<u>あの世の入口を意識させる何かが、高島平団地の高層ビル空間の中に隠されているのかも知れない。こうした非合理的思考が温存されているのはもっぱら都市空間であることが、現代社会における一つの特色である</u>。厄払いの呪術が、無意味なものと片づけられる前に、これがより必要な生活手段として、現実に機能している事実を重視すべきであろう。

---

52) 参照、（前掲 注38）宮田登『都市民俗論の課題』（II. 都市の心意　1. 現代社会と民間信仰） here p.139-140.

先にもふれたように、一見したところ非合理な論理であっても、それを説くことができるのは宗教家や霊能者である。彼らの役割は、科学つまり特定分野として区画された専門知識ではなく、いわば全体智の担い手としてふるまうことに存するからである。そこでは、科学にもとめられる種類の因果性は絶対的な必要条件ではない。しかし民俗学は宗教でも霊媒術でもなく、科学の一つである。霊力の滞留を説くのも問題である以上、霊力の存続を前提として、その転用をうながすのも奇妙な論と言わなければならない。先の、橋や辻に怨念が滞留して殺伐とした事件が惹き起こすエネルギーがたまっていると説いた次のような社会政策への提言で締めくくられるのである[53]。

　　周縁とか境と意識した空間に犯罪が発生し易いならば、そこに秘められたエネルギーをプラスの方向に向かわせるよう働きかけることが、われわれ都市民に必要なことではあるまいか。

霊能者然たる口吻であるが、民俗学とはあまり関係が無い発言であるように思われる。特定の場所や空間を民俗学の知識をつかって〈非日常〉の場所と決めてしまう論説にも、これと同じ問題が含まれる。どこをどう見るかは、人により立場によって相違が出るのは当然で、民俗学の調査を通じて怪異現象が報告された場所であっても、それが多くの人々に一般的に妥当するものであるかどうかは怪しいと言わなければならない。しかし次の一節などは、特定の場所を〈非日常〉の空間と断定し、そこに都市民の〈不安〉を結び合わせる論法が短い文章でまとめられており、あたかも宮田登の都市民俗学・現代民俗学の縮図ともなっているように思われる[54]。

───────────────────────────

53) 参照、（前掲 注38）宮田登『都市民俗論の課題』p.163.
54) 参照、（前掲 注38）宮田登『都市民俗論の課題』p. 143-159（II. 都市の心意　1. 都市空間としての浅草）here p.152-153.

以前から注目されてきたことであるが、浅草寺周辺に原因不明の行倒れの死人がよく集まってきた。『浅草寺日記』にそうした記事は事欠かない。……この点については、<u>江戸における浅草という空間が、非日常性を帯びて居ること</u>と関連するのでないかと考えたこともある。……
　　相対的なことではあるが、浅草界隈に横死者が続出しているのは、ここが大都市の中心だったからである。農村を離れて都市のど真ん中に来て、最後の死場所を浅草界隈に求めたり、死に急ぐ者の多かったことは、<u>生産活動を離れた都市民の不安な心的状況</u>をものがたっている。……

　都市と農村の対比に発し、両者の一方に比重がおかれることは、これで十分に見ることになった。もっとも、宮田登の著作からこの種の論説を引き出すと数十カ所ではきかない。そのどれもが何らかの事例を引き合いにして説かれるのであるから、それは無限に適用できる立脚点でもあった。ところで、それらを追っていて、気づくことがある。つまりその観点の然らしめるところとして、宮田登の民俗研究にはもう一つの側面として価値判断がなされることである。言い換えれば、論者が、判定者、取り上げた現象に対して、その善悪良否、何らかの逸脱である場合にはそれがどの程度であるかをめぐって量刑を言い渡す裁判官として臨むのである。実際、宮田登の論考は誌上法廷の観を呈してもいる。それが、農村と都市という対比を基底にして、その一方に基準とするのであることに発しているのはあきらかである。

e. 写真がつくる民俗法廷

　その事情を、ちょっと目先を変えて、宮田登の著作に添えられる写真にみることにしたい。宮田登の著作には、一種の証拠として記録写真が付けられていることが多い。そこにはキャプションが添えられており、その解説は短いだけに、主張が簡潔にまとめられることにもなっている。しかもそれは、しばしば価値判断の性格をみせる。民俗学を背景におこなわれる判定であり、いわば民俗法廷である。

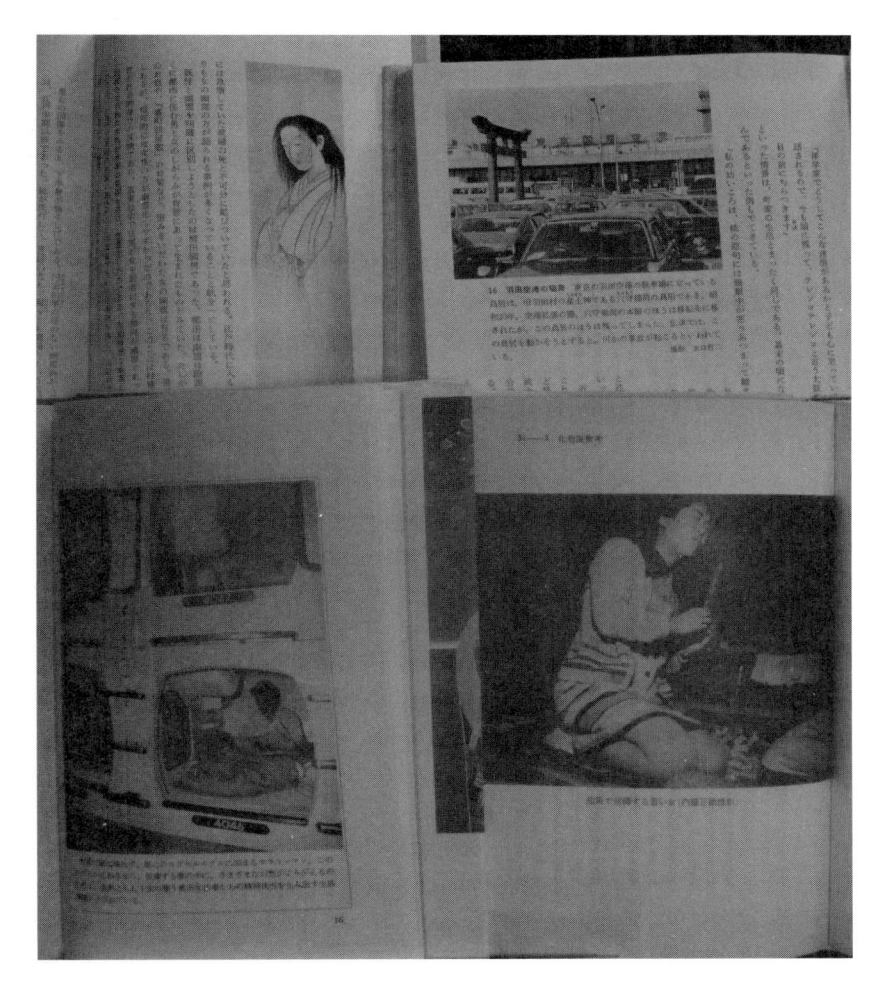

〈不安〉が切りひらいた地平と障壁——日本民俗学にとって現代とは

写真の説得性を活かした宮田登の著作から、その数点

　たとえば、街の一隅の不動明王堂とそこでお参りしている若夫婦とも見える男女の後姿には、次の説明がほどこされている。

　　都市には数多くの神社仏閣が建立されており、人々の信仰の対象となっている。お不動さん、お稲荷さん、お地蔵さん等々、道傍の小祠に祀られ

505

ている神仏は、「都市の不安」に応じている。それはまた都市生活者たちの「心なおし」のささやかな営みの一つなのであろう。
― 『〈心なおし〉はなぜ流行る 不安と幻想の民俗学』p.6.

あるいはカプセル・ホテルの写真には次の解説がつけられる。

　残業で家に帰れず、都心のカプセルホテルに泊まるサラリーマン。このカプセルにおさまり、仮寝する夢の中に、さまざまな幻想がよみがえるのだろう。漠然とした不安の漂う都市生活者たちの精神状況を生み出す生活環境が示されている。
　　― 『〈心なおし〉はなぜ流行る』p.16.

さらに、団地のビルにはさまれたちょっとした広場での町内の祭りと思われる写真には次のキャプションがついている。

　林立する高層ビルに住む人々が、心のやすらぎを求めて創出する民俗の一つに「歳の祭り」がある。神霊のこもる神社はすでになくすべてはセコ・ハンの儀礼であるが、ほんの一瞬でも、満足感が味わえるのだろう。マツリはハレの行事として、今後も続けられていくのである。
　　― 『〈心なおし〉はなぜ流行る』小学館 1993, p.212.

また『日本民俗文化大系 11』（「都市と民俗文化」）には、次のような数点が含まれる。

［路地とビル］日本の伝統都市には、こうした風景がよく見られる。ぎっしり密集した「しもた屋」の路地裏、表通には10階建てのコンクリート造りのアパートが対照的にそびえている。路地裏のしもた屋には戦前から住んでいる古い住民たちが、表通のアパートにはたえず移動する仮住まいの住

民たちが、生活を営み、ほとんど没交渉である。(台東区下谷)
　——『日本民俗文化大系 11』(「都市と民俗文化」) p.10.

[花見の場所とり] 農村では、3、4月ごろ、山遊び、磯遊びなどの行事があった。これは近代になって、花見・潮干狩として定着しており、都会にあっても、恒例の行事となっている。山遊びは田の神迎え、磯遊びは禊祓(みそぎはらえ)を基盤としているが、都市の花見は、花の名所に行って、どんちゃん騒ぎする遊興のための行事である。写真は東京上野公園の花見客の姿である。
　——『日本民俗文化大系 11』 p.16.

[不思議な空間] 大都会にはしばしば不思議な空間が現出している。東京の千駄ヶ谷の一角、高速道路の上に寺院と墓地がある。死者は地下の世界に葬られているはずだが、地下は生者が動きまわる大都市空間なのである。都市の墓地にはつねに怨霊の発生が伴っていた。都市民の不安の反映と理解されたが、死者の憩う空間が、写真のように設定された場合、死者たちは何を訴えてくるのだろうか。
　——『日本民俗文化大系 11』 p.20.

キャプションが短い語句であってもシンボルとして選ばれたと思われる写真もある。

　池袋で祈祷する若い女
　　——『妖怪の民俗学－日本の見えない空間』(同時代ライブラリー) p.81.

　交差点の交通事故
　　——『妖怪の民俗学』(同時代ライブラリー) p.147.

これらを見ると都会の〈不安〉をえぐり出すことにあくことなく精力そそが

507

れているかのようである。都会の隙間にいとなまれるささやかな祭りは都市民の不安に対応するとともに所詮セコ・ハンである、という。タイムカプセルに眠る人は不安の悪夢にうなされる。高層のアパートは人付き合いを欠き、しもた屋は乱雑で、上野公園の花見はただの騒ぎにすぎない。高速道路をまたいで工夫された墓地ではその空中に浮いているが故には死者が憩うに憩うことができない。さらに若い女は、性的にも年齢的にも不安定であることによって伝統的な怪異な心意の格好の餌食である。──これでは、都会、殊に現代の都会への呪詛と言わねばならないほどである。それに対して辛うじて合格点をもらっているのは、農村とのつながりをたもつ歴史の古い宿場町である。

　［宿場の町並み］宿場は街道筋に細長くつづく町並みに一つの特徴が表れている。宿場の背後には農村がひかえており、農村と宿場は、密接な交流を保っていた。人々の往来も激しいもので、自然に市もでき、常店も設けられる。通行する旅人たちに土産物を売る商人も定着していく。宿場町の住民の心性は、日本の都市民の一つの特徴となっている。写真は木曽街道の奈良井宿。
　　──『日本民俗文化大系 11』（「都市と民俗文化」）p.14.

　これらを示されて思わず考えこんでしまうことの一つは、そもそも民俗学は価値判断を下すものなのであろうかという点である。しかもそこでなされるのは、過去に想定された理想、言うなれば理想的な農村国家としての日本を基準とした判定である。そしてこれまた柳田國男の時代認識にその原点があることは容易に推測し得るところである。宮田登の論説におけるそうした姿勢には筆者などは違和感がぬぐえず、延いては民俗学という専門分野のあり方への疑念すらもってしまう。
　しかしまた、宮田登が世相を描くにあたってとった視角がまったく誤っているという意味でもない。むしろそれは当たっている面があると言ってもよ

い。それはこれまで指摘してきた幾つかの特徴についてもそうである。辻は三叉路などを民俗空間と呼ぶのが適切かどうかはともかく、それらが危険な性格をおびることがあるのは事実であろう。それは、文明がいかに発達しても、人間が背中に目をもつことはないという意味においてである。また都会生活に種々の不安がまつわるのも否定できない。〈土を離れた消費者心理〉やそれに類した言い方をされると、いかにも説得された感じを受けることあるのも事実である。児童の自閉症などには土にふれさせるセラピーがあり、正月と盆には田舎へ帰る人波は、土への回帰といったものを感じさせることがある。だからこそ柳田國男にも宮田登にも説得性がみとめられるのであろう。そこには、何かしら胸を打つものすらある。しかしプラスの側面にこそ問題はひそんでいる。

f. 日本民俗学の原風景：映像資料をめぐる柳田國男と宮田登

ところでここでも宮田登を柳田國男の継承者と見てよい面がある。日本民俗学の関係者のあいだではよく知られたエピソードで、また近年ではテレビの一般向けの番組でも紹介されていることだが、柳田國男が後に農政学を選び、さらに民俗学へ進むようになった機縁の一つは茨城県の小村布川(ふかわ)に暮らした13歳から14歳の少年時代にその地で見た奉納絵であったと言う[55]。

> 約二年間を過ごした利根川べりの生活を想起する時、私の印象に最も強く残ってゐるのは、あの川畔に地蔵堂があり、誰が奉納したものか堂の正面右手に一枚の彩色された繪馬が掛けてあつたことである。
> その圖柄が、産褥の女が鉢巻を締めて生まれたばかりの嬰児を抑へつけてゐるといふ悲惨なものであつた。障子にその女の影繪が映り、それには角が生えてゐる。その傍に地蔵様が立つて泣いてゐるといふその意味を、

---

55) 柳田國男「故郷七十年（改訂版）」『底本 柳田國男集』別巻第3巻（筑摩書房 昭和39年）p.1-421, here p.20-21.

私は子供心に理解し、寒いやうな心になつたことを今も憶えてゐる。

　柳田國男が後年述懐したその絵馬は同地の真言宗系の寺に現存しており、テレビ番組でも紹介された[56]。柳田國男を論じる多くの識者も、たいていこれに言及しており[57]、その点では遠野物語や伊良湖岬に流れ寄った椰子の実など並んで、柳田國男論じるときの約束事のようになっている。あるいはその悲惨な出来事の文脈では、『山の人生』のはじめの、同じく後進によって数知れないほど引用されてきた子供殺しの男の実話ともども日本民俗学の原風景の一つになっていると言ってもよい。

　もっとも、嬰児を遺棄し時にはひそかに死亡させる事件は今もニュースとなって茶の間につどう人の眉間に皺を寄せさせることはあるであろうが、往時とは社会構造も当事者の動機も違っている。それは嬰児の遺棄にからむ人間模様がテレビ番組のミステリー・ドラマの一つの型となっていることでも知られよう。一つ一つを見てゆけば追いつめられた人間がそこにはいるであろうが、少なくとも現代日本の一般的な社会条件からは型が違っている。

　ところでそれを加味して、宮田登の映像資料をもう一度振り返りたい。すると、そこには二つの側面が見えてくる。一つは、柳田國男から延びてくるほとんど直線的なとも言ってよい継続性である。柳田國男の原点の一つともみなされてきた間引き絵馬と、宮田登がマイナス・イメージの解説をほどこして呈示する数々の写真とのあいだにはほとんど逕庭がない。宮田登が掲げる〈池袋で祈祷する若い女〉の写真は、柳田國男の見た間引き絵馬の後進と言ってもよい。もとより個々の画像や写真を対応させる作業がなされたわけではなく、柳田國男の世界を下敷きにして現代を理解していることに、それは起因するであろう。

---

56) NHK 番組「その時歴史は動いた（第 269 回）：柳田國男」平成 6 年 11 月 8 日放映。
57) ここでは次の一書を参照、色川大吉『柳田國男』（日本民俗文化大系 1）講談社 昭和 53 年, p.70-71.

〈不安〉が切りひらいた地平と障壁——日本民俗学にとって現代とは

柳田國男が少年時代に見た徳満寺の「間引き絵馬」(茨城県取手市布川)

　しかし注目すべきは、それがすべてではないことである。日本民俗学を生成させた、あるいはその素地になった100年余り前の社会と現代社会が異なることは誰もが知っている。先にもふれたが、『遠野物語』は、半ば閉ざされた狭隘な村社会と限られた生産物という極限的な社会に共同体に暮らす人々の共通の伝説であった。なかには現にある事物や物象の必然を語る話類も多い。〈入眠幻覚〉の術語があたっているかどうかともかく、脱出するすべもなく狭い世界に閉じこめられたように暮らす人々に共通の、部分的には拘束性をともなうフィクションであった。しかし現代、そこには「日本民俗学発祥の地」のモニュメントが立ち、物語に登場する神話的な生き物や異形の者たちが役場のエクステリアとなって観光客を迎えている。100年をかけて出現した距離は誰の目にも明らかである。それゆえ物語の世界が現代にもつ意味は、先ずは異質な文物の提示にある。ドイツ民俗学の術語で言えば〈内部エキゾチシズム〉で、そこにはさまざまな思いがこめられている。すべてが営利というわけはなく、また営利は否定されるべきものではないが、それも含

511

めて意図がはたらいている。プラスの意味で戦術のことも少なくない。

　おなじことが多くの現象について言い得るのである。現代の人であった宮田登にも、誰もが知るのと同じように、それは分かっていたであろう。注目した諸事例が現代の普通のことがらではないことは感じていないはずはなかった。たとえば先に挙げた写真資料と同じ平面にならぶものに羽田空港の間近に立つ鳥居があるが、その写真には次のようなキャプションがついている。

　　［羽田空港の稲荷］東京の羽田空港の駐車場に立っている鳥居は、旧羽田村の産土神（うぶすな）である穴守稲荷（あなもり）の鳥居である。昭和20年、空港拡張の際、穴守稲荷の本殿のほうは移転先に移されたが、この鳥居のほうは残ってしまった。伝承では、この鳥居を動かそうとすると、何かの事故が起こるといわれている。
　　　　――『日本民俗文化大系11』p.33.

このキャプションには、首都空港のような現代社会と科学技術のまっただなかに古い観念の痕跡がみとめられる、という思いがけない話題を持ち出そうという姿勢が感じられる。

g. 民俗事象の呈示というエンタテイメント

　一般に宮田登の現代民俗学は、意外性を呈示することで成り立っているところがある。そして屢々、意外性が深層に由来することが言及されるのであるが、さすがにそれが一般的に妥当する営為とは言い切れないという常識的な判断もはたらいる。事実、話題となったことがらの意外性が一般的な深層であるとまでは言い切るほどの社会的・文化的条件をそろえるには無理がある。羽田空港の鳥居の祟りへの信心は一部の現象にとどまらざるを得ない。〈池袋で祈祷する若い女〉も、栄養の行きとどいたミニ・スカートの身体をふるわせて懸命に何かを唱えているらしいしぐさのアンバランスもあって、

いっそう意外性がたかまっている。すなわち、そういう面白い現象がある、という珍奇が提示され、それが読者の関心をつかまえる。もとより珍奇それ自体は普遍性とは相容れない。

しかし珍奇な話題を楽しむ性向となると、それはそれで普遍性をもっている。広く見ればエンタテイメントである。宮田登がそうした方面にも手をのばしたのは、多才の証しにはちがいないが、また部分的な要素を不釣り合いにふくらませる営為の裏返しだったのかもしれない。

　異界を求めて、宮田登、小松和彦、鎌田東二、南伸坊の四人の面々が深山の洞窟に入っていったとさ。
　長い長いその洞窟をぬけると、そこはたくさんの異界たちが住む世界だったとさ。
　異界を探訪した四人の面々は、そこで得た見聞を、さっそく「日本冥界絵巻」にする作業に入ったとさ。

〈妖怪変化たちの身元調査〉として編まれた妖怪小事典[58]の口絵のキャプションである。昔から文人たちが楽しんできた遊びの一つに妖怪談義があり、その現代版が意図されていたのかも知れない。ちなみに談義ないしは談義物という言い方は、元祖と目される『当世下手談義（いまようへた）』のタイトルが端的に表しているように、それ自体、仏教寺院の行事のパロディであり、エンタイメントのジャンルであった。ともあれ、この冥界絵巻なるもので宮田登が担当している一項目を挙げると、「ねずみ男」がある。水木しげるが作り上げた、よく知られたキャラクターであるが、それについて鼠にまつわる日本の幾つかの伝承を背景として推測したあと、現代の世相につなぐような講評を宮田登は加えている[59]。

58）参照、宮田登・小松和彦・鎌田東二・南伸坊『日本異界絵巻』河出書房新社 1990.
59）参照、（前掲 注58）『日本異界絵巻』p.175.

ねずみ男が現代サラリーマンの間で案外人気があるのは、いつも旗幟鮮明な立場を貫くことのできない会社人間の共感をよぶためであろうか。……

　こういう現代のブームに関わるとして割り切ったものでは、資料の過不足ややや論理推論の当否に絶対の重点があるわけではなく、むしろ漫画評・アニメ評としての生彩の有無が大事になる。

　……ねずみが支配している異界が、"ねずみ浄土"とよばれ、地下世界として民話でよく知られている。爺婆がおり、爺が畑へ弁当の団子を持って出掛ける。団子をうっかり地面に落とすとそれが穴の中に入る。爺もその奥へ団子を追いかけてゆくと、そこのねずみの群れが餅を搗いている。……"ねずみ浄土"は地下の異界であり、ねずみが小穴から出没する様子から、地下世界とこの世を往来していることを想像させたらしい。

　柳田國男の「鼠の浄土」[60]をも踏まえているとおもわれるかかる記述も、現代の足元に伝承の世界が口を広げて待っているといった世界観ではなく、民俗学の雑多な知識もエンタテイメントの一要素と割り切った態度で宮田登が臨んでいたと思いたいところである。

---

60) 参照、柳田國男『定本 柳田國男集』第1巻（筑摩書房 昭和38年）p.110-148. ―『海上の道』を構成する一章であるが、一見特異な記述スタイルであるためにエピソードがまつわっている。本来、名古屋市内のある大学が運営する人類学系の学術誌の依頼に応えたものであったが、そのスタイルのために、稿料を払った上で掲載の取り止めを論者に通知したという因縁のある論稿だった、との追憶を故・掘田吉雄氏は語っていた。筆者がこれを聴いたのは、掘田氏と1982年に東北地方を旅行したときである。

h. 社会的提言の可否

　この問題へ進む前に、もう一つ確かめておかなくてならないことがある。宮田登の挙げる豊富な事例には刺激に富むものが少なくない。実際、宮田登によって民俗学の視野がひろがり、多くの対象が姿をみせる豊かな世界が見えてきたのは特筆すべきことであろう。なかには、話題への着目そのものが刺激となっているものの少なくない。たとえば『日本民俗文化大系』のなかの一話である[61]。

　『名ごりの夢』には、名家の出である桂川家にまつわる亡霊について次のような記事がある。先祖伝来の土地に立つ屋敷に伝わる柳の木があった。先代の頃、この木を伐り倒そうとすると、主人の夢枕に女が立ち、伐るのを思いとどまらせようとするが、蘭学者が迷信に惑わせられるかと、思い切って倒してしまった。ところがその晩、血だらけの女が現れて、「この怨みに七代までこなたの家に片輪を出しますぞ」と告げたという。それ以後桂川家には必ず一代に人ずつ不具者が出たという具体例をあげている。ところが明治七年、今泉みねの夫が築地に邸を買って移った。実家の父が訪ねてきたので何の気なしに庭へ案内すると、そこに柳の大きな古株があった。それを見つけた父は、ここは桂川の先祖が拝領した邸跡だと話した。亡霊の因縁ばなしが再現されたので、夫婦はあわててその邸から引っ越したという不思議な一件が聞書きされている。この土地では維新の折にも大勢の武士が切腹したという噂があり、その後も住み手のないまま、今は活版所になっているというのである。こうした例に限らず、怪異の生じたという伝説をもつ化物屋敷は、ほとんどが古い武家屋敷なのであり、城下町には類話が数多く語られている。かつて宮本常一はこうした現象を、城下町の在に住んだ農民たちの武家観の表れてとみていたが、むしろこれは町

---

61) 参照、宮田登「都市と民俗文化」『日本民俗文化大系 11 都市と田舎 ― マチの生活文化 ―』小学館 昭和60, p. 5-42.［武家屋敷の怪異譚］p.35-39.

に定着した武士たちの心意の一つの表現といえるかもしれない。

これについて感想を言えば、階級の差を素地にした社会心理と関係づけた宮本常一の見解が説得的でもあり穏当でもあるように思われる。支配者たる武士階級へのそれ以外の階級の者の複雑な思いがさまざまな表現をとる蓋然性が高いからである。もちろんそれは武家だけが対象ではないであろう。同じ階級・階層であっても、栄えている家は羨望や妬みの的であろうし、富家の没落には溜飲を下げるような隠微な満足感がはたらくであろう。いずれも正面切った表現がはばかられ、しかも多数者の共通心理となれば、風評や、さらに怪異譚のかたちをとる可能性は高い。

しかし別の脈絡も考えられる。上の一切に続いて次のような、これまた刺激に富んだエピソードが取られている。

　泉鏡花は、とくに金沢や江戸の武家屋敷にまつわる怪異話を多く素材にとり上げている。その中の小品の一つ「怪談女の輪」は、金沢の一角、江戸時代以来の古屋敷が、明治になって英漢数学塾となり、そこに塾生となって住み込みの中の若者の体験談である。「黄昏の頃、之を逢魔が時」に、突然霰のように礫（つぶて）が屋根を打ちだし、やがて部屋の特定の空間に「蒼白い女の脚」ばかりが歩くのを見る。さらに一室に二〇人あまりの女たちがぐるりと輪（ひとま）になってすわっていたという。この怪異の因縁は、この屋敷のある界隈が「封建の頃極めて風の悪い士町（さむらいまち）」で妙齢の女性がここへ連れ込まれたり、腰元妾奉公に入った者で生きて帰った例がない場所だといわれていた。女の亡霊がこの士町にとどまっており、怪異を示す化物屋敷を発現させていることになる。

これだけ切り離されると、脈絡の特定は難しいが、これまた全体として見ると支配者を構成する武士階級のなかに起きた歪みや、あるいはその階級への他の階級のねじれた思いがこめられているのかも知れない。同時にまったく

別の種類の可能性も考えられる。それは学問や教養にまつわる怪異譚である。学問や高度技術はしばしばそれ自体が魔法として、またそれを操る者は魔法使いのように見られることがあるのは西洋でも同じであった。たとえば印刷所に幽霊が出る話種がそれである。書物が一般の水準をこえた高度知識の媒介であり、近代前期の西洋では印刷所の幽霊は一つの話型となっている。また〈牧師館の幽霊〉もあり、日頃、一般の者を超え出る知識をもつために仰ぎみるべき存在への複雑な差異の感覚を盛っている。西洋との比較はともかく、ここでは化け物屋敷には没落した武家屋敷であることと、それが英漢数学塾となっていることの二つの条件があり、そのいずれに比重が存するかは判然としないが、社会的な差異の意識が怪異譚の生成をうながしたと考えることもできる。断言まで行けるかどうかはともかく、宮田登がこの話類についてあたえる空間の霊性よりも、その方が無理のない理解ではなかろうか。しかし、宮田登は、ここに挙げた話類を主に次のように説明するのである[62]。

> ……都市の場所性を考えてみる必要がある。これは都市空間の一定の場所で生活しているということの意味である。前出の化物屋敷にしても、その家に伴う凶事が契機となって、亡霊がその空間に滞留した状態で、生きている人間に祟っていると説明されているのである。
>
> 場所性には、地形が大きな影響を与えている。谷や坂、川や台地の微地形、すなわち、人間の観察の範囲には十分入るが、普通の地形図では十分表現されない程度の地形には、場所が固有にもつ力が秘められているという考え方は、建築学や都市計画の中に活かされている。とりわけ土地霊というような土地に潜む「気」の存在を重視する立場もある。このことは建築儀礼をみると明らかで、建築にあたって最初の地鎮祭だけは欠かすこと

---

62) 参照、(前掲 注 61) 宮田登「都市と民俗文化」[武家屋敷の怪異譚] p.37-39.（＊）若月幸敏「微地形と場所性」槇文彦（他著）『見えがくれする都市』鹿島出版会 1980, pp.91-137.

はできない。土地霊が建築する土地を支配しているという潜在意識にもとづくことは明らかである。ということは、「都市全体から一つの町、そして一区画の敷地に到るまでさまざまな土地神が存在し、それに基づいて都市空間が序列を与えられていた」（＊）という理解に至るのである。この状況が景観として表面化しているのが、境の空間にあたる坂や辻、橋の周辺に祀られる小祠、産土神(うぶすな)として祀られる町の鎮守神、墓地に接する寺院などの配置なのである。

またこれらのエピソードについて次のような総論的な評価が下される[63]。

場所に伴う土地霊が「隠れた空間」から発現している証拠でもあろう。

先にもふれたが、古い霊力の記憶が土地に滞留し、都市化のなかで改めて力をもつというのが果たして説得的かどうかは疑問である。同時に、辻や三叉路や川や橋といった地勢や地形や特定の施設など、一般的な所与性への依拠にも注目しておきたい。それらに決定的な意味をもたせるのは、議論から歴史性を失われることを意味するからである。あるいは、過去（少なくとも江戸後期）も現代もひとしく論じることができるために、そこに比重がおかれたのかも知れない。その卵と鶏の先後はともかく、江戸時代も現代も同じ論理で説明され、また説明できるのは、論説が静止した構図にあることを意味していよう。たしかに現代のめまぐるしい世相のなかのショッキングな事例がふんだんにとりいれられ、それらのエピソードはアクティヴな要素がもっている。しかし同時にそれらは江戸時代に発現した事例とも同じ性格のものとして説明されるのである。アクティヴな性格の諸事例がもつ効果はともかく、説明の仕方は、どこを切っても同じ断面を見せている。それはつまるところ柳田國男の説いた都市に不可避とされる〈不安〉の論である。その着想

---

63) 参照、（前掲 注61）宮田登「都市と民俗文化」［武家屋敷の怪異譚］p.39.

が衣鉢の継承者によってここまで展開力を発揮したことに凄さ見るか、正体を垣間見て白けるは、受けとめ手それぞれに反応があろう。とまれ、不安が切り拓いた地平と障壁に着目したのである。

4. 論議

最後に問題を整理するために、あらためて三点を記そうと思う。一つ目は古典を読むとはどういうことか、これを柳田國男の同時代人の文明批評を例にとって考えてみた。二つ目に、現代の不安をめぐる議論にわずかながら眼を走らせた。三つ目に、繰り返しになるではあろうが日本の民俗研究の機微に今一度をふれてみた。

[1] 古典を読むとは ― 夏目漱石の都市住宅論と柳田國男の都市改良論

本稿のはじめで、筆者は、柳田國男は古典として読むのが適っているであろうと述べた。それは単なる修辞ではない。言い換えれば、古典として読まれていないのではないか、という疑念でもある。この点を改めて整理しておきたい。

疑念は、柳田國男の都市論として、スローガン的は一句がすべてであるかのように依拠されてきたことにある。たしかにそれはことがらの本質の一部には違いなかろうが、そのすべてではないように思われる。これまでも引用と重引をおこなった次の一節である[64]。

「土を離れた消費者心理」 私の想像では、衣食住の材料を自分の手で作らぬといふこと、即ち土の生産から離れたといふ心細さが、人を俄に不安にも又鋭敏にもしたのでは無いかと思ふ。

---

64) 参照、(前掲 注34) 柳田國男「都市と農村」p.249f.

この『都市と農村』(昭和4［1929］年刊) の一節と、同じ視点による『明治大正史 世相篇』(昭和5［1930］年刊) 以上のことは、柳田國男は言っていない、と宮田登は言う。

　　柳田民俗学における都市の扱い方は……『都市と農村』と、『明治大正世相篇』の内容にとどまって（いる）。

そこでひとまずこれが柳田國男の都市理解であったと見ておきたい。ところで筆者は、その箇所を引用したとき、それが柳田國男にでなければ思いつかなかったほどの指摘とも見えない、との感想をも付した。少なくともある方面に意をもちいた有識者なら言い得たことであったとも見える。もちろん、そっくり同じ言い方ではないであろうが、同様の慨嘆をなさしめるような都市の現実があり、柳田國男でなくとも当時の具眼の士には、その病根に思いを致さずにはおれなかったと考えられる。
　その都市の事情の典型は当時の東京であったろう。近代日本の首都として急速な発展の途上にあった東京であるが、感心できない様相をさまざまな局面で見せてもいた。興味深いことに、柳田國男の同時代人と言ってもよい人物が、その目の当たりにした都会の動きを、同じく国や社会の根幹にかかわる欠陥として指摘している。

a. 夏目漱石の都市住宅論

　小説『それから』(明治43［1910］年刊) には、東京を舞台に、最高学府を出ながら、ひょんなしくじりがたたって、絶えず急き立てられ不安と不満のかたまりになった人物が描かれている。その人物像に造形上の生命を吹きこむ手法のひとつであろうが、漱石は、都会の膨張をなぞっている。漱石の作品中には文明批評としても読める箇所が少なくないが、ここでは、日本の都市住宅について一席ぶっているとも見える。

平岡の家は、此十数年来の物価騰貴に伴つて、中流社會が次第々々に切り詰められて行く有様を、住宅の上に善く代表した、最も粗惡な見苦しき構へであつた。とくに代助には左様見えた。
　門と玄関の間が一間位しかない。勝手口も其通りである。さうして裏にも、横にも同じ様な窮屈な家が建てられてゐた。東京市の貧弱なる膨張に付け込んで、最低度の資本家が、なけなしの元手を二割乃至三割の高利に廻さうと目論で、あたぢけなく拵へ上げた、生存競争の紀年であつた。
　今日の東京市、ことに場末の東京市には、到る処に此種の家が散点してゐる、のみならず、梅雨に入つた蚤の如く、日毎に、格外の増加率を以て殖えつゝある。代助はかつて、之を敗亡の發展と名づけた。さうして、之を目下の日本を代表する最好の象徴とした。
　彼等のあるものは、石油鑵の底を継ぎ合わせた四角な鱗で蔽はれてゐる。彼等の一つを借りて、夜中に柱の割れる音で眼を醒まさないものは一人もない。彼等の戸には必ず節穴がある。彼等の襖は必ず狂ひが出ると極つてゐる。資本を頭の中へ注ぎ込んで、月々その頭から利息を取つて生活しやうと云ふ人間は、みんな斯ういふ處を借りて立て籠つてゐる。平岡も其一人であつた。

　1875（明治8）年7月31日生まれの柳田國男に対して、1867（慶応3）年3月15日生まれの夏目漱石は8歳数カ月の年長になる。その目の当たりにしていた都市の風景には、計画性や恒久性はみじんも感じられなかったらしい。〈貧弱なる膨張〉であり、そこに目先の利害だけで精一杯という人間が立てこもる。当然、彼らは、（柳田國男流に言えば）<u>恒産</u>も無ければ<u>恒心</u>もないであろう。〈敗亡の発展〉は、柳田國男の都市論と重なっている。
　この漱石の都市住宅の議論は、古典として読むことができる。事実、それは何か基本的なものを言い当てている。早い話、後代にも当てはまるところがある。たしかに現代では日本人の所得が増えたことに比例して、一軒あた

り、一家屋あたりにかける金額は（イギリスやドイツほどではないが）世界的にはかなり高額で、作りも丁寧である。しかし建蔽率や容積率といった最低の用心のための規則をまもれば、洋風であろうと和風であろうと、何階建であろう、どちらを正面に建てようと施主の勝手である。住宅が住宅として永くもちこたえられるような敷地面積の下限も無いに等しい。その結果、一つ一つの建物は金がかかりながら、形も高さも大きさも向きも色も様式も不揃いという先進国にはきわめて特殊な都市景観が広がっている。しかもその立て壊しの平均年数は30年未満といった統計が示すように、イギリスの平均125年、ドイツの平均100年余に比べてたいそう短く、住宅ローンを払い終わってしばらくすれば<u>さら地</u>となって何ものも残らない。その上、建てゝは壊し建てゝは壊しは日本の活力とする論法が政官界にも住宅会社にもローンを組む住人自身にも共有されている。近年いくらか見直しの掛け声は聞かれるものの、制度はなおそれを是として整えられている。夏目漱石の慷慨は百年を経た今日にも該当するのである。

　もっとも、都市住宅亡国論とも言えるような議論にも別の現実がある。今挙げたような住宅事情におけるマイナス面、あるいは都市構想のお粗末は、直せるものならそれに越したことがない。が、そこに暮らす人が一律に落ち着きがなく、ひたすら何かに追われる焦燥のなかにあったわけでもないであろう。簡素な住宅を足場として未来を望見する若いカップルがおり、子育てのよすがに手ごたえをおぼえる夫婦が暮らし、老いを養う手頃な場を見出した人々の安堵があったであろう。高級住宅でなければ微笑も満足も家族の笑いさざめく声もないというわけではない。出来合いの安普請でこの世を身罷るのが野垂れ死に同然とも言い得ない。また別の角度からみれば、極小空間の居住に満足をもたらす驚異的なまでの設計や工法も工夫されてきた。しかし建て壊しのサイクルの短さは、どう見ても国民経済の無駄ではあろう。西洋の家屋のメンテナンスがかなり大ごとであるのを差し引いても、なお無駄の多寡には開きがあるとおもわれる。

　おそらく夏目漱石は、東京をロンドンと比較して、彼我の落差を憂いてい

た。漱石の経験した19世紀末から20世紀初めのロンドンはやはり膨張の真っ最中にあって、たとえばノッティングヒルからサウスケンジントンへ至るハイドパークの西隣一帯も狐や野兎の棲み処から市域へと大変貌を遂げつつあった。そのさい民間資本が潤沢であったイギリスでは、ディヴェロパーがかなりの広域を請け負って中流にふさわしい住宅を区画ごとに建設してゆき、それが今日の基準からは高級住宅街の土台になった。片やパリは、ナポレオン三世の治世を節目に国が厳しく規制を設けて都市の仕様を整えた。民間主導か国の基準で管理するかは条件によって異なるが、ロンドンやパリが都市景観において東京に優るとは一般的に言い得るのではあるまいか。

　付言すれば、荒廃と表裏一体とも言えるような都市のひろがりを嘆いたのは夏目漱石だけではなかった。永井荷風が『新帰朝者日記』(明治42［1909］年) で意気揚々と話題にしたのも西洋と比較したときの日本の都市景観であった。そして時とともに描写に冷笑を挿し添えるようになっていった。他にも都市問題を論じた識者は幾らもいる。少し後の映画監督小津安二郎になると、現実に逆手を執ったと言うべきか、〈東京〉を掲げつつも裏長屋や場末を描いて、近代都市の先入観とのあいだでコントラストを作りだした。そうした流れのなかに置くまでもなく分かることだが、漱石の住宅論は古典である。すなわち、心することがのぞまれる警告であった。

　しかしそれを本質論として読むと、奇妙なことになる。日本の都市住宅は〈敗亡〉を決定づけられ、それ以外の運命はないことになる。事実は、そこに留意しなければ亡国の事態をまねきかねないという助言であって、いわば賢者の置き土産であった。用心の勘どころへのアドヴァイスと受けとめて対処するなら、破局を回避でき、繁栄を得ることもできるのであり、それこそが先人の遺志でもあったろう。

b. 柳田國男『都市と農村』は都市改良論

　同じことは、柳田國男にも言い得よう。目前の状況を嘆いて発せられた言葉は、それを疎かにしないことが将来を切り拓くという意味にとるべきであ

ろう。都市民が土をはなれたが故に不安であるとは、その時点の都市の状況から割り出した原因の探求であり、そこに用心をうながしたのであった。都市が中心になるのは時代の必然であり、後戻りさせることができるなどとを誰も考えていなかったであろう。ただ成長し行く近代都市の、先ずは裏面に意識が向かったために、時には袋小路に注意が集中するかのような表現になったのかもしれない。漱石が都市近郊の住宅の乱雑無軌道に匙を投げたとも見える言辞を残したのと同じく、柳田國男には都市民の心理の不安定が不可避と見えたこともあったのかもしれない。言葉の綾か思念の波動かはともかく、基本は、そこまで突きつめて病根を指摘した賢察と解するべきで、しかもそれは最悪の事態を回避するための助言であった。おそらく両者とも未来を呪詛の袋に詰め込んで切りにしようとしたのではなかったであろう。

ところが、文明批評のダイナミズムをそうとは受けとめず、文字面を有り難がる人々があらわれた。社会現象の議論が予言書のように受けとめられたのである。そもそも、ここで問題にしている柳田國男の都市への言及を、都市に関する未来永劫の本質論としてみなしたこと自体がおかしな話であった。しかし、それでどうにもならなくなったときに、窮余の一策と言うべきか、すべてを解決してくれるような読み方が現れた。柳田國男の警告を、それ以外に都市の本質はあり得ないというように、がんじがらめに自己を縛り、その上で脱出口をさぐるという手順である。すなわち、不安こそ都市民の本質として先ずおさえ、それを原理に格上げし、それを前提に、都市の殷賑と祟りの背中合わせや、あの世とこの世の交錯とが説かれることになった。自縄自縛の末のアクロバット的なパフォーマンスであった。

　……早くから都市に取り組み、また現代人のもっている不安な心理を通してフォークロアが組み立てられているであろうという予測を、柳田國男もすでにしていた。「都市は不安によって支えられている」という言い方を柳田はしているが、その不安の実態を民俗学として、あるいは民俗事実として究めようとはしなかった。

柳田國男は〈都市民の不安〉を指摘しながら、それはなお予測にとどまっていた、それを原理として取り出した、との揚言である[65]。しかし柳田國男の〈都市民の不安〉の論説は文明批評であり、田舎を引き合いに出したのも詰まるところ警告であったろう。それは、たとえば『都市と農村』の次の一節の語法に注意してもよい[66]。

（下線は引用者；以下同じ）

　……國の統一地方の結合の為に、都市の繁栄して行くことを希望しつゝ、尚弘い新たな道徳の力を承認しなかたつたならば、都市が人情の砂漠となり、旅の耻の掻棄てる場所となり、人を見たら泥棒と思ふ土地となるのも止むを得ず、又それでは本當の建設とは言はれぬのである。

つまり、用心しなければ、本当の都市建設はできないだろう、と仮定法とそれに応じる推量の帰結文でつづられている。したがって、満足な都市建設が将来ともにあり得ないと言っているのではなく、むしろそれに向けた励ましである。それが『都市と農村』一書の基本的な姿勢であることは読めばただちに納得される。

　所謂都市の人口吸収力が、もう大抵絶頂を越えたといふのは大都市だけのことで、他の多数の小都會に於いては、現に盛んに流れ込み、又入代りが行はれつゝあるのである。しかも此等の町を大きくすると同時に、丈夫に且つ美しくすることは、國全體から見て極めて重要なる事業であつて、之に關與する内外の人、殊に新たに動かうとする者の態度次第、善くも悪

---

65) 先の引用の一部を再び抜き出した。参照、（前掲 注38）宮田登『〈心なおし〉はなぜ流行る　不安と幻想の民俗学』p.229-230.
66 参照、（前掲 注34）柳田國男「都市と農村」p.253.

<u>しくも是からなる</u>のだとすれば、學問は乃ち何よりも大切であり……

都市を大きく丈夫に美しくすることは国全体の重要な大事業である、と柳田國男は論じている。また農村もまた問題をかかええており、都市問題の両方に目配りしてゆかなければならない、とも説いている。

　都市の個人主義と自由なる進出とを制御して、農村問題の解決策に供せんといふ學者は以前から相應にあつた。併し此人たちは……<u>田舎に農村問題がある如く、町にも都市問題のあることさへ忘れて居た。……都市の窮乏と不安が量に於いても質に於いても、決して多くの村落に劣つて居ない</u>のに、心ある人たちまで尚之を看過ごす程に物陰の事實であつたとすれば、假に都市同住者の共に騷ぐことを期し難いとしても、故郷の村々に取つて大きな問題でなければならぬ筈である。村を出てしまつた以上は他の事と、氣輕に見てしまふ處に人情の割れ目がある。是ではまだ<u>全國家の幸福の為に、都市の改造を企てる</u>だけの十分の準備があるとは言へない。

要するに、農村から都市へ移った者は農村出身者なりに、都市にすでに永く住んでいる者は永く住んだなりに、それぞれが知恵を出しあって町も村も改善するようにつとめ、<u>住みよい社会</u>を作らなければならない、と説いている。まことにもっともな<u>社会的視点</u>であり、高邁な抱負である。

　果して農村が都市の亂鬪を救ひ得ぬ程無力であるかどうか、都市との關係は現在有る形が唯一つのもので、押しても引いても是以上に動かしやうが無いかどう。私などはまだ研究の餘地が十分あると思つて居る。我々は<u>市人たると村人たるとを論ぜず、既に社會をもつと住みよいものにしようといふ志を抱いて居る</u>。……

この〈志〉が百年後にとんでもない読み替えを受けるとは、夢想もされなかっ

たであろう。都市民は農村を離れたがゆえに不安を運命づけられているという議論であるが、どうすれば、その論拠になるのであろうか。概括的に言えば、学問分野の大きな区分の混同が起きたこともそれに与っていたかもしれない。柳田國男の『都市と農村』は農村改造や都市問題の解決を説いているのであるから社会科学の性格を示している。ところが後になって、そこに拠りどころをもとめて都市民の不安、とりわけその発現としての怪異現象が取りあげられることになった。心霊現象などは研究対象としては人文科学に属するであろうし、その最右翼に位置するかも知れない。この社会科学から人文科学への移し替えがどこまで自覚的に、すなわちディシプリンを確かめながらおこなわれたか、それとも確認の手続きを無視したか、という問題もここには重なりそうである。

[2] 一回転した現代の不安 - ポストモダンの不安論

　問題はもう一つ残っている。では、現代の人間に不安はないのであろうか。むろん、現代にはもはや不安は無いなどと言うのは馬鹿げている。人間として存在すること自体への不安もあれば、諸個人の偶然的で逃れようのない条件とそれへの意識とのあいだで起きる不安もある。そして社会と世界を覆い、誰もがその一員として組みこまれている諸条件に起因する不安もある。

　不安は、おそらくどの時代にもその時代なりのものがある。その点では、中身が変わる容器のようなもので、そこを確かめないと話がかみ合わなくなる。筆者の学生の頃には、キルケゴールの『不安の概念』が人文系の大学生のあいだではよく読まれる書物の一つであった。それもあって、<u>不安</u>の語を聞くと、これを理詰めと言ってよいくらい解剖してみせた北欧の思想家の営為が先ず思い浮かぶが、その共有を今日にもとめるわけにはゆかない。むしろ現在は現在で、別の角度から不安が世界の多くの国々に共通の合言葉となっている。ポストモダンにおける不安であり、それを掲げる世界的な旗手をもとめるなら、さしずめジグムント・バウマン（Zygmunt Bauman 1925-L）がその一人であろう。その標榜する〈液状不安〉（liquid fear）は国際的にキ

527

イワードの観すら呈している。それは多種多様な話題に則して説かれているが、一つを挙げると映画『タイタニック』を現代世界のシンボルとみて名づけられた〈タイタニック・シンドローム〉がある[67]。

　周知のように『タイタニック』の物語の主演俳優は、（沈黙してはいるが）氷山だった。しかし、この物語を同じような数多くのホラー・パニック系の物語のなかで際立たせているのは、「そこの外で」待ち伏せしている氷山ではなく、まさに恐怖（horror）である。この恐怖は、「ここのなかで」豪華な大型船の内部で起こっているあらゆる混乱に由来する。たとえば、沈みゆく船の乗船を避難させるための賢明で実行可能なプランをまったく欠いていたことや、救命ボートや救命浮帯の深刻な不足などである。……
　とりわけ、われわれのうちほとんどの者の、生活の大部分が営まれている都市、つまりは「外部からの破壊に対して極端に脆弱な」場所において、「これまで以上に、現在では、都市のインフラ網の機能の破綻は、都市の社会秩序そのものの機能の崩壊への恐怖や不安をもたらすものとなっている」。あるいは、グレアムが引用しているマーティン・ポーリーが述べているように、「大規模な都市機能の混乱に対する不安」は、いまや「あらゆる大都市の住民の生活に付き物となっている」。

ジグムント・バウマンは現代世界の現代たるゆえんを挙げ、そこに一体となっている不安を飽くことなく縷説する。とりわけ、近代を特徴づける諸々の基準の位置の低下をもって現代世界が特徴づけられる。国家、近代資本主義、科学技術の進歩、民主主義、自由と正義、それらを価値とする公共性、これらの指標が、それが獲得された過程や確立された時代にもっていた十全な意味を失ない、価値基準の位置から後退したと言う。国境を越えた資本や

67）参照、ジグムント・バウマン（著）澤井敦（訳）『液状不安』青弓社 2012, p.29f.
　（原書：Zygmunt Bauman, *Liquid Fear*. Cambridge 2006）

生産や消費の流動の度合いがたかまっているのも、それらの指標の希薄化と照応している[68]。

　今日の範型や形式は「所与」のものではなく、ましてや、「明白な」ものでもない。たいへんな数の範型や形式が衝突しあい、それらの発する命令はたがいに矛盾し、種々の範型、形式には絶対的拘束力と強制力がない。……液状化の力は「体制」から「社会」へ、「政治」から「生活政治」へおよび、社会生活の「マクロ」段階から「ミクロ」段階へ降りようとしている。

その動向は、諸々の危機が国境をも体制をも越えて流動するものとなっていることとも呼応する。核施設に代表される制御がおぼつかない巨大技術の脅威、高度な化学工業が生み出す大気や土壌の汚染への危惧、これらと並んで、またこれらと一連のものとして、資本と生産がグローバルな度合いを強めるなか消費の座標軸も見わたせなくなっている。このバウマンの警世には、〈困窮は階層的、スモッグは民主的〉の言い回しで知られる社会学者ウルリッヒ・ベック（Ulrich Beck 1944-L）の〈危険社会のモデル〉を重ねることもできる[69]。また個人性の増殖の一方で共通の準拠枠が見失われることをすでに1970年代から説いていたリチャード・セネット（Richard Senett 1943-L）の〈公共性の崩壊〉[70]の考察とも呼応するところがある。

----

68) 参照、ジークムント・バウマン（著）森田典正（訳）『リキッド・モダニティ　液状化する社会』大月書店 2001, p.11.（原書：Zygmunt Bauman, *Liquid Fear*. Cambridge 2006）

69) 参照、ウーリッヒ・ベック（著）東廉（監訳）『危険社会』二期出版 1988, 法政大学出版会 1998.（原書：Ulrich Beck, *Risikogesellschaft. Auf dem Weg in eine andere Moderne*. Frankfurt a. M［Suhrkamp］1986.）

70) 参照、リチャード・セネット（著）北川克彦・高階悟（訳）『公共性の喪失』昌文社 1991.（原書：Richard Senett, *The Fall of Public Man*. Cambridge University Press 1974.）

ここではこれらポストモダンの論者の所説に特に立ち入らないが、いずれも現代の人間と世界の〈不安〉に多少とも重点をおいている。その説くところは、国境を越えて浸透する核や環境破壊の物質であったり、渇望にさいなまれる個体の消費欲であったりする。それらが論者それぞれに、現代世界の小道具を引き合いして論説される。あるいはオートキャンプ場、あるいはフィットネス・クラブ、あるいは携帯電話、あるいはテレビのリアリティ・ショー等々。また先に引いた映画『タイタニック』のブームに着目した〈タイタニック・シンドローム〉。

　日本語の〈不安〉が指すのが、"fear"か"anxiety"か"uneasiness"か、といった問題もがありはするが、それはここでは措き、それらの語彙に共通のもう一つの要素にふれておかなくてはならない。それは、〈不安〉とは情感の一種であり、それゆえ体感をともなうことである。身体をもつものとしての人間がもつ気配の感覚である。この点に注意をはらう必要があるのは、定かならぬものの気配に対する体感である以上、〈不安〉の語で呼ばれる現代の反応も、何世代も前の人々の〈不安〉も通じあうところがないわけではないからである。逆に言えば、それだけに、現代の人間が感得する不安が何であるかは特定して説明されなければならない。

　現代世界の不安の背後にあるのは、実際には、現代ならではの諸々の要因と見るのが先ずは穏当であろう。今日、人々が感じている不安は、本当は、環境汚染、大気や食品の蓋然的な有毒性、倒産や失業の恐れ、老後や年金の心配、職場や学校で退けものにされる（排除し得ない）蓋然性、家族の不和、結婚の不調や夫婦間の軋轢などであり、これらがいつどこでどう襲ってくるかもしれない状況に人々は暮らしている。今ほんの数例を概括的に挙げたこれらの経験的な諸問題のなかにはいつの時代にも起きることがらもふくまれるように見えるが、その中身は<u>その都度その都度の現代</u>の要素からできている。家族の不和、結婚や夫婦の不調ですら決して没時代的や没空間的あるいは没文化圏的ではありえず、それぞれの時代や状況に特有の形や仕組みをもっている。と同時に、自分を次の瞬間には襲うやもしれぬ何ものかが何も

のであるか特定し得ないために、その理解は未分化なものたらざるを得ない。それは、精々、気配でしかない。あるいは予感である。それゆえ、中身をほぐすと、定かならぬものの社会的（ときには国際社会的な）仕組は現代ただいま以外にはあり得ない仕組みにありながら、一般的に情感が体感という万古不易の側面をもっているために、同一ないしは類似の感触として理解される面がある。しかしその同じ、あるいは類似の体感のあいだには、一回転も二回転もの経過がはさまっている。そのネジの溝のような時間と空間に隔てられて、近似した体感が経験される。

　これは不安に限らず、体感をともなう心理に常におきることであるが、これがことがらの説得性に特殊性をあたえている。時代をも空間をも無視した説明が説得性をもつことが少なくないのである。現代の人間がもつ不安をさぐると、実際には家族の不和や、職場あるいは学校の人間関係や、健康あるいは収入・家計の不安定や、大気汚染や核の脅威などに行き着くにしても、それらは特定されていな漠然とした予感にとどまり、しかも体感の性格にあるために、極端に言えば<u>どんな理由づけでも多少の説得性をもつ</u>ことがある。現代に種々の心霊が言い立てられ、それが説明の力をもつ一因がここにある。たとえば土地霊や守護霊などという奇抜な術語が響いても、まったく受け付けられないわけではない[71]。

　　……狐をカミに祀り稲荷とした祠が、東京にやたらに多いのは、江戸以来の伝統であり、稲荷の古社は、いずれも高台の端の方に多く分布している。……
　　狐は土地の守護霊の性格をもつのであり、……いわゆる都市化のプロセスで、人間側が自然の領域を侵食しているという一種の負い目を自覚して

---

71) 参照、（前掲 注38）宮田登『都市民俗論の課題』（II. 都市の心意　5. 江戸の不思議）　p. 168-172.; さらに詳しくは次を参照、宮田登『江戸歳時記 ― 都市民俗誌の試み』吉川弘文館 昭和56年, p.54-70（「江戸歳時の世界」の「初午と稲荷」の項目）

いたことをものがたっている。

　環境破壊は現代人の誰もがマイナスの方向で認識している現実であり、またその行く末に危惧を感じているという意味では不安の要因である。その点では、環境破壊にちなむ心理の乱れは現代に普遍的でもある。しかも体感をともなう心理であるために、時間の経緯をも空間の隔たりをも社会の仕組みをも度外視した説明でも、耳を傾ける人は現れる。一見それらくして聞こえるためだけではない。ときには、意表を突いた斬新さのゆえに喝采すら呼び起こす。

　江戸時代に人々が抱いた不安の一つが本当に土地霊を侵したが故のものであったか、またそれが環境破壊に起因するものであったかは疑わしい。しかしそうした説明が、環境破壊への危機意識をほんどの人々が共有する現代では説得性の観を呈する。実際には、そこでは、現代の体感と近似した（と想定される）過去の体感を隔てる時間と空間と社会が度外視されている。ネジの溝は確実に一回転しているのである。

　それは不安がもつアミューズメントの要素について言い得るであろう。狐が土地の守護霊であったかどうかの当否は問わないにせよ、恐れや不安はまたエンタテイメントの核でもあった。古く〈みけつのかみ〉（御饌津神）が〈三狐神〉と表記されたとき、すでにそこには幾分、遊びの要素が寄り添ってもいたであろう。下って中世藝能において〈そも狐と申すは皆神にておはします〉と僧に化して老狐が語り出るや、あでやかにも大がかりな因縁の口説は耳に波瀾の愉悦であった。

　今日でも、たとえば各地で人気を博しているパワースポットはまちがいなくアミューズメントであるが、喝采を浴びては消えてゆく霊地が虹色に輝くには、恐れや不安が、それなくしては話が成り立たない要素となっている。恐れや不安の細片が真珠の核入れさながら組み込まれており、それがもたらす体感への期待の前に歴史は後退する。しかしそれ自体が歴史的な現在の様相にほかならない。体感という共通項の効果にたよって古い事例で説明する

のは、エンタテイメントと踵を接する機転ではあろうが、学術としては危うい。

[3] 自評

　筆者がここで問題にしたのは、これまで多くの人々が指摘していたこととそう変わったものでもない。事実、柳田國男の呪縛が何とかならないのかとの声はすでに数十年にわたって発せられてきた。それに特定して文献を拾ったのではないが、手近な二冊を挙げてみると、まことにもっともな指摘がなされてきたことに気づかされる[72]。

> ……現代の日本民俗学は、柳田への追随 → 固定化 → 孤立化 → 閉塞の道を自ら歩んでいるとしか思えない。ところが日本民俗学の最近の傾向は、このような事態を理解するどころか、むしろ楽観論が大勢を占めるかのようである。

この著者が柳田國男を〈巨大な問題提起者〉と位置づける方がよいとしているのも至言である。そして原点の柳田國男の問題点を具体的に取りあげている。またもう一人の論者の発言もこれと重なるところがある[73]。

> 柳田は日本の近代が生んだ数少ない偉大な知識人の一人であることは間違いない。しかし、だからといってこの柳田の学問、つまり民俗学を、そして柳田を神格化したり、偶像崇拝してしまうことは、柳田、そして柳田民俗学を逆に殺してしまうことになりかねないし、諸々の領域において、極めて危険なことである。……柳田を、柳田民俗学をはなから信仰してしまい、彼の発言に一つ一つに心酔し、それを日本全民衆の肉声の代弁だの、

---

72) 参照、山中正夫『反柳田国男の世界 民俗と歴史の狭間』近代文藝社 1992, p.18.
73) 参照、綱澤満昭『柳田国男讃歌への疑問 日本の近代知を問う』風媒社 1998, p.6.

野の学問だのと声高に叫ぶことは可能な限り慎重でなければならない。

問題をたしかめるには、二つの方法がある。一つは、大本の柳田國男の論説そのものを取りあげることである。ここに引いた論者たちもそれぞれのテーマをたずさえてそれを試みている。もとより、民俗研究にかかわれる各分野で柳田國男の考察の不足や誤認への指摘はなされている。批判者たちの成果はほぼ例外なく力作である。そうした蓄積はそれだけでも相当の分量に上るだろう。しかし問題は、それにもかかわらず、事態はあまり変わらないことにある。となると、取り組み方を変えてみなくてはならないというのが本稿の工夫であった。

柳田國男（1875-1962）はすでに没後ほぼ半世紀の人である。またその学問の最初の出現として『遠野物語』（明治43［1910］年）を目安とすると一世紀が経過している。加えて重要なのは、柳田國男が民俗学という学問の創始者だったことである。筆者のようにドイツ民俗学を追ってきた立場から見ると、この学問分野の第一世代が先ず手がける順序というものがあったように思われる。学問分野をゲームにたとえるのがよいか悪いかともかく、囲碁の定石としての布石や将棋の定跡に似たものがある。そこをおさえておればこそ、変法や新戦法にも枝分かれしてゆく。柳田國男が穏当かつ常識的な手順を踏んで学問分野を創始したのは大局的には幸いであった。しかもそれを、外国の先例については断片的なヒントに接したくらいで、ほぼすべてを自力で考えたのであるから、よほどの洞察力と、明晰かつ穏当な判断力をそなえていたのであろう。大才が異才や奇才でなかったことの意義は大きい。なるほどそこではエリートや中央官僚に特有の民衆への隔意が習い性であり、また寄り来たる随身に向けては下僚と擬して睨視が光りはしたのであろう。他にも日本の支配構造や生業など幾つかの角度から偏りや不足が指摘されており、それらも概ね当たっていよう。しかし、そうした偏りや不足が見えてきたのも、しっかりした心棒だったからとも見える。

ちなみに外国の民俗学の分布を見ると、かならずしも常道そのものとは言

えない進み方をした事例が散見される。たとえばマルクス主義民俗学などである。もとよりカール・マルクスその人に責任のあることではない。が、その場合で言うと、通常では思いつかないような斬新なテーマですぐれた業績が二つ三つ現れはした。民謡の歴史600年についてデモクラシーをもとめる運動として読みなおそうという試みや、マグデブルク周辺一帯の農村部の資本主義下での変化を追う総合調査や、バルト海のリューゲン島の漁撈の実態を伝統とのかかわりで記録するといったものである[74]。しかし、そうした記念碑的な成果があるものの、全体として見ると、支配者は残酷な抑圧者、民衆は被抑圧者にして反抗者という硬直した思考の型（ないしは思考停止の型）ができて、却って生気の無い研究や報告が量産された。変則は、特に権力の手のとどくところに位置すると、わずかな秀作を生みはするが、大部分の委縮を結果するのである。

とは言え、自由な研究がある程度保証されている場合には、変則的な行き方に魅力があるのも事実である。むしろ問題は、自由に研究ができる環境がありながら、硬直や委縮が起きる場合である。これにはどこかに本質的な欠陥を予想しないわけにはゆかない。

以上は柳田國男の位置について私見の一端を述べたのであるが、次に本稿の方法への自評である。それは今述べたことがらと関連している。今日から見た場合という限りではあれ、先人の不足を補い陰影に光を当てるのは大事なことであろう。それぞれの領域の識者がそれを手がけてきたのは大きな意味を持つ。と同時に、没後半世紀の経過はその衣鉢を継ぐ人々によって担われてきた。その経緯がどうであったかは、物故した先師ではなく、になった人々の行動に他ならなかった。師匠の影響が強固でありつづけたとしても、すでに存在しない師匠には関わりのないことである。影響を重んじたのは、担い手自身の選択であった。とすれば、担い手の行動を解明しなくてはなら

---

74) 簡単な概観なら次の学史文献を参照、（前掲 注5）ヴェーバー＝ケラーマン『ヨーロッパ・エスノロジーの形成』p.238-246.:「東ドイツの民俗学」

ない。

　柳田國男の学問には、多数の問題点が指摘されてきた。そうした批判の大部分はおそらく当たっている。それゆえ批判者は、その指摘をもって、創始者の事業を継承している人々に間接的に再考を促し得ると期待したのであろう。しかし柳田國男の思想と営為は、時に陰影や色素の欠落が見つかるにせよ、他にどういう形があり得たかとの反問が起きても不思議でない、大局的にはまっとうなものであった。指摘された不足点が根本にかかわるか歪みとまでは一概に言うことができない。とすれば、部分にかかわる批判をもって、継承者に足元の見直しをもとめるのは無理がある。ここに、柳田國男以来の伝統とされるものが少しも衰えない所以があるのではなかろうか。

　さればこそ、（部分的に終わらざるを得ない）柳田國男の検証という間接的な行き方ではなく、柳田國男の継承者の継承の仕組みを直接調べることを課題としたのである。そのさい、先師の〈発言の一つ一つに心酔し〉て繰り返している人たちの仕事は検討の対象にはなり得ない。すでに柳田國男の没後50年が経過している。その間に世界情勢も社会構造も変化した。それゆえ継承者のなかの先鋭な人々や良心的な人々なら、受け継いだ論説を目前の状況に合うように工夫したであろう。そうした継承の現場に注目するなら、影響の流れの実態に接することができる。そのさい、なろうことなら、継承を自ら公言している継承者であることが望ましい。そうしたものの一つに則して継承の仕組みを調べたのである。なお言い添えれば、ここでは不安の理論に限ってプレパラートに仕立てたが、そこで得られた構図は、他のキイワードにもあてはまると筆者は考えている。千年王国の見解も王権の論説も、似たような仕組みでできていることをたしかめる人がおればと願っている。

　これを別の面から概括的に言うなら、資質の異同のようなものもありそうである。何度も述べた感想であるが、筆者の見るところ、柳田國男は理性や合理を基本とした人であった。むしろ理性が勝ち合理の刃が切れすぎたことに却って問題点があったと言ってもよいくらいである。これについては稿を改めて取りあげようと思うが、さはともあれ、孔子の弟子たちは「子、怪力

乱神を語らず」と後世に伝えたものだが、今ここでは、継承とは言い条、その根幹があやしくなっている。しかもそれはこの分野に現在広く見てとれる傾向のようにも思えるのである。

スポーツと民俗学——ドイツ民俗学の視角から

1. スポーツと民俗学をめぐる一般的な課題とドイツ語圏の特殊事情

問題の概観

　スポーツと民俗学、このタイトルを前にした民俗学の関係者の反応は様々であろうが、無関心が最も多いことであろう。なぜなら、伝統的な整理の枠組み、衣・食・住、祭り、葬制、村制・族制、民具といった安定した抽斗におさまりにくいからである。むしろ大方の反応がそうであると予想されたからこそ本稿に着手したという面がある。すでにスポーツが民俗学にとって自明の対象であったなら、入口をさぐるにすぎない本稿は無用であったろう。とは言え、無関心が全員にわたるのではないことをも願っている。関心を共にする少数者がいることを念頭においているが、ではその少数者はどのような反応をしめすであろう。それは三種類ではあるまいか。

　先ずは、民俗学にとってかかるテーマが成り立つものであろうか、という怪訝な思いであろう。その疑念は民俗学の本質とかかわっており、まっとうでもある。民俗学は伝統をさぐることを課題とするが、スポーツは伝統ではないからである。

　第二の反応への契機もここにひそんでいる。と言うのは、スポーツのなかには伝統に深く根ざしたものがあることに思いを馳せるという進み方が考えられるからである。相撲、剣道、弓道、馬術、拳法、柔道、合気道、さらに

今では保存会によってになわれている古式泳法や砲術や槍術や鷹狩や流鏑馬なども入るかもしれない。あるいは古い時代でも細かな分類が可能で、講談本によれば（したがって虚構がないまぜだが）由比正雪は武藝だけでも三十種類もの種目を挙げて他流試合を受けてみせんと豪語していたと言う。さらに儒仏道の典籍、すなわち儒教の経典や仏典、また道書の代表的なものに限っても、それらにスポーツにあたる記述をもとめることもあり得よう。中国仏教となれば、法顕や玄奘三蔵の昔はともかく仏教の中国化とはほぼ禅宗の発達に他ならなかったので、体技はむしろ本質的であったろう。これを言うのは、スポーツの文化史となると、その種類の視点に立つのは決しておかしなことではないからである。西洋人の書きものの場合、さすがに本邦の天岩戸の手力雄命や『日本書紀』が伝える野見宿禰と當麻蹴速の勝負などは一般的ではないであろうが、古代エジプトやバビロニアやヒッタイトの遺物、さらに古文献では古代インドの『ヴェーダ』や『ジャータカ』が立派につかわれている[1]。

　そうしたスポーツ史の視点について後に少しふれるが、少数者の反応の三つ目は、この第二の行き方に眉をひそめる体であろう。所詮、上に挙げたような〈術〉や〈法〉や〈道〉のついた古式な体技の諸藝を問題にするのであれば、スポーツという言い方は気取っているだけではあるまいか、との反発である。スポーツという以上、日常ふつうに耳にするスポーツが話題になるべきであろう。そしてそこに、さらに先へ延びるヒントが隠れている。スポーツは日常的なものである。しかも民衆文化の一角を占めている。となると、民俗学がかかわる（<u>べき</u>、あるいはかかわり<u>得る</u>）要素が見え隠れしていることになる。それを念頭において、ちょっと目を周囲に向けてみると、問題が大きいことが分かってくる。もしスポーツがその<u>膨大な人々の営み</u>に

---

1) 後続の II-2.「スポーツ史と文化史からのアプローチ」で挙げる文献を参照。たとえばカール・ディームの『スポーツの世界史』（注 30）はそうした大きな射程で書かれている。

もかかわらず、民俗学にとっては<u>縁なき衆生のわざ</u>と突きはなすと、同じ要領で、現代の他の多くの営みともかかわりを絶って打ち捨てることになりかねないからである。となると、逆に打ち捨てられるのと同義のようにも思われる。そしてここまで来ると、問題意識はかなり煮詰まってこよう。参考になるようなものがあるなら一度聞いてみたい、という人が数人なりとも出てきてほしいのである。

　これを言うのは、以下を説くにあたって白紙で臨んでいるわけではないからである。これから先は伝達である。筆者が取り組んでいるドイツ民俗学の情報である。ただここで記すような論説が彼の地にころがっているわけではない。たぶん筆者がこういうかたちで整理してみなければ、決して現れ出まいという程度には工夫をこらしている。言いかえると、工夫は日本の現状への関心に発している。こちらが課題を抱えているがゆえのまとめ方にほかならない。

＊

　重複になるが、スポーツという言い方は、決して背伸びをしてモダンな風をよそおっているわけではない。あるいは伝統に分け入って意表をつくような説明をすることを課題にするのもない。たとえば〈一人相撲〉とは、もとは、降臨した神を格闘して迎える儀礼で、透明人間ならぬ見えざる神を相手とするパフォーマンスであった、といった講述などは民俗学が得意とするものだが、常人の目を白黒させるに十分な、いささか奇術めいた特殊知識である。

　スポーツという英語による世界的な共通語をかかげるのは、ここで取り上げるのが、この言葉で普通に思い浮かぶポピュラーな体技や競技という以外ではないからである。つまり、サッカーやテニスやボクシングやトライアスロンやサーフィンである。そうしたものが民俗学の射程に入る可能性である。もっとも、そのさい、あらかじめ限定を念頭におくこともともめられよう。スポーツそのものをあつかうとなると、スポーツ研究という専門分野が確立されているからである。体技の諸要素や競技の運営や組織、また医学と重な

る身体工学、また倫理学や法学とも重なるドーピング問題、さらに教育学とかさなる学校体育やレクレーション部門もその方面の専門分野が存在する。加えてスポーツ・ジャーナリズムが確立されており、多くの専門的な評論家や解説者が実用書や新聞・雑誌のコラムでそれぞれ弁を揮い一家言を聞かせている。

　それゆえ、民俗学がスポーツを正面からあつかうと考えるのは適切ではない。しかしスポーツは大きな広がりをもっており、現代に生きる者にとっては実際の行動でも意識の面でも大きな場所を占めている。日常ないしは日常文化の見ずにはすませられない一部なのである。野球やテニスやバレーボールに興じるのは、選手を志す青少年たちだけではない。学校の授業や課外活動のほか、市町村にはそうした同好会がたくさんできている。球場やスタディオンでの競技に足を運ぶ膨大な人々がおり、それはいわゆる民衆行動の大きな類型でもある。さらにテレビ・スポーツは、観客としての臨場の単なる代替ではない経験の種類となっている。スポーツ漫画もまた劇画ジャンルの不可欠の一部として、なかには社会現象と言えるほどの反響を呼んだものも見出される。そしてそれらをめぐる経験のいずれもが日常会話へと延びてゆく。

　しかし民俗学がこれらを視野に入れている事例はきわめて少ない。90年近く前、柳田國男は『明治大正史世相編』に競馬場で熱狂する人々の表情を収録したが、それ以上に踏み込んだわけでもなかった。和歌森太郎の多数の著作のなかには、自身が協会の役員でもあった相撲の世界をはじめ、体技と競技をめぐる数々のエピソードが盛り込まれているが、ほとんどは歴史を遡る学殖やジャーナリズムの要請に応えた豆知識の形態であり、現代の社会と文化とスポーツとの有機的な関係をどう考えるかという方法論的なものではなかった。

　となると、スポーツと民俗学というテーマは、スポーツに限らない意味をもってくる。民俗学が、今日の普通の事実、しかし目前にくりひろげられる厳然たる事実が一般的に対象となるための方法を問うこととも重なるからか

らである[2]。人の生き方の節目、誕生や結婚や葬儀の現代社会で目にするごく普通の（しかしきわめて多彩な）様相、あるいは学校と職場、高齢者とシルバー・センター、余暇と観光、民家建築と地域景観、外国人労働者問題をもふくむ外国人をめぐる関係の諸相、藝能とパフォーマンス、衣食が見せる今日の現場、買い物と販売戦略、外食とアウトレットモール、新たな貧富と格差（これには既存権益の一般的容認とやっかみ心理の問題性をも重ねなければバランスを失するであろう）、これらアト・ランダムに挙げてみた多くの、現代社会そのものでもある諸分野に対して民俗学はほとんど無縁なままである。

　しかし幾つかの分野では民俗研究者の関与がみとめられる。たとえば今日の民衆宗教（popular religion）については取り組みかなり盛んであり、また（捕鯨と鯨食という特殊課題がかかわっているからであろうが）動物倫理への関心も散見されるほか、自然と環境や、戦争と軍隊をめぐっては報告や議論が進んでいるように思われる。さらに怪異現象となれば民俗学の正に伝家の宝刀の観があるが、それだけに今日力をもっている行き方が実情にかなっているかどうかという問題も浮上する[3]。したがってすでに進展している局面に注目して応用の可能性やヒントをさぐることもできるであろう。と同時に、それぞれの分野は独自の性格とハードルをかかえている。そこには、いずれのテーマもそれを正面からとりあつかう専門分野が存在することを考慮した上で民俗研究がどこまで、いかなる視点をとるのか、という問題がふくまれる。ここで羅列した諸項目についても、社会学や教育学や心理学や経済学や経営学（流通など）や観光学や社会政策学や行政、さらに自然科学の幾つか

---

2) 次の拙論では、現代社会に一般的にみられる現象に対する民俗学の側からの区分の可否の問題をとりあげた。参照、河野（著）『フォークロリズムから見た今日の民俗文化』創土社 2012, p.107-120.「民俗文化の現在 ― フォークロリズムから現代社会を考える」
3) 本書所収の次の拙論では宮田登の怪異現象論の検討をも含んでいる。参照、「〈不安〉が切りひらいた地平と障壁― 日本民俗学にとって現代とは」

の分野がむしろ最も直接的にそれらを担当するであろう。それをも考慮した上でどこに立脚点をもとめるのか、という問いである。それぞれの専門分野とはぶつからない独自のあり方、言いかえれば（着目への義務感を背景にしているのではあれ）目移りでなく、民俗学としての有機的な連関を失わないような物の見方があり得るのか、という課題である。

　その点では、本稿は、現代の社会と文化の主要な一部でありながら、民俗研究にはとってはなお多分に疎遠な領分にどう取り組むかという一般的な課題に対するモデルとなることを念頭に置いている。もちろんさまざまな分野に自動的に適用できる方程式ではあり得ないが、応用の可能性とヒントをふくんでいるであろう。先にも断ったように、ここでは筆者が日頃さぐっているドイツ民俗学界の動向と経緯が主要な材料で、その点では外国の民俗研究から参考になりそうな話題を自分なりに消化して伝達するという課題の一つでもある。

ドイツ語圏におけるスポーツ史の特殊事情

　なおここで注目しておきたいのは、ドイツの場合、スポーツをめぐっては幾つかの特殊事情がみとめられることである。もっともそれも、さらに掘り下げれば一般的な趨勢につながり、必ずしも特定の国や民族だけのことではなくなるが、表層に近いところでは特殊な色合いを帯びていることにも留意を要するのである。それはスポーツ（このフランス語起源の英語が入る前にはトゥルンと呼ばれたことは後に取りあげる）が19世紀の早い時期から、ドイツ語圏では新しい結集の形態となったからである。それは歌唱団体も同様で、愛国歌やふるさとを讃える歌をうたうグループが各地に形成されたのである。歌と体操というのは奇異に思われるかも知れないが、その基盤は伝統的な結集形態の比重の低下であった。また従来、町村体の運営などをになっていた各種の組織の役割が、官僚制度による近代国家の行政機構に移ったことも基礎的な条件の変化であった。そのとき、歌と体操が成熟しつつある市民社会の結集のモチーフとして特に意味をもったのは、国家統一へ向けた運

動をこれらの団体がになったからであった。したがって、ドイツ社会の特殊な歴史的条件も関係するところがある。とまれ、次のような手順で構成してみた。二部分に分けた後半が民俗研究の実際例になる。

[1] 方法論とスポーツ界からの提言
1.〈スポーツと民俗学〉をめぐる一般的な課題とドイツの特殊事情
　これまで述べてきた前書きがこれにあたる。
2. スポーツ界からの提言：文化としてのスポーツ
　スポーツが広大かつ多彩な分野であるだけに、スポーツ研究の専門家からも、現代の社会と文化との関係でスポーツをどのよう理解かをめぐって議論がなされている。その代表的な一つとしてオモー・グルーペに注目した。
　次に、ドイツ民俗学がスポーツを射程におくにあたってみせた三種類の取り組みに注目する。
[2] スポーツをめぐる三種類の研究姿勢
1. あそび（あるいは民俗行事）からスポーツへ：リヒァルト・ヴァイスの試行
　民俗事象と呼ばれる種類の営為が優勢であった状況から今日への変化をスポーツの分野で考察した成果で、スイス民俗学界の代表的存在であったリヒァルト・ヴァイスの方法である。
2. スポーツ史と文化史からのアプローチ
　ここでは民俗研究者ではなく、一時代前のスポーツ関係の代表的な文筆家をとりあげる。スポーツの歴史は当然にもその分野の研究家が詳細に解明を試みてきており、成果も膨大である。となると、民俗研究に残された課題があるだろうか、またスポーツの専門家の研究とは違った発言の余地や意義がありうるのかという問題が浮上する（これはスポーツとの関係に限らず一般的な性格をもっていよう）。それを考える上で専門分野の識者の成果に書誌的にせよ注目した。具体的には、エトムント・ノイエンドルフ、そしてドイツ・スポーツ学の大権威カール・ディーム、最後はヨーゼフ・ゲーラーであ

り、ゲーラーはドイツ・フォルクスクンデの企画でも執筆したことがある。
3. 民俗研究から日常研究への連結項：ヘルマン・バウジンガーのスポーツ文化論から

　見方によれば、これがドイツ民俗学の到達点とも言える。バウジンガーには『スポーツ文化論』(2006) の著作があり、いずれ紹介を考えている。ドイツ語圏のスポーツ史は近代市民社会の結集のあり方の実際とも重なることは、バウジンガーの研究でも大きな柱になっており、そこに注目したのがここでの工夫である。

[3] 文化としてのスポーツ：スポーツ学からの提言とその背景

　スポーツが大きな広がりをもつことは、スポーツ研究の専門家によっても主張されている。それにあたっては、よく知られた合言葉がある。〈文化としてのスポーツ〉、これはドイツ・スポーツ連盟の副会長を永くつとめたテュービンゲン大学のスポーツ学の教授オモー・グルーペの著作のタイトルでもある[4]。

　　スポーツは〈文化事象〉となった、これは広くみられる見解である。外観だけでもそれが正しいことが分かるが、それにとどまらない。そこへ至る道のりは長かったのである。またその道のりを見ると、文化とスポーツのあいだの緊張と隔たりの一部を映しているだけでなく、ドイツ全体での文化と社会のそれぞれの推移の間の緊張と隔たりをも伝えている。文化とは、政治よりも経済よりも〈高次の〉何ものかであった。殊に、19世紀末からドイツへも浸透し、文化的価値を自ら言い張った節制無きスポーツよりも、はるかに高次の何ものかであった。それは、文化が、美術や演劇

---

4) 参照、Ommo Gruppe (1930-), *Sport als Kultur.* Osnabrück 1987. ［邦訳］オモー・グルーペ（著）永島惇正・岡出美則・市場俊之（訳）『文化としてのスポーツ』ベースボールマガジン社 1997.

や文学や詩作や音楽といった〈より高い〉ものとして表われる場でのことであった。それゆえスポーツは、正しく評価されていないと感じ、文化的に重要であることを証明するためにあらゆる手立てを講じたが、それ自体がどこででも快く受けとめられたわけでもなかった。
……
　スポーツの意味付与と自己理解と正当性の本質的な部分は、あそびの上に成立する。スポーツはその発展の出発点には、自己をあそびとして解しようとした。それは文化の王国への参入という宿願を果たすためであった。すなわち、シラーの美的教育論によって切り拓かれ、後にホイジンガの『ホモ・ルーデンス』によって確かなものとされた遊びである。しかし、〈文化事象〉となるにともに、もはやそうした架橋は不要になった。もちろん、スポーツは遊びであろうか（事実そう主張されることも多い）という問いは消えたわけではない。またスポーツ文化とあそびの文化はつながっているの、それとも別物なのか、という問いも残っている。……

　"Spiel"は英語の"play"とほぼ重なり、意味の幅が大きく、訳語に困る言葉である。〈プレイ〉とするのがよいかも知れず、事実、邦訳はそれを選んでいる。が、ここでは敢えて遊びをあてはめた。『ホモ・ルーデンス』の場合も〈プレイ〉でもかまわないが、説明風の〈遊ぶ者としての人間〉という言い方もどこかで取り入れた方が分かりやすいからである。さらに"Spiel"には（こちらはむしろプレイとかさなるが）演劇や行事の意味もあり、パフォーマンスに近づくことも少なくない。
　とまれ、スポーツは〈あそび〉を原初的な意味としてもっていたこと、しかしそれではおさまらない事態へと発展してきたことが説かれる。それは文化とスポーツの両側に生じた変動の結果であった。文化は、伝統的な高次文化が先ず考えられてきた。その段階ではスポーツは文化にはなり得なったが、特にイギリス流のスポーツはなおさらであった。しかし文化が無数の部分文化に〈解体〉ないしは分解されたことによって様相は変わってきた。グルー

ペもさまざまな角度からふれているが、身分社会における文化の構図が崩れたのである。かつて、文化は社会的な上層の独占であり、それゆえ文化は、行為の種類を横断した一連の同質的な営為であった。しかし土台となる社会構成がくずれたのも大きな一因となって、文化はそれがかかわる特定の行為や対象によるまとまりとなってきた。たとえば絵画は描くという行為を軸にしたまとまりで、それにかかわる人間の身分をふくむ立場は二次的になったのである。過去においては、絵画を鑑賞するのはほぼ上層部にかぎられていた。教会堂の祭壇画や壁画などは、宮廷礼拝堂などを別にすれば、かなり広い階層がそれにふれることができたが、その場合は、中心は絵画にはなく、信仰や儀式におかれていた。しかし、身分社会の（消滅ではないが）比重の低下によって、結集核は行為の種類に移ってきた。かかる文化の変動が、スポーツもまた文化となる契機であった、とされるのである。もっとも、識者のなかにはヨーロッパ文化の伝統を重く見る立場の人もおり、オモー・グルーペがその一人としてテーオドル・W・アドルノへの批判にふれているのはもっともなことであり[5]、またアドルノの『啓蒙の弁証法』とグルーペの本書をへだてる40年の歳月を改めて感じさせる。このオモー・グルーペの論旨は、社会学的・社会史な面からも事態の本質をついている。以下にとりあげるスポーツをめぐる民俗学の変遷も、これに基本的にはかさなるのである。言いかえれば、スポーツ学からみた趨勢の把握、また社会学的にも歴史学的に社会史や文化史研究の面からもほぼ等しい観察がなされるであろう推移の理解に、民俗研究がどのようにしてかかわり得たか、あるいはかかわるにはどのような方法論上の工夫を要したか、これが以下のスケッチである。

　しかしその前に、踏まえておきたい予備知識がある。それはドイツのスポーツのごく簡単な事情である。ここでも、〈19世紀末からドイツへも浸透し、文化的価値を自ら言い張った節制無きスポーツ〉という言い方がされている。これは、ドイツではスポーツに当たるものは、スポーツと呼ばれる前

---

5) Ommo Gruppe, *Sport als Kultur*. S.11-13.

からトゥルン（Turn）また動詞形トゥルネン（turnen）という概念が中心で数十年の歴史をつくってきたことがかかわっている。そこへイギリスからスポーツという言葉とそれと組になって従来とは違った行動の種類がかさなった。それゆえ20世紀のドイツ・スポーツ史はトゥルンとスポーツとの調整の歴史という側面をももった。それにちょっと目を走らせておきたい。それが、この箇所の理解だけではなく、本稿を通しての前提にもなるからである。

[4] ドイツ〈体操〉運動の成立と初期の展開：グーツ＝ムーツとヤーン

　トゥルン（Turn　動詞形はturnen）について簡単にふれると、これは〈体操〉とも訳され、またそれにかかわる人々は〈トゥルナー（体操者）〉（Turner）と呼ばれる。成立の大きな節目は、18世紀末に教育家ヨーハン・クリストーフ・フリードリヒ・グーツ＝ムーツ（Johann Christoph Friedrich GutsMuths 1759-1839）がテューリンゲンの一角で取り組んだ運動に遡る。グーツ＝ムーツは日本では、その著作の一部に初めて〈野球〉のルールを定めた記述があることが関心を呼ぶ程度かも知れないが、その後の大きな動きの隠れた（ドイツ文化のなかでは忘れられてはいないが）定礎者であった[6]。これを言うのは、その体育施設で一時期学んだことがあるフリードリヒ・ルートヴィヒ・ヤーン（Friedrich Ludwig Jahn 1778-1852）が次の時代にトゥルンを大きな社会的運動にしたからである。

　そのあたりの経緯を要約すると、プロテスタント教会の牧師であったクリスティアン・ゴットヒルフ・ザルツマン（Christian Gotthilf Salzmann 1744-1811）がテューリンゲンのゴータ近郊、今日ではヴァルターハウゼン市域のシュネ

---

6) 近年でもグーツ＝ムーツは改めて論じられている。参照、Willi Schröder, *Johann Christoph Friedrich GutsMuts. Leben und Wirken des Schnepfenthaler Pädagogen*. Berlin 1996.; Ders. / Manfred Thieß / Jörg Lörke von Hain, *Johann Christoph Friedrich GutsMuts und die „Gymnastik für die Jugend"*. Weimar 1999.; Yvonne Babock, *250 Jahre Johann Christoph Friedrich GutsMuts. Zur Bedeutung und Aktualität der Gymnastik für die Jugend für den Schulspoetunterricht von Heute*. München 2010.

ップフェンタール（Schnepfenthal / Walterhausen）に青少年の教育施設を設立したのが 1784 年であった。そこでは言語習得と体育が教育の柱であった。背景にはザルツマンが、自立する直前の数年間、やはり啓蒙主義の神学者で教育家として先人であったバーゼドー（Johann Bernhard Basedow 1724-90）がデッサウにおいて領主アンハルト伯の要望に応えて設立した教育施設に勤務した経験があり、それゆえ広く北ドイツのプロテスタント教会系の啓蒙主義活動家のネットワークのなかでの動きであった。バゼーゼドーに対する独自性は体育の重視が大きかったようである。グーツ＝ムーツはザルツマンの施設に設立の当初からかかわった若手で、やがてそれを引き継いで没年まで 54 年にわたって運営した。また早く両親を亡くして苦学したグーツ＝ムーツが家庭教師をつとめたときの教え子が後の地理学者カール・リッターで、両者は終生つながりがあり、またグーツ＝ムーツ自身もその経営する施設では体育と並んで地理学を担当した。著述にも力を入れ、1793 年に刊行された最初の主要著作『青少年のためのギュムナスティク』[7]は非常な反響を呼び、早くから各国語にも訳された。その次の種々の運動種目を具体的に記述した『心身の鍛練と活力回復のためのゲーム』(1796 年)もよく知られ、野球のルールもそこに入っている[8]。同時にその教育は愛国心の涵養にも力点をおいていた。

　この愛国思想の要素をより強く前面に据え、それによって時代の動きと直接かかわることになったのがフリードリヒ・ヤーンであった[9]。直接かかわることになったというのは、アピールする力が強烈であったとともに、またそこに危険を察知した勢力から弾圧をも受けたからである。1807 年にシュ

---

7) グーツ＝ムーツの思想と活動に関する上記（注 6）の研究書でもこれが中心にあつかわれている。

8) 次の復刻版を参照、Johann Christoph Friedrich GutsMuts, *Spiele zur Übung und Erholung des Körpers und Geistes.* (Nachdr. hrsg.von Wilhelm Beier und Paul Marschner). 1959. なお野球については、この版では S.62-68 に "Ball mit Freistätten (oder Das englische Baseball)" としてグラウンドとバットの図解が入っている。

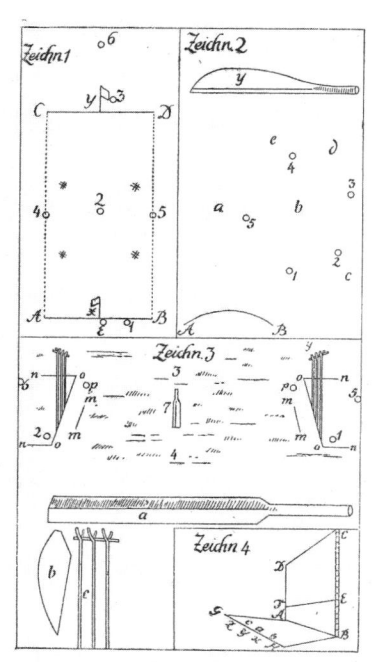

スポーツと民俗学——ドイツ民俗学の視角から

グーツムーツ『心身の鍛練と活力回復のためのゲーム』(1796年) 扉絵 (左)
野球場とバットの解説図 (右)

ネップフェンタールで学んだ経歴をもつヤーンが愛国の思想書『ドイツ民族体』(*Deutsches Volkstum*) を刊行したのは1810年であった。また体育場をあわせた教育施設をベルリンのハーゼンハイデ (Hasenheide / Berlin) に構えたのは翌1811年であった。あたかもナポレオンによるヨーロッパ支配の絶頂期 (後から見れば没落の前夜) で、敗戦によって国土・人口ともに半減措置の憂き目をかこつプロイセン王国が呻吟しつつ打開を模索している時期であった。上からの近代化としてシュタインとハルデンベルクの改革も進行し

---

9) 以下の記述は一般的な経緯の説明であるため、事項ごとの注記を省く。また次の拙論を参照、河野 (著)『ドイツ民俗学とナチズム』(創土社 2005) 第二部第2章「ドイツ思想史におけるフォルクストゥームの概念」

ていた。その世相にヤーンの呼びかけは合致したのである。民族体ないしは民衆体とでも訳すしかない"Volkstum"は、その形容詞"volkstümlich"とその名詞化"Volkstümlichkeit"ともどもヤーンの造語で、民族の内実とされる〈名づけようもない何ものか〉を指している。しかし、造語者自身が明確な定義を放棄しつつ飽くことなく呼号したこれらの語彙がドイツ人にはこの上なく実感をもって感得され、まったく通常の語彙となっていった。ナショナリズムがそれを可能にし、またナショナリズムに強烈な表現をあたえるものでもあった。しかしそれは、今日の感覚から、マイナスにばかり評価すべきではない。二つの意味においてである。一つは、ヤーンが〈フォルクストゥーム〉をドイツ人にのみ固有としていたのではなく、それぞれの民族の奥底にひそむとして等級づけをしていなかったからである。二つには、ドイツ人地域が多くの国と領邦に分かれていた時代には、その国・領邦体制を守ろうとする既存の勢力に対して民族的な国家統一は民主主義と自由主義の志向とかさなっていたからである。それゆえ、ヤーンの呼びかけは、ドイツ全土で大学生を中心に若者の心をつかみ、折から成立に向かっていた学生の連合組織ブルシェンシャフトの思想的な核となった。ヤーン自身も、ロシア遠征失敗後のナポレオンを各国が追いつめる過程ではハルデンベルク首相の内命を受けてライン地方で宣伝工作に挺身した。また国家権力とのつながりにも支えられて、ようやく物心ともに安定を得ることにもなった。それもあってドイツ各地にヤーンの思想による愛国と体操の団体、トゥルン・クラブが広がっていった。1817年にはプロイセン王国の域内では約100か所に体操の訓練施設が成立していた。体操と愛国心を掲げた市民的な結集である。また施設づくりと実技の面では、ヤーンが協力者とともに執筆・刊行した『ドイツ体操技法』(1816年)[10]が教本となった。しかしこれを頂点として、やがて状況は暗転した。愛国心を結集軸とした行動的な団体の広がりは、ナポレオンの没落の後、古きヨーロッパを回復しようとする国際的な枠組みであるウィーン体制にとって危険なものと映ったのである。

1819年3月23日、マンハイムにおいて、学生団体ブルシェンシャフトの

急進的なメンバーで体操活動家(トゥルン)のザント (Karl Ludwig Sand 1795-1820) が守旧的とされた劇作家コッツェブー (August Friedrich Ferdinand von Kotzebue 1761-1819) を刺殺した事件は、時代の病根が噴出したようなできごとで、激しい賛否の議論を呼んだ。哲学者ヘーゲルが事件の評価をめぐって友人と激論となり、たがいにナイフを手に睨みあったとされるのは象徴的である。事件を機に起きた政治的・社会的な変化も甚大で、危機感を強めたオーストリア帝国宰相メッテルニヒの主導によるドイツ連邦を挙げてのカールスバート決議（1820年）へ進んでいった。ブルシェンシャフトの禁止、大学法による大学の学生への監督義務の強化、出版の規制のほか、進歩的と目された各界の指導者、たとえばプロイセンでは元首相シュタインや軍の高官グナイゼウまでが左遷や失職の憂き目に遭った。トゥルンは禁止措置を受け (Turnsperreと呼ばれる)、ヤーン自身も収監され、裁判に付された。そのときの判事の一人はロマン派の作家でもある E.T.A. ホフマンであった。ヤーンは1825年に釈放されたがフライブルク・アン・デア・ウンストルート（今日のザクセン＝アンハルト州）の居宅で警察の監視下におかれ、トゥルン活動家との接触をきびしく禁じられた。プロイセン王国が見解を変えてヤーンをむしろ功績者として遇する姿勢をようになるのは、1842年のフリードリヒ・ヴィルヘルム4世の即位によってであった。新国王はヤーンをかねて尊敬していたとされるが、土台には時代の変化があったろう。その晩年は、1848年の三月革命後のフランクフルト国民議会をはさむ時期で、トゥルンは広く普及し、ヤーンは〈体操の父〉(Turnvater) として敬愛された。

しかしその頃になると、次の世代のより自由主義的な人々から、ヤーンは批判を受けるようになった。その代表は詩人ハイネで、ヤーンの〈粗暴な〉

---

10) 今日でもヤーン著作集を含めて数種類の復刊があり、次はその数例である。参照、Friedrich Jahn / Ernst Eiselen, *Die deutsche Turnkunst zur Einrichtung der Turnplätze*. Limpert-Verlag 1961（ヤーンによる体操施設の開設150年記念出版で、原著のファクシミリ復刊版）；Dieselben, *Die deutsche Turnkunst zur Einrichtung der Turnplätze. Mit einem Nachwort von Herbert Wiesner*. München 1979.

愛国主義を体質的にも嫌ったようである。グリム兄弟も、彼らは彼らで（とりわけ兄のヤーコプは）熱烈な愛国主義者でその宣伝家であったが、ヤーンとは反りが合わなかったらしい。ヤーンの民族体（Volkstum）について、"Königtum"（王国）からも分かるように、属格に語尾〈-tum〉を付ける造語は不自然と指摘し、それに対してヤーンの方も"Todestum"とその古い語法を挙げて反論するなど若干の応酬があった。

　三月革命以後、体操(トゥルン)クラブはドイツ全土にひろがり、大小さまざまな団体がつくられ社会的な勢力となっていった。その標榜するドイツ人地域の国家統一は1870年からの普仏戦争と1871年のドイツ帝国の宣言によって実現した。それによって宿願ははたされたのである。19世紀末になるとトゥルンは軍隊ともつながりをもち、新兵はその入営地のトゥルン指導者による体育指導を受ける仕組みができていった。それゆえ市町村のトゥルン組合では退役軍人が運営に関与した。しかしまた労働者の組織のなかにも、トゥルン組合は浸透した。それゆえ、トゥルンの組織は、ドイツ社会の特徴の一つとなっていった。これらトゥルン運動の組織的な動きや節目のできごとについては、体操関係者によって歴史的概観が何種類も書かれている。こうしてグーツ＝ムーツにはじまり、ヤーンによって拡大し根づいた体操(トゥルン)が組織的にも実技的にも伝統を形成していたところへ、19世紀末にイギリスからスポーツの語と、それと共に体育と競技の新しいスタイルが入ってきたのである。先に引いたオモー・グルーペの文言もそうした事情とかかわっている。

　なおヤーンの系統の運動が „Turn" および動詞 "turnen" の語をもちいてきたことについても補足をしておきたい。今日、この語は主に〈器械体操〉を指すが、1800年前後にはそれに限定されず、一般的に体育を指していた。しかしヤーンの体操教育において器械体操が一定の比重を占めたことが、その後の狭義ないしは意味の特定につながった面がある。またその点で注目されるのは、ヤーンとその協力者がエルンスト・アイゼーレンによる『体操技法』である。これをみると "Turnkunst" ないしは "Turnkunde" の概念の下に、当時知られていた体技種目のほぼすべてが取り上げられていることが分かる。と

共に、後の器械体操にも当初から関心が向いていたことも伝わってくる。ちなみに約300ページのうち最後の40ページは文献の整理にあてられているが、著者たちがまことに学殖で広い目配りしていたことがうかがえる。

一例を挙げると、フランス語文献では、イタリアのアキーラ出身の職業アクロバット師アルシャンジュ（or アルカンジェロ）・トゥッカーロ（*Archange [or Arcangelo] Tuccaro* 1535-1602or16）の著作も入っている。神聖ローマ皇帝マクシミリアン2世が娘をフランス国王シャル9世（Charles IX 1550-74 在位1560-74）に輿入れさせるにあたって病弱の王のために、身体教育の教師として付き添わせたが、王は母后カトリーヌが起こしたセント・バルテルミの例祭日の虐殺などで神経を病んで早世した。トゥッカーロはその後もフランスにとどまり、『跳躍と宙返りをめぐる三つの対話』を1599年にパリで刊行した[11]。多くの木版画を含み、50種類のアクロバットを解説しており、器械体操の理論では起点となる古典とされる。人間の身体能力の可能性への探求と解明の試みであり、フ

アルカンジェロ・トゥッカーロ『跳躍と宙返りをめぐる三つの対話』（1599年）の挿絵：斜めの板を活用

---

11) *Trois dalogues de l'exercice de saute, voltiger an l'air : avec les figures qui serevent a la parfaicte demonstration et intelligence dudict art*, par Archange Tuccaro. Paris［Monstroeil］1599. 今日では次の出版社からペーパーバックが刊行されているのを参照、Paris［Hachette Livre］2012.

555

ランソワ・ラブレーの同時代人らしい博識もふくめてルネサンスの精神の発露であった[12]。たとえば踏切板を使った宙返りや、斜めの板を歩くときの体勢などを合理的に論じている。

ヤーンとその協力者の体操実技では、そうした難易度の高いアクロバットが取り入れられたわけではないが、人間の身体能力を問う精神を受け継ぐ姿勢があり、実践面でもヤーンの逮捕の前には鉄棒が、水泳ならびにフェンシングとならぶ科目となっており、後には平均台が重視された。ヤーンの流れを汲む体操運動の基本は集団行動に力点があるとようにもみられているが、19世紀後半からは、トゥルン団体の記念行事などでは鉄棒・平行棒・平均台・鞍馬の個人技、また数人による床運動が花形として披露されることが多く、教本でも高度技能としてこれらに頁数が割かれてきた[13]。こうした背景から、"Turn"の語は、その運動の側に立つ人々からも、広義ではヤーンに遡る運動の全体を、狭義では器械体操の意味でもちいられてきた。

以上は、これからの考察のために共有しておきたい知識をごく端折ってまとめたのである。そしてここからが、民俗学がスポーツを射程におくことをめぐる諸問題の検討である。

---

12) 最近では、やや特殊な捉え方であるが、ボディー・アートや身体言語の研究者による次の文献を参照、Sandra Schmidt, *Kopfübern und Luftspringen: Bewegung als Wissenschaft und Kunst in der frühen Neuzeit*. München［Wilhelm Fink］2007.
13) 1929年代末に刊行されたトゥルン運動を背景にした種目分類による大部な解説書であるノイエンドルフ編の教本（注26）を参照。；また器械体操を器具ごとに簡単ながら歴史を含めて解説したものでは次の文献を参照、Josef Göhler (unter Mitarbeit von Rudolf Spieth), *Geschichte der Turngeräte*. 1989

2. スポーツをめぐる三種類の研究姿勢

[1] あそび（あるいは民俗行事）からスポーツへ：リヒァルト・ヴァイスの試行

　民俗学がスポーツを射程におくことをめぐって先ずぶつかると思われる諸問題が集中的に現れた事例がある。と言うことは、問題点をひきずってもいるが、また問題が克服されるための萌芽をもふくんでいたという意味で、良質な出発点でもあった。それがリヒァルト・ヴァイスの『スイスの民俗学』のなかのスポーツをとりあげた一章である[14]。このヴァイスの主著が刊行されたのは1946年で、ナチズムとの相乗とナチ体制の瓦解によって崩壊と混迷のなかにあったドイツ民俗学にとって救世主のような意義をもった。後世からみると基本概念においても構図においても各論においても難点を残しているが、ヴァイスの場合、難点もまた次の跳躍への誘いになるような性質にあり、スポーツ論もそれを分有している。そこではじめに、ヴァイスの構想にふれる。

　ヴァイスの書物の特徴はその体系的たらんとした点にある。民衆生活の多くの局面を包括的にとらえようとしたのである。そのさいヴァイスは、被服や家屋や祭りなどさまざまな個別領域を統一的にとらえる視点を模索した。のみならず、現代社会をも射程において、伝統的な変遷を理解することを試みた。そこでヴァイスは、民俗学の研究対象を二つの基本概念において補足した。〈ゲマインシャフト（Gemeinschaft 共同体）〉と〈伝統（Tradition）〉である。この二つの契機をふくむ諸事象が民俗学の対象になるという括り方である。すなわち、民俗事象とは、まったく個体の営為ではなく集団的なものであること、また一回かぎりの現象ではなく継続性や反復性をもつ営為であ

---

14) Richard Weiss (1907-62), *Volkskunde der Schweiz*. Zürich 1946, S.183-198: "*Spiel und Sport*".

ること、この二点を抑えたのである。その面では、客観的な物の見方であった。しかしゲマインシャフトは、19世紀の第4四半世紀に社会学者テンニースがゲゼルシャフトと一対で提唱した概念であり、その脈絡からも、またその後これらの術語がたどった変遷からも[15]、組になった概念の有効性をめぐる議論にまきこまれるのは必然であった。伝統についても似たような推移があり、伝統とは何かという検証に見舞われることになった。しかしそうした踏み込んだ検討が次に起きたのも、ヴァイスの整理にうながされたところがある。

　さらに現代への動きを視野においた点でも、ヴァイスの試みは里程標であった。ヴァイスは、民俗学が従来対象としてきた事象の担い手あるいは関わる人間を〈民〉（Volk）と特定し、それに対して新たな動向にかかわる人々を〈大衆〉（Masse）としてとらえようとした。フォルクというドイツ文化の宿命的な語を〈民〉と訳してよいかどうかはさておき、民俗学（Volkskunde）がかかわる人間のあり方の表現としては、時代的に致し方がなかったであろ

---

15) Ferdinand Tönnies (1855-1936), *Gemeinschaft und Gesellschaft. Abhandlung des Communismus und des Socialismus als empirischer Culturformen.* 1887. 第二版（2. Aufl. 1912）で今日のサブタイトル "*Grundbegriffe der reinen Soziologie*" が付けられた。近年では次の版を参照、Darmstadt［Wiss. Buchgesellschaft］2005.［邦訳］杉之原壽一（訳）『ゲマインシャフトとゲゼルシャフト：純粋社会学の基本概念』理想社 1954.; なお〈ゲマインシャフト〉と〈ゲゼルシャフト〉の両語は一般語彙としては永くほぼ同義であり、また "Gemeinschaft" は用例が多くなかったことはグリム『ドイツ語辞典』からも知られ、したがって社会学の術語としての使い分けはテンニースの独創であった。また20世紀に入った頃から "Gemeinschaft" に特別の意味をこめる用法が広がり、それがこの論作がヴァイマル期から急に版を重ねるようになった要因でもあったが、その趨勢はテンニースの本意ではなかったようである。さらに、過剰なナショナリズムのキイワードとしての用例はナチスによる "Volksgemeinschaft" の高唱へと進んでいったが、またアドルノはこのナチズムの用語を大衆文化批判の脈絡でアメリカ社会に言い当てたことがあった。次の拙著所収の論考を参照、（前掲注2）『フォークロリズムから見た今日の民俗文化 p.195-360「ナトゥラリズムとシニシズムの彼方」p.228.

う[16]。またヴァイスはナチズムのなかで呼号されたような特異な意味をこの語にこめてはいなかった。そうしたニュートラルな語の選び方は、〈大衆〉についても言い得よう。時代を飛ばすと、今日では、〈大衆〉(Masse, mas) は次第に死語に化しつつある[17]。大衆という等質的な人間集団が存在するという見方はほとんど行なわれない。現代社会における集団形成をどう理解するかは難問であるが、たとえばピエール・ブルデューやゲルハルト・シュルツェの分類もそうした課題との取り組みと言えるであろう[18]。それらを見ても、〈大衆〉が粗く空疎であることが徐々にあきらかになるような括り方であることがうかがえるが、ヴァイスの書物が現れた時代を考えると、それはむしろ新たな挑戦であった。大衆社会論の性格をもつテーオドル・W・アドルノとマックス・ホルクハイマーの『啓蒙の弁証法』[19]が刊行されたのは1947年である。またエリーアス・カネッティの『大衆と権力』[20]となれば、ようやく

16) ドイツ民俗学における"Volk"と"Volkskunde"をめぐる諸問題については、たとえば次の拙著を参照、『ドイツ民俗学とナチズム』創土社 2005.

17) シンボリックな変化を挙げると、"Masse"自体は基本語の性格にあるため消滅はしていないが、それをもちいた合成語は姿を消しつつある。たとえば"Massenkultur"(大衆文化)は1990年前後に、ドイツの二つの代表的な百科事典である「ブロックハウス」と「マイヤー」から削除された。

18) ブルデュー (Pierre Bourdieu 1930-2002) の主要著作はほとんど邦訳されているが、シュルツェ (Gerhard Schulze 1944-L) は日本では紹介が乏しいようである。主著『ライヴ社会』(*Erlebnisgesellschaft.Kultusoyiologie der Gegenwart*. Frankfurt a.M. 1992) は、"Erlebnis-"の語が流行語として、さまざまな合成語が口にされる現今の風潮とつながっている面でも注目される。„Erlebniswelt"、„Erlebnismarkt"、„Erlebniszoo"、„Erlebnisbad"等々であり、また観光街道を指す"Ferienstraße"、„Urlaubsstraße"、„touristische Straße"も"Erlebnisstraße"と呼ばれる傾向がつよまっており、オーストリアではそれが観光分野の公式の呼称となっている。

19) Max Horkheimer (1895-1973) / Theodor W. Adorno (1903-69): *Dialektik der Aufklärung. Philosophische Fragmente*. Amsterdam 1947 [邦訳] 徳永洵（訳）『啓蒙の弁証法 哲学的断想』(岩波文庫) 1990.

20) Elias Canetti (1905-94), *Masse und Macht*. Hamburg 1960. [邦訳] 岩田行一（訳）『群衆と権力 (上) / (下)』法政大学出版局 1971.

1960年であった。大衆文化論では、一世代前のホセ・オルテガ＝イ＝ガセットの『大衆の反逆』[21]も加えなければならないが、これら古典的な著作が現れ影響をおよぼした時期を見ても、戦後もかなり永く〈大衆〉(Masse) の概念には説得性があったことがうかがえる。それを勘案するとヴァイスの1946年の試みは、決して時代遅れの概念の利用ではなかった。同時に、現代社会の全体（あるいはそれが含む基本的な側面）を大衆社会とひとくくりにする見方の当否の検討をうながす素地になったとも言い得よう。

かくしてヴァイスの著作は、すべての項目ではないものの、幾つかの特徴的な事象では、いわば貸借対照表ようなの整然とした対比の体裁をとることになった。すなわち、片方は〈民〉の欄、もう片方は〈大衆〉の欄として、対応する活動の種類が対比されたのである。たとえば、民俗衣装とファッション、民謡と流行歌、民俗行事と祭り（今日ならイヴェントの語があてられるところであろう）、といった振り分けである。それと同じ観点から、〈あそびとスポーツ〉(Spiel und Sport) が対比されるのである。もっとも先にふれたように〈Spiel〉はある種の行事をもふくみ、競技的な民俗行事を指している。それゆえ〈民俗行事とスポーツ〉と訳してもよい。以下では、ヴァイスの記述から、伝統的な体技と近代の体操およびスポーツとの関係をとりあげた「民衆的な体育の発展」の節を見ておきたい[22]。なおヴァイスは1930年代から『スイス民俗地図』のためのデータ作りに精力を注ぎ、スイスの特にドイツ人地域に関する筋金入りの野外調査者で、その目から見ると、その時期のスイスにはなお多くの伝統的な体技がみられ、そのため全体の状況がすでに近代スポーツに取って代わられているとは見えなかったようである。

今日のスイスの体操活動にあっては、〈民衆的〉あるいは〈国民的体操〉の

---

21) José Ortega y Gasset (1883-1955), *La rebelión de las masas*. Madrid 1929. 早い時期の邦訳として次を参照、佐野利勝（訳）『大衆の叛逆』筑摩書房 1953（底本はドイツ語訳［1931］）．

22) Richard Weiss, *Volkskunde der Schweiz*, S.185-188.

原理と並んで新たな原理である器械体操（Kunstturnen）と陸上競技（Leichtathletik）があり、それらのなかに古きスイスの伝承事象が保たれている。

器具をもちいた器械体操は19世紀末の新たな考案であり、ロマン主義のドイツ体操運動とともにスイスへ入ってきた。しかしそれ以来、ほかならぬその器械性と政治的な意味合いゆえに、すこぶる民衆的なものとなった。著名な器械体操の選手の名前は一般にもよく知られている。陸上競技が現れたのはようやくこの二三十年のことだが、器械体操とは趣が異なって、古典古代・また古典古代の民衆的な体技と接続する自然な身体形成をめざしている。それは現代の趨勢に沿って計測に向かい、スポーツのなかでは特に育成が図られているが、今までのところ、本当に民衆的なものにはなっていない。

続いて、伝統的な体技との新しい動向との関係を特に〈投げ相撲〉（Schwingen）について取り上げている。レスリングの民間の素朴な形態の一つで、名称は、相手を投げ倒すことに由来する。なおその箇所を理解する上で、あらかじめ二つのことがらを念頭においておきたい。一つには、ヴァイスは、体操（トゥルネン）と後に〈イギリスから入ったスポーツ〉を特に区別していない。二つには、この両者を一連のものと見るのは、在来の体技との関係に重点がおかれているからであるが、また在来の体技が歴史的にけみした変動をも重視している。それはまたスイスの地理的・地勢的な条件とかさなっている。スイスは無数の谷間から成る国と言ってもよく、それは州の数の多さにあらわれている。ドイツの16州に対して国土が8分の一以下のスイスが26州であるのは住民の行動の基本が大きめの谷間ごとのまとまりであるのが歴史にも行政区分に反映されてきたのである。そのなかで、スイス中央部には比較的大きな平野部があり、その中心が首都のベルンである。この谷間と平野部との対比も、歴史に陰に陽に関係してきた。ヤーンの体操運動がスイスへ入ったのも平野部からであったのは、外国の情報の流入ないしはそれへの関心を

含めて文化の中心地であり、また地勢的に制約が少なかったからである。

　今日なお最も強く観衆を夢中にさせるのは、投げ相撲（Schwingen）で、これが〈国民的体操〉（Nationalturn）の位置にある。と言うことは、スイスの国民的遊戯である。……この投げ相撲の祭典は、1894年に結成されたスイス投げ相撲協会によって組織化が進み、スイスの固有性を発揮している。近年では、投げ相撲はスイス中部にも広まり、そこで体操組合の諸団体によってになわれ、このトゥルナーにして投げ相撲の力士でもある〈体操力士〉（Turnerschwinger）と在来の〈山の力士〉（Bergschwinger）との競合が起きている。

　19世紀へ入る直前までは、投げ相撲はアルプス地方、特に北アルプスの牧羊者の地域に特有であった。15世紀に、アルプス高地の者たちをベルンへ呼び寄せて、ある貴顕の団体の前で披露させた記録がある。19世紀に入っても、ベルンの要塞で復活の月曜に催される投げ相撲の大会では、オーバーハーゼルの（［補記］本業の牧羊のかたわら）カモシカを追う機敏で鋭い狩人たちは、熊の如き体力をうたわれたエムメン谷の牛飼いにとって最大のライヴァルであった。アルプスの牧羊地帯は、投げ相撲の王国にほかならず、一帯ではその王様（横綱）の名声を得ることに血道をあげる者たちが後を絶たない。実際、投げ相撲の名人は嫁選びにおいて優先権をもつと言われている。

　この投げ相撲もまた、アルプスの遊びの一つである（参照、図版）。野外での格闘（Ringen）とならんでやはり国民的体操の一種として保存がおこなわれている<u>石投げ</u>（Steinstoßen）、競走と跳躍、旗振りと睨めっこ（Chäszänne or Wettgränne）、ヨーデルとアルプホルン、これらと共に、投げ相撲はアルプス住民の祭りにおける基本となっている。祭りの日取りは、夏の中日にあたるヤコービ（Jakobi 聖ヤコブの例祭日）あるいは秋のアルプ（高原牧場）を閉じる日である。これらの祭りの花形はアルプス住民（牧羊者や牧牛者）のプレイであり、それは競技の色合いをつよくもってきた。

スポーツと民俗学——ドイツ民俗学の視角から

その点では、オリンピックがギリシアの羊飼いによってになわれていたことと通じ、また部分的にはパンテオンにおける闘技をも想いおこさせる。これらの体技も個々に見れば、アルプスの牧羊者の独占ではなかった。たとえば格闘は、中世の騎士によってもおこなわれていた。また旗振りは、やはり中世以来、都市のツンフトの特権であり、とりわけ精肉業者がそれに関与したことが判明している。しかし、これらの催しもののすべてが、祭り習俗の色合いにあり、元は信奉の意味とつながっていたことは、一般的に牧羊者の戦闘性と牧羊者文化に帰せられよう。

今日でも、アルプス住民に固有であるのはプリミティヴな力わざで、指組み争い（Häkeln）、拳争い、腕相撲、猫の引きあい（Katzenstrecken 二人がしゃがんで対峙し、輪にした一つの紐に双方とも頭を入れて自分の側に引っ張る）などで、他にも〈いかにも牛飼いらしい〉と言われる種々の力較べがあって、スイス中部では下働きの男たちのあいだでみられ、また酔っぱらったときに挑まれる。

スイス連邦州の体操祭　1945年　シールス（Schiers グラウビュンデン州）
出典：リヒァルト・ヴァイス『スイスの民俗学』（1946年）

スイス連邦州全国体操祭（Turnfest）

左：16世紀のアインジーデルンの〈体操祭〉：『ルッツェルン年代記』
右：スイスの投げ相撲　ニトヴァルデン州（Nidwalden）
出典：リヒァルト・ヴァイス『スイスの民俗学』（1946年）

投げ相撲の大会(取り組みの傍らの帽子の人物が審判)オプヴァルデン準州
メルヒゼー・フルット
出典:リヒァルト・ヴァイス『スイスの民俗学』(1946年)

　ヴァイスの基本的な観点は、スポーツの基本は遊び(プレイ)と見ること
にある。さらに人間の行動ないしは存在の基本にかかわるものとして、労働
と遊び(プレイ)を対比させている。そして、労働と遊びが未分化であった
り、相互交替的であったりするところに、民衆的ないとなみの特質を見てい
る。次の一節の後半はこれを言っている。

　　新しいスポーツの種目、なかでもイギリスから導入されたサッカー(こ
　れについては運動遊戯の箇所で取り上げる)は、都市部から村落部へ徐々
　にひろまった。アルプス高地では、当然ながら(サッカー場が満足に確保
　できないという)自然条件の制約があって、なかなか定着しない。経済的
　な困窮、施設の不足、交通の不便、これらが、スポーツをたのしむことを
　妨げている。そのため、アルプス高地の酪農民は、今日も、現代的な体育
　やチーム・スポーツの諸種目には乗り気ではない。徴兵検査でのスポーツ

の試験もスイス中部ではすこぶる効果を挙げているのに対して、アルプス高地では古きスイスの体育やスイス連邦以来の国防体力が本領を発揮している。そこでは、昨今アルプス高地の若者にも浸透してきたスキーを除くと、新時代のスポーツが欠けているが、それを補うのは労働である。労働は、特に重いものを運んだり担いだりすることによって身体の敏捷や力を失わせないのである。アルプス高地では、力の強い男が出てくる伝説めいた話が、今も変わらず人気がある。アルプスの民間伝承には、また闘いの要素（悪魔との闘いや悪霊・魔物との戦い等）が殊のほか多いのも同じ意味合いをもっている。

ヴァイスは近代の進展が伝統的な諸形態を崩壊させていることを惜しんでいるが、それと同時に、体操組合（クラブ）が体育実技を行う者のあつまりにとどまらず、在来の結集形態の機能を肩代わりしている動向にも注目している。

近代の体育の分野でも、先に見たアルプスの牧羊者にとっては悲しむべき推移と同じような重点移動が、アルプス高地とスイス中部のあいだで起きた。アルプス高地では古くからの牧羊者の習俗的な諸形態が一部では崩壊し、あるいはスイス中部で旗振りがより高度なテクニックを得てクラブ的な活動に入ったのに対しして、まったく新しいスポーツがスイス中部ではめざましい広まりをみせた。スイス体操組合が設立され、1832年にスイス初の体操祭がアーラウで開催された。新たなスイス連邦のリベラルな精神が担い手となった若い体操運動が先ずひろまったのはスイス中部においてであった。アルプス高地の今もカトリック教会圏の地域では、組合の性格をもつトゥルネンは、今日にいたるも、農民と都市民が中心のスイス中部ほどには広まっていない。それに対して後者の場合、ほとんどの村に体操組合ができている。体操組合には若者がつどい、その点では、古くからの若者組の機能の多くを引き継いでいる。体操組合は、体育の練習や体操

祭りに参加するだけでなく、村のさまざまな祭りを組織し、パフォーマンスを披露して盛り上げる。

　ここでは"Turnverein"を体操組合と訳したが、これについては後にふれる。なおヴァイスはディーボルト・シリング（ジュニア）の『ルッツェルン年代記』[23]の挿絵を収録して〈体操祭〉(Turnfest) のキャプションを付した。もちろん比喩的な言い方である。15、16世紀のスイスでは各都市がそれぞれ絵入り年代記を競い、それを手がけた絵師の家系の一人の手になる年代記である。1513年1月15日に絵師が自らルッツェルンの市参事会に納めた様子も描かれている。その多数の挿絵の一点に、当時スイスで行なわれていた数種類のスポーツがまとめて描かれているのである。

　このヴァイスの対照表的な対比について、複雑な事象を簡単にとらえ過ぎていると批判することはたやすい。しかし複雑な現象にもかかわらず走っている原理をもとめる姿勢は重要で、また原理まで降りれば事態は簡潔に見えてくるのは一般的である。ヴァイスのスケッチは、それに向けた試行であった。

　ちなみに、原理までさかのぼれば事態が簡潔に把握できるという一般論だけでなく、ヴァイスの視点が決して過去のものとは言い切れない点では、1980年代に現れたスポーツと余暇に関する理論書がある。キール大学のスポーツ学科の教授ヘルベルト・ハークの『運動文化と余暇』[24]で、サブタイトルは〈スポーツと遊びへの根源欲求について〉となっており、ヴァイスの場合と同じく語呂合わせにもなる二語"Sport und Spiel"がもちいられている。しかしこの組み合わせ自体はそれ以前にもたとえば次に取り上げるノイエンドルフの概説書のサブタイトルにもみられ、一種の決まり文句という面もある。

---

23)　*Luzerner Chronik von Diebold Schilling dem Jüngeren. 1513.* ディーボルト・シリング（Jr.）の経歴は次の基準的な人名事典を参照、ADB, Bd.34 (Leipzig 1892), S.717f.

24)　Herbert Haag (1937-), *Bewegungskultur und Freizeit : vom Grundbedürfnis nach Sport und Spiel.* Zürich〔Edition Interfrom〕1986.

[2] スポーツ史と文化史からのアプローチ
概観

　ここでは民俗学がスポーツをどのように射程においてきたかを最小限ながら飛び石伝いで追っているが、スポーツ関係の文筆家やジャーナリスト、特に20世紀前半から半ばに活躍した人々から数人に注目したい。と言うのはスポーツをめぐる古今の事象を最も詳細に追跡したのは、その分野の識者だからである。そのなかから、ここではエトムント・ノイエンドルフ、カール・ディーム、ヨーゼフ・ゲーラーの三人を挙げておきたい。いずれもドイツ・スポーツ界の運営にたずさわると共に有識者として健筆をふるった人々である。これらの人々が活躍したのは世界史上稀に見る激動期でもあったために、いずれも生涯は決して平坦ではなかった。また特殊な専科大学を除いて、大学にスポーツ関係のポストはなお設けられていなかった。ここでは一人一人の記述を紹介する余地がないが、今後への参考程度に略歴をあげておく。

エトムント・ノイエンドルフ（Edmund Neuendorff 1875-1961）[25] はベルリンの出身で、大学では哲学を専攻し、カントの研究で学位を得た。ルール地方で国民学校や高等学校で教鞭をとり、高等学校長をつとめた。1924年にドイツ体育大学（Deutsche Hochschule für Leibesübungen ＝ DHfL）にポスト得、同時にドイツ最大のスポーツ団体である「ドイツ体操者協会」（Deutsche Turnerschaft ＝ DT）の会長となった。しかしナチ政権の成立からまもない1934年にナチ党でスポーツ関係機関（Nationalsozialistischer Reichsbund für Leibesubungen ＝ NSRL）を統率した国家スポーツ指揮官ハンス・フォン・チャマー・ウント・オステン（Reichssportführer Hans von Tschammer und Osten 1887-1943）の指示ですべての地位を解任され、1936年にはボン大学講師の職も追われた。それを機に牧師の勉学をはじめ、70歳で牧師の試験に合格して

---

25) Daniel Pater, *Edmund Neuendoff im Kontext der Reformpädagogik*. München〔GRIN Verlag〕2006.

司牧につき、戦後は引揚げ民の担当牧師として1959年までつとめ、1961年に86歳で没した。活動の場を教会へ移すまではスポーツの分野における旺盛な執筆家で、『ドイツ体育史』4巻[26]をはじめ四十冊近い著作と約500篇の論文・エッセイがある。単独の自著だけでなくその編集による『ドイツの体育：トゥルネン・シュピール・スポーツ大ハンドブック』[27]では当時のスポーツ教育界の代表者約30人が執筆しており、その顔ぶれからも表題からもトゥルネン系とスポーツ系の双方が参画していることが分かり、1930年前後には広く中心的な位置にあったことがうかがえる。

　ここで気になるのは、ノイエンドルフがスポーツ界を去った事情である。大部な『ドイツ体育史』は1932年までであるが、その後1936年にノイエンドルフはやや小ぶりな『ドイツ・トゥルナーシャフト 1860-1936』という体操協会史をまとめている[28]。その最後2の章は「移行期1919-1932」、そして「完成期」となって、特にトゥルネン団体の全国組織がナチス・ドイツの体育機関に合体してゆく過程での幾つかの節目がつづられている。そこではナチスの国家スポーツ指導者の関わりが、ともかくも肯定する観点から記されている。その当時、ドイツ中の無数の団体にとって大小にかかわらず（なかには本心ではなく組織の存続を図るために）ヒトラーを名誉会長に据えるのが時代の風潮であった。また労働組合の全国組織のような巨大組織もナチスの機関に統合されていった。トゥルネン協会にも当然にもナチスの強い介入があり、そのあたりで独自の伝統をもつ既存の団体として、また中心人物の一人として対応に苦しんだことが考えられる。しかし詳細の解明は今後の課題とするしかない。

---

26) Edmund Neuendorff, *Geschichte der deutschen Leibesübungen*. 4 Bde. Dresden［Wilhelm Limpert］1930-32.

27) Edmund Neuendorff (Hg.), *Die deutschen Leibesübungen. Grosses Handbuch für Turnen, Spiel und Sport.* Essen/Ruhr o.J.(um 1931).

28) Edmund Neuendorff, *Die deutsche Turnerschaft 1860-1936 Leibesübungen*. Berlin 1936.

カール・ディーム（Casrl Diem 1882-1962）[29]は、ドイツ・スポーツ界のリーダーであり、スポーツ界の運営と著作の両面で大きな存在で、死後ほどない1968年には肖像が西ドイツの切手にもなった。オリンピックの聖火リレーの発案者で、ドイツ体育大学の創設者であった。同時にスポーツ史の研究家であり、主著『スポーツの世界史』2巻[30]の他、『ゲーテにみる身体教育』[31]は資料を整理して提示する趣旨も手伝って500頁を超える大作である。また『スポーツマンとしてのバイロン卿』[32]をも著している。その著作の幾つかは日本でも翻訳がなされているほか、特に加藤元和氏によって紹介がおこなわれている[33]。

ヨーゼフ・ゲーラー（Josef Gohler 1911-2001）[34]は大学では古代史を専攻し、その分野で学位を得た後、マルティーン・シュナイダー[35]の助手としてベルリン・オリンピックの開催にかかわり、その後、1940年から1974年まで、

---

29) 伝記を含む次の数点の文献を参照、Achim Laude / Wolfgang Bausch, *Der Sportführer. Die Legende um Carl Diem*. Göttingen［Verlag Die Werkstatt］2000.; Frank Becker, *Den Sport gestalten. Carl Diems Leben*（1882-1962）. 3 Bde. Rhein-Ruhr / Duisburg 2009.; Meike Breuer, *Sport zwischen Kampf und Spiel － der Sportbegriff in den Werken von Carl Diem*. Bochum（Diss. Ruhr-Universität）2008.
30) 参照、Carl Diem, *Weltgeschichte des Sports*. 2 Bde. Stuttgart［Cotta］1960.
31) 参照、Carl Diem, *Körpererziehung bei Goethe, ein Quellenwerk zur Geschichte des Sportes*. Frankfurt am Main［Kramer］1948.
32) 参照、Carl Diem, *Lord Byron als Sportsmann*. Köln［Comel］1950.
33) 参照、加藤元和（著）『カール・ディーム：人と思想』杏林書院 1972.; 同（著）『カール・ディームの生涯と体育思想』不昧堂 1985.
34) 経歴はドイツ・オリンピック協会の機関誌に掲載された生誕100周年の記念行事による。参照、Presse der Artikel- und Informationsdienst des Deutschen Olympischen Sportbundes（DOSB）23, Nr.47（22. November 2011）.
35) Martin Schneider の生没年を今詳らかになし得ないが、1934年にブダペストで開催された世界選手権のドイツ・チームの監督、また1936年のベルリン・オリンピックでもドイツ・チームの監督であった。

トラウンシュタイン、ニュルンベルク、ヴュルツブルク（いずれもバイエルン州）の高等学校でラテン語・ギリシア語・ドイツ国語学・ドイツ史の教諭であった。それとともにドイツ・トゥルネン同盟の戦後の再建に尽力し、同協会の事務局長、最後は会長となった。また同盟内では特に器械体操部門を担当し、世界の数カ国の器械体操に関する著作があり、『日本の器械体操』[36]をも刊行している。記述の中心は東京オリンピックでの日本の体操の成果、および組織と教育と独自技術の開発をふくむその背景であるが、1940年まで溯ってこの分野での日本の国際スポーツ界とのかかわりの経緯をまとめている。

a. ノイエンドルフ『ドイツ体育史』

　これらの人物の著作を見渡したり、検討するのは筆者の力にあまるが、今わずかながら言及しておきたい。ノイエンドルフの大著『ドイツ体育史』4巻はそれぞれ700頁という大作で、容易に通読できるようなものではない。筆者の経験からは、特にトゥルネン運動の不明の点を調べるにはこれを超える総合的な文献はなさそうである。一例として筆者は、ドイツ帝国の成立より前にプロイセン以外の国では、どこまでトゥルンが浸透していたのか、特に公教育ではどうであったかを調べる必要にぶつかったことがある。するとハノーファー王国の例として、1864年には44の体操組合が存在しており、また小学校（国民学校）に体操教育を導入する決議をおこなった事情、その推進者が誰であったが解説されている[37]。必ずしも人物の生没年が記載されているわけではないが、その種のデータをドイツ語圏のほとんどの地域について見出すことができる。おそらく体操組合の団体史に関する資料を徹底的にさぐったと思われるのである。その点では、ドイツの体操の特に組織や団体の

---

36) Josef Göhler, *Japanische Turnenkunst*. Frankfurt / M. ［Wilhelm Limpert］1962.
37) Edmund Neuendorff, *Geschichte der deutschen Leibesübungen*. Bd.4, Dresden ［Wilhelm Limpert］1932, S.26-27.

動き、また教育制度の観点からは基本文献である。

b. カール・ディーム『ゲーテにおける身体教育』から：ゲーテとスケートの一こま

　その著作の記述の実際を知るために、次にごく僅かながら引用する。ゲーテが特に若い時期にはスケートに夢中になったことは、比較的よく知られている。しかし、カール・ディームの大著は、微細な資料をも丹念に掘り起こした非常な労作である。「橇とスケート」の章だけでも50頁を超える。したがって以下は片鱗である[38]。

　1774年2月初め、ゲーテは、友人のヤコービの夫人エリーザベトに宛てて、少し前の氷上での催しをも思い出しつつ手紙を書いた。

　　素晴らしい冷気、窓を開けると、それが私の胸に浸みこんできて、何千倍も幸福にしてくれる。広い牧場が一面、水に浸され、それが凍る。昨日はまだ無理だったが、今日ならできる。御婦人方が、私たちの（氷上の）パントマイムを見るために、（橇で）繰りだしたのは、ほぼ十日前だった。その後、氷は溶けた。そしてまた凍った。ハレルヤ！アーメン！

　ゲーテは、1774年2月12日にも、同じくゴットフリート・アウグスト・ビュルガーに宛てて、『ゲッツ』の第二版を送るに際して、こう書き添えた。

　　トレースドルフ［ビュルガーの友人］と一緒に氷の上で出たよ。心が躍り出さんばかりの感動だった。

---

38) Carl Diem., *Körpererziehung bei Goethe, ein Quellenwerk zur Geschichte des Sportes.* Frankfurt am Main ［Kramer］1948, S.281-283.

ゲーテが、友人たちを次々と氷の上へ連れ出していた様がみてとれよう。氷の楽しみは、ゲーテの手紙からも、それへの友人たちの返信からも浮かび上がる。ゲーテの先人で、当時非常な尊敬を得ていたチューリッヒのラーヴァターから、ゲーテは、1774年1月7日に手紙を受け取った、そこには、スケートをたのしむゲーテをうたった讃歌が添えられていた。……
　次の冬も、氷上のたのしみは続いていた。まことに高揚した文言の詩がある。1774年11月13日に、ゲーテはヨーハン・ペーター・ド・ライニー家の古いサイン帳（女友達の一人が見つけだして、何か書きこんでほしい、とゲーテに託していたものだった）に自分の体験を書きつけた。

　　スケートをすべった夕べの後で
　上品なお嬢さんと一緒だった
　大きなサクランボのケーキ、ビールは並だが、
　それが食後にいつも出る
　そして綺麗な瞳、輝くともしび
　ラーム、シータ、ハヌマーン、そいつの尻尾＊
　＊［訳注］いずれもインドの神話や文学の登場者、ハヌマーンは猿族のひとり

　この詩行からは、ゲーテが、ふざけたり、色恋にふけったり、御馳走をたのしんだりしながら、身体的にも活発であったことがまざまざと伝わってくる。これらの日々については、もっと詳しい報告を、ゲーテは、ヨハンナ・フェルマーに宛てて記している。1774年11月15日付である。

　　昨日、テントゲンで氷の上に出ました。休むどころではありません。
　　一時から六時まで滑りつづけ、その後、友人たちと一緒に帰りました。

　　カールスルーエの教授であったヨーハン・ローレンツ・ベックマンに宛

てて、ゲーテはさらにこまかく書き送った。そこから浮かびあがるのは、ゲーテが、雪の上に道をかためて滑ることができるように奮闘したこと、新しいスケート靴を欲しがっていたこと、したがって一口に言えばこの頃ゲーテが氷上のスポーツに夢中になり、そして綿のように疲れて眠りに就いたこと、しかし翌日にはまたもや挑戦していたことである。

　氷から帰りました。はじめは皆と一緒でした。それから食事をとりました。貴兄も同席していましたね。本当にくたくたでした。道をつくっていたのですから。そして友人たちと一緒に引き返しました。水が走っているのを見つけたのです。
　また氷の上へ出ました。1774年11月14日。
　先にちょっと言ったことですが、やはり聞いてもらいたい。まだ夜の10時ですよ。明日はもっと。
　マルティーニの夜（昨日の夜は手紙を書きかけて止めたので、その続きです）。マルティーニ［11月11日］、夜、私たちははじめて氷の上へ出ました。次は、日曜から月曜の夜［11月13／14日］、固くに凍りつきました。町の前の小さな池ですが、完全に平らです。それを朝、二人が見つけて知らせてくれたので、その日の昼、すぐに出かけて確かめました。そして雪を除け、葦を引き抜きました。滑ることができるように道をつくったのです。他の人はシャベルや箒を使いましたが、私自身はほとんど手で直にやりました。ほんの数時間後には、池にはリング状の滑り道と十字の通路ができました。ところが、残念なことに夜になって状況が悪くなり、そのまま立ち去るしかなくなりました。月が出ず、雪雲からちらとも顔をみせないのです。今日一日の仕事はまったく無駄になったわけです。こういう事情を急いでお報せするのは、実は、私がうっかりしていたのですが、貴兄のと同じのが欲しいのです。私のスケート靴を作らせてくれませんか。きちんと作ってくれるように頼める人がいないのです。「サテュロス」も送ってください。貴兄のことを心か

ら思っています。

　ゲーテが、その入魂の作品『若きヴェルテルの悩み』の世評をじりじりしながら待っている頃のことだった。

「サテュロス」はゲーテ自身の作品を指しているが、原稿か刊行にかかわる連絡のようである。それはともあれ、ゲーテの頃には、夜中に月明かりで滑っていたことが分かる。絵心をもそなえていたゲーテは、凍った湖面で月光の下でのスケートの光景をスケッチに残している。また引用した文面からは、昼間の湖面は気温の上昇で時に水の割れ目ができ、その危険の度合いをゲーテ時代の人は経験的に判断できたことも推測し得る。

月明かりでのスケート　ヴァイマルの白鳥湖　ゲーテによるスケッチ

ここではゲーテとスポーツについて特に氷上の運動、具体的にはスケートと橇に焦点を当てたが、これには理由がある。啓蒙主義という思潮がぴったり重なるかどうかはともかく、啓蒙主義時代らしい空気を反映していたスポーツは、おそらくスケートだったからである。ちなみに文学作品は、何らかの特定のテーマやモチーフによってアンソロジーに編まれることがある。たとえば恋愛や草花や飲酒といったものである。そうしたものの一つとして体操詩集があってもおかしくなく、事実、狩猟や乗馬や武藝試合、また特定の種類にしぼったものでは鷹狩りは早くから詩歌のテーマでもあった。その啓蒙主義時代の形態、あるいは18世紀の第4四半世紀から19世紀初めにかけた時代の雰囲気の反映をもとめるなら、それはスケートであったろう。『万人のためのスケート讃歌：ポケット・ブック』[39]が編まれたのは1825年のことで、そこにはクロップシュトックやヘルダー、そしてゲーテが詠んだスケートと橇の歌があつめられている。とりわけゲーテは、そうした詩歌集が編まれるような状況へと牽引した一人でもあった。と同時に、そこには、別の要素も走っていた。1810年代以後となると、今日のスポーツにつながるフリードリヒ・ヤーンの体操（Turn）が擡頭していたからで、それとの対比で言えば、スケートは体操と言うより、遊戯（Spiel）の面がつよかった。それだけに、体育の種類による思想活動との絡み合いの差異をもそこには見ることができる。図式的に言えば、ヤーンが提唱した体操は愛国主義と一体であった。もっとも、ナポレオンによる占領やドイツ語圏では民族統一が未達成の段階でのことであり、愛国主義と言っても当時の封建遺制的な領邦支配に反発する自由主義ともかさなっていた。しかし、とまれそうした政治性に対して、氷上の遊戯は、プレイをするものとしての人間への思索をより強く誘った面がある。これを指摘するのは、次に見るドイツ文学とスポーツに関

---

39) *Der Eislauf oder Schrittschuhfahren: ein Taschenbuch für Jung und Alt. Mit Gedichten von Klopstock, Göteh, Herder, Cramer, Krummacher etc.*, hrsg. von Christian Siegmund Zinder. Nürnberg ［F.Campe］ 1825, Nachdruck: Neustadt an der Aisch ［Schmidt］ 1997.

する考察をのぞくにあたって、1800年をはさむ時期にスケート靴をつけることが何を意味したかを念頭に置くと事情がつかみやすいからでもある。

c. ヨーゼフ・ゲーラー「ドイツ語とドイツ文学における体育」から

　次に取り上げるのは1959年に刊行された『ドイツ文献学綱要』（第2版）の一節である。ドイツのいわば国文学要綱といった観のある専門的な概説書であるが、5部仕立ての第5部が「フォルクスクンデ」にあてられ、その最後の一節が「ドイツ語とドイツ文学における体育」となっている[40]。参考として『綱要』全体の構成を挙げると、I. 方法、II. ドイツ語学と方言研究　III. ドイツ文学史　IV. ドイツ文学と外国の関係　V. フォルクスクンデであり、そのうちフォルクスクンデの部は次のような構成である。

　1. フォルクスクンデとその方法　2. 習俗 3. 伝説　4. 昔話　5. 諺と謎々　6. 民衆劇 7. 家屋と日常労働　8. 民俗衣装　9. 海員の習俗と信仰　10. ドイツ語とドイツ文学における体育

　ゲルマニスティクの総合的な概説書であるが、フォルクスクンデがゲルマニスティクの一部ないしは近しい分枝であったことが分かる。執筆者もそれぞれの領域における当時の第一人者である。ここで取り上げる十番目の項目を担当したヨーゼフ・ゲーラーは、学殖に富んだスポーツとスポーツ文化史

---

40) Deutschen Philologie im Aufriss, hrsg. von Wolfgang Stammler. Bd.V. : Volkskunde. 項目執筆者を挙げる。1. Mathilde Hain, *Die Volkskunde und ihre Methoden.*; 2. Josef Dünninger, *Brauchtum.*; 3.Will-Erich Peuckert, *Sage.*; 4.Will-Erich Peuckert, *Märchen.*; 5.Mathilde Hain, Sprichwort und *Rätzel.*; 6.Leopold Schmidt, *Volksschauspiel.*; 7.Josef Dünninger, *Hauswesen und Tagewerk.*; 8. Mathilde Hain, *Volkstracht.*; 9.Wolfgang Stammler, *Seemanns Brauch und Glaube.*; Josef Göhler, *Die Leibesübungen in der deutschen Sprache und Literatur.* このうち、マティルデ・ハインの執筆による方法論の概説については拙訳があり、書誌データは次を参照、本書所収「ヴェーバー＝ケラーマン」注2。

ゲーラーによれば〈斜め倒立〉は 1952 年のオリンピック・ヘルシンキ大会において日本人選手によってはじめて披露された。写真は 1960 年ローマ大会における相原信行（1934–2013 団体と徒手＝ゆかの金メダリスト）によるゆかの演技　出典：ヨーゼフ・ゲーラー『日本の器械体操』

の文筆家で、背景はトゥルネン系であった。トゥルネンの発展に寄与した人物の伝記も執筆しており、また 1960 年代には日本の体育事情についても報告している[41]。

　ゲーラーの記述の特徴は、体育とその近縁な語をキーワードとして、広く歴史的に見渡すもので、古代ギリシアから現代にいたる体育の流れについて百科事典的な知識でつづっている。とりあげられるのも、スポーツに専門的にかかわった人物だけでなく、詩人・作家、哲学者、教育家、医師などあら

---

41) Josef Göhler, *Japanische Turnenkunst*. Frankfurt/M 1962.

ゆる分野にわたっている。この短いスケッチでも言及は優に百人を超える。次はその一節で、またこの論者のスポーツ観の思想史上の枢要の拠りどころにふれた箇所でもある[42]。最初のアルブレヒト・フォン・ハラー（Albrecht von Haller 1708-77）の詩も有名である。アルプスはルソーが美しいとして讃えるまでは誰も美しいとは感得しなかった、とは指標的な表現であるが、そのルソーの『エミール』（1762年）よりも30年以上早くアルプスの美をたたえた先駆者だったからである。しかもその詩には、先にリヒャルト・ヴァイスで見たアルプスの民間の体技と競技がうたわれている。

文学はここでのテーマそのものではないが、ハラーの詩「アルプス」（Haller, *Die Alpen*. 1729年）を取り上げることはゆるされよう。そこでは詩人は、スイスの投げ相撲の祭り（Schwingerfest）に触発されて、民衆的な体操(トゥルネン)を歌っているからである。

　此方には、果敢なるひと組の男、真摯の情を遊戯に重ねんとて
　身体を身体に組み、腰を腰に打ちあはす。
　彼方には、重き石、強き腕にて入魂の投擲さるれば
　掲げられし的(まと)さして、ものうき虚空を裂きて飛ぶ。

快活なヴィーラントは、はやくも体育を遊びの形態ととらえ、シラーに先だって、その優美の理論を語っていた。

　人間は、その精神のいとなみと身体のいとなみが遊びになるときのみ、……心身のすこやかさを得る。

わけても屹立するのは、氷上の活動をうたったクロップシュトックの5

---

42) Josef Göhler, *Die Leibesübungen in der deutschen Sprache und Literatur.* Sp.3013-3015.

編の詩であり、エルヴィン・メールの言うごとく、〈ニーベルンゲンの歌の後、体育を最も美しくうたい上げた作品〉である。すなわち、「スケート」、「ブラーガ」、「タイルフのわざ」の三篇、それにスキーを讃えた「暖炉」と後年の「冬のよろこび」である。クロップシュトックが讃美したのは、氷上を徒渉すること、高らかに駆けることであり、曲藝をもちあげたのではなかった。スケートのパイオニアとしてクロップシュトックがゲーテに影響をあたえたことは、証明されている。両者はともに、その交友の圏内にいた他の偉大な人々にもスケートを学ばせることになった。フォスも氷上を走り、ヘルダーも氷に乗った。そしてヘルダーは、体育とそのリズミカルな動きという新たな発見を深甚な讃歌として表現することに成功した（1777年）。

　我らは漂い、我らは舞う、海鳴りの上を
　銀とかがやく水晶の上を
　鉄の刃は我らの翼、空は屋根
　かく、我らは朗らかに滑りゆく、兄弟たちよ、
　人生の鋼の深みの上を滑りゆく。

ヴィルヘルム・ハインゼはその小説『アルディンゲロ』のなかで、理想国家の未来図を描き、その国家では新たなオリンピック競技が開かれねばならないとした。そこでは、いかになりゆくべきや。

　宮廷的・上流市民的な心得である乗馬やピストル射撃と、民衆的な競走や格闘技が結び合わせられなければならない。

……ゲーテの友人たちでは、シュトルベルク伯兄弟、すなわちクリスティアンとフリードリヒ・レーオポルトは、ゲーテが詳しく伝えているように、殊のほか水浴びを好んだことで注目を惹く。フリードリヒ・レーオポルト

には「水浴の歌」がある。しかし、スイスの詩人ボードマーの証言では、伯兄弟とも水泳自体は学ばなかったらしい。

　……

　シラーは、アクティヴなスポーツマンとは言えないかもしれない。すなわち、クロップシュトックや、水泳を得意としたフォス、そしてゲーテやバイロン卿などと並べると躊躇はあろう。しかし彼は、体育にとっても大きな意味を持っている。シラーは、美的なスポーツと体操技術（Turnkunst）と体育（Gymnastik）の全体に哲学をあたえたからである。その遊びの理論（Spieltheorie）と優美（Anmut）の教説は革命的であったと言ってもよい。現代の文化も、なお体育にはシラーの理論を実現させていず、また適用することも永くできないでいる。シラーは、その遊びの理論によって〈生命の健康理論〉をつくりあげ、それによってニーチェの先駆者となった（シザルツ Cysarz）。また人形劇論によって近代体育を開墾したとして絶えず想起されるハインリヒ・フォン・クライストと並んで名前をあげなければならない。グーツ＝ムーツが静的な美の理想を説いていたとすれば、シラーが提示したのはダイナミックな美の理論であった。静的な美に対して、シラーは、彼が優美となづけたダイナミックな美をより上位においたのである。この美しい動きは内面から気高くされるのでなければならず、肉体によって使い果たされるものではない。かくして、シラーには、審美的な運動は、倫理性へと移ってゆく。

　　人間は、あそぶ（プレイをする）ときにのみ、存在のすべてたり得る。

　誰が、シラーよりも前に、この大胆なテーゼを示しただろうか。しかも、それを歌ったとき、詩人は、そのかかわる事象の透徹した識者であった。

　　小児に遊ぶことを得さしめよ、野生の赴くまま振る舞うことをなさしめよ。

存分に満ち足りた力のみが優美へたちかえるのである。

　　これは詩作品「冬」におけるゲーテの文言とも通じる。

　　　飾りて現れんとし、定かなることなくんば。事、畢らん。
　　　成し遂げられたる力からのみ、優美の姿あらはれ出でん。

ここで言及される人物はいずれもドイツ文化史には親しい名前で、またクライストの人形劇論などもドイツ人には教養の一つである。しかしここでの中心はフリードリヒ・シラーの美学理論にある。この端折った言い方では、思想史上の里程標でもある種々の思索のインデックスにとどまる観があるが、方向は今日の試みにも通じる。はじめに見たオモー・グルーペのスポーツ論も、文化としてのスポーツの中身を問うときには、シラーの理論に立ち返る姿勢をみせている。

　ここでこれらに注目したのは、スポーツ研究の専門家の見解の存在と型に目配りしておきたかったのである。すなわち、スポーツ史の組織面からの詳細な解明、ゲーテとスポーツとのかかわりの一節が片鱗としてうかがわせる周到なヒストグラフィー、そして今見たような文化史的な鳥瞰、こうした専門分野の識者による踏み込んだ研究があるとき、他の分野はどういう観点に立てばよいのか。言いかえれば、何か残っているものがあるだろうか。この問いは、スポーツとの関係に限られない性格をもっている。

3. ヘルマン・バウジンガー『スポーツ文化論』の構想

[1] バウジンガーとスポーツとの取り組み
　ヘルマン・バウジンガーの『スポーツ文化論』[43]がテュービンゲン大学の

スポーツ学科が編集する「スポーツ研究叢書」の一冊として刊行されたのは2006年であった。同大学はドイツの最初のスポーツ研究分野の教授であるオモー・グルーペが主宰・育成した研究・教育機関として世界的に知られている。叢書もグルーペの定礎にかかり、テーマの多くはスポーツ教育やスポーツの組織や大会の運営、さらにオリンピックやドーピング問題といったスポーツの専門分野に特化したものである。しかしグルーペ自身には文化としてのスポーツなどの著作があり、またスポーツの文化的・社会的側面をも一貫して論じてきた。年齢ではバウジンガーはグルーペよりも4歳年長で、少年の頃からサッカーが趣味だったらしく、また民俗研究に専念するようになってからは、その方面からの課題としてスポーツを考察するようになっていった。大学での民俗学科のゼミでも「サッカーのヨーロッパ・チャンピオンシップ」をテーマとしたこともある[44]。オモー・グルーペの数回の記念論集には寄稿しており、またドイツ・スポーツ連盟（DSB）の何十周年といった節目の大会では記念講演の講師として何度か招かれた。本書は、それらの寄稿や講演をあつめて一書としたものでもある。たとえば最初におかれた論考「スポーツとしての文化」はグルーペの記念論集で同教授の年来のキイ・フレーズを冠した『文化としてのスポーツ』に寄稿されたもので、キイワードを逆転させて独自の掘り下げをみせている。寄稿論文や講演の修正と言っても単なる寄せ集めではなく、一貫した思想によってまとめられており、またこの著者にはめずらしく、一書に編むにあたって加筆をおこなっている。全体は3部に構成され、「日常文化を構成するものとしてのスポーツ」、「文化史からみたスポーツ」、「グローバル化したスポーツ」に分けられ、18編の論考が集められている。なお2008年には早くもイタリア語訳が文化人類学の

---

43) Hermann Bausinger, *Sportkultur*. Tübingen［Attempto］2006.
44) 以前にも類似のテーマが取り上げられたことがあるかも知れないが、筆者が参加したのは、バウジンガー教授が定年後も特別ゼミを「サッカー：1972年のヨーロッパ・チャンピオンシップ」をテーマとして開講した1994年のことであった。

関係者によって手がけられ刊行された[45]。

　この著作はスポーツ論として読むのが本筋で、そこに魅力もあるが、早晩訳書によって味わってもらうことを期し、ここでは違った視点から取り上げてみようとおもう。それは本稿のタイトルとして明示した〈スポーツと民俗学〉である。すなわち、民俗研究がスポーツをも射程に入れることを可能とするために、バウジンガーはどこに着目したのか、という問題である。敢えてここに注意を向けるのは、民俗学にとってスポーツは必ずしも自明の考察対象ではないと思われるからである。おそらく、この著作の翻訳が現れても、この最大の問題点は意外に見すごされてしまいかねない。それゆえ一度はそこにしぼって解説して方がよいであろう。

　リヒァルト・ヴァイスはスポーツを大衆社会の特徴として考察した。それに対して伝統的な社会には民俗行事がその位置を占めていたという対比の構図である。スポーツが大衆社会ならではの側面を持つことも否定はできないが、大衆社会が中心的なキイワードとなるかどうかは一概には言いきれない。たとえばスポーツはむしろ〈ひまのある社会〉と結びついている面もある。近・現代のいちじるしい特徴のひとつとして近代工業が成熟につれて、はじめは厚みを増した中産階級が、やがて階層の別なく多くの人々が自由な時間をもつようになった。社会の圧倒的多数が一日 14 時間労働あるいはそれ以上の拘束を受けているような状況では、スポーツが一般化するのはかなり難しい。その点では、先に挙げたスポーツ学の専門家ヘルベルト・ハークが説くように、人間の運動の総量はほぼ決まっており、自由につかえる空白が生じることが素地になるという見方もできるところがある[46]。またそれが大衆社会の概念とどうからむかという問題もあろう。

---

45) イタリア語訳はまったくの個人訳ではないようであるが、中心になったのはシエナ大学の文化人類学の教授アレッサンドロ・シモニッカ（Alessandro Simonicca）であった。参照、Ders., *La cultura dello sport*. Introduction di Alessandro Simonicca. Roma 2008.

46) 参照、（前掲 注 24）Herbert Haag , *Bewegungskultur und Freizeit*. S.77f.

[2] 組合（クラブ）：市民社会における結衆の原理

　バウジンガーに話題をしぼると、スポーツをめぐる諸現象を自在に論じる観すらあるその研究には、原点になるような着想があったのである。具体的には以下でふれるが、筆者はそれをここで小見出しとした〈市民社会における結衆の原理〉という観点において参考にしようと思う。ちなみに〈結衆〉という元は仏教用語をもちいるのは、日本民俗学の指標の一つとも言える言い回し〈結衆の原点〉への留意である[47]。かつての村の仕組みに現代までつながる日本社会の基本を見ることは必ずしも的外れではない面もあろうが、同時に現代社会には、近代・現代の一般的な趨勢ないしは法則と言ってもよいものが走っていると考えられる。〈市民社会における結集の原理〉という言い方をするのはそのためで、ドイツ語圏の照応する分野がその手がかりをあたえてくれるかも知れないのである。

　ヘルマン・バウジンガーと言えば最初の主要著作『科学技術世界のなかの民俗文化』（1961年）[48]が何と言っても評価が高いが、これについて筆者はこれまで何度も解説をおこなっているので繰り返さない。ここで取り上げるのは、バウジンガーが民俗研究の出発点において明示したもう一つの着眼である。1959年の学会誌への短い寄稿「民俗学の研究対象としてのクラブ（組合）について」[49]で、以後もその研究には欠かせないキイワードになっていった。いわゆる〈フェアアイン／フェライン〉（Verein）である。これを筆者は〈クラブ〉、〈クラブ組織〉あるい〈組合〉と訳している。日本語の巧みな当て字〈倶楽部〉が語感にふれる面があるかも知れないが、また一般的な団体であるだけでなく法人格を指す用語でもあることを考慮すると〈組合〉が妥当

---

47) 参照、桜井徳太郎『結衆の原点 ― 共同体の崩壊と再生』弘文堂 1985
48) 次の拙訳を参照、バウジンガー（著）河野（訳）『科学技術世界のなかの民俗文化』2001, 文楫堂 2005（原書：Hermann Bausinger, *Volkskultur in der technischen Welt*. Stuttgart 1961. 2.Aufl. 1986）
49) Hermann Bausinger, *Vereine als Gegenstand der volkskundlichen Forschung*. In: Zeitschrift für Volkskunde, 55 (1959), S.98-104.

とも思われる。それはともあれ、まずその実態である。これについては、最近、筆者が翻訳を刊行したバウジンガーの『ドイツ人はどこまでドイツ的?』にも、ドイツ人の国民性とのかかわりで小見出しになっている。「ドイツ人は三人寄れば一クラブ（組合）」で、以下はその一節である[50]。

　ドイツにおいて組合（クラブ）という組織形態に大きな意義があることは、統計が示している。ドイツ・スポーツ連盟の傘下にある組合だけでも、そのメンバーは約2300万人に上る。ドイツ歌唱連盟のもとにある組合のメンバーもほとんど2千万人である。ドイツ・アルプス組合や地域のワンダーフォーゲル組合のメンバーも合計すれば数百万人になる。それに加えて、小さな団体や組織が数多く存在する。ドイツでは成人の60％以上が少なくとも一つの組合のメンバーとして会費を納めている計算になる。もっとも、ほとんどすべての組合では、〈受動的な会員〉の方が〈活動的な〉メンバーよりずっと多い。たとえば小さな都市の市長は、できるだけすべての組合のメンバーとなることを心がけている。歌唱クラブから体操組合まで、小動物飼育クラブからヴォランティア消防組合まで、ワンダーフォーゲル組合から家庭園藝クラブまで、という具合である。しかし、高いポストの人物たちや企業家たちが多くの組合のメンバーに〈ならねばならない〉事実は、これまた地域の共同生活のなかでの組合の意味を証していると言えるであろう。

　村では、多くの面で等しいところがある。村の文化は組合文化でもある。公的な文化施設が平等を重んじ地方分散的な構造であるにもかかわらず、一般的には、シンフォニーを演奏する大きなオーケストラも大きな演劇も

50）次の拙訳を参照、バウジンガー（著）河野（訳）『ドイツ人はどこまでドイツ的? — 国民性をめぐるステレオタイプ・イメージの虚実と因由』文緝堂 2012, p.74-81「ドイツ人は三人寄れば一クラブ」（原書：Hermann Bausinger, *Typisch deutsch - wie deutsch sind die Deutschen?* München 2000.）

スポーツと民俗学──ドイツ民俗学の視角から

村にはやってこない。文化生活は〈手作り〉であり、地元民によって担われる。それに形をあたえるのは、何よりも種々の組合である。地域の祭り行事となれば、そうした組合が連携して、祭りの夕べや上演すべき演目や行列やお楽しみの小品などを盛り込んだプログラムを作成する。あるいはそれぞれの組合がプログラムを組むこともある。音楽の演奏、アマチュア劇団の芝居、夕べの催し、クリスマスの祭りなどである。それは村だけでなく、小さな都市でもあまり変わらない。小都市でも、文化的な行事の重要部分が種々の組合によって担当される。それに対して大都市では、組合の動静は、プロフェッショナルな劇場やオーケストラや博物館や画廊など活動の影に隠れてしまう。しかしそこでも、組合活動の厚いネットワークは、中位や下位の層の人々には、〈もっともらしい〉文化よりも大きな意味をもちつづけている。

組合（クラブ）の特徴について、ヨーロッパの外からみる場合、幾つか留意すべき点がある。一つ目として、ほとんどの組合が、書記的に明示された定款や規約をもつことである。その点では趣旨は目的団体たることにあり、参加不参加あるいは帰属がまったく自由で恣意的ではない。ということは拘束性をもつのである。

　二つ目として、（どこまで本質的かどうかはともかく）組合への結集が、ドイツ人について古くから指摘されてきた性情として歴史をもつことにも眼配りをしておきたい。17、18世紀初めにはやった画材に〈諸国民くらべ〉というものがあった。イギリス人、フランス人、ポーランド人、スウェーデン人といった諸国民について幾つかの項目を立てて対照表にするのである。それは絵画やイラストだけでない。音楽の分野でもフランス・バロックの巨匠フランソワ・クプラン（François Couperin 1668-1733）に組曲『諸国の人々』（*Les Nations*. 1726年刊）があり、そのタイトルはネイション意識の系譜に置くことできる面がある。それはともあれ、オーストリアのシュタイアマルクのどこかの工房で製作された油絵に『ヨーロッパ諸国民の特性の便覧』、通称

587

「諸国民表」があり、人気があったらしく現在ほぼ同じ作品が6点伝わっている[51]。その一項目の習慣ないしは性向としてドイツ人について〈群れる（連れる）〉(immer dabei) と記されている。参考までに言い添えれば、同じ項目でスペイン人は〈男らしい〉、フランス人は〈子供っぽい〉、イギリス人は〈女性的〉、スウェーデン人は〈窺い知れない〉、ロシア人は〈粗暴極まりなし〉とされている。これからも知られるように一種の戯画なのである。もとより仲間で集まるのはドイツ人だけがもつ特殊性だけではないはずだが、ヨーロッパ社会において際立って目についたようである。その歴史が継続していると見るのも問題だが、ドイツ人をふくむ欧米人に個性原理だけを教科書的に当てはめるのも実態とずれてくる。日本では、一般に欧米人については自由な個々の人格が強調されているところがある。それには、彼らも、非ヨーロッパ人に対しては、個性原理に立つ自由な人格とそれによってつくられる社会であることを誇る傾向があることも多少は関係していよう。その当否を争う必要はないが、昔は昔で、また近・現代は近・現代なりに、人間は、あつまり、寄り合ってもいるのである。その近・現代的な形態が、名称的に数が多く、また時代的にも19世紀に入った頃から本格化した組合（Verein クラブ）を指標として把握できるとされるのである[52]。

　組合活動に入れ揚げている者にとっては、自分がそのメンバーであるこ

---

51) この絵画はよく知られさまざまな分野で取りあげられるが、バウジンガーがその『フォルクスクンデ』で言及して写真を載せているので、訳出にさいして一覧表の全体の邦訳を添えた。ただしバウジンガーが載せている写真が不鮮明のため、筆者の手元の別の資料から鮮明な画像（現存する6点の一つ）に入れ替えた。そのためバウジンガーが採用した作品とはわずかに違いがあるが、本質な異同ではない。次の拙訳を参照、ヘルマン・バウジンガー（著）『フォルクスクンデ：ドイツ民俗学 ― 上古学の克服から文化分析の方法へ』文緝堂 2010、口絵 p.16 及び本文 p.79（対照表の邦訳）、また p.385（注 解）．（原 書：Hermann Bausinger, *Volkskunde. Von der Altertumsforschung zur Kulturanalyse*. Darmstadt 1971, Tübingen 1979, 2010 ［4］）
52) 参照、（前掲 注 50）バウジンガー『ドイツ人はどこまでドイツ的？』 p.80

とは（もっとも幾つかの組合に属していることも多かったのでメンバー資格は複数になるが）途方もなく大きな意味をもっていた。そうした熱狂者は、特定の一つか複数の組合への忠誠を棺桶まで引きずった。事実、ドイツでは、葬儀は一種の演出でもある。そこでは組合の会長による弔辞と献花が最も大きな比重を占める。しかしそれは、組合に熱狂的であった人物が、自己の存在が組合にとって欠かすべらざるものとの思い込みが容赦なく否定される瞬間でもある。たしかにその人物にとって、組合の外では、人間らしさを味わえる大きなチャンスは先ずなかった。組合は彼にとって世界であった。いずれにせよ、組合は、彼にとって公共の場の代わりになるもう一つの形態であった。組合人間はコミカルな人間像であり、カリカチュアである。しかしそれは現実の一こまに他ならない。ドイツの現実であり、それと相照らすものとしての引きこもった人間像である。

組合の会員の葬儀 ―― バウジンガー『ドイツ人はどこまでドイツ的？』日本語版のイラストより転載（下絵：河野　画：伊藤侑佑）

この組合（クラブ）という組織は歴史的な産物であった。伝統社会を支えていた種々の集団形態が歴史の流れの赴くところ過去のものと化すなかで形成されたのである。伝統的な集団の諸形態、たとえば身分ごとのまとまり、職人のツンフト、商人のギルド、町村体の支配・運営とかさなる種々の隣人組、教区教会堂の信徒団（日本の檀家組織と重なる面もある）、教会系の兄弟団や信心会（日本の講集団と重なるところもある）、教会寄合（＝風紀の監督組織）などの組織が時代に合わなくなり機能を低下させていった。

　あるいは既存の組織が名称を継続させながらも変質をきたした場合もあった。ツンフトにもギルドにも町村体の寄合にもそれは起きていた。名称が続いていることは、決して内容の継続ではなかった。極端な例（と言っても実際には数多くみられるものだが）をあげると、ファスナハト（カーニヴァル）の担い手となる団体がしばしばツンフトを名乗っていることがある。これにもバウジンガーは早くから注目してきたが[53]、その場合のツンフトは一面ではパロディである。カーニヴァルは価値転倒を表現するのが趣旨であり[54]、"Narr"すなわち〈阿呆〉がその日にかぎって街を律し法をつかさどる主役になる。阿呆の王様や阿呆の裁判といった催しものである。"Narr"とははみ出し者のことで、中世以来の道化師をも指せば、留置場に入れられた者をも指す。"Narenhaus"は留置場の別名で、昔の町や村の留置場には、警告の意味をもこめた目印として、独特のとんがり帽子をかぶった道化師の顔が刻まれていることがある。とまれ、そうした祭りをになう団体がツンフトつまり〈座〉

53）（前掲 注48）のバウジンガー『科学技術世界のなかの民俗文化』でもこれへの言及が見られるほか、バウジンガーの指針による南西ドイツを対象にしたファスナハト研究のワーキング・グループの成果が同大学の経験型文化研究の叢書の一冊としてまとめられている。参照、*Narrenreiheit. Beiträge zur Fastnachtsforschung.* Tübingen [Tübinger Vereinigung für Volkskunde] 1980.

54）これについて文献は多数に上り、上記（前掲 注53）もそうであるが、他にもたとえば次を参照、Ina-Maria Greverus, *Neues Zeitalter oder verkehrte Welt. Anthropologie asl Kritik.* Darmsadt 1990 (WB-Forum 52).

と名乗ることが少なくないのである。組合（Verein クラブ）と称されることも多いが、両者に差異があるわけではない。そうした推移について、バウジンガーの解説である[55]。

　かかる推移の全体には、その前史がある。組合の先行形態である。古くからみられた団体づくりであるが、それらは前近代的な特質をもち、民主社会の成立とともに機能と意味をほとんど失った。この点で挙げることができるのは、教会の兄弟団や、固定的なアカデミー・サークルや、商人のギルドや、職人のツンフトである。ちなみに、職人のツンフトは、工房の自由化のなかでその本来の機能を終えた。とまれ、これらの団体すべての特徴は、その成員であるか、成員ではないかの区分であり、その点では原理的に開かれたものではなかったのである。かかる身分的な組織体の衰微によって、一種の真空が生じた。それを部分的であれうずめたのは、〈結　集〉（Assotiation）の新しいタイプで、自由意志がその原理とした。すなわち組合の成立である。組合はまた、従来、形式を整えないままで小グループがになっていた種々の機能をも組み込んだ。

バウジンガーが〈フェアアイン／フェライン〉が民俗研究には重要であることを早く指摘したことにふれた。それはわずか数ページのノートとして学会誌に掲載されたのだったが、振り返ると、画期的な指摘だったようである。クラブ・組合をとりあげた研究がそれまでもなかったわけではない。かなり厚いページ数のものも見出される。しかしそれらのほとんどは、当時も存続していた組合の団体史をつづることに主眼が置かれている。結衆の原理として位置づけるという高度に方法的な視点をもつものは皆無と言ってもよい。それを言うのは、1968年にハンブルク大学の教授であったヘルベルト・フロ

---

55) Hermann Bausinger, *Sind Vereine überholt?* In:（前掲注43）Bausinger, *Sportkultur*, S.43-59, hier S.44f.

イデタールが『ハムブルクのフェルアイン ― 社交の歴史と民俗学への寄与』[56] という 570 頁の大著を公刊したが、そこに挙げられている包括的な参考文献表によっても、団体史の記録以上の先行研究はあまり見出せないからである。のみならず、フロイデンタールの大著自体が、年齢もずっと若い新進のバウジンガーの数ページのスケッチを指針にして進められたことがあきらかである。したがって 34 歳で教授資格論文となる『科学技術世界のなかの民俗文化』をテュービンゲン大学へ提出したバウジンガーは、同年に組合にかんするスケッチによってもその後の方向をつかんでいたことになる。しかしまた『スポーツ文化論』を 80 歳でまとめたバウジンガーは、収録した論文の一つでなお次のように述べている[57]。

未開拓の分野をきりひらく ― 学問的な書きものの冒頭ではこういう表現が好まれるが、まことにリスキーな言い方である。踏みならされた道をたどっただけなのが、前人未到と持ちあげられたりするからである。目を凝らせば、先行研究がいくらも見つかるのが一般的である。それは組合 (Vereine) のテーマにもあてはまる。しかし、集団的なあり方のなかで組合がどんな中心的な役割を<u>果たしてきたか</u>（一部では今も果たしているか）を問うなら、また組合が若者の人格形成にとって屢々どれほど重要であるかを知るなら、さらに余暇の過ごし方の全体が組合によって切り拓かれて<u>きたか</u>（いるか）を直視するなら、組合のキイワードでヒットする研究文献の棚が意外に小さいことが判明する。

これにちなんで、先に引いたヴァイスの記述をも振り返っておきたい。ヴァイスは、体操クラブが、体操実技にとどまらず、在来組織の衰微に代わっ

---

56) Herbert Freudenthal, *Vereine in Hamburg. Ein Beitrag zur Geschichte und Volkskunde der Geselligkeit.* Hamburg 1968. この著作の始めの方法論の箇所ではバウジンガーのスケッチが何度も注に挙げられている。
57) 参照、(前掲 注 54) Bausinger, Sind Vereine überholt ? S.43.

て村の催しものなどさまざまな機能をにもになっていることに注目していた[58]。特に若者組の機能は大きな意味をもっている。ドイツ語圏の地域の祭りなどの大きな担い手はこの若者組だからである[59]。ヴァイスの著作が1946年であることを勘案すると、バウジンガーの着眼の先行者という性格をもっているとも言えるだろう。

　なお組合の性格について言えば、フロイデンタールが〈社交の歴史と民俗学〉のサブタイトルをつけたように、組合は、農業などの生産組織でもなければ、工房や工場の運営機関でもなく、官庁の管理機構でもない。さらに付言すれば、一般的には抵抗運動の結社でもない。歴史をつくるのは<u>生産</u>と<u>支配</u>と<u>抵抗</u>であるといった観点から言えば、社交は比重をおくべき研究対象ではないであろう。またこの三種類の行動類型とは種類を異にするもうひとつの軽視し得ない、いわば第四の営為である<u>信仰</u>でもないとすれば、なおさらである。しかし、生産も支配も抵抗も信仰も、人格のほぼすべてを拘束しその存在を決定するものではなくなったのが市民社会とも言い得よう。すくなくとも、制度的には人間はこれらによって存在の核心まではしばられない何ものかとなったのである。近代市民社会において、それに照応する結集の原理をもとめるなら、この種類のあつまりの形態はかなり本質的な意味をもっていると思われる。

[3] 体操と歌唱：組合形成の二つの主要モチーフ

　近代の進展と共に地域社会と国家など大社会の末端をになうシステムが変化をきたしたことは当然のことであった。西洋でも日本でも、今日では昔の村社会の運営の組織はもはや存在も機能もしていず、また必要でもないが、そこへたどり着くにはどこかで変化が起きたはずである。またその変化の結

---

58) 参照、（前掲 注14) Richard Weiss, *Volkskunde der Schweiz*, S.188.
59) これは一般的なことがらであり、ことさら文献の指示を要しないが、たとえば次の拙訳を参照、ヘルベルト＆エルケ・シュヴェート（著）河野（訳）『南西ドイツ シュヴァーベンの民俗』文楫堂　2008.

果、空白が生じたわけでもなかった。今日の社会は、それはそれで今日に見合った人間と人間の結合のあり方をもっているはずである。しかしそれを明瞭なかたちで取り出せるかどうかという問題はあろう。そのあたりの変遷をつかまえたのが、組合への着目であった。その推移は簡潔には次のように説明される[60]。

　早く中世末にも、宗教的な兄弟団の他に、世俗的な自助組織として重要なものが成立していた。それは特に都市の防衛を保証する役割を負った射撃団で、それはまた貴族の武藝試合への市民的な対抗として射撃祭をはじめた。その実際的な意味は特に十九世紀以来、戦闘技術の変化と軍事的な組織の解体のために低下の一途をたどった。しかし多数の射撃団が、伝統的な組合の自負をもち、射撃祭を催してきた。射撃祭は、試合を行なって射撃の王を選ぶほか、多彩な民衆の楽しみを盛り込んだものとして、特に北ドイツの町や村では最も重要な祭りでもある。新しい組合の設立が企図されたのは、啓蒙主義時代であった。社会的な結びつきの在来の構造は、血縁や隣人組にしばられて用をなさないところが出てきた。都市部では、教養クラブ（組合）、読書クラブ（組合）などの設立がみられた。村落部では、農民たちによる農業関係の結社や組合が穀物栽培や酪農の新しい合理的な知識を媒介につとめた。

　この辺りの事情は、先に挙げたフロイデンタールの研究ではハムブルクの歴史に則して詳細に解明されている。教育や実学や純然たる社交や娯楽など、さまざまなモチーフによる数十種類の組合が消長した様子が克明になぞられる。学校教育に相当する団体や数学クラブからピクニックや月に一度の昼食の会まで、また医学から家族ぐるみの歌唱のあつまりまでである。と同時にそこには個々の結集のモチーフと並んで一般的なモチベイションもはたらい

---

60) 参照、（前掲 注50）バウジンガー『ドイツ人はどこまでドイツ的？』 p.75f.

た。祖国愛とリベラリズムである[61]。それが大きな意味をもったのは、民族統一にみあった国家形成にいたっていなかったドイツ語圏の特殊事情という面もあったであろう。またナポレオンによって征服された歴史的状況も関係していたであろう。結集への多様なモチーフのなかで歌唱と体操が特に意味をもったのは、そうした背景の故であった。ここではバウジンガーによって骨子を知るにとどめる[62]。

　しかし組合設立において今日まで基準となるものの波が起きたのは 19 世紀前半であった。各地で歌唱クラブが発足し、やや遅れて体操組合が成立した。組合のこの二種類のタイプは、リベラリズムとナショナリズムを骨子とした運動の重要な担い手であった。1848-49 年の革命に先立つ時期には、多くの組合のなかで、国を支配する者たちの非民主主義的な恣意に対する抵抗が形をとった。殊に体操者（トゥルナー）たちは、政治的転覆に加担しているとの嫌疑を受け、そのため王政復古期にはどの多くの国で《体操取り締まり》が告知された。1848 年以降、リベラルな理念に戻ると、組合組織は今度はナショナリズムの考え方を代表する役割を息長く一層よく果たすこととなった。市民による歌唱クラブについては、国民のあいだでの文化形成に寄与したことが跡づけられる。その頃のドイツは、さまざまな経済的な網の目ができ（例えば 1834 年の関税同盟の成立）、領邦間の政治的連携も進んではいたが、なお国家の枠は存在せず、国民国家としての統一にも至っていなかった。

各種の組合がもったかかる政治性は、それゆえに 1871 年にドイツ帝国が成立すると、リベラリズムから次第に保守的な性格へと変質する契機でもあっ

---

61) 参照、（前掲 注56）Freudenthal, *Vereine in Hamburg*. その第一章にあたる「歴史的推移」では団体の種類を挙げて解明が試みられている。
62) 参照、（前掲 注50）バウジンガー『ドイツ人はどこまでドイツ的？』p.76.

た。組合が概ね保守性にあるのはその歴史に規定された面がある。もっとも労働者のあいだでのクラブ・組合づくりもなかったわけではない。その場合、時代によって社会主義などが思想的な核になったが、逆にそれはまた組合が社会的な立場ごとの結集となる趨勢を助長した。歌唱・体操・読書・花の栽培といった種々のモチーフに社会的な格差が重なって、同じ立場の者どうしの集まりという性格がつよまった。その性格は今も多少とも継続しているとされる。それゆえ組合は、昔も今も多少とも保守的な性格を帯びている。現在のドイツでも、政治に関わる選挙、特に地方自治体の選挙の場合、末端では組合が集票の単位として機能する傾向が見られるようである。これらに対して若い世代は反発をするが、反発のための結集もまた組合という組織形態をとる傾向が見られると言う。

カリカチュア：組合人間

　それゆえにと言うべきか、そうした歴史的経緯とはかかわりなく人間の集団性の赴くところと言うべきか、組合は長所と短所を併せもつ。バウジンガーはドイツ社会のなかにあって、歴史と状況を共有する立場から批判的なコメントをも聞かせている[63]。

　　『報知週覧』（*Fliegende Blätter*）という保守的で諧謔的な雑誌があるが、その 19 世紀末のある号に、「組合人間」（Vereinsmeier）というタイトルでカリカチュアが載ったことがある（Bd.2 / 1890, S.110）。描かれているのは、髭を生やし燕尾服をりゅうと着こんだ男性だが、どこか専門馬鹿の風情をただよわせている。その人物が、別の紳士にこう語りかける。
　　〈一言でよろしいんですが、御覧の通り、いささか弱っておりましてね。スピーチをたのまれたのですが、どうしてよいのやら、かいもく見当がつきません。ここだと、吾輩らは立派なクリスチャンの集まりでござい

---

63) 参照、(前掲 注 55) Bausinger, *Sind Vereine überholt？* S.43.

ましょう。気の知れた呑気な仲間どうしでございましょう。重箱の隅を突っつく組合なんでございますがね。〉

　ここでやり玉に挙げられているのは、いつも群れている会員中毒症の熱をおびた自己満足の様子である。……自分の組合のなかでいつも群れて生き生きとふるまい、最後は自分が集っていた組合がとりしきる葬式にまでいたる人物。アイロニックな批判を受けるのは、組合の幹部や嬉々として挨拶に熱弁をふるう人物の高揚した使命感とゆがんだパトスである。それに、ささやかな組合エリートの大層な形式主義、あるいは幹部への再任・重任・会員バッジ・名誉会員への推戴などを盛りこんだ虚栄のお祭り。こうして挙げる数々の特徴は決して空想の産物ではない。しかしちょっとデフォルメしてもいる。つまりカリカチュアであり、それゆえリアルなポートレートそのものでもない。

　それが端的にうかがえるのは、組合人間を批判する人たちもまたたいてい一つか二つの組合のメンバーとなっていることである。そのなかでは、彼らは、組合の別の側面にも接している。関心と行動の共通性、そして多くの場合、組合は具体的な目的を立てている。その目的、すなわち組合が可能ならしめ、もとめるところの活動の種類はまことに多岐にわたり、そのため、一口に組合について語ること自体が無謀と映りかねない。しかしほとんどすべての組合をおおって、比較的近似した構造と枠組みがみとめられる。

組合スポーツに耐用年数はない？　それとも過去のものになる？

　バウジンガーの『スポーツ文化論』のなかの中心的な論考「組合スポーツは過去のもの？」の最後は、二つ対照的な小見出しでまとめられている。一方は〈組合の耐用年数が過ぎたわけではない〉、他は〈組合は過去のものにならねばならない〉である。ここではスポーツがテーマであるため、組合は主要に組合スポーツを指している。

　先になぞったように、組合（Verein）は近代のドイツ社会に深く根をおろ

した結集形態として機能してきた。国民性に合致すると言えるほどであるが、また単にドイツ人の特殊性に終始するのではなく、根底まで掘り下げれば近・現代の市民社会における＜結衆の原理＞の具体的な現れと解することができる。と同時にドイツの特殊性の面では、遅くとも19世紀末頃からは、国家体制と歩調を合わせ、また市民的、と言うより小市民的なあり方と照応する結集のよすがとなってきた。それゆえ総じて組合は社会性において保守的である。大局的に見れば、それは、政治路線における革新政党や労働運動とつながる組合の場合も基本的には変わらない。

　ドイツ人の非常に多くが、何らかの組合に早くから属しており、それゆえ若者にとっては＜市民として訓練の場＞ともなっている。序列感覚や付き合いのマナーを習得するチャンスであり、現代となると、家庭における伝統的な父親の権威の低下や離婚率の上昇といった、ほとんど一般的な条件の下、青少年にとっての組合組織の意義はますます本質的となっている面すらある。またその広がりにおいて最も大きな部門となっているのがスポーツ関係の組合である。バウジンガーが依拠する統計によれば、ドイツ・スポーツ連盟傘下の組合のメンバーの総数は、1996年にいたる数年のあいだに、それ以前に比べて二倍に増えたとされる。

　しかし組合という組織形態がドイツの市民社会（ないしは小市民社会）の相似形的な小単位であることは、それゆえに若い世代の反発をさそっても不思議ではない。と同時に、反発が集団行動の性格を帯びると、それ自体が、基本的には従来の組合と近似した組織形態をとることになるのが現実である。

　ではそこからの脱出の契機は無いのだろうか。注目すべきは、その角度からバウジンガーが現今のスポーツをめぐる結集の動向を観察していることである。たとえばフィットネス・スタジオの代表されるような種類である。それらは営利目的で企業によって運営されていることが多く、個人のプライヴァシーを保証することを特色としている。それだけに人間関係は希薄である。むしろ人間関係を疎ましいとする心理によって成り立っている面すらある。それゆえスポーツのなかでも最も周辺部に位置するが、また最も一般的でも

ある。そうした結集形態が広義のスポーツの分野に現れたのは、それだけ生業や宗教以外の市民的結集にスポーツが大きな意味をもつからであろう。

ところで、ここで参考程度でしかないが、フィットネスをめぐる結集は、ある種のシンボリックな議論のテーマでもある。たとえばポストモダンのオピニオン・リーダーたちが、現代の最も忌むべき傾向として挙げるのがフィットネスで、その今日広く知られているものにジグムント・バウマンの〈フィットネス社会〉論がある[64]。

> フィットネスと呼ばれるゲームのなかでは、プレイヤーは楽器であると同時に演奏者である。フィットネスに優れた人間が求めるのは、身体的快楽をともない、興奮を誘うような、刺激の強い感覚である。——しかし感覚の蒐集者はその身体であり、同時のその身体の所有者、管理人、トレーナー兼ディレクターである。二つの役割は本来両立し難いものである。前者は全面的な没入と自己放棄を要求し、後者は距離を置いた覚醒した判断を求める。二つの請求の間に折り合いをつけるのは無理な相談というものである。‥‥しかしそれ以上に、不安（anxiety）——きわめてポストモダンな苦しみ——は、どうやっても癒され消滅するようには見えないのである。

これは現代社会をめぐるバウマンの基本的な考え方に発するが、近代社会においては規範の監視・継続システムの代表的なものであった大規模工場と徴兵制にもとづく軍隊が大きな意味をもったが、それが終わったポスト・モダンにあっては規範としての健康は個々人の感覚にかかわるものとなり、その社会心理的な意味での先端的な現象としてフィットネスが比重を増すとい言う。そこのでの営為は個々人的な体験であるため、間主観的な比較や客観的

64）ジグムント・バウマン（著）澤井敦・菅野博史・鈴木智之（訳）『個人化社会』青弓社 p.307.

な計測はできず、人々のあいだで共有される言葉もなく、しかも上限が無く、さらに没入と自己放棄であるべきプレイヤーが同時に距離をおいた覚醒した判断者であるトレーナーやディレクターでもあるほかない。そのため個々人は散漫で焦点の定まらない不安を抱え、それはきわめてポストモダン的な不安であると言う。

　そうした議論と並べてみると、バウジンガーのフィットネス・スタジオの見方は、別の契機を見ている点で注目してよい。19世紀から続いてきた市民（小市民）社会と相似形である組合、またその大きな部門でもあり、組合の特質をも最も発達させたスポーツ組合から脱却する糸口をそこに探ろうとしているからである。バウマンが規準的なものの喪失のシンボルとしたものに、場合よっては既存社会の限界を超え出る兆しを読むのである。

しかもこの姿勢は、必ずしもバウジンガーだけではない。ポストモダンの旗手としての理論家たちに対する民俗研究者の持ち味と言うところがある。これを言うのは、類似の姿勢は、バウジンガーの数年後輩でドイツ民俗学界のリーダーの位置にあるイーナ＝マリーア・グレヴェルス女史（フランフルト大学教授であった）にもみることができるからである[65]。このあたりの議論はもっと詳細に伝えるべきものであろうが、伝統と現代との接点を問うことを課題とする民俗学が、スポーツを問題しつつ人間の結集の現代の様相へと延びていることではドイツ学界の先端的な局面がうかがえる議論である。この問題はまた改めて取り上げようと思う。

65）次の拙論を参照、イーナ＝マリーア・グレヴェルス「ジェンダーから見たフィールドワーク―文化的営為としてのパフォーマンスにおける男と女と人間」愛知大学国際コミュニケーション学会『文明21』第31号（2013）（原著:Ina-Maria Greverus, *Performing Culture. Feldforschung männlich -weiblich- menschlich*. In: Christel Köhle-Hezinger, Martin Schafre, Rolf Wilhelm Brednich（Hrsg.）, Männlich. Weiblich. Zur Bedeutung der Kategorie Geschlecht in der Kultur. 31 Kongreß der Deutschen Gesellschaft für Volkskunde, Marburg 1997. Münster u.a.［Waxmann］1999, S.75-98.）；また次の拙論を参照、「イーナ＝マリーア・グレヴェルスとフィールドワークの方法」『文明21』第31号（2013）

4. 教訓と展望

　ここではヘルマン・バウジンガーのスポーツ文化研究を（『スポーツ文化論』そのものは翻訳を供することになろうが）特に組合組織への着眼に焦点をあわせて取り上げた。

　翻って周囲に目を走らせて感想を述べるなら、日本民俗学が（目移りではなく有機的に）近・現代へと視野を広げ得ないのは、これと同じような着眼を欠いていたからではないからではなかろうか。ドイツでのそれに当たる近代の集団形成が日本において特定できるのかどうかという課題もあるが、逆にそれが課題であることも見えてくる。ここでは具体的な検討にまでは入らないが、村社会や伝統的な信仰生活の結集であった頭屋組織や講集団、またそれに類した結集形態だけでなく、日本の近代初期の結集形態にも注目するなら、そこに市民社会へと移行する多彩な世界が見えてくるはずである。めぼしい項目だけを挙げても、俳諧師やその流派のつながりは知識人にとって俳諧の技法に限られない一般性をもつ人脈として重みがあり、また武術の稽古場とその門流があり、さらに漢学や蘭学の塾とその門人のネットワークもあった[66]。これらはいずれも江戸時代の中期から後期にかけて地縁にしばられずに急速に重みを増していった類型的な人的結合であった。武術の稽古場について言えば、徳川吉宗の幕政立て直し策が歓迎されたことが推進力になり[67]、やがて幕末の江戸の剣術の三大道場にまでつながったことがよく知ら

---

66) 江戸中・後期以後に発展した新たなネットワークの研究では田崎哲郎氏に先駆的な研究を見ることができる。参照、田崎哲郎（著）『地方知識人の形成』名著出版 1990.；同（編）『在村蘭学の展開』思文閣出版 1992.；知識人の多種多様なネットワークのうち蘭学関係が特に進んでいるのは興味深い。参照、「地域蘭学者門人帳データベース」

67) たとえば次を参照、魚住孝至「十八世紀における武術文化の再編成―社会的背景とその影響―」笠谷 和比古（編）『十八世紀日本の文化状況と国際環境』思文閣 2011.

れている（もっとも〈道場〉は明治時代になってからの語法のようである）。藩校や庶民の寺子屋なども近代的な学校制度の前身として、教育内容だけでなく、社会的ネットワークとして機能していた面があったであろう。そして明治時代に入れば、女子教育の場として急速に普及した裁縫学校なども技術の習得だけではない人脈形成を結果したであろう[68]。さらに幕末以後さかんになる新興宗教にも、これまでにはなかった人的結合の希求への対応の面があったであろう。と言うより、宗教結社には霊的な課題の追求と並行して、集団形成への願望が寄り添っているのが通常である。

　同じことは民間の学問的ネットワークにも言い得よう。柳田國男が呼びかけた民間伝承採集の組織や自ら主宰した木曜会も、知識と情報のやりとりに終始していたわけではなかったであろう。想像を逞しくするまでもなく、むしろその種類の組織には付きものとして、それは集いの場であった。概括的に言えば、多少とも属人性を帯びていたはずである。純然たる情報の交換といった無機的なものではなく、それまでにない広域的・全国レベルの人脈希求を多くの人々に満足させた面があったとみるのは無理なことではなく、むしろ常識的であろう[69]。その点ではヘルマン・バウジンガーがドイツの近代社会の形成において注目したドイツ人の<u>組合</u>と同質のものが推測される。と

---

68) 一例として次を参照、山下廉太郎「三河地域の裁縫塾にみる門人の進路 ― 1900年－1910年代を対象にして―」『日本教育史研究』第31号 (2012年8月)
69) 柳田國男の組織者としての活動には非常に多くの柳田國男研究が特筆していることは、たとえば次を参照、後藤総一郎『柳田学の思想的展開』伝統と現代社 1976.; 大藤時彦『日本民俗学史話』三一書房 1990.; しかし民俗学に限られることではないが、今日につながる諸々の学界・学会の成立も近代社会の集団形成の一種であり、それゆえ伝統的な結集形態が衰微・消失したことに代わる性格を持っていたこと、また今もその性格を持ちつづけていることには、結集の原理を問うことも課題すると民俗学が注目してもよかったであろう。現代でも、バウジンガーがドイツの場合について〈組合人間〉として焦点をあてたような組合・クラブの組織活動に固執的なまでに生きがいをもとめる（誠実や義務感と常に区分できるわけではないが、時にはカリカチュア的）人間類型が少しも珍しくないことは誰しも知るところであろう。

ころが、柳田國男、またその衣鉢を継ぐ人たちの理解では、伝統社会は頭屋祭祀や講集団による濃密な人間関係が機能していたのに対して、近代は人間がたがいの結びつきをうしなって浮草となり、戻りようのない村社会への願望を抱くしかない、とされる。これを見ると、民俗研究者の自己の行為への無自覚が視界の狭隘化と誤認を産んだと言えなくもない。スポーツを近・現代の集団形成と重ねて論じたバウジンガーの試みは、その視点が民俗学ならではあることにおいて、かかる問題に気づかせてくれるのである。

初出一覧及び転載許可への謝辞

　本書に収録した論考は愛知大学の数種類の紀要に発表した後、いずれも改稿を行ない、また添付の写真・図版を組み換えた。以下に初出に関するデータを挙げる。

民俗学の形をドイツ語圏の学史に探る（1）
　　2009 年 7 月　愛知大学一般教育研究室『一般教育論集』第 37 集
民俗学の形をドイツ語圏の学史に探る（2）
　　2010 年 3 月　愛知大学一般教育研究室『一般教育論集』第 38 集
生物供犠と遊戯のあいだ ― 雄鶏叩き行事に見るドイツ民俗学史の一断面
　　2010 年 3 月　愛知大学国際コミュニケーション学会『文明 21』第 24 号
バウジンガー『フォルクスクンデ』（1971）の構想 ― ドイツ民俗学の刷新
　　への一齣を読む ―
　　2010 年 8 月　愛知大学一般教育研究室『一般教育論集』第 39 集
ヴェーバー＝ケラーマン（他・著）『ヨーロッパ・エスノロジーの形成』を
　　読む
　　2011 年 10 月　愛知大学国際コミュニケーション学会『文明 21』第 27 号
カール＝ S. クラーマーの法民俗学について ― ドイツ民俗学の世界から
　　2012 年 11 月　愛知大学国際コミュニケーション学会『文明 21』第 29 号
〈不安〉が切りひらいた地平と障壁 ― 日本民俗学にとって現代とは（1）
　　2010 年 9 月　愛知大学国際コミュニケーション学会『文明 21』第 25 号
〈不安〉が切りひらいた地平と障壁 ― 日本民俗学にとって現代とは（2）
　　2012 年 3 月　愛知大学国際コミュニケーション学会『文明 21』第 28 号
スポーツと民俗学 - ドイツ民俗学／日常研究の視角から（1）
　　2012 年 9 月　愛知大学一般教育研究室『一般教育論集』第 43 集
スポーツと民俗学 - ドイツ民俗学／日常研究の視角から（2）
　　2013 年 3 月　愛知大学一般教育研究室『一般教育論集』第 44 集

なお最初に置いた「民俗学の形をドイツ語圏の学史に探る」は同学の諸氏の訪問を受けたことに際して企画した次のミニ・シンポジウムにちなむ。当日は模式と画像をもちいてドイツ民俗学について案内をおこない、次いで画像を削除し文字資料を組みこんで紀要に掲載した。

民衆の学の光と影 — ドイツ民俗学の視角から
　2009年7月4日（土曜）三河民俗談話会・企画／愛知大学国際コミュニケーション学会・後援：ミニ・シンポジウム「民俗学における民間とアカデミズム」におけるパネラー発表（他にパネラー発表：岩本通弥「民俗学のアカデミズム化をめぐる諸問題」、コメンテーター：森明子、重信幸彦、片茂永）於：愛知大学豊橋校舎5号館

上記の書誌に関わる方々に厚くお礼申し上げます。

31. Jan. 2014　S.K.

河野　眞（こうの・しん）

1946年、兵庫県伊丹市生まれ。京都大学文学部ドイツ文学科卒業、同大学院修士課程修了。博士（文学）。愛知大学国際コミュニケーション学部教授、同大学院国際コミュニケーション研究科教授。

著書
『ドイツ民俗学とナチズム』（創土社）
『フォークロリズムから見た今日の民俗文化』（創土社）

訳書
レーオポルト・クレッツェンバッハー『郷土と民衆バロック』（名古屋大学出版会）
レーオポルト・シュミット『オーストリア民俗学の歴史』（名著出版）
ルードルフ・クリス／レンツ・レッテンベック『ヨーロッパの巡礼地』（文楫堂／現社名：文緝堂）
ヘルベルト & エルケ・シュヴェート『南西ドイツ　シュヴァーベンの民俗　年中行事と人生儀礼』（文楫堂／現社名：文緝堂）
ヘルマン・バウジンガー『科学技術世界のなかの民俗文化』（文楫堂／現社名：文緝堂）
ヘルマン・バウジンガー『フォルクスクンデ／ドイツ民俗学　上古学の克服から文化分析の方法へ』（文緝堂）
ヘルマン・バウジンガー『ドイツ人はどこまでドイツ的？　国民性をめぐるステレオタイプの虚実と因由』（文緝堂）
インゲボルク・ヴェーバー＝ケラーマン他『ヨーロッパ・エスノロジーの形成／ドイツ民俗学史』（文緝堂）

民俗学のかたち──ドイツ語圏の学史にさぐる

2014年3月31日　第1刷発行
著　者　河野　眞
発行人　酒井　武史
発　行　株式会社 創土社
〒165-0031　東京都中野区上鷺宮 5-18-3
TEL　03（3970）2669
FAX　03（3825）8714
http://www.soudosha.jp

カバーデザイン　アトリエ剣歯虎
印刷　モリモト印刷株式会社
ISBN:978-4-7988-0217-6 C0039
定価はカバーに印刷してあります。